V&R

# Kritisch-exegetischer Kommentar über das Neue Testament

Begründet von
Heinrich August Wilhelm Meyer
herausgegeben von
Dietrich-Alex Koch

Band 16
Die Offenbarung des Johannes

Vandenhoeck & Ruprecht

# Die Offenbarung des Johannes

übersetzt und erklärt
von
Akira Satake

Redaktionell bearbeitet von
Thomas Witulksi

1. Auflage dieser Auslegung

Vandenhoeck & Ruprecht

Bibliografische Information der Deutschen Nationalbibliothek

Die Deutsche Nationalbibliothek verzeichnet diese Publikation in der
Deutschen Nationalbibliografie; detaillierte bibliografische Daten sind
im Internet über http://dnb.d-nb.de abrufbar.

ISBN 978-3-525-51616-4

© 2008, Vandenhoeck & Ruprecht GmbH & Co. KG, Göttingen / www.v-r.de
Alle Rechte vorbehalten. Das Werk und seine Teile sind urheberrechtlich geschützt.
Jede Verwendung in anderen als den gesetzlich zugelassenen Fällen bedarf der
vorherigen schriftlichen Einwilligung des Verlages. Hinweis zu § 52a UrhG:
Weder das Werk noch seine Teile dürfen ohne vorherige schriftliche Einwilligung
des Verlages öffentlich zugänglich gemacht werden. Dies gilt auch bei einer
entsprechenden Nutzung für Lehr- und Unterrichtszwecke
Printed in Germany.
Satz: Dörlemann Satz, Lemförde
Druck und Bindung: ⊕ Hubert & Co, Göttingen

Gedruckt auf alterungsbeständigem Papier

# Vorwort

Es ist schon mehr als zwanzig Jahre her, dass der damalige Herausgeber des Meyerschen Kommentars, Ferdinand Hahn, damals Professor für Neues Testament an der Ludwig-Maximilians-Universität München, mit dem Angebot auf mich zukam, einen Kommentar zur Johannesoffenbarung in der Kommentarreihe zu verfassen. Damals hatte ich bereits den zweibändigen Kommentar zur Offenbarung in japanischer Sprache veröffentlicht, der 1978/1989 im Shinkyo-Verlag in Tokyo erschienen war. So habe ich das Angebot vielleicht etwas leichtfertig, aber durchaus dankbar angenommen. Ferdinand Hahn hat meine Arbeit seitdem immer wieder mit großem Interesse gefördert und mir manchen hilfreichen Hinweis gegeben; dafür bin ich ihm sehr dankbar. Auch sein Nachfolger, Dietrich-Alex Koch, inzwischen emeritierter Professor für Neues Testament und Direktor des Neutestamentlichen Seminars der Evangelisch-Theologischen Fakultät der Universität Münster, hat mich immer wieder mit Rat und Tat unterstützt und war mir besonders bei der Gestaltung des Manuskriptes sehr behilflich.

PD Dr. Thomas Witulski, ehemaliger Assistent am Lehrstuhl Koch und derzeit im Pfarramt tätig, hat freundlicherweise die Überarbeitung sprachlicher Feinheiten im Deutschen in der letzten Phase der Arbeit übernommen. Ohne seine Hilfe wäre der Band in dieser Form nicht zustande gekommen. Den genannten und noch vielen weiteren Personen, die zum Erscheinen des Werkes beigetragen haben, bin ich zu großem Dank verpflichtet.

Die Literatur zur Johannesoffenbarung hat besonders in der Zeit der Jahrtausendwende enorm zugenommen. Ich habe mich bemüht, mich mit möglichst vielen Arbeiten auseinander zu setzen, bin mir aber bewusst, dass ich in dieser Hinsicht vom Ziel noch entfernt geblieben bin. Auf die Forschungsbeiträge, die mich bis Ende 2006, den faktischen Abschluss meiner Arbeit, nicht erreichten, konnte ich nicht mehr eingehen.

Tokyo, im Juni 2008                                             Akira Satake

# Inhalt

Literaturverzeichnis . . . . . . . . . . . . . . . . . . . . . . . . . . . . 11
  1. Textausgaben und Übersetzungen . . . . . . . . . . . . . . . 11
  2. Kommentare . . . . . . . . . . . . . . . . . . . . . . . . . . . 12
  3. Monographien und Aufsätze . . . . . . . . . . . . . . . . . . 13
  4. Hilfsmittel . . . . . . . . . . . . . . . . . . . . . . . . . . . . 29
  5. Nachschlagewerke . . . . . . . . . . . . . . . . . . . . . . . . 30

Einleitung
  1. Der Text . . . . . . . . . . . . . . . . . . . . . . . . . . . . . . 31
  2. Der Verfasser . . . . . . . . . . . . . . . . . . . . . . . . . . . 32
    2.1 Das Bild des Verfassers aus der Darstellung der Offb . . . . . . 33
    2.2 Zur Identifizierung des Johannes . . . . . . . . . . . . . . . . 38
  3. Die Adressaten . . . . . . . . . . . . . . . . . . . . . . . . . . 45
    3.1 Die sieben Gemeinden in der Provinz Asia . . . . . . . . . . 45
    3.2 Die Entstehung der sieben Gemeinden . . . . . . . . . . . . 46
    3.3 Die Gemeindestruktur . . . . . . . . . . . . . . . . . . . . . 47
    3.4 Der Verfasser und die Gemeinden . . . . . . . . . . . . . . . 49
    3.5 Die Situation der sieben Gemeinden – die Gefahren,
        mit denen sie konfrontiert sind . . . . . . . . . . . . . . . . 50
  4. Die Abfassungszeit:
    Die Politik Domitians den Christen gegenüber . . . . . . . . . . 51
    4.1 Die Überlieferungen der Kirchenväter . . . . . . . . . . . . . 52
    4.2 Das Zeugnis der Offb . . . . . . . . . . . . . . . . . . . . . . 53
    4.3 Der Briefwechsel zwischen Plinius und Trajan (Plinius X 96f) . 56
    4.4 Gab es eine Christenverfolgung durch Domitian? . . . . . . . 57
  5. Gliederung . . . . . . . . . . . . . . . . . . . . . . . . . . . . 59
    5.1 Gliederung . . . . . . . . . . . . . . . . . . . . . . . . . . . 59
    5.2 Bemerkenswerte Probleme . . . . . . . . . . . . . . . . . . . 64
  6. Die Entstehung der Offb . . . . . . . . . . . . . . . . . . . . . 67
    6.1 Vom Verfasser vor der Abfassung der Offb verfasste,
        in sich abgeschlossene Einheiten . . . . . . . . . . . . . . . 68
    6.2 Die Gestaltung der Offb in der jetzigen Form . . . . . . . . . 72
  7. Theologie . . . . . . . . . . . . . . . . . . . . . . . . . . . . . 73
    7.1 Die Gottesvorstellung . . . . . . . . . . . . . . . . . . . . . 73
    7.2 Die Christologie . . . . . . . . . . . . . . . . . . . . . . . . 79

|  |  |  |
|---|---|---|
| | 7.3 Die Soteriologie | 92 |
| | 7.4 Die Ekklesiologie | 101 |
| | 7.5 Die Eschatologie | 114 |

## Auslegung

|  |  |  |
|---|---|---|
| | 1,1–3 Vorwort: Herkunft, Bestimmung und Inhalt der Offenbarung | 119 |
| I. | 1,4–20 Einleitung | 127 |
| | A. 1,4–8 Briefeinleitung: Gruß, Lobpreis und Proklamation der Parusie | 127 |
| | B. 1,9–20 Die Beauftragungsvision | 137 |
| II. | 2,1–3,22 Die Sendschreiben an die sieben Gemeinden | 149 |
| | A. 2,1–7 Das Sendschreiben nach Ephesus | 154 |
| | B. 2,8–11 Das Sendschreiben nach Smyrna | 158 |
| | C. 2,12–17 Das Sendschreiben nach Pergamon | 163 |
| | D. 2,18–29 Das Sendschreiben nach Thyatira | 168 |
| | E. 3,1–6 Das Sendschreiben nach Sardes | 176 |
| | F. 3,7–13 Das Sendschreiben nach Philadelphia | 180 |
| | G. 3,14–21 Das Sendschreiben nach Laodicea | 185 |
| III | 4,1–22,5 Visionen vom Endgeschehen | 193 |
| | A. 4,1–16,21 Drei Siebenvisionenreihen | 193 |
| | B. 17,1–22,5 Babylon und das neue Jerusalem | 342 |
| IV. | 22,6–20 Nachwort: Versicherung der Wahrhaftigkeit der Prophetie und Parusieansage | 419 |
| V. | 22,21 Briefschluss: Segen | 429 |

## Exkurse

|  |  |
|---|---|
| ἀποκάλυψις in LXX und in jüdischen und urchristlichen Schriften | 120 |
| Prophetie im Judentum um die Zeitwende | 126 |
| Gemeindeengel | 147 |
| Überblick über den Gebrauch von νικᾶν in der Offb und dessen jüdischen Hintergrund | 152 |
| Die Nikolaiten | 175 |
| Die vierundzwanzig Ältesten | 196 |

| | |
|---|---|
| Die vier Wesen | 199 |
| Das „Lamm" und sein religionsgeschichtlicher Hintergrund | 208 |
| „Satan" im Judentum und im NT | 287 |
| Überblick über die gegengöttlichen Mächte in der Offb | 293 |
| Babylon | 316 |
| Harmagedon | 338 |
| Die Legende von der Wiederkehr Neros | 347 |
| Das Tier in Kap. 13 und in Kap. 17 | 349 |
| Die sieben Könige | 350 |
| Die Braut des Lammes | 373 |
| Die Grundlage für 20,4–22,5 | 384 |
| Das Millennium | 389 |

# Literaturverzeichnis

## 1. Textausgaben und Übersetzungen

Übersetzungstexte sind manchmal nach in dieser Liste verzeichneten Übersetzungen zitiert, ohne dass darauf im Einzelfall nochmals hingewiesen wird. Ich danke den Übersetzern ausdrücklich.

Andreas: SCHMID, J., Studien zur Geschichte des griechischen Apokalypse-Textes. 1. Teil: Der Apokalypse-Kommentar des Andreas von Kaisareia (MThS.HE 1), München 1956.
Arethas: CRAMER, J.A. (Hg.), Catena in epistolas catholicas accesserunt Oecumenii et Arethae commentarii in Apocalypsin. Ad fidem codd. mss., CGPNT 8, Hildesheim 1967.
Augustin: DOMBART, B./KALB, A. (Hg.), Sancti Aurelii Augustini episcopi, De Civitate Dei, Darmstadt ⁵1981.
–: PERL, C.J., Der Gottesstaat, Salzburg ²1966.
Beatus: SANDERS, H.A. (Hg.), Beati in Apocalipsin, PMAAR 7, Rom 1930.
BÖTTRICH, C., Das slavische Henochbuch, JSHRZ V/7, Gütersloh 1995.
BROX, N., Irenäus von Lyon. Adversus haereses, 3 Bd., FC 8, Freiburg i.Br. 1993-1995.
Dionysius von Alexandrien, BIENERT, W.A., Das erhaltene Werk, BGrL 2, Stuttgart 1972.
ELLIGER, K./RUDOLPH, W., (Hg.) BHS, Stuttgart ⁴1990.
Epiphanius: DUMMER, J. (Hg.), Panarion haer., 2. Bd., Berlin ²1980.
Eusebius von Cäsarea: KRAFT, H. (Hg.), Kirchengeschichte, übersetzt von Ph. Haeuser, neu durchgesehen von H.A. Gärtner, München ²1981.
FISCHER, J.A. (Hg.), Schriften des Urchristentums, Erster Teil: Die Apostolischen Väter, Darmstadt 1959.
GUILLAUMONT, A./PUECH, H.-Ch. u.a., Evangelium nach Thomas, Leiden 1959.
Hieronymus: HILBERG, I. (Hg.), Sancti Hieronymi Opera, CSEL 54-56, Wien 1910-1918.
Hippolyt: ACHELIS, H., ΑΠΟΛΕΙΞΙΣ ΕΚ ΤΩΝ ΑΓΙΩΝ ΓΡΑΦΩΝ ΠΕΡΙ ΧΡΙΣΤΟΥ ΚΑΙ ΠΕΡΙ ΤΟΥ ΑΝΤΙΧΡΙΣΤΟΥ (ΔΕ ΑΝΤΙΧΡΙΣΤΩ) in: Hippolyt's kleinere exegetische und homiletische Schriften (ChrSchr der ersten 3 Jh.), Leipzig 1897.
–, Fragmente aus dem arabischen Kommentar zur Apokalypse, in: Hippolyt's kleinere exegetische und homiletische Schriften, Hippolytus Werke 1. Bd 2. Hälfte, GCS, Leipzig 1897.
–, „Kapitel gegen Gajus" aus dem Kommentar zur Johannes-Apokalypse des Dionysius Bar-Salibi (ebd).
Justin: MARCOVICH, M. (Hg.), Justini Martyris Apologiae pro Christianis, Berlin 1994.
KAUTZSCH, E., Die Apokryphen und Pseudepigraphen des Alten Testaments, Hildesheim ³1992.
KLIJN, A.F.J., Die syrische Baruch-Apokalypse, JSHRZ V/2, Gütersloh 1976.
KÖRTNER, U.H.J./LEUTZSCH, M. (Hg.), Schriften des Urchristentums, Dritter Teil: Papiasfragmente, Hirt des Hermas, Darmstadt 1998.
LINDEMANN, A./PAULSEN, H., Die apostolischen Väter. Griechisch-deutsche Parallelausgabe auf der Grundlage der Ausgaben von F.X. Funk/K. Bihlmeyer/M. Whittaker mit Übersetzungen von M. Dibelius/D.-A. Koch, Tübingen 1992.

12                        Literaturverzeichnis

Lohse, E., (Hg.), Die Texte aus Qumran, Hebräisch und deutsch, Darmstadt 1964.
Martinez, F.G. (Hg.), The Dead Sea Scrolls Translated. The Qumran Texts in English, Leiden/Boston/Köln 1994.
–/Tigchelaar, E.J.C. (Hg.), The Dead Sea Scrolls, Study Edition, 2 Bd., Leiden/Boston/Köln 1997f.
Nestle, E./Aland K./Aland, B., Novum Testamentum Graece, Stuttgart ²⁷1993.
Ökumenius: Hoskier, H.C., The complete Commentary of Oecumenius to the Apocalypse, Ann Arbor 1928.
Origenes: Görgemanns, H./Karpp, H. (Hg.), Vier Bücher von den Prinzipien, Darmstadt ³1993.
Plinius: Kasten, H. (Hg.), Gaius Plinius Caecilius Secundus, Briefe. Epistularum libri decem, Lateinisch-deutsch, TuscBü, München/Zürich ⁶1990.
Primasius Episcopus Hadrumentinus: Adams, A.W. (Hg.), Commentarius in Apocalypsin, CCSL XCII, Turnhout 1985.
Rahlfs, A. (Hg.), Septuaginta, Stuttgart 1935.
Altjüdisches Schrifttum außerhalb der Bibel, übersetzt und erläutert von Riessler, P., Augsburg 1928.
Schneemelcher, W. (Hg.), Neutestamentliche Apokryphen in deutscher Übersetzung, Bd. II, Tübingen ⁵1989.
Schneider, J., Das 4. Buch Esra, JSHRZ V/4, Gütersloh 1981.
Schrage, W., Die Elia-Apokalypse, JSHRZ V/3, Gütersloh 1980.
Tyconius: Lo Bue, F. (Hg.), Turin Fragments of Tyconius' Commentary on Revelation, Cambridge 1963.
Uhlig, S., Das äthiopische Henochbuch, JSHRZ V/6, Gütersloh 1984.
Wengst, K. (Hg.), Schriften des Urchristentums, Zweiter Teil: Didache, Barnabasbrief, zweiter Klemensbrief, Schrift an Diognet, Darmstadt 1984.
Victorin: Haussleitner, J. (Hg.), Victorini Episcopi Petavionensis Opera, CSEL 49, Leipzig/Wien 1916.

## 2. Kommentare

Allo, E.-B., Saint Jean, L'Apocalypse, EtB, Paris ²1921.
Aune, D.E., Revelation, WBC 52, 3 Bd., Dallas 1997–1998.
Beale, G.K., The Book of Revelation, NIGTC, Grand Rapids/Cambridge 1999.
Beasley-Murray, G.R., The Book of Revelation, NCeB, London 1974 (Neuauflage 1978).
Beckwith, I.T., The Apocalypse of John, Grand Rapids 1919 (Nachdruck 1979).
Behm, J., Die Offenbarung des Johannes, NTD XI, Göttingen 1935 (⁷1957).
Boring, M.E., Revelation, Interpretation, Louisville 1989.
Bousset, W., Die Offenbarung Johannis, KEK XVI, Göttingen 1986.
Brütsch, Ch., Die Offenbarung Jesu Christi. Johannes-Apokalypse, 3 Bd., ZBK, Zürich ²1970.
Caird, G.B., A Commentary on the Revelation of St. John the Divine, BNTC, London 1966 (²1969).
Charles, R.H., A Critical and Exegetical Commentary on the Revelation of St. John with Introductions, Notes and Indices, also the Greek Testament and English Translation, 2 Bd., ICC, Edinburgh 1920 (Nachdruck 1970/71).

FORD, J.M., Revelation, AncB 38, Garden City 1975.
GIBLIN, C.H., The Book of Revelation. The Open Book of Prophecy, Good News Studies 34, Collegeville 1991.
GIESEN, H., Die Offenbarung des Johannes, RNT, Regensburg 1997.
HADORN, W., Die Offenbarung des Johannes, ThHK XVIII, Leipzig 1928.
HARRINGTON, W.J., Revelation, Sacra Pagina 16, Collegeville 1993.
HUGHES, P.E., The Book of the Revelation. A Commentary, Grand Rapids 1990.
KEENER, C.S., Revelation, The NIV Application Commentary, Grand Rapids 2000.
KRAFT, H., Die Offenbarung des Johannes, HNT XVIa, Tübingen 1974.
KRODEL, G., Revelation, ACNT, Minneapolis 1989.
LADD, G.E., A Commentary on the Revelation of John, Grand Rapids 1972.
LOHMEYER, E., Die Offenbarung des Johannes, HNT XVI, Tübingen 1926; neu hg. von G. Bornkamm, ²1953.
LOHSE, E., Die Offenbarung des Johannes, übersetzt und erklärt, NTD XI, Göttingen 1960, ³¹1971.
LOISY, A., L'Apocalypse de Jean, Paris 1923.
MICHAELS, J.R., Revelation, The JVP NT Commentary Series, Downers Grove/Leicester 1997.
MOUNCE, R.H., The Book of Revelation, NIC, Grand Rapids 1977.
MÜLLER, U.B., Die Offenbarung des Johannes, ÖTBK 19, Gütersloh ²1995.
OSBORNE, G.R., Revelation, Baker Exg. Comm. on the NT, Grand Rapids/Michigan 2002.
POHL, A., Die Offenbarung des Johannes, WStB, 2 Bd., Wuppertal 1969/71.
PRIGENT, P., L'apocalypse de Saint Jean, CNT XIV, Genève ³2000.
ROLOFF, J., Die Offenbarung des Johannes, ZBK 18, Zürich 1984.
SCHÜSSLER FIORENZA, E., Revelation. Vision of a Just World (Proclamation Comm), Minneapolis 1991.
STRACK, H.L./BILLERBECK, P., Kommentar zum Neuen Testament aus Talmud und Midrasch, München ⁴1965.
SWEET, J., Revelation, NTCom, London/Philadelphia 1990 (ursprünglich 1979).
SWETE, H.B., Commentary on Revelation, Grand Rapids ³1911 (Nachdruck 1977).
THOMAS, R.L., Revelation. An Exegetical Commentary, 2 Bd., Chicago 1992/95.
VÖGTLE, A., Das Buch mit den sieben Siegeln. Die Offenbarung des Johannes in Auswahl gedeutet, Freiburg i.Br./Basel/Wien 1981.
WITHERINGTON III, B: Revelation, The New Cambridge Bible Commentary, Cambridge 2003.
WIKENHAUSER, A., Die Offenbarung des Johannes übersetzt und erklärt, RNT IX, Regensburg 1947 (³1959).
YARBRO COLLINS, A., The Apocalypse, NTMes 22, Wilmington 1979.
ZAHN, T., Die Offenbarung des Johannes, KNT XVIII, Wuppertal 1924/26 (Nachdruck 1986).

## 3. Monographien und Aufsätze

ALLISON, D.C., 4Q 403 Fragm.1. Col.I,38–46 and the Revelation to John, RdQ 12, 1986, 409–414.
–, The *Silence* of Angels: Reflections on the Songs of the Sabbath Sacrifice, RdQ 13, 1988, 189–197.
AUNE, D.E., The Cultic *Setting* of Realized Eschatology in Early Christianity, Leiden 1972.

–, *Prophecy* in Early Christianity and the Ancient Mediterranean World, Grand Rapids 1983.
–, The Apocalypse of John and Greco-Roman Revalatory *Magic*, NTS 33, 1987, 481–501.
–, The Form and Function of the *Proclamations* to the Seven Churches (Revelation 2–3), NTS 36, 1990, 182–204.
Aus, R.D., The Relevance of *Isaiah 66,7* to Revelation 12 and 2 Thessalonichans 1, ZNW 67, 1976, 252–268.
Bachmann, M., Der erste apokalyptische *Reiter* und die Anlage des letzten Buches der Bibel, Bib. 67, 1986, 240–275.
–, Himmlisch: der ‚*Tempel* Gottes' von Apk 11.1, NTS 40, 1994, 474–480.
–, *Noch ein Blick* auf den ersten apokalyptischen Reiter (von Apk 6.1-2), NTS 44, 1998, 257–278.
Bauckham, R., *Theology* of the Book of Revelation (NT Theology), Cambridge 1993.
–, The Climax of Prophecy. Studies on the Book of Revelation, Edinburgh 1993.
–, The Eschatological *Earthquake* in the Apocalypse of John, NT 19, 1977, 224–233, jetzt in: Climax, 199–209.
–, The *Worship* of Jesus (= The Worship of Jesus in Apocalyptic Christianity, NTS 27, 1981, 322–341), jetzt in: Climax, 118–149.
–, The Economic *Critique* of Rome in Revelation 18, in: L. Alexander (Hg.), Images of Empire (JSOT.S 122), Sheffiled 1991, 47–90, jetzt in: Climax, 338–383.
–, The *List* of the Tribes in Revelation 7 Again, JSNT 42, 1991, 99–115.
–, *Structure* and Composition, in: Climax, 1–37.
–, The Apocalypse as a Christian *War Scroll*, in: Climax, 210–237.
–, The *Conversion* of the Nations, in: Climax, 238–337.
–, *Nero* and the Beast, in Climax, 384–452.
–, *Resurrection* as Giving Back the Dead: A Traditional Image of Resurrection in the Pseudepigrapha and the Apocalypse of John, in: Charlesworth, J.H./Evans, C.A . (Hg.), The Pseudepigrapha and Early Biblical Interpretation, SSEJC 2, Sheffield 1993, 269–291.
Bauer, T.J., Das tausendjährige *Messiasreich* der Johannesoffenbarung. Eine literarkritische Studie zu Offb 19,11–21,8, BZNW 148, Berlin/New York 2007.
Bauer, W., *Rechtgläubigkeit* und Ketzerei im ältesten Christentum, BHTh 10, Tübingen ²1964,
Beagley, A.J., The ‚*Sitz im Leben*' of the Apocalypse with Particular Reference to the Role of the Church's Enemies, BZNW 50, Berlin/New York 1987.
Beale, G.K., The Use of *Daniel* in Jewish Apocalyptic Literature and in the Revelation of St. John, Lanham/New York/London 1985.
–, The Interpretative Problem of *Rev. 1:19*, NT 34, 1992, 360–387.
–, The Old Testament Background of *Rev 3.14*, NTS 42, 1996, 133–152.
Becker, J., *Erwägungen* zu Fragen neutestamentlicher Exegese, BZ NF 13, 1969, 99–102.
Beile, R., *Zwischenruf* aus Patmos, Göttingen 2004.
Bell, A.A., The *Date* of John's Apocalypse. The Evidence of some Roman Historians Reconsidered, NTS 25, 1978, 93–102.
Berger, K., Die *Auferstehung* des Propheten und die Erhöhung des Menschensohnes, StUNT 13, Göttingen 1976.
–, *Apostelbrief* und apostolische Rede. Zum Formular frühchristlicher Briefe, ZNW 65, 1974, 190–231.
Bergh van Eysinga, G.A. v.d., Die in der Apokalypse bekämpfte *Gnosis*, ZNW 13, 1912, 293–305.

BERGMEIER, R., Altes und Neues zur „*Sonnenfrau* am Himmel (Apk 12)". Religionsgeschichtliche und quellenkritische Beobachtungen zu Apk 12,1-17, ZNW 73, 1982, 97-109.

-, „*Jerusalem*, du hochgebaute Stadt", ZNW 75, 1984, 83-106.

-, Die *Buchrolle* und das Lamm (Apk 5 und 10), ZNW 76, 1985, 225-242.

BETZ, H.D., Zum *Problem* des religionsgeschichtlichen Verständnisses der Apokalyptik, ZThK 63, 1966, 391-409, jetzt in: Hellenismus und Urchristentum. Gesammelte Aufsätze I, Tübingen 1990, 52-71.

BEYERLIN, W. (Hg.): Religionsgeschichtliches *Textbuch* zum Alten Testament (GAT), Göttingen 1975.

BIEDER, W., Die sieben *Seligpreisungen* in der Offenbarung des Johannes, ThZ 10, 1954, 13-30.

BIETENHARD, H., Die himmlische *Welt* im Urchristentum und Spätjudentum, WUNT 2, Tübingen 1951.

-, Das tausendjährige *Reich*. Eine biblisch-theologische Studie, Zürich ²1955.

BLACK, M., The ‚*Two Witnesses*' of Rev. 11:3f. in Jewish and Christian Apocalyptic Tradition, in: E. Bammel u.a. (Hg.), Donum Gentilicium. NT Studies in Honour D. Daube, Oxford 1978, 227-237.

BÖCHER, O., Der johanneische *Dualismus* im Zusammenhang des nachbiblischen Judentums, Gütersloh 1965.

-, *Dämonenfurcht* und Dämonenabwehr. Ein Beitrag zur Vorgeschichte der christlichen Taufe, BWANT 10, Stuttgart/Berlin u.a 1970.

-, *Christus* Exorcista, BWANT 16, Stuttgart u.a. 1972.

-, Die *Johannesapokalypse* (EdF 41), Darmstadt ⁴1998.

-, Kirche in Zeit und Endzeit. Aufsätze zur Offenbarung des Johannes, Neukirchen 1983.

-, Johannes der *Täufer* in der neutestamentlichen Überlieferung, in: Rechtfertigung, Realismus, Universalismus in biblischer Sicht (FS A. Köberle), Darmstadt 1978, 45-68; jetzt in: Kirche und Bibel, 70-89.

-, Zur Bedeutung der *Edelsteine* in Offb 21, in: Kirche und Bibel (FS E. Schick), Paderborn/München/Wien/Zürich 1979, jetzt in: Kirche und Bibel, 144-156.

-, *Bürger* der Gottesstadt. Kirche in Zeit und Endzeit nach Apk 21f, in: Bewahren und Erneuern (FS T. Schaller), Speyer 1980, jetzt in: Kirche und Bibel, 157-167.

-, *Johanneisches* in der Apokalypse des Johannes, in: Kirche und Bibel, 1-12.

-, *Israel* und die Kirche in der Johannesapokalypse, in: Kirche und Bibel, 28-57.

-, Das tausendjährige *Reich*, in: Kirche und Bibel, 133-143.

BOHAK, G., Greek-Hebrew *Gematrias* in 3Baruch and in Revelation, JSP 7, 1990, 119-121.

BOISMARD, M.-E., *Notes* sur l'apocalypse, RB 59, 1952, 161-181.

BOLL, F., Aus der *Offenbarung* Johannis. Hellenistische Studien zum Weltbild der Apokalypse, Stoicheia 1, Leipzig/Berlin 1914.

BORING, M.E., The *Voice* of Jesus in the Apocalypse of John, NT 34, 1992, 334-359.

BORNKAMM, G., Die *Komposition* der apokalyptischen Visionen in der Offenbarung Johannis, ZNW 36, 1937, 132-149; jetzt in: Studien zu Antike und Urchristentum. Gesammelte Aufsätze II, BEvTh 28, München ²1963, 204-222.

-, Das *Anathema* in der urchristlichen Abendmahlsliturgie, ThLZ 75, 1950, 227-230, jetzt in: Das Ende des Gesetzes. Paulusstudien, BEvTh 16, München 1952, 123-132.

BOUSSET, W., Der *Antichrist* in der Überlieferung des Judentums, des Neuen Testaments und der alten Kirche. Ein Beitrag zur Auslegung der Apocalypse, Göttingen 1895 (Nachdruck: Hildesheim 1983).

-, Die *Himmelsreise* der Seele, o.O. 1901 (Nachdruck: Darmstadt 1960).

BOUSSET, W./GRESSMANN, H. , Die Religion des Judentums im späthellenistischen Zeitalter, HNT 21, Tübingen ⁴1966.
BRANDENBURGER, E., *Markus 13* und die Apokalyptik, FRLANT 134, Göttingen 1984.
BRAUN, H., *Qumran* und das Neue Testament, 2 Bd., Tübingen 1966.
BRIGGS, R.A., Jewish *Temple* Imagery in the Book of Revelation, SBL 10, New York u.a. 1999.
BROOKE, G.J., *Ezekiel* in Some Qumran and New Testament Texts, in: J.T. Barrera/ L.V. Montaner (Hg.), The Madrid Qumran Congress: Proceedings of the International Congress on the Dead Sea Scrolls, Madrid 18-21 March 1991 (STDJ 11), Leiden 1993, 317-337.
BROWN, S., „The Hour of *Trial*" (Rev 3,10), JBL 85, 1966, 308-314.
BROX, N., *Zeuge* und Märtyrer. Untersuchungen zur frühchristlichen Zeugnis-Terminologie, StANT 5, München 1961.
-, *Nikolaos* und Nikolaiten, VigChr 19, 1965, 23-30.
BRUN, L., Die römischen *Kaiser* in der Apokalypse, ZNW 26, 1927, 128-151.
Bultmann, R., Die Geschichte der *syn*optische *Tradition*, FRLANT 12, Göttingen ³1957.
-, Das Evangelium des *Johannes*, KEK, Göttingen ¹⁴1956.
BURGER, C., Jesus als *Davidssohn*. Eine traditionsgeschichtliche Untersuchung, FRLANT 98, Göttingen 1970.
BUSCH, P., Der gefallene *Drache*. Mythenexegese am Beispiel von Apokalypse, TANZ 19, Tübingen/Basel 1996.
CAMPENHAUSEN, H. FRH. VON, Kirchliches *Amt* und geistliche Vollmacht in den ersten drei Jahrhunderten, BHTh 14, Tübingen 1953.
-, Die *Entstehung* der christlichen Bibel, BHTh 39, Tübingen 1968.
-, Die *Askese* im Urchristentum, in: Tradition und Leben. Kräfte der Kirchengeschichte. Aufsätze und Vorträge, Tübingen 1960, 114-156.
CARRELL, P.R., Jesus and the Angels. *Angelology* and the Christology of the Apocalypse of John, MSSNTS 95, Cambridge 1997.
CHARLESWORTH, J.H., The *Pseudepigrapha* and Modern Research, SCSt 7, Missoula 1976.
CHARLESWORTH, M.P., Einige Beobachtungen zum *Herrscherkult*, besonders in Rom (= Some Observations on Ruler-Cult, especially in Rome, HThR 28, 1935, 5-44), jetzt in: A. Wlosok (Hg.), Römischer Kaiserkult, WdF 372, Darmstadt 1978, 163-200 (Übersetzung durch F. Felten).
COLLINS, J.J., *Testaments*, in: Jewish Wiritings of the Second Temple Period, CRI 2, Assen/Philadelphia 1984, 325-355.
COMBLIN, J., Le *Christ* dans l'Apocalypse, BT.B6, Paris u.a. 1965.
CONSIDINE, J.S., The Two *Witnesses*: Apoc. 11:3-13, CBQ 8, 1946, 377-392.
CONZELMANN, H., Miszelle zu *Apk 18,17*, ZNW 66, 1975, 288-290.
COURT, J.M., *Myth* and History in the Book of Revelation, London 1979.
CULLMANN, O., *Eschatologie* und Mission im Neuen Testament, Ev. Missionsmagazin 85, 1941, 98-108, jetzt in: Vorträge und Aufsätze 1925-1962, Tübingen/Zürich 1966, 348-360.
DEICHGRÄBER, R., *Gotteshymnus* und Christushymnus in der frühen Christenheit. Untersuchungen zu Form, Sprache und Stil der frühchristlichen Hymnen, StUNT 5, Göttingen 1967.
DEISSMANN, A., *Licht* vom Osten. Das Neue Testament und die neuentdeckten Texte der hellenistisch-römischen Welt, Tübingen, ⁴1923.
DE JONGE, M., The *Use* of the Expression ὁ χριστός in the Apocalypse of John, in: J. Lambrecht (Hg.), L'Apocalypse johannique etc. 267-281.

DELEBECQUE, E., Où situer l'*Arbre* de vie dans la Jérusalem céleste? Note sur Apocalypse XXII,2, RThom 88, 1988, 124–130.

DELLING, G., Zum *gottesdienst*lichen Stil der Johannes-Apokalypse, NT 3, 1959, 107–137; jetzt in: Studien zum Neuen Testament und zum hellenistischen Judentum. Gesammelte Aufsätze 1950–1968, Göttingen 1970, 425–450.

DE SILVA, D.A., The Social *Setting* of the Revelation to John. Conflicts within, Fears without, in: WTJ 54, 1992, 273–302.

DEUTSCH, C., *Transformation* of Symbols: The New Jerusalem in Rv 21,1–22,5, ZNW 78, 1987, 106–126.

DIBELIUS, M., *Rom* und die Christen im 1. Jahrhundert, in: Botschaft und Geschichte. Gesammelte Aufsätze II, 1956, 177–228.

DIETERICH, A., *Abraxas*. Studien zur Religionsgeschichte des späteren Altertums, Leipzig 1891 (Nachdruck: Aalen 1973).

DOCHHORN, J., Und die *Erde* tat ihren Mund auf: Ein Exodusmotiv in Apc 12,16, ZNW 88, 1997, 140–142.

DOWNING, F.G., Pliny's *Prosecutions* of Christians. Revelation and 1 Peter, in: S.E. Porter/C.A. Evans (Hg.), The Johannine Writings, Sheffield 1995, 232–249 (= JSNT 34, 1988, 105–123).

DRAPER, J.A., The Heavenly *Feast* of Tabernacles. Revelation 7.1–17, JSNT 19, 1983, 133–147.

DUPONT-SOMMER, A., La *mère* du Messie et la mère de l'Aspic dans un hymne de Qumrân, RHR, 1955, 174–188.

EHRHARDT, A., Das Sendschreiben nach *Laodizea*, EvTh 17, 1957, 431–445.

ELLIGER, K., *Deuterojesaja*, BK XI/1, Neukirchen 1978.

ENROTH, A.-M., The *Hearing Formula* in the Book of Revelation, NTS 36, 1990, 598–608.

ERNST, J., Die eschatologischen *Gegenspieler* in den Schriften des Neuen Testaments (BU 3), Regensburg 1967.

–, Die „himmlische *Frau*" im 12. Kapitel der Apokalypse, ThGl 58, 1968, 39–59.

FARRER, A., A *Rebirth* of Images. The Making of St. John's Apocalypse, Westminster 1949.

–, The *Revelation* of St. John the Divine, Oxford 1964.

FEKKES, J., *Isaiah* and Prophetic Traditions in the Book of Revelation. Visionary Antecedents and their Development, JSNT.S 93, Sheffield 1994.

–, „His *Bride* has Prepared Herself". Revelation 19–21 and Isaian Nuptial Imagery, JBL 109, 1990, 269–287.

FENSKE, W., „Das *Lied* des Mose, des Knechtes Gottes, und das Lied des Lammes" (Apokalypse des Johannes 15,3f.). Der Text und seine Bedeutung für die Johannes-Apokalypse, ZNW 90, 1999, 250–264.

FEUILLET, A., Essai d'interprétation du *chap*itre XI de l'Apocalypse, NTS 4, 1957/58, 183–200.

–, Les vingt-quatre *vieillards* de l'Apocalypse, RB 65, 1958, 5–32.

–, Le Messie et sa mère d'après le *chap*itre XII de l'Apocalypse, RB 66, 1959, 55–86.

–, Le premier *cavalier* de l'Apocalypse, ZNW 57, 1966, 229–259.

–, Les 144000 *Israélites* marqués d'un sceau, NT 9, 1967, 191–224.

–, Les *martyrs* de l'humanité et l'Agneau égorgé. Une interprétation nouvelle de la prière des écorgés, NRTh 99, 1977, 189–207.

FIEDLER, P., Die Formel „*und siehe*" im Neuen Testament, StANT 20, München 1969.

FOERSTER, W., Die *Bilder* in Offenbarung 12f. und 17f., ThStKr 104, 1932, 279–310.

FRANKFURTER, D., *Jews* or Not? Reconstructing the „Other" in Rev 2:9 and 3:9, HThR 94, 2001, 403–425.

FREUDENBERGER, R., Das Verhalten der römischen *Behörden* gegen die Christen im 2. Jahrhundert, dargestellt am Brief des Plinius an Trajan und den Reskripten Trajans und Hadrians, MBPF 52, München 1967.

FREY, J., *Erwägungen* zum Verhältnis der Johannesapokalypse zu den übrigen Schriften des Corpus Johanneum, in: M. Hengel, Die johanneische Frage, WUNT 67, Tübingen 1993, 326–429.

FRIESEN, S.J., *Twice Neokoros*. Ephesus, Asia and the Cult of the Flavian Imperial Family, RGRW 116, Leiden 1993.

FUCHS, H., Der geistige *Widerstand* gegen Rom in der antiken Welt, Berlin ²1964.

GAECHTER, P., The Original *Sequence* of Apc 20–22, TS 10, 1949, 485–521.

GALLING, K., Biblisches *Reallexikon*, HAT 1, Tübingen 1937.

GEORGI, D., Die *Visionen* vom himmlischen Jerusalem in Apk 21 und 22, in: Kirche (FS G. Bornkamm), Tübingen 1980, 351–372.

–, Who is the True *Prophet*, HThR 79, 1986, 100–126.

GEYSER, A., The *Twelve Tribes* in Revelation: Judean and Judeo Christian Apocalypticism, NTS 28 1982, 388–399.

GIBLIN, C.H., Structural and Thematic *Correlations* in the Theology of Revelation 16–22, Bib. 55, 1974, 486–504.

–, *Revelation 11,1–13*: Its Form, Function, and Contextual Integration, NTS 30, 1984, 433–459.

GIESCHEN, C.A., Angelomorphic *Christology*. Antecedents and Early Evidence, AGJU 42, Leiden u. a. 1998.

GIESEN, H., Das Römische *Reich* im Spiegel der Johannes-Apokalypse, in: ANRW II 26,3, 1996, 2501–2614.

GLONNER, G., Zur *Bildersprache* des Johannes von Patmos. Untersuchung der Johannesapokalypse anhand einer um Elemente der Bildinterpretation erweiterten historisch-kritischen Methode, NTA 34, Aschendorf 1999.

GOLLINGER, H., Das „große *Zeichen*" von Apokalypse 12, SBM 11, Würzburg/Stuttgart 1971.

GOPPELT, L., *Heilsoffenbarung* und Geschichte nach der Offenbarung des Johannes, ThLZ 77, 1952, 513–522.

GOURGUES, M., The Thousand-Year *Reign* (Rev 20:1–6). Terrestrial or Celestial?, CBQ 47, 1985, 676–681.

GROBEL, K., Σῶμα as „Self, Person" in the Septuaginta, in: Neutestamentliche Studien für R. Bultmann, BZNW 21, Berlin 1954, 52–59.

GUNDRY, R.H., *Soma* in Biblical Theology with Emphasis on Pauline Anthropology, MSSNTS 29, London/New York/Melbourne 1976.

GUNKEL, H., *Schöpfung* und Chaos in Urzeit und Endzeit. Eine religionsgeschichtliche Untersuchung über Gen 1 und ApJoh 12, Göttingen 1895.

GÜNTHER, H.W., Der Nah- und *Enderwartungshorizont* in der Apokalypse des heiligen Johannes, FzB 41, Würzburg 1980.

GUTTENBERGER, G., *Johannes* von Thyateira. Zur Perspektive des Sehers, in: Studien zur Johannesoffenbarung und ihrer Auslegung (FS O. Böcher), Neukirchen 2005, 160–188.

HAHN, F., Christologische *Hoheitstitel*. Ihre Geschichte im frühen Christentum, FRLANT 83, Göttingen 1963.

–, Der urchristliche *Gottesdienst*, SBS 41, Stuttgart 1970.

–, *Theologie* des Neuen Testaments, 2 Bd., Tübingen 2002.

–, Die *Sendschreiben* der Johannesapokalypse. Ein Beitrag zur Bestimmung prophetischer Redeformen, in: Tradition und Glaube. Das frühe Christentum in seiner Umwelt (FS K.G. Kuhn), Göttingen 1971, 357–394.

–, Die Worte vom lebendigen *Wasser* im Johannesevangelium. Eigenart und Vorgeschichte von Joh 4,10.13f; 6,35; 7,37–39, in: God's Christ and His People (FS N.A. Dahl), Oslo/Bergen/Tromsö 1977, 51–70.

–, Zum *Aufbau* der Johannesoffenbarung, in: Kirche und Bibel (FS E. Schick), Paderborn u.a. 1979, 145–154.

–, Die *Schöpfungsmittlerschaft* Christi bei Paulus und in den Deuteropaulinen, in: Parola e Spirito (FS S. Cipriani) 1982, 661–678.

–, Liturgische *Elemente* in den Rahmenstücken der Johannesoffenbarung, in: Kirchengemeinschaft. Anspruch und Wirklichkeit (FS G. Kretschmar), Stuttgart 1986, 43–57.

–, Die *Schöpfungsthematik* in der Johannesoffenbarung, in: Eschatologie und Schöpfung (FS E. Grässer), BZNW 89, Berlin/New York 1997, 85–93.

HALL, R.G., Living *Creatures* in the Midst of the Throne: Another Look at Revelation 4.6, NTS 36, 1990, 609–613.

HALVER, R., Der Mythos im letzten Buch der Bibel. Eine Untersuchung der Bildersprache der Johannes Apokalypse, ThF 32, Hamburg-Bergstedt 1964.

HANNAH, D.D., *Michael* and Christ. Michael Traditions and Angel Christology in Early Christianity, WUNT 109, Tübingen 1999.

HARNISCH, W., Eschatologische *Existenz*. Ein exegetischer Beitrag zum Sachanliegen von 1. Thessalonicher 4,13–4,11, FRLANT 110, Göttingen 1973.

HARTINGSVELD, L. VAN, Die *Zahl* des Tieres, die Zahl eines Menschen. Apokalypse xiii 18, in: Miscellanea Neotestamentica, Volumen altertum (NT.S), Leiden 1978, 191–201.

HARTMAN, L., *Prophecy* Interpreted. The Formation of Some Jewish Apocalyptic Texts and of the Eschatological Discourse Mark 13 Par., CB.NT 1, Lund 1966.

HAUGG, D., Die zwei *Zeugen*. Eine exegetische Studie über Apok.11,1–13, NTA XVII 1, Münster 1936.

HEILIGENTHAL, R., Wer waren die „*Nikolaiten*"? Ein Beitrag zur Theologiegeschichte des frühen Christentums, ZNW 82, 1991, 133–137.

HEINZE, A., *Johannesapokalypse* und johanneische Schriften. Forschungs- und traditionsgeschichtliche Untersuchungen, BWANT 142, Stuttgart u.a. 1998.

HELLHOLM, D. (Hg.), *Apocalypticism* in the Mediterranean World and the Near East. Proceedings of the International Colloquium on Apocalypticism, Tübingen 1983.

HEMER, C.J., The *Letters* to the Seven Churches of Asia in their Local Setting, JSNT.S 11, Sheffield 1986.

–, The *Sardis* Letter and the Croesus Tradition, NTS 19, 1972, 94–97.

HENGEL, M., Die *Zeloten*. Untersuchungen zur jüdischen Freiheitsbewegung in der Zeit von Herodes I. bis 70. n. Chr., AGSU 1, Leiden 1961.

–, *Judentum* und Hellenismus. Studien zu ihrer Begegnung unter besonderer Berücksichtigung Palästinas bis zur Mitte des 2. Jahrhundert v. Chr., WUNT 10, Tübingen 1969.

–, Die johanneische *Frage*. Ein Lösungsversuch, WUNT 67, Tübingen 1993.

–, Die *Throngemeinschaft* des Lammes mit Gott in der Johannesapokalypse, in: ThBeitr 27, 1996, 159–175.

HERMS, K., An *Apocalypse* for the Church and for the World. The Narrative Function of Universal Language in the Book of Revelation, BZNW 143, Berlin/New York 2006.

HERZER, J., Der erste apokalyptische *Reiter* und der König der Könige. Ein Beitrag zur Christologie der Johannesapokalypse, NTS 45, 1999, 230–249.

Hieke, T., Der *Seher* Johannes als neuer Ezechiel. Die Offenbarung des Johannes vom Ezechielbuch her gesehen, in: D. Sänger (Hg.), Das Ezechielbuch in der Johannesoffenbarung, BThSt 76, Neukirchen 2004, 1-30.
Hill, D., *Prophecy* and Prophets in the Revelation of St. John, NTS 18, 1971/72, 401-418.
Hillers, D.R., *Rev 13:18* and a Scroll from Murabb'at, BASOR 170, 1963, 65.
Hirschberg, P., Das eschatologische *Israel*. Untersuchungen zum Gottesvolkverständnis der Johannesoffenbarung, WMANT 84, Neukirchen 1999.
Hoffmann, M.R., The *Destroyer* and the Lamb. The Relationship between Angelomorphic and Lamb Christology in the Book of Revelation, WUNT 203, Tübingen 2005.
Hofius, O., Das *Zeugnis* der Johannesoffenbarung von der Gottheit Jesu Christi, in: Geschichte – Tradition – Reflexion (FS M. Hengel), Tübingen 1996, III 511-528.
–, ἀρνίον – Widder oder Lamm? Erwägungen zur Bedeutung des Wortes in der Johannesapokalypse, ZNW 89, 1998, 272-281.
Hohnjec, N., Das *Lamm* – τὸ ἀρνίον in der Offenbarung des Johannes. Eine exegetisch-theologische Untersuchung, Rom 1980.
Holtz, T., Die *Christologie* der Apokalypse des Johannes, TU 85, Berlin [2]1971.
–, *Gott* in der Apokalypse, in: J. Lambrecht (Hg.), L'Apocalypse johannique etc. 247-265.
–, Die *„Werke"* in der Johannesapokalypse, in: Neues Testament und Ethik (FS R. Schnackenburg), Freiburg i.Br./Basel/Wien 1989, 426-441.
Horn, F.W., Zwischen der *Synagoge* des Satans und dem neuen Jerusalem. Die christlich-jüdische Standortbestimmung in der Apokalypse des Johannes, ZRGG 46, 1994, 143-162.
–, *Johannes* auf Patmos, in: Studien zur Johannesoffenbarung und ihrer Auslegung (FS O. Böcher), Neukirchen 2005, 139-159.
Hoskier, H.C., Concerning the *Text* of the Apocalypse. Collations of all Existing Available Greek Documents with the Standard Text of Stephen's Third Edition, 2 Bd., London [3]1929.
Huber, K., Einer gleich einem *Menschensohn*. Die Christusvisionen in Offb 1,9-20 und Offb 14,14-20 und die Christologie der Johannesoffenbarung, NTA 51, Münster 2007.
–, *Psalm 2* in der Offbarung des Johannes, in: A. Vonach/G. Fischer (Hg), Horizonte biblischer Texte, OBO 196, Freiburg i.Br. 2003, 247-243.
Hunzinger, C.-H., *Babylon* als Deckname für Rom und die Datierung des 1. Petrusbriefes, in: Gottes Wort und Gottes Land (FS H.-W. Hertzberg), Göttingen 1965, 67-77.
Hurtado, L.W., *Revelation 4-5* in the Light of Jewish Apocalyptic Analogies, JSNT 25, 1985, 105-124, jetzt in: S.E. Porter/C.A. Evans (Hg.), The Johannine Writings, Sheffield 1995, 193-211.
Huss, W., Die *Gemeinde* der Apokalypse des Johannes (Diss. München), masch. 1967.
Jart, U., The Precious *Stones* in the Revelation of St. John xxi.18-21, ST 24, 1970, 150-181.
Jauhiainen, M., The Use of *Zechariah* in Revelation, WUNT 199, Tübingen 2005.
Jeremias, G., Der *Lehrer* der Gerechtigkeit, StUNT 2, Göttingen 1963.
Jeremias, J., Die *Gleichnisse* Jesu, Göttingen [7]1965.
Johns, L.L., The *Lamb Christology* of the Apocalypse of John, WUNT 167, Tübingen 2003.
Jörns, K.-P., Das hymnische *Evangelium*. Untersuchungen zu Aufbau, Funktion und Herkunft der hymnischen Stücke in der Johannesoffenbarung, StNT 5, Gütersloh 1971.
Kalms, J.U., Der *Sturz* des Gottesfeindes. Traditionsgeschichtliche Studien zu Apokalypse 12, WMANT 93, Neukirchen 2001.
Kamlah, E., Die Form der katalogischen *Paränese* im Neuen Testament, WUNT 7, Tübingen 1964.

KAMPLING, R., Vision der *Kirche* oder Gemeinde eines Visionärs? Auf der Suche nach der Ekklesiologie der Johannes-Offenbarung, in: K. Backhaus (Hg.), Theologie als Vision. Studien zur Johannes-Offenbarung (FS K. Kertelge), Stuttgart 2001, 121-150.

KARRER, M., Die Johannesoffenbarung als *Brief*. Studien zu ihrem literarischen, historischen und theologischen Ort, FRLANT 140, Göttingen 1986.

–, *Stärken* des Randes: die Johannesoffenbarung, in: Das Urchristentum in seiner literarischen Geschichte (FS J. Becker), Berlin/New York 1999, 391-417.

–, Von der Apokalypse zu Ezechiel. Der *Ezechieltext* der Apokalypse, in: D. Sänger (Hg.), Das Ezechielbuch in der Johannesoffenbarung, BThSt 76, Neukirchen 2004, 84-120.

KENNEL, G., Frühchristliche *Hymnen*? Gattungskritische Studien zur Frage nach den Liedern der frühen Christenheit, WMANT 71, Neukirchen 1995.

KERESZTES, P., The *Jews*, the Christians, and Emperor Domitian, VigChr 27, 1973, 1-28.

KERNER, J., Die *Ethik* der Johannes-Apokalypse im Vergleich mit der des 4. Esra. Ein Beitrag zum Verhältnis von Apokalyptik und Ethik, BZNW 94, Berlin/New York 1998.

KITZBERGER, I.R., „*Wasser* und Bäume des Lebens" – eine feministisch-intertextuelle Interpretation von Apc 21/22, in: H.J. Klauck (Hg.), Weltgericht und Weltvollendung. Zukunftsbilder im Neuen Testament, QD 150, Freiburg i.Br./Basel/Wien 1994, 206-224.

KLASSEN, W., *Vengeance* in the Apocalypse of John, CBQ 20, 1966, 300-311.

KLAUCK, H.-J., Die religiöse *Umwelt* des Urchristentums II. Herrscher- und Kaiserkult, Philosophie, Gnosis, KStTh 9,2, Stuttgart/Berlin/Köln 1996.

–, Das *Sendschreiben* nach Pergamon und der Kaiserkult in der Johannesoffenbarung, Bib. 73, 1992, 153-182.

KLINZING, G., Die Umdeutung des *Kultus* in der Qumrangemeinde und im NT, StUNT 7, Göttingen 1971.

KNÖPPLER, T., *Sühne* im Neuen Testament. Studien zum urchristlichen Verständnis der Heilsbedeutung des Todes Jesu, WMANT 88, Neukirchen 2001.

–, Das *Blut* des Lammes. Zur soteriologischen Relevanz des Todes Jesu nach der Johannesapokalypse, in: J. Frey/J. Schröter (Hg.), Deutung des Todes Jesu im Neuen Testament, WUNT 181, Tübingen 2005, 477-511.

KOCH, K., Spätisraelitisches *Geschichtsdenken* am Beispiel des Buches Daniel, in: K. Koch/J.M. Schmidt (Hg.), Apokalyptik, WdF 365, Darmstadt 1982, 276-310.

KOCH, M., *Drachenkampf* und Sonnenfrau, WUNT 184, Tübingen 2004.

KOESTER, C.R., The Message to *Laodicea* and the Problem of Its Local Context: A Study of the Imagery in Rev 3.14-22, NTS 49, 2003, 407-424.

KÖSTER, H., Einführung in das Neue Testament im Rahmen der Religionsgeschichte und Kulturgeschichte der hellenistischen und römischen Zeit, Berlin/New York 1980.

KOWALSKI, B., Die *Rezeption* des Propheten Ezechiel in der Offenbarung des Johannes, SBS 52, Stuttgart 2004.

KRAUS, H.J., *Psalmen*, BK XV I, Neukirchen ³1966.

KRAYBILL, J.N., Imperial *Cult* and Commerce in John's Apocalypse, JSNT.S 132, Sheffield 1996.

KREITZER, L., *Hadrian* and the Nero redivivus Myth, ZNW 79, 1988, 92-115.

KRETSCHMAR, G., Die *Offenbarung* des Johannes. Die Geschichte ihrer Auslegung im 1. Jahrtausend, CThM B9, Stuttgart 1985.

LAMBRECHT, J. (Hg.): L'Apocalypse johannique et l'Apocalyptique dans le Nouveau Testament, BEThL 53, Gembloux/Leuven 1980.

–, A *Structuration* of Revelation 4,1-22,5, in: Ders. (Hg.), L'Apocalypse johannique … 77-104.

–, The *Opening* of the Seals (Revelation 6,1–8,6), Bib. 79 1998, 198–220, jetzt in: Collected Studies on Pauline Literature and on the Book of Revelation, AnBib 147, Rom 2001, 357–377.

–, Final Judgments and Ultimate Blessings. The *Climactic Visions* of Revelation 20,11–21,8, Bib. 81 2000, 362–385, jetzt in: Collected Studies ... 395–417.

LAMPE, P., Die *Apokalyptiker* – ihre Situation und ihr Handeln, in: U. Luz u.a. (Hg.), Eschatologie und Friedenshandeln. Exegetische Beiträge zur Frage christlicher Friedensverantwortung, SBS 101, Stuttgart 1981, 59–114.

LÄUCHLI, S., Eine *Gottesdienststruktur* in der Johannesoffenbarung, ThZ 16, 1960, 359–378.

LICHTENBERGER, H., *Überlegungen* zum Verständnis der Johannes-Apokalypse, in: C. Landmesser/H.-J. Eckstein/H. Lichtenberger (Hg.), Jesus Christus als die Mitte der Schrift. Studien zur Hermeneutik des Evangeliums (FS O. Hofius), BZNW 86, Berlin/New York 1997, 603–618.

LIPINSKI, E., L'*Apocalypse* et le martyre de Jean à Jérusalem, in: NT 11, 1969, 225–232.

LÖHR, H., Die „Lehre der *Nikolaiten*". Exegetische und theologische Bemerkungen zu einer neutestamentlichen „Häresie", in: Kaum zu glauben (FS H. Faulenbach), Arbeiten zur Theologiegeschichte 5, Gelsenkirchen 1999, 34–55.

LOHSE, E., *Märtyrer* und Gottesknecht. Untersuchungen zur urchristlichen Verkündigung vom Sühnetod Jesu Christi, FRLANT 64, Göttingen 1963.

–, *Wie christlich* ist die Offenbarung des Johannes? NTS 34, 1988, 321–338.

MAIER, G., Die *Johannesoffenbarung* und die Kirche, WUNT 25, Tübingen 1981.

MATHEWS, S.F., A Critical *Evaluation* of the Allusions to the O.T. in Apocalypse 1:1–8:5, Ann Arbor 1987.

MATHEWSON, D., A New *Heaven* and a New Earth. The Meaning and Function of the Old Testament in Revelation 21.1–22.5, JSNTS 238, Sheffield 2003.

MAZZAFERRI, F.D., The *Genre* of the Book of Revelation from a Source-critical Perspective, BZNW 54, Berlin/New York 1989.

McDONOUGH, S.M., *YHWH* at Patmos. Rev. 1:4 in its Hellenistic and Early Jewish Setting, WUNT 107, Tübingen 1999.

McKELVEY, R.J., The *Milleinnium* and the Second Coming, in: S. Moyise (Hg.), Studies in the Book of Revelation, Edinburgh/New York 2001, 85–100.

MEALY, J.W., After the *Thousand Years*. Resurrection and Judgment in Revelation 20, JSNT.S 70, Sheffield 1992.

MICHAELS, J.R., *Revelation 1.19* and the Narrative Voices of the Apocalypse, NTS 37, 1991, 604–620.

MICHL, J., Die *Engelvorstellungen* in der Apokalypse des Heiligen Johannes, 1. Teil: Die Engel um Gott, München 1937.

–, Die 24 *Ältesten* in der Apokalypse des heiligen Johannes, München 1938.

–, „Sie hatten *Haare* wie Weiberhaare" Apk 9,8, BZ 23, 1935, 266–288.

–, Die Deutung der apokalyptischen *Frau* in der Gegenwart, BZ 3, 1959, 301–310.

MINEAR, P.S., I Saw a *New Earth*. An Introduction to the Visions of the Apocalypse, Washington/Cleveland 1968.

MOWRY, L., *Revelation 4–5* and Early Christian Liturgical Usage, JBL 71, 1952, 75–84.

MOYISE, S., The Old Testament in the Book of Revelation, JSNT.S 115, Sheffield 1995.

–, *Intertextuality* and the book of Revelation, ET 104, 1993, 295–298.

–, The *Language* of the Old Testament in the Apocalypse, JSNT 76, 1999, 97–113.

–, The *Psalms* in the Book of Revelation, in: S. Moyise/M.J.J. Menken (Hg.), The Psalms in the New Testament, London/New York 2004, 231–246.

MÜLLER, C., Gottes *Gerechtigkeit* und Gottes Volk. Eine Untersuchung zu Römer 9-11, FRLANT 86, Göttingen 1964.
MÜLLER, H.-P., Die *Plagen* der Apokalypse. Eine formgeschichtliche Untersuchung, ZNW 51, 1960, 268-278.
-, Die himmlische *Ratsversammlung*. Motivgeschichtliches zu Apc 5,1-5, ZNW 54, 1963, 254-267.
MÜLLER, U.B., *Messias* und Menschensohn in jüdischen Apokalypsen und in der Offenbarung des Johannes, StNT 6, Gütersloh 1972.
-, *Prophetie* und Predigt im Neuen Testament. Formgeschichtliche Untersuchungen zur urchristlichen Prophetie, StNT 10, Gütersloh 1975.
-, Zur frühchristlichen *Theologiegeschichte*. Judenchristentum und Paulinismus in Kleinasien an der Wende vom ersten zum zweiten Jahrhundert n. Chr., Gütersloh 1976.
-, Christologie und Apokalyptik. Gesammelte Aufsätze, Arbeiten zur Bibel und ihrer Geschichte 12, Leipzig 2003.
-, Literarische und formgeschichtliche *Bestimmung* der Apokalypse des Johannes als einem Zeugnis frühchristlicher Apokalyptik, in: D. Hellholm (Hg.), Apocalypticism etc, 599-619; jetzt in: Christologie und Apokalyptik. Gesammelte Aufsätze, Arbeiten zur Bibel und ihrer Geschichte 12, Leipzig 2003, 291-311.
-, *Apokalyptik* im Neuen Testament: Bilanz und Perspektiven gegenwärtiger Auslegung des Neuen Testaments (FS G. Strecker), BZNW 75, 1995, Berlin/New York, 144-169; jetzt in: Christologie und Apokalyptik. Gesammelte Aufsätze, Arbeiten zur Bibel und ihrer Geschichte 12, Leipzig 2003, 268-290.
-, „Das *Wort Gottes*". Der Name des Reiters auf weißem Pferd (Apc 19,13), in: Kollmann, B./Reinbold, W./Steudel, A. (Hg.), Antikes Judentum und frühes Christentum (FS H. Stegemann), Berlin 1999, 474-487, jetzt in: Christologie und Apokalyptik. Gesammelte Aufsätze, Arbeiten zur Bibel und ihrer Geschichte 12, Leipzig 2003, 312-325.
-, Apokalyptische *Strömungen*, in: Christologie und Apokalyptik. Gesammelte Aufsätze, Arbeiten zur Bibel und ihrer Geschichte 12, Leipzig 2003, 223-267.
MÜLLER-FIEBERG, R., Das „neue *Jerusalem*". Vision für alle Herzen und alle Zeiten?, BBB 144, Berlin/Wien 2003.
MUNCK, J., *Petrus* und Paulus in der Offenbarung Johannis. Ein Beitrag zur Auslegung der Apokalypse, LSSk.T 1, Kopenhagen 1950.
MUSSIES, G., The *Morphology* of Koine Greek as Used in the Apocalypse of St. John. A Study in Bilingualism, NT.S 27, Leiden 1971.
NEWMAN, B., The *Fallacy* of the Domitian Hypothesis. Critique of the Irenaeus Source as a Witness for the Contemporary-Historical Approach to the Interpretation of the Apocalypse, NTS 10, 1963/64, 133-139.
NIEDERWIMMER, K., *Askese* und Mysterium, FRLANT 113, Göttingen 1975.
NIKOKAINEN, A.T., Über die theologische *Eigenart* der Offenbarung des Johannes, ThLZ 93, 1968, 161-170.
NILSSON, M.P., Geschichte der griechischen *Religion*, II. Die hellenistische und römische Zeit, HAW V2, München ²1961.
NORRIS, F.W., *Asia Minor* before Ignatius: Walter Bauer Reconsidered, StEv 7, 1982, 366-376.
OBERWEIS, M., Die Bedeutung der neutestamentlichen „*Rätselzahlen*" 666 (Apk 13,18) und 153 (Joh 21,11), ZNW 77, 1986, 226-241.
-, Das Martyrium der *Zebedaiden* in Mk 10.35-40 (Mt 20.20-3) und Offb 11.3-13, NTS 44, 1998, 74-92.

OSTEN-SACKEN, P. VON DER: „*Christologie*, Taufe, Homologie". Ein Beitrag zu Apc Joh 1,5f., ZNW 58, 1967, 255–266.

PARKER, D.C., A new Oxyrhynchus Papyrus of Revelation: *p115* (P.Oxy.4499), NTS 46, 2000, 159–174.

PATTEMORE, S., The *People* of God in the Apocalypse. Discourse, structure and exegesis, MSSNTS 128, Cambridge 2004.

PAULIEN, J., Decoding Revelation's *Trumpets*. Literary Allusions and interpretations of Revelation 8:7-12, AUSDDS 11, Berrien Springs 1987.

PEERBOLTE, L.J.L., The Antecedents of *Antichrist*. A Traditio-Historical Study of the Earliest Christian Views on Eschatological Opponents, JSJ.S. 49, Leiden/New York/Köln 1996.

PESCH, R., *Offenbarung* Jesu Christi. Eine Auslegung von Apk 1,1-3, BiLe 11, 1970, 15–29.

PEZZOLI-OLGIATI, D., *Täuschung* und Klarheit. Zur Wechselwirkung zwischen Vision und Geschichte in der Johannesoffenbarung, FRLANT 175, Göttingen 1997.

PIPER, O.A., The *Apocalypse* of John and the Liturgy of the Ancient Church, ChH 20, 1951, 10–22.

PLEKET, H.W., *Domitian*, the Senate and the Provinces, Mn.7, 1961, 296–315.

PRIGENT, P., *Apocalypse 12*. Histoire de l'exégèse, BGBE 2, Tübingen 1959.

–, Apocalypse et *Liturgie*, CTh 52, Neuchatel 1964.

–, Au temps de l'Apocalypse. 1. *Domitien*, RHPhR 54, 1974, 455–483.

–, Au temps de l'Apocalypse. 2. Le *culte* impérial au 1er siècle en Asie Mineure, RHPhR 55, 1975, 215–235.

RÄISÄNEN, H., The Nicolaitans: Apoc.2; Acta 6, ANRW II 26/2, 1602–1644.

RAMSAY, W.M., The *Letters* to the Seven Churches of Asia and Their Place in the Plan of the Apocalypse, London [2]1909.

READER, W.W., Die *Stadt* Gottes in der Johannesapokalypse (Diss. Göttingen), masch. 1971.

–, The Twelve *Jewels* of Revelation 21:19-20: Tradition History and Modern Interpretations, JBL 100, 1981, 433–457.

REDDISH, M.G., Martyr *Christology* in the Apocalypse, JSNT 33, 1988, 85–95, jetzt in: S.E. Porter/C.A. Evans (Hg.), The Johannine Writings, Sheffield 1995, 212–222.

REICHELT, G., Das Buch mit den *sieben Siegeln* in der Apokalypse des Johannes (Diss. Göttingen), masch. 1975.

REICKE, B., Die jüdische *Apokalyptik* und die johanneische Tiervision, RSR 60, 1972, 173–192.

RESSEGUIE, J.L., *Revelation* Unsealed. A Narrative Critical Approach to John's Apocalypse, BIS 32, Leiden 1998.

RIEMER, U., Das *Tier* auf dem Kaiserthron? Eine Untersuchung zur Offenbarung des Johannes als historischer Quelle, Beiträge zur Altertumskunde 114, Stuttgart/Leipzig 1998.

RISSI, M., *Was ist* und was geschehen soll danach. Die Zeit- und Geschichtsauffassung der Offenbarung des Johannes, AThANT 46, Zürich/ Stuttgart 1965.

–, Die *Zukunft* der Welt, Eine exegetische Studie über Johannesoffenbarung 19,11–22,15, Basel 1966.

–, Die *Hure* Babylon und die Verführung der Heiligen. Eine Studie zur Apokalypse des Johannes, BWANT 136, Stuttgart/Berlin/Köln 1995.

–, Das *Judenproblem* im Lichte der Johannesapokalypse, ThZ 13, 1957, 241–259.

–, The *Rider* on the White Horse. A Study of Rev 6:1-8, Interp. 18, 1964, 407–418.

–, Die *Erscheinung* Christi nach Off. 19,11-16, ThZ 21, 1965, 81–95.

Robinson, J.A.T., *Redating* the New Testament, London 1976.
Roller, O., Das Buch mit *sieben Siegeln*, ZNW 36, 1937, 98–113.
Roloff, J., Die *Kirche* im Neuen Testament, GNT 10, Göttingen, 1993.
–, „*Siehe*, ich stehe vor der Tür und klopfe an". Beobachtungen zur Überlieferungsgeschichte von Offb 3,20, in: Vom Urchristentum zu Jesus (FS J. Gnilka), Freiburg i.Br./Basel/Wien 1989, 452–466.
–, *Weltgericht* und Weltvollendung in der Offenbarung des Johannes, in: H.J. Klauck (Hg.), Weltgericht und Weltvollendung. Zukunftsbilder im Neuen Testament, QD 150, Freiburg i.Br./Basel/Wien, 1994, 106–127.
Roose, H., „Das *Zeugnis* Jesu". Seine Bedeutung für die Christologie, Eschatologie und Prophetie in der Offenbarung des Johannes, TANZ 32, Tübingen/Basel 2000.
Rordorf, W., Der *Sonntag*. Geschichte des Ruhe- und Gottesdiensttages im ältesten Christentum, AThANT 43, Zürich 1962.
Rowland, C., The *Vision* of the Risen Christ in Rev. i.13ff: the Debt of an Early Christology to an Aspect of Jewish Angelology, JThS 31, 1980, 1–11.
Royalty, R.M. Jr., The *Streets* of Heaven. The Ideology of Wealth in the Apocalypse of John, Macon, Georgia 1998.
Ruiz, J.-P., *Praise* and Politics in Revelation 19:1–10, in: S. Moyise (Hg.), Studies in the Book of Revelation, Edinburgh/New York 2001, 69–84.
Saffrey, H.D., *Relire* l'Apocalypse à Patmos, RB 82, 1975, 385–417.
Sanders, J.N., *St. John* on Patmos, NTS 9, 1962/63, 75–85.
Sanders, J.T., Whence the First *Millennium*? The Sources behind Revelation 20, NTS 50, 2004, 444–456.
Sänger, D., „*Amen*, komm, Herr Jesus!" (Apk 22,20), in: Studien zur Johannesoffenbarung und ihrer Auslegung (FS O. Böcher), Neukirchen 2005, 71–92.
Sass, G., Zur Bedeutung von δοῦλος bei Paulus, ZNW 40, 1941, 25–27.
Satake, A., Die *Gemeindeordnung* in der Johannesapokalypse, WMANT 21, Neukirchen 1966.
–, Das *Leiden* der Jünger um meinetwillen, ZNW 67, 1976, 4–19.
–, *Kirche* und feindliche Welt. Zur dualistischen Auffassung der Menschenwelt in der Johannesapokalypse, in: Kirche (FS G. Bornkamm), Tübingen 1980, 329–340.
Schaik, A.P. van, Ἄλλος ἄγγελος in Apc 14, in: J. Lambrecht (Hg.), L'Apocalyse johannique etc. 217–228.
Schenke, H.-M./Fischer, K.M., *Einleitung* in die Schriften des Neuen Testaments II, Gütersloh 1979.
Schlier, H., Vom *Antichrist*. Zum 13. Kapitel der Offenbarung Johannis (1935), jetzt in: Die Zeit der Kirche. Exegetische Aufsätze und Vorträge, Freiburg i.Br. 1956, 16–29.
Schmid, J., *Studien* zur Geschichte des griechischen Apokalypse-Textes. 2. Teil, MThS.HE 1, München 1955.
–, Zur *Textkritik* der Apokalypse, ZNW 43, 1950/51, 112–128.
Schnelle, U., *Einleitung* in das Neue Testament, UTB 1830, Göttingen ²1996.
Scholtissek, K., „*Mitteilhaber* an den Bedrängnis, der Königsherrschaft und der Ausdauer in Jesus" (Offb 1,9), in: Theologie als Vision. Studien zur Johannes-Offenbarung (FS K. Kertelge), Stuttgart 2001, 172–207.
Schrage, W., *Ethik* des Neuen Testaments, GNT 4, Göttingen ⁵1989.
–, Meditation zu *Offenbarung 2,8–11*, EvTh 48, 1988, 389–403.
Schürer, E. (revidiert u. neu hg. v. G. Vermes/F. Millar/M. Black), The *History* of the Jewish People in the Age of Jesus Christ, 3 Bd., Edinburgh 1979.

SCHÜTZ, R., Die Offenbarung des Johannes und Kaiser *Domitian*, FRLANT 32, Göttingen 1933.
SCHÜSSLER FIORENZA, E., *Priester* für Gott. Studien zum Herrschafts- und Priestermotiv in der Apokalypse, NTA NS7, Münster 1972.
-, *Apocalyptic* and Gnosis in Revelation and in Paul, JBL 92, 1973, 565-581, jetzt in: The Book of Revelation. Justice and Judgment, Philadelphia 1985, 114-132.
-, *Redemption* as Liberation (Revelation 1:5-6 and 5:9-10), CBQ 36, 1974, 220-232, jetzt in: The Book of Revelation 68-81.
-, The *Composition* and Structure of Revelation, CBQ 39, 1977, 344-366, jetzt in: The Book of Revelation 159-180.
-, The Quest for the Johannine *School*: The Book of Revelation and the Fourth Gospel, NTS 23, 1977, 402-427, jetzt in: The Book of Revelation 85-113.
-, *Apokalypsis* and Propheteia. The Book of Revelation in the Context of Early Christian Prophecy, in: J. Lambrecht (Hg.), l'Apocalypse johannique etc. 105-128; jetzt in: The Book of Revelation 133-156.
-, Visionary *Rhetoric* and Social-Political Situation in: The Book of Revelation 181-203.
Schweizer, E., *EGO EIMI*. Die religionsgeschichtliche Herkunft und theologische Bedeutung der johanneischen Bildreden, FRLANT 56, Göttingen ²1965.
-, *Gemeinde* und Gemeindeordnung im Neuen Testament, AThANT 35, Zürich 1959.
-, *Kolosser 1,15-20*, in: EKK-Vorarbeiten Heft 1, Neukirchen 1976, 7-31.
-, *Ökumene* im Neuen Testament: Der Glaube an den Sohn Gottes, in: Beiträge zur Theologie des Neuen Testaments. Neutestamentliche Aufsätze (1955-1970), Zürich 1970, 97-111.
SCHWEMER, A.M., *Prophet*, Zeuge und Märtyrer. Zur Entstehung des Märtyrerbegriffs im frühesten Christentum, ZThK 96, 1999, 320-350.
SICKENBERGER, J., Das *tausendjährige Reich* in der Apokalypse, in: FS S. Merkle, Düsseldorf 1922, 300-316.
SIEW, A.K.W., The *War* between the Two Beasts and the Two Witnesses. A Chiastic Reading of Revelation 11.1-14.5, LNTS = JSNT.S 283, London/New York 2005.
SIM, U., Das himmlische *Jerusalem* in Apk 21,1-22,5 im Kontext biblisch-jüdischer Tradition und antiken Städtebaus, BAC 25, Trier 1996.
SLATER, T.B., *Christ* and Community. A Socio-Historical Study of the Christology of Revelation, JSNT.S 178, Sheffield 1999.
SMITH, C.R., The *Structure* of the Book of Revelation in Light of Apocalyptic Literary Conventions, NT 36, 1994, 373-393.
SMITMANS, A., Ein Beispiel exegetischer *Methoden* aus dem Neuen Testament, in: J. Schreiner (Hg.), Einführung in die Methoden der biblischen Exegese, Würzburg 1971, 149-193.
SÖDING, T., *Heilig*, heilig, heilig. Zur politischen Theologie der Johannes-Apokalypse, ZThK 96, 1999, 49-76.
-, Gott und das Lamm. Theozentrik und Christologie in der Johannesapokalypse, in: Theologie als Vision. Studien zur Johannes-Offenbarung (FS K. Kertelge), Stuttgart 2001, 77-120.
SÖLLNER, P., *Jerusalem*, die hochgebaute Stadt. Eschatologisches und Himmlisches Jerusalem im Frühjudentum und im frühen Christentum, TANZ 25, Tübingen/Basel 1998.
STARITZ, K., Zur *Offenbarung* Johannis 5,1, ZNW 30, 1931, 157-170.
STEGEMANN, E.W., *Aspekte* psychoanalytischer Auslegung der Johannesoffenbarung, EvTh 54, 1994, 452-466.
STEVENSON, G., *Power* and Place. Temple and Identity in the Book of Revelation, BZNW 107, Berlin/New York 2001.

STEVENSON, G.M., Conceptual Background to Golden *Crown* Imagery in the Apocalypse of John (4:4,10; 14:14), JBL 114, 1995, 257-272.
STONE, M.E., *Fourth Ezra*. A Commentary on the Book of Fourth Ezra, Hermeneia, Minneapolis 1990.
STRECKER, G., Die *Anfänge* der johanneischen Schule, NTS 32, 1986, 31-47.
-, *Chiliasmus* und Doketismus in der johanneischen Schule, KuD 38, 1992, 30-46.
STROBEL, A., *Abfassung* und Geschichtstheologie der Apokalypse nach Kap.XVII. 9-12, NTS 10, 1963/64, 433-445.
STUCKENBRUCK, L.T., *Angel Veneration* and Christology, WUNT 70, Tübingen 1995.
STUHLMACHER, P., Das paulinische *Evangelium* I. Vorgeschichte, FRLANT 95, Göttingen 1968.
-, Biblische *Theologie* des Neuen Testaments, Bd. 2: Von der Paulusschule bis zur Johannesoffenbarung, Göttingen 1999.
-, Das *Lamm* Gottes - eine Skizze, in: Geschichte - Tradition - Reflexion (FS M. Hengel), Tübingen 1996, III 529-542.
STUHLMANN, R., Das eschatologische *Maß* im Neuen Testament, FRLANT 132, Göttingen 1983.
TAEGER, J.-W., *Johannesapokalypse* und Johanneischer Kreis. Versuch einer traditionsgeschichtlichen Ortsbestimmung am Paradigma der Lebenswasser-Thematik, BZNW 51, Berlin/New York 1989.
-, „*Gesiegt*! O himmlische Musik des Wortes!" - Zur Entfaltung des Siegesmotivs in den johanneischen Schriften, ZNW 85, 1994, 23-46.
-, Begründetes *Schweigen*. Paulus und paulinische Tradition in der Johannesapokalypse, in: M. Trowitzsch (Hg.), Paulus, Apostel Jesu Christi, Tübingen 1998, 187-204.
-, *Hell* oder dunkel? Zur neueren Debatte um die Auslegung des ersten apokalyptischen Reiters, in: Das Urchristentum in seiner literarischen Geschichte (FS J. Becker), Berlin/New York 1999, 369-389.
THOMPSON, L.A., Domitian and the *Jewish Tax*, Hist. 31, 1982, 328-342.
THOMPSON, L.L., The Book of Revelation. Apocalypse and *Empire*, New York/Oxford 1990.
-, A Sociological *Analysis* of Tribulation in the Apocalypse of John, Semeia 36, 1986, 147-174.
THOMPSON, S., The Apocalypse and Semitic *Syntax*, MSSNTS 52, Cambridge 1985.
TILLY, M., *Textsicherung* und Prophetie. Beobachtungen zur Septuaginta-Rezeption in Apk 22,18f, in: Studien zur Johannesoffenbarung und ihrer Auslegung (FS O. Böcher), Neukirchen 2005, 232-247.
TOTH, F., Der himmlische *Kult*. Wirklichkeitskonstruktion und Sinnbildung in der Johannesoffenbarung, Arbeiten zur Bibel und ihrer Geschichte 22, Leipzig 2006.
TREBILCO, P., The Early Christians in *Ephesus* from Paul to Ignatius, WUNT 166, Tübingen 2004.
TRITES, A.A., The New Testament Concept of *Witness*, MSSNTS 31, Cambridge 1977.
ULFGARD, H., *Feast* and Future. Revelation 7:9-17 and the Feast of Tabernacles, CB.NT 22, Lund 1989.
ULLAND, H., Die *Vision* als Radikalisierung der Wirklichkeit in der Apokalypse des Johannes, TANZ 21, Tübingen/Basel 1997.
ULRICH, J., Euseb, HistEccl III,14-20 und die Frage nach der Christenverfolgung unter Domitian, ZNW 87, 1996, 269-289.
UNNIK, W.C. VAN, De la *règle* Μήτε προσθεῖναι μήτε ἀφελεῖν dans l'histoire du canon, VigChr 3, 1949, 1-36.

VanderKam, J.C., *1Enoch*, Enochic Motifs, and Enoch in Early Christian Literature, in: J.C. VanderKam/W. Adler (Hg.), The Jewish Apocalyptic Heritage in Early Christianity, CRI III Bd. 4, 1996, 33-101.

Vanhoye, A., L'utilisation du livre d'*Ézéchiel* dans l'Apocalypse, Bib.43, 1962, 436-476.

Vanni, U., La *Struttura* Letteraria dell' Apocalisse, Aloi. 8a, Roma ²1980.

-, L'*Apocalisse*, ermeneutica, esegesi, teologia, RivBib.S 17, Bologna 1988.

-, Liturgical *Dialogue* as a Literary Form in the Book of Revelation, NTS 37, 1991, 348-372.

Vielhauer, P., *Geschichte* der urchristlichen Literatur. Einleitung in das Neue Testament, die Apokryphen und die Apostolischen Väter, Berlin/New York, ³1981.

-/Strecker, G., *Apokalypsen* und Verwandtes, Einleitung, in: W. Schneemelcher, Neutestamentliche Apokryphen, II: Apostolisches, Apokalypsen und Verwandtes, Tübingen ⁵1989, 491-515.

Vögtle, A., Mythos und Botschaft in *Apokalypse 12*, in: Tradition und Glaube (FS K.G. Kuhn), Göttingen 1971, 395-415.

-, Der *Gott* der Apokalypse. Wie redet die christliche Apokalypse von Gott? in: J. Coppens (Hg.), La notion biblique de Dieu. Le Dieu de la Bible et le Dieu des philosophes, BEThL 41, Gembloux/Leuven 1976, 377-398.

-, „*Dann sah ich* einen neuen Himmel und eine neue Erde ..." (Apk 21.1). Zur kosmischen Dimension neutestamentlicher Eschatologie, in: Glaube und Eschatologie (FS W.G. Kümmel), Tübingen 1985, 303-333.

Volz, P., Die *Eschatologie* der jüdischen Gemeinde im neutestamentlichen Zeitalter nach den Quellen der rabbinischen, apokalyptischen und apokryphen Literatur, Tübingen ²1934 (Nachdruck Hildesheim 1966).

Vos, L.A., The Synoptic *Traditions* in the Apocalypse, Kampen 1965.

Walter, N., *Nikolaos*, Proselyt aus Antiochien, und die Nikolaiten in Ephesus und Pergamon. Ein Beitrag auch zum Thema: Paulus und Ephesus, ZNW 93, 2002, 200-226.

Wellhausen, J., *Analyse* der Offenbarung Johannis, Berlin 1907 (Nachdruck: Göttingen/Wiesbaden 1970).

Wendebourg, N., Der Tag des Herrn. Zur Gerichtserwartung im Neuen Testament auf ihrem alttestamentlichen und frühjüdischen Hintergrund, WMANT 96, Neukirchen 2003.

Wengst, K., Christologische *Formeln* und Lieder des Urchristentums, StNT 7, Gütersloh ²1973.

-, *Pax* Romana. Anspruch und Wirklichkeit. Erfahrungen und Wahrnehmungen des Friedens bei Jesus und im Urchristentum, München 1986.

-, *Babylon* the Great and the New Jerusalem. The Visionary View of Political Reality in the Revelation of John, in: H. Graf Reventlow/Y. Hoffman/B. Uffenheimer (Hg.), Politics and Theopolitics in the Bible and Postbiblical Literature, JSOT.S 171, Sheffield 1994, 189-202.

Wikenhauser, A., Das *Problem* des tausendjährigen Reiches in der Johannes-Apokalypse, RQ 40, 1932, 13-25.

-, Die *Herkunft* der Idee des tausendjährigen Reiches in der Johannes-Apokalypse, RQ 45, 1937, 1-24.

-, *Weltwoche* und tausendjähriges Reich, ThQ 127, 1947, 399-417.

Wilckens, U., *Theologie* des Neuen Testaments, Bd. I Geschichte der urchristlichen Theologie, Teilbd. 4: Die Evangelien, die Apostelgeschichte, die Johannesbriefe, die Offenbarung und die Entstehung des Kanons, Neukirchen 2005.

Wildberger, H., *Jesaja*, BK X, Neukirchen 1978.

WILSON, J.C., The Problem of the Domitianic *Date* of Revelation, NTS 39, 1993, 587-605.
WILSON, S.G., Gentile *Judaizers*, NTS 38, 1992, 605-616.
WOLFF, C., *Jeremia* im Frühjudentum und Urchristentum, TU 118, Berlin 1976.
–, Die *Gemeinde* des Christus in der Apokalypse des Johannes, NTS 27, 1980/81, 186-197.
WOLFF, H.W., *Dodekapropheton 2*: Joel und Amos, BK XIV/2, Neukirchen ²1975.
WOLTER, M., Christliches *Ethos* nach der Offenbarung des Johannes, in: Studien zur Johannesoffenbarung und ihrer Auslegung (FS O. Böcher), Neukirchen 2005, 189-209.
YAMAUCHI, E.M., The *Archaeology* of NT Cities in Western Asia Minor, Grand Rapids 1988.
YARBRO COLLINS, A., The *Combat Myth* in the Book of Revelation, HDR 9, Missoula 1976.
–, *Crisis* and Catharsis. The Power of the Apocalypse, Philadelphia 1984.
–, *Cosmology* and Eschatology in Jewish and Christian Apocalypticism, JSJ.S 50, Leiden/New York/Köln 1996.
–, The Political *Perspective* of the Revelation to John, JBL 96, 1977, 241-256.
–, *Revelation 18*: Taunt-Song or Dirge?, in: J. Lambrecht (Hg.), L'Apocalypse johannique etc 185-204.
–, Myth and History in the book of Revelation: The Problem of its *Date*, in: Traditions in Transformation. Turning Points in Biblical Faith (FS F.M. Cross), Winona Lake 1981, 377-403.
–, *Persecution* and Vengeance in the Book of Revelation, in: D. Hellholm (Hg.), Apocalypticism in the Mediterranenan World and the Near East, Tübingen 1983, 729-749.
–, *Vilification* and Self-Definition in the Book of Revelation, HThR 79, 1986, 308-320.
–, The Origin of the Designation of Jesus as „son of Man". HThR 80, 1987, 391-407.
ZIMMERLI, W., *Erkenntnis* Gottes nach dem Buche Ezechiel, AThANT 27, Zürich 1954.
–, *Ezechiel*, BK XIII, Neukirchen 1969.
ZIMMERMANN, H., *Christus* und die Kirche in den Sendbriefen der Apokalypse, in: Unio Christianorum (FS L. Jaeger), Paderborn 1962, 176-197.

## 4. Hilfsmittel

BAUER, W./ALAND, K./ALAND, B., Griechisch-deutsches Wörterbuch zu den Schriften des Neuen Testaments und der frühchristlichen Literatur, Berlin/New York ⁶1988.
BAUER, W., Griechisch-deutsches Wörterbuch zu den Schriften des Neuen Testaments und der übrigen urchristlichen Literatur, Berlin ⁵1963.
BLASS, F./DEBRUNNER, A., Grammatik des neutestamentlichen Griechisch, bearb. von F. Rehkopf, Göttingen ¹⁷1990.
KUHN, K.G., Konkordanz zu den Qumrantexten, Göttingen 1960.
LIDDELL, H.G./SCOTT, R., A Greek-English Lexicon, ⁹1940.
LISOWSKY, G., Konkordanz zum hebräischen Alten Testament, Stuttgart 1958.
LEVY, J., Wörterbuch über Talmudim und Midraschim, 4 Bd., Darmstadt ²1963.
MORGENTHALER, R., Statistik des neutestamentlichen Wortschatzes, Zürich ⁴1992.
MOULTON, W.F./GEDEN, A.S., A Concordance to the Greek Testament, Edinburgh ⁴1963.
MOULTON, J.H., A Grammar of New Testament Greek, 3 Bd., Edinburgh 1919-29 (Nachdruck 1968).

## 5. Nachschlagewerke

Aufstieg und Niedergang der römischen Welt (ANRW), H. Temporini (Hg.), Berlin 1972 ff.

Biblisch-historisches Handwörterbuch. Landeskunde/Geschichte/Religion/ Kultur/Literatur (BHH), B. Reicke/L. Rost (Hg.), Göttingen 1994.

Exegetisches Wörterbuch zum Neuen Testament (EWNT), H.R. Balz/G. Schneider (Hg.), Stuttgart ²1992.

Lexikon für Theologie und Kirche (LThK), begr. von M. Buchberger J. Höfer/K. Rahner (Hg.), Freiburg i.Br. ²1957–65.

Neuer Wettstein, Texte zum Neuen Testament aus Griechentum und Hellnismus, Bd. II: Texte zur Briefliteratur und zur Johannesapokalypse (Wettstein), G. Strecker/U. Schnelle (Hg.), Berlin/New York 1996.

Reallexikon für Antike und Christentum (RAC), T. Klauser (Hg.), Stuttgart 1941 ff.

Die Religion in Geschichte und Gegenwart. Handwörterbuch für Theologie und Religionswissenschaft (RGG), Tübingen ³1957–65, K. Galling (Hg.), ⁴1998ff, H.D. Betz/D.S. Browning/B. Janowski/E. Jüngel (Hg.).

Theologische Realenzyklopädie (TRE), G. Krause/G. Müller (Hg.), Berlin 1977 ff.

Theologisches Wörterbuch zum Alten Testament (ThWAT), G.J. Botterweck/H. Ringgren/ H.-J. Fabry (Hg.), Stuttgart 1973 ff.

Theologisches Wörterbuch zum Neuen Testament (ThWNT), begr. von G. Kittel/G. Friedrich (Hg.), Stuttgart 1933–79.

# Einleitung

## 1. Der Text

Hoskier, H.C., Concerning the Text of the Apocalypse. Collations of all Existing Available Greek Documents with the Standard Text of Stephen's Third Edition, 2 Bd., London ³1929; Parker, D.C., A new Oxyrhynchus Papyrus of Revelation: p¹¹⁵ (P.Oxy. 4499), NTS 46, 2000, 159-174; Schmid, J., Studien zur Geschichte des griechischen Apokalypse-Textes. 2. Teil (MThS.HE 1), München 1955.

1.) Der Text der Offb ist am besten bezeugt in der Handschrift A.[1] HS C ist von ähnlicher Qualität wie HS A, bietet den Text aber nur lückenhaft. Der Papyrus 𝔓¹¹⁵ (3./4. Jh.) gehört auch zu dieser Textgruppe; aufgrund seiner Entdeckung ist deren Entstehungszeit etwa einhundert Jahre früher als bisher üblich zu datieren.[2] Unter den Minuskeln sind 2053 und 2062 (Oecumenius) zu ihr zu rechnen.

2.) Im Vergleich mit dieser Textgruppe ist die durch HS ℵ repräsentierte qualitativ minderwertiger. ℵ ist eine stark überarbeitete HS; an einigen Stellen findet man sogar einfache Zusammensetzungen von zwei Ausdrücken, die aus verschiedenen Vorlagen stammen wie z.B. κύριε ὁ κύριος 4,11, oder τῆς πορνείας αὐτῆς καὶ τῆς γῆς 17,4 (Bousset, Apk 158). Bei ℵ ist auch der Einfluss von Andreas von Caesarea konstatierbar (Bousset, Apk 158). ℵ erscheint andererseits „aufs engste der Handschr.[ift], welche Origenes in der Apk brauchte, verwandt", so dass man mit der Möglichkeit rechnen kann, dass „die unmittelbare Grundlage von ℵ mit der Vorlage des Orig. identisch war".[3] Auch 𝔓⁴⁷ (3. Jh.) liest manchmal mit ℵ zusammen gegen A und C (vgl. oben); seine Entdeckung hat eine genauere Analyse des jeweiligen Textes der HSS A C ℵ veranlasst, die bis dahin als eine Textgruppe behandelt worden waren. 𝔓⁴⁷ und Origenes sind voneinander unabhängig; die Lesarten, die ihnen beiden gemeinsam sind, können also durchaus älter als 200 n. Chr. sein. Unter den Minuskeln finden sich nicht viele, die den von der HS ℵ repräsentierten Text bestätigen, so etwa die Minuskelfamilie 1611. Mit Primasius hat ℵ eine Anzahl von Berührungen.

3.) Die Minuskeln lassen sich in zwei bzw. drei Gruppen einteilen. Die eine Gruppe bilden die HSS, die den von Andreas von Caesarea gebotenen Text enthalten, genauer den Text, den dieser bei der Verfassung seines Kommentars zugrunde gelegt hat. Die älteste HS dieser Gruppe stammt aus dem 9. Jh. (1862; ein Mischtext von Andreas und Byz.), die meisten HSS stammen aus dem 14. und

---

[1] Mit Ausnahmen; vgl. etwa den Text zu Apk 13,10.
[2] Vgl. Parker, A new Oxyrhynchus Papyrus of Revelation.
[3] Bousset, Apk 157f; vgl. die ebd. 157 Anm. 2 genannten Belege.

15. Jh. Mit dem Andreastext ist nun ℵᵃ (4. Jh.) verwandt; auch 051 gehört hierher. Ferner gehören die zwei HSS der georgischen Übersetzung aus dem 10. Jh. zu dieser Gruppe; sie sind nützlich, da sie früher entstanden sind als fast alle bis jetzt erhaltenen HSS des Andreastextes (Aune, Apk clvif).

Eine zweite Minuskelgruppe bietet den byzantinischen Text. Hierher gehören etwa neunzig Minuskeln aus dem 9. Jh. bis zum 17. Jh. (Aune, Apk clvii); mehr als die Hälfte datiert später als das 14. Jh. Auch zwei Majuskeln aus dem 10. Jh., 046 und 052, gehören zu dieser Gruppe. Der Text der HSS, die zu dieser Gruppe gehören, enthält viele sekundäre Korrekturen. Etwa fünfzig Minuskeln bieten schließlich einen Text, der eine Mischung aus dem Text des Andreas von Caesarea und dem byzantinischen Text darstellt.

Dem Andreas- und dem byzantinischen Text sind zweiundsiebzig Sonderlesarten gemeinsam; bei den meisten von ihnen handelt es sich um Korrekturen von Fehlern, aber acht von ihnen sind Überreste aus dem Urtext, der allein in diesen beiden Textgruppen bewahrt ist. Auch in einer Anzahl von von beiden zugleich vorgenommenen Korrekturen ist ein gemeinsamer Grundstock klar erkennbar. So erschließt Schmid, Studien 146, dass der Andreas- und der byzantinische Text „nicht lediglich spätere Formen des in AC und $\mathfrak{P}$47 S vorliegenden ‚älteren' Textes sind".

## 2. Der Verfasser

BAUER, W., Rechtgläubigkeit und Ketzerei im ältesten Christentums (BHTh 10), Tübingen ²1964; BECKER, J., Erwägungen zu Fragen neutestamentlicher Exegese, BZ NF 13, 1969, 99–102; BÖCHER, O: Johanneisches in der Apokalypse des Johannes, in: Kirche in Zeit und Endzeit. Aufsätze zur Offenbarung des Johannes, Neukirchen-Vluyn 1983, 1–12; CAMPENHAUSEN, H. FRH.v., Die Entstehung der christlichen Bibel (BHTh 39), Tübingen 1968; FREY, J., Erwägungen zum Verhältnis der Johannesapokalypse zu den übrigen Schriften des Corpus Johanneum, in: Hengel, M., Die johanneische Frage (WUNT 67), Tübingen 1993, 326–429; HAHN, F., Die Worte vom lebendigen Wasser im Johannesevangelium. Eigenart und Vorgeschichte von Joh 4,10.13f; 6,35; 7,37–39, in: God's Christ and His People (FS N.A. Dahl), Oslo/Bergen/Tromsö 1977, 51–70; HEINZE, A., Johannesapokalypse und johanneische Schriften. Forschungs- und traditionsgeschichtliche Untersuchungen (BWANT 142), Stuttgart u.a. 1998; HENGEL, M., Die johanneische Frage. Ein Lösungsversuch (WUNT 67), Tübingen 1993; HIRSCHBERG, P., Das eschatologische Israel. Untersuchungen zum Gottesvolkverständnis der Johannesoffenbarung (WMANT 84), Neukirchen-Vluyn 1999; HOLTZ, T., Art. νικάω, νίκη, EWNT II 1148–1150; KALMS, J.U., Der Sturz des Gottesfeindes. Traditionsgeschichtliche Studien zu Apokalypse 12 (WMANT 93), Neukirchen-Vluyn 2001; MÜLLER, U.B., Apokalyptik im Neuen Testament: Bilanz und Perspektiven gegenwärtiger Auslegung des Neuen Testaments (FS G. Strecker) (BZNW 75), Berlin/New York 1995, 144–169, jetzt in: Christologie und Apokalyptik. Gesammelte Aufsätze (Arbeiten zur Bibel und ihrer Geschichte 12), Leipzig 2003, 268–290; DERS., Apokalyptische Strömungen, in: Christologie und Apokalyptik. Gesammelte Aufsätze (Arbeiten zur Bibel und ihrer Geschichte 12), Leipzig 2003, 223–267; SCHENKE, H.-M./FISCHER, K.M., Einleitung in die Schriften des Neuen Testaments II, Gütersloh 1979; SCHÜSSLER FIORENZA, E., The Quest for the Johannine School: The Book of Revelation and the Fouth

Gospel, NTS 23,1977, 402-427, jetzt in: The Book of Revelation, 85-113; TAEGER, J.-W., Johannesapokalypse und Johanneischer Kreis. Versuch einer traditionsgeschichtlichen Ortsbestimmung am Paradigma der Lebenswasser-Thematik (BZNW 51), Berlin/New York 1989; DERS., „Gesiegt! O himmlische Musik des Wortes!" – Zur Entfaltung des Siegesmotivs in den johanneischen Schriften, ZNW 85, 1994, 23-46.

## 2.1 Das Bild des Verfassers aus der Darstellung der Offb

### 2.1.1 „Johannes" als Eigenname des Sehers

Der Vf. stellt sich einfach als „Johannes" vor (1,4.9; 22,8). Dabei handelt es sich um seinen Eigennamen. Folgende Argumente stützen diese Ansicht: 1.) Hätte der Verfasser der Offb mit dem Namen „Johannes" ein Pseudonym verwenden wollen,[4] hätte er es wohl nicht versäumt, diesem einen Titel wie „Apostel" hinzuzufügen. 2.) Das Buch hat den denkbar höchsten Anspruch, „die Offenbarung Jesu Christi" zu sein (1,1), was seine Zuschreibung auf eine menschliche Autorität völlig sinnlos machen würde.[5] 3.) Johannes ist „ein sehr verbreiteter Name", „der als jüd. Name in hell. und röm. Zeit recht häufig begegnet";[6] 4.) die Versicherung, „Ich Johannes, [bin es], der dies hörte und sah" (22,8), würde sinnlos sein, falls „Johannes" ein Pseudonym wäre. Darin, dass er sich so schlicht nur mit dem Namen angibt, zeigt sich, dass er eine den Gemeinden gut bekannte und mit Autorität versehene Person ist.

### 2.1.2 „Johannes" als jüdischer Apokalyptiker

Der Verfassr der Offb ist ein bewusster *Juden*christ. Vor allem seine außerordentlich reiche und geschickte Verwendung alttestamentlicher Aussagen verrät das. Auch dass er die Kirche mit dem wahren Israel identifiziert (vgl. unten 6.4.4), ist nur vor diesem Hintergrund verständlich.

Darüber hinaus legt sich die Annahme nahe, dass er vor seiner Hinwendung zum Christentum wahrscheinlich ein Apokalyptiker des Judentums gewesen ist. Das zeigt vor allem seine Verwendung der Gottesprädikationen, insbesondere des Prädikats „Gott der Herr der Allmächtige". Dieses ist im NT sonst nirgendwo belegt, kommt im AT aber des öfteren vor.[7] Es ist kaum vorstellbar, dass es sich der Vf. erst in einem christlichen Kreis zu eigen gemacht hat; in seiner jüdischen Vergangenheit musste er bereits mit ihm vertraut gewesen sein.

Dem augenfällig häufigen Verwendung dieses Gottesprädikats korrespondiert die augenfällige Sparsamkeit im Gebrauchs des χριστός-Titels (vgl. unten 6.2.2). Das lässt sich m. E. nur so erklären, dass ihm dieser Titel nicht geläufig gewesen ist; das ist auch ein Anzeichen dafür, dass der Verfasser der Offb vor seiner Hinwendung zum Christentum ein jüdischer Apokalyptiker gewesen ist.

---

[4] Für die Pseudonymität der Offb plädieren etwa BECKER, Erwägungen 101f und FREY, Erwägungen 425. Zur These von FREY vgl. unten 2.2.1.2.
[5] Vgl. U.B. MÜLLER, Apokalyptik 285f.
[6] AUNE, RGG⁴ IV 540.
[7] Zu diesem Prädikat vgl. ad 1,8 und u. 6.1.1.

Die Analyse seiner Verwendungen von alttestamentlichen Texten oder alttestamentlich-traditionellen Bildern führt zu ähnlichen Ergebnissen: In 21,3f formuliert er nämlich eine *theo*logische Aussage, die sich an Ez 37,26f und Jes 25,8 anlehnt. Den gleichen Textkomplex, Ez 37,26f und Jes 25,8, verwendet er in einer etwas variierten Form auch in 7,15c.17c. Diesmal schaltet er in V. 16–17b einen Satz dazwischen, der aus Jes 49,10 stammt und das Lebenswassermotiv enthält, und bezieht ihn ausdrücklich auf das Lamm: „Das Lamm inmitten des Thrones wird sie weiden und sie zu den Quellen des Wassers des Lebens führen" (V. 17b). So erweitert er den *theo*logisch-soteriologischen Aspekt dieses Textkomplexes, gerade in seiner Mitte, um den *christo*logisch-soteriologischen. Zu fragen bleibt dann aber, warum in 21,3f eine rein *theo*logische Aussage vorliegt?

Bevor wir darauf eine Antwort geben, wollen wir noch eine weitere Beobachtung vorlegen: In der Offb kommt an zwei Stellen der Ausdruck „das Lebensbuch des Lammes" vor (13,8; 21,27); neben ihnen gibt es aber Belege vom „Lebensbuch" schlechthin (3,5; 17,8; 20,12.15). Die Belege 20,12.15 gehören zur Szene des letzten Gerichts, wo der Richter Gott ist und das Lamm überhaupt nicht vorkommt; das Lebensbuch hat hier also keinen Bezug auf das Lamm. Auch in 3,5; 17,8 gibt es an sich keinen zwingenden Grund, das Lebensbuch als das des Lammes zu betrachten. Die Hinzufügung des Wortes „des Lammes" in 13,8; 21,27 ist also eine christologische Ausdeutung des alttestamentlich-jüdischen Bildes durch den Vf. Wie sollte man sonst erklären, dass neben dem Begriff „Lebensbuch des Lammes" der ausschließlich auf Gott bezogene und somit im engeren Sinne *theo*logisch zu deutende Terminus „Lebensbuch" begegnet?

Es ist kaum vorstellbar, dass der Vf. die christologisch ausgedeuteten Texte bzw. Bilder in seiner Vorlage gefunden hätte; denn es ist unwahrscheinlich, dass er sie bei ihrer Verwendung entchristologisiert hätte. Vielmehr geht die christologische Ausdeutung bzw. Erweiterung auf ihn zurück.[8] Aber nicht nur das. Auch die Möglichkeit, dass er als Christ die Stütze seines theologischen Denkens in alttestamentlichen Texten gesucht und sich alttestamentliche Motive zunutze gemacht hat, erscheint uns angesichts der Fülle der verwendeten ausschließlich *theo*logischen Aussagen gering zu sein. Vielmehr wird er zunächst als jüdischer Apokalyptiker gewirkt[9] und in dieser Funktion sein *theo*logisches Gedankengerüst ausgebildet haben. Dies hat er dann als Christ zum Teil christlogisch erweitert oder ausgebaut; der Sachverhalt aber, dass er nicht sein gesamtes theologisches Denken christologisch überformt, zeigt, dass sein als jüdischer Apokalpytiker ausgebildetes *theo*logisches Gedankengut für ihn, der inzwischen ein Christ geworden ist, als Grundbestand seines theologischen Denkens erhalten geblieben ist; durch den Übertritt zum christlichen Glauben hat er seine jüdische Vergangenheit somit keinesfalls gänzlich negiert.

---

[8] 22,17b.c hat, wie die Parallele 21,6b zeigt, mit der Eucharistie nichts zu tun, also hat man auch hier keinen zwingenden Anlass, beim Vf. der Offb eine christliche Vorlage vorauszusetzen.
[9] Auch AUNE, Apk cxxif, rechnet mit der Möglichkeit, dass der Vf. in den sechziger Jahren oder noch früher als ein jüdischer Apokalyptiker seine Karriere angefangen hat; vgl. dazu u. 6.1.

## 2.1.3 „Johannes" als christlicher Prophet

### 2.1.3.1 Der Anlass

Was war nun der Anlass für die Hinwendung des „Johannes" zum Christentum? Zur Beantwortung dieser Frage gibt m.E. die Vision 5,1ff einen Anhalt: Das Wort V. 4, „weil niemand würdig gefunden wurde, das Buch zu öffnen und es einzusehen, weinte ich sehr", verrät vielleicht auch die seelische Lage eines jüdischen Apokalyptikers vor der Offenbarung; als jüdischer Apokalyptiker hatte er eifrig das baldige Kommen des Endes erwartet und es anderen Menschen verkündet, aber andererseits ist er ungeduldig gewesen, weil es wider Erwarten immer noch nicht hereingebrochen ist. Dieser Apokalyptiker bekommt nun durch die Offenbarung des geschlachteten Lammes eine neue Erkenntnis: Es kann jetzt die sieben Siegel des Buches öffnen und erkennen, wie die zukünftige Geschichte bis hin zum Ende verläuft. Aber wie ist es ihm möglich gewesen, sich überzeugen zu lassen, dass dem geschlachteten Lamm eine solche Befugnis erteilt wurde? Der ihm vertraute apokalyptische Topos, dass in diesem Äon gerade die gerechten Menschen leiden, half ihm vielleicht in dieser Situation. Im geschlachteten Lamm sah er das Ur- und Vorbild der Gerechten und im Kreuzesgeschehen selbst den Anbruch des neuen Äon. Dieser Erkenntnisfortschritt markiert im Blick auf die Person des „Johannes" den Wendepunkt vom jüdischen Apokalyptiker zum christlichen Propheten.

### 2.1.3.2 Wann und wo kam „Johannes" mit dem Christentum in Berührung?

Seine Kenntnis der hebräischen Bibel und sein nicht immer korrektes Griechisch deuten an, dass sein ursprünglicher Wirkungsbereich Palästina gewesen ist. Seine Vertrautheit mit dem Jerusalemer Tempel (z.B. 11,1f) und dem an diesem praktizierten Kult (z.B. 8,3-5) und seine reichliche Verwendung von Motiven der jüdischen Apokalyptik (z.B. 6,9-11; 16,12-15) sprechen auch dafür. Sehr wahrscheinlich ist er aus Anlass des ersten jüdischen Krieges (wie der Evangelist Philippus mit seinen Töchtern) aus Palästina nach Kleinasien ausgewandert.[10]

In der Offb gibt es mehrere Abschnitte, deren Entstehung wahrscheinlich auf die Zeit vor 70 zurückgeht; diese Abschnitte weisen keinerlei christliche Inhalte oder Bezüge auf. Andererseits ist für alle Abschnitte, die in ihrem Kern christlich geprägt sind, die Entstehung nach 70 anzunehmen.[11] Es liegt also nahe, dass er erst nach seiner Ankunft in Kleinasien mit dem Christentum enger in Berührung gekommen ist.

Als ein Jude suchte er in Kleinasien zunächst mit jüdischen Gemeinden in grösseren Städten Kontakt. Der erste Kontakt mit dem Christentum ergab sich vielleicht dort; in dieser Zeit waren Juden und Christen noch nicht scharf getrennt; man denke an die Zusammensetzung der Gemeinde in Antiochien etwa eine Generation zuvor. In dieser Situation wurde ihm eines Tages die Offenbarung gegeben.

---

[10] Vgl. BAUER, Rechtgläubigkeit 89f.
[11] Zu dieser These vgl. genauer u. 5.1.

*2.1.4 „Johannes" und die frühchristliche Überlieferung*
Bei seiner Darstellung greift der Vf. der Offb gelegentlich christliche Überlieferungen auf. Die Mehrzahl von ihnen ist eschatologischen Charakters. Das Parusiewort 1,7 ist eine Zusammensetzung von Dan 7,13 und Sach 12,10; aber wie Parallelen im NT (Mk 13,26 par u. a.; Mt 24,30) zeigen, ist bei ihm eine christliche Bearbeitung zu erschließen. Der diesem entsprechende Aufruf, „Komm, Herr Jesus" (22,20), ist, wie 1Kor 16,22 zeigt, in der aramäisch sprechenden Kirche entstanden, aber auch in paulinischen Gemeinden übernommen und in der sich ausbreitenden christlichen Kirche insgesamt wohl am Ende des Gottesdienstes gesprochen worden (vgl. Did 10,6). Ein etwas merkwürdiger Vergleich des kommenden Christus (bzw. des Endes) mit einem Dieb (3,3; 16,15) zeigt eine große Verbreitung in verschiedenen Bereichen des Frühchristentums (vgl. ad 3,3). Die Verbindung dieser Warnung mit der Mahnung zur Wachsamkeit, die an den beiden Stellen der Offb belegt ist, lässt sich auch in den meisten anderen frühchristlichen Belegen verifizieren.

Es gibt auch unter den Aussagen, die sich auf das Gericht beziehen, einige, die aus bereits vorgegebener christlicher Überlieferung stammen. Der Überwinderspruch 3,5, „ich werde seinen Namen vor meinem Vater und vor seinen Engeln bekennen", hat in Lk 12,8 par (Q) eine Parallele, und geht wohl auf Tradition zurück. Die Proklamation, „Ich komme bald, und mein Lohn ist mit mir, um einem jeden zu vergelten, wie sein Werk ist" (22,12; vgl. 2,23c), entspricht gedanklich nicht ganz der Anschauung des Vf., der eigentlich ein dualistisches Menschenbild vertritt (vgl. unten unter 7.4.5.3); ihr liegt zwar wohl Jes 40,10 zugrunde, aber sie hat in 1Clem 34,3 eine Parallele, und die gemeinsame Abweichung von Jes 40,10 lässt auf die Bildung in christlichen Kreisen schließen.

Auch das Geschick des Menschen nach dem Gericht beschreibt der Vf. gelegentlich in Anlehnung an die christliche Überlieferung. Die Verheißung für den Überwinder in 3,21, ihm werde Christus geben, „sich mit […] [ihm] auf seinen Thron zu setzen, wie auch [er] […] [sich] mit [seinem] Vater auf seinen Thron gesetzt habe", hat eine enge traditionsgeschichtliche Beziehung zu der Q-Aussage Lk 22,28–30 // Mt 19,28.

Abgesehen von den eschatologischen Überlieferungen ist die Verwendung von christlicher Überlieferung nur vereinzelt feststellbar. Aber sie ist doch beachtenswert. Als das sicherste Beispiel gilt der 1,5b–6 und 5,9f zugrunde liegende Christushymnus; sein Zentralgedanke, die Erlösung der Sünden durch das Blut Christi, wird in breiten Schichten der frühchristlichen Schriften vertreten, ist aber für unseren Vf. nicht typisch (vgl. unten 6.3.1). Der Weckruf „Wenn einer ein Ohr hat, das höre" u. ä., der am Ende jedes Sendschreibens gesprochen wird (auch in 13,9), gilt ebenso als ein sicheres Beispiel der Benutzung der frühchristlichen Überlieferung; er kommt hier in verschiedenen Zusammenhängen vor (Syn, ThEv u. a.).

Die genannten Beispiele zeigen, dass der Vf. mit der frühchristlichen Überlieferung vertraut ist. Für einige Überlieferungsstücke ist als Entstehungsort die palästinensische Gemeinde anzunehmen (z. B. Maranatha und die Überlieferung 3,21 // Lk 22,28–30). Damit kann man freilich nicht ohne weiteres sagen, dass das Christentum, mit dem „Johannes" Kontakt hatte, ein palästinensisch-jüdisches gewesen ist.

Wie beim Maranatha-Ruf deutlich wird, sind die meisten Überlieferungselemente im frühen Christentum schnell Gemeingut geworden. Es ist aber andererseits jedoch beachtenswert, dass es unter den Überlieferungen, die er benutzt, nur sehr wenig gibt, die man hellenistisch-judenchristlich nennen kann. Als solche kämen der in 1,4f verwendete Titel Christi, „Erstgeborener der Toten", und die Bezeichnung in 3,14, „der Anfang der Schöpfung", in Frage. Beide Bezeichnungen erinnern an den Hymnus Kol 1,15–20; sowohl diese als auch der Hymnus sind wahrscheinlich einer hellenistisch-judenchristlichen Tradition entwachsen. Als weiterer Beleg für eine hellenistisch-judenchristlichen Tradition käme ansonsten höchstens noch der Ausdruck, „die Toten, die im Herrn starben" (14,13; vgl. 1Thess 4,16 und 1Kor 15,18), in Frage. Es ist auch beachtenswert, dass sich in der Offb paulinischer Einfluss sicher nicht erweisen lässt,[12] obwohl Kleinasien dessen ehemaliger Wirkungsbereich gewesen ist. Ebenso ist beachtenswert, dass die oben untersuchten Überlieferungsstücke keine Berührung mit den anderen johanneischen Schriften aufweisen.

### 2.1.5 „Johannes" als Prophet

Der Vf. der Offb hat das Selbstbewusstsein eines Propheten; zwar gibt er sich an keiner Stelle als solcher aus, aber er bezeichnet sein Buch als „die Worte der Prophetie" (1,3; 22,7.10.18f). Das Bewusstsein spiegelt sich schon in der Formulierung des Vorworts, aber auch in der der Sendschreiben wider.[13] In der an die Berufungsvision von Ezechiel (2,8ff) anlehnenden Vision Offb 10 bekommt Johannes den Auftrag, „über viele Völker […] wiederum zu weissagen" (V. 11). Christus tat ihm durch die Sendung seines Engels die Offenbarung dieses Buches kund (1,1); er allein ist befähigt, die Vision zu sehen (1,10; 4,1f; 22,8), er ist beauftragt, an die sieben Gemeinden zu schreiben, was er sieht (1,11.19). Die Textsicherungsformel 22,18f verrät, dass er sich sogar für *den* Propheten hält.

„Johannes" wirkte nicht nur in einer einzelnen Gemeinde. Die sieben Gemeinden, die die Adressaten sind, waren sein Wirkungsfeld; er war eine Art Wanderprophet. Beim Begriff „Wanderprophet" muss man gewisse Schattierungen anerkennen. Bei ihnen handelt es sich einerseits um solche, die ständig neue Hörer aufsuchen, als Fremde Gemeinden besuchen wie die vorgeblichen Apostel in 2,2 oder die Wanderapostel bzw. -propheten in Did 11, andererseits um solche, die zwar übergemeindlich, aber in einem bestimmten Bezirk unter mehr oder weniger bekannten Hörern wirken. Unser Vf. war ein Wanderprophet in diesem zweiten Sinne.

### 2.1.6 „Johannes" auf Patmos

Bei der Abfassung der Offb hält er auf der Insel Patmos auf (1,9). Die Formulierung, dass „er auf der Insel mit Namen Patmos *war* (ἐγενόμην)", bedeutet nicht, dass er beim Schreiben nicht mehr da ist (vgl. dazu ad 1,9). Zur Frage, warum er auf Patmos war, gibt 1,9 einen Anhalt; vgl. dazu ad 1,9.

---

[12] Zur scheinbaren Affinität des durch den Vf. in 1,4f benutzten Briefformulars mit dem paulinischen vgl. ad 1,4–5a.
[13] Vgl. die einleitenden Erklärungen zum Vorwort und zu den Sendschreiben.

*2.1.7 „Johannes" nach der Abfassung der Offb*
Über sein späteres Leben schreibt die Offb natürlich kein Wort. Der Kirchenhistoriker Euseb hingegen notiert in h.e. III 20,9, dass „nach alter christlicher Überlieferung damals [nach dem Tod Domitians, in der Regierungszeit Nervas] der Apostel Johannes aus seiner Verbannung auf der Insel zurückkehrte und wieder seinen Aufenthalt in Ephesus nahm". Er führt weiter in 23,1ff unter Berufung auf zwei Gewährsmänner, Irenäus von Lyon (haer. II 22,5) und Clemens von Alexandrien aus, dass Johannes bis in die Zeit Trajans hinein lebte.

## 2.2 Zur Identifizierung des Johannes

*2.2.1 Die Identifizierung mit dem Apostel bzw. dem Presbyter Johannes*

*2.2.1.1 Die Identifizierung mit dem Apostel Johannes*
Die frühesten Kirchenväter führen fast einstimmig sowohl das vierte Evngelium als auch die Offb auf den Apostel Johannes zurück (Justin, dial. 81,4; Irenaeus, haer. V 30,3; Clemens Al., quis dives salvetur 42; Hippolyt, demonstratio de Christo et antichristo 25f u. a.). Allerdings stand in Papias' Werk sehr wahrscheinlich der Satz: „Johannes und Jakobus wurden von den Juden getötet";[14] diese Aussage stimmt inhaltlich mit der „Weissagung" Jesu in Mk 10,38f zusammen; daraus ist wohl zu erschließen, dass Papias den Märtyrertod von Johannes in Palästina vor der Abfassung des Markusevangeliums kannte. Unter den neueren Forschern gibt es nur wenige, die unseren Vf. für den Apostel halten und die gemeinsame Autorschaft mit dem Evangelium anerkennen.[15] Für Thomas, einen Vertreter dieser Ansicht, sind die Hauptargumente die fast einstimmige Bezeugung durch die frühesten Kirchenväter (I 10.19) und eine Reihe von inneren Indizien (Wortschatz, Syntax und Begriffe) (I 11-17). Dieser Ansicht aber widerspricht entscheidend die Erwähnung der zwölf Apostel als einer vergangenen Größe in 21,14.

*2.2.1.2 Die Identifizierung mit dem Presbyter Johannes*
Euseb, der zwar einerseits die alte Überlieferung weitergibt, die den „Apostel und Evangelisten Johannes" als den Vf. der Offb betrachtet (h.e. III 18,1; 20,8f; 23,1-3.6; IV 18,8; VI 25,7ff), führt sie aber andererseits unter Verweis auf das Zeugnis des Papias auf einen anderen Johannes, den Presbyter, zurück (III 39,5f).[16] Es gibt auch unter neueren Forschern einige, die alle johanneische Schriften irgendwie auf den Presbyter beziehen. Nach Frey,[17] Erwägungen 417, kann mit dem „Johannes" der

---
[14] Z.B. ALLO, Apk clxxii-cciii; ZAHN, Apk 80; HADORN, Apk 224f; THOMAS, Apk I 2ff.
[15] Vgl. hierzu ausführlicher BOUSSET, Apk 36f.
[16] Unter den neueren vgl. etwa BOUSSET, Apk 40ff; SCHENKE/FISCHER, Einleitung II 300.
[17] Zu weiteren Argumenten von Frey vgl. unten. Nach einer eingehenden Untersuchung gelangt er zum Ergebnis, dass sie, „insbesondere die für Evangelium und Briefe eindrücklichen Stileigentümlichkeiten, mit noch größerer Eindeutigkeit als die am Vokabular erhobenen Daten gegen eine gemeinsame Autorschaft der beiden Werke [...] sprechen" (Erwägungen 382).

brieflichen Rahmung der Offb „mit aller Wahrscheinlichkeit jenes eine, ohne nähere Erläuterung den damaligen Adressaten bekannte, höchst einflussreiche kleinasiatische Schulhaupt, der ephesinische ‚Presbyter'" gemeint sein. Da er es aber für unmöglich hält, dass die Offb und das Evangelium auf den gleichen Vf. zurückgehen (vgl. unten), folgert er, dass die Offb nur ein Pseudepigraphon sein kann (425).[18] Da es s.E. „kaum denkbar" ist, „dass die Herausgabe der Apokalypse unter dem Namen des Alten, aber in so deutlichem Gegensatz zu Evangelium und Briefen, noch zu Lebzeiten des Schulhauptes erfolgt wäre", „dürfte die Herausgabe der Apokalypse [...] nach Abfassung der Briefe, vermutlich einige Zeit nach dem Tod des Schulhauptes, durch ein (ehemaliges?) Mitglied der johanneischen Schule (oder auch eine Mehrzahl von Schülern) erfolgt sein" (427).[19] Aber mindestens für die Offb ist schwierig, sie auf den Presbyter Johannes zurückzuführen; denn ihr Vf. ist als ein Prophet grundsätzlich anders zu charakterisieren als ein Ältester, der sich mehr auf die Autorität aus der Vergangenheit stützt als auf die direkte Wirkung des Geistes; außerdem sind die Ältesten in der Offb himmlische, engelhafte Größen.

*2.2.2 Der Verfasser der Offb und der des vierten Evangeliums*
Auch unter den Forschern, die den Vf. der Offb mit dem des vierten Evangeliums nicht identifizieren wollen, sind nicht wenige, die auf Grund von angeblich gemeinsamem Gebrauch von gleichen Motiven bzw. Begriffen zwischen der Offb und den übrigen johanneischen Schriften traditionsgeschichtliche Beziehungen postulieren.

a.) Das Lebenswasser-Motiv. Taeger, Johannesapokalypse, analysiert das Lebenswassermotiv, das sowohl im Johannesevangelium als auch in der Offb eine wichtige Rolle spielt, folgendermaßen:[20] „Während im JohEv das Lebenswasser-Motiv auf die Heilsgegenwart bezogen und eindeutig christologisch geprägt ist [...] wird es in der Apk auch im Blick auf die Heilszukunft der Vollendeten thematisiert [...] und dort, wo von einer gegenwärtigen Heilsgabe die Rede ist, mit Gott in Verbindung gebracht" (86). Diese Tatbestände könne man nach Taeger nur durch „die Hypothese einer gemeinsamen Traditionsbasis" erklären (80). Er be-

---

[18] Vgl. die Kritik an Frey durch HIRSCHBERG, Israel 11f.
[19] Vgl. auch BOUSSET, Apk 42ff, der die Offb und die Briefe auf den Presbyter (zwischen beiden bestehen nach ihm acht bis zehn Jahre Abstand) und das Evangelium auf seinen Schüler- und Anhängerkreis („erst geraume Zeit nach seinem Tode") zurückführt (44). Dass der Seher sich in seinem Buch nicht als Presbyter ausgibt, und dass dort das Wort „Ältester" stets als Bezeichnung der himmlischen Ältesten vorkommt, macht m.E. fraglich, dass der Vf. diesen Titel trug. Auch die Art seiner Wirksamkeit als Prophet ist grundverschieden von der eines Ältesten, der wegen der Bewahrung der Überlieferung beachtet wird (vgl. U.B. MÜLLER, Strömungen 261). Mit der Pseudepigraphonthese Freys kann man diese Schwierigkeit umgehen; es ist denkbar, dass die vermeintlichen Herausgeber der Offb nicht genug auf die besondere Charakterisierung der „Ältesten" in diesem Buch achteten. Aber zu dieser These müsste man sich fragen, ob wirklich denkbar wäre, dass die Herausgabe, die zu Lebzeiten des Johannes unmöglich war, „einige Zeit nach" seinem Tod möglich geworden ist, zumal unter den Adressatengemeinden auch die in Ephesus zählt, in der Johannes der Alte wohl tätig war?
[20] Zur Kritik der These Taegers vgl. HENGEL, Frage 212 Anm. 22; FREY, Erwägungen 394–398.

hauptet dabei charakteristischerweise, dass die Offb „nicht die Vor-, sondern die Nachgeschichte der johanneischen Worte" bezeugt (118; vgl. auch 207). Die von ihm im Blick auf die Offb postulierte doppelte Entwicklung des Überlieferungsprozesses, also einmal eine Übertragung des gegenwärtigen Heilszuspruchs von Christus auf Gott (86.88.90f) und zum anderen ein Verschieben des soteriologischen Wirkens Christi von der Gegenwart in die Zukunft (89f), ist aber wenig überzeugend. Gegen sie spricht erstens die im Frühchristentum im allgemeinen zu beobachtende Tendenz der immer stärkeren Betonung der göttlichen Autorität Christi, die auch in der Offb selbst in anderen Hinsichten feststellbar ist (vgl. unten 6.2.6); zum zweiten Punkt vgl. unten 6.5.6 Eine Analyse der einzelnen Lebenswasseraussagen in der Offb macht ferner deutlich, dass sich die These Taegers nicht auf eine stabile exegetische Basis stützen kann: Das Lebenswasserwort 21,6 z.B., das von Gott gesprochen wird, bezieht sich nach Taeger auf die Gegenwart, während der darauf folgende Überwinderspruch auf die Zukunft rekurriert (39f); dieser Interpretation aber steht entgegen, dass die beiden eng zusammenhängenden Sätze gleicherweise im Futur formuliert sind.

Hahn, Wasser, geht, anders als Taeger, davon aus, „dass es sich bei der Verwendung des ganzen [Lebenswasser-]Motivkomplexes im Johannesevangelium um eine jüngere Entwicklungsstufe handelt, dass aber zugleich die Abhängigkeit von dem in der Johannesoffenbarung verwerteten Überlieferungsgut unverkennbar [...] ist" (Wasser 61); aber dies Überlieferungsgut hält er auch für christlich (57f). Die von ihm gezeigte, in der Offb zu findende christologische Ausdeutung des Wortes stammt jedoch m.E. nicht aus der Vorlage; sie geht vielmehr auf den Vf. selbst zurück: Zu 7,16 besteht kein Zweifel daran, dass der Satz unmittelbar aus Jes 49,10 stammt, einer Stelle, die im NT einschließlich Joh sonst nicht reflektiert wird; 21,6; 22,17 stehen gedanklich auf der Entwicklungslinie von 7,16f (vgl. ad 21,6); zu 22,17 ist gewiss ein ähnliches Wort in Joh 7,37b zu finden, das von Jesus gesprochen wird; aber gerade der Ausdruck πρός με der dem Wort Joh 7,37b das christologische Gepräge gibt, hat in Offb 22,12 keine Entsprechung. Also gibt es keinen Grund, sich zwischen dem ursprünglichen alttestamentlich-jüdischen Gedankengut und unserem Vf. in dieser Hinsicht ein christliches Zwischenglied vorzustellen.

Hahn hat nun für Joh 6,35; 7,37-39; 4,10.13f das Vorhandensein von vorjohanneisch-christlichen Überlieferungen wahrscheinlich gemacht (Wasser 61ff). Zu den christologischen Bezügen, die in diesen Überlieferungen zu finden sind, gibt es aber in der Offb keine Parallele. Hahns weiteres Argument für das Vorhandensein eines der vorjohanneisch-christlichen Tradition entstammenden Logions hinter Joh 6,35b.c, dass „Jo 6,35b.c ebenso wie Offb 22,17b unmittelbar auf das Herrenmahl bezogen gewesen sein" dürfte, ist zumindest für Offb 22,17b nicht wahrscheinlich zu machen. Da das Vorhandensein von Berührungen zwischen Lebenswasser-Motiven beider Schriften nicht abstreitbar ist, da man andererseits aber für die Offb mit dem Vorhandensein einer christlichen Vorlage nicht rechnen kann, ist der Überlieferungsprozess wohl nur so vorstellbar, dass sowohl der Vf. der Offb als auch der vorjohanneische Kreis des Evangeliums die Vorstellungen aus einem gemeinsamen jüdischen Milieu aufgenommen haben.

b.) Νικᾶν. Taeger, Gesiegt!, behauptet, dass die Sicht, dass Christus in seinem Tod gesiegt hat und der Glaubende an diesem Sieg Anteil gewinnt, „im Wirkungsbereich des johanneischen Christentums entstanden sein" wird; „erst der Seher hat sie [die Einzelelemente] miteinander verknüpft zu dem Gedanken, dass der Sieg Christi im Sieg der Glaubenden fortwirkt" (42). Auch hier vertritt er die Ansicht, dass die Offb nicht die Vor- sondern die Nachgeschichte der johanneischen Werke bezeugt. In der Offb kommt nun das Verb νικᾶν zwar manchmal mit der Angabe des Objekts, das die Christen überwinden, vor, aber ist vor allem in den Sendschreiben absolut verwendet, während es sowohl in Joh 16,33 (dem einzigen Beleg des Wortes im Evangelium) als auch im 1Joh (sechsmal belegt) immer von einem Objekt begleitet wird. Da vielleicht der absolute Gebrauch traditionsgeschichtlich eine ältere Phase vertritt und in der jüdisch-apokalyptischen Tradition seine Wurzel hat,[21] ist nicht anzunehmen, dass der Vf. der Offb das Motiv νικᾶν aus dem johanneischen Christentum übernommen hat.

c.) Das Motiv des „Satanssturzes". Kalms, Sturz, macht darauf aufmerksam, dass in Joh 12,31a.b.32a.b. und Offb 12,10.9.5b.11 das Motiv des Sturzes des Gottesfeindes erscheint, und dass das Motiv an beiden Stellen mit der Inthronisation Christi verbunden ist; er folgert daraus, dass es sich bei diesem Motiv „um eine spezifisch johanneische Ausprägung einer älteren Tradition" handelt; „diese Ausprägung kann durchaus als Hinweis auf eine ‚johanneische Schule' gedeutet werden, in der diese [Satanssturz-]Traditionen überliefert wurden" (269). Aber die Verbindung des Motivs des Sturzes des Gottesfeindes mit dem der Inthronisation kann m.E. nicht als ein Indiz für eine beiden Schriften gemeinsame Tradition gewertet werden; denn die Darstellung in Offb 12 ist m.E. eine Leistung des Vf. selbst. Kalms zählt auch „die Vorstellung vom weiteren Wirken des Gottesfeindes nach seinem Sturz" (269) als ein beiden Schriften gemeinsames Motiv auf. Aber für das Evangelium führt er nur 16,33 (und noch dazu in Klammern!) als Beleg für seine These an.

d.) Μαρτ-. Nach Heinze, Johannesapokalypse, ist der Offb und den übrigen johanneischen Schriften „ein besonderes Verständnis der Wortgruppe μαρτ-" gemeinsam, „wonach die Existenz Jesu bzw. der Gläubigen das Zeugnis Gottes selber ist"; daraus erschließt er, dass sie „eine gemeinsame Tradition im Hintergrund" haben (354). Die Annahme eines solchen hochtheologischen Verständnisses der Existenz am Anfang der Traditionsentwicklung ist aber nicht einleuchtend. Außerdem wird diese Auffassung einzelnen konkreten Aussagen in den jeweiligen Schriften insgesamt nicht gerecht. Hier sei nur ein Beispiel zum Gebrauch der Wortgruppe in der Offb genannt: Heinze geht vom Gebrauch von μάρτυς in 11,3 aus und behauptet, dass „die christliche Gemeinde im ganzen als μάρτυς prädiziert [sei], ohne dass damit sofort eine besondere Tätigkeit oder Funktion ausgesagt wäre" (353). Gewiss ist in Kap. 11 von ihrem Zeugendienst im engeren Sinne nichts

---

[21] Vgl. den Exkurs „Überblick über den Gebrauch von νικᾶν in der Offb und dessen jüdischer Hintergrund". Es ist schwierig, anzunehmen, dass der absolute Gebrauch von νικᾶν „aus einer Verkürzung der gefüllteren Aussage entstanden" ist (gegen HOLTZ, EWNT II 1150; TAEGER ist, wie gesagt, der Ansicht, dass 1Joh früher zu datieren sei als die Offb).

berichtet, aber der zweite Beleg der Wortgruppe im gleichen Kapitel, καὶ ὅταν τελέσωσιν τὴν μαρτυρίαν αὐτῶν (V. 7), legt doch nahe, dass der Vf. hier das Wirken der zwei Zeugen als μαρτυρία bezeichnet.

e.) Σημεῖον. Das Wort σημεῖον kommt im Sinne von „Wundertat" in Verbindung mit ποιεῖν sowohl im Johannesevangelium (vierzehnmal) als auch in der Offb (viermal) des öfteren vor, während es in anderen neutestamentlichen Schriften verhältnismäßig selten belegt ist. Das könnte den Eindruck erwecken, als gäbe es hinter dem Wortgebrauch beider Schriften eine gemeinsame Wurzel. Aber im Evangelium bezeichnet es meistens die Wundertat Jesu. In der Offb gehören dagegen die Zeichen zum Manifestationsmittel von teuflischen Mächten und dienen dazu, die Menschen, die zu ihnen zugehörig sind, zu verführen (vgl. etwa 13,13f; 19,20); an keiner Stelle bezieht sich das Wort auf Christus. Auch in der Darstellung der zwei Zeugen (Kap. 11) wird das Wort nicht verwendet, obwohl in V. 6 über ihre Wundertaten berichtet wird. Man kann also im Blick auf den beiden Schriften gemeinsamen Wortgebrauch höchstens von einer sehr oberflächlichen Berührung sprechen.

f.) Ἐγώ εἰμι. Die ἐγώ εἰμι-Formel wird im NT nur im Johannesevangelium (6,35 u.a.; insgesamt dreizehnmal) und in der Offb (1,8 u.a.; insgesamt fünfmal; unvollständige Form ohne εἰμι mitgezählt) belegt; so könnte bei ihr eine gemeinsame Traditionsbasis postuliert werden. In Wirklichkeit kann das aber nicht der Fall sein. Bei den Aussagen in der Offb stellt sich der Sprecher (Gott oder Jesus) fast durchweg als „das A und das O" o.ä. vor; ihr Hintergrund ist direkt im AT (z.B. Jes 48,12) und Judentum zu suchen. Bei den Belegen im Evangelium kann dagegen ein solcher Hintergrund nicht wahrscheinlich gemacht werden. Zwischen dem Evangelium und der Offb gibt es also in dieser Hinsicht keine direkte Beziehung.

g.) Ἀληθ-. Bekanntlich wird die Wortgruppe ἀληθ- in den johanneischen Schriften besonders häufig verwendet. Die Offb nimmt aber unter ihnen eine Sonderstellung: Weder das Nomen ἀλήθεια (Joh fünfundzwanzigmal; Briefe zwanzigmal) noch das Adjektiv ἀληθής (Joh vierzehnmal; Briefe dreimal) kommt in der Offb vor; hier ist nur das zweite Adjektiv, ἀληθινός, zehnmal belegt (Joh neunmal, Briefe viermal). In der Offb ist auch der Bezug der Wortgruppe eigenartig: Er verteilt sich auf drei Gruppen: Die erste Gruppe bezieht sich direkt auf Gott bzw. Christus (3,7.14; 6,10; 19,11; vgl. Joh 7,28; 17,3; 1Joh 5,20), die zweite auf das Gericht Gottes (15,3; 16,7; 19,2; vgl. Joh 8,16), und die dritte auf den Inhalt des Buches (19,9; 21,5; 22,6; vgl. Joh 19,35). Die parallelen Belege in den übrigen johanneischen Schriften sind nicht eben zahlreich. Den Gebrauch in der Offb kann man andererseits auf dem Hintergrund des AT gut erklären. Er weist daher auf die Unabhängigkeit unseres Vf. vom johanneischen Kreis hin.

h.) Die Throngemeinschaft Gottes mit Christus. Nach Frey, Erwägungen 418, sind „auch das Motiv der Throngemeinschaft Gottes mit dem Lamm in der Apokalypse und die Rede von der gegenseitigen Immanenz Jesu und des Vaters im 4. Evangelium […] in eigenartiger Weise verwandt.[22] Bei beiden Schriften ist

---

[22] Vgl. auch BÖCHER, Johanneisches 3.

jedoch der Zeitpunkt, an dem die Throngemeinschaft zustande kommt, verschieden: Nach Offb 3,21 setzt sich Christus erst dann auf den Thron Gottes, wenn er überwunden hat;[23] im Evangelium wird dagegen die gegenseitige Immanenz Jesu und des Vaters bereits in Bezug auf den irdischen Jesus durch seinen Mund wiederholt ausgesagt (10,30.38; 14,10; 17,11.22f u.a.). Die Möglichkeit, dass der Evangelist die Vorstellung der Gottgleichheit, die ursprünglich mit der Erhöhung verbunden war, auf das irdische Leben Jesu und sogar auf seine Präexistenz ausdehnte, wäre nicht ohne weiteres von der Hand zu weisen, aber man findet keinen Anhalt für diese Annahme; man kann daher nur mit Vorsicht von einem beiden Schriften gemeinsamen traditionsgeschichtlichen Hintergrund sprechen.

i.) Beziehungen beider Schriften zum AT. Böcher bringt ein weiteres Argument für die traditiongeschichtliche enge Beziehung zwischen beiden Schriften. Nach ihm sind nämlich „die gemeinsamen alttestamentlichen Zitate zur Christologie (Sach 12,10 in Joh 19,37 und Apk 1,7), zur Eschatologie (Jes 54,11f in Apk 21,19; Jes 54,13 in Joh 6,45) und zur Abendmahlslehre (Ps 78,24 in Joh 6,31 und Apk 2,17)" Indiz dafür, dass beide Schriften „in einer literarischen Tradition" stehen (Johanneisches 9).[24] Man muss aber schon darauf Acht geben, dass diese hier genannten Zitate vor allem in der Offb, wo man bekanntlich beinahe in jedem Vers Anklänge an das AT findet, im Verhältnis zur Gesamtzahl der Zitate nur einen sehr kleinen Prozentsatz ausmachen. Außerdem lässt sich bei den durch Böcher angegebenen Beispielen keine echte Gemeinsamkeit zwischen der Offb und dem Evangelium feststellen. Das von ihm zuerst gananante Sach 12,10 wird in Joh 19,37 und Offb 1,7 je in seinen verschiedenen kontextuellen Zusammenhängen betrachtet, so dass die Gemeinsamkeit des Zitats eher als ein Zufall zu bezeichnen ist; zu Offb 1,7 ist vielmehr die Parallele zu Mt 24,30, dem gemeinsamen Kombinationszitat von Dan 7,13 und Sach 12,10, bemerkenswert. Beim von Böcher genannten zweiten Beispiel ist es unwahrscheinlich, dass die Schultradition beide Worte, Jes 54,11f (die Namen von Edelsteinen) und 54,13 (das Wort „all deine Söhne werden Jünger Gottes") bewusst als eine zusammenhängende Größe überliefert hat. Beim dritten ist wegen der Kürze des Satzes gar nicht sicher, ob Offb 2,17 (δώσω αὐτῷ τοῦ μάννα τοῦ κεκρυμμένου) Ps 78,24 reflektiert: δώσω αὐτῷ gehört zum stereotypen Ausdruck des Überwinderspruchs; κεκρυμμένου hat in Ps 78,24 keine Entsprechung; übrig bleibt nur τοῦ μάννα.

Zum Verhältnis beider Schriften zum AT ist noch Grundlegenderes zu bemerken. Trotz zahlreicher Anklänge an das AT gibt der Vf. der Offb an keiner Stelle an, dass er aus ihm zitiert; die Zitate sind vielmehr völlig in seinen Text integriert. Dahinter steckt sein prophetisches Selbstbewusstsein;[25] er braucht im Grunde genommen keine Stütze durch das AT. Im Johannesevangelium findet man dagegen an manchen Stellen formelhafte Ausdrücke wie γεγραμμένον ἐστίν (2,17; 6,31.45 u.a.) oder γέγραπται (8,17). An einigen anderen Stellen schreibt der Vf. sogar,

---

[23] Zur Throngemeinschaft in der Offb vgl. ferner 22,1ff und auch u. 7.2.6.2.1.
[24] Vgl. auch Frey, Erwägungen 341–343.
[25] V. Campenhausen, Entstehung 254.

dass „die Schrift" über Jesus und sein Werk Zeugnis abgibt, ohne auf irgendeinen alttestamentlichen Text Bezug zu nehmen (5,39; 17,12 u.a.); er hält anders als der Vf. der Offb die Schrift als solche für autoritativ. Dass in einer gemeinsamen frühchristlichen Schule ein so unterschiedliches Verhalten dem AT gegenüber gepflegt wird, ist m.E. unwahrscheinlich.

j.) Fazit. Nicht für alle Motive bzw. Begriffe, die als Bindeglieder zwischen der Offb und den übrigen johanneischen Schriften vorgestellt sind, ist eine traditionsgeschichtliche Beziehung verifizierbar. Bei denjenigen, die das Vorhandensen einer solchen ahnen lassen, will z.B. Taeger ihren Standort im Wirkungsbereich des johanneischen Christentums suchen. Hahn denkt andererseits eher an eine christliche Überlieferung, von der die Offb und die anderen johanneischen Schriften je eigens die Stoffe übernommen haben.[26] M.E. scheint aber der Vf. der Offb die Motive und Begriffe nicht einer christlichen Tradition, sondern direkt der alttestamentlich-jüdischen Traditionen entnommen zu haben. Jedenfalls ist nicht anzunehmen, dass es zwischen der Offb und den übrigen johanneischen Schriften eine signifikante traditionsgeschichtliche Verbindung gibt.

Es ist andererseits aber nicht bestreitbar, dass sich im Gebrauch einiger Motive bzw. Begriffe (z.B. σημεῖον, ἀληθ-) zwischen der Offb und den übrigen johanneischen Schiften gewisse Berührungen erschließen lassen. Das ist von der Situation, in der die Offb geschrieben wurde, her gesehen auch nicht zu verwundern. Schüssler Fiorenza, School, die nach der Untersuchung von christologischen Titeln („Lamm" und „Logos") und eschatologischen Bildern und Metaphern („Lebenswasser" usw.) beider Schriften zum Ergebnis gelangt, dass der Vf. der Offb nicht besonders in der johanneischen Tradition wurzelt (106), erklärt das Vorhandensein von Zügen, die im Evangelium Parallelen haben, dadurch, dass am Ende des 1. Jh. in Kleinasien „various Christian circles or schools lived side by side within the Christian community" (107)[27] und unter ihnen auch die johanneische war. Es ist zwar fraglich, ob alle Verwandschaften in dieser Weise erklärbar sind; beim Lebenswasser-Motiv z.B. müsste man den Hintergrund wohl anders erklären. Aber einige Berührungen dürften doch dieser kleinasiatischen Situation geschuldet sein.

---

[26] Auch BÖCHER, Johanneisches 11, denkt zur Erklärung des Vorhandenseins von Verwandschaften und Unterschieden zwischen beiden Schriften an eine ursprünglich in einem „prophetisch-apokalyptischen Judenchristentum palästinischer Prägung" beheimatete Tradition, die „von der Apokalypse offenbar treuer bewahrt, vom Evangelium jedoch stärker verändert wurde" (11).

[27] Auch HEINZE, der in Bezug auf den Gebrauch der Wortgruppe μαρτ- zwischen beiden Schriften eine deutliche Verwandtschaft (vgl. oben), in Bezug auf die Titel Christi aber deutliche Differenze erkennt (Johannesapokalypse 355), macht darauf aufmerksam, dass am Ende des 1. Jh. in Kleinasien mehrere theologische Schulen vorhanden waren, dass die angeredeten Gemeinden in Kleinasien nicht einer spezifischen Schultradition allein zuzuordnen sind, und dass die Abfassungszeit der Offb recht spät (Anfang des 2. Jh.) anzusetzen ist; er folgert daraus: „Die JohApk lässt sich dann als ein Produkt eines bereits fortgeschrittenen Kommunikationsprozesses zwischen den kleinasiatischen Gemeinden des beginnenden 2. Jh. beschreiben" (356f) „nur solle vor allem wegen der deutlichen Verwandtschaft bei der Verwendung der Wortgruppe μαρτ- „dem Apokalyptiker ein enger Bezug zur joh. Schule nicht abgesprochen werden" (357).

## 3. Die Adressaten

AUNE, D .E., Art. Johannes-Apokalypse/Johannesoffenbarung, 1. Exegetisch, RGG4 IV 540–547; BAUER, W., Rechtgläubigkeit und Ketzerei im ältesten Christentums (BHTh 10), Tübingen ²1964; FRIESEN, S.J., Twice Neokoros. Ephesus, Asia and the Cult of the Flavian Imperial Family (RGRW 116), Leiden 1993; HAHN, F., Theologie des Neuen Testaments, 2 Bd., Tübingen 2002; HUSS, W., Die Gemeinde der Apokalypse des Johannes (Diss. München), masch. 1967; MÜLLER, U.B., Zur frühchristlichen Theologiegeschichte. Judenchristentum und Paulinismus in Kleinasien an der Wende vom ersten zum zweiten Jahrhundert n. Chr., Gütersloh 1976; PRIGENT, P., Au temps de l'Apocalypse. 2. Le culte impérial au 1er siècle en Asie Mineure, RHPhR 55, 1975, 215–235; ROYALTY, R.M. JR., The Streets of Heaven. The Ideology of Wealth in the Apocalypse of John, Macon 1998; SATAKE, A., Die Gemeindeordnung in der Johannesapokalypse, Neukirchen-Vluyn 1966; SCHENKE, H.-M./FISCHER, K.M., Einleitung in die Schriften des Neuen Testaments II, Gütersloh 1979; SCHÜSSLER FIORENZA, E., Priester für Gott. Studien zum Herrschafts- und Priestermotiv in der Apokalypse (NTA NS7), Münster 1972. TILLY, M., Textsicherung und Prophetie. Beobachtungen zur Septuaginta-Rezeption in Apk 22,18f, in: Studien zur Johannesoffenbarung und ihrer Auslegung (FS O. Böcher), Neukirchen-Vluyn 2005, 232–247; TREBILCO, P., The Early Christians in Ephesus from Paul to Ignatius (WUNT 166), Tübingen 2004; YARBRO COLLINS, A., Crisis and Catharsis. The Power of the Apocalypse, Philadelphia 1984.

### 3.1 Die sieben Gemeinden in der Provinz Asia

Während apokalyptische Schriften im allgemeinen keine konkrete Adressaten angeben – das ist wegen der fiktiven Verfasserangabe unmöglich –, ist die Offb an „die sieben Gemeinden in der Asia" gerichtet. Ihre Orte werden in 1,11 und in Kap. 2f in gleicher Reihenfolge genannt.

Die sieben Städte, in denen die Adressatengemeinden ansässig sind, gehören zu den bedeutendsten in der Provinz Asia. Drei von ihnen (Pergamon, Smyrna und Ephesus) war durch den römischen Senat der ehrenvolle Titel Neokoros zuerkannt worden.[28] Das Provinzparlament (κοινόν) tagte jährlich abwechselnd in einer dieser Städte; für das vierte Jahr wurde sein Tagungsort aus den vier Städten gewählt, die einen lokalen Kaisertempel hatten, darunter Laodicea, Philadelphia und Sardes.[29] Also galten mit Ausnahme von Thyatira[30] alle Städte, in denen Adressatengemeinden der Offb ansässig waren, als Zentren der Provinzpolitik.[31]

---

[28] Νεωκόρος. Ursprünglich ein Titel für diejenigen, die sich mit priesterlichen Diensten beschäftigen. Vgl. die einführende Erklärung zu 2,1–7.18–29. PRIGENT, Culte 218; FRIESEN, Twice Neokoros 114.
[29] PRIGENT, Culte 218; FRIESEN, Twice Neokoros 114.
[30] Zur Wahl Thyatiras (und Philadelphias) hat vielleicht auch beigetragen, dass der Seher wegen der Entfernung zu ihnen hier günstige Zwischenstationen machen konnte.
[31] Auch ein Bericht des Tacitus bestätigt das. Im Jahre 26 n. Chr. kandidierten elf asiatische Städte für die Errichtung eines Tempels für Tiberius, seine Mutter und den Senat und stritten um das Recht und die Ehre vor Tiberius selber (ann. IV 55f). Fünf dieser elf Städte waren Lokalisierungsorte der späteren Adressatengemeinden der Offb; nur Thyatira und Philadelphia sind nicht genannt. Die Befugnisse des

In allen größeren Städten der Provinz Asia gab es seit Generationen zahlreiche Juden. Johannes suchte nach der Einwanderung in die Provinz wahrscheinlich zunächst Kontakt mit dortigen Synagogen und machte sie zum Stützpunkt für seine Wirksamkeit. Die Auswahl der sieben Städte ergab sich wohl in erster Linie auf diesem Hintergrund,[32] weniger etwa dadurch, dass sie ausnahmslos Gerichtsstädte waren;[33] denn es gab in der Provinz Asia noch weitere Gerichtsorte.[34] Nach Ramsay, Letters 176ff waren die sieben Städte Zentren von sieben Postdistrikten,[35] aus denen Briefe in die Umgebung weitergeleitet wurden; dabei wurde Privatpersonen nur ausnahmsweise die Benutzung des Postwesens gestattet.[36]

Die Zahl „sieben" ist wohl kein Zufall. Dass der Vf. zunächst von „den sieben Gemeinden in der Asia" spricht (1,4) und erst hinterher (V. 11) ihre Namen angibt, ist schon ein Indiz dafür, dass für ihn die Zahl „sieben" maßgebend ist. „Sieben" ist in der Offb die Zahl der Vollkommenheit. „Die sieben Gemeinden in der Asia" bedeutet in erster Linie die Kirche in ihrer Fülle (dazu vgl. ad 1,4). Es erscheint m. E. aber dennoch schwer vorstellbar, dass der Vf. auch an andere als die sieben Gemeinden hätte schreiben können. Ständen noch andere Gemeinden[37] unter seinem Einfluss, ließe er sie aber beim Schreiben des Buches außer Acht, um bei der Zahl „sieben" als dem Symbol der Vollkommenheit zu bleiben, hätten sie darauf sicher mit großer Enttäuschung und Ärger reagiert. Das hätte seinem pointiert seelsorgerischen Anliegen widersprochen. Man muss also annehmen, dass die Zahl der Gemeinden, an die er schreiben konnte, wirklich sieben betragen hat, oder aber eventuell noch kleiner gewesen ist.[38]

## 3.2 Die Entstehung der sieben Gemeinden

Obwohl Kleinasien ehemals ein Missionsfeld des Paulus gewesen ist und er dort Gemeinden gegründet hat, ist es fraglich, ob die Gemeinden der Offb Nachfolgerinnen der paulinischen Gemeinden gewesen sind;[39] denn der Einfluss von Paulus ist in der Offb kaum erkennbar (vgl. oben 2.1.4.); auch von der Gemeindestruktur

---

Provinzparlaments waren weitgehend auf die Verwaltung des Kaiserkults beschränkt; hier wurde der Hohepriester für das Jahr gewählt; vgl. PRIGENT, Culte 219.

[32] Dass auch in Thyatira die Juden stark vertreten gewesen, wird durch die Anwesenheit der Gottesfürchtigen Lydia (Apg 16,14) belegt.

[33] BOUSSET, Apk 84; vgl. HADORN, Apk 31. Zu diesbezüglichen verschiedenen Vorschlägen vgl. SCHÜSSLER FIORENZA, Priester 171 Anm. 8.

[34] Vgl. HUSS, Gemeinde 36.

[35] Ähnlich CHARLES, Apk I 24; MOUNCE, Apk 77 u.a.

[36] U.B. MÜLLER, Apk 82; HUSS, a.a.O. 36; SCHÜSSLER FIORENZA, a.a.O.

[37] In der Provinz Asia gab es noch in folgenden Städten christliche Gemeinden: Milet, Magnesia, Tralles, Kolossae, Hierapolis und Troas.

[38] BAUER, Rechtgläubigkeit 82; BORNKAMM, ThWNT VI 670 Anm. 114; HUSS, Gemeinde 36f.

[39] „Nirgendwo wird erkennbar, dass Paulus als Apostel und Gemeindegründer vorausgesetzt wird. Auch auf seine Theologie oder die Theologie der Paulusschule wird nicht Bezug genommen" (HAHN, Theologie I 450).

her gesehen ist die Möglichkeit gering (vgl. unten 3.3). Vielmehr ist anzunehmen, dass diese durch die Wirksamkeit des Sehers selbst entstanden sind.

Der Zeitraum von seiner Auswanderung aus Palästina beim Krieg 66–70 n. Chr. bis zur Abfassung des Buches beträgt mehr als zwanzig Jahre. Er war in dieser Zeit als ein Wanderprophet im Gebiet der späteren sieben Gemeinden tätig. Die Stützpunkte waren zunächst Synagogen. Um ihn sammelten sich Scharen von Synagogenbesuchern, Juden, Proselyten und Gottesfürchtige, die mit der Zeit zu den sieben Gemeinden wuchsen. Der Vollzug dieses Prozesses war bei einzelnen Gemeinden verschieden; die Gemeinden in Smyrna und Philadelphia, die mit den Synagogen in Konflikt stehen, haben sich erst vor verhältnismäßig kurzer Zeit von diesen getrennt. Die Wirksamkeiten der Irrlehrer und die Erschlaffung des Glaubens bei anderen Gemeinden verraten dagegen, dass seit ihrer Entstehung bereits einige Zeit vergangen sein muss.

## 3.3 Die Gemeindestruktur

In meiner 1966 veröffentlichten Monographie (Gemeindeordnung) erforschte ich die in der Offb vorausgesetzte Gemeindeordnung; das Ergebnis war, dass die Gemeinden, an die Johannes sein Buch schreibt, als einzige Amtsträger die Propheten kennen, und in dieser Hinsicht unter den Gemeinden, die damals für Kleinasien bezeugt sind, einzigartig sind.

Die These ist seitdem gelegentlich der Kritik ausgesetzt gewesen. Am häufigsten wird die Meinung geäußert, dass die Gemeindeordnung, die in der Offb beschrieben ist, nicht eine wirklich vorhandene, sondern eine fiktive sei. Nach U.B.Müller, Theologiegeschichte 31, gibt das Gemeindebild der Offb „nur die eigene Anschauung" des Vf., „nicht aber den wirklichen Zustand in den Gemeinden" wieder. „Johannes nennt nur Propheten als charismatische Funktionsträger der Gemeinden, weil dies seiner Konzeption von Gemeinde, die aus nicht-kleinasiatischer Tradition stammt, entspricht. Er ignoriert also die faktische Gemeindeordnung, wie sie aus anderen Zeugnissen der Zeit zu erschließen ist".[40]

Auch ich bin der Meinung, dass „das Gemeindebild des Propheten Johannes" „die eigene Anschauung wiedergibt"; aber ich kann die Ansicht nicht akzeptieren, dass sein Vorgehen mit „nur" bezeichnet werden soll; darauf werde ich später zurückkommen. Zunächst muss geklärt werden, wie „die eigene Anschauung" des Vf. aussieht. Das Idealbild der Gemeinde und des Gemeindelebens legt der Vf. u.a. in seiner Beschreibung des neuen Jerusalem vor.[41] Im neuen Jerusalem sind Gott und das Lamm mit und bei den Menschen (21,3); das unmittelbare Zusammensein macht den Tempel unnötig (21,22). Aus dem gleichen Grund gibt es dort keine Parallele zu den Kirchenämtern, die zwischen Gott dem Lamm einerseits und den

---

[40] Ähnlich GIESEN, Apk 43; SCHENKE-FISCHER, Einleitung II 299; YARBRO COLLINS, Crisis 137; ROYALTY, Streets 33; TREBILCO, Ephesus 493ff.
[41] Vgl. dazu u. 7.3.4.4.

Menschen andererseits vermitteln sollten. „Seine Knechte [kein Standesunterschied vorgesehen] werden ihm [d.h. Gott und dem Lamm] dienen, und sie werden sein Angesicht sehen" (22,3f). Für Johannes liegt nun das neue Jerusalem nicht in ferner Zukunft; dass er eine Verfassung der irdischen Gemeinden konzipiert, die dem Idealbild möglichst nahe steht, ist deshalb leicht begreiflich. Natürlich sind Gott und das Lamm jetzt noch nicht direkt mit und bei den Menschen. Das Dasein von Propheten als Sprechern Gottes ist für die irdischen Gemeinden unentbehrlich. Aber sonstige Gemeindeämter wie das des Presbyters oder Bischofs, die ein längeres Bestehen der Kirche voraussetzen, sind für sie nicht konstitutiv.

Wir wenden uns nun der vorhin zurückgestellten Frage zu, ob die Gemeindeordnung, die man in der Offb findet, „nur" eine Wiedergabe seiner eigenen Anschauung ist. U.B.Müller geht von der Voraussetzug aus, dass Johannes an die schon bei seiner Ankunft in Kleinasien bestandenen Gemeinden schreibt, deren Verfassung die Apostelgeschichte, die Pastoralbriefe oder Ignatius bezeugen.[42]

Die Gemeindeordnung, die die von U.B. Müller genannten Schriften bezeugen, sei skizzenhaft vorgestellt: Nach der Apostelgeschichte haben Paulus und Barnabas auf der ersten Missionsreise in jeder Gemeinde Älteste erwählt (14,23; vgl. 20,17). Wieweit dieser Bericht der Wirklichkeit der Gemeinden in Kleinasien in der paulinischen Zeit entspricht, ist fraglich; wahrscheinlicher ist vielmehr, dass sich hier die lukanische Konzeption widerspiegelt. Die Pastoralbriefe zeigen eine entwickeltere Gemeindeordnung. Sie kennen bereits den monarchischen Episkopat, der durch die Ämter des Presbyters, des Diakons und der Witwe ergänzt ist. Das Wort „Prophet" kommt nur einmal in Tit 1,12 als „ihr [d.h.der Kreter] eigener Prophet" vor. Ebenso zeigen die Ignatiusbriefe eine Gemeindeordnung in einer hierarchisch verfestigten Form: An der Spitze steht der Bischof; Presbyter sind dem Bischof, Diakone sowohl dem Bischof als auch den Presbytern untergeordnet. Propheten sind für Ignatius offensichtlich eine Gruppe der Vergangenheit. Von den Gemeindegliedern wird wiederholt gefordert, sich dem Bischof unterzuordnen.

Mir ist nun überhaupt unvorstellbar, dass Johannes, wenn er in seiner Schrift angeblich vorhandene Gemeindevorsteher übergangen hätte, dann noch mit der Möglichkeit der Verlesung seines Buches in den angeschriebenen Gemeinden hätte rechnen können. Auch dass nach der Beschreibung der Offb die vierundzwanzig Ältesten in Gottes Nähe sind, macht es unwahrscheinlich, dass in den Adressatengemeinden das Amt des Presbyters vorhanden gewesen ist. Die Beschreibung könnte dazu beitragen, den irdischen Presbytern eine himmlische Autorität zuzuerkennen, was für unseren Vf. kaum vorstellbar ist; denn die Presbyter sind vor allem für die Bewahrung und Weitergabe der Tradition zuständig, der Vf. legt aber das Gewicht auf die Offenbarung, die ihm direkt von Gott und dem himmlischen Jesus gegeben wird.

Man muss sich also als Adressatengemeinden der Offb vielmehr als Gemeinden vorstellen, die nicht hierarchisch strukturiert sind und solche Gemeindeämter

---

[42] Theologiegeschichte 34.

nicht haben. Das aber bedeutet gleichzeitig, dass die Gemeinden der Offb nicht Nachfolgerinnen der paulinischen Gemeinden gewesen sein können.[43]

Es ist m.E. nicht nötig, anzunehmen, dass es in einer Stadt jeweils nur eine christliche Gemeinde gegeben hat. Jede Gemeinde hatte damals wohl eine verhältnismäßig kleine Anzahl von Gemeindegliedern; sie besaß wohl keinen gesonderten sakralen Raum; vielmehr wird sie als Hausgemeinde zu verstehen sein (vgl. etwa „die Leute der Chloe" in 1Kor 1,11). Das Vorhandensein mehrerer Gemeinden in einer größeren Stadt legt sich daher zwanglos nahe. Und dass diese Gemeinden sich sowohl theologisch als auch im Blick auf ihre Struktur – mehr oder weniger – voneinander unterschieden haben, ist durchaus naheliegend.[44] Es wird neben den Gemeinden mit einer festeren Ämterstruktur auch solche gegeben haben, die eine schlichtere Struktur aufwiesen. Es gibt keine Notwendigkeit anzunehmen, „dass auch diese sieben Gemeinden Kleinasiens auf dem Wege zu einer festen Ämterstruktur sind".[45]

### 3.4 Der Verfasser und die Gemeinden

Die Sendschreiben zeigen, wie konkret der Vf. die Situation der Einzelgemeinden kennt. Er verhält sich den Gemeinden gegenüber als deren einzige geistige Autorität. Obwohl er das Dasein von Propheten in den Gemeinden anerkennt, beschreibt er außer in 11,3ff an keiner Stelle deren konkretes Wirken. Die einzige Prophetin, über deren Wirksamkeit in der Gemeinde berichtet ist, ist Isebel (2,20). Die Textsicherungsformel 22,18f zeigt, dass er sich für *den* Propheten hält.[46]

In 2,7 warnt der himmlische Jesus die ephesinische Gemeinde, dass er, wenn sie nicht umkehrt, „[ihren] Leuchter von seiner Stelle stoßen" wird; die Trennung der Gemeinde von Jesus ist gemeint. Diese kann faktisch aber nur durch das Wirken des Vf. geschehen: Er ist derjenige, der die Beziehung Jesu zu dieser Gemeinde beendet; ähnlich 3,16; 2,16. In diesen Worten spiegelt sich sein Bewusstsein als der mit der Verantwortung für die Gemeinde Beauftragte wider.

---

[43] Mindestens für einige der sieben Gemeinden der Offb haben wir keinen Nachweis für deren Existenz bereits vor dem Wirken unseres Vf. Wir haben vielmehr guten Grund zu vermuten, dass sie erst aufgrund seines Wirkens gegründet worden sind. U.B. MÜLLER nun erkennt an, dass Johannes eine eigene „Konzeption von Gemeinde" hatte, „die aus nicht-kleinasiatischer Tradition stammt" (Theologiegeschichte 31). Dass der Vf. nun sozusagen im Neuland Gemeinden nicht nach seiner eigenen Konzeption, sondern kleinasiatischen Traditionen folgend bildete, scheint gänzlich unwahrscheinlich. Wenn er sich aber im Blick auf das „Neuland" so verhielt, ist es naheliegend, dass er auch in den Städten, in denen bereits eine christliche Gemeinde existierte, diese nach seiner eigenen Anschauung umbildete.
[44] NORRIS, Asia Minor 366ff, versucht anhand von Apg 18f; 1Kor 16,9; Röm 16,17–20 nachzuweisen, dass in Ephesus in der zweiten Hälfte des 1. Jh. mehrere christliche Gruppen voneinander unabhängig vorhanden gewesen sind.
[45] U.B. MÜLLER, Theologiegeschichte 33.
[46] Vgl. TILLY, Textsicherung 245.

Er betont freilich nicht einseitig seine Sonderstellung. Als der einzige Übermittler der Botschaft ist er zwar „sein (Gottes bzw. Christi) Knecht" schlechthin (1,1), aber im gleichen Vers nennt er die Gemeindeglieder „Knechte Gottes" und deutet damit an, dass er mit ihnen im Grunde genommen auf der gleichen Ebene steht. Das kommt noch deutlicher zum Ausdruck, wenn er sich in 1,9 „euer Bruder und Mitteilhaber an der Bedrängnis und an der Herrschaft und am Ausharren Jesu" nennt. Bei der Abweisung seines Versuchs, den Engel, der ihm die Vision gezeigt hat, anzubeten, erfährt er, dass dieser nicht nur sein Mitknecht ist, sondern auch ein solcher „[seiner] Brüder" (19,10; 22,9); dadurch wird einerseits die Sonderstellung des Vf. der Offb hervorgehoben, andererseits aber auch, dass er vor dem Engel und vor Gott im Grunde genommen in keiner anderen Position steht als die übrigen Gemeindeglieder.

### 3.5 Die Situation der sieben Gemeinden – die Gefahren, mit denen sie konfrontiert sind

Zwei Gefahren bedrohen die Gemeinden. Die eine kommt von außen. Nach der Darstellung im Visionenteil sind die Christen Verfolgungen, die mit der römischen Staatsmacht in Zusammenhang stehen (vgl. unten 4.2.3), ausgesetzt. In den Sendschreiben, in denen die Gemeindesituation genauer in den Blick kommt, ist zwar vom Zwang zum Kaiserkult nicht direkt die Rede. Aber die Verleumdung durch die Juden (2,9; 3,9) hat letzten Endes mit ihm zu tun. Die Affäre von Antipas (2,13) lässt jedenfalls erkennen, dass die Situation für die Christen nicht leicht ist.

Die zweite Gefahr erwächst aus dem Inneren der Gemeinden, und zwar auf zweierlei Weise. Einerseits sind in ihnen Irrlehrer am Werk. Diese bezwecken letzten Endes die Akkommodation an die Umwelt; jene vertreten offensichtlich die Überzeugung, die auch bei den „Starken" in 1Kor anzutreffen ist, dass man nämlich wegen des schon errungenen Heils nicht mehr zu fürchten braucht, durch die Praxis heidnischer Kult verunreinigt zu werden.[47]

Andererseits lässt sich zumindest in den Augen des Johannes etwa in den Gemeinden in Ephesus, Sardes und Laodicea eine zunehmende Laxheit oder Nachlässigkeit des Glaubens beobachten. Der an diese Gemeinden gerichtete Tadel „Du hast den Namen, dass du lebst, und du bist tot" (3,1), oder „Du sagst: Ich bin reich und reich geworden und habe keinen Mangel" (3,17), lässt die Annahme plausibel erscheinen, dass Teile innerhalb ihrer die Überzeugung vertreten, dass die Teilhabe am eschatologischen Heil bereits gesichert ist; von einer etwaigen Wirksamkeit von Häretikern ist hier aber nicht die Rede.

Der Vf. hat zwar ein Interesse an der aktiven Abwehr der Irrlehrer durch die Gemeinden selbst (2,2); er ermahnt in 3,2 den Gemeindeengel (= die gesunden Gemeindeglieder?) in Sardes dazu, diejenigen zu stärken, die zu sterben drohen. Aber

---

[47] Zu dieser Frage vgl. vor allem den Exkurs „Die Nikolaiten" am Ende des Kap. 2 und u. 6.5.6.

insgesamt geht es ihm nur am Rande um die Aktivitäten der Glieder der angeschriebenen Gemeinden und deren Konsequenzen für deren Mitchristen.[48]

Was der Vf. von den Gemeindegliedern erwartet, ist das Aufrechthalten des gegebenen Glaubens. Τηρειν/κρατεῖν (2,25; 3,3.11; vgl auch 1,3; 22,7.9) sind deshalb neben ὑπομονή (1,9 u.a.; dazu vgl. ad 1,9) wichtige Termini in der Offb. Das Interesse des Vf. ist auf die Vertikale des Verhaltens der Gemeindeglieder Gott gegenüber so stark konzentriert, dass die horizontale Dimension des Gemeindelebens kaum in sein Blickfeld hineinkommt.

## 4. Die Abfassungszeit.
## Die Politik Domitians den Christen gegenüber

BELL, A.A., The Date of John's Apocalypse. The Evidence of some Roman Historians Reconsidered, NTS 25, 1978, 93–102; CHARLESWORTH, M.P., Einige Beobachtungen zum Herrscherkult, besonders in Rom (= Some Observations on Ruler-Cult, especially in Rome, HThR 28, 1935, 5–44), jetzt in: Wlosok, A. (Hg.): Römischer Kaiserkult (WdF 372), Darmstadt 1978, 163–200 (Übersetzung durch F. Felten); DESILVA, D.A., The Social Setting of the Revelation to John: Conflicts within, Fears without, in: WTJ 54, 1992, 273–302; DOWNING, F.G., Pliny's Prosecutions of Christians: Revelation and 1Peter, in: Porter, S.E./ Evans, C.A. (Hg.), The Johannine Writings, Sheffield 1995, 232–249 (= JSNT 34, 1988, 105–123); FREUDENBERGER, R., Das Verhalten der römischen Behörden gegen die Christen im 2. Jahrhundert, dargestellt am Brief des Plinius an Trajan und den Reskripten Trajans und Hadrians (MBPF 52), München 1967; HEINZE, A., Johannesapokalypse und johanneische Schriften. Forschungs- und traditionsgeschichtliche Untersuchungen (BWANT 142), Stuttgart u.a. 1998; HIRSCHBERG, P., Das eschatologische Israel. Untersuchungen zum Gottesvolkverständnis der Johannesoffenbarung (WMANT 84), Neukirchen-Vluyn 1999; KERESZTES, P., The Jews, the Christians, and Emperor Domitian, VigChr 27, 1973, 1–28; KLAUCK, H.-J., Die religiöse Umwelt des Urchristentums II. Herrscher- und Kaiserkult, Philosophie, Gnosis (KStTh 9,2), Stuttgart/Berlin/Köln 1996; LIPINSKI, E., L'Apocalypse et le martyre de Jean à Jérusalem, in: NT 11, 1969, 225–232; NEWMAN, B., The Fallacy of the Domitian Hypothesis. Critique of the Irenaeus Source as a Witness for the Contemporary-Historical Approach to the Interpretation of the Apokalypse, NTS 10, 1963/64, 133–139; NORRIS, W., Asia Minor before Ignatius: Walter Bauer Reconsidered, StEv 7, 1982, 366–376; PEERBOLTE, L.J.L., The Antecedents of Antichrist. A Traditio-Historical Study of the Earliest Christian Views on Eschatological Opponents (JSJ.S. 49), Leiden/New York/Köln 1996; PLEKET, H.W., Domitian, the Senate and the Provinces, Mnemosyne 7, 1961, 296–315; PRIGENT, P., Au temps de l'Apocalypse. 1. Domitien, RHPhR 54, 1974, 455–483; RIEMER, U., Das Tier auf dem Kaiserthron? Eine Untersuchung zur Offenbarung des Johannes als historischer Quelle (Beiträge zur Altertumskunde 114), Stuttgart/Leipzig 1998; ROBINSON, J.A.T., Redating the New Testament, London 1976; SANDERS, J.N., St. John on Patmos, NTS 9, 1962/63, 75–85; SLATER T.B., Christ and Community. A Socio-Historical Study of the Christology of Revelation (JSNT.S 178), Sheffield 1999; THOMPSON, L.L., The Book of

---

[48] Für die Menschen außerhalb der Gemeinden hat er noch weniger Interesse. Mission ist in der Offb an keiner Stelle thematisiert. Eine Parallele zu Mk 13,10 etwa findet man nicht.

Revelation. Apocalypse and Empire, New York/Oxford 1990; WILSON, J.C., The Problem of the Domitianic Date of Revelation, NTS 39, 1993, 587–605; YARBRO COLLINS, A., Crisis and Catharsis. The Power of the Apocalypse, Philadelphia 1984; DERS., Myth and History in the Book of Revelation: The Problem of its Date, in: Traditions in Transformation. Turning Points in Biblical Faith (FS F.M. Cross), Winona Lake 1981, 377–403.

Anders als bei alttestamentlichen Propheten (Jes 1,1; 6,1 usw.)[49] findet man in der Offb keine konkrete Angabe, wann Johannes die Offenbarung empfing. Es ist kaum vorstellbar, dass der Vf. den Brauch der Datierung nicht kannte. Der Brauch setzt stillschweigend voraus, dass die betreffende Offenbarung nicht die allerletzte ist. Er weicht also absichtlich von den Propheten ab.

Im Rahmen der Klärung der Abfassungszeit der Offb ist zu fragen, ob sie in einem Zuge niedergeschrieben worden oder als das Ergebnis eines längeren Entwicklungsprozesses anzusehen ist. Auf dieses Problem gehe ich unten in 5. ein. Bis dahin ist mit dem Terminus „Abfassungszeit" dasjenige Datum gemeint, an dem das Buch seine jetzige Gestalt erhalten hat.

### 4.1 Die Überlieferungen der Kirchenväter

Das älteste Zeugnis innerhalb der Überlieferungen der Kirchenväter ist Ireäus, haer. V 30,3: Die Offb „wurde vor nicht langer Zeit geschaut, sondern beinahe in unserer eigenen Generation, am Ende der Herrschaft Domitians". Dieses Datum wird von einer Anzahl weiterer Kirchenväter bestätigt (Clemens Al., quis dives salvetur 42; Origenes, comm. in Mt 16,6; Victorin, comm. in apocalypsin 10,11; 17,10; Euseb, h.e. III 18.20.23; Pseudo-Augustinus, quaestiones veteris et novi testamenti LXXVI 2; Hieronymus, vir.ill. 9). Einige spätere Zeugen datieren das Buch dagegen in die Zeit des Claudius (Epiphanius, haer. LI 12.32), des Nero (die syr. Version der Offb) oder des Trajan (Dorotheus von Tyrus, synopsis de vita et morte prophetarum; Theophylakt, enarratio in Evangelium S. Matthaei ad Mt 20,22).

Irenäus stellt sich als den Vf. des Buches den Apostel Johannes vor, eine Ansicht, die schwer akzeptabel ist (vgl. oben 2.2.2.). Aber damit wird der Wert seines Zeugnisses nicht hinfällig. Denn die ihm vorliegende Überlieferung besagt wohl, dass das Buch durch einen Johannes geschrieben wurde, den er irrtümlicherweise für den Apostel hielt, und dass es am Ende der Regierungszeit Domitians verfasst wurde.[50] Sehr wahrscheinlich stammt die ihm vorliegende Überlieferung aus Kleinasien, seiner Heimat, und kann eine hohe Glaubwürdigkeit beanspruchen.

---

[49] Selbst Dan wiederholt fiktive Zeitangaben: 7,1; 8,1; 9,1; 10,1; vgl. auch 4Esr 3,1; syrBar 1,1.

[50] „The fact that he dated the book as he did, in spite of the difficulty about the apostle's age, implies that he had independent and strong evidence for the date" (YARBRO COLLINS, Date 380; vgl. auch DIES., Crisis 55f). Anders WILSON, Date 598: „In my view the authority of Irenaeus is already rendered questionable on this matter by his mistaken judgement on the authorship".

## 4.2 Das Zeugnis der Offb

In der Offb selbst findet man wenig Anhalt zur Datierung des Buches. Die Kaiserliste 17,9-11 z.B. nützt in Wirklichkeit nichts.[51] Auch die einmalige Titulatur, „unser Herr und Gott" (4,11), ist nicht weiterführend, ebensowenig die Anordnung „Du sollst dem Öl und dem Wein keinen Schaden tun" (6,6).[52] Für einige Forscher setzt 11,1f das Vorhandensein des irdischen Tempels in Jerusalem voraus und stellt 11,13 die Zerstörung der Stadt anders dar als in Wirklichkeit; aber vielleicht handelt es sich bei 11,1f ursprünglich um den Bericht eines kurz vor 70 gemachten visionären Erlebnisses des Sehers selbst (vgl. unten 6.1). Auch dass die Stadt durch ein Erdbeben zerstört wird (V. 13), kann kein Indiz für die Beschreibung der Verhältnisse, wie sie vor 70 n. Chr. existierten, sein.

### 4.2.1 Die Frühdatierung der Offb

Einige Forscher sprechen sich für für die Datierung der Offb in die Zeit vor 70 n. Chr. aus.[53] Ein Argument, das sie stützen könnte, ist das Problem der „Parusieverzögerung": Da die Endzeit mit dem Christusgeschehen beginnt (vgl. Kap. 5 und 12), muss man, wenn das Buch erst in domitianischer Zeit abgefasst wäre, annehmen, dass man schon mehr als ein halbes Jahrhundert mit der Naherwartung gelebt hat, ohne deren Erfüllung erlebt zu haben. Ist das nicht zu lang? Aber die Naherwartung war um die Jahrhundertswende in gewissen jüdischen Kreisen, durch das Geschehen um 70 veranlasst, lebendig (4Esr; syrBar); dass der Vf. in den neunziger Jahren in dieser jüdisch-allgemeinen Atmosphäre die Naherwartung beibehielt, ist daher nicht zu verwundern (zu seiner Eschatologie vgl. unten 7.5).

Es gibt andererseits mindestens zwei gewichtige Argumente gegen die Frühdatierung. Erstens setzt der Vf. deutlich die Legende von wiederkommenden Nero voraus.[54] Man muss also die Entstehung des Buches nach Neros Tod ansetzen. Dass das Bild des Tieres dämonisch geprägt ist (Aufstieg aus dem Abgrund etwa), macht es sogar unwahrscheinlich, dass es kurz danach entstand. Zweitens setzt die Benennung Roms als Babylon voraus, dass es wie einst Babylon Jerusalem bereits zerstört hat; das Buch kann deshalb nicht vor 70 entstanden sein.[55]

---

[51] Vgl. Exkurs „Die sieben Könige" bei Kap. 17.
[52] Zur Untauglichkeit sonstiger eventueller Argumente vgl. HEINZE, Johannesapokalypse 215-219.
[53] Im 19. Jh. herrschte die Datierung zwischen dem Tod Neros und dem Fall von Jerusalem vor (ROBINSON, Redating 224). J.C. WILSON, Date 599, schlägt auf Grund von 17,9-11 die Zeit Galbas vor (ähnlich SANDERS, St.John 77f; LIPINSKI, Apocalypse 231); vgl. dazu den Exkurs „Die sieben Könige" bei Kap. 17. Für BRIGGS, Temple 24, ist „the apparent existence of the Jerusalem temple in Rev. 11:1-2" „a paramount feature in support of the argument that the book was actually written during Nero's earlier reign". Aber zur Entstehung dieses Abschnitts vgl. unten 6.1.
[54] Vgl. den Exkurs „Die Legende von der Wiederkehr Neros" bei Kap. 17.
[55] BEALE, Apk 18f; YARBRO COLLINS, Crisis 57f; DIES., Date 382; L.L. THOMPSON, Empire 14; PEERBOLTE, Antichrist 118. Vgl. auch PEERBOLTE, Antichrist 119: „If Revelation was written under Nero, the description of Laodicea as a prosperous city (3,17) is difficult to understand, since it was destroyed by an earthquake in A.D. 60".

### 4.2.2 Die Spätdatierung der Offb

Frey, Erwägungen 427, z.B. vertritt die Ansicht, dass die Offb durch einen Schüler von Johannes dem Alten „vermutlich einige Zeit nach dem Tod des Schulhauptes", also in der mittleren trajanischen Zeit, herausgegeben worden sei; dazu vgl. oben 1.2.2.1 Heinze, Johannesapokalypse 239f zählt folgende Argumente als Stütze für die Datierung in das erste Viertel des 2. Jh. auf: Die hinter 6,6 erkennbaren „Hungersnöte als Folge der zunehmenden Präsenz röm. Truppen in Kleinasien", das Stadium der in der Offb aufgenommenen Nero-Sage, die Nero als eine mythische Gestalt darstellt (vgl. auch 225f), und vor allem die hinter 16,12 erkennbare „Wahrnehmung der Zuspitzung des Konfliktes zwischen Rom und den Parthern"; sie sind aber nicht überzeugend; dazu vgl. die Auslegung der betreffenden Stellen und den Exkurs „Die Legende der Wiederkehr Neros" bei Kap. 17. Der Spätdatierung fehlt m.E. nicht nur eine sichere Stütze; ihr ist auch eine gewichtige Frage gestellt, ob „Irenäus [...] sich nur einige Jahrzehnte nach der angeblichen Entstehung der Schrift geirrt" hat.[56]

### 4.2.3 Die Abfassung der Offb in domitianischer Zeit

Während weder die Früh- noch die Spätdatierung sich als wahrscheinlich erweisen, gibt es für die Abfassung in domitianischer Zeit relativ gewichtige Argumente. Die Christen sind bzw werden nach der Beschreibung der Offb unter dem staatlichen Druck in eine schwierige Situation geraten: 1.) Als Folge der Inthronisation Christi im Himmel steigt Satan voller Zorn von dort auf die Erde herab, um gegen die Christen Krieg zu führen (12,12.17); 2.) Diejenigen, die das Bild des Tiers nicht anbeten, werden getötet, und diejenigen, die sein Malzeichen nicht tragen, vom Markt ausgeschlossen (13,15ff); 3.) Der Seher sieht die Hure Babylon „vom Blut der Heiligen und vom Blut der Zeugen Jesu trunken" (17,6); 4.) In Babylon „wurde das Blut der Propheten und Heiligen gefunden" (18,24; vgl. 16,6). Bei diesen Belegen handelt es sich nicht um direkte Beschreibungen der Wirklichkeit, sondern eher um apokalyptisch-schematische, die die Gegenwart in schroffem Gegensatz zur von Gott versprochenen Zukunft nur schwarz malen.[57] Aber in der Regierungszeit Domitians scheinen Christen genug Grund gehabt zu haben, solche Vorstellungen zu produzieren bzw. sie zu akzeptieren, wie es der Briefwechsel zwischen Plinius und Trajan nahelegt (vgl. unten 4.3); sie waren auch indirekt dem Zwang zum Kaiserkult ausgesetzt, von dem im o.g. Text 13,15ff die Rede ist; vgl. ferner 14,9–11; 16,2; 19,20; 20,4. Symptomatisch für diese Zeit war, dass Domitian den

---

[56] RIEMER, Tier 10.
[57] Der Vf. kennt aus seiner Gegenwart nur einen Märtyrer, Antipas in Pergamon (2,13); sonstige Märtyrer, die er nennt (6,9–11; 16,6; 18,24; 20,4), scheinen entweder zur Vergangenheit (wahrscheinlich in der Zeit unter Nero) zu gehören oder erst in Zukunft zu erwarten zu sein. Die gegenwärtige Situation der Gemeinde beschreibt er auch sonst manchmal sehr plakativ: Er lässt die „Werke" der Epheser in „Mühe und Geduld" geschehen (2,2.3), obwohl die konkrete Problematik dort nicht so akut zu sein scheint. Auch angesichts seiner Selbstbezeichnung in 1,9, „euer Bruder und Mitteilhaber an der Bedrängnis und an der Herrschaft und im Ausharren in Jesus", ist kaum vorstellbar, dass sich jeder Leser in einer solchen schwierigen Situation befindet, wie 1,9 sie voraussetzt.

dritten[58] Kaisertempel in der Asia, diesmal in Ephesus, errichten und u.a. seine eigene Kolossalstatue dort aufstellen ließ. In den Sendschreiben nach Smyrna und nach Philadelphia werden Spannungen zwischen den Christen und Juden sichtbar; sie haben ihre Wurzel z.T. in der Wirtschaftspolitik Domitians (vgl. unten 7.4.4.4).

Für die Provinzialen, die sowohl politisch als auch wirtschaftlich von Rom abhängig waren, war der Kaiserkult in erster Linie eine Möglichkeit, ihre Treue und Dankbarkeit dem Kaiser und dem Staat gegenüber zum Ausdruck zu bringen. Dieses Empfinden müsste mit der Errichtung des Kaisertempels in Ephesus seinen Höhepunkt erreicht haben. Auch Domitians mildere Politik den Provinzen gegenüber[59] wirkte wohl mit. Beim Kult spielte „das zweite Tier", also der Hohepriester der Provinz, die entscheidende Rolle (13,11ff), der jedes Jahr aus Elitefamilien der Provinz gewählt wurde. Wurde so der Kaiserkult besonders stark durch die Mächtigen der Provinzen gefördert, brachte er ihnen auch gewisse Profite; sie wurden „dadurch enger an das Kaiserhaus und die römische Reichsidee angebunden".[60] Für die Christen dagegen, die zum Glauben an Christus verpflichtet waren, bedeutete das Praktizieren der Kaiserverehrung aber zugleich, Christus zu verlassen; das war für sie unmöglich.

Was würde aber Christen geschehen, die sich dem Kaiserkult verweigerten? Unter unmittelbare staatliche Pression würden sie wohl nicht geraten, aber, da es sich bei jenem um eine durch die Provinzialen geförderte Angelegenheit handelt, ist es leicht einzusehen, dass sie von ihrer Umwelt unter Druck gesetzt würden; sie würden schikaniert und gegebenenfalls aus der Stadtgemeinschaft ausgeschlossen werden. Für den Seher sind solche gefährlichen Verhältnisse teilweise bereits Wirklichkeit geworden, teilweise stehen sie kurz bevor; daher ermahnt er seine Leser, sich darauf einzustellen (7,14; 12,11).

Die Lästerung durch die Juden (2,9; 3,9) hat wohl indirekt mit dem Zwang zum Kaiserkult zu tun (vgl. oben 2.5). Außerdem hängt sie wahrscheinlich mit der Intensivierung der sogenannten Judensteuer durch Domitian zusammen; zu diesem Punkt vgl. unten 7.4.4.4. Treffen unsere Überlegungen zu, haben wir ein weiteres sichereres Argument für die Verfassung der Offb in domitianischer Zeit.

---

[58] Genauer gesagt war der Tempel der vierte in der Provinz Asia. Der dritte wurde unter Caligula aufgrund dessen persönlicher Weisung in Milet errichtet, aber der Kultus wurde nach dessen Ermordung nicht mehr fortgesetzt.
[59] PLEKET, Domitian 304, weist auf einen Brief Domitians an den Prokurator von Syrien (SEG XVII 755) hin, in dem er sich gegen den Missbrauch der Macht gegenüber den Provinzialen wendet; auch eine Inschrift aus Antiochia in Pisidien teilt dessen Absicht mit, in einer Hungersnot den Preis des Korns gegen die Spekulationslust von Reichen zu stabilisieren (PLEKET, a.a.O. 30/f). Vgl. auch PRIGENT, Domitien 467–470. Dieses Verhalten Domitians muss dem Bild eines fürchterlichen Tyrannen aber nicht unbedingt widersprechen.
[60] KLAUCK, Umwelt 66.

## 4.3 Der Briefwechsel zwischen Plinius und Trajan (Plinius X 96f)

In seinem Brief an Trajan schreibt Plinius: Bei ihm wurden etliche als Christen angezeigt (§ 2); im Verhör fragte er sie, ob sie tatsächlich Christen seien, und als sie bei ihrem Geständnis beharrten, ließ er sie zur Hinrichtung abführen (§ 3). Später wurde ihm eine anonyme Klageschrift mit zahlreichen Namen eingereicht (§ 4f). Unter diesen Menschen waren solche, die zunächst zugaben, Christen zu sein, es dann aber widerriefen und behaupteten, sie seien es zwar gewesen, hätten es aber aufgegeben (§ 6); er stellte bei ihnen durch Verhör fest, dass sie damals keine mit dem Namen (= dem Christsein) verbundene Verbrechen (§ 2) begangen hätten (§ 7). Ob auch solche Menschen bestraft werden sollten, ob also die Reue, d.h. die Aufgabe des Christseins vor Bestrafung schützt oder nicht, dies ist die Frage, um die er bei Trajan Rat holen will.

Dem Brief des Plinius kann man erstens entnehmen, dass die Behörden bereits damals das Christsein als ausreichenden Grund für einen Strafantrag ansahen[61] und die Betreffenden zum Tode verurteilten.[62] Plinius schreibt mit Entschiedenheit, dass er nicht daran zweifelt, diejenigen, die trotz Strafandrohung ihrem Christsein nicht abschwören, schon aufgrund von „Eigensinn und unbeugsamer Halsstarrigkeit" bestrafen zu müssen (§ 3). „Diejenigen, die leugneten, Christen zu sein oder gewesen zu sein", ließ er nach einer von ihm vorgesprochenen Formel die Götter anrufen – vor dem Bild Trajans, das er, wahrscheinlich dem Brauch der domitianischen Zeit folgend,[63] zu diesem Zweck zusammen mit den Statuen der Götter hatte bringen lassen – mit Weihrauch und Wein opfern, und Christus verfluchen (§ 5). Plinius weiß genau, dass die Christen einer solchen Aufforderung eigentlich nicht Folge leisten können.[64] D.h. aber, dass diese des öfteren bereits einer solchen Aufforderung begegnet sein mussten. Plinius knüpfte in dieser Hinsicht an die Sitte der domitianischen Ära an. Zweitens war die Anschauung, dass die Christen „mit dem Namen verbundene Verbrechen" begehen, damals anscheinend weit verbreitet. Plinius selbst fand jedoch nach seiner Prüfung „nichts andres als einen wüsten, maßlosen Aberglauben" vor (§ 8). Drittens deuten die Ermahnung Trajans in seinem Reskript, dass anonym eingereichte Klageschriften gerichtlich nicht berücksichtigt werden sollen, und vor allem seine hinzugefügte Bemerkung, ein solches Vorgehen „wäre ein schlimmes Beispiel und passe nicht in unsre Zeit" (97, § 2), an, dass zuvor, also vor allem in der Zeit Domitians, solche Verfahren nicht selten gewesen sind.

---

[61] Vgl. FRUEDENBERGER, Behörden 77.

[62] Allerdings macht der Bericht in § 6, dass die Angezeigten zunächst zugaben, Christen zu sein, es dann aber (wahrscheinlich wegen der Vergegenwärtigung des mit ihm verbundenen strengen Strafvollzugs) widerriefen, fraglich, in wieweit die Strafbarkeit des Christseins in der Bevölkerung bekannt war (vgl. PRIGENT, Domitien 478).

[63] Trajan selbst zeigt an der Huldigung vor seiner Statue in seiner Antwortschrift kein Interesse; er weist in dieser Hinsicht nur auf „Anrufung unserer Götter" hin.

[64] CHARLESWORTH, Herrscherkult 187.180f; FREUDENBERGER, Behörden 130; KERESZTES, Jews 22f.

Die Situation der Christen, die man aus dem Briefwechsel zwischen Plinius und Trajan erschließen kann, passt zu der spannungsvollen Atmosphäre, die man aus der Offb herauslesen kann, sehr gut. Obwohl der Briefwechsel kein direktes Argument bietet, macht er deren Abfassung in der Zeit kurz vor Plinius, also in domitianischer Zeit wahrscheinlich.

### 4.4 Gab es eine Christenverfolgung durch Domitian?

Dennoch ist das manchmal vertretene Bild Domitians als eines entschiedenen Christenverfolgers recht fragwürdig. Direkte Zeugnisse, dass die Christen in seiner Zeit verfolgt wurden, stammen erst von späteren christlichen Schriftstellern. Das älteste Zeugnis bietet Melito (zweite Hälfte des 2. Jh.), das bei Euseb, h.e. IV 26,9 zitiert ist: „Die einzigen Kaiser, welche […] unsere Religion in üblen Ruf zu bringen suchten, waren Nero und Domitian". Das Wort stammt eigentlich aus einer an Mark Aurel gerichteten Schrift; er scheint diesem Philosophenkaiser zeigen zu wollen, dass nur die Kaiser, die einen schlechten Ruf unter den Römern hatten, Christen verfolgten, und zwar nicht deswegen, weil diese es verdienten, sondern deswegen, weil die Kaiser schlecht waren.[65] Als Beleg für eine Christenverfolgung durch Domitians ist diese Notiz also nicht tragfähig.

Tertullian nennt in apol. 5,3f neben Nero, der Christen brutal behandelte, Domitian; dieser teile mit Nero die Grausamkeit; aber weil er auch ein Mensch war, habe er das Verfahren gegen sie gleich aufhören und Verbannte zurückkommen lassen. Man bekommt aus dieser Darstellung eher den Eindruck, dass die Maßnahmen Domitians nicht sehr streng gewesen sind.

Während Melito und Tertullian nur im allgemeinen von Christenverfolgungen schreiben, gibt Euseb, h.e. III 18,4 einen Bericht nichtchristlicher Historiker wieder, dass Domitian in seinem fünfzehnten Regierungsjahr viele Christen wegen ihres Zeugnisses für Christus bestrafte und Flavia Domitilla, eine Tochter der Schwester des Flavius Clemens, eines Konsuls, auf die Insel Pontia verbannte.[66] Zu Domitilla gibt es noch eine andere Überlieferung: Nach Dio Cassius LXVII 14,1f wurde Domitilla, diesmal Frau von Flavius Clemens, im Jahre 95 wegen „Atheismus" auf die Insel Pandateria verbannt und ihr Mann mitsamt vielen anderen mit dem Tod bestraft.[67] Bei beiden Berichten handelt es sich wohl um zwei verschie-

---

[65] PRIGENT, Domitien 481; YARBRO COLLINS, Date 380; DIES., Crisis 56.

[66] Euseb stellt in h.e. III 17–20 vier Beispiele der gegen Christen gerichteten Grausamkeit Domitians dar; der Fall von Domitilla ist eines von ihnen. Nach eingehender Untersuchung der „Belege" gelangt ULRICH, Euseb 286f, zu folgendem Ergebnis: „Die Aufstellung der vier ‚Beweise' aus der h.e. zeigt, wie schmal bereits zu Eusebs Zeiten die Belegbasis für eine Christenverfolgung unter Kaiser Domitian war. […] Nach dem Befund der Passage h.e. III 17–20 bleibt von der ganzen domitianischen Christenverfolgung historisch nicht mehr übrig als zwei Verbannungen, wobei die erste [der Fall vom Seher Johannes] quellenmäßig nicht sicher verifizierbar ist und die zweite [der Fall von Domitilla] aller Wahrscheinlichkeit nach in die politischen Wirren der letzten Jahre der Regierung Domitians gehört".

[67] Von der Vollstreckung der Todesstrafe an Flavius Clemens berichtet auch Sueton kurz (Dom. 15,1).

dene Darstellungen des gleichen Ereignisses.[68] Als Grund der Verfolgung Domitillas nennt Euseb ihr Zeugnis für Christus, Dio ihren „Atheismus". Die Sachlage bleibt im ganzen etwas dunkel; es ist nicht einmal ausgeschlossen, dass sie nur deswegen verbannt wurde, weil sie Frau eines von Domitian als eines Rivalen betrachteten Mannes war. Jedenfalls ist Domitilla die einzige, die Euseb als ihres Christseins wegen Verfolgte mit Namen kennt.

Damit erschöpfen sich die Belege, die eventuell auf eine Christenverfolgung durch Domitian deuten. Von seinen systematischen und großangelegten Verfolgungen kann also jedenfalls keine Rede sein.

Zeugnisse antiker profaner Schriftsteller über die Grausamkeit Domitians (vgl. etwa Plinius, panegyricus XLVIII 3-5; LVIII 3; Dio Cassius LXVII 1; IV 3 u.a.) können die Annahme einer Verfolgung der Christen durch ihn nicht stützen. Denn nach diesen Zeugnissen war die „Grausamkeit" Domitians in erster Linie gegen Senatoren und Mächtige gerichtet und unter den Christen damals gab es wohl kaum solche, die solchen Klassen angehörten. Außerdem standen die Schriftsteller, die Domitian als grausam darstellten, abgesehen von Dio Cassius, der etwa ein Jahrhundert später lebte, alle Trajan nahe, der im Anschluss an seinen Vorgänger Nerva seine Zeit als die neue Ära hinstellen wollte; ihr schwarz gemaltes Portrait des letzten Flaviers entsprach daher genau seinem Wunsch. Man muss also Darstellungen der o.g. Schriftsteller als mehr oder weniger tendenziös betrachten.[69]

Dazu kommt noch, dass auch Sueton nichts von Christenverfolgungen durch Domitian berichtet, obwohl er die neronische Verfolgung mit Recht erwähnt (Nero 16).[70] Auch Ignatius, der etwa eine Generation später an einige Gemeinden in Kleinasien schrieb, weiß von Verfolgungen dort nichts.[71] Die Beschreibung der schwierigen Situation der Christen im 1Clem (1,1; 7,1), der aus fast der gleichen Zeit stammt wie die Offb, und die im 1Petr (1,6; 3,13-17; 4,12-16; 5,8), der etwas früher als die Offb von Rom an kleinasiatische Gemeinden geschickt wurde, sind nur allgemeiner Art. Irenäus, der die Abfassung des Buches in die Zeit Domitians datiert, erwähnt nichts von einer damaligen Verfolgung.[72] So darf man schließen, dass Domitian keine systematische Verfolgung der Christen unternahm, auch wenn diese dem durch den Kaiserkult verursachten Druck indirekt ständig ausgesetzt gewesen sind.

---

[68] So z.B. PRIGENT, Domitien 472.

[69] Vgl. L.L. THOMPSON, Empire 96ff; 101: „Moreover, their maligning of Domitian is contradicted in almost every instance by epigraphic and numismatic evidence as well as by prosopography, the study of biographies and public careers of senators during Domitian's reign"; vgl. aber auch die Kritik von SLATER, Christ 29-31 an der Einschätzung der Aussagen von Statius, Quintilian und Martial bei THOMPSON.

[70] Vgl. BELL, Date 96; ähnlich YARBRO COLLINS, Crisis 69; DESILVA, Setting 278; HIRSCHBERG, Israel 83.

[71] Vgl. DOWNING, Prosecutions 246.

[72] NEWMAN, Fallacy 136; DOWNING, a.a.O. 247.

## 5. Gliederung

BORNKAMM, G., Die Komposition der apokalyptischen Visionen in der Offenbarung Johannis, ZNW 36, 1937, 132–149; jetzt in: Studien zu Antike und Urchristentum. Gesammelte Aufsätze II (BEvTh 28), München ²1963, 204–222; HAHN, F., Zum Aufbau der Johannesoffenbarung, in: Kirche und Bibel (FS E. Schick), Paderborn u.a. 1979, 145–154; KALMS, J.U., Der Sturz des Gottesfeindes. Traditionsgeschichtliche Studien zu Apokalypse 12 (WMANT 93), Neukirchen-Vluyn 2001; KARRER, M., Die Johannesoffenbarung als Brief. Studien zu ihrem literarischen, historischen und theologischen Ort (FRLANT 140), Göttingen 1986; LAMBRECHT, J., A Structuration of Revelation 4,1–22,5, in: DERS. (Hg.): L'Apocalypse johannique et l'Apocalyptique dans le Nouveau Testament (BEThL 53), Gembloux/Leuven 1980, 77–104; SCHENKE, H.-M./FISCHER, K.M., Einleitung in die Schriften des Neuen Testaments II, Gütersloh 1979; SCHÜSSLER FIORENZA, E., The Composition and Structure of Revelation, CBQ 39, 1977, 344–366, jetzt in: The Book of Revelation 159–180; ULFGARD, H., Feast and Future. Revelation 7:9–17 and the Feast of Tabernacles (CB.NT 22), Lund 1989; YARBRO COLLINS, A., The Combat Myth in the Book of Revelation (HDR 9), Missoula 1976.

### 5.1 Gliederung

#### 5.1.1 *Übersicht des Buches [vgl. Inhaltsverzeichnis]*

#### 5.1.2 *Einzelbetrachtungen*

A. 1,1–20 *Einleitung*

1. *1,1–3:* Vorwort; erst bei der Endverfassung des Buches durch den Vf. selbst hinzugefügt.

2. *1,4–8:* Briefeinleitung. Das eigentliche Buch beginnt mit einem brieflichen Eingang, dem der Segenswunsch 22,21 korrespondiert.[73] Die Briefform war im Frühchristentum weit verbreitet. In der jüdischen Apokalyptik findet man sie abgesehen von syrBar 78–87 nicht. Unser Vf. benutzt sie in der Erwartung, dass sein Buch in der Gemeindeversammlung verlesen wird (1,3).

3. *1,9–20:* Beauftragungsvision. Der Seher wird beauftragt, aufzuschreiben, was er sieht (V. 11.19). In der Mitte der Vision wird der Auftraggeber, der Menschensohnähnliche, vorgestellt. Die Vision ist mit den direkt darauf folgenden Sendschreiben (Kap. 2–3) eng verbunden (vgl. unten), dient aber auch als Einführung in den Visionenteil (4,1–22,5); vgl. 1,10 mit 4,1.

B. *2,1–3,20:* Sendschreiben an die sieben Gemeinden. Zum Aufbau des einzelnen Sendschreibens vgl. die einleitende Erklärung zu Kap. 2f. Sie sind in Form und Stil[74]

---

[73] KARRER, Brief, hat mit Recht auf die briefliche Gestaltung der Offb aufmerksam gemacht.

[74] AUNE, Apk cxxxiii, weist darauf hin, dass unter 337 Sätzen im ganzen Buch 245 (73.79%) mit καί beginnen, in den Sendschreiben sind es aber nur 20.5%; in Bezug auf δέ, ἀλλά und οὖν lasse sich umgekehrt aber eine verhältnismäßig häufige Verwendung in den Sendschreiben beobachten. „The concentration of these stylistic features in Rev 2–3 suggests that the author is intentionally trying to write in a slightly more elevated style or at least in a higher linguistic register when composing the speeches of the exalted Christ".

im ganzen Buch eigenständig, aber als eine Ausführung der Beauftragung 1,11.19 gedacht.[75] Der Vf. bemüht sich, zwischen ihnen und der vorangehenden Vision eine enge Beziehungen herzustellen; dazu vgl. unten 5.2.1.

Zwischen den Sendschreiben und dem Visionenteil (4,1–22,5) lassen sich einige inhaltliche Differenzen ausmachen: Die Sendschreiben konzentrieren ihr Interesse auf die Situation der sieben Gemeinden, während im Visionenteil von diesen nicht einmal die Rede ist; vielmehr öffnet der Vf. hier seinen Blick, dem apokalyptischen Grundschema entsprechend, auf die universale Weltgeschichte. In den Sendschreiben kommen so Trostwort, Mahnung, Verheißung und Warnung an die Gemeinden wiederholt vor; solche direkten Anreden an sie findet man im Visionenteil nur vereinzelt und am Rande. In einigen Sendschreiben ist von Verfolgungen durch die Juden und dem Wirken von Irrlehrern in den Gemeinden die Rede – Themen, die im Visionenteil gar nicht behandelt werden. Umgekehrt tauchen Themen, die im Visionenteil wiederholt vorkommen (Zwang zum Kaiserkult, Verfolgung durch die römische Macht und Plagen der „Erdenbewohner") in den Sendschreiben nicht auf.[76]

So unterschiedlich beide Bestandteile aussehen, so lassen sich doch auch gemeinsame Grundvorstellungen erkennen. Sowohl in den Sendschreiben als auch im Visionenteil gibt Christus den Lesern Verheißungen für die eschatologische Zukunft (Überwindersprüche / z. B. 21,9ff). Die treuen Christen sind in schwieriger Situation (2,10; 3,8 / etwa Kap. 13), werden zur Geduld ermahnt (2,3f; 3,10 / 13,10; 14,12). Zwar ist in den Sendschreiben von der Vernichtung Satans und der Seinen am Ende der Zeit (vgl. 19,19ff; 20,7ff.11ff) nicht die Rede (er ist dort nicht einmal richtig eingeführt), aber doch von der Umkehr der Verhältnisse zwischen den Christen und ihren Unterdrückern (3,9). Die Kirche wird in beiden Teilen als das wahre Israel verstanden (2,9; 3,9 / etwa 7,1ff); ihr gegenüber stehen die übrigen Erdenbewohner (3,10/6,10 u.a.). So machen die Sendschreiben trotz ihrer eigenen Gattung einen festen Bestandteil des Buches aus.

C. *4,1–22,5: Visionen vom Endgeschehen.* Den Visionenteil fasst man am besten als zweiteilig auf: die drei Siebenerreihen mit der Thronsaalvision als Einleitung, 4,1–16,21, und die darauf folgenden drei Visionenreihen, 17,1–22,5. Die drei Reihen im ersten Teil sind numeriert, im ganzen gesehen zueinander parallel aufgebaut und beschreiben hauptsächlich Plagen der Gottlosen. In den darauf folgenden drei Reihen sind die Visionen nicht numeriert; ihr Aufbau ist nicht so gut geordnet wie im ersten Teil; sie bilden aber immerhin eine Inklusio (vgl. unten). Inhaltlich gesehen sind der Sturz Babylons und das neue Jerusalem Hauptthemen; also geht es hier um überindividuelle, soziale Größen.

---

[75] HAHN, Aufbau 148.
[76] In 2,10.13 ist vom Wirken der Orts- bzw. Provinzialbehörde die Rede; die Plage ist in 3,10 kurz erwähnt.

*1. 4,1–16,21: Drei Siebenervisionenreihen.*
  a. *4,1–5,14:* Himmlisches Vorspiel. Es geht den Siegelvisionen voran. In Kap. 4 beschreibt der Seher den Zustand des himmlischen Thronsaals vor dem Auftreten des Lammes (Kap. 4) und in Kap. 5 die Machtübergabe an das geschlachtete Lamm zur Verwirklichung des endzeitlichen Gottesplans, die bildhaft als Übergabe eines siebenfach versiegelten Buches dargestellt wird.
  b. 6,1–8,5: Siegelvisionen. Die ersten vier Siegelvisionen haben einen gemeinsamen Aufbau und bilden einen Block. Die fünfte berichtet das Geschrei der Märtyrer, das Vergeltung für ihr vergossenes Blut fordert (ein Thema, an das der Vf. später wiederholt anknüpft, 8,4f; 16,4–7; 17,6), und die sechste das Geschick der Gottlosen; sie blickt bereits auf das letzte Gericht hin (6,17), ohne jedoch dies selbst zu beschreiben.

Nach der sechsten schaltet er in Kap. 7 ein Zwischenstück ein und beschreibt das Geschick der Christen. In der Synoptiker-Apokalypse werden auch die Auserwählten den Plagen ausgesetzt (Mk 13,14–23); da sie hier nur den Gottlosen zugedacht sind, findet er es nötig, eigens vom Geschick der Christen zu berichten. Zu Zwischenstücken vgl. unten 5.2.3.

  c. *8,7–11,19:* Die Posaunenvisionen. Das siebte Siegel (8,1) leitet die Posaunenreihe (8,6ff) ein; diese ist somit in die Siegelreihe integriert und dadurch unter die Initiative des Lammes gestellt, obwohl es hier nicht direkt auftritt. Wiederum bilden die ersten vier Visionen eine Gruppe; die übrigen drei werden als die „drei Wehe" zusammengefasst. Im ganzen ist die Parallelität mit der Schalenreihe deutlich und in beiden Reihen finden sich zahlreiche Anklänge an die Exodusgeschichte; vgl. die einleitende Erklärung zu 8,7ff

Nach der sechsten Posaunenvision folgt wiederum ein Zwischenstück aus drei Teilen (10,1–11; 11,1–2.3–13). Gemeinsames Thema ist das Geschick des Propheten bzw. der Kirche; so ist es ein Gegenstück zu den Posaunenvisionen. Ein thematischer Zusammenhang mit dem ersten Zwischenstück, Kap. 7, ist unverkennbar.

Zunächst berichtet Kap. 10 von der Beauftragung des Sehers zur Weissagung. Die Darstellung unterscheidet sich von 1,10ff zunächst darin, dass sie auch auf die die Aufgabe begleitenden Schwierigkeiten hinweist, darüber hinaus darin, dass die Beauftragung diesmal im Zusammenhang mit dem Buch berichtet ist, das das Lamm empfangen hat (Kap. 5). Man könnte sagen, dass für einen solchen Bericht der Platz gleich nach Kap. 5 besser wäre.[77] Aber wegen der engen Verbindung der Siegelreihe mit Kap. 5 war das nicht möglich.

Die zweite Hälfte des Zwischenstücks (11,1f.3–13) macht deutlich, dass die Kirche trotz Angriffen von außen durch Gott bewahrt bleibt. Beiden Unterabschnitten (und auch Kap. 12 und Kap. 13) ist die Fristangabe zweiundvierzig Monate oder ihre Äquivalente, die die ganze Zeit vom Christusgeschehen (vgl. 12,5f) bis zum letzten Ende decken sollen, gemeinsam. In V. 7 tritt ein Tier aus dem Abgrund auf und tötet die zwei Zeugen; eine Vorwegnahme der Darstellung von Kap. 13 (Interlocking).

---

[77] Dadurch, dass die Szene mit dem Herabsteigen „eines anderen starken Engels" beginnt (10,1), verbindet der Vf. immerhin unser Stück mit der Vision Kap. 5 („ein starker Engel", V. 2).

Nach dem Zwischenstück proklamiert in der siebten Posaunenvision der himmlische Chor den Anbruch der Gottesherrschaft (11,15ff); also wiederum (wie in der siebten Siegelvision) ein Blick auf das Ende, ohne dieses darzustellen. Dieser Vision folgen die Schalenvisionen als „die letzten Plagen" (15,1); diese sind als konkrete Entwicklung von jener gedacht (vgl. unten).

d. *12,1–14,20:* Zwischenstück: Die satanischen Mächte und die Menschen. Ehe aber die Reihe der Schalenvisionen beginnt, also diesmal nicht innerhalb einer Visionenreihe, sondern zwischen zwei Reihen, schaltet der Vf. ein Zwischenstück aus drei Teilen, Kap. 12,13 und 14, ein; es hat ein einheitliches Thema. Kap. 12 bezieht sich dabei vor allem auf das bereits Geschehene, Kap. 13 auf die gegenwärtige Situation und Kap. 14 auf das, was am Ende bei und mit den Menschen geschehen wird.

In Kap. 12 tritt der Drache (= Satan) im Visionsteil zum ersten Mal auf,[78] aber schon bald darauf berichtet der Text seinen Sturz durch Michael (= Christus), das Geschehen, das den Christen grundsätzlich das Heil gewährt. Dieses entscheidende Ereignis wird hier durch den Vf. als Folge der Inthronisation Christi im Himmel (V. 5) beschrieben. So wird die Zeit auf das Niveau von Kap. 5 zurückgedreht.

Die endgültige Vernichtung Satans geschieht erst nach dem Millennium. Die ganze irdische Endgeschichte bis dahin wird vielmehr als die Zeit, in der Satan intensiv wirkt, charakterisiert (V. 12). Allerdings ist Satan nicht selber am Werk, sondern er übergibt seine Macht seinem Stellvertreter, dem Tier. Oder besser gesagt: Das römische Reich, das durch das Tier symbolisiert ist, wird durch den Vf. als das Werkzeug des Satans gekennzeichnet. Kap. 13 berichtet vom Wirken dieses ersten Tieres und seines Helfershelfers, des zweiten Tieres.

Kap. 14 beschreibt das endgültige Geschick der Menschen, das selige Zusammensein der Christen mit dem Lamm (V. 1–5) und die Qual, die die Tieranbeter erfahren (V. 9–11); in V. 8 kündigt ein Engel den Sturz Babylons an = eine Vorwegnahme von Kap. 17 (Interlocking). In der zweiten Hälfte des Kapitels liegt eine Vision des letzten Gerichts vor (V. 14–20).

e. *15,1–16,21:* Schalenvisionen. Die Schalenvisionen sind „die letzten Plagen, in denen der Grimm Gottes vollendet wird" (V. 1; vgl. auch 16,17). Die Verwendung des gleichen Topos, der Öffnung des himmlischen Tempels, sowohl in 11,19 als auch in 15,5 zeigt, dass die neue Reihe als Entwicklung der Posaunenreihe gedacht ist. Der Aufbau der Schalenreihe ist im ganzen parallel zur Posaunenreihe, aber es gibt einige bemerkenswerte Entwicklungen:[79] Erstens sind die Plagen intensiviert; sie bringen jetzt dem Ganzen Schaden. Zweitens reagieren die Menschen auf die Plagen mit Gotteslästerung und bekehren sich nicht (V. 9.11.20; früher nur in 9,20). Drittens sind hier zum ersten Mal in den Siebenerreihen repräsentative gegengöttliche Mächte erwähnt (V. 10; vgl. auch V. 2); die letzten drei Visionen (vor allem die allerletzte) sind auf Babylon bezogen und bereiten damit die nächsten Visionen (17,1–19,20) vor.

---

[78] In den Sendschreiben ist vom Satan mehrmals die Rede (2,9.13.24; 3,9; vgl. auch 2,10).
[79] Vgl. auch die einführende Erklärung zu 8,7–11,19.

2. *17,1–22,5:* Babylon und das neue Jerusalem. Der ganze Komplex gliedert sich in drei Abschnitte (17,1–19,10; 19,11–21,8; 21,9–22,5). Der erste und dritte sind thematisch antithetisch (Sturz Babylons und das neue Jerusalem) und kompositorisch (vor allem in Einführung und Schlussteil) parallel (also Inklusio; vgl. genauer die einführende Erklärung zu 17,1–19,10) gestaltet.

a. *17,1–19,10:* Gericht über die große Hure. Die Babylonvision ist mit der siebten Schalenvision eng verbunden, indem sie durch einen der Schalenengel eingeführt wird (17,1) und den Inhalt jener entfaltet. Abgesehen von zwei kurzen Notizen (14,8; 16,19) wird Babylon hier zum ersten Mal eingeführt, bereits am Ende des Kapitels wird aber ihre Vernichtung berichtet, die durch die drei Klagelieder über ihren Sturz in Kap. 18 und durch den himmlischen Chor in 19,1–10 konstatiert wird; ab 19,11ff kommt sie nie mehr vor. Zur Frage, warum ihre Einführung neben den drei widergöttlichen Mächten nötig war, vgl. den Exkurs „Babylon" bei 14,8.

b. *19,11–21,8:* Vernichtung der widergöttlichen Mächte und Menschen. Bevor er das neue Jerusalem beschreibt, beschreibt der Vf. als notwendige Voraussetzung die Vernichtung der widergöttlichen Trias und der auf ihrer Seite stehenden Menschen (19,11–20,15), und zwar in drei Schritten: Zuerst kämpft der wiederkommende Christus, „Wort Gottes" genannt, mit dem widergöttlichen Heer; das Tier und der Pseudoprophet werden in den Feuerpfuhl geworfen (19,10–21); im zweiten Schritt wird dann Satan vernichtet (20,1–10); in der Mitte der Beschreibung berichtet der Text vom Millennium (V. 4–6); der letzte Schritt ist das letzte Gericht, in dem alle widergöttlichen Menschen und anschließend Tod und Hades vernichtet werden (20,11–15).

21,1–8 berichtet dann das Erscheinen des neuen Himmels und der neuen Erde. Es sieht so aus, dass der Vf. jetzt zu einem neuen Thema übergeht. Die genaue Parallelität zwischen 17,1ff und 21,9f zeigt aber, dass er zwischen 21,8 und 21,9 eine tiefere Zäsur setzt. 21,1–8 gehört als Kontrastbild zu den vorangehenden Gerichtsszenen thematisch eher zum Textkomplex 19,11–21,8.

c. *21,9–22,5:* Das neue Jerusalem. Der ganze Visionenteil endet mit der Darstellung des ewig dauernden seligen Zusammenseins von Menschen mit Gott und dem Lamm.

D. *22,6–20:* Nachwort. Bei 22,6–9 ist nicht sicher, ob es (wegen Parallelität mit 19,9f) noch zur letzten Vision 21,9–22,5 gehört oder der Beginn des Nachworts ist. Spätestens aber in 22,10 geht der Vf. zum Nachwort über, in dem er in Form einer Sammlung von Aussagen unterschiedlicher Provenienz zum einen die Glaubwürdigkeit des Buches und zum anderen die Nähe des Kommens Christi unterstreicht.

E. 22,21: *Der Briefschluss.*

## 5.2 Bemerkenswerte Probleme

### 5.2.1 Die Technik, das Buch einheitlich zu gestalten

Der Vf. gibt sich durch Verwendung verschiedener Mittel Mühe, sein Buch als ein einheitliches erscheinen zu lassen.[80] 1.) Die Analyse der Übergänge zwischen den einzelnen Abschnitten zeigt: Bei den größeren Übergängen, also bei dem von den Sendschreiben zum Visionenteil und bei dem von der Schalenreihe zur Vision über Babylon, wird die thematische Verflechtung dadurch deutlich gemacht, dass er am Ende des vorangehenden Stücks das Thema vorwegnimmt, das am Anfang der nächsten Reihe eingehender behandelt wird (3,21; 16,19). Beim Übergang von der Siegel- zur Posaunenreihe lässt er durch die letzte Siegelvision die Posaunenreihe einführen (8,1-5) und beim Übergang von der Posaunen- zur Schalenreihe wiederholt er das gleiche Motiv, die Öffnung des himmlischen Tempels, am Ende der Posaunen- und am Anfang der Schalenreihe (11,19 und 15,5); außerdem bezeichnet er die letzte Posaunenvision, die an sich nur die himmlische Szene beinhaltet, als „das dritte Weh" (11,14) und deutet an, dass sie die Schalenreihe, „die letzten sieben Plagen", einschließt.

2.) Das Bemühen, ursprünglich voneinander unabhängige Bestandteile zu einer Einheit zusammenzubringen, lässt sich auch sonst in verschiedenen Formen beobachten. Einige Beispiele seien genannt: a.) Die Vorwegnahme später eingehender behandelten Themen, außer den vorhin genannten Belegen 3,21 und 16,19 etwa in 10,11 (die Nennung von „Königen") und in 11,7 (die Wirksamkeit des Tieres); die Worte der drei Engel in 14,6-13 fungieren wie ein Inhaltsverzeichnis für die folgenden Texte; und in 14,8 (Sturz Babylons); auch die Szene der Sammlung der Könige der ganzen Welt (16,13-16) ist hier aufzuzählen, mit der der Vf. versucht, den in später im Buch begegnenden Textabschnitten (17,12-14; 19,19-21; 20,7-10) beschriebenen eschatologischen Kampf in der Schalenreihe zu verankern. b.) Der Rückverweis auf schon Dargestelltes: Z.B. die Vorstellungen Christi in den Botenformeln der Sendschreiben; die Handlung des Engels in der Einführungsszene der Posaunenreihe (8,3-5; vgl. 6,9-11); die Wiederaufnahme verschiedener Motive, die in den Schalenvisionen bereits vorkamen, in der fünften (16,11) und siebten Vision (16,17-21). c.) Die Verwendung gleicher Motive in verschiedenen Szenen; vgl. etwa 1,1.19; 4,1; 22,6 („was bald bzw. danach geschehen soll"; die vier Stellen haben buchkompositorisch wichtige Positionen inne); 8,5 und 14,18 (Feuer des Altars und Vollstreckung des Gerichts; vgl. auch 6,9-11; 9,13; 16,7); 5,5f und 22,16, also bei der ersten Vorstellung Christi innerhalb des Visionenteils und gegen Ende des Buches (die Bezeichnung Christi als des durch Israel erwarteten Messias); 7,15-17 und 21,3f (die Seligkeit der Christen am Ende) und 16,13f; 17,12-14; 19,19-21 und 20,7-10 (der eschatologische Kampf, jedesmal mit einer neuen Entwicklung); auch die Verwendung der gleichen Zeitspanne eintausendzweihundertundsechzig Tage u.ä. in Kap. 11, 12 und 13 und das wiederholte Zitat von Ps 2,9 (12,5; 19,15; vgl. 2,27).

---

[80] Vgl. YARBRO COLLINS, Combat Myth 16-20; SCHÜSSLER FIORENZA, Composition 172f.

d.) Die im Verlauf des Buches eingestreuten sieben Seligpreisungen und die an verschiedenen Stellen begegnenden Lieder, die thematisch miteinander verknüpft sind (vgl. unten 193 und ad 7,10). e.) Manchmal soll die gleiche (Erzähl-)Struktur die Einheitlichkeit des Buches suggerieren (vor allem bei den Sendschreiben und den Siebenerreihen, aber auch z. B. in Kap. 4 und 5). f.) Nicht zuletzt trägt auch der briefliche Rahmen des ganzen Werkes viel dazu bei, die Offb als ein einheitliches Werk erscheinen zu lassen.

Insbesondere um die Sendschreiben in sein Gesamtwerk zu integrieren, wendet der Vf. verschiedene Techniken an: Bei der Vorstellung Christi verwendet er verschiedene Motive, die vor allem dem Bild des Menschensohnähnlichen in der Beauftragungsvision (1,12–20) entnommen sind; in den Überwindersprüchen wird die Anteilnahme an der Seligkeit wiederholt verheißen, die in der Vision des Millenniums (20,4–6) und des neuen Jerusalem (21,9ff) dargestellt ist; zu 3,21 vgl. oben; der Weckruf richtet durch den Subjektswechsel von „ich" (= Christus) zu „Geist" den Blick der Leser auf den Visionenteil (vgl. die einleitende Erklärung zu den Sendschreiben); 2,9.13 u.a. (Erwähnung von Satan), 3,10 (Hinweis auf kommende Plagen) und 3,3 (das Kommen Christi wie ein Dieb; vgl. 16,15) dienen auch als Bindeglieder zwischen den Sendschreiben und dem Visionenteil.

### 5.2.2 Zur „Rekapitulation"

Es ist oft darauf hingewiesen worden, dass in den Siebenerreihen, vor allem in der Posaunen- und Schalenreihe, die Darstellung nicht geradlinig voranschreitet, sondern als Rekapitulation verläuft.[81] Bemerkenswert ist auch, dass jede (faktisch) letzte Vision der Siebenerreihen den Blick auf das Ende der Geschichte richtet. Freilich handelt es sich bei den drei Reihen nicht um einfache Rekapitulationen: Nur der Siegelreihe ist ein Bericht vom Christusgeschehen vorangestellt (Kap. 5); dieses ist auch zeitlich der Ausgangspunkt der ganzen Reihen; die Schalenreihe wird als Bündelung der *letzten* sieben Plagen charakterisiert (15,1). In der Darstellung der einzelnen Visionen ist eine Steigerung von einer Reihe zur anderen unverkennbar. Die Darstellung innerhalb der Siebenerreihen lässt sich also als Entwicklungsspirale beschreiben.[82]

Aber auch dann bleibt die Tatsache, dass in den Siebenerreihen viele Wiederholungen feststellbar sind. Warum verfährt der Vf. so? Die Wiederholungen in den drei Siebenerreihen sollen erstens retardierend wirken; dazu vgl. unten 7.5.4. Der Vf. könnte zweitens durch die Wiederholungen zum Ausdruck bringen, dass den Gottlosen genug Gelegenheiten zur Umkehr geboten werden. Freilich benennt er dies an keiner Stelle explizit so, sondern weist immer nur schlicht darauf hin, dass

---

[81] Bereits Victorin, dann Tyconius und Augustin; die Theorie war dann mehrere Jahrhunderte lang vorherrschend. In neuerer Zeit weisen z.B. ALLO, Apk cii auf „la parallélisme de „recapitulation' qui existe entre les deux sections iv–xi et xii–xx", und BORNKAMM, Komposition 204f auf die enge Parallelität zwischen 8,2–14,20 und 15,1–19,21 hin; zu BORNKAMMs These vgl. die einführende Erklärung zu Kap. 14; zur These von YARBRO COLLINS vgl. unten.

[82] Vgl. etwa SCHENKE/FISCHER, Einleitung II 285f; KALMS, Sturz 16.

sie sich trotz Plagen nicht bekehrten (9,21; 16.9.11; vgl. 16,21); man kann also nicht mit Sicherheit sagen, dass er mit den Wiederholungen auf den Topos der Uneinsichtigkeit der Gottlosen und damit – *vice versa* – der Entschuldbarkeit Gottes angesichts des über sie ergehenden Strafgerichts rekurrieren wollte. Die Wiederholungen und Intensivierungen dienen schließlich auch dazu, die Plagen immer unerträglicher erscheinen zu lassen; das hat eine psychologische Wirkung.

### *5.2.3 Zu den Zwischenstücken (Kap. 7; 10,1–11,13 und Kap. 12–14)*

Manchmal wird behauptet, dass Kap. 7 sowohl als ein Teil der sechsten Siegelvision und 10,1–11,13 als auch als ein Teil der sechsten Posaunenvision anzusehen sei.[83] Die erst nach dem Stück 10,1–11,13 formulierte Bemerkung, das zweite Weh sei vergangen (11,14), könnte diese Ansicht stützen. Aber für Kap. 12–14 gilt dies nicht,[84] weil das Stück nicht innerhalb einer Reihe, sondern zwischen zwei Reihen steht. Da die drei Stücke thematisch in enger Beziehung zueinander stehen (vgl. gleich unten), ist es naheliegender, alle als Zwischenstücke zu betrachten.

Ihre Botschaft bezieht sich ausnahmslos auf das Geschick der Christen. In den drei numerierten Visionenreihen setzt der Vf. voraus, dass die Plagen nur die Gottlosen treffen. Er will aber den Lesern auch über das Geschick der Christen Mitteilung machen: Sie, die sie in der Jetztzeit viel zu leiden haben, sind doch durch Gott bewahrt und werden am Ende der Zeit belohnt. Raum für diese Aussagen bieten die Zwischenstücke.

Allen drei Stücken ist außerdem der zeitliche Rahmen gemeinsam. In Kap. 12–14 ist das besonders deutlich: Am Anfang stehen die Geburt und Entrückung des Kindes (12,5), also der Tod, die Auferstehung und die himmlische Inthronisation Christi. Darauf folgt das Wirken des Drachen auf Erden, die Verfolgung der Christen; sie dauert dreieinhalb Jahre; dann kommt – stillschweigend vorausgesetzt – das Ende. Das Zwischenstück umspannt also die ganze Zeit vom Christusgeschehen bis zum Ende. Das gleiche gilt auch für 10,1–11,13: In 11,1f.3–13 wird der gleiche Zeitrahmen genannt; in Kap. 10 wird die Beauftragung durch einen symbolischen Akt, das Verschlingen des Buches, das nach Kap. 5 das geschlachtete Lamm von Gott empfangen hat, zum Ausdruck gebracht. Also steht auch hier die gleiche Zeitspanne im Hintergrund. In Kap. 7 ist der zeitliche Bezug auf das Christus-

---

[83] ALLO, Apk 90; VÖGTLE, Apk I 316f; MICHAELS, Apk 109; HAHN, Aufbau 149f; ULFGARD, Feast 32–4 u. a.

[84] HAHN, Aufbau 151, will auch Kap. 12–14 nicht als eine „Unterbrechung" betrachten, weil 1.) „bereits im Zusammenhang der fünften und sechsten Posaunen-Vision [...] vom Losbrechen dämonischer Mächte die Rede" war, 2.) „der himmlische Lobpreis über die definitive Machtergreifung Gottes (11,15–19) und das Sich-Aufbäumen der satanischen Macht [...] zusammen" gehören, und 3.) man „sich ausschließlich von den Gliederungsprinzipien [soll] leiten lassen, die in dem Werk selbst erkennbar werden". Aber ad 1.): in den genannten Visionen wirken dämonische Mächte nicht gegen die Christen, wie es in Kap. 12f der Fall ist, sondern gegen die Erdenbewohner; ad 2.): das Auftreten der satanischen Mächte auf Erden ist in Kap. 12f nicht durch die endgültige Machtergreifung Gottes und seines Christus (wie es im Lobpreis 11,15–19), sondern durch das Christusgeschehen und seinen Sieg im Himmel begründet; und schließlich ad 3.): das Gliederungsprinzip ist gerade in Kap. 12–14 nicht konsequent durchgeführt; die Kapitel bilden ein Zwischstück *zwischen* beiden Visionenreihen.

geschehen nicht so deutlich. Aber immerhin soll die Versiegelung vor der Verheerung des Landes usw. stattfinden; mit der Verheerung ist wohl nicht eine Plage unter anderen gemeint, sondern die Gesamtheit der Plagen, die durch das Lamm, das das Buch empfangen hat, in Gang gebracht werden; also ist auch hier an den Anfang der Endgeschichte gedacht.

Warum stellt nun der Vf. das letzte Zwischenstück, Kap. 12-14, nicht wie die ersten zwischen die sechste und siebte Posaunenvision, sondern zwischen die Posaunen- und die Schalenreihe?[85] Das hat m.E. mit seinem Inhalt und damit auch mit seiner buchkompositorischen Funktion zu tun. Es führt nämlich abgesehen von flüchtigen Erwähnungen in den Sendschreiben (2,10.13 u.a.) im ganzen Buch zum ersten Mal den Satan ein. Das Wirken Satans auf Erden ist nach dem Verständnis des Vf. Folge des Sieges Christi über ihn, der anschließend im Christusgeschehen stattfindet (12,7ff). Da dies aber nicht ein Teil der Siebenerreihen sein kann, die eher dessen Folge darstellen, positioniert er es als ein Zwischenstück zwischen die Posaunen- und die Schalenreihe. Dadurch ist auch ein sonst wohl zu erwartendes Missverständnis vermieden, dass die Einführung Satans als des Verfolgers, wenn auch indirekt, auf das Wirken des Lammes (das Lösen der Siegel) zurückgeführt werden kann.

## 6. Die Entstehung der Offb

AUNE, D.E., Art. Johannes-Apokalypse/Johannesoffenbarung, 1. Exegetisch, RGG4 IV 540-547; KARRER, M., Von der Apokalypse zu Ezechiel. Der Ezechieltext der Apokalypse, in: SÄNGER, D. (Hg.): Das Ezechielbuch in der Johannesoffenbarung, BThSt 76, Neukirchen-Vluyn 2004, 84-120.

---

[85] LAMBRECHT, Structuration 98f beantwortet diese Frage mit drei Argumenten: 1.) Das Vorhandensein von Verbindungen zwischen Kap. 11 und Kap. 12f hat den Vf. veranlasst, der Posaunenreihe nicht unmittelbar die Schalenreihe folgen zu lassen, sondern diese Kapitel zusammenzulegen; 2.) Der Vf. wollte die letzte Reihe der sieben Plagen nicht unterbrechen, da die siebte Vision nicht mehr „open ended" ist; 3.) Er möchte eine chiastische Inklusio schaffen, indem er am Anfang vom Teil 11,15-22,5 (Kap. 12-13) die Wirksamkeit von Satan und den zwei Tieren und in Kap. 19-20 (in umgekehrter Reihenfolge) ihre Vernichtung beschreibt. Die Argumente leuchten m.E. aber nicht ein: 1.): Als Verbindungen nennt Lambrecht zwei Komponenten, die in beiden Kapiteln gemeinsam vorkommen: Die zweiundvierzig Monate oder ihre Äquivalente (11,2.3 und 12,6 u.a.) und das Tier (11,7 und 13,1); aber sie sind vor allem in Kap. 11 deswegen genannt, weil der Vf. gerade zwischen diesen beiden Kapiteln eine Verbindung schaffen wollte und nicht umgekehrt; 2.): Dies ist als alleiniges Argument zu schwach; 3.): Fraglich ist, ob der Vf. hier auf die chiastische Inklusio Gewicht legt. Abgesehen davon, ob es geeignet ist, den Teil mit 11,15 beginnen zu lassen, sind die Kap. 19-20 dargestellten Inhalte sowieso nicht am Schluss des Abschnitts 11,15-22,5 positioniert (von der Sache her gesehen ist es überhaupt unmöglich, die Vernichtung Satans am Ende des insgesamt letzten Teils der Offb zu beschreiben).

## 6.1 Vom Vf. vor der Abfassung der Offb verfasste, in sich abgeschlossene Einheiten

In 1.1.2. haben wir festgestellt, dass der Vf. vor seiner Bekehrung zum Christentum als jüdischer Apokalyptiker gewirkt hat und dass diese Vergangenheit bei der Verfassung der Offb immer noch nachwirkt (z. B. der Gottesname „Gott der Herr, der Allmächtige"). Die Vertreter der Fragmententheorie nehmen nun an, dass der Vf. bei der Abfassung von bestimmten Einheiten in seinem Buch Vorlagen benutzt hat, die z. T. aus dem Judentum stammten. Die Möglichkeit ist nicht von vornherein auszuschließen. Unter den Einheiten, die wir in diesem Abschnitt besprechen, gäbe es wohl etliche, denen man eventuell eine ursprünglich jüdische Provenienz zuschreiben könnte. Aber vor allem bei den Einheiten, die im Ich-Stil erzählt sind (Kap. 10; 11,1f), erscheint eine solche Annahme m. E. schwierig. Darüber hinaus lassen sich in Kap. 10 zwei verschiedene Schichten der Bearbeitung durch den Vf. nachweisen, was die Annahme, der Vf. greife bei der Abfassung der Offb auf von ihm in früherer Zeit selbst verfasste Texteinheiten zurück, umso naheliegender erscheinen lässt. Auch im Blick auf die übrigen Einheiten ist diese Hypothese m. E. ohne Schwierigkeiten vertretbar.[86] Betrachtet man unter diesem Gesichtspunkt den Visionsteil, dann fällt auf, dass es auch sonst in sich abgeschlossene Abschnitte gibt, in denen christliche Elemente nicht oder zumindest nicht erkennbar in Erscheinung treten.[87] Als solche kommen neben 21,1-4 (und 5-8? vgl. oben) 7,1-8; Kap. 10; 11,1f; 15,2-4; 17,1-19,10; 20,11-15; 21,9-22,5 in Frage; auch die drei numerierten Visionenreihen gehören wohl dazu. Anders ausgedrückt ist der Visionen-

---

[86] Anders BAUER, Messiasreich 58ff.
[87] Nach KARRER, Ezechieltext 90 korreliert der Vf. der Offb „die Abfolge der Ezechielreferenzen zum Aufbau des Ezechielbuches, was kaum anders als über die Kenntnis einer schriftlichen Ezechiel-Fassung erklärbar ist" (ähnlich HIEKE, Seher 5). Hätte er mit dieser These Recht, lässt sich unsere Ansicht, dass die Offb in einem längeren Zeitraum stufenweise entstand, nicht aufrechterhalten. Zur Diskussion der These KARRERS: Gewiss ist die von ihm behauptete Korrelation am Ende des Buches (Kap. 18ff) deutlich erkennbar, in den Kapiteln zuvor allerdings nicht. In Offb 1-17 folgen die Referenzen keinesfalls so eng aufeinander wie in Offb 18ff. In einer Tabelle (91) weist KARRER zwischen Offb 7 und Offb 18 nur 11,11.13 als Referenz aus; es handelt sich an diesen Stellen aber lediglich um einzelne Züge; im Blick auf das Motiv des Erdbebens (11,13) ist der Bezug auf Ez 38,19f m. E. sogar zumindest zweifelhaft. Obwohl in der Tabelle nicht verzeichnet, findet sich in dem Textblock Offb 7-11 noch eine weitere Referenz auf Ez, nämlich Kap. 10; ihr dient Ez 2,8-3,3 als Vorlage. Die Abfolge der Ezechielreferenzen in Kap. 7 und Kap. 10 entspricht demnach also gerade nicht der Reihenfolge in Ez, was der These KARRERS widerrät. Ein weiterer Hinweis, der die These der Benutzung einer schriftlichen Ez-Fassung durch den Vf. der Offb zweifelhaft erscheinen lässt, ergibt sich aus einem Sachverhalt, auf den KARRER selbst aufmerksam macht. Die Analyse der Überlieferungsgeschichte des Ez zeigt, dass eine Auswahl und damit eine isolierte Überlieferung von einzelnen Bestandteilen des Ez keineswegs selten gewesen ist; insbesondere trifft dies auf die Merkabah-Vision und auf die Vision des himmlischen Jerusalem zu (94f). Es ist also durchaus denkbar, dass der Vf. der Offb, der mit Ez vertraut gewesen ist, beide Szenen je selbständig verfasste, ohne eine schriftliche Fassung des Ez vor sich zu haben. Dass er die Darstellung der himmlischen Versammlung an den Anfang des Visionsteils und die Vision des neuen Jerusalem an das Ende seines Buches stellt, ist von der Sache her gesehen nur natürlich und kann kein Indiz für die Verwendung einer schriftlichen Ez-Vorlage sein.

teil vorwiegend als eine redaktionelle Arbeit an diesen Einheiten anzusehen.[88] Wir betrachten diese Texte einzeln und fragen nach ihren möglichen Entstehungsverhältnissen.

1.) Kap. 10 liegt Ez 2,8–3,3, die Vision der Berufung des Propheten, zugrunde. Abgesehen von V. 7, der als nachträglicher Einschub des Vf. zu betrachten ist[89] und einen Hinweis auf das Blasen der siebten Posaune enthält, gibt es in diesem Kapitel keine Verbindung mit dem Kontext. Anders als in 1,19 spielt Christus überhaupt keine Rolle. Während in 1,19 vorausgesetzt ist, dass die Offenbarung den sieben Gemeinden in der Asia weitergegeben werden soll, ist in Kap. 10 von einer solchen Bestimmung nicht die Rede. Wahrscheinlich hat der Vf. das Stück ursprünglich als einen Bericht seiner Berufung zu einem (jüdischen) Propheten verfasst; das Stück gehört wahrscheinlich zum frühesten Stadium seiner Wirksamkeit.

2.) Da in der Episode 11,1f kein spezifisch christliches Element zu finden ist, ist sie ursprünglich wohl im Rahmen des Judentums entstanden. Auch die Verwendung des Wortes „die heilige Stadt" für Jerusalem und die grundsätzlich positive Stellungnahme zu ihm sprechen für ihre jüdische Abstammung. Die Vermessung beabsichtigte in der ursprünglichen Fassung wahrscheinlich die Trennung der treuen Glaubenden zu ihrem Schutz von den sonstigen Juden. Dem Seher war bewusst, dass er selbst diese auszuführen hatte. Da das Dasein des Tempels noch vorausgesetzt ist, und da 11,1f die ihn bedrohende Atmosphäre widerspiegelt, stammt dieser Text wohl aus der Zeit kurz vor 70.

3.) 7,1–8 erhält nur durch die Verbindung mit V. 9ff einen christlichen Charakter; die Erzähleinheit selbst ist durchgehend jüdisch geprägt. Das Thema ist die

---

[88] AUNE, RGG⁴ IV 544, zählt elf Texte auf, die „in sich relativ abgeschlossen" sind (7,1-17; 10,1-11; 11,1-13; 12,1-18; 13,1-18; 17,1-18; 18,1-24; 19,11-16; 20,1-10; 20,11-15; 21,9-22,5) und „urspr., d.h. vor ihrer Aufnahme in die Apk, für andere Zusammenhänge formuliert gewesen zu sein" scheinen. Als Entstehungszeit dieser Einheiten denkt er an einen längeren Zeitraum in den 50er und 60er Jahren. Indizien dafür, wann und wo Einzeleinheiten entstanden, sind nach ihm sehr gering (ApkI, cxxiii). Dem Grundgedanken Aunes ist zuzustimmen. Außerdem deckt sich die Liste der von ihm vorgeschlagenen Texte weitgehen mit denen, die wir hier behandeln. Bei Einzelfragen ist seiner These m. E. jedoch nicht immer zuzustimmen. Dass er in die Liste 11,(1-2).3-13 und 12,1-18 aufnimmt, ist zutreffend; wir behandeln sie hier nicht, weil sie stark von den jeweils benutzten Stoffen abhängig sind, die nicht vom Vf. selbst stammen. An zwei weiteren Stellen ist m. E. fraglich, ob die betreffenden Texte ursprünglich selbständig existierten: Bei der „symbolischen Beschreibung des Reiters auf dem weißen Pferd (19,11-16)" findet man eine Anzahl von Motiven, die an anderen Stellen der Offb vorkommen und wahrscheinlich auf den Vf. zurückgehen („Augen wie eine Feuerflamme" in V. 12 [vgl. 1,14]; „ein scharfes Schwert aus dem Mund" in V. 15 [vgl. 1,16]; das Zitat von Ps 2,9 in V. 15 [vgl. 2,27; 12,5]; „die Kelter des Weines des Grimmes des Zornes Gottes" in V. 15 [vgl. 14,19]; „König der Könige und Herr der Herren" in V. 16 [vgl. 17,14]). Bei einigen von ihnen wäre es möglich, dass sie einfach zu einem Fundus gehörten, aus dem der Vf. bei der Beschreibung von himmlischen Figuren gern geschöpft hat, aber die Anhäufung an dieser Stelle ist schon augenfällig; außerdem ist der Name „König der Könige usw" auch in 17,14 auf Christus (das Lamm) bezogen. Zur Entstehung des Abschnitts „der Endsieg über Satan (20,1-10)" vgl. die einleitende Erklärung zu 20,1-10; der Sieg über den Satan ist ein Thema, das für das Buch in seiner Endfassung unentbehrlich ist; die Gestaltung des Textes geht wohl erst auf diese Phase zurück. Kap. 7 ist m. E. eine Verknüpfung aus den Abschnitten V. 1-8 und V. 9-17; der zweite stammt erst aus der christlichen Zeit des Vf. AUNE klammert die drei numerierten Visionenreihen und 15,2-4 aus, die wir hier behandeln.

[89] Vgl. die einführende Erklärung zu Kap. 10.

Absonderung der treuen Glaubenden von den sonstigen Juden und deren Unterstellung unter den Schutz Gottes. Ihm fehlt jeglicher Anhalt zur Erschließung der genaueren Entstehungsverhältnisse. Die thematische Nähe zu 11,1f deutet die Entstehung vor 70 an.

4.) Die drei numerierten Visionenreihen sind vom Anfang an als eine Einheit konzipiert. Die Reihen sind wie eine Kette miteinander verbunden (vgl. oben 4.1.2.C1). Sowohl die Betitelung der Schalenreihe als „die letzten Plagen" als auch der Hinweis, dass in diesen Plagen „der Grimm Gottes vollendet wird" (15,1), zeigen, dass die drei Reihen mit der Schalenreihe ursprünglich ihr Ende gefunden haben. In diesen Visionenreihen findet man abgesehen davon, dass die Siegelvisionen durch das Lösen der Siegel durch das Lamm eingeführt werden, von der flüchtigen Erwähnung des „Zorns des Lammes" in 6,16f, von der siebten Posaunenvision (11,15-19) und vom Diebwort in 16,15 kein spezifisch christliches Element. In der Schalenreihe werden die Plagen ausdrücklich Gott zugeschrieben (15,1.7; 16,1.9.11.21). Wahrscheilich wurde das Stück ursprünglich als ein jüdisches verfasst. Das Motiv des Lösens der Siegel durch das Lamm wurde wohl bei der Endfassung des Buches durch den Vf. eingeführt. Die drei Reihen haben insgesamt die Plagen gegen die Gottlosen als Thema. Die treuen Glaubenden waren vom Anfang an von den Plagen ausgeklammert; sonst wären die Bemerkungen der Verweigerung der Umkehr durch die Menschen (16,8 u. a.) sinnlos. Also sind sie als ein Art Trostwort für die Treuen gedacht. Das Stück ist in einer für die Glaubenden schwierigen Situation entstanden. Da sich kein Anklang an die mit dem Jahr 70 in Verbindung stehenden Ereignisse finden lässt, ist deren Entstehung vor 70 anzunehmen.[90]

5.) Die Szene des letzten Gerichts (20,11-15) ist in den jetzigen Kontext nicht ganz integriert, obwohl sie für den Vf. unentbehrlich ist. Nach V. 4-6 sind nämlich die Gerechten bereits auferstanden (die erste Auferstehung) und beteiligt an der Herrschaft Christi; in V. 5 ist vermerkt, dass „die übrigen Toten nicht lebendig wurden, bis die tausend Jahre vollendet sind"; in V. 7 geht die Darstellung auf die Zeit nach den tausend Jahren über und unsere Szene gehört im jetzigen Kontext gerade zu diesem Zeitraum; es sollte sich also bei ihr nicht um das allgemeine Gericht, sondern um das Gericht gegen die Ungläubigen handeln. Aber nach V. 12 werden Bücher aufgeschlagen, in denen die Werke einzelner Menschen aufgeschrieben sind; es ist ein Bild, das eigentlich ein allgemeines Gericht voraussetzt. Diese Inkongruenz legt nahe, dass unsere Szene ursprünglich unter einer anderen Voraussetzung geschrieben wurde. Dass in ihr kein spezifisch christlicher Zug vorkommt, deutet an, dass es durch den Vf. in seiner jüdischen Zeit verfasst wurde. Ihre Entstehungsverhältnisse lassen sich nicht genauer bestimmen.[91]

---

[90] Das Fehlen von Anklängen an die mit dem Jahr 70 verbundenen Geschehnissse kann als solches kein sicheres Indiz für die Entstehung vor 70 sein. Auch in den Stücken, bei denen die Entstehung nach 70 zu erschließen ist wie im Babylonkomplex, 17,1-19,10, findet man solche nicht (dazu vgl. unten III.B.). Nur für die Visionenreihen, in denen Plagen gegen die Gegner das Thema ist, ist das Fehlen doch augenfällig.

[91] Die Erwähnung „eines anderen Buches" in V. 12 kann noch auf die jüdische Zeit des Vf. zurückgehen, aber ist doch ein sekundärer Zusatz zur usrpünglichen Fassung.

6.) Auch die darauffolgende Beschreibung des Erscheinens des neuen Himmels und der neuen Erde (21,1–4) geht wahrscheinlich auf seine jüdische Zeit zurück; das Thema hat keine richtige Fortsetzung im folgenden Text; V. 2 (die Herabkunft des neuen Jerusalem) ist wohl ein Nachtrag bei der Endfassung. Die Szene selbst enthält keinen spezifsch christlichen Zug.

7.) 15,2–4 und 21,9–22,5 beschreiben die Seligkeit der treuen Israeliten nach der Bedrängnis. In 15,2–4 ist der einzige christliche Ausdruck „das Lied des Lammes", der dem Begriff „Lied des Mose" als Erklärung beigelegt ist. Die Beschreibung der Menschen als Überwinder über das Tier usw., die den Abschnitt dem Kontext anpasst, ist wohl auch sekundär; wie sie ursprünglich bezeichnet gewesen sind, lässt sich nicht mehr erschließen. Der Vf. hat ursprünglich die Szene wohl in seiner jüdischen Zeit verfasst.

8.) In 21,9–22,5, der Beschreibung des neuen Jerusalem, wird, besonders am Ende des Abschnitts (21,22ff), das Lamm mehrmals erwähnt. Aber bis dahin sind christliche Elemente spärlich. Abgesehen davon, dass der ganze Abschnitt durch eine mit 17,1ff parallel gebaute Wendung eingeführt wird, die das neue Jerusalem als die Braut des Lammes vorstellt, und dass in der Stadtmauer zwölf Grundsteine vermauert worden sind, auf denen die Namen der zwölf Apostel geschrieben sind, ist das hier entworfene Bild der Stadt mit entsprechenden jüdischen Vorstellungen durchaus vergleichbar (vgl. etwa 2Q4; 4Q554 u.a.).[92] Der Abschnitt ist im Grunde jüdisch-traditionell.

9.) Der Babylonkomplex 17,1–19,10 hat den Sturz Babylons als Folge ihrer „Hurerei" als sein Thema. Auffällig ist, dass das ganze Stück durch den Hinweis auf ihn gerahmt ist (17,1f; 19,2). In ihm kommen, abgesehen von der Beschreibung neuer Entwicklungen im Blick auf die Hochzeit des Lammes in 19,7ff nur am Ende von einzelnen Unterabschnitten, (aber dann fast immer) christliche Elemente vor (17,6.14; 18,20.24). In seinem Grundstock, der als solcher abgerundet ist, ist dagegen die jüdisch-traditionelle Anschauung vorherrschend.[93] In der Darstellung der Schuld Babylons in V. 7f ist kein Wort über seine Verfolgung der Christen zu finden, obwohl in dem dieser Passage zugrundeliegenden alttestamentlichen Text Jes 47,5–9 Babylon der Bedrückung der Israeliten beschuldigt wird. Die Bezeichnung Roms als Babylon setzt nun die Eroberung Jerusalems durch die Römer voraus. So ist das Stück nach 70 entstanden. Es ist aber dann auffällig, dass man in ihm keinerlei Anklang an die mit dem Jahr 70 verbundenen Geschehnisse findet. In jüdischen Apokalypsen aus gleicher Zeit wie 4Esr und syrBar sind diese jedoch ein Zentralthema. Johannes lässt hier das jüdische Volk und dessen Schicksal in den Hintergrund treten. Der Grundstock stammt wahrscheinlich aus der Phase seiner Abkehr vom Judentum zum Christentum.

---

[92] In den in Dead Sea Scrolls 129ff (Discription of the New Jerusalem) gesammelten Belegen findet man keine Entsprechung zu „Grundsteinen".

[93] Außer in den Rahmenbemerkungen ist wohl nur noch in der Bezeichnung des Tiers, das „war und nicht ist und aus dem Abgrund heraufsteigen wird und ins Verderben geht", die Hand des Vf. bei der Endfassung ausfindig machen.

10.) In Kap. 13[94] sind die Züge, die deutlich auf die Christen Bezug nehmen, nicht zahlreich: In V. 8 werden die Erdenbewohner, die das Tier anbeten, als solche beschrieben, deren Namen „nicht im Buch des Lebens des geschlachteten Lammes" geschrieben stehen; „die Heiligen" in V. 7 und V. 10 ist in der Offb eine Bezeichnung der Christen. In der zweiten Hälfte des Kapitels kommen Worte, die die Christen direkt bezeichnen, überhaupt nicht vor. Aber eine Anzahl von Zügen, mit denen das erste Tier beschrieben wird, hat in der Darstellung des Lammes bzw. des Wortes Gottes Entsprechungen,[95] so dass es kaum möglich ist, dass Kap. 13 auf die jüdische Zeit des Vf. zurückgeht. Den Text könnte man kryptochristlich nennen. Die Anspielung auf den Mythus des Nero redivivus weist hingegen auf eine relativ späte Entstehung des gesamten Textkomplexes hin.

Fazit: Die Betrachtung zeigt, dass der Hauptteil des Buches eine Anzahl von Einheiten enthält, die wahrscheinlich der Vf. selbst zeitlich durchaus lange vor der Abfassung der Offb verfasst hat. Die Entstehungsverhältnisse sind nicht immer deutlich. Grob gesagt lassen sich hier drei Gruppen ausmachen. Die erste Gruppe von Texten geht auf die Zeit vor 70 zurück und ist jüdischen Charakters; hierher gehören Kap. 10; 11,1f; 7,1–8; und die drei numerierten Visionreihen. Als zweite Gruppe sind die Texte zu nennen, die aus der jüdischen Zeit des Vf. stammen, aber derer genaue Entstehungsvehältnisse unerschließbar sind; hierher gehören 20,11–15; 21,1–4; 15,2–4 und 21,9–22,5. Als dritte Gruppe sind die Texte zu nennen, die zwar auch in ihrem Kern keine deutlich christlichen Anklänge enthalten, aber in denen der Vf. sich vom Judentum distanziert (17,1–19,10), oder sogar kryptochristliche Elemente verwendet (Kap. 13); sie sind erst nach 70 entstanden.[96] Anders ausgedrückt: Es ist kein Text vorhanden, der bis vor 70 zurückgeht und bereits christlichen Charakters ist. Die Annäherung an den christlichen Glauben durch den Vf. ergab sich – auch demnach – also erst nach der Einwanderung in Kleinasien.

## 6.2 Die Gestaltung der Offb in der jetzigen Form

Wir haben in 5.1.2. festgestellt, dass der Hauptteil einerseits und Kap. 1–3 und 22,6ff andererseits nicht nur in Hinsicht auf die Form und den Stil, sondern auch inhaltlich weitgehend andersartig sind. Da in den Sendschreiben den Überwindern der Empfang eschatologischer Gaben versprochen wird, auf die wiederum im Rahmen der Beschreibung des neuen Jerusalem Bezug genommen wird, und da der letzte Überwinderspruch 3,21 auch als Überleitung zum Visionenteil (vor allem Kap. 4f) formuliert ist, liegt die Annahme nahe, dass letzterer bereits vor der Endfassung

---

[94] Bei der Erwähnung vom Drachen in V. 2 und V. 4 handelt es sich um einen sekundären Brückenschlag zwischen diesem Kapitel und dem vorigen. Der Text schweigt sonst völlig von ihm; vgl. hierzu, dass auch ihre Vernichtung getrennt voneinander berichtet wird (19,20 und 20,10).

[95] Vgl. den Exkurs „Überblick über die gegengöttlichen Mächte" am Ende des Kap. 12.

[96] AUNE, Apk cxxii, vermutet für alle zwölf Stücke die Enststehung in den 50er und 60er Jahren.

eine Einheit bildete. In dieser „ersten Auflage" nahm der Vf. die Einheiten, die er selbst früher für andere Zwecke geschrieben hatte, auf, bettete sie in den Gesamtplan des jetzigen Visionenteils ein, stellte nötige Verbindung unter ihnen her, schaltete christliche Züge in sie ein[97] und versuchte damit, den Lesern ein geschlossenes christlich-apokalyptisches Geschichtsbild vorzulegen. Wohl kurz darauf musste er nach Patmos ziehen. Angesichts der Lage der hinterlassenen Gemeinden, in denen die Wirksamkeit von andersgesinnten Christen ihre Spuren zu hinterlassen begann, fand er es nötig, an sie zu ihrer Ermahnung und Ermunterung zu schreiben. Er verfasste der Situation entsprechend die Sendschreiben und stellte sie dem bereits als eine Einheit bestehenden Visionenteil voran. Die Einleitung des Buches (1,4–8) und die Beauftragungsvision (1,9–20), die jeweils durch den Hinweis auf die sieben Gemeinden (V. 4.11) mit den Sendschreiben eng verbunden sind, stammen aus der gleichen Zeit. Bemerkenswert ist, dass die Einleitung stark christologisch geprägt ist, als ob der Vf. dadurch für sein Buch mit den vielen Stoffen aus seiner jüdischen Zeit die Akzeptanz in christlichen Kreisen zu sichern suchte. Dem so entstandenen Buch fügte er (vielleicht gleichzeitig) das Nachwort hinzu (22,6–21), das auf die göttliche Herkunft des Buches hinweist und die unmittelbare Nähe der Parusie unterstreicht, und auch das Vorwort (1,1–3).

Dass der Vf. die Sendschreiben und den Visionsteil als ein einheitliches Buch an die Gemeinden schickt, setzt voraus, dass er ihnen diesen bis dato noch nicht als eine selbständige Schrift (oder als einen Teil einer anderen Schrift) ausgehändigt hat; also ist der zeitliche Abstand beider „Auflagen" wohl nicht sehr groß.

## 7. Theologie

### 7.1 Die Gottesvorstellung

HOLTZ, T., *Gott* in der Apokalypse, in: LAMBRECHT, J. (Hg.): L'Apocalypse johannique et l'Apocalyptique dans le Nouveau Testament (BEThL 53), Gembloux/Leuven 1980, 247–265.

*7.1.1 Der Offb eigentümliche Gottestitel und -bezeichnungen*
In der Offb findet man vier im NT sonst kaum verwendete Gottestitel. Der eine ist „Gott der Herr der Allmächtige" (κύριος ὁ θεὸς ὁ παντοκράτωρ); er ist siebenmal belegt (1,8 u.a.; außerdem „Gott der Allmächtige" [ὁ θεὸς ὁ παντοκράτωρ] in 16,14; 19,15). Dieser Titel und ihm ähnliche sind im AT sehr oft verwendet, während sie im NT sonst nicht belegt sind (vergleichbar ist nur 2Kor 6,18: „Herr der Allmächtige" [κύριος παντοκράτωρ]). Durch seine wiederholte Verwendung verrät der Vf., dass er besonders stark von alttestamentlichen Gottesvorstellungen geprägt ist. Dabei fasst er Gott ganz bewusst als den souveränen Herrscher. Dieser Gott manifestiert sich nach ihm vor allem im Gericht; die Mehrzahl der Belege von

---

[97] Z.B.: Mittels der Umrahmung durch die Hinweise auf die Verfolgung der Christen in 17,6 und 18,20 wird der Sturz Babylons als Vergeltung Gottes für die Verfolgung gedeutet.

παντοκράτωρ findet sich in Hymnen, deren Thema das Gericht ist (11,17; 15,3; 16,7; 19,6).

Der zweite Titel ist „der ist und der war (und der kommt)" (ὁ ὢν καὶ ὁ ἦν [καὶ ὁ ἐρχόμενος]), fünfmal belegt (1,4 u.a.). Anders als der zuerst genannte hat er im AT keine direkte Parallele, aber erinnert an im Judentum geläufige Versuche der Ausdeutung des Jahwenamens (vgl. ad 1,4). Im NT ist er sonst nicht belegt. In der Offb ist er abgesehen von 1,4 immer in Verbindung mit dem zuerst genannten verwendet (1,8 u.a.). Genau wie jener bringt dieser die Souveränität Gottes zum Ausdruck; aber während jener die Gottesherrschaft sozusagen senkrecht, als Herrschaft über den Menschen und die Welt, manifestiert, unterstreicht dieser horizontal deren Ewigkeit: Gott ist der einzige, der das Ziel der Geschichte verwirklicht; vgl. ad 1,8.

Der dritte Gottestitel ist „(Gott,) der in alle Ewigkeit lebt" (ὁ ζῶν εἰς τοὺς αἰῶνας τῶν αἰώνων). Er kommt als Gottesbezeichnung an vier Stellen vor (4,9 u.a.). Anders als die bereits behandelten Titel ist dieser einmal auf Christus übertragen (1,18) und auf dessen Auferstehung bezogen; die Bedeutung des Ausdrucks „leben" ist in diesem Falle stärker reflektiert.

Als vierter sei „das A und das O" (τὸ ἄλφα καὶ τὸ ὦ) genannt (vgl. ad 1,8); als Äquivalente kommen auch „der Erste und der Letzte" (ὁ πρῶτος καὶ ὁ ἔσχατος) und „der Anfang und das Ende" (ἡ ἀρχὴ καὶ τὸ τέλος) vor. In den anderen neutestamentlichen Schriften sind sie nicht belegt. Abgesehen von 2,8 sind sie immer Inhalte von ἐγώ εἰμι-Aussagen; umgekehrt: Inhalte von ἐγώ εἰμι-Aussagen sind außer 22,16 immer „das A und das O" oder seine Äquivalente. Gelegentlich werden zwei oder alle drei von ihnen auf einmal genannt (z.B. 22,13). Das Subjekt der Aussage kann Gott (1,8; 21,6), oder auch Christus sein (1,17; 22,13; vgl. auch 2,8); dazu vgl. unten unter 7.2.6.2. Der Titel weist darauf hin, dass Gott bzw. Christus der einzige Herrscher der Geschichte ist. 1,8 und 21,6 sind in der Offb die einzigen Stellen, wo die Aussagen explizit Gott in den Mund gelegt sind. Der Vf. rahmt sein Werk absichtlich mit dieser Aussage Gottes ein.

Neben den genannten vier Titeln findet man im Visionsteil noch eine durchaus eigenartige Bezeichnung Gottes: „Der, der auf dem Thron sitzt" (ὁ καθήμενος ἐπὶ τῷ θρόνῳ) (5,13).[98] In der ersten Vision dieses Teils, Kap. 4, sieht der Seher, dass Gott inmitten der himmlischen Welt auf einem Thron sitzt; er ist umgeben von den Mitgliedern des himmlischen Hofs, die ihm huldigen. Diese durch die Vision begründete Bezeichnung ist im ganzen NT sonst beispiellos; in der Offb selbst wird Gott hinterher oft so bezeichnet. Damit kommt „das herrscherliche Moment am Gottesbild der Apk [...] zur Geltung".[99] Gleichzeitig ist beachtenswert, dass das mit dieser Bezeichnung beschriebene Gottesbild durchgehend sta-

---

[98] Dies ist kein Titel Gottes, was daran deutlich wird, dass sich der Vf. gelegentlich einfacherer Formulierungen bedient (4,3; 20,11) oder diesen Ausdruck als ein Beiwort zu „Gott" (7,10; 19,4) verwendet. Auch im AT ist der Ausdruck kein terminus technicus. In der Beschreibung des neuen Jerusalem 21,9–22,5 wird die Verwendung des Ausdrucks vermieden, weil jetzt das Lamm mit Gott zusammen auf dem Thron sitzt (22,1.3). Die Beschreibung in 7,15–17 ist in dieser Hinsicht nicht konsequent.

[99] HOLTZ, Gott 338.

tisch ist. In der Vision Ez 1,4ff, die der Vf. der Offb bei der Darstellung von Kap. 4 zugrundelegt, ist der Thron als ein Thronwagen dargestellt; nach V. 15–21 ist er sogar mit Rädern versehen; er ist beweglich. In der Offb ist dagegen von der Beweglichkeit des Throns nirgendwo die Rede; er steht fest in der Mitte des Himmels.[100] Und Gott, der „der auf dem Thron Sitzende" genannt wird, ist ebenso als unbeweglich vorgestellt.[101] Er ist vor allem der Adressat der Proskynese (4,10; 7,11; 19,4) und des Lobpreises (4,9; 5,13; 7,10). Auch in der Darstellung des Empfangs des Buches durch das Lamm in Kap. 5, des wichtigsten Geschehens am Beginn der Endzeit, übt Gott keine Initiative aus (vgl. unten 7.2.6.1). Die Sachlage ändert sich mit dem Kommen des letzten Endes. In 21,5 lässt der Vf. zum ersten Mal nach 1,8 Gott sprechen: „Siehe, alles mache ich neu", und unterstreicht damit, dass die Realisierung des neuen Himmels und der neuen Erde Gottes Werk ist. Den treuen Christen wird dann die Verheißung gegeben, dass im neuen Jerusalem „der, welcher auf dem Thron sitzt, über ihnen wohnen wird" (7,15; vgl. 21,3).

Während in der Offb Gottes Funktionen manchmal auf Christus übertragen, beide gelegentlich sogar als einheitlich betrachtet werden (vgl. unten 7.2.6.2), sind diese Titel (abgesehen vom dritten und vierten) bzw. Bezeichnungen einzig Gott vorbehalten und nicht auf Christus übertragen. Diese der Offb eigentümlichen und beinahe vollständig für Gott reservierten Titel und Bezeichnungen unterstreichen fast durchweg die Souveränität Gottes. Die Herrschaft über die Geschichte und die Welt ist letzten Endes allein Gottes Sache. Das konkrete Wirken an den Menschen, besonders an den Christen, ist dagegen eher für Christus reserviert; dazu vgl. unten 7.2.6.3.

Da die Titel und Bezeichnungen nur in der Offb vorkommen und kein speziell christliches Gepräge zeigen, hat sie der Vf. kaum vom christlichen Milieu übernommen; er ist vielmehr, als er noch als ein jüdisch-apokalyptischer Prophet war, (abgesehen von „das A und das O") bereits mit ihnen vertraut gewesen. Die durch sie zum Ausdruck gebrachte Gottesvorstellung behält er im ganzen bei, auch nachdem er Christ geworden ist.

*7.1.2 Die Souveränität Gottes*

*7.1.2.1 Gott und der Satan/das Tier*
Der Vf. hat als Realität fest im Auge, dass sich Gottes Souveränität in der Jetztzeit, durch das Wirken Satans verhindert, nicht durchsetzt. Satan ist aber in seiner Sicht kein wirkliches Gegenüber Gottes. Deshalb geht der Vf. nicht so weit, dessen gott-

---

[100] Das Fehlen der ezechielischen Räder ist nach HIEKE, Seher, ein Ausdruck der Allgegenwart Gottes (19–22,26f,29). Stimmte das, wäre aber etwa die Notiz in 5,6, die Augen des Lammes seien die Geister Gottes, die in alle Welt gesandt sind, überflüssig.
[101] HIEKE, Seher, weist wiederholt darauf hin, dass „in Offb […] die Räder völlig" fehlen, und führt das auf die „Universalität, Omnipräsenz bzw. Ubiquität Gottes zurück (21f; vgl. 27.29). Wäre das aber der Fall, hätte er innerhalb der Beschreibung der Augen des Lammes (5,6) die Erklärung, sie seien „die sieben Geister Gottes, gesandt in alle Welt", wohl kaum hinzugefügt.

feindliches Wirken als unmittelbar und direkt gegen die „Person" Gottes gerichtet zu beschreiben. In Kap. 12, in dem der Drache (d. h. der Satan) zum ersten Mal auftritt, ist das Ziel seines Angriffs die Frau, nicht Gott selbst; im Himmel kämpft er mit „Michael", nicht mit Gott. Nur der Hymnus, der auf seinen Sturz folgt, deutet an, dass er doch der Urfeind Gottes ist, indem in ihm dieser Sturz als Verwirklichung „des Heils und der Macht und der Herrschaft Gottes" erklärt wird (V. 10). Nach dem Millennium sammelt Satan die Völker zum Krieg, „sie umzingelten das Lager der Heiligen und die geliebte Stadt" (20,9); wiederum richtet sich der Angriff nicht direkt auf Gott.

In Bezug auf den irdischen Vertreter Satans, das Tier, formuliert der Vf. jedoch keinesfalls so zurückhaltend: Auf dessen sieben Häuptern sind „Namen der Lästerung" geschrieben (13,1; ähnlich 17,3); aus dessen Maul hört man „Lästerungen gegen Gott" (13,6). Dasselbe gilt auch für die übrigen Gegner; so lästern z.B. gottlose Menschen Gott (16,11.21). Die unterschiedliche Beschreibung des jeweiligen Verhältnisses zu Gott rührt wohl daher, dass der Vf. im Falle des Tiers usw. die Wirklichkeit beschreibt, während er im Falle der „Person" Satans seine theologische Vorstellung der Souveränität Gottes unterstreichen möchte. Dass auch das Tier aber letzten Endes doch unter der Kontrolle Gottes ist, bringt er durch mehrmalige Verwendung von passiva divina zum Ausdruck: „Ihm [dem Tier] wurde ein Maul gegeben, Großes und Lästerungen zu reden, und ihm wurde Gewalt gegeben, es zweiundvierzig Monate lang zu treiben" (13,5; ähnlich V. 7).

Es ist aber bemerkenswert, dass er bei der Darstellung der verführerischen Tätigkeiten Satans und der Seinen (2,20; 12,9; 13,14; 18,23 u. a.) nie das passivum divinum verwendet.[102] Dem entspricht, dass in 17,4 anders als in der Grundlage Jer 51,7 nicht Babylon selbst als der goldene Becher in der Hand *Gottes* bezeichnet wird, der die Menschen trunken machen soll, sondern dass dieser einfach in der Hand Babylons liegt, oder dass nach 16,14 unreine Geister Könige für den endzeitlichen Kampf sammeln, während nach der Grundlage, Ez 38, Gott selbst das Heer aus dem Land Magog anlockt. In diesem Punkt wird das vom Vf. intendierte Moment der Verteidigung Gottes angesichts der Schrecknisse der letzten Zeit erkennbar.

*7.1.2.2 Gott (und Christus) und das Gericht*[103]

Obwohl in der Offb auch Christus beim Gericht eine nicht kleine Rolle spielt, bezieht der Vf. das Gericht im ganzen gesehen doch auf Gott. Das Gericht gegen Babylon wird durch Gott allein durchgeführt (16,19; 18,5.8.20; 19,2); das Lamm taucht in diesem Zusammenhang nur am Rande auf (17,14). Beim letzten Gericht

---

[102] Nur der Bericht der Einkerkerung Satans in den Abgrund vor dem Millennium durch einen Engel („damit er die Völker nicht mehr verführe"; 20,3) könnte als eine Ausnahme betrachtet werden.

[103] Das Gericht verwirklicht sich letzten Endes als das letzte Gericht, aber auch in der zeitlich vor diesem letzten Gericht liegenden Endzeit werden die Gottlosen durch Plagen bestraft. Der Vf. verwendet für beide Fälle die gleichen Termini (κρίνειν, κρίμα, κρίσις) und macht keinen Unterschied. Daher werden das letzte Gericht und die zuvor ergangenen Plagen hier zusammen analysiert.

(20,11-15) sitzt nur Gott auf dem Richterthron; Christus kommt in dieser Szene überhaupt nicht vor.[104] Christus kämpft zwar bei seiner Parusie allein mit dem Heer der Gegner (19,11-21). Aber auch in dieser Szene spiegelt sich das ältere Verständnis überall wider: in 16,14 wird dies Geschehen als „der große Tag *Gottes*" bezeichnet; die Kelter, die Christus bei der Parusie tritt, ist „die Kelter des Weines des Grimmes des Zornes *Gottes, des Allmächtigen*" (V. 15); das Mahl, zu dem alle Vögel eingeladen werden, ist „das große Mahl *Gottes*" (V. 17). Beim Gericht spielt der Zorn bzw. der Grimm eine große Rolle; diese Wörter werden in der Offb, abgesehen von 6,16, immer allein auf Gott bezogen. Auch die Lobgesänge über das Gericht bzw. über die Plagen werden allein an Gott gerichtet (11,17f; 15,3f; 16,5f.7; 19,1; vgl. auch 14,7). In 6,10 sprechen die Märtyrer Gott (nicht Christus) gegenüber ihre Erwartung seiner Rache für ihr Blut aus (vgl. 8,3-5). Diese Aussagen gehen abgesehen von den Lobgesängen alle auf die jüdische Zeit des Vf. zurück (vgl. oben 6.1). D.h.: Die Vorstellung Gottes als des Richters ist in seiner jüdischen Zeit verankert und er behält sie, auch nachdem er Christ geworden ist, im wesentlichen bei.

Andererseits gibt es aber Beispiele, die den Vollzug des Gerichts auf Christus zurückführen. 19,11-21 ist ein typisches Beispiel; hier ergreift Christus die Initiative beim endzeitlichen Kampf. In der Beauftragungsvision 1,12ff kommt aus dem Mund Christi „ein zweischneidiges scharfes Schwert hervor" (V. 16); mit diesem Schwert kämpft er bei der Parusie mit seinen Feinden (19,15); in der erstmaligen Vorstellung Christi beschreibt der Vf. ihn also als den endzeitlichen Richter. In der sechsten Siegelvision, die das Kommen des letzten Gerichts andeutet, erwähnt er den Zorn des Lammes (6,16); vgl. auch 2,23.

Als ein weiteres Beispiel der Beschreibung des Vollzugs des Gerichts durch Christus sind die numerierten drei Visionenreihen zu nennen. Die Siegelvisionen werden dadurch eingeführt, dass das Lamm je eines der sieben Siegel löst; die folgenden zwei Reihen sind jeweils als die Entwicklung der letzten Vision der vorangehenden Reihe gedacht. So stellt der Vf. alle Plagen der drei Reihen unter die Initiative des Lammes. Freilich ist dieses Konzept nicht in letzter Konsequenz durchgeführt. Die Posaunenreihe wird als Reaktion auf das Gebet der Heiligen zu *Gott* vorgestellt (8,4); die sieben Schalen sind „mit dem Grimm *Gottes* gefüllt" (15,7; vgl. auch 16,9). Der Vf. gibt sich also zwar gelegentlich Mühe, das Gericht auf Christus zu beziehen, aber letzten Endes ist für ihn nicht wirklich relevant, ob der, der das Gericht vollzieht, Gott oder Christus ist. Eine ähnliche Auffassung lässt sich auch in der Beschreibung der Vernichtung der satanischen Mächte erkennen: die Vernichtung Satans selbst wird ohne Anteilnahme von Christus durch

---

[104] Im Zusammenhang mit dem letzten Gericht kommt Christus in 14,10 als dessen Beobachter vor. Die seltene Vorstellung ist als Kontrast zur Darstellung in V. 1-5 gebildet, dass nämlich die Geretteten mit dem Lamm zusammen auf dem Berg Zion sind. 14,14ff ist eine Vision des letzten Gerichts; der Menschensohnähnliche ist aber nur der Vollstrecker eines Teils des Gerichts, nämlich nicht der Bestrafung, sondern der Erlösung. Christus kommt sonst nirgendwo im Zusammenhang mit dem Gericht vor.

Gott durchgeführt (20,7–10); aber kurz zuvor ist von der Vernichtung des Tiers und des Pseudopropheten durch Christus allein die Rede (19,19–21).[105]

### 7.1.3 Gott als der Schöpfer

Ist auf die eschatologische Rolle Gottes großes Gewicht gelegt, ist von seinem Schöpfertum nur vereinzelt die Rede. Es wird nur in 4,11; 10,6 und 14,7 direkt erwähnt, aber auch dann nicht näher dargestellt: In 4,11 lobpreisen die Ältesten Gott als würdig, Ruhm, Ehre und Macht zu empfangen, „weil [...] [er] alle Dinge geschaffen [...] [hat]". Diesem Lobpreis Gottes korrespondiert die Doxologie am Ende des Kap. 5, die „alle Geschöpfe" Gott und dem Lamm darbringen (5,13). Der Hinweis auf das Schöpfersein in 4,11 hat also das Ziel, mit der Doxologie 5,13 zusammen zu unterstreichen, dass Gott der einzige Herrscher des Weltalls ist. In 10,6 schwört der Engel, der die Vollendung des Mysteriums bei der siebten Posaune vorhersagt, „bei dem, der in alle Ewigkeit lebt, der den Himmel und was in ihm ist, und das Land [...] und das Meer [...] schuf". Der Szene liegt Dan 12,7 zugrunde, aber dort wird der Schwur nur beim Ewiglebenden gesprochen; also liegt hier eine Erweiterung durch den Vf. vor; dadurch kommt die Protologie zur Eschatologie („in alle Ewigkeit") hinzu und wird die Gottesherrschaft auf die ganze Geschichte bezogen. Wichtiger ist für den Vf. möglicherweise aber die Einzelaufzählung der drei Bereiche der Schöpfung und dessen, was in ihnen ist; dadurch unterstreicht er die Souveränität Gottes über die ganze Schöpfung. In 14,7 nennt der Engel, der das Kommen der Stunde seines Gerichts verkündet, als den rechten Adressaten der Anbetung Gott, den Schöpfer des Weltalls, und zwar im bewussten Gegensatz zum Tier und seinem Bild (V. 9). Bei allen drei Belegen liegt das Gewicht also nicht auf dem Schöpferakt selbst; der Hinweis auf das Schöpfersein Gottes dient in erster Linie zur Begründung der Anerkennung seiner Souveränität über das Weltall.[106]

Sonst kämen in dieser Hinsicht nur noch der Gottestitel „der ist, der war und der kommt" (1,4 u. a.) und die Selbstbekundung „Ich bin das A und das O" u. ä. (1,8 u. a.) in Frage, aber im jeweiligen Kontext wird das Thema Schöpfertum nicht entwickelt. Die Wendungen wie „seit Grundlegung des Kosmos" (13,8; 17,8) verraten mit ihrem objektiv-neutralen Charakter vielmehr das geringe Interesse des Vf. an diesem Thema.

### 7.1.4 Gott und die Christen

Den Christen gegenüber handelt Gott als ihr vertrauenswürdiger Herr. Sie werden wie im Judentum „Gottes Knechte" (οἱ δοῦλοι τοῦ θεοῦ) genannt. Der Ausdruck ist deswegen beachtenswert, weil andere neutestamentliche Schriftsteller,

---

[105] Das Verhältnis zwischen Gott und Christus beim Vollzug des Gerichts bringt der Vf. in 3,5 (vgl. auch V. 2) durch Übernahme eines frühchristlich-traditionellen Bildes zum Ausdruck, innerhalb dessen Christus beim Gericht als Beisitzer vorgestellt ist (vgl. Lk 12,8).

[106] Anders akzentuiert HOLTZ, Gott 331: „Der universale Schöpfungsgedanke gehört zu den fundamentalen Gegebenheiten der Theologie der Apk".

besonders Paulus, die Bezeichnung „Knechte Christi" vorziehen (vgl. ad 1,1); der Vf. der Offb ist auch in dieser Hinsicht stärker alttestamentlich-jüdisch geprägt. Gott stellt die Christen unter seinen Schutz: In 12,6 wird der Frau, dem Wesen der Gemeinde, durch Gott in der Wüste ein Ort bereitet, damit sie, von Angriff des Drachen verschont, ernährt wird; in Kap. 7 werden die Christen mit dem Siegel Gottes versiegelt zum Schutz in der endzeitlichen Drangsal (7,3; vgl. 3,10; 9,4). Das heißt freilich nicht, dass sie von Verfolgungen verschont bleiben; gerade umgekehrt: Weil der Satan seinen himmlischen Kampf verloren hat, steigt er mit großem Grimm zu ihnen herab (12,12). Die Beschreibung des Wirkens Gottes ihnen gegenüber wird nicht auf einzelne konkrete Lebenssituationen bezogen, sondern trägt grundsätzlichen Charakter.

Gott erweist den Christen ferner dadurch seine spezielle Gunst, dass er ihnen offenbart, was bald geschehen soll (1,1; 22,6; vgl. 22,16). Aber seelsorgerische Anweisungen an einzelne Gemeinden gibt nicht Gott, sondern der himmlische Jesus (Kap. 2 und 3). Gott ist auch in dieser Hinsicht eine ferne Gestalt des Himmels.

Seine Gunst für die Christen erweist sich aber vor allem am Ende der Geschichte. Die Erneuerung des Himmels und der Erde ist Gottes Werk; der Vf. unterstreicht das, indem er Gott – nach 1,8 zum ersten Mal! – selbst das Wort ergreifen lässt: „Siehe, alles mache ich neu" (21,5); das neue Jerusalem steigt „aus dem Himmel von Gott herab" (21,10). Im neuen Jerusalem ist „das Zelt Gottes mit den Menschen und er wird mit ihnen wohnen" (21,3f.7; vgl. 7,15ff). 21,7 verheißt dem „Überwinder" sogar, dass er Gottessohn sein wird; in der Offb ist die Vater-Sohn-Beziehung sonst nur dem Verhältnis zwischen Gott und Christus vorbehalten (2,18 u.a.); die Vergegenwärtigung der neuen Wirklichkeit nach dem Erscheinen des neuen Himmels und der neuen Erde hat den Vf. zu dieser sprunghaften Entwicklung des Gedankens gebracht.

Das Wirken Gottes wird auch im Blick auf diesen Gesichtspunkt sozusagen grundsätzlich beschrieben. Ob dann der Einzelne tatsächlich in das neue Jerusalem hineinkommen kann, hängt davon ab, ob dessen Name „im Buch des Lebens des Lammes geschrieben" ist (21,27). Nur die Zugehörigkeit zu ihm ermöglicht die Teilhabe am neuen Jerusalem. Dass in den Sendschreiben der himmlische Jesus einzelnen Überwindern die Anteilhabe am Leben im neuen Jerusalem verspricht, ergibt sich aus dem gleichen gedanklichen Hintergrund (dazu vgl. unten 7.2.4.3).

## 7.2 Die Christologie

DeJonge, M.: The Use of the Expression ὁ χριστός in the Apocalypse of John, in: Lambrecht, J. (Hg.): L'Apocalypse johannique et l'Apocalyptique dans le Nouveau Testament (BEThL 53), Gembloux/Leuven 1980, 267–281; Hahn, F.: Theologie des Neuen Testaments, 2Bd., Tübingen 2002; Hengel, M.: Die Throngemeinschaft des Lammes mit Gott in der Johannesapokalypse, in: ThBeitr 27, 1996, 159–175; Hofius, O.: Das Zeugnis der Johannesoffenbarung von der Gottheit Jesu Christi, in: Geschichte – Tradition – Reflexion (FS M. Hengel), Tübingen 1996, III

511–528; HOLTZ, T.: Die Christologie der Apokalypse des Johannes (TU 85), Berlin ²1971; MÜLLER, U.B.: Apokalyptik im Neuen Testament: Bilanz und Perspektiven gegenwärtiger Auslegung des Neuen Testaments (FS G. Strecker) (BZNW 75), Berlin/New York 1995, 144–169, jetzt in: Christologie und Apokalyptik. Gesammelte Aufsätze (Arbeiten zur Bibel und ihrer Geschichte 12), Leipzig 2003, 268–290; ROOSE, H.: „Das Zeugnis Jesu". Seine Bedeutung für die Christologie, Eschatologie und Prophetie in der Offenbarung des Johannes (TANZ 32), Tübingen/Basel 2000; STONE, M.E.: Fourth Ezra. A Commentary on the Book of Fourth Ezra (Hermeneia), Minneapolis 1990.

*7.2.1 Überblick*
Die Apokalyptik ist eigentlich ein System, das sich so stark auf Gottes Handeln konzentriert, dass sie eine Messiasgestalt nicht unbedingt für nötig hält.[107] Umso bemerkenswerter ist, dass in der Offb die Christologie eine zentrale Rolle spielt; freilich ist das nicht überall so; es gibt Abschnitte, in denen Christus überhaupt nicht oder nur am Rande vorkommt (vgl. oben 6.1). So müsste man bei der Behandlung der Christologie fragen, wie der Vf. das Verhältnis zwischen Gott und Christus versteht (dazu vgl. unten 7.2.6). Zunächst sind aber die Charakteristika der Christologie der Offb herauszustellen.

Das christologische Interesse des Vf. konzentriert sich erstens auf das Christusgeschehen, also auf den Tod des Christus und seine Inthronisation im Himmel (Vergangenheit), zweitens auf sein Wirken als Offenbarer für die Gemeinde einerseits und als Vollstrecker der Plagen für die Gottlosen andererseits (Gegenwart), und drittens auf seine Parusie (Zukunft).[108]

An der Vorstellung der Präexistenz zeigt er wenig Interesse.[109] Sie ist in der Offb nirgendwo thematisiert. Bezeichnenderweise kommt in Kap. 4, wo unmittelbar vor dem Bericht von dem Eintreten des Vf. in die himmlische Welt (Kap. 5) diese mit dem Thronenden und allen himmlischen Wesen dargestellt wird, Christus überhaupt nicht vor. Wenn er in 1,17 „der Erste und der Letzte" (ὁ πρῶτος καὶ ὁ ἔσχατος) genannt wird (vgl. 2,8; 22,13), ist zwar seine Präexistenz vorausgesetzt, aber nicht besonders hervorgehoben. Als die einzige Stelle[110] käme 3,14 in Frage: Der himmlische Jesus wird hier als ἡ ἀρχὴ τῆς κτίσεως vorgestellt; dies könnte man mit „der Anfang der Schöpfung" übersetzen und auf seine Beteiligung an der Schöpfung beziehen; aber sie ist hier wohl im Sinne von „der Herrscher über die Schöpfung" zu verstehen. Dadurch, dass der Vf. die Neuschöpfung allein auf Gott zurückführt (21,5), wird diese Sicht untermauert.

---

[107] Vgl. GIESEN 24; U.B. MÜLLER, Apokalyptik 245. In zeitgenössischen Apokalypsen begegnet die Messiasgestalt verhältnismäßig selten. Sie ist etwa in 4Esr 7,28f; syrBar 29,3; 39f belegt; dazu vgl. STONE, Fourth Ezra 207ff.
[108] Vgl. HAHN, Theologie I 460.
[109] Gegen HENGEL, Throngemeinschaft 175.
[110] „Seit Grundlegung des Kosmos" in 13,8 bezieht sich nicht auf „des geschlachteten Lammes", sondern auf „nicht geschrieben". Außerdem ist es eher ein Wort, das das entscheidende Verlorensein der Erdenbewohner zum Ausdruck bringt und in dem Sinne nicht ganz wörtlich zu nehmen ist.

Auch am historischen Jesus hat er abgesehen von seinem Tod wenig Interesse.[111] Die „Geburt" des männlichen Kindes in 12,5 ist ein vom zugrundeliegenden Mythos vorgegebener Zug; im Kontext weist sie auf seine Inthronisation im Himmel hin, wie es das vom Vf. beigefügte Psalmzitat nahelegt.

### 7.2.2 Die Bezeichnungen des Christus

In der Offb kommt das Wort Χριστός viermal mit einem Artikel versehen, also als Appellativ, vor (11,15; 12,10; 20,4.6). In diesen Fällen ist ὁ Χριστός immer als ein solcher vorgestellt, der die endzeitliche Herrschaft ausübt;[112] also verwendet der Vf. das Wort entsprechend seiner eigentlichen Bedeutung als Bezeichnung eines zum Königtum Gesalbten. Es ist freilich kaum zu bezweifeln, dass er mit ihm Jesus Christus meint.

Auffallend ist, dass χριστός im ganzen Buch sonst nur dreimal belegt ist, und zwar am Anfang des Buches (1,1.2.5; immer in Form Ἰησοῦς Χριστός). Es handelt sich einmal um den Buchtitel (Ἀποκάλυψις Ἰ.Χρ.; 1,1); in 1,5 kommt es dann im Segenswunsch (ἀπὸ Ἰ.Χρ.) vor, jeweils also in einen offiziellen Rahmen. In 1,2 begegnet der Titel als ein Teil eines Doppeltitels, der in der Offb mehrfach belegt ist: ὁ λόγος τοῦ θεοῦ καὶ ἡ μαρτυρία Ἰ.Χρ. Innerhalb dieses Doppeltitels wird später stets eine einfachere Form (ohne Χριστοῦ) verwendet; der Vf. rüstet ihn zum Anfang des Buches grandiöser aus. Wie sollte man diese Knappheit und merkwürdige Verteilung des Gebrauchs dieses Begriffs erklären?

Bevor wir dieser Frage nachgehen, betrachten wir kurz die sonstigen Bezeichnungen Jesu in der Offb. Der Eigenname Ἰησοῦς wird vor allem im oben genannten Doppeltitel verwendet (außer 1,2 auch 1,9; 20,4; vgl. 12,17). Sonst begegnet er immer in nicht stereotypen Wendungen (1,9; 17,6; 22,16.20). Obwohl die Zahl der Belege nicht groß ist, kann man also sagen, dass der Vf. diesen Namen frei verwendet. Κύριος, bei Paulus z.B. vorwiegend für Christus verwendet, ist in der Offb in erster Linie ein Gottestitel; nur an den Stellen, an denen eine gemeinchristliche Redeweise spürbar ist, verwendet er ihn als Christustitel; vgl. unten unter 7.2.6.2. In einigen Perikopen kommen bestimmte Christustitel vor; in 1,13ff und 14,14ff „der Menschensohnähnliche" (ὅμοιος υἱὸς ἀνθρώπου; vgl. unten 7.2.7) und in 19,11 „das Wort Gottes" (ὁ λόγος τοῦ θεοῦ).

Die Christusbezeichnung, die im Visionenteil am häufigsten verwendet ist, ist das Lamm" (τὸ ἀρνίον). Sie kommt in 5,6 zum ersten Mal als „ein wie geschlachtetes Lamm" (ἀρνίον ὡς ἐσφαγμένον) vor; ihr religionsgeschichtlicher Hintergrund liegt wohl in der Vorstellung vom Passalamm. Aber nachdem sie einmal eingeführt ist, wird sie als die Christusbezeichnung schlechthin (achtundzwanzig Belege) gebraucht; der eigentliche religionsgeschichtliche Hintergrund lässt sich dann nicht immer spüren.[113]

---

[111] Vgl. ROOSE, Zeugnis 65 u.a.
[112] Vgl. HOLTZ, Christologie 8; DE JONGE, Use 267.
[113] Vgl. den Exkurs „Das Lamm in der Offb und sein religionsgeschichtlicher Hintergrund" bei 5,6.

Man könnte deshalb meinen, dass man die auffällige Knappheit des Gebrauchs von Χριστός dadurch erklären kann, dass der Vf. ἀρνίον als eine bildhafte Bezeichnung bevorzugt; und das stimmt teilweise. Aber ein Vergleich mit den Gottesbezeichnungen lässt diese einseitige Erklärung fragwürdig erscheinen; der Vf. nennt nämlich im Visionenteil Gott zwar oft ὁ καθήμενος ἐπὶ τῷ θρόνῳ, aber neben ihm verwendet er auch das Wort θεός nicht selten. Die Knappheit des Gebrauchs von Χριστός kann m. E. also nur darin begründet sein, dass der Vf. es einfach nicht gewohnt war, diesen Titel zu verwenden.

Wie bezeichnete er aber Christus? Für ihn war wahrscheinlich die Offenbarung des geschlachteten und inthronisierten Lamms der Wendepunkt zum christlichen Glauben (vgl. oben 2.1.3.1). „Das Lamm" galt seitdem für ihn als *die* Christusbezeichnung; er gebrauchte sie in verschiedenen Zusammenhängen. Ihre fast ausschließliche Verwendung im Visionenteil spiegelt einfach diese Tatsache wider. Als er aber daran dachte, das Buch an die sieben Gemeinden zu schreiben, hielt er es für besser, besonders an dessen Anfang seine Sprache der im christlichen Umfeld sonst üblichen anzupassen. Das tat er an den Stellen, an denen der Wortlaut die Aufmerksamkeit der Leser in besonderer Weise erregen soll.

*7.2.3 Das Christusgeschehen*

*7.2.3.1 Das Christusgeschehen als Wendepunkt der Geschichte*
Das Christusgeschehen hat auch für unseren Vf. eine entscheidende Bedeutung. Zum einen bedeutet es den schon geschehenen Wendepunkt der Geschichte. Dazu sind zwei Texte, Kap. 5 und Kap. 12, grundlegend.

In Kap. 5 bekommt das Lamm, das wie geschlachtet aussieht, als einziger die Befugnis zur Lösung der Siegel des Buches, das auf der Rechten Gottes liegt, und damit zur Eröffnung der Endgeschichte, die zum Erscheinen des neuen Jerusalem führt; die endgültige Verwirklichung des Heils in der Zukunft wird so versichert. Im Text ist die Bedeutung des Geschehens durch das Zitat des Lieds in V. 9f zum Ausdruck gebracht: „Du wurdest geschlachtet und hast für Gott mit deinem Blut erkauft aus jedem Stamm […] und hast sie für unseren Gott zu Königtum und Priestern gemacht usw." In dem Sinne ist das Heil nicht nur erst in der Zukunft zu erwarten, sondern es ist bereits jetzt grundsätzlich verwirklicht.

Nach Kap. 12 wird das Kind, das von der himmlischen Frau geboren ist, gleich darauf zu Gott entrückt; damit sind die Auferstehung und Inthronisation Christi gemeint. Im Himmel beginnt dann zwischen Michael (d. h. Christus) und dem Drachen ein Kampf; als dieser ihn verliert, ertönt im Himmel ein Lied, das den Sinn des Geschehens deutet und dessen Folgen beschreibt (V. 10-12). Der Satan, der bis jetzt vor Gott als der Ankläger der Menschen die Beziehung zwischen ihnen gestört hatte, wird grundsätzlich entkräftet (V. 10b). In V. 11 erklärt der Vf., was den Christen geschehen ist: Ihnen wird durch das Blut Christi ermöglicht, selber den Satan zu besiegen. Wie die dort vorliegende Formulierung „sie haben ihr Leben nicht geliebt bis zum Tode" zeigt, ist das eine proleptische Aussage. Aber der Vf. sieht diese Zukunft für die Christen mit dem Christusgeschehen bereits grundsätzlich eröffnet. Die Geschichte tritt damit in eine neue Phase ein.

Obwohl das Christusgeschehen in dieser Weise auch für den Vf. der Offb eine entscheidende Bedeutung hat, ist es bei ihm doch etwas anders gewichtet als etwa bei Paulus. Gewiss teilt er mit Paulus die Anschauung, dass es der entscheidende Wendepunkt der Geschichte ist; die Ansicht, dass die Vollendung des Heils erst in der Zukunft zu erwarten ist, also der Gedanke des eschatologischen Vorbehalts, der in der Offb sehr deutlich in Erscheinung tritt, wird auch von Paulus geteilt. Vergleicht man aber die Anschauungen beider, fällt auf, dass sie jeweils doch anders geprägt sind: Nach Paulus ist das Christusgeschehen das Ereignis, das von dem Menschen die grundsätzliche Änderung seiner Einstellung zu Gott verlangt; es bedeutet das Ende des Gesetzes; man wird nicht dadurch gerettet, dass man seine eigene Gerechtigkeit aus dem Gesetz erwirkt, sondern dadurch, dass man durch den Glauben gerechtfertigt wird (Phil 3,9). Nach dem Vf. der Offb verlangt dagegen das Christusgeschehen von dem Menschen keine grundsätzliche Änderung seiner Einstellung zu Gott; der Grundsatz, dass man gerettet wird, wenn man ein Gerechter ist, gilt auch nach dem Christusgeschehen wie vorher; nur braucht der Mensch jetzt nicht mehr eine hoffnungslos lange Zeit auf die Verwirklichung der Verheissung zu warten; die Geschichte ging nämlich mit dem Christusgeschehen in ihre letzte Phase über. Deshalb wird in der Offb die überlieferte Formel von der Sündenvergebung durch das Blut Christi (1,5f; 5,9f) nicht weiter entwickelt; der treuen Lebensführung der Glaubenden wird hier eine größeres Rolle beigemessen. Bei Paulus geht der soteriologische Indikativ voran, dem dann der Imperativ folgt; im Blick auf die Offb kann man zwar nicht sagen, dass der Imperativ voranginge; aber er ist für die in ihr vorliegende Soteriologie weitaus konstitutiver. Bei Paulus ist der Einschnitt der Geschichte zwischen Vergangenheit und Gegenwart wesentlich tiefer vorgestellt als der zwischen Gegenwart und Zukunft; in der Offb dagegen wird der tiefere und entscheidende Einschnitt eher zwischen Gegenwart und Zukunft gesehen.

*7.2.3.2 Vom Tod zum Leben*
Der Vf. verknüpft an einigen Stellen den Tod Christi mit dessen nachösterlichem Leben und darüber hinaus mit dem künftigen Leben der Christen. Während die Auffassung, das Christusgeschehen sei der Wendepunkt der Geschichte, als solche in erster Linie die Dimension des Überindividuellen betrifft, wird hier deren Bedeutung für das Schicksal des einzelnen Individuums expliziert.

In 1,18 stellt sich der Menschensohnähnliche vor: „Ich war tot und siehe, ich bin lebendig in alle Ewigkeiten". Sein zukünftiges ewiges Leben ist also durch seinen Tod ermöglicht. Dieser Erklärung schließt sich dann eine soteriologische an: „Ich habe die Schlüssel zum Tod und zum Hades"; durch sein Sterben und Lebendigwerden hat er bereits die Macht gewonnnen, den Zugang zum Bereich des Todes und Hades zu kontrollieren; obwohl Tod und Hades erst beim letzten Gericht vernichtet werden (20,14; vgl. 21,4), haben die Christen, die Christus gehören, vor diesen nichts mehr zu fürchten. Die im Sendschreiben nach Smyrna zu beobachtenden Korrespondenz zwischen der Christusvorstellung am Anfang, „der tot war und

84 Einleitung

lebendig wurde" (2,8), und der Ermahnung und Verheißung für die Christen, „sei treu bis zum Tode, dann werde ich dir den Kranz des Lebens geben" (2,10), zeigt den gleichen Sachverhalt. Ferner wird jener in 13,8 durch das Wort „das Buch des Lebens des geschlachteten Lammes" zum Ausdruck gebracht. Dieses Paradox zwischen „Leben" und „Geschlachtetsein" ist ein beabsichtigtes. Das Lamm gewinnt eben durch sein Geschlachtetwerden nicht nur für sich Leben; es stiftet es dadurch auch für die Seinen. In diesem Zusammenhang ist bemerkenswert, dass der Vf. den unmittelbar im Anschluss an die Inthronisation Christi an das geschlachtete Lamm gerichteten Hymnus (5,12) und den unmittelbar auf den Bericht der Erlösung der Christen folgenden und an Gott gerichteten (7,12) Hymnus mit dem fast gleichen Wortlaut formuliert, zumal beide Hymnen Engeln in den Mund gelegt sind.

*7.2.3.3 Der Tod Christi als Sühnetod*
Der Topos des Todes Christi als des Sühnetodes für die Sünde der Menschen wird in der Offb nur rudimentär expliziert; dazu vgl. unten 7.3.1.

*7.2.4 Die Inthronisation*

*7.2.4.1 Der Sieg Christi und seine Inthronisation*
Der Tod Christi ist nach der Beschreibung der Offb die Vorstufe seiner Erhöhung und damit auch seiner Inthronisation. Im letzten Überwinderspruch der Sendschreiben (3,21) spricht der himmlische Jesus: „Ich habe überwunden (das Wort νικᾶν wird auch in 5,5 im Zusammenhang mit seinem Tod verwendet) und mich mit meinem Vater auf seinen Thron gesetzt"; damit ist die Teilnahme an der Herrschaft Gottes gemeint.[114] Die gleiche Auffassung wird in Kap. 5 vertreten, wo der Vf. im Visionsteil zum ersten Mal vom Auftreten Christi, des Lammes, das wie geschlachtet aussieht, in die himmlische Welt berichtet. Zwar ist hier der Auftritt nicht als seine Inthronisation dargestellt. Aber der Empfang des Buches bedeutet die Verleihung der Befugnis über die Endgeschichte, die sachlich mit der Intronisation äquivalent ist. Das Thema Inthronisation ist noch an einer dritten Stelle, 12,5, angeschnitten. Der Vf. verwendet in diesem Kapitel einen heidnischen Mythos, der zahlreiche Einzelzüge der Darstellung prägt. Das ist auch in V. 5 teilweise der Fall: Das Thema des Gebärens des Kindes stammt aus der Vorlage; dass vom Tod nicht die Rede ist, ist auch durch sie bedingt; der Vf. setzt ihn aber voraus. Das Motiv der Entrückung zu Gottes Thron geht dagegen auf ihn zurück. Bei der direkten Verbindung von Geburt und Inthronisation lehnt er sich an Ps 2 an. Die mit der Inthronisation verbundene Machtübernahme Christi entfaltet er durch die Ein-

---

[114] Die Vorstellung, dass Christus den himmlischen Thron besteigt, ist im NT ziemlich weit verbreitet, dabei wird manchmal auf Ps 110,1 hingewiesen (Mk 12,36par; Apg 2,33-35; Hebr 1,13; vgl. ferner Mk 14,62par; Eph 1,20; Kol 3,1; Hebr 1,3; 8,1; 10,12f; 12,2 u.a.). In 3,21 fehlen aber die für Ps 110,1 charakteristischen Hinweise auf „die Rechte" und die Terminbegrenzung für das Bleiben auf dem Thron „bis dass ich deine Feinde […] lege"; Christus besteigt den Thron endgültig. In der Offb findet man an keiner Stelle den Einfluss von Ps 110,1; in dieser Beziehung kann von der Übernahme der urchristlichen Vorstellung nicht die Rede sein.

schaltung des himmlischen Kampfes zwischen Michael (d.h. Christus) und dem Drachen, den dieser verliert.

### 7.2.4.2 Das Wirken des Inthronisierten

*Grundsätzliches*
Das Wirken des Inthronisierten zeigt sich je nach dem Grundverhalten der Menschen[115] in zwei gegensätzlichen Richtungen. Die treuen Glaubenden stellt er trotz Verfolgungen bereits jetzt unter seinen Schutz; den Gottlosen ggenüber verhält er sich als der Initiator von Plagen.[116] Die Vision vom Menschensohnähnlichen 1,13-16 bringt das visuell zum Ausdruck: Er hat bereits jetzt in seiner rechten Hand sieben Sterne (= sieben Gemeindeengel) und wandelt inmitten der sieben Leuchter (= sieben Gemeinden), während aus seinem Mund ein scharfes Schwert hervorkommt, mit dem er jetzt schon (2,12.16), vor allem aber bei der Parusie die Gottlosen schlagen wird (vgl. 19,15.21).

*Der Inthronisierte als Offenbarer*
Die Vorstellung vom Messias als Offenbarer ist im Judentum nicht belegt. Der Vf. behauptet dagegen, dass Gott die Offenbarung Christus gab, und dieser sie den Seinen verkündete (1.1; 22,16). Johannes bekommt von Christus Auftrag, niederzuschreiben, was er sieht (1,19).[117] Christus ist ὁ μάρτυς schlechthin (1,5*; 3,14). Seine neue Auffassung ist mit seiner Erkenntnis engstens verbunden, dass Gott dem Lamm die Macht über die Endzeit übertragen hat (Kap. 5). Den Siegel des empfangenen Buches zu lösen, ist im doppelten Sinn das Werk Christi: Er verwirklicht dadurch den Inhalt des Buches, den Geschichtsplan Gottes, und gleichzeitig gibt er ihn den Seinen bekannt.

*Der Inthronisierte und die sieben Gemeinden*
Der Vf. unterstreicht ferner das besondere Verhältnis des himmlischen Jesus zu den sieben Gemeinden, indem er die sieben Sendschreiben auf ihn zurückführt. Zu Beginn jedes Sendschreibens stellt er den himmlischen Jesus als den Absender vor; die Botenformel im Sendschreiben an die ephesinische Gemeinde, die als die erste ein besonderes Gewicht hat, unterstreicht mit dem Wort „dies spricht, der die sieben Sterne in seiner Rechten hält, der inmitten der sieben goldenen Leuchter wandelt" (2,1), dass die Gemeinden unter besonderem Schutz des himmlischen Jesu stehen. Mit dem zu Beginn fast jedes Sendschreibens stereotyp wiederholten Wort „ich kenne deine Werke", unterstreicht der Vf., dass der himmlische Jesus mit der konkreten Situation der betreffenden Gemeinde vertraut ist. Freilich lässt Christus

---

[115] Der Vf. fasst die Menschenwelt durchgehend dualistisch auf: Einerseits treue Christen, andererseits Gottlose; zu dieser Frage vgl. 6.4.5.3.
[116] Dazu vgl. oben 7.1.2.2 Seine vernichtende Wirkung den Gottlosen gegenüber zeigt sich bei der Parusie; dazu vgl. unten 7.2.5.1.
[117] In Kap. 10 bekommt er jedoch von Gott den Auftrag; vgl. die einführende Erklärung zu 1,9-20.

diese Vertrautheit noch nicht Realität werden; von den treuen Gemeindegliedern fordert er Geduld bis zum Ende und verspricht ihnen das Heil, das ihnen, wenn sie „überwinden", erst dann gegeben wird; den untreuen Gemeindegliedern tritt er aber mit scharfen Warnungen entgegen, weist sogar auf die Möglichkeit seiner Einmischung noch vor dem letzten Ende hin (2,5.16 u. a.).

*Der Inthronisierte als Richter*
Zu dieser Frage vgl. oben 7.1.2.2

### 7.2.5 Die Parusie
Die Botschaft der Offb bezieht sich nach 1,1 auf das, „was bald geschehen soll" (vgl. 22,6). Damit ist in erster Linie die Parusie Christi gemeint (vgl. 22,7 in Verbindung mit V. 6 und im Vergleich mit 1,3). In der Tat wird das Kommen Christi am Anfang und am Ende des Buches wiederholt angekündigt, und zwar in Anlehnung an im Frühchristentum geläufige sprachliche Wendungen (1,7 und 22,20). Dadurch macht der Vf. deutlich, dass er mit seiner Naherwartung in Übereinstimmung mit der urchristlichen Botschaft insgesamt steht; möglicherweise steckt dahinter eine Polemik gegen die Tendenz in der Kirche, die einseitig den gegenwärtigen Besitz des Heils behauptet (vgl. unten 7.5.6.). Die Parusie wirkt je nach dem Verhalten der Menschen in zwei gegensätzlichen Richtungen (vgl. auch 22,12–15).

*7.2.5.1 Die negative Auswirkung der Parusie*
Sie wird in 19,11ff eingehend dargestellt. Zu dieser Stelle vgl. oben 7.1.2.2 Dieser Bericht der Parusie steht am Anfang des Abschnitts, der hauptsächlich die Vernichtung der satanischen Mächte und das letzte Gericht behandelt (19,11–21,8). Wie das Auftreten des Lammes und vor allem sein Öffnen der Siegel die Endgeschichte als ganze einführt, so ist die Parusie Christi der Auftakt der letzten Phase der Endgeschichte. Und genau wie innerhalb der einzelnen Plagen, die im Rahmen der durch das Lamm eingeführten drei Visionenreihen beschrieben werden, diese keine wirkliche Rolle mehr spielt, begegnet Christus innerhalb der Darstellung der Vernichtung Satans und des letzten Gerichts – abgesehen von der Szene des Millenniums – nicht mehr. M.a.W.: Indem er den gesamten Zusammenhang mit der Parusie Christi beginnen lässt, bezieht der Vf. die letzte Phase der Endgeschichte, die Vernichtung der satanischen Mächte und das letzte Gericht, insgesamt in indirekter Weise auf Christus.

*7.2.5.2 Die positive Auswirkung der Parusie*
Dreimal wird die Parusie an wichtigen Stellen des Buches zur Ermunterung der Christen durch den himmlischen Jesus selbst angekündigt (22,7.12.20). Der Ausdruck „Ich komme bald" ist wohl eine am Schluss jedes Gottesdienstes durch Propheten gesprochene Ankündigung. Was der wiederkommende Christus ihnen bringt, wird allerdings nicht ausführlich beschrieben. Aber in 14,14–16 ist bildhaft dargestellt, dass der Menschensohnähnliche die Ernte der Erde einholt, also die treuen Glaubenden zu sich sammelt.

### 7.2.5.3 Christus, das Millennium und das neue Jerusalem

Der Vf. ist auch an der Frage des Geschicks der Glaubenden nach der Parusie durchaus interessiert; auch in diesem Zusammenhang spielt Christus eine große Rolle. Das Thema behandelt er einmal im Rahmen des Berichts über das Millennium und zum anderen innerhalb der Darstellung des neuen Jerusalem. Im Bericht über das Millennium legt er großes Gewicht auf das Geschick der Glaubenden; von Christus erwähnt er nur, dass sie „mit dem Christus tausend Jahre" herrschen (V. 4.6), und dass sie „Priester Gottes und des Christus" sein werden (V. 6). Von Gott spricht er noch weniger; das Wort „Gott" kommt außer dem zuletzt angeführten Satz nicht vor; im Vergleich mit der der Vorlage geschuldeten Formulierung in 1,6 und 5,10, Christus habe die Glaubenden „für Gott […] zum Königtum und zu Priestern gemacht", wird Christus in der Aussage in V. 6 eine größere Bedeutung zugeschrieben.

In der Darstellung des neuen Jerusalem ist dieses als „die Braut des Lammes" vorgestellt (21,9; vgl. auch V. 2). Da der Begriff „Braut" andererseits auf die Kirche bezogen wird,[118] wird mit ihm also ein intimes Verhältnis zwischen Christus und der vollendeten Kirche zum Ausdruck gebracht. In das neue Jerusalem können nur diejenigen hineinkommen, „die im Buch des Lebens des Lammes geschrieben sind" (21,27). Da der Vf. „das Buch des Lebens" oft ohne die Determinierung „des Lammes" verwendet (z. B. 20,12), ist hier die soteriologische Rolle Christi hervorgehoben. In der Darstellung des neuen Jerusalem selbst fällt auf, dass die Einheitlichkeit von Gott und Christus konsequent vorausgesetzt ist; dazu vgl. unten 7.2.6.2.

Zum Thema „Christus und das neue Jerusalem" müssen ferner auch die Überwindersprüche in den Sendschreiben berücksichtigt werden. In einigen von ihnen verspricht der himmlische Jesus den Überwindern die Teilnahme am heilvollen Leben im neuen Jerusalem (2,7; 3,12). Beachtenswert ist, dass Jesus nicht die Verheißung Gottes vermittelt oder weitergibt, sondern selbst etwas verspricht und dessen Verwirklichung auch selbst gewährt. In der jüngsten Schicht der Offb tritt die christozentrische Tendenz stärker in den Vordergrund. Zu diesem Thema vgl. ferner 7,9–17 (bes. V. 17) und 14,1–5.

### 7.2.6 Das Verhältnis zwischen Gott und Christus

### 7.2.6.1 Christus als aktiver Initiator

Innerhalb des letzten Überwinderspruchs der Sendschreiben, 3,21, formuliert der Vf. den Hauptsatz und den Nebensatz weitgehend parallel, wiewohl er dies sachlich nicht bis zur letzten Konsequenz durchführen kann. Hier interessiert uns vor allem, dass der Hauptsatz heißt, Christus werde dem Überwinder „geben, sich mit […] [ihm] auf .[s]einem Thron zu setzen", während der Nebensatz lautet, dass „[er sich] […] mit .[s]einem Vater auf seinen Thron gesetzt habe" (nicht, dass

---

[118] Vgl. den Exkurs „Die Braut des Lammes" nach 19,8 und u. 6.4.3.

„Gott ihm gibt, [...] sich auf seinen Thron zu setzen"). In dieser Formulierung ist die Selbständigkeit Christi in seinem Verhältnis zu Gott vorausgesetzt. Ähnliches lässt sich im Überwinderspruch 2,26-28 beobachten („ihm werde ich Macht über die Völker geben" / „wie ich empfangen habe von meinem Vater").[119]

Das gleiche kann man auch beim Gebrauch des Begriffs διδόναι beobachten: Es gibt in der Offb nur ein einziges Beispiel, wo das Verb einen Akt Gottes an Christus bezeichnet (1,1). Es gibt eine Reihe von Beispielen, in denen das passivum divinum „gegeben werden" verwendet wird, aber auch innerhalb dieser lässt sich kein einziger Beleg für die Vorstellung Christi als des Empfängers des mit dem passivum divinum Bezeichneten nachweisen.

Das deutlichste Beispiel, das das Verhalten Christi als ein initiatives und aktives zeigt, ist Kap. 5. Innerhalb des für den Gesamtplan der Offb entscheidend wichtigen Geschehens des Empfangs des Buches durch das Lamm führt der Vf. nur aus, dass das Lamm „kam und [das Buch] empfing aus der Rechten" Gottes (V. 7). Alle Ausdrücke, die auf das „Geben" durch Gott hinweisen könnten, sind vermieden. Kein Geschöpf kann etwas leisten ohne die Genehmigung Gottes; in diesem Punkt macht der Vf. sorgfältig und konsequent einen Unterschied zwischen Christus und den Menschen.[120]

### 7.2.6.2 Die Gleichstellung von Gott und Christus

*Die Einheitlichkeit von Gott und Christus*
Einer der charakteristischen Züge der Christologie der Offb ist, dass innerhalb ihrer Christus, vor allem in der Vision des neuen Jerusalem, als gleichwürdig mit Gott, gelegentlich sogar als identisch mit ihm betrachtet wird: In der Stadt befindet sich „der Thron (sg!) Gottes und des Lammes" (22,1; vgl. 21,22); diejenigen, die dort „ihm" (sg! Gott und dem Lamm) dienen, sind „seine (sg!) Knechte" (22,3; vgl. auch „sein Gesicht" und „sein Name" in V. 4).[121] Auf den gleichen Sachverhalt weist der letzte Überwinderspruch der Sendschreiben hin, nämlich dass Christus, der überwunden hat, sich mit seinem Vater auf seinen Thron gesetzt hat (3,21).

*Gottesprädikate als Bezeichnung des Christus*
Die Übertragung von Gottesprädikaten auf Christus geschieht verhältnismäßig selten. Dass die Titel θεός (fünfundneunzigmal) und δεσπότης (nur einmal) konsequent Gott vorbehalten sind, ist nicht besonders hervorzuheben, weil ihre Übertragung auf Christus im ganzen NT sehr selten ist (bei θεός in Joh 1,18LA; bei δεσπότης in 2Petr 2,1). Auch die der Offb eigentümlichen Gottestitel und

---

[119] Freilich ist das nicht bis zur letzten Konsequenz durchgeführt. In 12,5 heißt es, dass das neugeborene Kind ἡρπάσθη [...] πρὸς τὸν θεὸν κτλ.; bei ἡρπάσθη handelt es sich um ein passivum divinum.
[120] Der in diesem Zusammenhang auffällige Hinweis, dass der Menschensohnähnliche aufgrund der Anweisung eines Engels die Sichel auf die Erde schickt (14,15), impliziert aber nicht, dass er es aufgrund eines Befehls Gottes tut.
[121] Die gleichzeitige und gemeinsame Bezeichnung Gottes *und* Christi mit einem einzigen Verb oder Pronomen findet sich außer in den im Text genannten Stellen noch in 6,17(LA); 11,15; 14,1; 20,6(?).

-bezeichnungen (vgl. oben 7.1.1) werden fast durchweg nur auf Gott angewandt. Im Blick auf den Titel κύριος, der in der Offb dreiundzwanzigmal belegt ist, ist der Befund nicht viel anders; abgesehen von den besonderen Verwendungen in 17,14 und 19,16 („der Herr der Herrn") ist er nur an den Stellen auf Christus bezogen, an denen der Einfluss gemeinchristlicher Redeweise deutlich ist (22,20.21; vgl. 14,13); der Vf. ist in dieser Hinsicht im Vergleich mit anderen neutestamentlichen Schriftstellern recht „konservativ"; Paulus z.B. ist viel „fortschrittlicher", indem er „Herr" in erster Linie als Christustitel verwendet.[122] In der Botenformel 3,7 wird ein im AT und Judentum geläufiger Gottestitel, „der Heilige (ὁ ἅγιος)", auf Christus übertragen; er ist aber in der Offb als Titel sonst nicht belegt (aber vgl. 6,10).[123]

Dass der Vf. im Blick auf die Übertragung traditioneller Gottestitel auf Christus so zurückhaltend ist, deutet an, dass er deren traditionelle Implikationen und die damit gesetzten sachlichen Grenzen nicht zu überschreiten gedachte. Freier verhält er sich bei in ἐγώ εἰμι-Formeln verwendeten Bezeichnungen, „das A und das O" u.ä., die wahrscheinlich er selbst formulierte. Besonders beachtenswert ist, dass deren Übertragung auf Christus gleich innerhalb ihrer erstmaligen Verwendung im Buch geschieht (1,17; in diesem Fall ist die Form „der erste und der letzte" verwendet); am Anfang des Buches will er die Gottgleichheit Christi betonen.

*Die Übertragung der Rolle Gottes auf Christus*
Was im AT bzw. im Judentum Gott vorbehalten ist, überträgt der Vf. an einigen Stellen auf Christus. Z.B.: In der Offb gibt es mehrere himmlische gottesdienstliche Szenen, in denen Christus manchmal die Rolle Gottes übernimmt. Die Himmlischen huldigen meistens Gott, aber in 5,14 wahrscheinlich sowohl Gott als auch dem Lamm (vgl. auch 22,3; 5,8). Das Thema der Hymnen, die beim Gottesdienst gesprochen werden, ist im AT immer die Gottestat und das ist auch in der Offb im ganzen gesehen der Fall (4,11; 11,16; 15,3; 19,1f u.a.), aber der Vf. schreibt zweimal an wichtigen Stellen (1,5f und 5,9f) einen Christushymnus; zu diesem Hymnus vgl. gleich unten. Wie das Beispiel von 1,5f zeigt, werden in der Offb manchmal auch Doxologien, die ebenso ursprünglich Gott allein galten[124] (in 7,12 ist das noch der Fall), auf Gott und das Lamm (5,13; vgl. auch den Siegesruf 7,10), in 5,12 auf das Lamm allein bezogen. Beachtenswert ist dabei, dass sechs der sieben Worte, die in 7,12 als Attribute Gottes genannt sind, in 5,12 als solche des Lammes begegnen.

Die apokalyptische Literatur stellt sich der Aufgabe, das göttliche Geheimnis zu offenbaren; wer das tun kann, ist letzten Endes Gott selbst; dem Messias wird diese

---

[122] Das gleiche lässt sich auch bei der Verwendung des dem Begriff κύριος korrespondierenden Terminus δοῦλος feststellen; dazu vgl. oben 7.1.4.

[123] Ὁ ὅσιος bezieht sich in seinen einzigen Belegen, 15,4 und 16,5, auf Gott.

[124] „Doxologien gelten ursprünglich *Gott* allein. Werden Doxologien auch auf Christus bezogen, so kann das überhaupt nur unter der Voraussetzung geschehen, dass er des gleichen Lobpreises würdig ist wie Gott selbst" (HOFIUS, Zeugnis 512f). In der Offb ist es sonst beispiellos, dass eine Doxologie nur an Christus gerichtet wird. Auch im ganzen NT findet man nur in späteren Schriften einige ähnliche Verwendungen (2Tim 4,18; 2Petr 3,18; eventuell auch Hebr 13,21; 1Petr 4,11).

Funktion nicht zugeschrieben. Auch in der Offb fungiert Gott als solcher (22,6; vgl. auch 1,1). Aber nach 22,16 ist es Jesus, der seinen Engel sendet; das ganze Buch ist sogar mit „Offenbarung Jesu Christi" betitelt; denn das Offenbaren wird nach dem Vf. erst durch das Christusgeschehen ermöglicht (vgl. oben unter 7.2.4.2).

Die Botenformel der Sendschreiben hat ihr Vorbild bei den alttestamentlichen Propheten; dort ist aber Gott das Subjekt; in der Botenformel übernimmt der himmlische Jesus dessen Position.

In der Übertragungsvision sieht der Seher inmitten der sieben Leuchter den Menschensohnähnlichen (1,12); dass dabei der Vf. den siebenarmigen Leuchter, der einst im Tempel war, im Sinne hat, ist kaum zu bezweifeln; dieser war im Judentum ein Zeichen für die Gegenwart Gottes.

Der Vf. kann dem Christus gelegentlich auch einen alttestamentlichen Gottesspruch in den Mund legen: Dem Wort, dass die Juden erkennen werden, dass „ich dich geliebt habe" (3,9), liegt Jes 43,4 zugrunde, ein Spruch Gottes über die Erwählung Israels zum Gottesvolk. Auch die gegenteilige Aussage des himmlischen Jesus, dass er die Werke der Nikolaiten hasst (2,6), hat in den Aussagen Gottes im AT, dass dieser heidnische Kulte hasse (Dtn 12,31 u.a.), ihre Wurzel.

Zuletzt sei noch ein etwas andersartiges Beispiel genannt. Der Vf. bedient sich in 1,5f und 5,9f eines frühchristlichen Hymnus; diesmal ist also die Grundlage nicht ein alttestamentlicher Text. Dieser Hymnus spricht u.a. davon, dass Christus die Glaubenden „für Gott [...] zum Königtum und zu Priestern gemacht hat". Den Gedanken greift der Vf. in 20,6 wieder auf, formuliert ihn aber dem Kontext gemäß (im Kontext ist nur von Christus die Rede) frei: Die Teilnehmer am Millennium „werden Priester Gottes *und des Christus* sein und werden mit ihm [...] herrschen". Das Vorgehen zeigt, dass er Christus und Gott als eine Einheit auffasst.

*Das Nebeneinander von Gottes- und Christusaussagen*
Die Untrennbarkeit von Christus und Gott bringt der Vf. auch dadurch zum Ausdruck, dass er Gottesaussagen und Christusaussagen unmittelbar nacheinander darbietet. Direkt nach dem Parusiewort, 1,7, folgt in 1,8 eine Selbstoffenbarung *Gottes*, „ich bin das A und das O"; damit ist zum Ausdruck gebracht, dass die Parusie dem Willen Gottes, des Herrschers der Geschichte, entspricht, und dass die Herrschaft Gottes ihrerseits durch die Parusie vollendet wird. In 5,6 werden die Augen des *Lammes* als Geister *Gottes* gedeutet. In 7,17 ist im *theo*logisch-soteriologischen Kontext plötzlich vom Führen der Geretteten zu den Quellen des Lebenswassers *durch das Lamm* die Rede; die Unteilbarkeit von Christus und Gott wird in diesem Fall ferner durch den Hinweis darauf unterstrichen, dass „das Lamm inmitten des Thrones [Gottes]" ist (V. 17).

*Die Begründung der Gleichstellung*
Im Christushymnus Phil 2,6ff (besonders V. 6) etwa heißt es, dass Christus bereits vor der Menschwerdung „in Gottes Gestalt" war. Unser Vf. betrachtet den Sachverhalt anders: Nach 3,21 verwirklicht sich Gottesgleichwürdigkeit erst, als Christus überwunden hat; vgl. auch 12,5. Dass 1,17f der ursprünglich auf Gott bezogene

Titel „der in alle Ewigkeit Lebendige" auf die Auferstehung Christi („Ich war tot und siehe, ich bin lebendig") gedeutet wird, bestätigt diese Annahme; Christus ist durch seinen Tod, seine Auferstehung und seine Inthronisation Gott gleichwürdig geworden.

### 7.2.6.3 Bestehende Differenzen zwischen Gott und Christus

Damit ist aber nicht gesagt, dass der Vf. einseitig die Identität Christi mit Gott behauptet. Wir haben in 7.1.1. festgestellt, dass er das Verhalten dessen, „der auf dem Thron sitzt", durchaus statisch darstellt, was genau der Gottesvorstellung des zeitgenössischen Judentums entspricht. Gott braucht nach Meinung des Vf. das Lamm, das seinen Willen in die Tat umsetzt; er braucht das Lamm, das die Siegel des Buches löst und die ganze Endgeschichte in Gang und zum Ziel bringt. Gott braucht Christus, der für die Seinen wirkt, indem er die sieben Sterne in seiner Rechten hält und inmitten der sieben Leuchtern wandelt. Die Bezeichnung Gottes als „[sein] Vater" (1,6; 2,28; 3,5.21; 14,1) zeigt einerseits die exklusive nahe Beziehung zwischen beiden, andererseits aber auch die Differenz zwischen ihnen[121].

Von hier aus gesehen ist es begreiflich, dass die Bedeutung Christi insbesondere auf seiner Funktion als Erlöser fußt (zu diesem Thema vgl. unten 7.3), obwohl auch in diesem Zusammenhang genuin *theo*logische Aussagen durchaus nicht fehlen (vgl. oben 2.1.2).

Fazit: Auf Grund seines Todes und damit seiner Inthronisation spielt Christus sowohl für die Heilsgeschichte als ganze als auch für das Schicksal des einzelnen Menschen eine entscheidende Rolle. Als der im Himmel Inthronisierte verheißt er in den Sendschreiben den Überwindern Heil, wobei er ihnen nicht nur als Vermittler der Verheißung Gottes begegnet. Er führt vielmehr die Seinen „zu den Quellen des Wassers des Lebens" (7,17). Das Lebensbuch wird in 13,8 und 21,27 „das Lebensbuch des [geschlachteten] Lammes" genannt. Nach 14,1-5 sind die Menschen, die „von der Erde (bzw. aus Menschen) erkauft" sind (V. 3.4), mit dem Lamm zusammen auf dem Berg Zion. In der Vision der Ernte (14,14ff) wird die Sammlung der zum Heil Bestimmten auf den Menschensohnähnlichen zurückgeführt (V. 14-16), während die Bestrafung der Gottlosen einem Engel überlassen wird (V. 17-20). In 15,3 wird „das Lied des Mose" zum „Lied des Lammes" umgeschrieben. So spielt Christus in der Soteriologie die entscheidende Rolle, während Gott hier mehr zurücktritt.

### 7.2.7 „Ein einem Menschensohn Ähnlicher" (ὅμοιος υἱὸς ἀνθρώπου)

Als ein Sonderproblem sei zum Schluss über die Figur des Menschensohnähnlichen erörtert. Anders als andere neutestamentliche Autoren und der Verfasser des 1Hen verwendet der Vf. diesen Hoheitstitel anstelle des Titels „der Menschensohn";[125] letzterer begegnet in Dan 7,13, einem Beleg, den der Vf. mit Sicherheit

---

[125] SLATER, Homoion 349f behauptet, dass diese Bezeichnung mit dem „Menschensohn" in den synoptischen Evangelien unmittelbar nichts zu tun hat und im Sinne von „a human-like messianic figure" zu verstehen ist. Unser Vf. spielt aber in 1,7 auf Dan 7,13 an, und zwar in der Weise, dass man sich an die sy-

kennt (vgl. unten); ob er aber hier bewusst diese archaische Form wählt, ist nicht mit Sicherheit auszumachen (vgl. ad 1,13). Auch ohne Artikel versteht er diese Bezeichnung als Hoheitstitel.

Der Titel kommt in der Offb nur an zwei Stellen vor: 1,13 und 14,14. In 1,13ff wird der Menschensohnähnliche als der Beschützer der Gemeinden und als der Richter der „Heiden" (vgl. 19,15) vorgestellt. Der Titel „der Menschensohnähnliche" bzw. „der Menschensohn" ist traditionsgeschichtlich mit der Parusie eng verbunden und das ist auch an unserer Stelle durch „das Schwert aus seinem Munde" angedeutet. Der Bezug auf den nachösterlichen Jesus zwischen Auferstehung und Parusie, der das Halten der sieben Sterne in seiner rechten Hand voraussetzt, ist dagegen sonst nicht belegt. Der Vf. schildert diesen Menschensohnähnlichen in dieser Vision mit glänzenden Zügen; er ist im Frühchristentum der erste und der einzige, der den himmlischen Jesus so grandios darstellt. Der Vf. bezeichnet Christus sonst vor allem als „das Lamm". Dass er das hier nicht tut, kommt einmal gewiss daher, dass dieses erstmalig erst in 5,6ff auftritt. Andererseits spielt aber wohl auch die Überlegung eine Rolle, dass das Lamm, das wie geschlachtet aussieht, zu dem Christusbild, das er hier zeichnen will, nicht passt. So verwendet er, durch 1,7 veranlasst, den Titel „der Menschensohnähnliche".

Bei der zweiten Stelle, 14,14ff, handelt es sich um eine frei und bildhaft gestaltete Variante von Menschensohnworten wie Mk 13,26f.

## 7.3 Die Soteriologie

HAHN, F., Theologie des Neuen Testaments, 2 Bd., Tübingen 2002, HIRSCHBERG, P., Das eschatologische Israel. Untersuchungen zum Gottesvolkverständnis der Johannesoffenbarung (WMANT 84), Neukirchen 1999; MÜLLER, K., Art. Apokalyptik/Apokalypsen III. Jüdische Apokalyptik, TRE III 202-251; PATTEMORE, S., The People of God in the Apocalypse. Discourse, structure and exegesis (MSSNTS 128), Cambridge 2004; ROOSE, H., „Das Zeugnis Jesu". Seine Bedeutung für die Christologie, Eschatologie und Prophetie in der Offenbarung des Johannes (TANZ 32), Tübingen/Basel 2000; SATAKE, A., Das Leiden der Jünger um meinetwillen, ZNW 67, 1976, 4-19; SIM, U., Das himmlische Jerusalem in Apk 21,1-22,5 im Kontext biblisch-jüdischer Tradition und antiken Städtebaus (BAC 25), Trier 1996; SÖLLNER, P., Jerusalem, die hochgebaute Stadt. Eschatologisches und Himmlisches Jerusalem im Frühjudentum und im frühen Christentum (TANZ 25), Tübingen/Basel 1998; WOLFF, C., Die Gemeinde des Christus in der Apokalypse des Johannes, NTS 27, 1980/81, 186-197.

*7.3.1 Die Soteriologie der Offb und ihr apokalyptischer Hintergrund*
In 1,5f zitiert der Vf. einen frühchristlichen Christushymnus, der von der Erlösung der Christen von ihren Sünden durch das Blut Christi spricht. Manchmal wird die-

---

noptischen Menschensohnworte im Zusammenhang mit der Ankündigung der Parusie erinnert. M.E. vermag nicht einzuleuchten, dass der Vf., der kurz darauf, in 1,13, die Bezeichnung „Menschensohnähnlicher" verwendet, nicht von der synoptischen Tradition beeinflusst ist.

ser Hymnus als die Kernaussage der Soteriologie der Offb betrachtet.[126] Aber auffallenderweise formuliert er beim zweiten Zitat des gleichen Hymnus, 5,9f, etwas anders: „Du hast für Gott mit deinem Blut aus jedem Stamm usw. erkauft"; von der Befreiung von der Sünde ist nicht mehr die Rede. Das ist angesichts der theologischen Ausrichtung der Offb kein Zufall. Das Verständnis des Todes Christi als des Sühnetodes für die Sünde der Menschen ist in der Offb kaum richtig vertreten.[127] Das Wort ἁμαρτία kommt außer 1,5 nur noch in 18,4f vor, und zwar bezieht es sich auf die Sünde Babylons. Trotz der Zitierung des frühchristlichen Hymnus macht sich der Vf. also dessen soteriologische Anschauung nicht konsequent zu eigen, sondern vertritt eine eigenartige Auffassung. Nach ihm sind die Probleme, die den Christen im Wege stehen, weniger ihre eigenen Sünden als die Bedrängnisse von Seiten ihrer Umwelt.

Im Blick auf das Geschick der Menschen wird in der Apokalyptik allgemein verkündigt, dass die Zeit des Leidens der Gerechten nicht ewig andauert, dass deren Ende durch Gottes Eingreifen bald kommen und die in der Gegenwart bestehende Ordnung fallen wird: Die Sünder werden von Gott bestraft, den Frommen gibt er das ewige Heil. Die Soteriologie der Offb, die auf die Erlösung der Christen von ihren gegenwärtigen Bedrängnissen Gewicht legt, hat hierin ihre Wurzel.

Die Offb ist mit der Aufnahme dieses soteriologischen Ansatzes innerhalb des NT kein Einzelgänger. In der synoptischen Tradition findet man bereits eine Anzahl von Aussagen, die vom apokalyptisch-soteriologischen Denkschema geprägt sind. Anders als in der jüdischen Apokalyptik, wo die Soteriologie meistens theozentrisch konzipiert ist, so dass für eine messianische Gestalt kein richtiger Raum vorgesehen ist,[128] sind die Aussagen in den synoptischen Evangelien leicht „jesuanisiert", indem das Leiden auf die Treue der betreffenden Menschen Jesus gegenüber bezogen wird;[129] anders ausgedrückt: Jesus spielt nur beim Leiden der Seinen, das die Voraussetzung für ihr Heil ist, eine Rolle, nicht aber als der eigentliche Erlöser.[130]

Auch in der Offb findet man gelegentlich Aussagen, die sich auf der Linie dieser Auffassung befinden: Im Millennium besteigen die Seelen derer, die „*um des Zeugnisses Jesu und des Wortes Gottes willen* enthauptet worden waren" (20,4), ihre Throne; ihr heilvoller Zustand, der solchen Menschen in den synoptischen Evan-

---

[126] Vgl. etwa ROLOFF, Apk 33: „Eine für die theologische Konzeption der Apk. fundamentale Weichenstellung".

[127] Hierzu kämen höchstens zwei weitere Erwähnungen vom Blut Christi (7,14; 12,11) in Frage; aber zu ihnen vgl. unten 7.3.2.

[128] Vgl. K. MÜLLER, TRE III 245. In der Tat kommt sie im Judentum in diesem Zusammenhang selten vor, fehlt aber nicht ganz. Nach Dan 12,1 erhebt sich am Ende der Tage Michael als Beschützer der Gerechten im Volk, also eine soteriologische Gestalt; vgl. Melchizedek in 11QMelch 2,13. Die Funktion der soteriologischen Gestalt kann auch als eine militärische dargestellt werden. Offb 19,11ff ist ein typisches Beispiel. Aber auch hier ist sie nicht unentbehrlich. In 1QM 1,4f etwa kämpft Gott selbst gegen „die Könige des Nordens".

[129] Der Grund des Leidens wird in Aussagen Jesu mit einer Wendung wie ἕνεκεν ἐμοῦ bezeichnet; vgl. Mk 13,9; Mt 5,11; 10,39.

[130] Zu dieser Frage vgl. SATAKE, Leiden.

gelien unmittelbar zugesprochen wird, ist in diesem Kontext bereits Wirklichkeit; vgl. ferner 1,9; 2,3; 6,9; 12,17. Die soteriologische Rolle Christi wird hier im Vergleich mit den Synoptikern weitaus stärker hervorgehoben, indem er nicht nur Ursache des Leidens der Christen, sondern auch ihres Heils ist: Die „Herrschaft" der treuen Christen im Millennium wird als Teilhabe an der Herrschaft Christi dargestellt (20,4).

*7.3.2 Das Christusgeschehen und die Treue der Christen*

Der Überwinderspruch 3,21 begründet die Verheißung mit dem Sieg und der Inthronisation Christi. Ohne das Christusgeschehen kann sie überhaupt nicht erfüllt werden. Aber der Spruch ist letzten Endes ein Überwinderspruch; das Überwinden der Christen ist ebenso eine unentbehrliche Voraussetzung; von den Christen wird ein gewisses Mitwirken (in diesem Fall ihr eigenes „Überwinden") erwartet.

Ähnliches zeigt sich auch im Sendschreiben nach Smyrna. In diesem Sendschreiben stellt sich der himmlische Jesus vor als derjenige, „der *tot war* und *lebendig wurde*" (2,8; vgl. 1,18); diese Charakterisierung findet sich in den übrigen Sendschreiben nicht. In diesem Sendschreiben entspricht sie der Mahnung/Verheißung am Ende: „Sei getreu *bis zum Tode*, dann werde ich dir *den Kranz des Lebens* geben" (V. 10). Nur dadurch, dass die Christen an der Mahnung festhalten, können sie zum ewigen Leben gelangen, das durch das Christusgeschehen (V. 8) grundsätzlich ermöglicht worden ist.

Der gleiche Gedanke wird in zwei weiteren Aussagen, in denen das Motiv des Blutes des Lammes Verwendung findet, sichtbar. Einer der Ältesten erklärt in 7,14, dass unzählig viele Menschen, die vor dem Thron und vor dem Lamm stehen, „aus der großen Bedrängnis gekommen sind und ihre Gewänder [...] im Blut des Lammes weiß gemacht haben". Ursache ihres Heils ist der Tod Christi. Aber von ihnen wird gleichzeitig erwartet, den gleichen Weg zu gehen, den Christus gegangen ist. In der zweiten Aussage, 12,11, heißt es, dass die treuen Christen „ihn [d.h. den Drachen] durch das Blut des Lammes und durch das Wort ihres Zeugnisses überwunden haben". Die darauf folgende Erklärung „sie haben ihr Leben nicht geliebt bis zum Tode" zeigt, dass sie glaubenstreu gestorben sind. In der Offb sprechen zwei weitere Stellen vom Blut Christi: 1,5 und 5,9, in denen ein frühchristlicher Hymnus verarbeitet ist. Durch einen Vergleich wird die Eigenart der Soteriologie des Vf. noch deutlicher: In dem Hymnus wird das Blut Christi (unabhängig vom Leiden der Glaubenden) als das absolute Heilsmittel charakterisiert, das die Menschen „von [...] [ihren] Sünden" (1,5) erlöst. In 7,14 und 12,11 dagegen stellt der Vf. das Motiv des Blutes Christi in einen Zusammenhang mit dem Verhalten der Glaubenden. Die Gnade Christi, die durch das Blut symbolisiert wird, ist zwar auch für ihn die Grund- und Hauptvoraussetzung des Heils, aber gleichzeitg kommt das Leiden der Glaubenden als eine wichtige Nebenvoraussetzung hinzu. Eine gewisse Mitwirkung wird von ihnen erwartet.[131]

---

[131] Zu den Differenzen in der Auffassung des Christusgeschehens zwischen dem Hymnus einerseits und dem Vf. selbst andererseits vgl. auch ad 20,6.

Als ein weiterer Beleg für diese eigenartige Auffassung sei 13,8 genannt. Hier charakterisiert der Vf. die Tieranbeter als solche, deren Namen „im Buch des Lebens des geschlachteten Lammes […] nicht geschrieben" stehen. Das Lebensbuch erwähnt er mehrmals, aber nur hier mit dem Zusatz „des geschlachteten Lammes",[132] der mit dem Kontext eng verbunden ist: Vorher war gerade von der Verfolgung der „Heiligen" durch das Tier die Rede. Der Vf. sieht dieses Geschick der Christen parallel mit demjenigen Christi; deswegen der Hinweis auf sein Geschlachtetsein. Das Leiden der Christen ist also auch hier eine wichtige Nebenvoraussetzung ihres Heils (vgl. auch 15,2; 17,14; 20,4.6; 22,14 u.a.).

Fazit: Auch für unseren Vf. ist das Christusgeschehen die grundlegende Voraussetzung für das Heil. Aber für ihn ist das Problem der Sünde nicht so entscheidend wie bei manchen anderen neutestamentlichen Schriftstellern; vielmehr ist er sensibel für das Problem des ungerechten Leidens der Christen; er erwartet, der apokalyptischen Tradition folgend, dass es durch den Umsturz der Weltordnung am Ende der Geschichte endgültig gelöst wird. Dementsprechend sieht er das Christusgeschehen vor allem unter dem Aspekt des Übergangs von Tod zum Leben und sieht in ihm die Gewähr für das künftige Geschick der Christen, die jetzt unterdrückt werden. Die Zeit bis zum letzten Ende ist also die Zeit der Vorbereitung auf den Empfang des endgültigen Heils.[133]

Darin, dass der Vf. in dieser Weise auf das Leiden der Christen Gewicht legt, spiegelt sich einerseits die ihnen gegebene schwierige Situation wider. Aber andererseits erwächst diese Gewichtung auch aus einer theoretisch-theologischen Notwendigkeit. Dass das Heil erst in Zukunft gegeben wird, bedeutet, dass die Christen in der Gegenwart noch nicht endgültig an ihm teilhaben. In diesem Sinne entspricht die Betonung des Leidens der Christen der in der Offb ebenfalls formulierten Erwartung des unmittelbar bevorstehenden Endes der Geschichte. Vgl. auch unten 7.5.6.

### 7.3.3 Die Gegenwart des Heils

Dass die in der Offb vorliegende Auffassung des Heils im ganzen futurisch geprägt ist, ist nicht zu bestreiten. Während nach 1,5f und 5,9f – hier zitiert der Verfasser einen ihm vorliegenden Hymnus – das Blut Christi die Christen von ihrer Sünde

---

[132] An den Stellen, an denen „das Lebensbuch" ohne diese nähere Bestimmung vorkommt, ist das Problem des Todes der Christen gar nicht berührt.

[133] ROOSE, Zeugnis, bestreitet, dass in der Offb „Jesu irdisches Schicksal und das gegenwärtige Schicksal der Christen" parallel aufgefasst sind (47); „in der Offb wird das Leben der Christen ethisch jedoch nicht am irdischen Lebens- und Leidensweg Christi ausgerichtet" (62). Gewiss muss man Roose zustimmen, dass „der irdische Jesus in der Offb keine Rolle" spielt (36) und dass „ein Leiden des irdischen Christi […] nirgends ausgesagt" ist (28). Dass der Tod Christi auch für unseren Vf. das Heilswerk schlechthin ist, ist nicht zu bestreiten. Darüber hinaus kann nicht einfach außer Acht gelassen werden, dass in der Offb der Tod Christi nicht selten in engem Zusammenhang mit dem Tod der Christen aufgefasst wird, und dabei der Blick auch auf ihr Verhalten bis zum Tode gerichtet ist, wie die hier gesammelten Beispiele zeigen. Das kann m.E. nur dann geschehen, wenn der Vf. das Geschick der Christen letztlich doch parallel mit dem Jesu auffasst, ohne dabei natürlich den grundlegenden Charakter des Heilswerks Christi zu bestreiten.

bzw. aus jedem Stamm usw. bereits erkauft hat, wirkt es in 7,14 und 12,11 – hier formuliert der Vf. selbständig – erst während ihres Lebens bis zum Tode. Während in 5,9 ἀγοράζειν das schon stattgefundene Erkaufen aus jedem Stamm usw. bedeutet, weist das gleiche Wort in 14,3.4 auf das in der Zukunft (am Lebensende?) zu erwartende Erkaufen von der Erde bzw. aus den Menschen hin.

Aber das Zitat des Hymnus mit der in ihm vorliegenden Auffassung der Heilsgegenwart ist in der Offb doch nicht isoliert. In der Beauftragungsvision (1,12ff) wird der Menschensohnähnliche als solcher beschrieben, der die sieben Gemeinden schon jetzt unter seinem Schutz hat; der gleiche Sachverhalt wird in 11,1f (Vermessung des Tempels, des Altars usw.) und 12,6.14 (Bewahrung der Frau in der Wüste) zum Ausdruck gebracht (vgl. unten 7.4.3). Trotz äußerer Schwierigkeiten steht die Kirche bereits jetzt unter dem besondern Schutz Gottes.

Die Selbstvorstellung des Vf. 1,9, er sei Mitteilhaber der Leser „an der Bedrängnis und an der Herrschaft und am Ausharren in Jesus", zeigt sein Verständnis der Sachlage noch deutlicher. Das Wort „Herrschaft" (βασιλεία) ist dem Hymnus 1,5f entnommen und bezeichnet den Heilszustand, der den Glaubenden durch Christus gegeben ist („in Jesus"). Diese Herrschaft ist aber paradoxerweise mit der „Bedrängnis" und dem „Ausharren" engstens verbunden. Die „Herrschaft" besteht nicht nur trotz der Bedrängnis, sondern gerade in der Bedrängnis. Die Bedrängnis und das Ausharren sind gerade Zeichen der Teilhabe an der „Herrschaft" bereits in der Gegenwart.

Auf den gleichen Sachverhalt weist das Lied 12,10–12 hin. Durch den Sturz Satans ist das Heil grundsätzlich Wirklichkeit geworden. Dieser Sachverhalt wirkt sich auf der Erde aber als Intensivierung der Verfolgumg aus; m.a.W.: gerade die Intensivierung der Verfolgung ist für den Vf. ein Anzeichen der Niederlage Satans.

*7.3.4 Die Heilswirklichkeit in der eschatologischen Zukunft*

*7.3.4.1 Im allgemeinen*
Im neuen Jerusalem leben die Christen befreit von allen Trübsalen und Bedrängnissen, die sie in ihrem irdischen Leben belasteten. Denn in ihm „wird nichts Verfluchtes mehr sein" (22,3); die satanischen Gegenmächte und ihre Anhänger sind schon in den Pfuhl des Feuers geworfen (19,20; 20,10.14.15). Im neuen Jerusalem wird „der Tod nicht mehr sein, wird weder Trauer noch Geschrei noch Mühsal mehr sein" (21,4; vgl. 7,16). Beachtenswert ist, dass diese Trübsale und Bedrängnisse alle solche sind, die die Christen von außen bedrohen. Von der Befreiung von der Macht der Sünde etwa, die demgegenüber tief im Innern des einzelnen Menschen wohnt, ist nirgendwo die Rede. Für das irdische Leben der Christen scheint der Sünde als einer den Einzelnen bedrängenden Macht, zumindest in den Augen des Vf., keinerlei Bedeutung mehr zuzukommen.

An drei Stellen wird den Christen das „Herrschen" (βασιλεύειν) als ihre eschatologische Gabe verheißen (5,10; 20,4; 22,5); es ist nicht angegeben, wen sie beherrschen; dem Vf. liegt einzig am Umsturz der gegenwärtigen Weltordnung, die sie ungerechterweise unterdrückt.

Die Menschen werden durch das Lamm zur Quelle des Lebenswassers geführt (7,17); im neuen Jerusalem fließt der Strom vom Lebenswasser, der vom Thron Gottes und des Lammes ausgeht (22,1). Den Überwindern wird das Essen vom Lebensbaum verheißen, der im Paradies Gottes ist (2,7). Die Völker werden durch die Blätter des Lebensbaumes geheilt (22,2). Die Anteilnahme am ewigen Leben ist den Menschen gewährt.

*7.3.4.2 Die Beschreibung der eschatologischen Heilswirklichkeit durch das μετά-Motiv*

Söding, Gott 107, schreibt: „Die Johannesapokalypse kennt keine ausgefeilte Grammatik christologischer Präpositionen zwischen ἐν, διά und σύν wie die Paulusbriefe und das Johannesevangelium". In Wirklichkeit findet man dort beinahe keine formelhaften Ausdrücke wie ἐν bzw. σὺν Χριστῷ, διὰ Χριστοῦ u.ä. Als Ausnahmen kämen höchstens 1,9 und 14,13 in Frage. Aber das heißt nicht, dass es in der Offb überhaupt keine „christologische Präposition" gibt. Der Vf. bringt soteriologische Sachverhalte mehrmals mit μετά zum Ausdruck.[134] Den treuen Christen wird für die eschatologische Zukunft verheißen, dass sie mit (μετά) Gott bzw. Christus zusammen sein werden. Wir betrachten die diesbezüglichen Aussagen zunächst für sich.

In 7,15 beschreibt einer der Ältesten den heilvollen Zustand der treuen Christen in der Endzeit mit dem Hinweis, dass „der, welcher auf dem Thron sitzt (d.h. Gott), über ihnen wohnen wird". „Über ihnen" (ἐπ' αὐτούς) ist die direkte Übersetzung von עֲלֵיהֶם in der entsprechenden Vorlage, Ez 37,27. Durch diesen Satz ist bereits das nahe Mitsein Gottes mit den Menschen zum Ausdruck gebracht. In 21,3 verwendet der Vf. nun aber, wo er ebenfalls in Anlehnung an Ez 37,27 schreibt, von der Vorlage abweichend den Ausdruck „mit ihnen" (μετ' αὐτῶν). Die Nähe Gottes wird dadurch noch ein Stück stärker betont. Überdies verwendet er in 21,3 in einem kurzen Vers dreimal μετὰ τῶν ἀνθρώπων (αὐτῶν). Es handelt sich also um eine sehr bewusste Änderung. Er findet das Heil, das die treuen Christen in der neuen Welt erfahren, vor allem im Mitsein Gottes mit ihnen.

Bei der hier in 21,3 zur Thematisierung der eschatologischen Lebensgemeinschaft verwendeten Präposition μετά handelt es sich zumindest auf den ersten Blick aber nicht um eine „christologische Präposition". Das Subjekt des Satzes ist Gott; μετά ist mit „Menschen" (αὐτῶν) verbunden; Christus kommt überhaupt nicht vor. Die Aussage bildet innerhalb der Aussagen über die eschatologische Lebensgemeinschaft in der Offb allerdings eine Ausnahme. In den übrigen Aussagen bezieht der Vf. μετά nämlich immer auf Christus. In 3,20 bringt er den Sachverhalt durch das Bild des gemeinsamen Mahls zum Ausdruck. An dieser Stelle legt der Vf. eine Lk 22,30 nahestehenden Jesusüberlieferung zugrunde, aber betont durch den Hinweis, dass „der, welcher die Tür öffnet, [...] das Mahl mit ihm halten [werde] und er mit mir" (δειπνήσω μετ' αὐτοῦ καὶ αὐτὸς μετ' ἐμοῦ), der keine Entsprechung in Lk 22,30 hat, die Gemeinschaft mit Christus.

---

[134] Vgl. SIM, Jerusalem 74f.

In engem Zusammenhang mit dieser Verheißung ist der im nächsten Vers (3,21) folgende Überwinderspruch des himmlischen Jesus formuliert; das Thema ist wiederum das μετά-Sein mit Christus: „Wer überwindet, dem werde ich geben, sich mit mir (μετ' ἐμοῦ) auf meinen Thron zu setzen usw." Wahrscheinlich lehnt sich der Vf. an die gleiche Jesusüberlieferung an, die er in V. 20 verwendet; aber anders als in Lk 22,29f („ihr sollt auf dem Thron sitzen, um die zwölf Stämme Israels zu richten") betont er nicht so sehr das Ausüben des richterlichen Amts durch die Christen, sondern eher das Motiv des „mit mir", das in Lk 12,29f keine Entsprechung hat.

In den Sendschreiben gibt es noch einen Beleg für das μετά-Motiv, 3,4. Hier verspricht der himmlische Jesus denen gegenüber, die „ihre Kleider nicht befleckt haben", dass sie in der neuen Welt „mit [...] [ihm] (μετ' ἐμοῦ [αὐτοῦ]) in weißen Kleidern wandeln". Wiewohl das Heil allein schon durch die Wendung „in weißen Kleidern" mehr als zureichend expliziert wird, schaltet der Vf. aber ganz bewusst noch die präpositionale Apposition μετ' ἐμοῦ ein; das Zusammensein mit Christus ist für ihn ein konstitutiver Faktor des zukünftigen Heils.

Auch außerhalb der Sendschreiben gibt es einige Belege. Auf dem eschatologischen Berg Zion stehen das Lamm und mit ihm zusammen (μετ' αὐτοῦ) hundertvierundvierzigtausend von der Erde erkaufte Menschen (14,1); das Zusammensein wird in V. 4 durch die Wendung „sie folgen dem Lamm nach, wohin es auch geht" unterstrichen. Im Millennium herrschen die treuen Christen „mit dem Christus (μετὰ τοῦ Χριστοῦ) tausend Jahre"; der Satz kommt in diesem kurzen Abschnitt faktisch zweimal vor (20,4.6). Nach 17,14 nehmen die treuen Christen, die an der Seite des Lammes (μετὰ τοῦ ἀρνίου) Krieg führen, an seinem Sieg teil.

Die genannten Beispiele zeigen, dass der Vf. die Lebensgemeinschaft mit Christus als den idealen Zustand für die treuen Christen in der erschatologischen Zukunft betrachtet. Wir haben aber auch darauf hingewiesen, dass zwischen 21,3 und den übrigen Stellen gewisse Differenzen vorhanden sind. Diese Differenzen lassen eine bestimmte Entwicklung dieser Vorstellung beim Vf. erkennen: Er knüpft an die Vorstellung der Erwartung der eschatologischen Seinsgemeinschaft der treuen Gläubigen mit Gott, die in Ez 37,27 bezeugt und in der jüdischen Apokalyptik (vgl. 1Hen 62,14) gepflegt wurde, an, entwickelt sie aber weiter. Die Einführung Christi als des göttlichen Partners dieser eschatologischen Seinsgemeinschaft ist der Gottesvorstellung des zeitgenössischen Judentums geschuldet; dort nämlich bildete sich ein erhabenes und weitgehend statisches Bild eines Gottes heraus, der hoch im Himmel auf seinem Thron sitzt. In der Person des Christus findet er aber einen dynamischen Gott, der für die Seinen wirkt (vgl. oben 7.2.6.3). Für die eschatologische Zukunft erwartet er, dass dieser Christus mit den Menschen aktiv umgeht (vgl. 6.2.5.2.). Anders gesagt: Er entwickelt die charakteristischen Elemente seiner μετά-Soteriologie erst nach der Begegnung mit dem christlichen Glauben.[135]

---

[135] WOLFF, Gemeinde 196f, fasst „Inhalt des Heils" als „die Gemeinschaft mit Christus, dem Heilsgeber" auf. Er weist dabei die einseitige Betonung der Zukünftigkeit des Heils zurück und behauptet, dass in der Offb für die Gemeinde „das Warten auf die Vollendung des bereits angebrochenen und die Ge-

*7.3.4.3 Ein Vergleich mit Paulus und dem Johannesevangelium*
Ein Seitenblick auf Paulus und das Johannesevangelium wird für die Verdeutlichung der charakteristischen Aspekte des μετά-Motivs in der Offb nützlich sein. Bei Paulus findet man mit der Präposition μετά konstruierte Formulierungen nur im Rahmen der Segensworte am Schluss seiner Briefe (ὁ δὲ θεὸς τῆς εἰρήνης μετὰ πάντων ὑμῶν, ἀμήν, Röm 15,33; vgl. auch 2Thess 3,16; 2Tim 4,22) und deren inhaltlicher Entsprechungen an anderer Stelle (2Kor 13,11; Phil 4,9). In diesen Fällen ist das Zusammmensein mit Gott stets für die Gegenwart erwünscht, also keine zukünftige Gabe. Bei ihm finden sich aber einige Aussagen, in denen er das zukünftige Leben der Christen nach dem Tode unter Verwendung der Präposition σύν als Zusammensein mit Christus bezeichnet (1Thess 4,17b: „so werden wir immer bei dem Herrn [σὺν κυρίῳ] sein"; vgl. auch Phil 1,23). Dass diese Wendungen unseren Vf. unmittelbar beeinflusst hätten, ist aber kaum anzunehmen; vielleicht weisen sie auf einen gemeinsamen gedanklichen Hintergrund hin: Vom Kontext von 1Thess 4,17b her gesehen ist er wohl in der jüdischen Apokalyptik zu suchen.

Im Johannesevangelium begegnet in Aussagen Jesu einige Male die Wendung εἶναι μεθ᾿ ὑμῶν o.ä. (7,33; 13,33; 14,9; 17,11), bezeichnet aber dann fast immer das Zusammensein des irdischen Jesu mit seinen Jüngern. Nur in 17,24 spricht Jesus den Wunsch aus, dass die Seinen dort bei ihm sind, wo er ist, damit sie seine Herrlichkeit schauen; gemeint ist das himmlische Zusammensein von jenen mit ihm. Auch in 12,26; 14,3 ist vom himmlischen Zusammensein der Jünger mit Jesus die Rede, ohne dass die Präposition μετά verwendet wird. Im Hintergrund steht auch hier eine mit der Parusie verbundene apokalyptische Enderwartung (vgl. besonders 14,3).

So ist im frühen Christentum die vom apokalyptischen Judentum stammende Enderwartung der endzeitlichen Lebensgemeinschaft der Gläubigen mit Christus einigermaßen verbreitet, ohne dass Paulus oder der Vf. des Johannesevangeliums ihr im Rahmen ihrer jeweiligen Theologie eine besondere Bedeutung zugemessen hätten. Im Vergleich mit anderen neutestamentlichen Schriften eignet der Aussage von dieser eschatologischen Lebensgemeinschaft in der Offb demgegenüber ein wesentlich größeres Gewicht.

*7.3.4.4 Die eschatologische Lebensgemeinschaft mit Gott und Christus im neuen Jerusalem*
In der bisherigen Betrachtung haben wir festgestellt, dass das soteriologische μετά-Motiv immer in der Beschreibung des heilvollen Zustandes in der eschatologischen Zukunft vorkommt. Dann ist es zu erwarten, dass es in der Darstellung des neuen

---

meinde in ihrem Leben verpflichtenden Heils" wesentlich ist. Nach ihm bedeutet „die Gemeinschaft mit Christus" deshalb „in der Gegenwart Leidensgemeinschaft" und wird für die Zukunft „als Anteil an der Fülle seiner Herrlichkeit" erwartet (Zustimmung durch WENDEBOURG, Tag 352f). Beachtenswert aber ist, dass die Präposition μετά an keiner Stelle im Zusammenhang mit dem Leiden verwendet wird; man kann die Leidensgemeinschaft der Gegenwart offensichtlich also nicht so ohne weiteres in einen Zusammenhang mit der verheißenen künftigen Seinsgemeinschaft stellen.

Jerusalem, in der gerade das zukünftige Leben der Christen Thema ist, des öfteren begegnet. In Wirklichkeit gibt es dort keinen aber direkten Beleg;[136] der entsprechende Sachverhalt ist allerdings bildhaft zum Ausdruck gebracht.[137] Bereits die stillschweigende Ersetzung des Motivs des neuen Himmels und der neuen Erde durch dasjenige des neuen Jerusalem in 21f verdankt sich der Intention des Vf., das Leben der Christen als ihr Zusammensein mit Gott und Christus zu beschreiben.[138] Im neuen Jerusalem gibt es keinen Tempel (21,22); da Gott und das Lamm selber inmitten der Stadt sind (22,3), braucht es keine Institution mehr, die zwischen Mensch und Gott bzw. Lamm vermitteln soll. Auch die vier Wesen und die vierundzwanzig Ältesten erscheinen dort nicht mehr; die Engelschar verschwindet vollkommen. Die Lebensgemeinschaft zwischen Gott und den Christen wird dadurch erleichtert, dass der Satan, der die Beziehung zwischen ihnen gestört oder gar verhindert hatte (12,10), schon in den Pfuhl des Feuers geworfen worden ist (20,10). Auch der Zuspruch Gottes „ich werde ihm [dem Überwinder] Gott sein, und er wird mir Sohn sein" (21,7) ist ein Ausdruck der intimsten Lebensgemeinschaft zwischen Gott und Mensch, die sonst für diejenige zwischen Gott und Christus reserviert ist. Die Beschreibung des heilvollen Lebens in der eschatologischen Zukunft konzentriert sich so stark auf das Zusammensein Gottes und des Lammes mit den Menschen, dass weder vom materiellen Reichtum[139] noch von der Verwirklichung der sozialen Gerechtigkeit berichtet wird. Auch von der Gemeinschaft unter den Menschen ist keine Rede.[140]

### 7.3.4.5 Das μετά-Motiv und die Gegenwart

Da das μετά-Motiv immer im Rahmen der Beschreibung der eschatologischen Zukunft vorkommt, ist anzunehmen, dass der Vf. die Gegenwart als die Zeit auffasst, in der das μετά-Verhältnis zwischen Gott bzw. Jesus und den Menschen nicht bzw. noch nicht verwirklicht ist. Andererseits aber scheint er davon auszugehen, dass es in gewissem Sinn doch bereits schon jetzt Realität ist; vgl. vor allem die Beauftragungsvision, innerhalb derer Christus inmitten der sieben goldenen Leuchter (d.h. der sieben Gemeinden) wandelt und in seiner Rechten die sieben

---

[136] 21,3, wo das μετά-Motiv dreimal vorkommt, gehört m.E. trotz V. 2 noch nicht zur Vision des neuen Jerusalem.

[137] Richtig SÖLLNER, Jerusalem 259: Skopus der Vision, Offb 21f, sei, „dass es in der zukünftigen Stadt zu einem unmittelbaren Zusmmensein von Gott, dem Lamm und den Adressaten kommen wird. Die bisherige Trennung zwischen der Gottesgegenwart im Himmel und den gottwidrigen Umständen auf der Erde wird von dieser erwarteten Konvivenz im ‚Himmlischen Jerusalem' abgelöst werden". Im Motiv des Schauens Gottes durch Bewohner der eschatologischen Stadt (22,4) findet dieses zentralen Anliegen von Offb 21f seine pointierteste Zuspitzung (vgl. auch 248).

[138] Vgl. die einführende Erklärung zu 21,9ff.

[139] Dies ist im Vergleich etwa mit syrBar 29,5 und 1Hen 10,19 (vgl. auch Papiasfragment 1) beachtenswert, wo die große Produktivität der Traube und des Weizens in der Endzeit unterstrichen wird: In jener Zeit sollen „die, die Hunger litten […] fröhlich sein" (syrBar 29,6). Freilich kann der Vf. der Offb schreiben, dass sie in der kommenden Welt „nicht mehr hungern und dürsten" (7,16), aber die Formulierung ist stark von Jes 49,10 beeinflusst.

[140] Vgl. HAHN, Theologie I 470.

Sterne (d. h. die sieben Gemeindeengel) hält (1,13.16; vg; 2,1). Die Christen erfahren die Gemeinschaft mit Jesus bereits jetzt als Vorgeschmack des eschatologischen Heils. Freilich kann sie noch nicht als so unumstößlich gelten wie diejenige im neuen Jerusalem: Wenn die Epheser, die die „erste Liebe verlassen" haben, nicht umkehren, wird ihr Leuchter durch den himmlischen Jesus von seiner Stelle gestoßen (2,4f; vgl. 3,16). Die gegenwärtige Gemeinschaft ist auch nicht so vollkommen wie die zukünftige im neuen Jerusalem: Den Überwindern wird die Tischgemeinschaft mit Christus erst für die Zukunft versprochen (3,20). Aber immerhin sind die Christen schon jetzt „Mitteilhaber an der Bedrängnis und an der Herrschaft und am Ausharren in Jesus" (1,9).

*7.3.4.6 Das μετά-Motiv und das Verhältnis zwischen Gott und Christus*
Wenn das μετά-Motiv das nahe Verhältnis zwischen zwei Partnern zum Ausdruck bringt, fragt es sich, ob das Verhältnis zwischen Gott und dem Lamm nicht auch mit diesem beschrieben wird. Dafür gibt es aber im gesamten Buch nur einen Beleg; in 3,21 wird die Verheißung an die Überwinder mit dem bereits stattgefundenen Geschehen Jesu begründet: „wie ich überwunden und mich *mit meinem Vater* auf seinen Thron gesetzt habe". Der Ausdruck ist aber durch die Intention bedingt, die Gewissheit der Verheißung durch den möglichst parallelen Aufbau des Hauptsatzes, der Verheißung, und des Nebensatzes, der auf das Geschehen Jesu hinweist, zu unterstreichen. Man darf also in diesem Fall auf die Verwendung der μετά-Wendung kein großes Gewicht legen. Das nahe Verhältnis zwischen Gott und dem Lamm bringt der Vf. vielmehr dadurch zum Ausdruck, dass er sie als eine gemeinsame Person behandelt; vgl. oben 7.2.6.2.

Der Unterschied der Beschreibungen macht deutlich, dass der Vf. das Verhältnis zwischen Gott und dem Lamm einerseits und andererseits das zwischen Gott und dem Lamm auf der einen und den Menschen auf der anderen Seite unterschiedlich betrachtet. Das μετά-Verhältnis zwischen Gott bzw. Christus und den Menschen impliziert keineswegs ihre Vereinigung;[141] es ist ein nahes Verhältnis, das zwischen zwei grundverschiedenen Partnern zustande kommt.[142] So ist es sinnvoll, dass der Vf. dieses Verhältnis letzten Endes als den Dienst von den Menschen Gott und dem Lamm gegenüber beschreibt (22,3).

## 7.4 Die Ekklesiologie

HAHN, F., Theologie des Neuen Testaments, 2 Bd., Tübingen 2002; HIRSCHBERG, P., Das eschatologische Israel. Untersuchungen zum Gottesvolkverständnis der Johannesoffenbarung (WMANT 84), Neukirchen 1999; KARRER, M., Die Johannesoffenbarung als Brief.

---

[141] In dem Sinne sind Formulierungen wie „the goal of their [d. h. the people of God] existence is to be united with their Lord", oder „they are to remain faithful to their Lord in anticipation of ultimately being united with him" (PATTEMORE, People 216.218) mit Vorsicht zu betrachten.
[142] „Einheit in Verschiedenheit", HIRSCHBERG, Israel 242.

Studien zu ihrem literarischen, historischen und theologischen Ort (FRLANT 140), Göttingen 1986; DERS., Stärken des Randes. Die Johannesoffenbarung, in: Das Urchristentum in seiner literarischen Geschichte (FS J. Becker), Berlin/New York 1999, 391–417; ROLOFF, J., Die Kirche im Neuen Testament (GNT 10), Göttingen, 1993; SÖDING, T., Heilig, heilig, heilig. Zur politischen Theologie der Johannes-Apokalypse, ZThK 96, 1999, 49–76; STUHLMACHER, P., Biblische Theologie des Neuen Testaments, Bd. 2: Von der Paulusschule bis zur Johannesoffenbarung, Göttingen 1999; THOMPSON, L.A., Domitian and the Jewish Tax, Hist. 31, 1982, 328–342; VOLZ, P., Die Eschatologie der jüdischen Gemeinde im neutestamentlichen Zeitalter nach den Quellen der rabbinischen, apokalyptischen und apokryphen Literatur, Tübingen ²1934 (Nachdruck Hildesheim 1966); WALTER, N., Nikolaos, Proselyt aus Antiochien, und die Nikolaiten in Ephesus und Pergamon. Ein Beitrag auch zum Thema: Paulus und Ephesus, ZNW 93, 2002, 200–226; WILCKENS, U., Theologie des Neuen Testaments, Bd. I Geschichte der urchristlichen Theologie, Teilband 4: Die Evangelien, die Apostelgeschichte, die Johannesbriefe, die Offenbarung und die Entstehung des Kanons, Neukirchen 2005.

*7.4.1 Der Gebrauch des Begriffs ἐκκλησία in der Offb*
Der Terminus ἐκκλησία ist zwanzigmal belegt, und zwar nur in den anfänglichen drei Kapiteln und 22,16 und fast immer bezogen die bzw. auf eine der sieben Gemeinden. Es gibt in der Offb keine Terminologie, die die Gesamtkirche bezeichnet. Im Wortgebrauch von ἐκκλησία zeigt sich keine besondere theologische Reflexion;[143] es handelt sich lediglich um eine Aufnahme der gängigen Bezeichnung. Der Vf. entwickelt in seinem Buch keine Ekklesiologie als solche; aber man findet zahlreiche implizite Hinweise, die deutlich werden lassen, wie er über die Kirche denkt.

Während im Visionenteil des Buches (4,1–22,5) das Wort ἐκκλησία niemals verwendet wird, findet man dort den in etwa dem Begriff ἐκκλησία entsprechenden Terminus, οἱ ἅγιοι (gemeint sind die Christen schlechthin; in diesem Sinn immer im Plural), der dort dreizehn- bzw. vierzehnmal belegt ist.[144] In den ersten drei Kapiteln begegnet dieser nicht; in Kap. 22 wird er im Schlusssegen lediglich von einigen, an dieser Stelle textkritisch allerdings zu vernachlässigenden Handschriften geboten (V. 21 in HSS ℵ u.a.). Also liegt im Blick auf die Bezeichnungen des christlichen Kollektivs zwischen dem Visionenteil und dem Rahmenstück mit den Sendschreiben eine auffällige Differenz vor. Wie ist diese zu erklären? Einmal könnte sie als thematisch bedingt angesehen werden. Im Rahmenstück des Buches und vor allem in den Sendschreiben geht es dem Vf. nämlich um Gemeindeangelegenheiten; ἐκκλησία ist die dafür geeignete Terminologie; im Visionenteil ist dagegen alles im viel größerem Maßstab aufgefasst; die Christen werden in ihrer Gesamtheit, d.h. aber gleichzeitig als Einzelne, in den Konflikt mit gottfeindlichen Mächten verwickelt. So ist kein Raum für die Erwähnung der Gemeinden. Aber ob man

---

[143] Vgl. HAHN, Theologie I 463.
[144] Im Visionenteil ist sonst als Kollektivbezeichnung der Christen in 18,4 ὁ λαός μου belegt; aber bei dieser ist wie bei οἱ ἅγιοι das Vorhandensein der Gemeinden nicht explizit vorausgesetzt. An dieser Stelle lehnt sich der Vf. an Jer 51,45 an.

den Tatbestand unter diesem Gesichtspunkt zureichend erklären kann, ist fraglich. Dass der Begriff ἐκκλησία z.B. in 5,8; 8,3f bei der Darstellung des Emporsteigens „der Gebete der Heiligen" nicht begegnet, ist auffällig; denn die Gebete sind in diesen Fällen wohl nicht als die einzelner Christen, sondern als von der Gemeinde insgesamt gesprochene zu verstehen, wenn die Gemeinde denn bereits vorhanden ist. M.E. kann dieses Phänomen nur so erklärt werden, dass bei der Abfassung des Visionenteils die notwendige Voraussetzung zur Verwendung des ἐκκλησία-Begriffs für den Vf. noch nicht vorhanden gewesen ist. Der Konflikt mit der Synagoge in Smyrna (2,9) und Philadelphia (3,9) lässt vermuten, dass die Abtrennung der christlichen Gemeinden von der Synagoge und ihre Verselbständigung noch nicht lange zurückliegen. Die Selbstbezeichnung der Gemeinde als ἐκκλησία hat aber wohl erst in späterer Zeit Platz gegriffen. Da wir nun gezeigt haben, dass der Visionsteil der Offb zeitlich früher als das Rahmenstück entstanden ist (vgl. oben 6.), liegt die Annahme nahe, dass die auffällige Verteilung der unterschiedlichen Termini in erster Linie mit der Entstehungsgeschichte der Offb zu tun hat.

Die Beschränkung auf die sieben Gemeinden bedeutet nicht, dass der Vf. von der Christenheit im allgemeinen nichts wissen wolle. Er weiß, dass die Kirche die zwölf Apostel als Fundament hat (21,14; 18,20). Auch enthält sein Werk frühchristliche Überlieferungen (dazu vgl. oben 2.1.4), was wahrscheinlich werden lässt, dass er in Kontakt mit anderen ur- und frühchristlichen Gruppierungen stand.

### 7.4.2 Christus und die Kirche

In dem 1,5f und 5,9f zitierten frühchristlichen Hymnus heißt es: Er habe „uns (gemeint die Christen) für Gott [...] zum Königtum und zu Priestern gemacht" (1,6; vgl. 5,10). „Das Handeln Jesu Christi machte die Christen zum Herrschaftsbereich für Gott, in dem dieser seine Herrschaft voll und ganz ausübt".[145] In 5,9 deutet seine Ergänzung des dem Hymnus entlehnten Ausdrucks „von unseren Sünden" durch die Apposition „aus jedem Stamm usw." an, dass er beim Zitieren des Hymnus konkret an die Adressatenkirche denkt, in der eine zahlenmäßig bedeutende heidenchristliche Gruppe lebt. Der Vf. deutet den Hymnus also auf die in der Vergangenheit bereits geschehene Gründung der Kirche durch Christus.

In 11,3ff wird die Wirksamkeit der Kirche auf den Auftrag Christi bezogen: Die zwei Zeugen, die als Verkörperung der Kirche anzusehen sind, werden von ihm beauftragt, „zwölfhundertvierzig Tage lang" zu weissagen. Während ihrer Wirksamkeit werden sie unter seinen Schutz gestellt.

In den Sendschreiben wird die Zugehörigkeit der Gemeinden zu Christus durch dessen ständige Gegenwart bei ihnen gesichert. Als ihr Herr verfolgt er ihr Vorgehen genau. Während Gott im Himmel auf dem Thron sitzt und sich in die Probleme, die die Gemeinden beschäftigen, nicht einmischt, steht der himmlische Jesus unmittelbar an ihrer Seite und zeigt sich bereit, ihnen behilflich zu sein. Er erwartet von ihnen, seinen Namen festzuhalten, den Glauben, der von ihm stammt, nicht zu verleugnen (2,13), sein Wort (3,8.10) bzw. seine Werke (2,26) bis zum Ende

---

[145] KARRER, Brief 116.

zu bewahren; in 2,20 nennt er sie (abweichend vom übrigen Wortgebrauch der Offb) „meine Knechte" (vgl. ad 1,1).

Christus ist der Beschützer der Kirche (1,13.16; dazu vgl. unten); ihr vermittelt er Offenbarung (1,1; 22,16). Das Existieren der Kirche wird also deutlich christologisch begründet.

Die Beziehung der Kirche auf Christus beschränkt sich nicht auf ihre Vergangenheit (Errichtung) und Gegenwart (Schutz u.a.). Das neue Jerusalem, also die vollendete Kirche am Ende der Zeit, ist eben „die Braut des Lammes", was darauf hinweist, dass auch die Zukunft der Kirche allein durch die Gnade Christi ermöglicht wird.

*7.4.3 Die Wirklichkeit und das Wesen der Kirche*
Einige Visionen zeigen, dass der Vf. hinter den empirischen Gemeinden so etwas wie ihr Wesen erkennt. Ein typisches Beispiel ist Kap. 12. Am Ende der Vision begegnen plötzlich „die übrigen ihres [d.h. der Frau] Samens", die Verfolgungen durch die satanischen Mächte ausgesetzt werden; sie sind die irdischen Christen; die Frau, die während der ganzen Endzeit in der Wüste von Gott ernährt wird, kann dann nichts anderes als das Wesen der Kirche sein. Ähnliches lässt sich in der Tempelvision 11,1f und der Vision der Versiegelung der einhundertvierundvierzigtausend Menschen in Kap. 7 feststellen. Auch die Figur der „Braut" hat besonders in 22,17 einen ähnlichen Charakter.[146]

In der Beauftragungsvision und in den Sendschreiben konzentriert sich das Interesse des Vf. auf die sieben Gemeinden. Aber auch hier lässt sich eine doppelte Auffassung von Kirche feststellen. Der Vf. beschreibt hier die Kirche mit zwei Bildern. Die Gemeindeengel sind die himmlischen Doppelgänger der Gemeinden.[147] Darin, dass sie für einzelne Gemeinden zuständig sind und wegen ihrer Taten durch den himmlischen Jesus gelobt, getadelt, im schlimmsten Fall sogar mit dem Wort „Ausspeien aus meinem Munde" (3,16) gewarnt werden, unterscheiden sie sich etwa von der Frau in Kap. 12. Aber sie sind nicht mit den irdischen Gemeinden identisch. Wo Christus Gemeinden tadelt und straft (2,5), widerfährt das aber manchmal nicht den Gemeindeengeln (vgl. auch 2,16.23f). Dass sie der Menschensohnähnliche in seiner Rechten hält, deutet auf ihren grundsätzlichen Schutz durch Christus hin.

*7.4.4 Die Kirche und Israel*

*7.4.4.1 Der „davidische" Messias und die Kirche als das wahre Israel*
Als Christus im Visionenteil zum ersten Mal in die himmlische Welt eintritt, stellt ihn einer der Ältesten mit zwei alttestamentlich-jüdischen Messiastiteln als „den Löwen aus dem Stamm Juda, den Spross Davids" vor (5,5). Der erstere ist in der Offb sonst nicht belegt, der letztere kommt dagegen noch einmal am Ende des

---

[146] Vgl. den Exkurs „Die Braut des Lammes" bei 19,8.
[147] Vgl. den Exkurs „Gemeindeengel" am Ende der Exegese von Kap. 1.

Buches in der letzten Selbstoffenbarung Christi vor (22,16). Dass die Darstellung der ganzen Endgeschichte in dieser Weise durch die gleiche Vorstellung von Christus gerahmt ist, kann kein Zufall sein. Der Vf. versteht ihn als den Erlöser Israels und will das betonen. Auch 12,7-9 setzt die gleiche Sicht voraus, wenn im Kampf mit Satan Michael als der Schutzengel Israels Christus vertritt. Bemerkenswert ist auch, dass der Vf. zweimal in seinem Buch, 12,5 und 19,15, die Funktion Christi mit einem Zitat aus Ps 2,9 erklärt und ausführt, dass er als der von Gott eingesetzte König Israels die Heiden mit eisernem Stabe weiden werde.

In 5,9f (kurz nach dem angeführten Wort des Ältesten in V. 5!) macht der Vf. nun, wie oben gezeigt, deutlich, dass die Kirche durch das Christusgeschehen gegründet wurde. Dadurch wird gesichert, dass sie als das wahre Israel gilt. Dementsprechend werden die Erlösten in der Offb mehrmals als Israel dargestellt. Das deutlichste Beispiel ist 7,1-8: Ein Engel versiegelt „aus jedem Stamm der Söhne Israels" je zwölftausend Menschen mit dem Siegel Gottes; sie erscheinen ferner in 14,1 mit dem Lamm zusammen auf dem Berg Zion. In 11,1f wird das Geschick der irdischen Kirche anhand des Bildes der Tempelanlage erklärt, und in 11,3ff wird das Wirken der zwei Zeugen, des Sinnbildes der Kirche, in Anlehnung an die Elia- und Mosegeschichte dargestellt. In 15,3 singen die Überwinder „das Lied des Mose [...] und das Lied des Lammes"; offensichtlich wird das Volk Israel beim Exodus als Urtypus der erlösten Kirche betrachtet. In 18,4 werden die Christen als „mein Volk" angeredet; eine Terminologie, die den Erwählungsgedanken Israels im Hintergrund hat, ist auf sie übertragen. Das Sendschreiben an die Gemeinde in Philadelphia, die durch die Juden unterdrückt ist, verfolgt das Thema konsequent, indem es – in den Sendschreiben einzig hier – Christus mit einem der alttestamentlich-jüdischen Erwartung entsprechenden Titel (der den „Schlüssel Davids" erhält, 3,7) vorstellt und den Überwinderspruch – ebenfalls nur hier – mit einem traditionellen alttestamentlich-jüdischen Motiv („der Tempel" und „das neue Jerusalem", V. 12) formuliert; dass Christus die Gemeinde „geliebt hat" (V. 9), kann in diesem Kontext nichts anderes bedeuten als die Erwählung der Gemeinde zum wahren Gottesvolk; das gleiche bringt die Anspielung an Jes 60,14 u.a., dass „sie [die Juden] kommen und sich vor deinen Füßen niederwerfen werden" (ebd.), zum Ausdruck, indem in ihr das Subjekt der Anbetung von den Heiden auf die Juden und das Objekt der Anbetung von den Juden auf die Christen wechselt. Die Identifizierung der Gemeinde mit dem wahren Israel bringt der Vf. auch dadurch zum Ausdruck, dass er für die Darstellung der den Gottlosen bestimmten Plagen Material aus der Exodusgeschichte heranzieht (besonders in den Posaunen- und Schalenreihen), oder dass er Rom mit Babylon identifiziert, oder dass er die häretische Prophetin in der Gemeinde Thyatira Isebel nennt, also mit dem Namen der phönizischen Frau Ahabs, die Propheten Jahwes ermordete (2,20; ähnliches ist auch bei Bileam, 2,14, zu beobachten).

In 21,9ff bezeichnet der Vf. den Ort, an dem das eschatologische Zusammensein Gottes und des Lammes mit den „Überwindern" verwirklicht wird, als „das neue Jerusalem"; den Charakter dieser Stadt bzw. Gemeinschaft als das wahre Israel unterstreicht er dadurch, dass auf den Toren der Stadt die Namen der Söhne Israels geschrieben sind (V. 12). Mit dieser Darstellung eng verbunden berichtet der Vf. aber auch, dass auf den Grundsteinen der Stadtmauer „die zwölf Namen der zwölf Apostel des Lammes" stehen (21,14). So ist auch hier unterstrichen, dass die Kirche als das wahre Israel gelten muss.

*7.4.4.2 Der universale Charakter der Kirche und das wahre Israel*
Sieht man solche Beschreibungen, könnte man den Eindruck bekommen, die Offb sei eine jüdische Schrift. Aber es gibt eine Reihe von Aussagen, die sich dem widersetzen. In 5,9f formuliert der Vf. die Vorlage in „Du hast für Gott mit deinem Blut erkauft *aus jedem Stamm und jeder Sprache und jedem Volk und jeder Nation*" um; er betrachtet dieses Datum als ein grundlegendes Charakteristikum der durch Christus gegründeten Kirche. Das gleiche Verständnis spiegelt sich in 21,3, wo es abweichend von der Vorlage, Ez 37,27, heißt, dass im Eschaton die Menschen „seine Völker (λαοὶ αὐτοῦ) sein werden"; die geretteten Menschen stammen also nicht nur aus *dem* Volk (λαός), den Israeliten. Von 5,9 her gesehen meint der Vf. dabei sicherlich nicht, dass dies erst in der neuen Welt geschieht; die nichtisraelitischen Christen gehören als Vollmitglieder der Gemeinde bereits zur irdischen Kirche.

Die Juden damals erwarteten, dass sich die Völker am Ende der Zeit zum Judentum bekehren werden.[148] Jes 60, ein Text, den unser Vf. vor allem in 21,22ff zugrundelegt, wurde häufig zur Begründung dieser Erwartung herangezogen. Aber mit ihm vermag nicht untermauert zu werden, dass die Juden das eigentliche Gottesvolk bilden und es für die Heiden notwendig ist, sich den Juden anzuschließen, wenn sie am Heil teilhaben wollen.[149] Ein Vergleich mit Paulus ist lehrreich. Der „Heidenapostel" Paulus (Röm 11,13) behauptet energisch, dass in Christus nicht Jude noch Grieche ist (Gal 3,28; Röm 10,12; 1Kor 12,13; vgl. Kol 3,11). Aber er beharrt, wie z. B. seine Erörterung mit dem Bild vom wilden und vom edlen Ölbaum Röm 11,16ff zeigt, auf der heilsgeschichtlichen Priorität Israels. Der Vf. der Offb urteilt anders. In den o.a. Aussagen (5,9; 21,3; vgl auch die Verwendung von ἔθνη in 21,24.26; 22,2) macht er keinen Unterschied zwischen Juden und Heiden;[150] die Juden werden in Ausdrücken wie etwa „jeder Stamm usw.", λαοί oder ἔθνη ohne jegliche Differenzierung einfach unter die Völker subsumiert.

Die Ansicht des Vf. lässt sich auch durch weitere *argumenta e silentio* untermauern: das Wort Israel kommt im ganzen Buch nur dreimal vor; vom νόμος ist an

---

[148] Vgl. Volz, Eschatologie 358. Es gibt jedoch auch in jüdischen Schriften „etliche Stellen, an denen den Völkern und den Heiden unbedingte und gleichberechtigte Teilnahme am Heil und an der Seligkeit in Aussicht gestellt wird" (Volz, ebd.).

[149] „Von der naheliegenden Möglichkeit, das Völkerwallfahrt-Motiv einzubringen und so das Hinzukommen der Heiden zum Gottesvolk anzudeuten, macht die Offenbarung keinen Gebrauch" (Roloff, Kirche 180). Anders Wilckens, Theologie I/4 266.276; Hirschberg, Israel 294.

[150] Walter, Nikolaos 223f, etwa vertritt eine ganz andere Auffassung als wir: Er erkennt an, dass der Seher den Heiden Anschluss an die Gemeinde zubilligt, aber „er denkt [...] dabei offensichtlich an eine gleichzeitige Aufnahme in das Judentum; d.h. er müsste an Heiden die Forderung der Beschneidung stellen".

keiner Stelle die Rede; die διαθήκη ist nur in 11,19 erwähnt. Einen Rückblick auf die Geschichte Israels findet man kaum; der Exodus ist zwar an einigen Stellen erwähnt, aber meistens als Modell von Plagen, die die Gegner erfahren, und nicht als Erweis der Gnade Gottes an das Volk; die einzige Ausnahme in dieser Hinsicht wäre „das Lied des Mose" in 15,3.

Die bisherige Untersuchung hat gezeigt, dass der Vf. einerseits die Kirche als wahres Israel darstellt, sie andererseits aber als *corpus mixtum* von Menschen aus allen Völkern beschreibt. Beide Aspekte begegnen nicht nur getrennt, sondern er verbindet sie an einigen Stellen bewusst miteinander: In Kap. 7 lässt er dem Bericht von der Versiegelung der Menschen aus den zwölf Stämmen Israels (V. 1-8) unmittelbar einen zweiten über den Lobgesang der Unzähligen aus allen Völkern vor dem Thron Gottes folgen (V. 9-17); er sieht offensichtlich beide Menschengruppen als identisch an. Das gleiche zeigt die Vision des neuen Jerusalem (21,9-22,5). In die Stadt dürfen die eingehen, die „ihre Kleider waschen" (22,14) und „im Buch des Lebens des Lammes geschrieben" sind (21,27), also die treuen Christen (vgl. 19,8; 3,12); die Zugehörigkeit zum Volk spielt keine Rolle, obwohl die Stadt „Jerusalem" genannt wird. Vgl. auch 22,2; mit „den Völkern" sind nicht die Nichtjuden gemeint, sondern einfach die Christen (dazu vgl. unten 7.4.4.3). Zu 5,9f vgl. oben.

Wie verhalten sich dann die beiden Aspekte des Kirchenbegriffs zueinander? Kap. 7 gibt einen Anhalt: Der Seher „hört", dass die Menschen aus den Söhnen Israels stammen (V. 4); von wem er das hört, ist nicht angegeben, aber der Information liegt zweifellos ein himmlisches Kriterium zugrunde. Er „sieht" dann dieselben Menschen als eine große Schar aus allen Nationen; hier liegt ein irdisches Kriterium vor.[151] In ihrer irdischen Realität ist die Kirche also ein Verband von Menschen aus verschiedenen Völkern (darunter auch das jüdische), aber in ihrem Wesen ist sie nichts anderes als das wahre Israel.

### 7.4.4.3 Ἔθνη in der Offb[152]

Der Begriff ἔθνος ist dreiundzwanzigmal belegt; in sieben Fällen bildet es mit weiteren drei ähnlichen Begriffen zusammen eine Einheit und bezeichnet die Menschheit im allgemeinen; diese Einheit ist an sich theologisch neutral, weshalb wir diese Belege hier ausklammern.

Der Terminus begegnet fast immer entweder in einem Zitat aus dem AT (Ps 2,8 in Offb 12,5; 19,15) oder in an einen alttestamentlichen Satz anklingenden Formulierungen; in diesen Fällen sind die ἔθνη fast ausnahmslos die Gegner Gottes oder Israels. Darin spiegelt sich die Anschauung des Vf. aus seiner jüdischen Zeit wider. Allerdings passt es auch unter seinem neueren Blickwinkel, wenn er nämlich die Kirche mit dem wahren Israel identifiziert, nicht schlecht. Beachtenswert ist die positive Verwendung dieses Begriffs in der Vision des neuen Jerusalem (21,24.26;

---

[151] Eine ähnliche unterschiedliche Verwendung vom Hören und Sehen ist auch in Kap. 5 belegt (V. 5 und V. 6).

[152] In der Offb wird ἔθνος fast immer im Plural verwendet. Wenn es singularisch gebraucht wird, wird es immer von πᾶς begleitet.

22,2): Ἔθνη dürfen ins neue Jerusalem hinein und sind Objekte des eschatologischen Segens. Ἔθνη ist hier kein Gegenbegriff zu Israel, sondern bezieht sich auf die Völker unter Einschluss der Juden.

### 7.4.4.4 Die Kirche und die Juden

Die Kirche steht in schroffem Gegensatz zu den Juden. Nach 2,9 lästern diese die Gemeinde in Smyrna (vgl. auch 3,9); „Lästerung" ist in der Offb ein Akt, der durch Gegner Gottes durchgeführt wird; der Vf. nennt sie dementsprechend sowohl in 2,9 als auch in 3,9 „die Synagoge des Satans". In 2,10 heißt es dann, dass „der Teufel [einige] von euch ins Gefängnis werfen" wird; mit dem Teufel ist wahrscheinlich die Ortsbehörde gemeint, die Rom vertritt. „Die Synagoge des Satans" hilft „dem Teufel" bei der Inhaftierung etlicher Christen.

Vielleicht lässt sich der Hintergrund des Geschehens folgendermaßen vorstellen: In Smyrna und Philadelphia bildeten die christlichen Gemeinden noch in der jüngsten Vergangenheit einen Teil der Synagogengemeinde; während sich die Juden der römisch-heidnischen Umwelt anpassten, wollten die Christen einen solchen Kompromiss nicht eingehen; die Juden fürchteten daraufhin, dass sich dies für ihr Dasein ungünstig auswirken würde, und schlossen die Christen aus ihrer synagogalen Gemeinschaft aus.

Ebenso wäre denkbar, dass die Reform der Judensteuer durch Domitian eine gewisse Rolle spielte. Angesichts der schweren Finanzkrise versuchte Domitian, die Einnahmen der Staatskasse zu vermehren. „Denunziert wurden (*deferebantur*) diejenigen, die entweder wie Juden lebten, ohne [dies entsprechend] anzumelden, oder jene, welche die ihrem Volk auferlegten Zahlungen nicht geleistet hatten, indem sie ihre Herkunft verheimlichten" (Sueton, Dom. 12,2). Mit denjenigen, die „wie Juden lebten, ohne [dies entsprechend] anzumelden", sind insbesondere die Gottesfürchtigen gemeint, von denen einige wahrscheinlich Christen geworden sind. Ihrem Selbstbewusstsein entsprechend meldeten sie sich nicht als Juden an und bezahlten die Steuer auch nicht. Wer nun zu den Gottesfüchtigen zu rechnen ist, war für Außenstehende nicht leicht zu erkennen, wohl aber für die Mitglieder der synagogalen Gemeinschaft. Möglicherweise ist die Liste für die Erhebung der Judensteuer durch die synagogale Verwaltung der römischen Behörde geliefert worden;[153] auf diesem Wege ergab sich eine „Denunzierung". Diejenigen, die „die Zahlungen nicht geleistet hatten, indem sie ihre Herkunft verheimlichten", sind wohl die geborenen Juden, die das Judentum verlassen haben; die Judenchristen, die jetzt die Beziehung mit der Synagoge abgebrochen haben, sind ebenfalls zu dieser Gruppe zu zählen.[154] Diese Menschen waren bis zur Zeit des Titus zur Zahlung der Steuer wahrscheinlich nicht verpflichtet, aber jetzt unter Domitian änderte sich ihre Situation. Wenn diese Menschen mit anderen Juden konfliktfrei zusammenlebten, passierte ihnen wohl nichts; aber wenn nicht, ist es durchaus denkbar, dass sie von Seiten der Synagogengegemeinde „denunziert" worden sind. Dass solche

---

[153] Vgl. L.A. THOMPSON, Jewish Tax 333.
[154] THOMPSON, a.a.O. 338.

Denunzierungen gerade in domitianischer Zeit wohl weit verbreitet gewesen sind, zeigt eine Münze aus dem Jahr 96 n. Chr., kurz nach der Thronbesteigung seines Nachfolgers Nerva, die die Inschrift trägt: *Fisci Judaici Calumnia Sublata* (Senatsbeschluss). Die Denunzierungen von Christen durch Juden ließen erstere jene *calumnia* wohl leidvoll erfahren. Bemerkenswert ist, dass sowohl an unserer Stelle als auch im Sendschreiben nach Philadelphia, in dem ebenso vom Konflikt mit den Juden die Rede ist, und nur in diesen beiden Sendschreiben die Gemeindeglieder als sozial Benachteiligte bezeichnet werden; sie sind arm (2,9) und haben „geringe Kraft" (3,8).

Auch der Vf. seinerseits offenbart sich als dem Judentum gegenüber recht kalt. Er zeigt an dessen Geschick kein Interesse: Auf die Zerstörung Jerusalems nimmt er keinerlei Bezug, obwohl sie für ihn noch zur jüngsten Vergangenheit gehörte, wahrscheinlich sogar unmittelbar vor seinen Augen erfolgt ist. Abgesehen von der Darstellung des neuen Jerusalem (21,1–22,5) und der Aussage, die sich direkt auf diese bezieht (3,12), erwähnt er die Stadt nur in 11,8, und da wird sie vollkommen profanisiert: Sie werde „pneumatisch Sodom und Ägypten genannt"; in V. 9 wird sie als Wohn- bzw. Sammelort von „Menschen aus den Völkern" betrachtet, diese werden dann in V. 10 als „die Erdenbewohner", also als Gottlose bezeichnet.

### 7.4.5 Die Kirche und die Welt

#### 7.4.5.1 Die Kirche und Satan[155]

Für die Offb ist der Dualismus von Gott und dem Satan grundlegend, obwohl er dadurch begrenzt ist, dass die letzte Instanz in der Hand Gottes liegt; aber auf der sozusagen vorletzten Ebene kann sich der Satan sozusagen wie der Allmächtige benehmen. Wie verhält er sich dann der Kirche gegenüber?

Beide prallen in Kap. 12 aufeinander: Hier erscheint der Satan als ein Drache, der die Frau, die Verkörperung des Wesens der Kirche, verfolgt. Die Frau, die mit einem männlichen Kind schwanger ist, ist *der* Gegenstand des Angriffs des Drachen, da das Kind seine Existenz gefährden wird. Die Szene wird auf der übernatürlichen Ebene spielend beschrieben und bildet nicht unmittelbar die irdische Wirklichkeit ab, aber sie zeigt die Grundstruktur des Verhältnisses zwischen der Kirche und dem Satan; die Kirche sieht sich nämlich als eine in dieser Welt, in der der Satan herrscht, eigentlich Fremde; für beide ist ein Miteinander unmöglich; deshalb die Verfolgung.

Der Frau wird nach der Darstellung von Kap. 12 von Gott Schutz gewährt; der Drache, der vom Himmel auf die Erde gestürzt und dem der Angriff auf die Frau verunmöglicht wurde, „ergrimmte über die Frau und ging weg, um mit den übrigen ihres Samens", also mit den Christen, „Krieg zu führen" (12,17). Die Niederlage des Drachen bringt also die Intensivierung seiner Aktivitäten auf der Erde mit sich. Diese betreibt er allerdings nicht selbst, sondern überträgt sie seinem irdi-

---

[155] Zu Satan vgl. auch den Exkurs „Überblick über die gegengöttlichen Mächte in der Offb" am Ende des Kap. 12.

schen Vertreter, dem Tier, das das römische Reich bzw. den Kaiser verkörpert.[156] Damit tritt das Geschehen in eine zweite Phase, in der das Tier gegen den Christen kämpft (Kap. 13).

In dieser Situation wird den Christen geboten, im Glauben standhaft zu bleiben, weil diejenigen, die sie in Gefangenschaft führen oder mit dem Schwert töten können, letzten Endes zugrunde gehen werden (13,10). Am Ende werden das Tier, der Pseudoprophet (19,20) und der Satan (20,10) in den Feuerpfuhl geworfen und dann kommt das neue Jerusalem vom Himmel herab, in das die treuen Christen hineingehen können (21,27).

### 7.4.5.2 Die Kirche und das Tier

Dem Tier wurde von Gott gegeben, „gegen die Heiligen Krieg zu führen und sie zu besiegen" (13,7). Zu diesem Zweck hat er ein zweites Tier als seinen Helfershelfer zur Verfügung; dieser lässt alle Menschen ein Malzeichen des Tieres an ihre rechte Hand oder an ihre Stirn machen (V. 16). Diejenigen, die den Forderungen nicht folgen, faktisch die Christen, werden getötet (V. 15), oder können weder kaufen noch verkaufen (V. 17). Ob die Bestrafung in der Tat in dieser Weise vollzogen worden ist, muss fraglich bleiben. Die Ausführungen des Vf. spiegeln sicherlich eine Extremsituation wider. Aber immerhin muss die Bedrohung von außen sich im Leben der Christen spürbar ausgewirkt haben.

In der Offb wird Rom auch als die große Hure beschrieben. Gegen die Christen führt sie einen Krieg: „In ihr wurde das Blut von Propheten und Heiligen gefunden und von allen, die auf der Erde hingeschlachtet worden sind" (18,24).

Von den Christen wird nun gefordert, „aus ihr auszugehen", „damit ihr an ihren Sünden nicht teilhabt", und „damit ihr sie [ihre Plagen] nicht empfangt" (18,4). „Ausgehen aus ihr" bedeutet, dass die Christen vor allem ihre Partizipation am Wirtschaftsleben Roms, das eng mit der Verehrung paganer Götzen verknüpft ist und auf der Ausbeutung der Ärmeren basiert, aufgeben. Dies wird von der Umwelt als Verrat angesehen werden und für sie zu einem leidvollen Leben führen. „Die Ekklesia, wie Johannes sie sieht, ist der Ort, da sich der Widerstand gegen die Politik des Teufels formiert – und Erfolge zeitigt, auch wenn die Gegenmacht unwiderstehlich scheint".[157]

### 7.4.5.3 Die dualistische Auffassung der Menschenwelt

*Die Bezeichnungen der Christen und der Gottlosen*
In der Offb ist die Menschenwelt genau wie die Welt der übernatürlichen Mächte dualistisch geprägt: Hier die Christen, dort die Gottlosen. Die Christen werden

---

[156] Durch den sekundären Einschub des Berichts der Verleihung der Vollmacht Satans an das Tier (13,2.4) hat der Vf. das Tier unter die Herrschaft Satans integriert, also den Staat bzw. den Kaiser als Organ Satans charakterisiert. Das ist eine Auffassung, die etwa in 1QM 1,13; 15,3 Parallelen hat, im Frühchristentum aber in dieser Schärfe einzigartig ist; vgl. z. B. Röm 13.
[157] SÖDING, Heilig 71.

meist οἱ ἅγιοι (5,8 u.a.), gelegentlich οἱ δοῦλοι (vgl. ad 1,1) genannt; dem Vf. reichen diese im Frühchristentum üblichen Ausdrücke aber nicht immer aus; so bezeichnet er die Christen gelegentlich auch mit explikativen Umschreibungen wie „diejenigen, die die Gebote Gottes bewahren und das Zeugnis Jesu haben" (12,17; vgl. 6,9; 20,4), oder „diejenigen, die das Tier und sein Bild nicht angebetet und das Malzeichen [...] nicht empfangen hatten" (20,4; vgl. 14,1). Während er für die Christen keine eigene Terminologie ausarbeitet, bezeichnet er die Gottlosen fast durchweg mit einem auf ihn selber zurückgehenden Begriff als „Erdenbewohner" (vgl. ad 3,10). Die „Erde" ist dabei negativ konnotiert; sie ist die Sphäre, die dem Himmel, in dem Gott sitzt, gegenübersteht. Die Christen werden den Erdenbewohnern nicht zugerechnet, obwohl sie auch auf der Erde wohnen. Andererseits nennt er sie nicht etwa „Himmelsbewohner"; „die im Himmel Wohnenden" in 13,6 sind Engel. Hier passt er seine dualistische Auffassung der Menschenwelt der Realität an und führt sie deshalb weniger konsequent durch. Nur in 18,20 lässt sich ihre letzte Zuspitzung erahnen, wenn „die Heiligen, die Apostel und die Propheten" ebenso wie „der Himmel" zum Frohlocken über das Gericht über Babylon aufgefordert werden.

*Die dualistische Anschauung der Menschenwelt im Frühjudentum*
Die dualistische Sicht der Menschenwelt ist in der jüdischen Apokalyptik üblich. Insbesondere in der Zeit der Hellenisierungspolitik des Antiochus IV gab es im jüdischen Volk, besonders in seiner führenden Schicht nicht wenige, die diesen Hellenisierungstendenzen positiv gegenüberstanden. Die Gegner der Hellenisierung, die Gerechten hielten es daher für notwendig, die Scheidelinie nicht einfach zwischen Israel und den Heiden, sondern zwischen den Frommen und den Frevlern im eigenen Volk zu ziehen.

Wie tief der Riss zwischen beiden Gruppen empfunden wurde, ist je nach Schriftsteller verschieden. Der Vf. des 4Esr, ein Zeitgenosse des Vf. der neutestamentlichen Offb, betrachtet das erwählte Volk im ganzen als Einheit; er hält die Lage um 70 für ein unerträgliches Unrecht und bittet Gott um Rehabilitierung seines Volkes. Auch für den Vf. des syrBar ist der Gegensatz Israel – Heidenvölker grundlegend. Beim letzten Gericht werden die Heidenvölker entsprechend ihrem Verhalten dem Volk Israel gegenüber gerichtet (Kap. 70). Vom Gericht über Israel ist nicht die Rede; dessen Heil scheint stillschweigend vorausgesetzt zu sein. Es finden sich jedoch andererseits auch Aussagen, die die mit dieser grundlegenden Anschauung verbundene strikte Abgrenzung aufweichen. Einerseits nämlich leben im Volk Israel „viele, die sich von [...] [den göttlichen] Bundesvorschriften losgesagt", „das Joch [...] [des göttlichen] Gesetzes von sich geworfen haben" (41,3) und „sich mit dem Samen der vermischten Völker vermischten" (42,4), andererseits leben unter den Heiden auch solche, „die ihre Eitelkeit aufgegeben und unter [...] Flügel [Gottes] sich geflüchtet haben" (41,4; vgl. 42,5). Beim letzten Gericht werden sie ihrem Verhalten entsprechend gerichtet werden (42,7).

*Die dualistische Anschauung über die Menschenwelt in der Offb*
Vergleicht man nun die Anschauung über die Menschenwelt der Offb mit derjenigen dieser jüdischen Schriften, so fällt auf, dass die Scheidelinie hier viel konsequenter gezogen ist. Der Vf. bringt sie bildhaft dadurch zum Ausdruck, dass die Glaubenden mit dem Siegel Gottes versiegelt werden (14,1), die Erdenbewohner hingegen das Malzeichen des Tiers empfangen (13,16) lässt. Die Menschenwelt wird dadurch in zwei Gruppen geteilt. Beide Gruppen, die Christen und die Gottlosen, schließen einander aus; das wird vor allem daran deutlich, dass der Vf. jeder der beiden jeweils ein charakteristisches Merkmal beilegt, das der anderen jeweils fehlt; die eine besteht aus „Menschen, die das Siegel Gottes [...] *nicht* haben" (9,4), die andere aus solchen, „welche das Malzeichen [des Tiers] [...] *nicht* empfangen hatten" (20,4). Beide Gruppen erleiden ein jeweils entgegengesetztes Schicksal. Der gleiche Wille Gottes gibt den Christen das Heil, den Gottlosen Plagen (vgl. z.B. ad 15,6). Während die Namen der Christen im Buch des Lebens geschrieben sind (3,5; vgl. 21,22), stehen die der Gottlosen „seit Grundlegung des Kosmos" nicht in diesem (13,8; 17,8).

Der Gegensatz zwischen den beiden Gruppen wird so scharf gefasst, dass die Existenz von Menschen, die keiner der beiden Gruppen zugehören, nicht gedacht wird. Der Übertritt von der einen Gruppe zur anderen ist nicht vorgesehen; deshalb fehlt jegliches Interesse an Mission;[158] die Möglichkeit der μετάνοια ist nur bei den Christen vorausgesetzt (vgl. ad 2,5); die Erdenbewohner bekehren sich trotz der von Gott gegebenen Plagen nicht von ihren Werken und lästern sogar Gott (9,20f; 16,9.11.21). Andererseits findet man im Visionsteil keine negative Qualifizierung der Christen;[159] die Sünde entdeckt der Vf. nur bei Babylon (18,4f);[160] anders als im AT findet sich in der Offb kein einziger Hinweis darauf, dass etwa der Wein des Zorns an Israel bzw. an die Gläubigen gereicht wird (vgl. ad 14,8). Nur in den Sendschreiben ist die Sachlage etwas anders; dazu vgl. unten. Sonst gilt grundsätzlich: „Wer Unrecht tut, tue weiter Unrecht, und wer unrein ist, lasse sich weiter unrein machen, und der Gerechte tue weiter Gerechtigkeit, und der Heilige heilige sich weiter" (22,11).[161]

Die Erdenbewohner stehen den Christen feindlich gegenüber: Sie verfolgen sie (11,2; 13,17 u.a.); manchmal ist sogar vom Vergießen des Blutes der Christen durch

---

[158] STUHLMACHER, Theologie 269, z.B. nennt als Belege des Missionsgedankens in der Offb die Verweise auf das „Zeugnis" (1,2.9; 6,9; 11,7; 12,11) und die Erwartung des endzeitlichen Zuges der Heidenvölker zur Gottesstadt (21,24–26). Aber eine genauere Betrachtung der Aussagen zeigt, dass sie keine auf die Mission abhebenden Implikationen enthalten; vgl. die Exegese der entsprechenden Belege.

[159] Vgl. etwa 1QS 3,21ff, wo davon die Rede ist, dass auch die Kinder der Gerechtigkeit bis zur Zeit Gottes unter der Herrschaft des Engels der Finsternis stehen und sündigen, auch wenn die Schrift einen schroffen Gegensatz zwischen der Sekte und der Außenwelt voraussetzt und die Zugehörigkeit zu ihr für sehr wichtig hält (1,9ff; 4,15ff).

[160] In 1,5 ist das Wort „Sünde" aus der Überlieferung übernommen, in 18,4f dagegen bringt es der Vf. selbst ein, obwohl er es im Grundtext, Jer 51,45, nicht gefunden hat.

[161] KARRER, Stärken 403, vertritt eine andere Ansicht, indem er schreibt: „Die Apk erhebt einen ausstrahlenden, in die Weite greifenden Anspruch und versagt sich der Schablone einer Theologie für Konventikel".

sie die Rede (16,6; 17,6 u.a.; vgl. auch 6,9; 20,4). Fraglich ist allerdings, ob solche Darstellungen der tatsächlichen Realität entsprechen. Die Verfolgung der Glaubenden durch die Gottlosen ist ein traditioneller Topos der Apokalyptik (vgl. etwa 1Hen 103,9–15); daher findet er Eingang auch in die Darstellung des Vf. der Offb (vgl. etwa ad 1,9; 2,2), auch wenn die Situation in seiner Gegenwart nicht so akut gewesen sein mag.[162] Er weiß, dass der achte König, der es in seinem widergöttlichen Handeln am weitesten treibt, erst für Zufunft zu erwarten ist (17,8). In den Sendschreiben, in denen sich die tatsächliche Situation der Christen weitgehend ohne apokalyptische Topik widerspiegelt, berichtet er nur von einem einzigen Märtyrertod, dem des Antipas (2,13), ansonsten lediglich von der Einkerkerung einiger Gemeindeglieder 2,10 und der Bedrängung durch die Juden 2,9 und 3,9.

In den Sendschreiben lässt sich zwischen Kirche und Außenwelt nicht einfach eine Scheidelinie ziehen: Der Vf. sieht in einigen der sieben Gemeinden eine intensive Wirksamkeit von Häretikern (besonders in Thyatira, 2,20ff). Er betrachtet sie nicht als der Kirche zugehörig; er benennt sie mit Decknamen von gottfeindlichen Heiden des AT wie Bileam und Isebel; die Scheidelinie zwischen Christen und Gottlosen wird hier immitten der Kirche gezogen.

*Der strenge Dualismus in der Offb*
Woran liegt es, dass in der Offb die Scheidelinie so streng gezogen wird? Zum einen gibt es einen sachlichen Grund. Die jüdische Apokalyptik fasst Fromme und Frevler als zwei gegenüberstehenden Gruppen auf, aber einerseits wirkt der Gedanke des erwählten Gottesvolkes weiter, und andererseits ist abgesehen von Extremfällen die Grenzlinie zwischen beiden Gruppen in Wirklichkeit nicht immer deutlich. Im Rahmen der christlichen Kirche aber ergibt sich eine gänzlich andere Situation. Die Zugehörigkeit zur Kirche bedeutet besonders für die erste christliche Generationen ein bewusstes Austreten aus der Gesellschaft. Darüber hinaus kommt bei Minderheiten machmal eine Tendenz zur Abkapselung hinzu. Zweitens wird die strenge Gegenüberstellung beider Gruppen theoretisch-theologisch dadurch gefordert, dass der Vf. sie als irdische Konsequenz des weitaus grundlegenderen Gegensatzes zwischen Gott und dem Satan begreift. Im zeitgenössischen Judentum ist das Bild des Satan insgesamt gesehen (abgesehen von einigen qumranischen Schriften) nicht so entwickelt wie im NT.[163] Der Vf. der Offb dagegen verknüpft das Tier, den Vertreter der gegengöttlichen Mächte auf der Erde, in 13,4 mit dem Drachen, dem Satan. Die Menschheit wird in ihrer Gesamtheit durch den grundlegenden Gegensatz zwischen Gott und dem Satan konstituiert; jeder Mensch gehört somit notwendigerweise einer der beiden Gruppen an.

---

[162] Freilich wird man zu weit gehen, wenn man solche Beschreibungen alle als Fiktionen betrachtete. Die trübe Atmosphäre, die das ganze Buch durchzieht, ist für den Vf. und für seine Gruppe doch reale Wirklichkeit; dazu vgl. 4.2.3. und 4.3.
[163] Vgl. VOLZ, Eschatologie 87f.

*Abschließende Bewertung*
Für heutige Leser ist diese dualistische Auffassung der Menschenwelt des Vf. vielleicht nicht ganz problemlos. Dass sie aber die damaligen Christen in ihrem Glauben befestigen konnte, indem sie sie immer wieder an ihre Zugehörigkeit zu Christus erinnerte, ist nicht zu bestreiten. Aber sie barg zugleich auch die Gefahr der Entwicklung eines unangemessenen elitären Bewusstseins in sich; sie konnte die Christen versucht sein lassen, Gott zu ihrem eigenen Parteigänger, ja faktisch zu ihrem Diener zu machen, ohne Grund ihrer Außenwelt gegenüber ein Gefühl der Überlegenheit zu entwickeln und den Nichtchristen gegenüber feindselig aufzutreten.

## 7.5 Die Eschatologie

HAHN, F., Theologie des Neuen Testaments, 2 Bd., Tübingen 2002; ROOSE, H., „Das Zeugnis Jesu". Seine Bedeutung für die Christologie, Eschatologie und Prophetie in der Offenbarung des Johannes (TANZ 32), Tübingen/Basel 2000; TAEGER, J.-W., Johannesapokalypse und Johanneischer Kreis. Versuch einer traditionsgeschichtlichen Ortsbestimmung am Paradigma der Lebenswasser-Thematik (BZNW 51), Berlin/New York 1989.

### 7.5.1 *Belege für die Naherwartung*
Am Anfang und am Ende des Buches betont der Vf. die Nähe des Endes (1,3; 22,10); das letzte Wort des Buches ist eine Proklamation des himmlischen Jesu über seine baldige Parusie (22,20; vgl. auch V. 12). Der Vf. wird durch göttliche Autorität beauftragt, seinen Mitchristen zu schreiben, „was bald geschehen soll" (1,1; 22,6), und am Ende des Buches wird er durch den Engel, der ihm gezeigt hat, „was in Bälde geschehen soll" aufgefordert, „die Worte der Prophetie des Buches nicht zu versiegeln, da die Zeit nahe ist" (22,10); ähnlich auch in 10,5–7, wo der Vf. die Vorlage aus Dan 12,5–7, es solle „eine Zeit, Zeiten und eine halbe Zeit" dauern (12,7), in „es wird keine Frist mehr geben" ändert (V. 6). Die Naherwartung durchzieht das ganze Buch.

### 7.5.2 *Woran erkennt man die Nähe der Parusie?*
In der apokalyptischen Literatur wird im allgemeinen angenommen, dass dem Ende verschiedene zeichenhaften Erscheinungen vorangehen wie Krieg, Pest, Hungersnot, übernatürliche Phänomene usw. (vgl. etwa Mk 13). Vor diesem Hintergrund ist die Darstellung der drei numerierten Visionenreihen zu verstehen. Den zeichenhaften Erscheinungen misst der Vf. aber keine entscheidende Bedeutung zu; denn es ist kaum anzunehmen, dass er diese auf bestimmte zeitgeschichtliche Ereignisse bezogen wissen möchte;[164] so ist der Weg versperrt, durch die Beobachtung von zeichenhaften Erscheinungen die Zeit bis zum Ende zu berechnen. Nur weil solche zeichenhaften Erscheinungen allgemein als Elemente apokalyptischer Literatur gelten, kommt er sie in seinem Buch auf sie zu sprechen.

---
[164] Vgl. die einleitende Erklärung zu Kap. 6.

Innerhalb der jüdischen Apokalyptik hat man sich bemüht, von einem bestimmten Punkt ausgehend die Zeit bis zum Ende zu berechnen. Daniel z.B. beginnt seine Zeitrechnung mit dem babylonischen Exil (vgl. etwa 9,24ff), die Zehn-Wochen-Apokalypse (1Hen 93,3ff) mit der Schöpfung. Auch in der Offb findet man eine dementsprechende Zeitangabe, zweiundvierzig Monate bzw. ihre Äquivalente, in Kap. 11–13; der Ausgangspunkt ist das Christusgeschehn. Aber dass die Zeitangaben nicht buchstäblich gemeint sind, zeigt sich bereits daran, dass zwischen dem Christusgeschehen und der Abfassung des Buches mehr als ein halbes Jahrhundert vergangen ist. Der Vf. hat sie einfach von Daniel übernommen, um seine Zeit als Endzeit zu charakterisieren.

*7.5.3 Die Begründung der Naherwartung durch das Christusgeschehen*
In der Offb ist die Nähe des Endes allein christologisch begründet: Mit dem Christusgeschehen beginnt die Endzeit (Kap. 5); Christus hat durch seinen Tod und seine Auferstehung/Inthronisation im Himmel den Satan bereits entscheidend überwunden (Kap. 12). Mit dieser Auffassung unterscheidet sich der Vf. schroff von jüdischen Apokalyptikern; vgl. auch oben 1.1.3.1. Weil nun das Christusgeschehen für ihn und seine Leser ein Geschehen der Vergangenheit darstellt, wissen sie, dass sie selbst in der Endzeit leben.

Für den Vf., der am Ende des ersten Jahrhunderts lebt, gehört das Christusgeschehen bereits zu einer recht weit zurückliegenden Vergangenheit. Dass er seine Naherwartung mit diesem begründet, mag deshalb zunächst verwundern. Aber in dieser Hinsicht übte die jüdische Apokalyptik auf ihn einen großen Einfluss aus: Das Geschehen um 70 n. Chr. war für diese zweifellos ein gewichtiger Anlass zur Wiederbelebung der Naherwartung und so blieb es bis über die Jahrhundertswende (4Esr; syrBar). Da der Vf. dies wahrscheinlich noch selbst als jüdischer Apokalyptiker erlebte (vgl. oben 2.1.2), kann nicht überraschen, dass seine theologische Perspektive grundlegend von der Naherwartung bestimmt gewesen ist. Und dies änderte sich nicht, als er zu der Einsicht gelangte, dass die Endzeit mit dem Christusgeschehen bereits begonnen hatte und er nur noch auf die Parusie als die völlige Verwirklichung der Gottesherrschaft zu warten hat.

*7.5.4 Die Abschwächung der Naherwartung*
In der Offb findet man jedoch auch Aussagen, in denen die Naherwartung abgeschwächt ist:[165] Nach 12,12 soll Satan, der auf die Erde herabsteigt und die Christen verfolgt, selber wissen, dass ihm nur noch eine kurze Zeit verbleibt; dieser „kurzen Zeit" entsprechen, wie sich vom Kontext her nahelegt, die symbolischen dreieinhalb Jahre; man hat daher hier keinen Anhalt, die Dauer genau zu berechnen. In 10,6f verkündet ein mächtiger Engel, dass „in den Tagen der Stimme des siebten Engels das Mysterium Gottes vollendet wird"; die Nähe wird betont, aber die Leser können nicht genau wissen, wann wirklich die Posaune geblasen wird; sie wissen nicht einmal, ob die Posaunen von der ersten bis zur sechsten bereits geblasen

---
[165] Zum Folgenden vgl. TAEGER, Johannesapokalypse 144ff.

worden sind. In der fünften Siegelvision wird den Märtyrern gesagt, „dass sie noch kurze Zeit abwarten sollten, bis die Zahl ihrer Mitknechte und ihrer Brüder voll wird, die getötet werden sollen wie sie selbst" (6,11). Den Lesern ist jedoch nicht bekannt, was die Komplettierung ihrer Zahl bedeutet.[166] In der Darstellung der sieben bzw. acht Könige in Kap. 17 wird der jetzt regierende mit dem sechsten identifiziert und der Antichrist mit dem achten; zwischen diesen soll der siebte kommen; da seine Regierungszeit „kurz" sein soll (V. 10), ist das Kommen des Antichrist in Bälde zu erwarten, aber durch den Einschub wird der Eindruck seines unmittelbar bevorstehenden Kommens abgeschwächt.

Eine ähnliche Tendenz lässt sich auch in den Sendschreiben feststellen: Dort wird die Nähe der Parusie explizit nur in 3,11 thematisiert. Gelegentlich weist der himmlische Jesus sogar auf sein Kommen zur Bestrafung der untreuen Gemeindeglieder noch vor dem letzten Ende hin (2,5.16; 3,3); die Parusieverzögerung ist vorausgesetzt. Auch sonst gibt es Aussagen über die Bestrafung von Gemeindegliedern im Laufe der Geschichte, ohne dass überhaupt von dem Kommen des himmlischen Jesus gesprochen wird (2,22f; 3,16).

Solche Abschwächungen finden sich nicht nur an einzelnen Stellen, sondern auch im Aufbau des ganzen Buches. Im Blick auf die drei numerierten Visionenreihen wird in der Forschung zuweilen von Rekapitulation gesprochen. In der Tat findet man besonders zwischen der Posaunen- und der Schalenreihe viele Parallelen. Aber nach dem Verständnis des Vf. handelt es sich dabei nicht um eine zweimalige Darstellung von gleichen Ereignissen. Er komponiert so, dass sich eine Reihe aus der anderen entwickelt und das Ganze eine fortlaufende Geschichte bildet (vgl. oben 5.2.2). Und das Ende kommt erst dann, wenn alles durchschritten ist. Die Rekapitulation dient also dazu, die Vorstellung von der unmittelbar bevorstehenden Parusie abzudämpfen.[167] Diese Wirkung wird noch dadurch verstärkt, dass die Leser nicht zu allen in diesem Zusammenhang aufgezählten zeichenhaften Erscheinungen Entsprechungen in ihrer Lebenswirklichkeit finden können. Mindestens für einige müssen sie deren Verwirklichung erst in der Zukunft erwarten. Auch der Vf. schreibt in 3,10 von „der Stunde der Prüfung, die über die ganze Welt kommen wird (fut!)".[168]

*7.5.5 Warum die Retardierung?*
Der Text gibt auf die Frage keine direkte Antwort. Wir können eine Begründung nur aus anderen Zusammenhängen her erschließen. Erstens ist erwägenswert, dass eigene Erfahrungen des Vf. eine gewisse Rolle spielen. Die Erwartung des nahen

---

[166] In der Parallele 4Esr 4,35ff werden ähnlich ungenaue Angaben gemacht (vgl. ad 6,10); dagegen wird etwa in 1Hen 47,1ff der Vollzug des Gerichts unmittelbar nach dem Bittgebet geschildert.

[167] „Die Anordnung der Siebener-Reihen lässt sich als bewusst retardierendes Moment deuten" (ROOSE, Zeugnis 56); „die Naherwartung ist durch die ausführliche Schilderung der zwischenzeitlich zu erwartenden Ereignissse in einem nicht unerheblichen Maße modifiziert" (HAHN, Theologie I 470).

[168] Vgl. 2Thess 2,3, wo die Tatsache, dass die entsprechenden Phänomene wie der Abfall und das Auftreten des Menschen der Gesetzesfeindschaft noch nicht erschienen sind, für den Vf. ein gewichtiges Argument gegen die Häretiker ist, die behaupten, dass das Ende bereits gekommen sei.

Endes ist in ihm sicher nicht erst durch die Offenbarung in Patmos lebendig geworden. Möglicherweise zählte die Naherwartung gar zu den ausschlaggebenden Gründen für seinen Übertritt zum Christentum (vgl. oben 2.1.3.1); in jedem Falle hat er bereits als jüdischer und später dann auch als christlicher Apokalyptiker mit ihr gelebt. Dann aber ist leicht einzusehen, dass er manchmal auch „Verzögerungen" und damit verbundene Enttäuschungen bewältigen musste. Vielleicht haben diese Enttäuschungen ihn gegenüber einer allzu unmittelbaren Naherwartung vorsichtig gemacht. Aber den tieferen Grund der Retardierung sollte man im Heilsverständnis des Vf. suchen. Obwohl er die endgültige Erlösung in der Zukunft erwartet, ist er überzeugt, dass sich das Heil im Christusgeschehen grundsätzlich bereits verwirklicht hat. Von daher ist es keine wirklich entscheidende Frage mehr, ob das Ende bereits unmittelbar bevorsteht oder aber noch länger verzieht. Darüber hinaus rechnet er vor dem Kommen des Endes noch mit einer Intensivierung der Verfolgung (12,12; ähnlich auch 11,2). Punktuell werden die Christen bereits in der Gegenwart verfolgt (z.B. das Martyrium von Antipas, 2,13); auch der Vf. selbst musste und muss offensichtlich Verfolgung erleiden (1,9); aber man bekommt nicht den Eindruck, dass zur Zeit der Abfassung der Offb eine allgemeine und umfassende Verfolgung der Christen bereits Platz gegriffen hätte (vgl. oben 4.4). Wahrscheinlich schwächt der Vf. auch aus diesem Grund die Naherwartung ab.

Zur Frage, was der Vf. für das Ende erwartet, vgl. oben 7.3.4.

*7.5.6 Die Naherwartung und der Verfasser*
Man muss einerseits konstatieren, dass die Offb nicht vom Gedanken einer brennenden Erwartung des baldigen Kommens des Eschaton geprägt ist. Andererseits muss man aber doch feststellen, dass die Parusieverzögerung an keiner Stelle explizit thematisiert ist und das Buch mit Aussagen über die Naherwartung beginnt und endet. Woher kommt diese Diskrepanz?

An zwei Stellen macht der Vf. deutlich, dass die Änderung der Botschaft des Buches streng verboten ist. In Kap. 10 wird dem Seher untersagt, was die Donner reden, abzuschreiben, also den Lesern eine Botschaft weiterzugeben, die nicht in diesem Buch enthalten ist. Es handelt sich hierbei wohl nicht um ein Verbot der Hinzufügung weiterer Aussagen, die den in der Offb bereits gemachten sachlich entsprechen. Im Kontext dieser Untersagung wird die Naherwartung hervorgehoben (V. 6f). Der Vf. hat diejenigen vor Augen, die den Standpunkt der „realised" Eschatologie vertreten. Die Szene könnte aber auch den inneren Streits des Vf. selbst widerspiegeln; wegen der Parusieverzögerung tendient er allmählich zur Anerkennung der „realised" Eschatologie; aber der Engel untersagt ihm deren Verkündigung. Jedenfalls ist hier eine Art Polemik erkennbar. Das gleiche lässt sich auch von einer zweiten Stelle erschließen. Am Ende des Buches schreibt der Vf. eine Textsicherungsformel (22,18f), in deren Kontext sich wiederum Aussagen über die Naherwartung finden. Die „Formel" richtet sich gegen diejenigen, die die Naherwarung bestreiten.

Gibt es in der Offb aber andere Texte, die eine solche Mutmaßung legitimieren? Man findet in den Sendschreiben einige polemische Aussagen gegen die Gemeindeglieder, die zur Anpassung an die heidnische Umwelt neigen. Unter ihnen sind einerseits wohl auch solche, die einfach allmählich die Spannung des Glaubens verloren haben, andererseits aber sicher auch solche, die aufgrund ihrer inneren Überzeugung, dass sie bereits an der Auferstehung teilhaben, die Anpassung an die Umwelt bejahen. Sie entsprechen etwa „den Starken" der paulinischen Gemeinde in Korinth;vgl. oben 2.4.

Die Position des Vf. in Bezug auf die Eschatologie ist also durchaus zweideutig. Offiziell behauptet er die Naherwartung und ist er von ihr wirklich überzeugt; die durch das Christusgeschehen begründete Naherwartung ist für ihn ja der Ausgangspunkt seines Lebens als christlicher Prophet gewesen (vgl. oben 2.1.3.1); deshalb beginnt und endet sein Buch mit Aussagen, die die Naherwartung zum Ausdruck bringen; er verleibt seinen Ausführungen auch eine Reihe von frühchristlichen Überlieferungen dieses eschatologischen Inhalts ein (vgl. oben 2.1.4). Aber andererseits übt der Gedanke der Parusieverzögerung durchaus gewissen Einfluss auf sein Denken aus; er vermeidet es, Klares und Entscheidendes zu sagen; er lässt immer einen gewissen Spielraum, innerhalb dessen eine allzu brennende Naherwartung gedämpft wird.

# AUSLEGUNG

## 1,1-3: Vorwort: Herkunft, Bestimmung und Inhalt der Offenbarung

(1) **Offenbarung Jesu Christi, die Gott ihm gab, um seinen Knechten zu zeigen, was bald geschehen soll, und die er durch Sendung seines Engels seinem Knecht Johannes kundtat. (2) Dieser bezeugte das Wort Gottes und das Zeugnis Jesu Christi, alles, was er sah.**
(3) **Selig der, welcher vorliest, und die, welche die Worte der Prophetie hören und bewahren, was in ihr geschrieben ist; denn die Zeit ist nahe.**

**V. 1-3:** Der eigentliche Teil des Buches beginnt mit einem bei Briefen üblichen einleitenden Formular (1,4-6) und endet mit einem Wort, das einem Schlusssegen ähnlich ist (22,21); vgl. dazu die einführende Erklärung zu V. 4-6. V. 1-3, das Vorwort für das ganze Buch hat dagegen nicht den Stil eines Briefeingangs. Es nennt zunächst dessen Titel, „Offenbarung Jesu Christi", erläutert dann ihre Herkunft, ihre Bestimmung, ihren Inhalt („was bald geschehen soll") und den Weg ihrer Weitergabe (V. 1). V. 2 beschreibt diese Weitergabe als Zeugendienst des Johannes; diesmal ist der Inhalt des Zeugnisses als „das Wort Gottes und das Zeugnis Jesu Christi" bezeichnet. Darauf folgt eine Seligpreisung für die treuen Leser bzw. Hörer des Buches, die mit der Nähe des Endes begründet wird (V. 3).

Das Vorwort folgt dem Muster der alttestamentlichen Prophetenbücher, die meistens mit einem Vorwort wie „das Wort Jahwes, das an Hosea [...] erging" (Hos 1,1) versehen sind; hierin spiegelt sich schon das Bewusstsein des Vf. als eines endzeitlichen Propheten.

**V. 1:** Das Wort „Offenbarung" (ἀποκάλυψις) ist mitsamt den Verben aus der gleichen Wortwurzel in der Offb sonst nicht bezeugt. Bei der Inhaltsangabe des Buches verwendet der Vf. sonst προφητεία (1,3; 22,7.10.18.19). Aber da „Prophetie" in der Offb stets Tätigkeit von Menschen bezeichnet, auch wenn sie durch Christus oder durch den Geist dazu bewegt sind, verwendet er ἀποκάλυψις hier, um am Anfang des Buches die Urheberschaft Christi zu betonen.

Das Wort bezeichnet im allgemeinen entweder den Akt Gottes, Verborgenes zu enthüllen, oder die durch sie enthüllte Sache. Hier ist es im zweiten Sinne verwendet. Gleichzeitig ist ἀποκάλυψις hier die Bezeichnung des Buches.

## Exkurs: ἀποκάλυψις *in LXX und in jüdischen und urchristlichen Schriften*

Das Hauptwort ἀποκάλυψις[1] kommt in LXX nur selten vor (1Βας 20,30 als Übersetzung von עֶרְוָה; Sir 11,27; 22,22, eventuell auch 41,26); die Belege geben im Blick auf das Verständnis dieses Begriffs an unserer Stelle nichts her. Das Verb ἀποκαλύπτειν (meistens als Übersetzung von גלה/גָּלָה) ist in LXX häufiger bezeugt, aber meistens im profanen Sinne. In 1Βας 2,27; 3,21; 2Βας 7,27 bezeichnet es eine Selbstoffenbarung Gottes im Laufe der Geschichte und in 1Βας 3,7* Ψ 97,2* Jes 52,10* 53,1* 56,1 sein sonstiges Handeln. Diese Belege zielen jedoch weder auf die eschatologische Endzeiterwartung ab noch werden die in ihnen beschriebenen Offenbarungen durch eine oder mehrere Visionen vermittelt. Der Verwendung des Terminus ἀποκάλυψις in 1,1 sachlich näher steht Am 3,7: Beiden Stellen ist gemeinsam, dass Gott der Offenbarer ist, und dass ein Prophet (Johannes) bzw. Propheten Empfänger der Offenbarung sind; allerdings sind im Am die Objekte der Enthüllung einzelne Handlungen Gottes im Laufe der Geschichte und nicht ein fortlaufendes Geschehen in der Endzeit.

Im griechischen Text des AT kommen letzten Endes nur einige Stellen aus Dan Θ als Parallelen in Frage (2,19.22.28.29.30.47; 10,1): Wie an unserer Stelle ist Gott der Offenbarer; das zu enthüllende Geheimnis ist, „was in den Tagen des Endes geschehen soll" (2,28); das wird, durch eine dem Daniel geoffenbarte Vision vermittelt, Nebukadnezar kundgetan (2,19).[2]

In jüdisch-apokalyptischen Schriften werden die dem ἀποκαλύπτειν entsprechenden Verben gelegentlich mit Bezug auf das Geschehen in der Endzeit (z.B. syrBar 39,7; 29,4), oder auf die Offenbarung über die endzeitlichen Geschehnisse (besonders syrBar 81,4; vgl. auch 4,3; 54,4; 4Esr 10,38 u.a.) verwendet. Das Substantiv wird dagegen nur sehr selten verwendet; dabei entspricht die Art und Weise seiner Verwendung nicht der in 1,1.[3]

Im NT: Die Belege bei Paulus und im 1Petr weisen oftmals einen eschatologischen Kontext auf (z.B. Röm 8,18; 1Kor 1,7; 1Petr 1,7; 5,1; vgl. auch Lk 17,30). Aber als Gegenstand der Offenbarung wird dann entweder die Parusie oder die δόξα genannt, an keiner Stelle bezieht sie sich auf eine fortlaufende Beschreibung von apokalyptisch-endzeitlichen Ereignissen, die in der Umwälzung der das Geschick der Menschen bestimmenden Verhältnisse kulminieren. Außerdem bezeichnet das Substantiv ἀποκάλυψις dabei vorwiegend das Geschehen der Offenbarung und nur selten den Inhalt des Geoffenbarten, wie es an unserer Stelle der Fall ist.[4]

---

[1] Zum Wortgebrauch von ἀποκαλύπτειν/ἀποκάλυψις im Griechentum und Hellenismus vgl. OEPKE, ThWNT III 572,34ff; VIELHAUER/STRECKER, Apokalypsen 493.

[2] In Dan 2,19ff verwendet Θ durchgehend ἀποκαλύπτειν, LXX dagegen ἀνακαλύπτειν, ἐκφαίνειν und δεικνύναι promiscue.

[3] Der einzige alte Beleg des Hauptwortes ist „die Offenbarung dieses Gesichts" in syrBar 76,1. Aber das Wort dient „nicht zur umfassenden literarischen Bezeichnung eines Textes, sondern bezieht sich nur auf die Einzelvision und ihre Deutung" (KARRER, Brief 97; vgl. auch U.B. MÜLLER, Apokalyptik 285; ROOSE, Zeugnis 148). BOUSSET, Apk 180, weist auf die Buchüberschrift der syrBar hin (ähnlich CHARLES, Apk I 5), aber sie lautet genauer „Schrift der Offenbarung des Baruch, Sohnes des Nerja, übersetzt aus dem Griechischen ins Syrische", geht also wahrscheinlich auf den Übersetzer des Buches in die syrische Sprache zurück; vgl. Ausführung bei ZAHN, Apk 139ff; VIELHAUER/STRECKER, Apokalypsen 493.

[4] Denkbar wäre dies allerdings möglicherweise in 1Kor 14,6.26; 2Kor 12,1.7. KARRER, Brief 97, behauptet, dass der Vf. bei der Anwendung der Bezeichnung ἀποκάλυψις „auf eine terminologische Prägung der [...] paulinischen Tradition" zurückgreife (ähnlich SCHÜSSLER FIORENZA, Apokalypsis 150f;

Es gibt keinen Präzedenzfall dafür, dass mit ἀποκάλυψις eine Reihe endzeitlicher Geschehnisse bzw. ein Buch bezeichnet wird, dessen Haupinhalt Endgeschichte ist. Ἀποκαλύπτειν in Dan Θ 2,19 u. a. deutet immerhin an, dass in jüdisch-apokalyptischen Kreisen der Stamm ἀποκαλυπτ- allmählich terminus technicus geworden ist. Die Verwendung von ἀποκάλυψις an unserer Stelle ist unmittelbar aus dem jüdisch-apokalyptischen Milieu erwachsen. Die Verwendung dieses Begriffs im technischen Sinn geht wohl auf den Vf. selbst zurück.

Die Offenbarung heißt hier „Offenbarung Jesu Christi".[5] Bei „Jesu Christi" handelt es sich um ein gen. auctoris. Die Hervorhebung der Urheberschaft Christi ist beachtenswert. Denn einerseits besteht angesichts des Erklärungswortes, *Gott habe sie ihm gegeben* (vgl. auch 22,6), aber auch angesichts des Tatbestandes, dass die Vorworte einiger alttestamentlicher Prophetenbücher mit der Formel „das Wort Jahwes" beginnen, theoretisch durchaus die Möglichkeit, dass sie „Offenbarung Gottes" genannt wird. Andererseits würde man sich auch nicht verwundern, stände hier „Offenbarung Johannis", denn zum einen beginnen nicht wenige Propheten ihr Buch mit einer entsprechenden Bezeichnung wie „Worte des Amos" und zum anderen wird wahrscheinlich schon sehr früh unser Buch mit der Überschrift „Offenbarung Johannis" versehen gewesen sein. Die Formulierung entspricht einer der wichtigsten Funktionen Christi in diesem Buch.[6]

Dem Titel „Jesus Christus" sind zwei Nebensätze angehängt, die jeweils die Herkunft, die Bestimmung, den Inhalt und den Weg der Übermittlung der Offenbarung angeben. Eine ähnliche Aussage findet sich in 22,6 (vgl. auch 22,16). Beide Belege unterscheiden sich nur in der Angabe über den Weg der Weitergabe der Offenbarung; während sie nach 22,6 von Gott über seinen Engel zu „seinen Knechten" weitergegeben wird, wird sie nach 1,1 zum einen von Gott über Christus zu „seinen Knechten" und zum andern von „ihm" (vgl. gleich unten) über seinen Engel zu Johannes weitervermittelt. Die Dreigliedrigkeit ist das herrschende Prinzip der Formulierung. Beide Angaben sind komplementär. In der Angabe 1,1 sind zwei Personen genannt, die in 22,6 nicht begegnen: Christus und Johannes, also diejenigen, die im Vorwort auch in anderen Zusammenhängen besonders hervorgehoben sind. Der erste Satz, „Gott gab sie ihm (Jesus Christus)", soll nicht primär den Vorrang Gottes vor Christus hervorheben,[7] sondern vielmehr die besondere Stellung Christi als des Übermittlers der Offenbarung betonen. Als Zeitpunkt, an dem er von Gott die Offenbarung empfangen hat, kommt nur seine Inthronisation in Frage (Kap. 5).

---

U.B. Müller, Apokalyptik 285; Roose, Zeugnis 148f). Aber die Verwendung von ἀποκαλύπτειν in Dan Θ steht dem Wortgebrauch in Offb 1,1 wesentlich näher.

[5] Zur Verwendung von „Jesus Christus" bzw. „Christus" vgl. Einleitung 7.2.2.

[6] Vgl. Einleitung 7.2.4.2.2.

[7] Dazu vgl. Einleitung 7.2.6. Freilich ist die Wendung, Gott habe ihm gegeben, in der Offb einzigartig; vgl. Einleitung 7.2.6.1.

Das „Geben" Gottes an Christus bezweckt, „seinen Knechten zu zeigen,[8] was bald geschehen soll". Das Wort „Knecht" (δοῦλος)[9] begegnet in der Offb nur dreimal als Standesbezeichnung (6,15; 13,16; 19,18). In den übrigen elf Fällen ist es religiös geprägt[10] und stets mit einem Nomen oder Pronomen im Genitiv verbunden, das meistens eindeutig zeigt, dass der Betreffende Gott zugehörig ist bzw. eine besonders nahe Beziehung zu Gott hat (7,3; 10,7; 11,18; 15,3; 19,2.5; 22,6). „Knecht Gottes" ist in dem Sinne eine Art Hoheitstitel (vgl. unten). „Knechte Jesu" begegnen nur ausnahmsweise;[11] auch an unserer Stelle ist mit αὐτοῦ Gott gemeint. Im AT und im Judentum werden hochangesehene Fromme wie Mose oder David (Ps 89,4.21 u. a.) „Knecht Gottes" genannt. Es ist auch eine übliche Bezeichnung für Propheten und (besonders im Judentum[12]) für Glaubende.[13] In der Offb sind „Knechte Gottes" abgesehen von wenigen Fällen (10,7; eventuell auch 11,18) die Christen im allgemeinen (besonders deutlich in 2,20; 7,3; 22,3); das gilt auch für unsere Stelle[14] (anders jedoch bei der Selbstbezeichnung des Vf. als „sein Knecht" in V. 1b; vgl. dort). Die Offb ist also ein Gemeindebuch.

Der Ausdruck, „was bald geschehen soll", steht unter dem Einfluss von Dan 2,28.29.45 (vgl. auch 1Hen 91,18; 1QpHab 2,6ff); hier wird das Geheimnis, das dem König Nebukadnezar gegeben ist und das Daniel zu erläutern hat, „was am Ende der Tage (bzw. nach diesem) geschehen soll" genannt (LXX unten Θ V. 28: ἃ δεῖ γενέσθαι ἐπ' ἐσχάτων τῶν ἡμερῶν). Das Wort δεῖ zeigt dabei, dass das Vorgesehene der Absicht Gottes entspricht und sich deswegen ohne Zweifel verwirklichen wird. In Dan kommt ein Ausdruck, der dem ἐν τάχει in unserem Text entspricht, nicht vor.[15] In der Offb begegnen dieser Begriff und seine Derivate dagegen wiederholt (τάχος: 1,1; 22,6; ταχύ: 2,16; 3,11; 11,14; 22,7.12.20). Wahrschein-

---

[8] Während das Wort „zeigen" (δεικνύναι) in den übrigen neutestamentlichen Schriften meist nicht mit einer theologischen Prägung versehen ist, ist es im Johannesevangelium und in der Offb fast ausnahmslos terminus technicus für die Offenbarung.

[9] Das Verb δουλεύειν ist in der Offb kein einziges Mal belegt, ein Anzeichen dafür, dass der Begriff δοῦλος einen stark technischen Charakter hat. Dass die Anhänger des Tieres niemals dessen δοῦλοι genannt wird, entspricht dem hier angenommenen technischen Charakter des Terminus δοῦλος.

[10] Außerdem ist σύνδουλος dreimal belegt (6,11; 19,10; 22,9). Die Erklärung gilt im wesentlichen auch für diese drei Stellen.

[11] Unzweideutig nur in 2,20; in 22,3 sind „seine Knechte" Knechte Gottes und des Lammes zugleich; dasselbe ist eventuell auch in 1,1b der Fall. Denkt man daran, dass in anderen neutestamentlichen Schriften (vor allem bei Paulus) vorwiegend der Begriff „Knechte Christi" belegt ist (Röm 1,1; 1Kor 7,22 u.a.), wird deutlich, dass der δοῦλος-Begriff der Offb in einem jüdischen Hintergrund wurzelt.

[12] Freilich ist in Qumran die Wendung „seine Knechte die Propheten" mehrmals belegt (1QpHab 2,9; 7,5; 4QpHos[b] 2,5).

[13] Vgl. etwa J. JEREMIAS, ThWNT V 678,15ff; vgl. auch SASS, δοῦλος 25-27.

[14] BOUSSET, Apk 181; CHARLES, Apk I 6; LOISY, Apk 61f; HADORN, Apk 25; WIKENHAUSER, Apk 26; NIKOLAINEN, Eigenart 161 u.a., halten sie für Propheten. Aber da der Vf. von der Wirksamkeit anderer Propheten nirgendwo berichtet und die ausschließliche Autorität seines Zeugnisses betont, ist es unwahrscheinlich, dass er sie ausgerechnet im einleitenden Teil des Buches als Empfänger der Offenbarung erwähnt; vgl. THOMAS, Apk 53; SATAKE, Gemeindeordnung 86ff; vgl. auch ad 22,6.

[15] Allerdings vgl. zu ταχύς Jes 13,22*; Zef 1,14*; Mal 3,5*, zu ταχέως Joel 3,4; Weish 6,5; 4Makk 10,21; zu ταχέως 2Makk 2,18; zu τάχος Bar 4,22.24.

lich hat der Vf. selbst das Wort „am Ende der Tage", das er in Dan 2,28 vorgefunden hat, durch ἐν τάχει ersetzt, und zwar in dem Bewusstsein, dass sich das Ende der Tage jetzt bald verwirklichen wird, da mit dem Christusgeschehen die Wende der Äonen schon eingetreten ist; „Naherwartung ist für Johannes ein ‚christliches' Phänomen".[16]

Der Ausdruck „was bald geschehen soll" oder eine ähnliche Wendung ist auch in 22,6 und an zwei weiteren struktuell wichtigen Stellen belegt, unmittelbar vor den Sendschreiben (1,19) und am Beginn des eigentlichen Visionsteils (4,1), jeweils in der Anrede einer himmlischen Stimme an den Seher, was kaum ein Zufall sein kann.[17] In 22,6 folgt unserem Ausdruck eine Proklamation Christi: „Siehe, ich komme gleich" (ταχύ). „Was bald geschehen soll", bezeichnet demnach eine Reihe von endzeitlichen Ereignissen (Pluralis ἅ!), die in seiner Parusie kulminieren.

Ob mit dem Pronomen „er", mit dem im zweiten Nebensatz von 1,1 der Urheber der Offenbarung beannnt wird, Gott gemeint ist oder Christus,[18] ist nicht ersichtlich. Auch wenn man weitere ähnliche Aussagen in Betracht zieht, wird das Bild nicht klarer. Von 22,6 her gesehen müsste mit diesem „er" Gott gemeint sein; nach 22,16 aber eher Christus. In dieser Uneindeutigkeit spiegelt sich die Auffassung unseres Vf. von der substantiellen Einheit von Gott und Christus (vgl. Einleitung 7.2.6.2.) wider.[19]

In dieser zweiten Angabe in 1,1 ist Johannes als Empfänger der Offenbarung hervorgehoben. Darin spiegelt sich sein Bewusstsein als deren einzigartiger Zeuge. Dass er seinen Eigennamen „Johannes" hier aufdeckt,[20] resultiert aus seiner Geschichtsauffassung: Durch das Christusgeschehen ist die Geschichte in ihre letzte Phase eingetreten; jetzt redet Gott durch ihn zu den Seinigen;[21] er braucht nicht mehr wie jüdische Apokalyptiker pseudonym zu schreiben. Die Bezeichnung „sein Knecht" macht seine Sonderstellung als die des Knechtes im speziellen Sinne, des Propheten, deutlich; gleichzeitig bringt er durch sie aber zum Ausdruck, dass er mit anderen Christen, „den Knechten Gottes", engstens verbunden ist (vgl. 19,10; 22,9).[22]

In der zweiten Angabe über die Offenbarungsvermittlung ist als Zwischenglied zwischen „er" und Johannes „sein Engel" genannt. In jüdisch-apokalyptischen Schriften kommen sehr oft Engel vor, die dem jeweiligen Seher Visionen zeigen

---

[16] PESCH, Offenbarung 20. Vgl. auch Einleitung 7.5.3.
[17] Vgl. BEALE, Rev. 1:19 382; MOYISE, OT 47.
[18] Die Mehrheit der Ausleger geht hier von Christus aus; LOHMEYER, Apk 8, denkt aber an Gott.
[19] Vgl. VÖGTLE, Gott 391; KARRER, Brief 105; BORING, Voice 345.
[20] Dazu vgl. Einleitung 2.1.1.
[21] Beachtenswert ist, dass der Name „Johannes" nur dann genannt wird, wenn von dem Vf. als dem Vermittler der Offenbarung die Rede ist.
[22] GIESEN, Apk 58; AUNE, Apk 17 u. a. ROOSE, Zeugnis 44f.156, sieht in der Bezeichnung der Christen als δοῦλοι ein Indiz für die Auffassung, dass sie auch „zu dem Kreis der Offenbarungsmittler" gehören und „in die Kette der Offenbarung" hineingestellt sind. Aber die Christen sind hier die Offenbarungsempfänger, während bei Johannes seine Übermittlerrolle vorausgesetzt ist. Vgl. die Erwähnung der Gemeindeglieder als Hörer des Zeugnisses in 22,16.

oder ihren Sinn deuten (*angelus interpres*).[23] Unser Vf. verwendet diese Vorstellung, um die Wichtigkeit der Szene zu unterstreichen (Anweisung an den Seher zur Prophetie in Kap. 10), oder um einen Zusammenhang zwischen verschiedenen Abschnitten herzustellen (17,1ff; 21,9ff), oder um seine eigenen Gedanken zum Ausdruck zu bringen (19,9f; 22,8f). Mit Ausnahme von 10,1ff finden sich diese Belege alle in dem Teil nach 17,1; in 5,5; 7,13ff spielt dagegen einer der Ältesten die Rolle des *angelus interpres*.

**V. 2:** Der Vf. erklärt dann, dass sein Wirken als Zeugendienst zu verstehen ist. Das Bezeugen bedeutet in der Offb nicht einen Akt vor Nichtchristen, sondern ist für die Befestigung des Glaubens der Gemeindeglieder bestimmt.[24]

Μαρτυρεῖν kommt in der Offb nur viermal vor; der Beleg in 22,18 ist nicht technisch. In 22,16.20 ist das Subjekt Jesus. An unserer Stelle ist es zwar Johannes; da aber das, was dieser bezeugt, „das Wort Gottes und das Zeugnis Jesu Christi" ist, ist hier im Blick auf das sachliche Subjekt der Offenbarung nicht viel anders gedacht als in 22,16.20. Obwohl in der Offb die Christen mehrmals als solche bezeichnet sind, die „das Wort Gottes und das Zeugnis Jesu" haben (z.B. 12,17), treten sie nie als Subjekt des Verbs μαρτυρεῖν auf. Hierin spiegelt sich das Bewusstsein des Sehers als *des* Propheten wider. Was eben in Bezug auf μαρτυρεῖν festgestellt worden ist, gilt auch in Bezug auf das Substantiv μαρτυρία, „Zeugnis". Es kommt nämlich meistens als „das Zeugnis Jesu" vor, und „Jesu" ist dann ein Genitivus subjectivus (vgl. gleich unten); die einzigen Ausnahmen sind 11,7 und 12,11. Auch ὁ μάρτυς, „der Zeuge" (dazu vgl. ad V. 5), ist in 1,5; 3,14 eine Bezeichnung Jesu; in 2,13; 11,3; 17,6 kommen „Zeugen Jesu" („Jesu" ist Genitiv der Zugehörigkeit; vgl. ad 2,13) o.ä. vor; die Initiative Jesu wird ebenfalls unterstrichen.[25] Dies ist insofern beachtenswert, als bei „Prophet", einem Wort, das in der Offb mit „Zeuge" beinahe synonym ist, keine Entsprechung zu finden ist.

Johannes bezeugt „das Wort Gottes und das Zeugnis Jesu Christi". Dieser Doppelausdruck begegnet mehrmals (1,9; 20,4; vgl. auch 6,9; 12,17). Sowohl „das Wort Gottes" als auch „das Zeugnis Jesu" sind in der Offb, außer in dieser Kombination, nur vereinzelt belegt.[26] Die beiden Worte haben also für den Vf. in dieser Kombination einen besonderen Sinn. Die Gebrauchsweise des Wortpaars an den genannten Stellen ist zwar nicht ganz einheitlich, aber in allen Belegen kann man es etwa mit dem Ausdruck „der christliche Glaube" gleichsetzen.

Beim „Zeugnis Jesu" ist nicht deutlich, ob das „Jesu" ein Genitivus subjectivus oder objectivus ist. Aber da beim „Wort Gottes" klar ist, dass es sich bei dem Genitiv „Gottes" um einen Genitivus sujectivus handelt, ist es naheliegender, das

---

[23] Vgl. hierzu bereits Ez 40,3ff und darüber hinaus Sach 1,7ff; 1Hen 40,2.8; 43,3; weitere Belege vgl. CARRELL, Angelology 120.

[24] KARRER, Brief 101f; anders etwa BORING, Apk 66f; OSBORNE, Apk 56.

[25] Zu μάρτυς vgl. auch ad V. 5.

[26] „Das Wort Gottes" kommt sonst nur noch in 19,13 als Christustitel und in 17,17; 19,9 als eine Angabe des Inhalts des Buches (das „Wort" steht im Plural) vor; „das Zeugnis Jesu" ist in 19,10 zweimal alleinstehend verwendet.

"Jesu" auch als Genitivus subjectivus zu fassen.[27] Freilich ist „das Wort Gottes und das Zeugnis Jesu" identisch mit dem, „was er sah", also faktisch mit dem Inhalt des Buches, der in der Parusie Jesu kulminiert (vgl. 22,6f). Aus dieser Perspektive trägt „das Zeugnis Jesu" deutlich den Charakter seines Selbstzeugnisses.[28]

**V. 3:** Eine Seligpreisung für den Vorleser des Buches im Gemeindegottesdienst und seine Hörer folgt; ähnlich 22,6f Während an unserer Stelle die Seligpreisung durch die Nähe des Endes begründet wird, geht ihr in 22,7 das Wort „ich komme gleich" voran.

In der Offb finden sich insgesamt sieben Seligpreisungen (1,3; 14,13; 16,15; 19,9; 20,6; 22,7.14). Da die Zahl „sieben" in diesem Buch eine wichtige Rolle spielt, ist es möglich, dass das auf die Absicht des Vf. zurückgeht.[29]

Eine Seligpreisung ist faktisch eine Mahnung zur Erfüllung der dort genannten Bedingungen. An unserer Stelle werden die Gemeindeglieder zum Bewahren der Worte ermahnt; vgl. auch 22,18f. Der Vf. denkt wohl an die Gemeindesituation, die in Kap. 2f beschrieben ist.

Τηρεῖν[30] ist in der Offb elfmal belegt, darunter zehnmal als Bezeichnung der Handlung von Christen (die einzige Ausnahme ist 3,10b). Als das Objekt des Bewahrens sind „die Gebote Gottes" (12,17; 14,12), das „Wort" des himmlischen Jesu (3,8.10a) und speziell der Inhalt des Buches (1,3; 22,7.9) genannt, also die (nach dem Verständnis des Vf.) rechte christliche Lehre. Bezeichnenderweise kommt dieser Begriff außer 12,17; 14,12; 16,15, den Stellen, die der Vf. in der letzten Stufe seiner Redaktion hinzufügte, nur in Kap. 1-3 und 22,6ff vor. Also handelt es sich hier um einen Terminus, der seiner Intention, angesichts der Wirksamkeit von andersgesinnten Gemeindegliedern (vgl. Kap. 2-3) zur Bewahrung der von ihm selbst verkündigten Botschaft aufzufordern, weitgehend gerecht zu werden vermag. Beachtenswert ist ebenso, dass in der Offb anders als etwa bei Paulus πιστεύειν, ein Wort, das mehr direkt das Verhältnis der Menschen mit Gott auffasst, gar nicht vorkommt.

Das Buch ist hier als „Prophetie" (προφητεία) bezeichnet, ähnlich auch im Nachwort (22,7.10.18.19).[31] Das Anliegen ist einmal im Zusammenhang mit dem

---

[27] So KITTEL, ThWNT IV 125,30ff; vgl. auch BROX, Zeuge 94; COMBLIN, Christ 141; TRITES, Witness 156; BEUTLER, EWNT II 966.
[28] Vgl. LOISY, Apk 63.
[29] LOHSE, Apk 12; KRAFT, Apk 23; BIEDER, Seligpreisungen 13ff; PESCH, Offenbarung 25 u.a. MICHAELS, Apk 51, etwa hält das dagegen für „probably coincidental".
[30] Τηρεῖν kommt außer den genannten Stellen noch in den Sendschreiben vor (2,26; 3,3.8.10), und zwar mit fast der gleichen Nuance. Zum Gebrauch in 16,15 vgl. ad loc. Der Vf. verwendet gelegentlich κρατεῖν mit τηρεῖν synonym; 2,13.25; 3,11. In der Offb ist kein Beleg von φυλάσσειν (Joh 12,47; Herm (vis.) 5,7) vorhanden.
[31] Προφητεία ist außer den genannten Stellen nur noch in 11,6 und 19,10 belegt, und zwar im Sinne der Prophetenwirksamkeit. Wenn προφητεία im Sinne der Prophetenworte verwendet wird, bezieht es sich also stets auf die eigene Verkündigung des Vf., nie aber auf die, die andere Propheten vortragen. Da in V. 2 von „Zeugnis" und „bezeugen" die Rede war, wäre hier eher das Wort „Zeugnis" zu erwarten, aber „Zeugnis" ist in der Offb meistens in einer geprägten, dem Vf. wahrscheinlich vorgegebenen Form als

zeitgenössisch-jüdischen Verständnis von Prophetie beachtenswert; dazu vgl. den Exkurs gleich unten. In der Unterstreichung des Prophetiecharakter des Buches könnte aber auch eine Polemik gegen ein andersartiges Prophetieverständnis stecken, das der Vf. vor Augen hat; in der Gemeinde Thyatira wirkt nämlich Isebel, die sich als Prophetin ausgibt und großen Einfluss ausübt; dazu vgl. ad 2,20.

*Exkurs: Prophetie im Judentum um die Zeitwende*

Im damaligen Judentum wurde einerseits offiziell die Auffassung vertreten, es gebe in der Gegenwart kein Wirken von Propheten mehr. Als Argument für diese Ansicht wird manchmal auf Ps 74,9 hingewiesen,[32] aber dieser Psalm ist ein exilisches Volksklagelied und an sich kein Zeugnis für das Fehlen von Propheten.[33] In Frage kommen vor allem drei Stellen in 1Makk: In 9,27 wird die schwierige Situation nach dem Tode des Judas als „große Trübsal beschrieben, die nicht gewesen war seit der Zeit, wo ihnen [d.h. den Israeliten] zuletzt ein Prophet erschienen war"; vgl. auch 4,46; 14,41; vgl. auch in syrBar 85,3: Jetzt „haben sich die Propheten schlafen gelegt". In rabbinischen Schriften findet man ebenfalls keine Stelle, die das gegenwärtige Wirken der Propheten voraussetzt. Dass die jüdisch-apokalyptischen Schriften ausnahmslos pseudonym geschrieben sind, setzt das gleiche Verständnis voraus. Andererseits war im Volk insbesondere dann, wenn sich die eschatologische Stimmung belebte, die Annahme verbreitet, dass entsprechende Propheten o. ä. auftreten und wirksam sind. Josephus z.B. berichtet wiederholt von essenischen, pharisäischen und anderen Propheten.[34] „Pharisäische bzw. pharisäisch-rabb Propheten treten nach unseren Quellen besonders in den unruhigen Zeiten von Vespasian bis Hadrian auf".[35] In der intensiv betriebenen Veröffentlichung apokalyptischer Schriften in diesem Zeitraum spiegelt sich diese Stimmung wider.

Dass unser Vf. in dieser Situation den prophetischen Charakter seines Buches unterstreicht, zeigt, dass er der festen Überzeugung ist, dass mit dem Christusgeschehen die Endzeit begonnnen hat, für die die Wirksamkeit von Propheten zu erwarten ist.

Die Seligpreisung wird durch den Hinweis auf die Nähe „der Zeit"[36] begründet (vgl. Jes 51,5; 56,1; Barn 21,1.3). Vorausgesetzt ist, dass es nicht so einfach ist, „die Worte der Prophetie [...] zu bewahren". Die Gemeindesituation, die in den Sendschreiben beschrieben ist, klingt an.

---

das Zeugnis Jesu verwendet; das veranlasst ihn hier, das Wort προφητεία zu benutzen. In der Offb wird das Buch niemals „das Buch des Zeugnisses" genannt. Zur promiscue-Verwendung von μαρτυρία und προφητεία vgl. ad 11,3.

[32] Z.B. BOUSSET/GRESSMANN, Religion 394.
[33] KRAUS, Psalmen 514f; R. MEYER, ThWNT VI 814,33ff u.a.
[34] Belege bei SJÖBERG, ThWNT VI 383,29ff; MEYER, a.a.O. 827,3ff.
[35] MEYER, a.a.O. 824,12ff.
[36] „Zeit" im Sinne des Endes der Geschichte ist schon in LXX zu finden (Ez 22,3; 7,12 u.a.; vgl. DELLING, ThWNT III 460,2ff), im NT in Lk 21,8; 1Petr 5,6 u.a.

# I. 1,4–20 Einleitung

## A. 1,4–8 Briefeinleitung: Gruß, Lobpreis und Proklamation der Parusie

(4) Johannes an die sieben Gemeinden in der Asia. Gnade sei mit euch und Friede von dem, der ist und der war und der kommt, und von den sieben Geistern, die vor seinem Thron sind, und (5) von Jesus Christus, dem treuen Zeugen, dem Erstgeborenen der Toten und dem Herrscher über die Könige der Erde. Dem, der uns liebt und uns von unseren Sünden erlöst hat durch sein Blut (6) und uns für Gott, seinen Vater, zum Königtum und zu Priestern gemacht hat, ihm sei Ehre und Kraft in alle Ewigkeiten. Amen.

(7) Siehe, er kommt mit den Wolken und jedes Auge wird ihn sehen und diejenigen, die ihn durchbohrt haben und alle Stämme der Erde werden über ihn wehklagen. Ja, Amen.

(8) Ich bin das A und das O, spricht Gott der Herr, der ist und der war und der kommt, der Allmächtige.

**V. 4–8:** Der eigentliche Teil des Buches beginnt mit einem Briefformular (V. 4–5a) und endet mit einem Segenswunsch, der ebenso an das Schlusswort eines Briefes erinnert (22,21). Der Vf. stellt sich vor, er selbst wäre beim Gottesdienst, in dem das Buch vorgelesen wird, anwesend und spräche als Leiter den anfänglichen Segen (V. 4b–5a). Der darauf folgende Lobpreis (V. 5b.6) ist dann als Antwort der Gemeinde darauf gedacht; anstelle der 2. Person Plural beim Segen wird hier die 1. Person Plural verwendet und am Ende ein „Amen" gesprochen. Der Zusammenhang mit dem Gottesdienst ist auch für V. 7 vorstellbar: Dieses Wort entspricht der Botschaft des Propheten, und das „Ja, Amen" am Ende ist die Antwort der Gemeinde darauf.[1] Nur bei V. 8 ist der Zusammenhang mit dem Gottesdienst nicht klar. Er hat andererseits im Rahmen der Einleitung V. 4–8 eine wichtige kompositorische Funktion; vgl. unten.

Thematisch konzentriert sich der Abschnitt, abgesehen von V. 8, auf die Christologie. Der Segen (V. 4–5a) ist christologisch bemerkenswert erweitert, und der Lobpreis (V. 5b–6) richtet sich an Christus. Während ersterer vorwiegend auf dessen Handeln in der Gegenwart abhebt, bezieht sich letzterer in erster Linie auf dessen Wirken in der Vergangenheit (vgl. aber dort). Im darauf folgenden prophetischen Spruch (V. 7) ist dann dessen Auftreten in der Zukunft (Parusie) Thema. So korrespondiert der Ausspruch über Christus in V. 5–7 dem Gottesprädikat, „der ist und der war und der kommt", in V. 4.8.

**V. 4–5a:** Das Präskript zeigt in seiner Grundstruktur und teilweise auch in seinem Wortlaut (die Kombination von χάρις mit εἰρήνη, die in der Offb sonst nicht belegt ist) eine erstaunliche Affinität mit dem paulinischen Briefpräskript, so dass

---

[1] Vgl. etwa VANNI, Dialogue 349-355.

man von der „Übernahme vorgegebener paulinischer Briefkonvention"[2] sprechen könnte. Allerdings muss man vorsichtig sein, weil das Präskript und der Schluss der paulinischen Briefe keine für Paulus typischen Formulierungen enthalten,[3] so dass die Möglichkeit nicht auszuschließen ist, dass sie einem Gottesdienstformular der damaligen Kirche verwendet war, und dass der Vf. der Offb sie von dort übernahm.[4]

Zur Zahl „sieben" der Adressatengemeinden vgl. Einleitung 3.1. Die Namen der sieben Städte, in denen die einzelnen Gemeinden jeweils existieren, sind in V. 11 genannt.

Dass „die sieben Geister" und „Jesus Christus"als die Urheber des darauffolgenden Segens „der ist und der war und der kommt", genannt sind, resultiert nicht aus die Trinität betreffenden Überlegungen, sondern aus dem Interesse, durch Anwendung der runden Zahl „drei" die Vollkommenheit des göttlichen Wesens zum Ausdruck zu bringen. Runde Zahlen sind auch bei den einzelnen Komponenten vorherrschend: Gott wird mit einer dreigliedrigen Formel charakterisiert, dann folgt die Zahl „sieben" in der Bezeichnung der Geister und schließlich erscheint in der Bezeichnung Jesu Christi wieder eine dreifache Bestimmung (also 3+7+3). Auch der direkt anschließende Lobpreis ist dreigliedrig gestaltet. Dass die sieben Geister zwischen Gott und Christus aufgeführt sind, hat wohl nur formale Gründe. Die Anordnung in 3+7+3 gibt einen klareren Eindruck als die in 3+3+7; die Inklusio ist eine Lieblingstechnik des Vf. Außerdem sind dem „Jesus Christus" recht lange Erklärungen angehängt; würden „die sieben Geister" erst nach „Jesus Christus" angeführt, würde sich dies störend auf die Einheitlichkeit der drei Christusprädikate auswirken (vgl. allerdings 3,12).

Die erste Formel, „der ist und der war und der kommt", bezeichnet Gott. Im Hintergrund stehen die im Judentum geläufigen Versuche der Umschreibung des Jahwenamens: Ex 3,14 wird in LXX mit ἐγώ εἰμι ὁ ὤν wiedergegeben; vgl. auch Weish 13,1; Philo, Abr. 121; immut. 69; Josephus, ant. VIII 350; Ap. II 190; auch im rabbinischen Judentum sind sie zahlreich; als nächste Parallele vgl. TJon Dtn 32,39: „Ich bin der, der ist und der war, und ich bin der, der sein wird"; vgl. ferner TJon Ex 3,14; SchemR III 105[b]; MTeh 117[b]; BerR LXXXI.[5] Auch in der griechischen

---

[2] KARRER, Brief 74; ähnlich SCHNELLE, Einleitung 592.597. Zum paulinischen Briefpräskript vgl. KARRER 67ff; zur Diskussion zu dieser Frage vgl. TAEGER, Johannesapokalypse 93 Anm. 20.

[3] Κύριος Ἰησοῦς Χριστός, eine Formulierung, die im Präskript als Ursprung der Gnade und des Friedens regelmäßig vorkommt, ist sonst nur noch in Phil 2,11 (Zitat eines Hymnus); 3,20 belegt. SCHÜSSLER FIORENZA, Priester 171, hält die Formel χάρις ὑμῖν καὶ εἰρήνη für „eine alte palästinische Bildung, die Paulus übernommen hat", gibt aber keinen Beleg an. Zu χάρις καὶ εἰρήνη vgl. auch BERGER, Apostelbrief 190ff, besonders 191 Anm. 6.

[4] Vgl. TREBILCO, Ephesus 617: „But that a very similar greeting is found in both 1 and 2 Pet means this feature cannot be used to show an exclusive connection between Rev and Paul or Pauline tradition. It is just as likely that 1 and 2 Pet and Rev reflect standard practice among Christians, which may indeed go back to Paul as the originator of the now-customary formula, but that John is here dependent on contemporary practice rather than Paul himself".

[5] Vgl. DELLING, Gottesdienst 440f; MCDONOUGH, YHWH 199-202.

## 1,4–8 Briefeinleitung

Welt sind ähnliche Beispiele belegt.[6] In der Offb begegnet in 1,8; 4,8; 11,17; 16,5 eine ähnliche Formel; allerdings fehlt an den beiden letzten Stellen, an denen die Verwirklichung des Gerichts Gottes thematisiert wird, das dritte Glied: Als Richter ist Gott (zum in der jeweiligen Vision postulierten Zeitpunkt) schon gekommen, er ist schon der, „der ist".[7]

„Der war" (ὁ ἦν) ist eine grammatikalisch unmögliche Form, wahrscheinlich ist sie einfach deswegen gewählt, weil das Sein Gottes in der Vergangenheit nicht partizipial ausgedrückt werden kann.[8] Eine weitere grammatikalische Härte ist die Verwendung des Nominativs nach ἀπό (das ist an unserer Stelle nur hinsichtlich der Prädikation Gottes der Fall). Lohmeyer, Apk 10, z.B. erklärt: „Gott ist indeklinabel, daher der Nom.".[9] Da aber der Vf. einerseits z.B. „Gott", „der Allmächtige" oder „Jesus Christus" unbekümmert dekliniert, und andererseits in 20,2 anstatt des zu erwartenden Genitivs ὁ ὄφις κτλ. im Nominativ schreibt, ist die Formulierung an unserer Stelle einfach als sein Schreibfehler zu verstehen.[10]

Inhaltlich beachtenswert ist, dass das letzte Glied der Formel nicht „der sein wird" (ὁ ἐσόμενος), sondern „der kommende" (ὁ ἐρχόμενος) lautet. Hierin unterscheidet sich unsere Gottesbezeichnung von allen verwandten Aussagen im Judentum und Griechentum. Gott ist nicht nur der Seiende von Ewigkeit zu Ewigkeit, sondern er kommt am Ende der Zeit in die Welt. Das verwirklicht sich als Parusie Christi.[11]

Zu den „sieben Geistern": Ob der Vf. von mythischen Hintergründen (etwa die sieben Planeten als Götter) direkt beeinflusst ist, ist fraglich. Vielmehr wird Sach 4 maßgebend sein, denn diese Stelle wirkt in 5,6 offensichtlich (vgl. Sach 4,10) und in 4,5 sehr wahrscheinlich nach (vgl. Sach 4,2);[12] die Zahl „sieben" hat dort die Wurzel.

In der Offb gibt es keine konkrete Darstellung vom Wirken der sieben Geister, wohl allerdings von demjenigen des Geistes, der etwa beim Empfang von Visionen eine Rolle spielt (1,10 u.a.), oder aber die Gemeinden unmittelbar anredet

---

[6] Z.B. Pausanias X 12,10: Ζεὺς ἦν, Ζεὺς ἔστιν, Ζεὺς ἔσσεται; weitere Belege vgl. CHARLES, Apk I 10; AUNE, Apk 31f.

[7] LOHMEYER, Apk 95; LOHSE, Apk 61; JÖRNS, Evangelium 28; SCHÜSSLER FIORENZA, Priester 182 u.a.

[8] Aber vgl. V. 5f, τῷ [...] ἐποίησεν. Von Parallelen in außerbiblischen griechischen Schriften her gesehen wäre die Formulierung ὁ γεγονώς möglich gewesen (vgl. Plutarch, de Iside 9: ἐγώ εἰμι πᾶν τὸ γεγονὸς κτλ.), aber dann hätte der Vf. „damit von der Gottheit ein Werden ausgesagt, d.h. das Gegenteil dessen, was er wirklich sagen wollte" (KRAFT, Apk 31; ähnlich MOUNCE, Apk 68 n.13).

[9] Ähnlich BECKWITH, Apk 424; HADORN, Apk 28; BEHM, Apk 8; MOUNCE, Apk 68 n.13; GIESEN, Apk 74; HOLTZ, Christologie 139 u.a.

[10] Überlegenswert wäre allenfalls, dass er davon ausging, dass die Leser die deklinierte Form τοῦ ὄντος κτλ. als Gottesbezeichnung nicht verstehen würden, und daher die Form ὁ ὤν κτλ. stehen ließ (so MOYISE, Language 110).

[11] Das Verb ἔρχεσθαι wird in Bezug auf Gott nur als das letzte Glied der hier behandelten Formel verwendet, und zwar in Form von ὁ ἐρχόμενος. Wenn es in Bezug auf Jesus verwendet wird, nimmt es immer eine konjugierte Form (1,7; 3,11; 16,15; 22,7.12.17.20.21).

[12] Vgl. BAUCKHAM, Theology 110.

(am Ende jedes Sendschreibens, 14,13 u.a.). Das bedeutet aber nicht, dass die sieben Geister und der Geist als voneinander unabhängige Größen gelten müssen. Die sieben Geister sind als die himmlische Erscheinungsform (in 5,6 sind sie auf die Erde gesandt) des einen Geistes zu betrachten, der auf der Erde wirkt.

Der dritten Person, „Jesus Christus", werden drei erklärende Charakterisierungen beigegeben. Diese werden als appositionell gesetzte Substantive im Nominativ formuliert, obwohl „Jesus Christus" nach ἀπό in Genitiv steht. Nicht wenige Forscher sehen darin die Absicht des Vf., die Unveränderlichkeit Christi zu unterstreichen.[13] Aber in der Offb sind zahlreiche Belege nachweisbar, in denen der erste von zwei appositionell angefügten Begriffen, die mit Gottesprädikaten nichts zu tun haben, im grammatikalisch korrekten Kasus, das zweite aber dann im Nominativ erscheint (2,13.20; 3,12; 7,4; 8,9; 9,14; 14,12.14; 20,2).[14]

Die Charakterisierungen stehen unter deutlichem Einfluss von Ps 89. Die erste Charakterisierung, „der treue Zeuge" (ὁ μάρτυς ὁ πιστός), ist aus Ps 89,38b („der Zeuge in den Wolken [ist] treu"; LXX: ὁ μάρτυς ἐν οὐρανῷ πιστός) übernommen. Das Wort μάρτυς begegnet in 3,14 als Bezeichnung des Absenders des Sendschreibens (ὁ μάρτυς ὁ πιστὸς καὶ ἀληθινός); diese Bezeichnung hängt von unserer Stelle ab. Aber in 3,14 wird dieser Begriff von einem zweiten Adjektiv, ἀληθινός, begleitet. Da in 21,5 und 22,6 die Zusammensetzung von πιστός und ἀληθινός die Wahrhaftigkeit und die Glaubwürdigkeit der Worte des Buches zum Ausdruck bringt, legt sich die Annahme nahe, dass in 3,14 und damit auch an unserer Stelle ὁ μάρτυς Christus in seiner Offenbarungstätigkeit bezeichnen soll.[15] Christus offenbart den Christen das für sie heilschaffende Wort, das in diesem Buch verkörpert ist,[16] und er ist der einzig vertrauenswürdige (πιστός) Zeuge in dieser Hinsicht.[17]

Die zweite Charakterisierung, „der Erstgeborene der Toten" (ὁ πρωτότοκος τῶν νεκρῶν), hat Ps 89,28a als Hintergrund: „Und ich setze ihn (David) zum Erstgeborenen (בְּכוֹר) ein", eine Aussage über die Inthronisation zum König, dem die Herrschaft über die Könige der Erde verheißen ist (vgl. 2Sam 7,14; Ps 2,7).[18]

---

[13] Loisy, Apk 69f; Lohmeyer, Apk 10; u.a.

[14] Vgl. BDR § 136,1; Mussies, Morphology 92f.

[15] Rissi, Erscheinung 85f; Roose, Zeugnis 26.

[16] Damit ist die Einschränkung seines Zeugendienstes auf sein irdisches Leben (z.B. Moyise, Intertextuality 296) nicht akzeptabel.

[17] Vgl. Giesen, Apk 77; Aune, Apk 37; Rissi, Zukunft 17f; Schüssler Fiorenza, Priester 240ff. Bei μάρτυς ist, wenn es auf Christen bezogen ist (2,13; 11,3; 17,6), immer ihr Tod ihres Glaubens wegen vorausgesetzt; das Wort weist in diesen Fällen also schon eine martyrologische Tendenz auf (vgl. ad 2,13). Von hier aus gesehen könnte es auch für unsere Stelle als naheliegend erscheinen, dass mit „dem treuen Zeugen" die Treue Christi bis zu seinem Tode gemeint ist (vgl. Lohse, Apk 14; Pohl, Apk I 70; Beale, Apk 190; Holtz, Christologie 56f; Reddish, Christology 214f; Schwemer, Prophet 343; Johns, Lamb Christology 173 u.a.). Darüber hinaus könnte als Argument für diese Sicht angesehen werden, dass die zweite und die dritte Charakterisierung die Inthronisation Christi aufgrund seines Todes und seine Auferstehung und Herrschaft über die Erdenkönige zum Ausdruck bringen (vgl. unten; so noch Satake, Gemeindeordnung 114). Aber das zweite Adjektiv, ἀληθινός, in 3,14 steht dieser Auffassung entgegen.

[18] Diese Psalmstelle hat nicht nur auf unsere Stelle, sondern wahrscheinlich auch auf die Aussagen in

## 1,4–8 Briefeinleitung

Dem Wort πρωτότοκος, das außerbiblisch überhaupt nur selten belegt ist, liegt in LXX (auch in Ψ 88,28) „der Gedanke an zeitliche Priorität vor anderen Söhnen [...] fern";[19] es geht vielmehr einzig um das Vorrecht, das dem Erstgeborenen zuerkannt ist. Und das gilt ebenso für die Belege im NT. Auch an unserer Stelle ist die Auffassung des Erstgeborenen als des von Gott anerkannten, mit unvergleichbar großer Autorität ausgestatteten Königs vorherrschend. Hier ist er aber „der Erstgeborene *der Toten*". Sein Stand als derjenige des Erstgeborenen gründet sich auf seinen Tod und seine Auferstehung.[20]

Der dritten Charakterisierung, „der Herrscher über die Könige der Erde",[21] liegt Ps 89,28b zugrunde: „Ich setze [ihn] zum Höchsten unter den Königen der Erde ein". Der im Himmel Inthronisierte macht gleichzeitig seinen Sieg und seine Herrschaft über die feindlichen Könige[22] fest (vgl. Ps 2,2.7f).

Blicken wir auf die drei Charakterisierungen zurück, stellen wir fest, dass die erste und die dritte ein Paar bilden (Inklusio): Sie bezeichnen die Funktionen, die Christus in der Gegenwart ausübt; nur die jeweiligen Objekte dieser Funktionen sind verschieden: Innerhalb der ersten Charakterisierung wird die Funktion Christi, die er für die Christen ausübt, benannt, innerhalb der dritten Charakterisierung diejenige, die er seinen Gegnern gegenüber wahrnimmt. Die zweite, mittlere Charakterisierung weist auf die Ursache hin, die ihm die Ausübung seiner Funktionen ermöglicht.

**V. 5b–6:** Auf den Segen folgt ein Lobspruch Christi, der in unserem Text als eine Doxologie formuliert ist. Zu Doxologien vgl. Einleitung 7.2.6.2.3.

Anders als die drei vorangehenden Charakterisierungen beschreibt der Lobspruch direkt die Taten Christi für die Christen, und zwar wiederum in drei Aussagen. Zwischen den einzelnen Gliedern des Segens einerseits und des Lobspruchs

---

Hebr 1,5ff; Kol 1,18 (vgl. unten) und Röm 8,29 Einfluss ausgeübt. Auch im rabbinischen Judentum wird gelegentlich der Messias aufgrund dieser Textstelle der Erstgeborene genannt (Ex r 19 (81ᵃ); vgl. LOHMEYER, Apk 10; MICHAELIS, ThWNT VI 876,36f). „Erstgeborener" ist übrigens im Rabbinat auch als Bezeichnung für die Tora, Adam, Jakob und Israel verwendet; vgl. STR-B III 256ff.626.

[19] MICHAELIS, ThWNT VI 875,20.
[20] Manchmal wird behauptet, dass die Bezeichnung „der Erstgeborene der Toten" eine bei Ps 89 nicht vorhandene Nuance wie „der erste unter anderen" beinhalte (so z.B. BECKWITH, Apk 428; ROLOFF, Apk 33; PRIGENT, Apk 89; HOLTZ, Christologie 57f; SCHÜSSLER FIORENZA, Priester 253 u.a.; vgl. „der Erstgeborene unter vielen Brüdern" Röm 8,29; ähnlich 1Kor 15,20.23; Apg 26,23). Sicherlich ist sein Weg vom Tod zur Auferstehung in der Offb als Präzedenzfall für die treuen Christen angesehen (z.B. 3,21). Aber da πρωτότοκος nicht im Sinne einr zeitlichen Priorität zu verstehen ist, ist Vorsicht vor einem solchen Deutungsversuch geboten. Außerdem sind soteriologische Aspekte erst Thema des folgenden Lobspruchs (V. 5b–6).
[21] Das Wort ἄρχων (Herrscher) ist in der Offb sonst nicht belegt; vgl. zur Sache aber 17,14; 19,16 („der König der Könige"). Im ganzen NT ist das Wort nur an unserer Stelle auf Christus bezogen. In Ψ 88 (= Ps 89),28 kommt dies Wort nicht vor; es wird aber in Jes 55,4 LXX als Titel Davids gebraucht; vgl. SCHÜSSLER FIORENZA, Priester 199f.
[22] Der Ausdruck „die Könige der Erde" hat in der Offb meistens einen negativen Sinn (6,15; 17,2.18; 18,3.9; 19,19); in 21,24 ist der Sachverhalt etwas anders, vgl. dort. Sie mit den Christen zu identifizieren (so SCHÜSSLER FIORENZA, Priester, 255ff; DIES., Redemption 78 Anm. 18), ist m.E. unhaltbar (vgl. U.B. MÜLLER, Apk 74).

andererseits sind gewisse Entsprechungen erkennbar: Als der treue Zeuge zeigt Christus den Christen seine Liebe, als der Gestorbene und Auferstandene erlöst er sie aus ihren Sünden, und als der Herrscher über die Könige gibt er den Seinigen schon jetzt Anteil an seiner Herrschaft.[23]

Unserem Lobspruch steht der Hymnus über das Lamm in 5,9b-10 sehr nahe, der ebenfalls dreigliedrig gestaltet ist. Im Blick auf die beiden jeweils ersten Glieder lassen sich allerdings keine Gemeinsamkeiten erkennen (dazu vgl. aber unten). Die jeweils zweiten Glieder weisen dagegen gemeinsam auf den Heilstod Christi hin; charakteristische Ausdrücke, „in seinem/deinem Blut" und „erlösen von", die in der Offb sonst nur selten belegt sind (vgl. unten), begegnen in beiden. Die jeweils dritten haben die Begriffe „Königtum" (βασιλεία) und „Priester" (ἱερεῖς) gemeinsam. Es finden sich außerdem an diesen Stellen sachlich gleiche Angaben der dativischen Bestimmung, τῷ θεῷ καὶ πατρὶ αὐτοῦ (1,6) und τῷ θεῷ ἡμῶν (5,10). Der Lobpreis 1,5f endet mit einer Doxologie im engeren Sinne; der Hymnus 5,9f bietet keine Entsprechung dazu. Wahrscheinlich liegt an beiden Stellen ein frühchristlicher Christushymnus zugrunde,[24] der bei der Taufe gesungen wurde (vgl. unten).[25]

Die erste Zeile des Lobspruchs lautet einfach „dem uns Liebenden". Das präsentische Partizip deutet die Kontinuität des Verhaltens an. An der entsprechenden Stelle in 5,9 kommt das Wort „du wurdest geschlachtet" (Aor.) vor. Im ursprünglichen Hymnus stand wohl das Verb „lieben" (ἀγαπᾶν); denn das Wort gehört nicht zum theologischen Wortschatz des Vf.[26] „Schlachten" ist dagegen nicht nur ein Lieblingswort des Vf. (vgl. ad 5,6), sondern es kommt im direkten Kontext von 5,9 zweimal vor (V. 6.12). Der Wortsinn beider Verben war allerdings ursprünglich gleich; mit „lieben" war der Sühnetod Christi gemeint (vgl. Gal 2,20; Eph 5,2).

Alle drei Glieder des Lobspruches wiesen ursprünglich wohl auf das einmalige Heilshandeln Christi hin; die Verben des zweiten und dritten Gliedes sind dementsprechend aoristisch konstruiert, und das gleiche war wohl auch bei dem Verbum im ersten Glied der Fall (vgl. Gal 2,20).[27] An unserer Stelle aber hat der Vf. die Gemeindeglieder im Auge, die in ihrem Alltag die Liebe Christi nicht erfahren zu können meinen; deswegen weist er auf die Liebe Christi hin, die auch jetzt unter ihnen wirkt.[28]

Im zweiten Glied des Lobspruchs ist die Erlösung Christi durch sein Blut Thema. Die Hauptunterschiede zwischen unserer Stelle und 5,9 sind folgende drei

---

[23] Vgl. SCHÜSSLER FIORENZA, Priester 247f; WOLFF, Gemeinde 188.

[24] Anders ROOSE, Zeugnis 89: „Da die Zusammenstellung der vorliegenden Tatprädikationen andernorts nicht belegt ist, hat der Seher sie wahrscheinlich selbst vorgenommen". Aber auch der berühmte Christushymnus Phil 2,6-11 ist andernorts nicht belegt.

[25] Vor allem das zweite Glied, aber auch die anderen deuten den Zusammenhang mit der Taufe an (ähnlich GIESEN, Apk 77; SCHÜSSLER FIORENZA, Priester 207; v.d. OSTEN-SACKEN, Christologie 263.

[26] Vgl. seine sonstige Belege in 3,9; 12,11; 20,9. Auch das Hauptwort „Liebe" ist nur zweimal belegt (2,4.19), und zwar nicht im Sinne der Liebe Gottes bzw. Christi, sondern der Christen.

[27] Vgl. v.d. OSTEN-SACKEN, Christologie 258; TAEGER, Johannesapokalypse 92 Anm.14.

[28] Vgl. MÜLLER, Apk 75; GIESEN, Apk 77f; SCHÜSSLER FIORENZA, Redemption 71.73.

Punkte: 1.) Das Verb ist hier λύειν,[29] in 5,9 ἀγοράζειν;[30] sie sind in diesem Fall synonym zu verstehen. 2.) Die Erlösung geschieht an unserer Stelle „von unseren Sünden", in 5,9 dagegen „aus jedem Stamm usw."; das Wort „Sünde" (ἁμαρτία) ist in der Offb nur noch in 18,4.5 verwendet, und zwar in Bezug auf die Sünden Babylons; auch sachlich werden in der Offb sonst an keiner Stelle die Sünden der Christen vor ihrer Bekehrung thematisiert; der Vf. bezeichnet andererseits die gesamte Menschheit mehrmals durch eine vierfache Anhäufung von Worten wie „Stamm" (vgl. ad 5,9); die Formulierung in 5,9 geht also auf ihn zurück, während „von unseren Sünden" an unserer Stelle zum Urbestand des Lobspruchs gehört. Die Betrachtung gebietet allerdings Vorsicht vor der sich daraus offensichtlich unmittelbar ergebenden Annahme, dass der Vf. am Gedanken der Erlösung der Christen von ihren Sünden ein großes Interesse hätte. Das gleiche gilt auch für den Ausdruck „durch sein Blut", der auch in 5,9 („dein" statt „sein") begegnet; zum Blut des Lammes vgl. ad 7,14. Seine Verwendung ist traditionell.[31] 3.) Das Wort „für Gott" in 5,9, das an unserer Stelle nicht vorkommt, ist ein Zusatz durch den Vf.; vgl. ad 5,9.

Das dritte Glied lautet: „Er machte uns für Gott und seinen Vater zum Königtum und zu Priestern". Bemerkenswerte Unterschiede zwischen unserer Stelle und 5,10 bestehen einmal darin, dass in 5,10 anstelle der schwierigen Wendung βασιλείαν ἱερεῖς in 1,6 βασιλείαν καὶ ἱερεῖς zu lesen ist, und dass die dativische Bestimmung τῷ θεῷ καὶ πατρὶ αὐτοῦ, die in 1,6 ganz am Ende steht, in einer etwas anderen Form (vgl. gleich unten) der Wendung βασιλείαν καὶ ἱερεῖς vorausgeht. Diesen in 5,10 konstatierten Änderungen entspricht die Hinzufügung von καὶ βασιλεύσουσιν ἐπὶ τῆς γῆς am Ende des Hymnus, die wiederum die Intention des Vf. verrät (dazu vgl. ad 5,10). Weiterhin unterscheiden sich beide Texte in der in ihnen jeweils verwendeten Gottesbezeichnung: 5,10 verwendet anstelle „Gott sein Vater" „unser Gott", eine Bezeichnung, die in der Offb besonders in im Himmel gesprochenen Hymnen mehrmals[32] vorkommt: da diese meistens ad hoc-Formulierungen des Vf. sind, geht die Bezeichnung in 5,10 wahrscheinlich auf ihn zurück. Gott wird in der Offb andererseits zwar manchmal als Vater Christi angesehen (2,28; 3,5.21; 14,1), aber die an unserer Stelle vorliegende Formulierung „Gott sein (Christi) Vater" ist ansonsten nicht belegt.

---

[29] P u.a. lesen statt λύσαντι λούσαντι. BOUSSET, Apk 188, gibt dieser Lesart Vorzug, indem er auf 7,14 verweist; aber, wie CHARLES, Apk I 15, bemerkt, „waschen" in 7,14 die Christen ihre Gewänder, hier dagegen „wäscht" Christus die Gläubigen von ihren Sünden rein. Λύειν wird im NT sonst nie in diesem Sinne verwendet, aber in Ijob 42,9; Sir 28,2; Jes 40,2 ist von einem λύειν von Sünden die Rede; vgl. BÜCHSEL, ThWNT IV 338 Anm.9.
[30] Ἀγοράζειν ist in 14,3.4 soteriologisch verwendet, allerdings etwas anders nuanciert als an unserer Stelle; vgl. 1Kor 6,20; 7,23; 2Petr 2,1.
[31] Anders etwa BEASLEY-MURRAY, Apk 57. Der hier bezeugte Gedanke ist in Röm 3,24-26 ebenfalls belegt (wiederum traditionell); vgl. auch Eph 1,7; Hebr 9,12; 1Petr 1,19; 1Joh 1,7; 1Clem 12,7. Aber auch im hellenistischen Judentum finden sich ähnliche Vorstellungen (besonders 4Makk 17,22), und diese bilden den Hintergrund für die neutestamentlichen Aussagen.
[32] 5,10; 7,10.12; 12,10 bis; 19,1.5; vgl. auch 19,6; 11,15; sonst ist es nur noch in 7,3 belegt.

Die Aussage, dass Christus die Christen zu einem „Königtum" und zu „Priestern" machte, die sich in 5,10 fast wörtlich wiederholt, stammt aus Ex 19,6; während der Wortlaut unserer Stelle weder mit dem im MT noch mit dem in der LXX übereinstimmt, ist er demjenigen in Theod und Sym durchaus nahe (βασιλεία ἱερεῖς).[33] Das Verbum ἐποίησεν (5,10 ἐποίησας), das in keiner anderen Überlieferung von Ex 19,6 vorkommt, unterstreicht die Erfüllung der Verheißung durch Christus (Aor.): Die Verheißung Gottes, die Israel im Anschluss an den Exodus gegeben wurde, hat sich jetzt durch Christus bei den Seinigen verwirklicht.

Der Lobspruch endet mit einem doxologischen Formular.[34] Das Nebeneinander von „Ehre" und „Kraft" ist traditionell; vgl. vor allem 1Petr 4,11.

**V. 7:** Die Zukunft Christi wird hier nicht mit den Christen, sondern mit den Gegnern Christi in Beziehung gesetzt. Die Erlösung der Christen ist im Grunde genommen schon Wirklichkeit, die Bestrafung der Gegner ist dagegen noch nicht vollzogen, wird aber bald erfolgen (vgl. auch ad V. 16).

Der erste Satz, „siehe, er kommt[35] mit den Wolken",[36] weist auf seine Parusie hin. Dan 7,13 liegt zwar sachlich zugrunde, wird aber nicht wörtlich wiedergegeben. Die größte Abweichung von Dan 7,13 MT besteht darin, dass Christus von Gott her zum Gericht auf die Erde kommt und nicht wie der Menschensohnähnliche in Dan 7,13 MT zu dem Hochbetagten hingeht.[37] In den Synoptikern findet man in Mk 13,26par und 14,62par parallele Aussagen. Unsere Stelle hat mit ihnen das Motiv „Sehen" gemeinsam, das die Reaktion von Menschen auf die Parusie zum Ausdruck bringt, in Dan 7,13 aber nicht vorkommt (dazu vgl. gleich unten).[38] Wahrscheinlich lehnt sich der Vf. nicht direkt an die Danielstelle an, sondern an eine Variante von ihr, die in der frühchristlichen Kirche geläufig war. Beachtenswert ist, dass das Buch ebenso mit einem im Frühchristentum geläufigen eschatologischen Ruf, „Komm Herr Jesus!" endet. Möglicherweise steckt dahinter eine polemische Intention gegen gewisse Christen, die sich für bereits Vollendete halten (vgl. Einleitung 7.2.5.).

---

[33] Genaueres zu aramäischen und hebräischen Versionen und griechischen Übersetzungen von Ex 19,6 vgl. SCHÜSSLER FIORENZA, Priester 78ff.

[34] Zur Doxologie vgl. DEICHGRÄBER, Gotteshymnus 25ff.

[35] Während ὁρᾶν und κόπτειν im Futur stehen, ist ἔρχεσθαι präsentisch konstruiert und weist auf die dringliche Nähe der Parusie hin; die Beispiele sind in der Offb ziemlich zahlreich; vgl. etwa 22,7.12.20, ἔρχομαι ταχύ; sonst vgl. 2,5.16; 3,11; 9,12; 16,15 u.a.

[36] Μετὰ τῶν νεφελῶν; vgl. auch Dan 7,13 Θ; Mk 14,62; 4Es 13,3. Es entspricht עִם־עֲנָנֵי im MT, das seinerseits auch mit ἐπὶ τῶν νεφελῶν (LXX) übersetzbar ist; vgl. auch Mt 24,30; 26,64; Did 16,8; vgl. Offb 14,14-16. In Mk 13,26 lautet es ἐν νεφέλαις. Bei „mit Wolken" sind die Wolken in erster Linie als Symbol der Herrlichkeit für den mit ihnen Kommenden gedacht, bei „auf Wolken" dagegen vorwiegend als sein Fahrzeug. Beide Nuancen schließen einander nicht aus.

[37] Freilich liest 𝔓[967] statt „bis zu dem Hochbetagten" ὡς παλαιὸς ἡμερῶ(ν); da der Vf. bei der Beschreibung des Aussehens des Menschensohnähnlichen in 1,14 diejenige Gottes in Dan 7,9 heranzieht, sind einige Forscher der Ansicht, dass ihm der Danieltext in der durch 𝔓[967] vertretenen Form vorgelegen habe (YARBRO COLLINS, Cosmology 179-185; dort auch andere Literatur); dazu vgl. unten ad V. 14.

[38] Auch in 1Hen 46,1ff; 69,26ff und 4Esr 13,1ff findet man es nicht.

Dann folgt eine Beschreibung der Reaktion der Menschen darauf. Zunächst heißt es, dass ihn „jedes Auge" sieht. „Sehen" bedeutet in diesem Falle, ihn als den Richter mit Schrecken anschauen;[39] vgl. Mk 13,26; 14,62; Did 16,8. Der Vf. deutet dann „jedes Auge" auf „diejenigen, die ihn durchbohrten" (das καί dazwischen ist epexegetisch); dieses Wort und der darauf folgende Satz, sie „werden wehklagen über ihn", stehen unter dem Einfluss von Sach 12,10; gemeint sind diejenigen, die sich Christus gegenüber feindlich verhalten. Auch „alle Stämme der Erde" ist eine Art Zusammenfassung von Sach 12,12–14. Das Wort „die Erde" (γῆ) ist, wenn sie in der Offb als Ort, dem die Menschen zugehören, genannt wird, fast immer negativ geprägt,[40] und das gilt auch hier. „Über ihn [Christus] wehklagen" ist in diesem Fall kein Zeichen der Umkehr bzw. der Reue; es bezeichnet vielmehr Verzweiflung der Menschen.[41]

Der Titel „der Menschensohnähnliche" begegnet in der Offb zweimal (1,13ff; 14,14ff). Dass er an unserer Stelle nicht verwendet wird, ist einfach vom Kontext bedingt; der Vf. entfaltet nämlich in 1,5–7 christologische Aussagen in drei Zeitstufen:[42] Um die Einheit der Aussagen zu bewahren, führt er in V. 7 keinen neuen Titel ein.[43]

**V. 8:** Die Selbstprädikation Gottes hebt sich aus dem Kontext heraus, aber durch die Verwendung des gleichen Gottesprädikats wie in V. 4 rundet sie den Abschnitt ab und zeigt, dass das Wirken Christi, von dem in den Versen dazwischen (V. 5–7) die Rede gewesen ist, gerade die Entfaltung des Gottseins Gottes ist; vgl.

---

[39] Vgl. BRANDENBURGER, Markus 13, 62–64, zum Motiv des „Sehens" in Mk 13,26: „das ,Sehen' in Mk 13,26 ist […] der erste Akt im Sinnzusammenhang des Vernichtungsgerichts" (64).

[40] Die Könige der Erde" (1,5 u.a.), „die Großen der Erde" (18,23), „die Bewohner auf der Erde" (3,10 u.a.) usw. Die einzige Ausnahme ist „die auf der Erde Ansässigen" in 14,6.

[41] „We are to understand that Christ is not the object but the occation of their grief; they wail on account of him because of the terrible judgement which he is to inflict upon them" (LADD, Apk 29); anders KRAFT, Apc 35; BEALE, Apk 197; HOLTZ, Christologie 136; KARRER, Brief 124f. Sach 12,10 wird in Joh 19,37 im Zusammenhang mit der Darstellung zitiert, dass ein Soldat den am Kreuz gestorbenen Jesus mit einer Lanze in die Seite stach. Den beiden Zitaten ist höchstens das Element des Stechens bzw. Durchbohrens Christi gemeinsam, was für die Annahme einer gemeinsamen Vorlage zu schwach ist (gegen BÖCHER, Johanneisches 9; FREY, Erwägungen 342f). Viel interessanter in dieser Hinsicht ist Mt 24,30. Mt schaltet vor dem aus Mk 13,26 übernommenen Zitat aus Dan 7,13 eine Aussage ein, die in Mk keine Parallele hat und an den Teil unserer Aussage erinnert, der Sach 12,10 im Hintergrund hat. Diese eingeschaltete Aussage ist allerdings kein einfaches Zitat aus Sach 12,10; denn der Ausdruck πᾶσαι αἱ φυλαὶ τῆς γῆς, den sie mit der an unserer Stelle gemeinsam hat, hat keine direkte Entsprechung in Sach 12,10. Die Kombination von Dan 7,13 und Sach 12,10(-14) bei beiden Aussagen einerseits und ihre gemeinsame Abweichung von Sach 12 andererseits sprechen für die Annahme, dass hinter ihnen eine gemeinsame Tradition steht, in der beide Texte schon verbunden gewesen sind (SWETE, Apk 10; LOISY, Apk 72f; CAIRD, Apc 18; SCHÜSSLER FIORENZA, Priester 188f; HAHN, Elemente 49; BAUCKHAM, Conversion 320 u.a.* etwas zurückhaltender YARBRO COLLINS, Cosmology 171; ebd. 167–172 berichtet sie eingehend Ansichten von anderen Forschern; JAUHIAINEN, Zechariah 104f, der die Postulierung von „a intermediate source" für nicht nötig hält, muss die Schwierigkeit bewältigen, dass die Offb und Mt gemeinsam an Dan 7,13 anspielen). Die Kombination beider Aussagen ist auch bei Justin, dial. 14,8, belegt.

[42] Vgl. die einführende Erklärung zu V. 4–8.

[43] Vgl. VOS, Tradition 66; HUBER, Menschensohn 124.

Einleitung 7.2.6.2.4. In der Offb ist es selten, dass Gott direkt als Sprecher einer Aussage angegeben wird; bis 21,5ff findet man keinen weiteren Beleg.

Die Selbstoffenbarung ist in 1,8 durch ein Einführungswort eingeleitet, das angibt, wer der Sprecher ist. Merkwürdig ist, dass es viel länger ist als die Aussage selber, die nur aus dem Wort „ich bin das A und das O" besteht. Der übrige Teil ist Einführungswort;[44] denn: 1.) Die Selbstoffenbarungen Gottes bzw. Christi in der Offb bestehen auch sonst faktisch nur aus Aussagen wie „ich bin das A und das O" (vgl. gleich unten). 2.) „Der ist usw." ist in der Offb insgesamt fünfmal belegt (vgl. ad 1,4); in 4,8; 11,17 ist es dabei mit „Gott der Herr, der Allmächtige" verknüpft, an keiner Stelle kommt „das A und das O" als Ergänzung vor. 3.) „Der Allmächtige" ist in der Offb insgesamt neunmal verwendet; es begegnet an weiteren sechs Stellen neben „Gott der Herr" (4,8; 11,17; 15,3; 16,7; 19,6; 21,22), an weiteren zwei Stellen neben „Gott" (16,14; 19,15), an keiner Stelle aber neben „das A und das O". 4.) Dass „Gott der Herr" „der Allmächtige" ist, ist für die Leser eine Selbstverständlichkeit, die keiner Erklärung mehr bedarf. „Der ist usw." ist schon in V. 4 als Gottesprädikat verwendet und braucht nicht erneut proklamiert zu werden.[45]

In der Offb sind „Ich bin"-Aussagen in 1,8.17; 21,6; 22,13.16 belegt (in 21,6 und 22,13 ohne εἰμι; die Aussage in 2,23 ist keine Selbstprädikation). Das Prädikat ist abgesehen von 22,16 „das A und das O" oder seine Äquivalente;[46] genauer vgl. Einleitung 7.1.1.

---

[44] Nach LÄUCHLI, Gottesdienststruktur 36if; HAHN, Elemente 49f; VANNI, Apocalisse 112f u.a. gehören „der ist und der war und der kommt" und „der Allmächtige" zur Selbstoffenbarung.

[45] Mit „ich bin" angefangene Selbstoffenbarungen sind auch in altorientalischen und hellenistischen Religionen nicht selten (STAUFFER, ThWNT II 341,15ff; SCHWEIZER, EGO EIMI 12ff), aber der direkte Hintergrund unserer Aussage ist im AT und Judentum zu suchen, vor allem in Deuterojesaja (44,6; 48,12 u.a.). Im NT kommt die Wendung ἐγώ εἰμι in Joh etwa zehnmal in Selbstprädikationen Jesu vor (6,35 u.a.); nur in der Offb ist sie auch im Rahmen von Selbstprädikationen Gottes verwendet.

[46] „A und O" u.ä. sind folgendermaßen belegt:

| 1,8 | (Gott) | A + O |
| 1,17 | (Christus) | der Erste + der Letzte |
| 21,6 | (Gott) | A + O |
| | | der Anfang + das Ende |
| 22,13 | (Christus) | A + O |
| | | der Erste + der Letzte |
| | | der Anfang + das Ende |
| vgl. 2,8 | (Christus) | der Erste + der Letzte (2,8 ist keine ἐγώ εἰμι-Aussage) |

„Der Anfang und das Ende" hat seinen Vorläufer in einer Selbstbezeichnung Gottes in Deuterojesaja (44,6; vgl. auch 48,12; 41,4); beide andere Verknüpfungen haben dagegen kein Vorbild im AT; aber im Hellenismus und im Judentum werden sie auf Gott bezogen: „Das A und das O" war im Hellenismus auf das All, den Kosmos oder Gott bezogen (KITTEL, ThWNT I 2,11ff; BOLL, Offenbarung 27; zum

In der Angabe des Sprechers wird Gott in dreifacher Weise genannt. Κύριος ὁ θεός[47] und παντοκράτωρ kommen an anderen Stellen der Offb mehrfach direkt nebeneinander vor (vgl. oben). Ähnliches lässt sich in LXX öfters beobachten. An unserer Stelle tritt zwischen „Gott der Herr" und „der Allmächtige" das Prädikat „der ist usw.", das Gott als den durch die ganze Geschichte hindurch Gegenwärtigen bezeichnet. Dass er aber über die Geschichte herrscht, ist in diesem Prädikat in den Augen des Vf. offensichtlich nicht deutlich genug expliziert. Genau umgekehrt verhält es sich bei den beiden anderen Prädikaten: Hier ist Gott vor allem als der Herrscher der Geschichte aufgefasst, aber dass er durch die ganze Geschichte hindurch da ist, ist nicht ausgesagt. Der Vf. versucht, beides zu vereinigen, indem er die Prädikate, die jeweils eine Sicht vertreten, in Form einer Inklusio miteinander verbindet. Die so entstandene Angabe des Sprechers bringt faktisch die gleiche Auffassung über Gott zum Ausdruck wie die Selbstoffenbarung.

## B. 1,9–20: Die Beauftragungsvision

(9) Ich Johannes, euer Bruder und Mitteilhaber an der Bedrängnis und an der Herrschaft und am Ausharren in Jesus, war auf der Insel mit Namen Patmos um des Wortes Gottes und des Zeugnisses Jesu willen. (10) Ich wurde vom Geist ergriffen am Tag des Herrn, und ich hörte hinter mir eine laute Stimme wie von einer Posaune, (11) die sagte: Was du siehst, schreibe in ein Buch und sende es den sieben Gemeinden: nach Ephesus, nach Smyrna, nach Pergamon, nach Thyatira, nach Sardes, nach Philadelphia und nach Laodicea.

(12) Und ich wandte mich um, um die Stimme zu sehen, die mit mir sprach; und als ich mich umwandte, sah ich sieben goldene Leuchter (13) und inmitten der Leuchter einen, der einem Menschensohn ähnlich ist, angetan mit einem langen Gewand und gegürtet um seine Brust mit einem goldenen Gürtel. (14) Sein Haupt und seine Haare waren weiß wie weiße Wolle wie Schnee und seine Augen wie eine Feuerflamme (15) und seine Füße waren der Bronze ähnlich, wie im Ofen geglüht, und seine Stimme war wie die Stimme vieler Wasser. (16) Und er hielt in seiner rechten Hand sieben Sterne, aus seinem

---

Vorkommen in den magischen Papyri vgl. AUNE, Apk 57; DERS., Magic 489–491). Im Rabbinentum findet man eine Buchstabenspekulation, wo אמת, ein Wort, das aus dem ersten, dem mittleren und dem letzten Schriftzeichen des hebräischen Alphabets zusammengesetzt ist, als ein Indiz Gottes angesehen und dies sogar durch Hinweis auf Jes 44,6 begründet worden ist (vgl. KITTEL, a.a.O. 2,27ff; STR-B III 789; HOLTZ, EWNT I 155f). Auch „der Anfang und das Ende" wurde im Griechentum auf Gott bezogen; vgl. Plato, leg. IV 715E; in der Stoa war es eine Bezeichnung des Logos, der das Dasein als ganzes durchwaltet (DELLING, ThWNT I 479,4f); auch in den magischen Papyri (PGM IV 1125.2836f) findet man es als ein Epitheton für Gott (AUNE, Magic 485.490). Im hellenistischen Judentum wird dadurch zum Ausdruck gebracht, dass Gott Urheber und Ziel des Alls ist (Philo, plant. 93; Josephus, Ap. II 190; ant. VIII 280) (HOLTZ, Christologie 145.).

[47] Außer den sechs Stellen, wo die Wortverbindung neben „der Allmächtige" vorkommt (Belege vgl. oben), ist sie nur noch in 18,8; 22,5 belegt (vgl. auch 4,11; 22,6).

Mund kam ein zweischneidiges scharfes Schwert hervor, und sein Aussehen war, wie die Sonne scheint in ihrer Kraft.

(17) Und als ich ihn sah, fiel ich zu seinen Füßen nieder wie ein Toter, und er legte seine Rechte auf mich und sagte: „Fürchte dich nicht! Ich bin der Erste und der Letzte (18) und der Lebendige; ich war tot und siehe, ich bin lebendig in alle Ewigkeiten, und ich habe die Schlüssel zum Tod und zum Hades. (19) Schreibe nun nieder, was du siehst, was ist und was danach geschehen wird. (20) Das [ist das] Geheimnis der sieben Sterne, die du in meiner Rechten gesehen hast, und die sieben goldenen Leuchter: Die sieben Sterne sind Engel der sieben Gemeinden, und die sieben Leuchter sind sieben Gemeinden.

**V. 9–20:** Die das ganze Buch eröffnende Vision zeigt in ihrem ersten (V. 9–11) und dritten (V. 17–20) Teil, dass Johannes von Christus mit der Übermittlung dessen, was er sieht, an die sieben Gemeinden beauftragt worden ist. In ihrem mittleren Teil (V. 12–16) stellt die Vision das Aussehen des Auftraggebers, des Menschensohnähnlichen, ausführlich dar.

Der Gedanke, dass die Offenbarung *von Christus* an Johannes übermittelt wird, ist in Hinblick auf die Gesamteinstellung dieses Buches, das stark jüdisch geprägt ist, nicht ganz selbstverständlich. In Kap. 10, wo der Vf. in diesem Buch zum zweiten Mal von dem Ergehen eines Auftrags an ihn berichtet, kommt das Lamm überhaupt nicht vor. Man spürt in der Darstellung in unserem Abschnitt den deutlichen Willen des Vf., den christlichen Charakter des Buches in den Vordergrund zu stellen.

Der ganze Bericht hat im Blick auf die Komposition des Gesamtbuches eine doppelte Funktion. Einerseits ist die Vision mit Kap. 2f eng verbunden, wie schon die Nennung der Namen der sieben Gemeinden zeigt; ebenso nehmen die Botenformeln der Sendschreiben viel Stoff aus unserer Vision auf. Andererseits dient sie als Einführung zu den Visionen in Kap. 4ff, wie vor allem der Hinweis auf die „Stimme wie eine Posaune" (V. 10 und 4,1) deutlich macht.

Obwohl unsere Vision an Sendungserzählungen von alttestamentlichen Propheten erinnert, die auch meistens an den Anfang des betreffenden Prophetenbuches gestellt sind (vgl. besonders Ez 1,1ff), gibt es zwischen beiden einige nicht zu übersehende Unterschiede: vor allem ist an unserer Stelle von einer Berufung bzw. Sendung nicht die Rede; Johannes war schon vorher als Prophet tätig (V. 9). In unserer Vision wird er nur beauftragt, das Geschaute in ein Buch zu schreiben und den Gemeinden zu senden; er kann wegen des Aufenthaltes auf der Insel die Gemeinden nicht besuchen. Während die Propheten meistens zu dem abtrünnig gewordenen Israel gesandt wurden, versteht Johannes sich als Bruder der Leser (V. 9).

**V. 9:** Der Seher nennt sich „ich Johannes"[48]; seinem Namen fügt er eine längere Erklärung hinzu, die seine Nähe zu den Lesern hervorhebt. Die zwischen ihm und

---

[48] „Ich NN" ist eine häufig belegte Selbstangabe eines Vf. o. ä. bei der Berichterstattung über sein eigenes Erleben und Handeln; vgl. Dan 7,15.28; 8,1; 1Hen 12,3; 4Esr 3,1; in der Offb findet sich in 22,8.16 ein ähnliches Beispiel.

den Lesern bestehende Bruderschaft wird in 19,10; 22,9[49] damit begründet, dass sie das Zeugnis Jesu haben und die Worte dieses Buches bewahren. Die Bruderschaft ist also einzig auf ihre gemeinsame Treue im Glauben gegründet. An unserer Stelle weist der Seher darüber hinaus auf ihre gemeinsame Teilnahme an „der Bedrängnis, der Herrschaft und dem Ausharren in Jesu" hin. Den drei Begriffen ist nur ein einziger Artikel beigegeben; so ist von vornherein geboten, sie in enger Beziehung zueinander zu betrachten.

„Bedrängnis" (θλῖψις) erfahren die Christen wegen ihrer Treue im Glauben (vgl. 2,9.10; 7,14); inhaltlich vgl. vor allem Kap. 13. Für Johannes gelten die Umstände, die ihn zum Aufenthalt in Patmos führten, als Bedrängnis. Welche „Bedrängnis" für die Leser hier konkret gemeint ist, ist nicht ersichtlich. Von den Sendschreiben (Kap. 2f) her gesehen bekommt man den Eindruck, dass sie noch in einem verhältnismäßig ruhigen Zustand leben. Es ist durchaus möglich, dass der Vf. aus dem Blickwinkel seiner in der Apokalyptik durchaus verbreiteten Vorstellung, dass alle treuen Christen in dieser Welt zum Leiden bestimmt sind, schreibt; vgl. auch ad 2,1.

Zur „Bedrängnis" gehört „das Ausharren" (ὑπομονή) (vgl. z.B. Röm 5,3; 2Thess 1,4; 1Petr 2,20). Ὑπομονή/ὑπομένειν besitzt in LXX (vgl. Jes 40,31; Ιερ 14,22; Ψ 24,3.5.21; 38,7 u.a.) und im Judentum (vgl. 4Makk 9,6; 13,12; 16,19; 17,7 u.a.) zwei verschiedene Nuancen: Erwartung auf das Kommen Gottes und Erdulden der Bedrängnis; je nach dem Zusammenhang tritt eine von ihnen stärker in den Vordergrund, ohne dadurch die andere ganz zurückzudrängen. Auch in der Offb impliziert ὑπομονή diese zwei Nuancen. Das Gewicht liegt jedoch auf dem Erdulden der Bedrängnis.[50]

Zwischen „Bedrängnis" und „Erdulden" steht „Herrschaft" (βασιλεία), ein Begriff, der auf den ersten Blick mit den beiden anderen nicht gut zusammenpasst (Inklusio). Die Formulierung ist nicht so zu deuten, als wären Bedrängnis und Erdulden Vorstufen zum Eingehen in die Herrschaft Gottes.[51] Kurz vorher, in V. 5f, zitiert nämlich der Vf. einen Lobspruch, in dem gesagt wird, dass Christus die Christen zu βασιλεία und Priestern gemacht habe. Das bringt jedoch vielmehr die Intensivierung der Verfolgung mit sich (vgl. 12,12). Anders ausgedrückt: Dass die Christen jetzt in Bedrängnis und Erdulden leben müssen, zeigt gerade, dass sie zur βασιλεία Christi gemacht worden sind; vgl. Einleitung 7.3.3. Wenn die drei Begriffe so in einem engen Verhältnis zueinander stehen, legt es sich nahe,

---

[49] Außer an diesen drei Stellen kommt „Bruder" in der Offb nur noch in 6,11; 12,10 vor. Außer 6,11, wo einfach die Mitchristen so genannt werden, wird die Bezeichnung immer für Personengruppen verwendet, innerhalb derer kein Standesunterschied vorhanden ist; sie ist bei unserem Vf. noch nicht abgeschliffen.

[50] Anders etwa BAUER/ALAND, WB ὑπομονή 2, die gerade unsere Stelle (und eventuell 3,10) als Beleg für die Bedeutung „Erwartung" ansehen.

[51] Eine Anzahl von Forschern hält die „Herrschaft" für künftig (CHARLES, Apk I 21; LOISY, Apk 75; LADD, Apk 29; KRAFT, Apk 40; MOUNCE, Apk 75; v.d. OSTEN-SACKEN, Christologie 264 u.a.). LOHMEYER, Apk 15, dagegen steht in dieser Hinsicht unserer Ansicht nahe: „Θλῖψις καὶ βασιλεία bezeichnen nur die glaubensmäßig notwendige, äußere und innere Bewährung" (vgl. BEASLEY-MURRAY, Apk 64; ROLOFF, Apk 39; OSBORNE, Apk 80f; PEZZOLI-OLGIATI, Täuschung 22 Anm. 35 u.a.).

ἐν Ἰησοῦ nicht nur auf das „Ausharren", sondern auch auf die beiden vorangehenden Termini zu beziehen.[52]

Johannes hält sich „um des Wortes Gottes und des Zeugnisses Jesu willen" auf der Insel Patmos auf.[53] Die Präposition διά (m. Akk) bezeichnet in der Offb durchweg den Grund und nicht den Zweck einer Sache.[54] Daher sind Deutungen wie die, dass Johannes zum Empfang einer Offenbarung[55] oder zu missionarischen Zwecken[56] dort gewesen sei, abzuweisen. Eine mit diesen beiden Begriffen formulierte Begründung ist noch an zwei weiteren Stellen, 6,9 und 20,4, belegt. An jeder dieser Stellen wird mit der Wendung erklärt, warum die betreffenden Menschen das Martyrium erlitten haben; vgl. auch 12,11. Das deutet an, dass der Aufenthalt des Johannes in Patmos durch ein mit einem Martyrium vergleichbares schweres Geschick veranlasst gewesen ist. Manchmal denkt man in diesem Zusammenhang an eine Verbannung. Das könnte stimmen. Aber der Text sagt davon direkt nichts. Außerdem gehört Patmos „nach unserem Kenntnisstand in der Kaiserzeit nicht zu den Relegations- oder Deportationsorten".[57] Es ist also durchaus auch möglich, dass Johannes sich von sich aus auf die Insel begeben hat, um einem schlimmeren Schicksal zu entgehen.[58] Wir müssen die Frage offen lassen.

**V. 10:** Die Offenbarung wurde ihm „am Tag des Herrn", also am Sonntag gezeigt. Bei dieser Zeitangabe stellt sich der Vf. wohl vor, er nähme selber mit den Lesern zusammen am Gottesdienst teil[59] und übermittelte ihnen die Offenbarung.

Sein Erlebnis wird zunächst mit einer an Ez 3,12 (vgl. auch Ez 2,2; 3.14.24; 11,1; 43,5) erinnernden Formulierung beschrieben: „Ich wurde vom Geist ergriffen" (ἐγενόμην ἐν πνεύματι). Was er jetzt erlebt, ist durch den Geist ermöglicht, und bezieht sich auf eine Realität, die dem natürlichen Menschen verborgen ist. Der Seher gibt allerdings in diesem Zustand sein eigenes Denkvermögen nicht preis.

Er hört hinter ihm „eine laute Stimme wie von einer Posaune". Der Vf. folgt in dieser Beschreibung seiner Vorlage, Ez 3,12. Wer in dieser Stimme spricht, ist nicht angegeben. Nach V. 12ff sieht Johannes, wenn er sich umwendet, um die

---

[52] BOUSSET, Apk 191; CHARLES, Apk I 21; LOISY, Apk 75 u.a. beziehen ἐν Ἰησοῦ allein auf ὑπομονή. Mit Recht dagegen L.L. THOMPSON, Analysis 150: „Since the definite article occurs only once in the Greek text, all three nouns are linked to ‚in Jesus'".

[53] BOUSSET, Apk 192 z.B., behauptet: „der Aor. ἐγενόμην zeigt deutlich an, dass der Seher, als er schrieb, nicht mehr auf Patmos war, oder anwesend gedacht wird" (ähnlich CHARLES, Apk I 21; LADD, Apk 30; HORN, Johannes 141f.157 u.a.). Aber der Gebrauch des Aorist spricht als solcher weder für noch gegen die Ansicht (AUNE, Apk 77). Wäre er nicht mehr auf Patmos, käme als sein Aufenthaltsort in erster Linie Ephesus in Frage, aber das ist unwahrscheinlich, denn ein Sendschreiben ist an die dortige Gemeinde gerichtet.

[54] CHARLES, Apk I 21f; LOHMEYER, Apk 15; HADORN, Apk 33 u.a.

[55] So KRAFT, Apk 42; ähnlich auch BERGER, Auferstehung 482 Anm. 177; SCHENKE/FISCHER, Einleitung II 299; vgl. auch BAUCKHAM, Theology 4; HEINZE, Johannesapokalypse 301.

[56] So z.B. VIELHAUER, Geschichte 501.

[57] HORN, Johannes 149; vgl. weitere Literatur bei HUBER, Menschensohn 94 Anm. 71.

[58] Vgl. HORN, a.a.O. 153.

[59] Vgl. BEHM, Apk 11; RORDORF, Sonntag 212 u.a.

## 1,9–20 Die Beauftragungsvision

Stimme zu sehen, den Menschensohnähnlichen; so ist wohl dieser als der Sprecher vorzustellen.[60] Auch vom Inhalt der Aussage her gesehen ist das wahrscheinlich; man beachte, dass beide Auftragsworte, V. 11 und V. 19, einander sehr nahe stehen.

**V. 11:** Der Auftrag an Johannes besteht darin, in ein Buch zu schreiben, was er sieht, und es den sieben Gemeinden zu senden. In V. 19 folgt nochmals ein ähnlicher Schreibbefehl; beide Befehle umrahmen die Vision des Menschensohnähnlichen (V. 12–16) (Inklusio).

**V. 12:** Johannes erblickt zuerst sieben goldene Leuchter. Die sieben Leuchter erinnern an den siebenarmigen goldenen Leuchter im AT, der als ein Zeichen für die Gegenwart Gottes im Zelt bzw. im Tempel aufgestellt wurde (Sach 4,2.10 u.a.).[61] Auch die sieben Leuchter an unserer Stelle geben der Szene eine christophane Atmosphäre. Sie werden allerdings in V. 20 auf „die sieben Gemeinden" gedeutet, und diese Deutung dürfte bereits an unserer Stelle vorausgesetzt sein. Dadurch, dass die Leuchter in dieser Weise am Anfang und am Ende der Vision begegnen, betont der Vf. ein besonders enges Verhältnis zwischen dem Menschensohnähnlichen und den Gemeinden.[62]

**V. 13–16:** „Der Menschensohnähnliche",[63] der in der Offb noch in 14,14 belegt ist, stammt aus Dan 7,13. Während andere neutestamentliche Schriften (besonders die Synoptiker) und 1Hen die Bezeichnung „der Menschensohn" verwenden, steht die Formulierung in der Offb der in Dan nahe. Ob der Vf. das bewusst so tut, ist fraglich. Wie die Apokalyptik im allgemeinen beschreibt er Personen und Gegenstände oft mit ὡς o.ä. und bringt dadurch „das ‚Uneigentliche' des Geschauten und die Mangelhaftigkeit des Vergleiches"[64] zum Ausdruck (schon in V. 10 „wie von einer Posaune", sonst 4,6; 6,6 u.a.

Die Beschreibung des Menschensohnähnlichen ist im Vergleich mit Darstellungen anderer himmlischer Figuren in der Offb sehr ausführlich; vgl. vor allem die von Gott in 4,3, die lediglich besagt, dass er „wie Jaspisstein und Karneol aussah". Der Vf. beginnt sie mit dem Gewand und Gürtel, dann spricht er von Haupt, Augen und Füßen, geht anschließend zur Stimme über, beschreibt danach, was der Geschaute in seiner Rechten und in seinem Mund hat; zum Schluss folgt eine Aussage über sein Aussehen. In V. 14f lehnt er sich an Dan 10,5f und 7,9 an,[65] in V. 16

---

[60] BOUSSET, Apk 193; CHARLES, Apk I 24; LOISY, Apk 77; HUBER, Menschensohn 113 u.a.
[61] Vgl. STR-B III 716ff.
[62] Vgl. WOLFF, Gemeinde 189; HUBER, Menschensohn 120.
[63] Ὅμοιος υἱὸς ἀνθρώπου (auch in 14,14; in Dan 7,13 LXX, Θ dagegen ὡς υἱὸς ἀνθρώπου). Ὅμοιος wird gewöhnlich mit Dativ verwendet; bei unserem Ausdruck übt es keinen Einfluss auf den Kasus des Hauptworts (υἱός) aus; die Lesart mit Dativ in HSS A C u.a. ist sekundär. Unser Vf. verwendet ὅμοιος häufig im Sinne von ὡς (vgl. etwa V. 14f, wo beides promiscue vorkommt).
[64] HADORN, Apk 35.
[65] Die Anlehnung an Dan 10 ist deutlich, wie ein Blick auf die beschriebenen Gegenstände, deren Reihenfolge und deren Aussehen zeigt; vgl. die folgende Tabelle. Übrigens setzt sich die Parallele mit Dan in V. 17 (Niederfallen des Sehers nach der Schau; par Dan 10,8f) fort.

fügt er dagegen selber etwas Neues hinzu. Auch hier beharrt er auf dem Siebenzahlprinzip: Die Beschreibung besteht aus sieben Gliedern, wie das siebenmalige Vorkommen des auf den Menschensohnähnlichen bezogenen αὐτοῦ zeigt.

In Dan 10 ist die dargestellte Figur wahrscheinlich Gabriel. Von 19,10; 22,9 her gesehen, ist schwer vorstellbar, dass unser Vf. den Menschensohnähnlichen ausgerechnet bei seiner ersten Vorstellung mit einem Engel identifiziert. Er benutzt das Material nur deswegen, weil er ihn mit dem himmlischen Glanz ausstatten will.

**V. 13:** Bei Gewand und Gürtel[66] ist die Überschneidung zwischen Daniel und unserer Stelle auf der Wortebene zwar nicht erheblich, aber es ist schon eine augenfällige Koinzidenz, dass an beiden Stellen nur auf sie abgehoben wird und nicht etwa auf Kranz oder Brustschild.

Im Vergleich mit Dan 10,5 ist die Darstellung des Gewands und Gürtels hier stärker priesterlich geprägt.[67] Aber um behaupten zu können, dass der Vf. den Menschensohnähnlichen als Hohenpriester darstellt,[68] sind die Argumente nicht stark genug.[69] Hätte er die Absicht, ihn als Hohenpriester darzustellen, würde er über die Parallelen mit Dan 10 hinaus die Gegenstände nennen, die für den Hohenpriester typisch sind (wie etwa einen Brustschild).[70]

**V. 14:** Die Beschreibungen der Körperteile beginnt abweichend von Dan 10 mit dem Haupt und den Haaren (gemeint ist: Haupt, d.h. die Haare). Diese Passage ist

| *Gegenstände* | *Dan 10* | *Offb 1* |
| --- | --- | --- |
| Gewand | Leinen | langes Gewand |
| Gürtel | um die Lenden mit feinem Golde von Ophir gegürtet | um die Brust mit goldenem Gurt gegürtet |
| (xxx) | (Körper und Gesicht) | (Haupt und Haare) |
| Auge | wie Feuerfackeln | wie eine Feuerflamme |
| Füße | wie poliertes Erz (+Arme) | gleich Bronze |
| Stimme | wie das Tosen einer Volksmenge | wie die Stimme vieler Wasser |

[66] Ποδήρης ist ein langes Gewand, das bis zu den Füßen reicht und entweder für Priester oder Menschen höherer Stände bestimmt ist (vgl. Ex 28,4; 29,5; 1Sam 18,4; Ez 26,16 u.a.). Ζώνη bezeichnet in LXX, wenn es als Übersetzung von אַבְנֵט verwendet wird, stets einen priesterlichen Gürtel (Ex 28,4.; 29,9; Lev 8,7.13 u.a.; vgl. auch Josephus, ant. III 156); in diesem Falle ist er aus Linnenfaden hergestellt und mit verschiedenfarbigen (nach Ex 28,8; 39,5; darunter auch goldenen) Wollfäden durchwirkt (Ex 39,29; vgl. auch 1QM 7,10). Der Engel in Dan 10 hat, wie es allgemein üblich ist (1Kön 2,5; 2Kön 1,8; Ijob 38,3; Spr 31,17; Jes 5,27 u.a.), um die Lenden einen Gürtel; an unserer Stelle trägt ihn dagegen der Menschensohnähnliche, der Gewohnheit des Priesters entsprechend (Josephus, ant. III 154: κατὰ στῆθος ὀλίγον τῆς μασχάλης ὑπεράνω), um die Brust.

[67] WOLFF, Gemeinde 189; VANNI, Apocalisse 127.

[68] So WIKENHAUSER, Apk 31; MOUNCE, Apk 77f; MÜLLER, Apk 84; KRODEL, Apk 95; HOLTZ, Christologie 118f; WOLFF, Gemeinde 189; SLATER, Christ 98 u.a.

[69] HUBER, Menschensohn 151, formuliert, übereinstimmend mit OMERZU, zutreffend, dass „die hohe Gürtung in Offb 1,13 nicht so sehr in Anlehnung an Josephus als hohepriesterliches Symbol zu deuten, sondern vielmehr in Analogie zur Darstellung der Engel in Offb 15,6 und ApkZef 6,12 als Kennzeichnung des himmlischen Wesens des Menschensohngleichen zu verstehen" sei.

[70] Vgl. AUNE, Apk 94.

## 1,9–20 Die Beauftragungsvision

von Dan 7,9 beeinflusst; denn in der ganzen Bibel ist nur an diesen beiden Belegen die weiße Farbe des Hauptes eines himmlischen Wesens hervorgehoben,[71] und dabei sind die Haare mit Wolle verglichen. Beim Satzbau an unserer Stelle fällt die zweimalige Verwendung des Wortes λευκός auf, das in der Offb „leuchtend", „glänzend" bedeutet und den himmlischen Glanz bezeichnet. Der Vf. unterstreicht durch Heranziehung von Dan 7,9 den himmlischen Charakter des Menschensohnähnlichen.[72]

Nach der Beschreibung von Haupt und Haaren kehrt der Vf. zu Dan 10,6 zurück und berichtet, dass seine Augen „wie eine Feuerflamme" sind (vgl. 2,18; 19,12). Genau wie die vorangehenden (Haupt und Haare) und die nachfolgende (Füße) Beschreibungen hebt auch der Vergleich mit Feuerflammen den Glanz des Menschensohnähnlichen hervor. Freilich sind die „Augen wie eine Feuerflamme" (und die „Füsse wie Bronze") in 2,18 und 19,11ff auf den kämpfenden Messias bezogen.

**V. 15a:** Während Dan 10,6 von „Armen und Füßen" berichtet, sind an unserer Stelle die „Arme" weggelassen, vielleicht deswegen, weil der Vf. in V. 16 von dem, was in der Rechten des Menschensohnähnlichen ist, sprechen will. Die Füße werden mit „Bronze,[73] die im Ofen geglüht ist", verglichen (in Dan 10,6 waren Arme und Füße „wie poliertes Erz"). Mit „im Ofen geglüht" ist auf das glänzende Aussehen angespielt, das das Erz unmittelbar nach dem Erglühen im Ofen zeigt.[74]

**V. 15b:** Auch bei der Beschreibung seiner Stimme, die „wie die Stimme vieler Wasser" sei, ist der Einfluss von Dan 10,6 unverkennbar. Die Stimme einer Volksmenge (Dan) und die vieler Wasser (Offb) bezeichnen für unseren Vf. das Gleiche; vgl. 19,6. Er vermeidet hier wohl den Ausdruck „die Stimme einer Volksmenge", weil dies den Eindruck erwecken könnte, als wären mehrere Menschensohnähnliche da.

---

[71] Vgl. auch 1Hen 46,1, eine Stelle, von Dan 7,9 beeinflusst ist; vgl. auch 1Hen 71,10.

[72] Eine Anzahl von Forschern sieht in der Anlehnung an Dan 7,9 das Anliegen des Vf. ausgedrückt, Gottesattribute auf Jesus zu übertragen (BOUSSET, Apk 194; CHARLES, Apk I 28; OSBORNE, Apk 90 u.a.). Dass dieser sich in Offb 1,9ff aber weitgehend an die Gabrieldarstellung in Dan 10 anlehnt, gebietet demgegenüber aber Vorsicht; er will einfach nur die himmlische Majestät des Menschensohnähnlichen unterstreichen. Vergleichbar ist, dass in der zeitgenössischen jüdischen Literatur der Engel bei einer Angelophanie nicht selten mit göttlichen Attributen ausgerüstet ist (z.B. Jaoel in ApkAbr 11,2; dazu vgl. STUCKENBRUCK, Angel Veneration 219; ROWLAND, Vision 6f; CARRELL, Angelology 162ff; in 1Hen 106,2–5 ist das sogar für Noah angewandt; vgl. CARRELL a.a.O. 169).
YARBRO COLLINS, Cosmology 179–185, erklärt die Heranziehung von Dan 7,9 dadurch, dass in einer alten griechischen Übersetzung ($\mathfrak{P}^{967}$) Dan 7,13 ὡς παλαιὸς ἡμερῶ(ν) lautete, also der Menschensohnähnliche mit dem Hochbetagten identifiziert war, und dem Vf. der Offb diese Form der Übersetzung vorlag. M.E. scheint das aber nicht wahrscheinlich. Die Verwendung von Dan 7,9 ist, wie oben gesagt, ohne diese Annahme erklärbar. Außerdem findet man in der auf Dan 7,13 anspielenden Passage in Offb 1,7 kein sonstiges Anzeichen davon, dass der Vf. durch die durch $\mathfrak{P}^{967}$ vertretene Lesart beeinflusst ist. „Linguistic evidence [...] seems to indicate that the author of the Apocalypse generally knew about the MT (or at least a text similar to the MT)" (HOFFMANN, Destroyer 38).

[73] LXX und Θ von Dan 10,6 verwenden χαλκός, unsere Stelle dagegen χαλκολίβανος, ein Wort, das nur in der Offb (hier und 2,18) und in einigen anderen Schriften, die von der Offb beeinflusst sind, belegt ist, und von dem man kaum mit Sicherheit feststellen kann, welches Metall oder welche Legierung es bezeichnet (vgl. BAUER/ALAND, WB χαλκολίβανον.104b).

[74] Vgl. MÜLLER, Apk 84.

**V. 16:** Für das, was der Menschensohnähnliche in der Hand bzw. im Mund hat, gibt es in Dan 10 keine Parallele. In der Rechten des Menschensohnähnlichen sind die sieben Sterne. Im AT ist die Rechte Gottes Symbol seiner Macht; sie hilft den ihm Ergebenen und bestraft die, die ihm widerstehen;[75] in der Offb vgl. 5,1.7. Auch „die Rechte des Menschensohnähnlichen" an unserer Stelle ist in diesem Sinn zu verstehen: Er stellt die „Engel" der sieben Gemeinden, also faktisch die sieben Gemeinden selbst (vgl. V. 20), unter seinen Schutz. Im Vergleich zur Darstellung in V. 13, nach der der Menschensohnähnliche lediglich inmitten der sieben Leuchter (= Gemeinden) ist, betont unsere Aussage in besonderer Weise das enge Verhältnis zwischen beiden.

Das nächste Bild, das „Schwert aus seinem Mund", verdeutlicht sein Verhalten gegenüber seinen Feinden.[76] Das gleiche Bild begegnet nicht nur in den Sendschreiben (2,12.16), sondern auch in 19,15.21; es ist also absichtlich so dargestellt.[77]

Dass die Funktion des Menschensohnähnlichen durch die zwei Bilder als Schutz der Gemeinde und Bestrafung der Feinde beschrieben wird, entspricht der dualistischen Aufteilung der Menschenwelt in Gerechte und Böse (vgl. Einleitung 7.4.5.3.3.). Beide Sachverhalte stehen jedoch nicht auf der gleichen Zeitstufe: Die sieben Sterne sind schon jetzt in seiner Rechten, die Gemeinden stehen also schon jetzt unter seinem Schutz; dass das Schwert aus seinem Mund hervorgeht, bedeutet dagegen nur, dass er bereit ist, mit Feinden zu kämpfen und sie zu vernichten. Diese Unausgeglichenheit entspricht der Geschichtsauffassung dieses Buches: Die Herrschaft Christi ist mit dem Christusgeschehen im Grunde bereits Wirklichkeit, aber ihre vollkommene Verwirklichung, bei der die Vernichtung Satans und seiner Mächte wichtige Elemente sind, ist erst in der Zukunft zu erwarten (19,11ff); die Zeit bis dahin ist die des letzten und deswegen heftigsten Wirkens Satans, das den Christen Verfolgungen bringt.

Das letzte Element in der Darstellung des Menschensohnähnlichen bezieht sich auf sein „Aussehen" (ὄψις). Ὄψις kann auch „Gesicht" bedeuten, aber die Beschreibung über einzelne Körperteile ist als mit V. 14f abgeschlossen zu betrachten; ὄψις bezieht sich eher auf das ganze Aussehen.[78] Die Formulierung, „die Sonne scheint in ihrer Kraft", stammt wohl aus Ri 5,31.

**V. 17-20:** Eine Aussage des Menschensohnähnlichen selber, die aus drei Faktoren besteht: Selbstprädikation (V. 17f), Auftrag an den Seher zum Schreiben (V. 19) und eine Deutung der sieben Sterne und sieben Leuchter (V. 20).

---

[75] Belege sind besonders in Psalmen zahlreich, vgl. etwa 17,7; 21,8; vgl. GRUNDMANN, ThWNT II 37,6ff.

[76] Das „Schwert aus dem Mund" wird manchmal nur als ein Bild der Richter- und Herrscherfunktion des Menschensohnähnlichen verstanden (z.B. CHARLES, Apk I 30; LOHMEYER, Apk 18); dass dies aber zu dem Bild der sieben Sterne (= den Gemeinden) in seiner Hand ein Gegenüber bildet, deutet an, dass es sich auf die Gegner bezieht und auf den Kampf gegen sie abheben will.

[77] Im AT findet man keine direkte Parallele zu ihm, aber vgl. Jes 49,2: „Er [Jahwe] machte meinen Mund wie ein scharfes Schwert"; Ps 64,4: „sie schärfen ihre Zunge wie ein Schwert und ziehen mit giftigem Worte, wie mit einem Pfeil" (vgl. MICHAELIS, ThWNT VI 997,19ff); vgl. auch Ps 57,5; 59,8; Hos 6,5; Weish 18,15f; 1QH 5,10-15; 4Q 436; Eph 6,17; Hebr 4,12. Von 19,11ff aus gesehen, wo das gleiche Bild vorkommt, ist vor allem mit dem Einfluss von Weish 18,15f und Jes 11,4 zu rechnen (vgl. ad 19,13.15).

[78] Der Vf. verwendet für „Gesicht' stets πρόσωπον (4,7 u.a.; vgl. besonders 10,1).

## 1,9–20 Die Beauftragungsvision

**V. 17:** Die Szene wird eingeführt durch den Hinweis, dass Johannes, als er den Menschensohnähnlichen sah, ohnmächtig wurde, dieser aber seine Rechte auf ihn legte und ihn anredete mit „Fürchte dich nicht". Ähnliche Darstellungen findet man in apokalyptisch geprägten Schriften oft (Ez 1,28–2,2; 3,23f; Dan 8,17f; 10,8ff; 1Hen 14,24–15,1; 60,3–5; 4Esr 10,29ff; ApkAbr 10,1ff u.a.). Nach der Anlehnung an Dan 10,5f in V. 12–15 ist die Darstellung hier wohl durch Dan 10,8ff beeinflusst. Die Idee, dass der, welcher Gottes Gesicht geschaut hat, nicht am Leben bleiben kann, stammt aus der Tradition (Ex 33,20; Jes 6,5; 1Hen 14,14.24). Zu „wie ein Toter" vgl. 4Esr 10,30. „Die Hand auflegen" ist ein Akt des Machthabers, um Macht an andere auszuteilen (Dan 10,10; vgl. auch Dan 8,18; 4Esr 10,30; ApkAbr 10,4).[79] „Fürchte dich nicht" kommt im AT in der Darstellung der Theophanie mehrmals vor (Ex 20,20; Ri 6,23 u.a.; vgl. besonders Dan 10,12).

**V. 17Ende–18:** Um die Furcht des Sehers zu beschwichtigen, formuliert der Menschensohnähnliche eine mit der ἐγώ εἰμι-Formel eingeführte zweifache Selbstprädikation;[80] zunächst spricht er: „Ich bin der Erste und der Letzte", eine Formel, die sachlich mit „Ich bin das A und das O" in V. 8 (auf Gott bezogen) identisch ist. Diese Selbstprädikation ist nicht durch den Kontext veranlasst, hat aber einen buchkompositorischen Zweck: Der Vf. will gerade mit der ersten Aussage Christi in diesem Buch, die ursprünglich ein Gottestitel ist, dessen Gottgleichheit unterstreichen.

Das zweite Prädikat, ὁ ζῶν […] εἰς τοὺς αἰῶνας τῶν αἰώνων, ist als Gottesbezeichnung an vier Stellen belegt (4,9 u.a.). In anderen neutestamentlichen Schriften wird Gott zwar manchmal θεὸς ζῶν (Röm 9,26 u.a.; in der Offb 7,2) oder ὁ θεὸς ὁ ζῶν (Mt 16,16 u.a.) genannt, aber die Ewigkeitsformel ist als Gottesbezeichnung sonst nicht belegt. Im griechischen AT ist ὁ ζῶν εἰς τὸν αἰῶνα in mit der Offb vergleichbaren Kontexten mehrmals belegt, die volle Form, die man in der Offb findet, aber nicht. An unserer Stelle weist das Prädikat auf die Auferstehung Jesu hin, wie der daran angehängte erste Hinweis zur Erklärung, „ich war tot und siehe, ich bin lebendig", deutlich macht.[81] Durch die Auferstehung wurde ihm über das einmalige Geschehen hinaus der auf ewig bleibende neue Status zugesprochen.[82]

---

[79] Vgl. BERGER, Auferstehung 536 Anm. 311.

[80] Diese Entwicklung lässt sich sowohl im AT/Judentum als auch in der profanen Literatur (KARRER, Brief 150, nennt als Beispiel Ovid, metam. XV 658 [*pone metus*]) oft beobachten; vgl. BALZ, ThWNT IX 191,1ff; BERGER, Auferstehung 153f mit Anm. 24.

[81] Außer 2,8, einer Stelle, die von unserer Stelle beeinflusst ist, ist das Verb ζᾶν auch in 20,4.5 (von Christen) und eventuell in 13,14 (vom Tier) auf die Auferstehung bezogen. HOFIUS, Zeugnis 516, unterstreicht, dass bei den beiden ersten Prädikaten (gemeint sind ὁ πρῶτος καὶ ὁ ἔσχατος und ὁ ζῶν in V. 17f) eine Präexistenzchristologie vorausgesetzt sei. Dass aber der Vf. darauf kein Gewicht legt, zeigt sich daran, dass Christus, nachdem er sich als „der Lebendige" vorgestellt hat, anschließend gleich auf seinen Tod und seine Auferstehung hinweist – diesen Zug behandelt HOFIUS nicht –, und sich dann erneut mit „Ich bin lebendig in alle Ewigkeit" vorstellt. „In alle Ewigkeit" ist in diesem Fall also nicht im Sinne „von Ewigkeit her" (so HOFIUS), sondern „auf Ewigkeit hin" zu verstehen.

[82] Wenn er in 2,8 unter dem Einfluss unserer Stelle, aber nicht in Form der Selbsterklärung Christus vorstellt, schließt er an den Titel „der Erste und der Letzte", ohne „der Lebende" dazwischen, unmittelbar die Aussage an, die unserem Erklärungswort „Ich war tot und siehe, ich bin lebendig (ζῶν εἰμι) in alle Ewigkeiten" entspricht, aber nicht mit ζῶν εἰμι, sondern mit ἔζησεν, das eher auf das einmalige

Das zweite Erklärungswort, „Ich habe die Schlüssel zum Tod und zum Hades",[83] macht dann deutlich, dass der Auferstandene auch für die Seinigen die Todesmacht außer Kraft gesetzt hat; schon in der ersten Selbstoffenbarung wird die soteriologische Funktion Christi unterstrichen.[84]

**V. 19:** Etwas unvermittelt, aber wohl absichtlich fast am Ende des Abschnitts, folgt ein Schreibbefehl; ein ähnlicher war schon in V. 11 ergangen (vgl. auch V. 2). Da in V. 2 und V. 11 die Wendung, die dem ersten Glied der Formulierung unserer Stelle entspricht (ἃ εἶδες), ohne appositionelle Ergänzung formuliert ist, liegt es nahe, das καί nach ἃ εἶδες epexegetisch zu verstehen.[85] „Was ist und was danach geschehen wird"[86] weist auf eine Reihe von endzeitlichen Geschehenissen hin, die jetzt schon begonnen haben und in der Parusie ihren Höhepunkt erreichen werden.

Eine Anzahl von Exegeten bezieht „was du gesehen hast" auf Kap. 1, „was ist" auf Kap. 2f und „was danach geschehen wird" auf Kap. 4 (bzw. 6)ff.[87] In Wirklichkeit enthalten jedoch Kap. 2f ebenfalls Aussagen über die Zukunft der Gemeinden und Kap. 4 (6)ff Beschreibungen über die nahe Vergangenheit (vor allem die über das Christusgeschehen in Kap. 5 und Kap. 12) und Gegenwart.[88]

---

Geschehen in der Vergangenheit hinweist. Die Formulierung ζῶν εἰμι, die sonst nicht belegt ist, ist als Erklärung des vorangehenden Titels ὁ ζῶν gewählt.

[83] „Tod" und „Hades" begegnen auch in 6,8 und 20,13f nebeneinander; beide Male sind sie personifiziert (vgl. Hos 13,14; 4Esr 8,53); an unserer Stelle und besonders in 20,13 tragen sie aber auch eine lokale Konnotation. Die gleiche doppelte Konnotation (Ort und Person) ist auch bei „Babylon" und dem „neuen Jerusalem" konstatierbar. Zum Hades vgl. J. JEREMIAS, ThWNT I 146,31ff; STR-B IV 1016ff. Die Vorstellung der Schlüssel zu den Toren der Unterwelt war im Altertum weit verbreitet; vgl. Belege bei J. JEREMIAS, ThWNT III 745,7ff. In der hellenistisch-römischen Zeit war u.a. Hekate, deren Kult besonders im südwestlichen Kleinasien verbreitet war, als Besitzerin der Schlüssel zur Unterwelt vorgestellt (AUNE, Apk 104). Im frühen Judentum findet man allerdings verhältnismäßig selten Belege für diese Vorstellung; vgl. 2Hen 42,1; ApkAbr 10,12; ApkZef 6,15.

[84] Nicht wenige Forscher sehen in dem Sachverhalt, dass Christus die Schlüssel des Todes und des Hades hat, eine Anspielung auf seine Höllenfahrt (vgl. 1Petr 3,19). LOHMEYER, Apk 19, findet hier eine „Umprägung kerygmatischer Formeln: Tod, Auferstehung, Descensus ad inferos" (vgl. auch BOUSSET, Apk 197; CHARLES, Apk I 32; LOISY, Apk 83; ALLO, Apk 14; LOHSE, Apk 19 u.a.). Aber „der Descensus hat seinen sachgemäßen Ort zwischen Tod und Auferstehung, hier steht er nach der Auferstehung" (HOLTZ, Christologie 85).

[85] So BECKWITH, Apk 443; MOUNCE, Apk 82; MAZZAFERRI, Genre 299 n. 289 u.a.

[86] Der Ausdruck ist mit dem in V. 1 verwandt, unterscheidet sich aber in zwei Punkten von ihm: Erstens ist als Verb hier nicht δεῖ, sondern μέλλειν verwendet, und zweitens steht hier statt „bald" (ἐν τάχει) „nach diesen" (μετὰ ταῦτα). Beide Differenzen wiegen jedoch nicht schwer: Μέλλειν kann auch die von Gott bestimmte Notwendigkeit bezeichnen (6,11; 12,5 u.a.; vgl. BAUER/ALAND, WB μέλλω 1 c δ); vgl. Jes 48,6 LXX; Lk 21,7.36; Apg 11,28; 24,15; 26,22 u.a. „Was μετὰ ταῦτα geschehen wird", ist eine Formulierung, die Dan 2,29.45 (MT und Θ) genau entspricht. In unserem Kontext ist vorausgesetzt, dass sich der Seher zeitlich noch vor dem Geschehen des durch ihn Geschauten und in diesem Buch Dargestellten befindet, was in Wirklichkeit nicht immer der Fall ist (vgl. z.B. Kap. 5.12). Insofern entspricht es genau genommen nicht der absoluten Chronologie des Geschehens, wie es bei „was bald geschehen soll" (V. 1) der Fall ist, sondern dem des visionären Erlebnisses.

[87] BOUSSET, Apk 198; CHARLES, Apk I 33; MÜLLER, Apk 86; KRODEL, Apk 98; THOMAS, Apk 115; VIELHAUER, Geschichte 497; SCHNELLE, Einleitung 595 u.a.

[88] Vgl. BRÜTSCH, Apk I 97; SWEET, Apk 73; ROLOFF, Apk 45; LAMBRECHT, Structuration 79f; GÜNTHER, Enderwartungshorizont 64; BEALE, Rev. 1:19 360f u.a.

**V. 20:** Zum Schluss des Ausspruchs erklärt der Menschensohnähnliche „das Geheimnis" (μυστήριον) der sieben Sterne und sieben Leuchter. In Dan 2 z.B. vollzieht sich die Offenbarung des „Geheimnisses" in zwei Folgen: Nebukadnezar wird zunächst ein Traum gezeigt, daran anschließend dessen Deutung; gleiches geschieht auch an unserer Stelle.[89]

Zunächst deutet der Menschensohnähnliche die sieben Sterne auf die sieben „Gemeindeengel". Die Apposition zu den Sternen, „die du in meiner Rechten sahst", unterstreicht das enge Verhältnis zwischen ihnen und Christus. Im Hintergrund steht eine Situation, in der die Gemeindeglieder den Schutz Christi offensichtlich kaum wahrnehmen zu können meinen. Danach werden die sieben Leuchter mit den sieben Gemeinden identifiziert.

### Exkurs: Gemeindeengel

Die „Gemeindeengel" kommen in der Offb hier zum ersten Mal vor, dann als Adressaten der Sendschreiben; ab Kap. 4 erscheinen sie nicht mehr. Zu ihrer Identifizierung gibt es verschiedene Vorschläge:

1.) Sie werden auf führende Personen der Gemeinden gedeutet,[90] weil die Sendschreiben viele Mahnungen und Warnungen enthalten und die Gemeindeengel mit „du" angeredet werden, während für die Gemeinde „ihr" verwendet ist; ergänzend wird manchmal hinzugefügt, dass die Bezeichnung der Gemeindevorsteher als ἄγγελος vom Gebrauch von מַלְאָךְ oder שָׁלִיחַ im AT/Judentum her gesehen nicht befremdlich sei. Diese Deutung passt in 3,2 gut, wo vom Gemeindeengel aufgefordert wird, den „Rest" zu stärken (vgl. dort). Aber das stellt eine Ausnahme dar. Ansonsten sind die Mahnungen, die an das „du" gerichtet sind, allgemeinen Charakters und zielen auf alle Gemeindeglieder. Wenn mit den Gemeindeengeln allein die Vorsteher der jeweiligen Gemeinden gemeint wären, müssten die Sendschreiben grundsätzlich an diese gerichtet sein; dann wäre es aber merkwürdig, dass gelegentlich Gemeindeglieder direkt angesprochen werden (2,10.23-25). Dazu kommt noch, dass einige Aussagen in der 2. Person Singular wie „ich werde deinen Leuchter von seiner Stelle entfernen" (2,6) keinen richtigen Sinn ergäben, wenn mit den Gemeindeengeln allein die Gemeindevorsteher gemeint wären. Der Versuch, den Hintergrund des so verstandenen ἄγγελος im hebräischen שָׁלִיחַ o.ä. zu finden, stößt auf die Schwierigkeit, dass es im AT keinen Präzedenzfall gibt. In rabbinischen Schriften ist „ein Bote der Versammlung" (שְׁלִיחַ צִבּוּר) belegt; aber es handelt sich um einen zeitweiligen Dienstträger der Versammlung wie z.B. den Vorbeter beim Gottesdienst.[91]

---

[89] Unter den vier Belegen von μυστήριον steht der in 17,7 unserer Stelle nahe, während diejenigen in 10,7 und 17,5 je einen etwas anderen Charakter zeigen. Auch ohne das Wort μυστήριον zu verwenden, wird in der Offb den Bildern manchmal eine Deutung hinzugefügt (4,5; 5,6.8; 7,14; 11,4; 14,4; 16,14; 19,8; 20,5.14). Zu „Geheimnis" in LXX und apokalyptischen Schriften vgl. BORNKAMM, ThWNT IV 821,10ff; HENGEL, Judentum 398.

[90] Vgl. z.B. STR-B III 790-2; ausführlich ZAHN, Apk 208ff; ähnlich auch HADORN, Apk 39; GÜNTHER, Enderwartungshorizont 150 Anm. 240.

[91] STR-B III 791.

2.) Als eine Variante dieser These identifiziert Kraft, Apk 52, die ἄγγελοι mit Boten der Gemeinden, die sich bei dem Vf. befinden;[92] als eine vergleichbare Situation nennt er Apg 20,17; τῷ ἀγγέλῳ sei dann zu übersetzen „für den Boten" oder „durch den Boten". Aber die Aufforderung an den Seher, „schreibe" (2,1 u. a.), setzt eine geographische Entfernung zwischen ihm und den ἄγγελοι voraus (vgl. V. 11). Auch die Tatsache, dass sie als Empfänger der Sendschreiben behandelt sind, macht eine solche These unwahrscheinlich; denn in der alten Welt ist es eine strikt geltende Regel, dass „der Bote lediglich für die Überbringung einer Botschaft zuständig ist".[93] Ferner spricht ihr besonders nahes Verhältnis zu Christus (sie befinden sich zu seiner Rechten) gegen sie.[94]

3.) Eine weitere Variante bietet Aune, Prophecy 197; ihm zufolge sind die Gemeindeengel „local prophetic messengers", durch die Johannes „as a kind of master prophet" die Offenbarung den Gemeinden weitergegeben habe.[95] Gewiss ist es möglich, dass Propheten eine solche Rolle gespielt haben; aber fraglich bleibt, ob sie ἄγγελος genannt worden sind. In der Gemeinde zu Thyatira wären dann ein ἄγγελος und die „Prophetin" Isebel nebeneinander tätig.

4.) Während die bisher genannten Thesen die Gemeindeengel als irdische Gestalten deuten, betrachten einige andere sie als Schutzengel der Gemeinden.[96] Dieser Vorschlag hat den Vorteil, dass man die semantischen Implikationen des Wortes ἄγγελος nicht weiter zu belegen braucht (vgl. Dan 10,13; 12,1; 1QM 17,5–9; Mt 18,10; Apg 12,15). Dass auch dem Vf. das Motiv des Schutzengels nicht fremd ist, ist durch „Michael" in 12,7–9 gesichert. Aber dass Christus durch einen Menschen (Johannes) an Engel schreibt, ist etwas auffällig;[97] dass die Gemeindeengel in den Sendschreiben gelegentlich zur Umkehr aufgefordert werden, macht diese Identifizierung ebenfalls fragwürdig.

5.) Nach Lohmeyer, Apk 20, sind die Gemeindeengel „eine Art himmlischer Doppelgänger" der Gemeinden.[98] Das Wort „himmlisch" ist dabei etwas anstößig, weil in 2,13 der Aufenthalt des betreffenden Engels auf der Erde vorausgesetzt ist. Sie sind vielmehr als personifizierte Entsprechungen zu den Gemeinden anzusehen. Eine solche Personifikation ist wohl dadurch veranlasst, dass die Sendschreiben als ein Teil der Beauftragungsvision (1,12ff) visionäre Gestalten als Empfänger beanspruchen.[99] Dass die Gemeinden vom himmlischen Jesus gelobt oder getadelt werden müssen, spricht auch für ein solches Verständnis. Die Figur des „Engels" ist dabei gewählt, um den Lesern den himmlischen Charakter der Gemeinden bewusst zu machen, was allerdings schon durch die Wahl des Bildes der Sterne deutlich geworden ist; auch dass treue Christen „Mitknechte" des Engels genannt werden (19,10; 22,9), erleichtert diese Deutung des ἄγγελος-Begriffs.

---

[92] Ähnlich Thomas, Apk 118.
[93] Roloff, Apk 45.
[94] Vgl. Günther, Enderwartungshorizont 150 Anm. 240.
[95] Ähnlich Schüssler Fiorenza, Apocalypsis 146; Slater, Christ 104.
[96] Z.B. Lohse, Apk 20; zum religionsgeschichtlichen Hintergrund der Vorstellung vgl. Aune, Apk 110.
[97] Nach Karrer, Brief 57–59.172 (vgl. auch Stuckenbruck, Angel Veneration 235–237) lässt sich diese Schwierigkeit religionsgeschichtlich entkräften: Der Henochbrief im aramäischen Buch der Giganten kennt die Vermittlung von schriftlichen Botschaften zwischen Gott und seinen Engeln auf der einen und zumindest gefallenen Engeln auf der anderen Seite durch einen Menschen. Das Argument ist aber nicht überzeugend: Henoch als ein besonders ausgezeichneter Mensch steht im Vergleich mit den gefallenen Engeln Gott sowieso viel näher.
[98] Ähnlich Bousset, Apk 201; Charles, Apk I 34; Behm, Apk 15; Sweet, Apk 73; Holtz, Christologie 115 u. a.
[99] Schüssler Fiorenza, Apokalypsis 145.

## II. 2,1–3,22: Die Sendschreiben an die sieben Gemeinden

*Grundcharakter, Aufbau und Einzelbestandteile*
Die Sendschreiben sind an sieben Gemeinden in Kleinasien gerichtet und nach der in 1,11 genannten Reihenfolge geordnet. Mit der siebenfachen Botschaft, ihrer knappen Formulierung, ihrem Gebrauch formelhafter Ausdrücke und ihrem Aussagegehalt stehen sie Am 1f nahe.[1]

Die Sendschreiben sind keine echten Briefe: Ihr Absender ist der himmlische Christus und sie sind an den jeweiligen Gemeindeengel gerichtet; außerdem fehlen ihnen entgegen der damals üblichen Briefform die Begrüßung am Anfang und der Segen am Ende. Sie haben nur insofern einen brieflichen Charakter, als sich in ihnen mehr oder weniger die Situation der angesprochenen Gemeinden widerspiegelt (vgl. unten).

Sie bilden „eine in sich geschlossene kompositorische Einheit", sind ein Fremdkörper in diesem „apokalyptischen" Buch und doch in das Gesamtbuch fest integriert.[2] Die Selbstvorstellungen Christi am Anfang jedes Sendschreibens beziehen sich immer wieder auf Motive aus der Vision des Menschensohnähnlichen in 1,13ff und der Darstellung in 1,4ff; der Weckruf und die Überwindersprüche am Ende jedes Sendschreibens schlagen andererseits eine Brücke zum Visionsteil 4,1–22,5 (genauer vgl. unten). Vor allem dem letzten Überwinderspruch, 3,21, kommt eine buchkompositorisch wichtige Funktion zu (vgl. ad loc).

Die einzelnen Sendschreiben sind fast vollkommen gleich strukturiert: Zuerst Schreibbefehl, dann Botenformel, anschließend Situationsbesprechung mit Mahnung/Warnung an die Gemeinde, die den Hauptteil ausmacht; sodann Weckruf („wer ein Ohr hat") und zuletzt Überwinderspruch. In den letzten vier Sendschreiben ist die Reihenfolge der letzten zwei Komponenten umgekehrt; vgl. unten.

Der Schreibbefehl ist stereotyp: „(Und) dem Engel der Gemeinde in (Stadtname), schreibe". Er entspricht dem Sendungswort von alttestamentlichen Propheten; vgl. „Gehe hin und sage Hiskia" (Jes 38,5).[3] Zum „Gemeindeengel" vgl. den Exkurs am Ende des Kap. 1.

Die Botenformel beginnt mit „dies spricht" (τάδε λέγει) und nennt dann Christus als den „Absender"; dies entspricht den Botenformeln in den Prophetenbüchern des AT ([...] כֹּה אָמַר; in LXX: τάδε λέγει [...*] vgl. etwa Am 1,3; Mi 2,3; Nah 1,12; Sach 1,3; Jes 1,24; Jer 2,2.5; Ez 2,47), worin sich sein Bewusstsein des Prophetseins widerspiegelt.[4] Das Subjekt ist im AT Gott; in unserer Formel ist also Christus die Rolle Gottes zugeeignet.[5]

---

[1] Hadorn, Apk 39; Beasley-Murray, Apk 72; Hahn, Sendschreiben 363.
[2] Zu dieser Frage vgl. Einleitung 5.1.2.B.
[3] In Jes 38,5 folgt ihm gleich eine Botenformel, „dies spricht der Herr, der Gott deines Vaters David" (τάδε λέγει κτλ.), ganz wie an unserer Stelle; ähnliche Beispiele sind im AT zahlreich; vgl. etwa Jer 2,2; 7,2f; 8,4; Ez 2,3f; 3,4–11; 6,2f; vgl. auch ParJer 6,13.
[4] Vgl. U.B. Müller, Prophetie 47; Hahn, Sendschreiben 369; Fekkes, Isaiah 53f.
[5] Beale, Apk 229.

Bei der Vorstellung Christi verwendet der Vf. weder den Begriff „Christus" noch stilisiert er die Selbstvorstellung in der ersten Person Singular; vielmehr formuliert er hier meist in Anlehnung an die Darstellung in Kap. 1, wie sie die folgende Tabelle zeigt. Die Auswahl der Bilder ist in den meisten Sendschreiben von ihrem Inhalt abhängig; insbesondere aber in dem letzten Sendschreiben besteht zwischen den Bildern und dem Inhalt keine Entsprechung. Durch diese Maßnahme versucht er einerseits, zwischen der Darstellung von Kap. 1 und den Sendschreiben eine Brücke zu schlagen und die Einheitlichkeit des Buches zu unterstreichen, andererseits, den Lesern das Christusbild näher und konkreter vor Augen zu führen.

| a | b | c | d |
|---|---|---|---|
| I | sieben Sterne und sieben Leuchter (2,1) | 16.13.20 | 5 |
| II | der erste usw., Tod/Leben (2,8) | 17f | 10 |
| III | zweischneidiges Schwert (2,12) | 16 | 16 |
| IV | Augen wie Flammen usw. (2,18) | 14.15 | 22f.26f |
| V | sieben Geister und sieben Sterne (3,1) | (4).16 | x |
| VI | der Heilige usw. (3,7) | (18) | 8 |
| VII | der „Amen" usw. (3,14) | (5) | x |

[a = die einzelnen Sendschreiben, nach der Reihenfolge. b = angewandte Bilder zur Darstellung Christi. c = ihr Fundort in Kap. 1. d = Aussagen im betreffenden Sendschreiben, die mit den Bildern eng verbunden sind].

Der Hauptteil beginnt in jedem Sendschreiben mit einem Hinweis auf die Situation der angesprochenen Gemeinde; er bezieht sich sowohl auf zu lobende als auch auf zu tadelnde Begebenheiten (I, III, IV, V), ggf. nur auf eines von beiden (nur auf zu lobende II und VI, nur auf zu tadelnde VII). Wird die betreffende Gemeinde getadelt, folgen zunächst meist Mahnungen und anschließend Warnungen vor dem, was geschehen wird, falls die Mahnungen nicht befolgt werden. Wird die Gemeinde dagegen gelobt, folgen manchmal Mahnungen und Worte der Verheißung, die jedoch bei einigen Sendschreiben an dieser Stelle fehlen können, weil auf den Hauptteil ein Überwinderspruch folgt, der eine Verheißung enthält (vgl. unten).

Der Hinweis auf die Gemeindesituation wird mit „ich weiß" (οἶδα) eingeleitet. Abgesehen von II und III ist das Objekt des Wissens immer „deine Werke". „Die Werke" bedeuten das Verhalten bzw. die Lebensweise und sind ein neutraler und umfassender Ausdruck.

Bei den Mahnungen, die auf den Tadel folgen, spielt das Wort μετανοεῖν eine zentrale Rolle (2,5.16; 3,3.19; vgl. auch 2,21f).[6] Die Mahnung zur Umkehr ist

---

[6] Außerhalb der Sendschreiben kommt das Wort μετανοεῖν noch in zwei Abschnitten, 9,20f und 16,9.11, in Bezug auf das Verhalten von Ungläubigen vor. Zwischen der Verwendung in den Sendschrei-

grundsätzlich und umfassend, aber gerade deswegen wenig konkret. Daher wird sie von einigen konkreten Mahnungen begleitet (nur in 2,16 steht sie allein), die sie der jeweiligen Situation gemäß entfalten.

Der Weckruf in den Sendschreiben, „Wer ein Ohr hat, höre, was der Geist den Gemeinden sagt", unterscheidet sich von anderen Weckrufen im frühen Christentum[7] durch die direkte Angabe dessen, was man hören soll. Der Plural „den Gemeinden" schließt die Möglichkeit aus, dass sich der Weckruf allein auf den Inhalt des jeweiligen Sendschreibens bezieht. Das Subjekt ist nicht mehr „ich" (= der himmlische Christus), sondern „der Geist". Der Subjektwechsel deutet an, dass mit dem, „was der Geist sagt", nicht nur der Inhalt der Sendschreiben gemeint ist, bei denen der himmlische Christus ausdrücklich als Redner vorgestellt ist, sondern vielmehr der Visionsteil des Buches, 4,1–22,5, insgesamt (vgl. 1,10; 4,2). Der Weckruf hat somit buchkompositorisch die Funktion, die Sendschreiben mit dem Visionsteil fest zu verbinden.

Der Überwinderspruch steht in den ersten drei Sendschreiben ganz am Ende, aber in den letzten vier rückt der Vf. ihn vor den Weckruf. Er hat beim Schreiben gemerkt, dass die Verheißung ihrer Natur gemäß eine enge Beziehung zu den Mahnungen hat, die im Hauptteil ausgesprochen werden; in der Tat fügt er selbst im Hauptteil manchmal an Mahnungen unmittelbar eine Verheißung an, so dass in diesem Fall im gleichen Sendschreiben zweimal Verheißungen vorkommen, die inhaltlich gleich sind (z.B. 2,10f; 3,4f).[8] Es ist also zweckmäßig, den Überwinderspruch dicht an den Hauptteil zu rücken und den Weckruf ganz an das Ende zu stellen.

In den Überwindersprüchen begegnen keinerlei Pronomina der 2. Person; vielmehr wird durchgehend der Begriff „der Überwinder" verwendet. Der Vf. wendet sich über die betreffende Gemeinde hinaus an alle sieben Gemeinden. Der Spruch besteht aus der Bezeichnung des Überwinders (meistens einfach „der Überwinder"; vgl. aber 2,26) und der Verheißung. Das Wort „überwinden" (νικᾶν) wird hier in zweierlei Hinsicht absolut gebraucht. Erstens bezeichnet es nicht einzelne

---

ben und der an diesen Stellen sind zwei Unterschiede zu konstatieren: Erstens ist an diesen Stellen die Umkehr als einmalig vorgestellt, während in den Sendschreiben prinzipiell mit einer mehrmaligen Umkehr gerechnet wird; zweitens ist an diesen Stellen ausdrücklich gesagt, dass sich die Menschen nicht bekehrten, während in den Sendschreiben prinzipiell immer die Möglichkeit der Umkehr vorausgesetzt ist. Diese Unterschiede resultieren aus der dualistischen Auffassung der Menschenwelt; vgl. Einleitung 7.4.5.3.3. Das Substantiv μετάνοια ist in der Offb nicht belegt.

[7] In der Offb selbst findet sich noch einmal eine Variation des Weckrufs in 13,9. Der Weckruf ist auch in den Synoptikern (Mk 4,9par.23; 7,16 [nach LA]; Mt 11,15; 13,9.43; Lk 8,8; 14,35), im ThEv (8.21.24.63.65.96) und in anderen gnostischen Schriften mehrmals belegt (Belege vgl. ENROTH, Hearing Formula 598 n.2); der Wortlaut ist nicht immer gleich. Meistens steht er am Ende einer Aussage; in ThEv 24 dient er aber (wie in Offb 13,9) als ihre Einleitung. In den Synoptikern und im ThEv kommt er meistens in Verbindung mit einem Gleichnis bzw. Bildwort vor, in Mt 11,15 dagegen in Verbindung mit einer Rede über Johannes den Täufer. Im AT findet sich kein Beleg für ihn. Auch in der griechisch-römischen Literatur gibt es keine Parallele; AUNE, Proclamations 193.

[8] In 2,26 wird umgekehrt der „Überwinder" durch ein weiteres Wort als ein solcher erklärt, der die eben im Hauptteil gesprochene Mahnung befolgt.

Siege, sondern bezieht sich auf das Leben der Glaubenden als ganzes. Zweitens wird in keinem Überwinderspruch beschrieben, wer oder was überwunden wird. Zur Klärung, was mit „Überwinden" gemeint ist, ist 2,26 aufschlussreich, wo „der Überwinder" mit einem zweiten Ausdruck erklärt wird: „der, welcher bis zum Ende meine Werke bewahrt". Das Überwinden besteht also darin, bis zum Tode dem Glauben treu zu bleiben[9] (vgl. 12,11; dazu vgl. gleich unten). Ein solches Überwinden können die Christen aus eigener Kraft nicht leisten. Da Christus überwunden hat, ist den Christen der Weg gebahnt (3,21).

Dem Menschen, der so „überwindet", wird dann die Teilhabe am ewigen Leben versprochen. Dabei ist beachtenswert, dass der himmlische Jesus sich selbst als denjenigen benennt, der die Verheißung erfüllen wird, und nicht etwa Gott; δώσω αὐτῷ κτλ. (2,7.17.26; 3,21; vgl. auch 2,20) u.ä. Die Initiative Christi ist somit unterstrichen.[10]

### Exkurs: Überblick über den Gebrauch von νικᾶν[11] in der Offb und dessen jüdischen Hintergrund

Er ist nicht einheitlich. Als Subjekt begegnen Glaubende, Christus, aber auch das Tier u.a.

1.) Treue Glaubende als Subjekt: Abgesehen von den Überwindersprüchen in den Sendschreiben findet man νικᾶν in diesem Sinn in 12,11; 15,2; 17,14; 21,7. Unter diesen Belegen steht 21,7 dem Gebrauch in unseren Überwindersprüchen am nächsten; anders als bei unseren Überwindersprüchen ist dort der Sprecher jedoch Gott; Christus kommt überhaupt nicht vor. Der Überwinderspruch zeichnet sich außerdem dadurch aus, dass dort „die Lügner", d.h. die gottfeindlichen Menschen, im Gegensatz zum „Überwinder" auftreten.

In 12,11; 15,2 wird das Objekt des Überwindens angegeben; in 12,11 ist es der Drache, in 15,2 das Tier, in beiden Fällen also ein übernatürliches Wesen. In 12,11 steht neben dem Satz vom Überwinden ein zweiter: „und sie liebten nicht ihr Leben bis zum Tode" (vgl. 2,10f.26f). Die Überwindung des Drachen kann also nur dadurch errungen werden, dass man seinen Angriff aushält und den Glauben bis zum Tode bewahrt. Zu 17,14 vgl. 2).

2.) Christus als Subjekt: 3,21; 5,5; 17,14. In 5,5 steht der Sieg in engstem Zusammenhang mit seinem Tod (vgl. V. 6); eine gewisse Parallele zum Fall der Glaubenden in 12,11 ist konstatierbar. Der Sieg ist hier (und in 3,21) Voraussetzung der himmlischen Inthronisation Christi. Nach 3,21 macht erst der Sieg Christi den der Christen möglich; jener dient zugleich diesem als Vorbild. In 17,14 hat das Überwinden Christi einen anderen Charakter: Hier kämpft das Lamm mit zehn Königen und überwindet sie. Es handelt sich um einen Sieg, der nach der himmlischen Inthronisation Christi zusätzlich errungen wird.

3.) Das Tier als Subjekt: 11,7; 13,7. Diese Stellen sind für das Verständnis der Überwindersprüche in den Sendschreiben wenig ergiebig. Eine Sonderstellung nimmt der Beleg in 6,2 ein; dazu vgl. z.St.

---

[9] Der Vf. erwartet von einem Christen, nicht nur beim Sterben, sondern auch im Leben zuvor treu zu sein; deshalb ὁ νικῶν (Ptz. Präs.; vgl. THOMAS, Apk 198); vgl. auch 15,2; 21,7.

[10] Allerdings ist das nicht ganz konsequent durchgeführt (vgl. vor allem 3,5; vgl. auch 2,11; 3,12).

[11] Das Substantiv νίκη ist in der Offb nicht belegt.

4.) Als jüdischer Hintergrund von „Überwinden" kommt vor allem 4Esr 7,127f in Frage:[12] „Das ist der Sinn des Kampfes, den der Mensch kämpft, der auf Erden geboren ist, dass er, wenn er unterliegt, das leiden muss, was du gesagt hast, wenn er aber siegt, das empfängt, was ich gesagt habe". Genau wie in der Offb bezieht sich das „Überwinden" hier nicht auf einzelne Aspekte des Lebens, sondern auf sein Ganzes; es ist die Voraussetzung für das Heil, das der Betreffende nach seinem Tod empfangen wird; auch darin, dass hier das Wort vom Überwinden nicht von einer Angabe des Objekts des Überwindens begleitet wird, stimmen die Ausführungen in 4Esr mit den meisten Überwindersprüchen der Offb überein.

Dem Überwinder wird das eschatologische Heil verheißen. Der Vf. bringt das nicht mit einem abstrakten Begriff wie „ewiges Leben" zum Ausdruck, sondern mit verschiedenen Bildern. Eine Anzahl von ihnen hat in den Visionen des Millenniums (20,4-6) und des neuen Jerusalem (21,1-22,5) eine Entsprechung. In den beiden im Blick auf ihre Position wichtigen Sendschreiben, im mittleren und letzten, begegnen Verheißungen, die grundlegenden Charakters sind und keinen direkten Bezug zur besprochenen Situation haben: Dem Überwinder wird die Herrschaftsmacht gegeben, die durch das Christusgeschehen begründet ist (2,26-28; 3,21). Sonst sind bei der Auswahl von Bildern manchmal die besprochenen Situationen des jeweiligen Sendschreibens berücksichtigt; vgl. Einzelauslegungen.

Beim Überwinderspruch ist ein gewisser Lohncharakter nicht zu übersehen: Um an der Verheißung teilzuhaben, muss man „überwinden". Freilich ist der Gnadencharakter deutlich genug zum Ausdruck gebracht. Beachtenswert ist, dass kein Sendschreiben mit einer Warnung endet. Darin zeigt sich das Vertrauen des Vf. gegenüber dem Herrn; das endzeitliche Geschick der Christen ist grundsätzlich durch den Sieg Christi garantiert (3,21).

Obwohl einzelne Komponenten der Sendschreiben viele Parallelen im AT und Judentum haben, findet man für deren Gesamtstruktur dort kaum ein Muster. Man kann höchstens von gewissen „Anregungen in einer jüdisch-zwischentestamentlichen paränetischen Tradition"[13] sprechen. Die Zusammensetzung der einzelnen Komponenten geht auf den Vf. zurück.

---

[12] Vgl. HOLTZ, Christologie 38; HAHN, a.a.O. 384f macht wahrscheinlich, dass bei der Verwendung des Verbums νικᾶν die Vorstellung des Rechtsstreits vor dem himmlischen Gerichtshof im Hintergrund steht. TAEGER, Johannesapokalypse 209, weist die Ableitung aus der jüdischen Apokalyptik (4Esr 7,127f) ab, indem er darauf hinweist, dass in der Offb das νικᾶν der Gläubigen mit dem bereits errungenen Sieg Christi verknüpft ist (3,21); die Verknüpfung sei eher als eine theologische Leistung des Vf. anzusehen, wie Taeger selbst andernorts feststellt (Gesiegt 42). Bedeutsam ist, dass der Überwinderspruch 21,7 Teil einer (Selbst-)Aussage Gottes ist; diese Form repräsentiert wohl eine traditionsgeschichtlich ältere Phase.
[13] KARRER, Brief 161.

## A. 2,1–7: Das Sendschreiben nach Ephesus

(1) **Dem Engel der Gemeinde in Ephesus schreibe.**
**Dies spricht, der die sieben Sterne in seiner Rechten hält, der inmitten der sieben goldenen Leuchter wandelt:** (2) **ich kenne deine Werke, deine Mühe und Geduld, und dass du Böse nicht ertragen kannst und diejenigen, die sich Apostel nennen und es nicht sind, geprüft und sie als Lügner gefunden hast.** (3) **Und du hast Geduld und um meines Namens willen [vieles] ertragen und bist nicht müde geworden.** (4) **Aber ich habe wider dich, dass du deine erste Liebe verlassen hast.** (5) **So gedenke, von wo du gefallen bist, und kehre um und tue die ersten Werke! Wenn aber nicht, komme ich zu dir und werde deinen Leuchter von seiner Stelle stoßen, wenn du nicht umkehrst.** (6) **Aber dies hast du: du hassest die Werke der Nikolaiten, die auch ich hasse.**

(7) **Wer ein Ohr hat, höre, was der Geist den Gemeinden sagt. Wer überwindet, dem werde ich geben, von dem Baum des Lebens zu essen, der im Paradies Gottes ist.**

**V. 1–7:** *Die Stadt Ephesus und das Christentum dort.* Ephesus, die wichtigste Stadt der (im Jahre 126 v. Chr. gebildeten) Provinz Asia, hatte im neutestamentlichen Zeitalter wohl einige Hunderttausend Einwohner. Die Stadt lag verkehrsmäßig günstig, hatte einen guten Hafen und war das größte Handelszentrum in Kleinasien.

Auch in religiöser Hinsicht war die Stadt berühmt: Hier befand sich der berühmte Artemistempel, der viele Besucher anzog; vgl. Apg 19,27f.35. Als Hintergrund der Offb ist noch bedeutsamer, dass in der Regierungszeit Domitians hier ein Tempel für die Sebastoi (gemeint sind die flavischen Kaiser, wahrscheinlich auch Domitia, die Frau Domitians) errichtet worden ist.[14] Dass Domitian dabei als der regierende Kaiser im Kult eine zentrale Rolle spielte, ist leicht einzusehen, und dies wird durch eine Reihe von Weihinschriften bestätigt.[15] Ephesus bezeichnet sich seitdem als „doppelte Tempelhüterin (νεωκόρος)".[16] Im Tempelbezirk wurden 1929 der Kopf und der linke Arm einer kolossalen Statue gefunden; früher hielt man sie für Fragmente einer Statue Domitians, heute eher für solche einer Statue des Titus. Sehr wahrscheinlich standen im Tempelbezirk aber auch die kolossalen Statuen Vespasians, Domitians und vielleicht auch Domitias.[17]

Ephesus war zeitweise ein Missions- und Aufenthaltsort des Paulus (Apg 19,1ff; vgl. auch 1Kor 15,32). 1Tim 1,3; 2Tim 1,18; 4,12 zeigen, dass sein Einfluss nach sei-

---

[14] Vgl. FRIESEN, Twice Neokoros 29ff. Er schließt: „Construction had progressed at least to the point that cultic functions and related festivals were feasible by September of 90 CE at the latest" (44 Anm. 51).
[15] Vgl. FRIESEN, a.a.O. 34.
[16] Νεωκόρος ist ursprünglich ein Titel für diejenigen, die sich mit priesterlichen Diensten beschäftigen. Als der Tempel der Sebastoi in Ephesus errichtet wurde, wurde νεωκόρος eine offizielle Bezeichnung der Stadt. Ephesus war aber bereits vorher wegen des Artemistempels dort νεωκόρος; so wurden in domitianischer Zeit Münzen mit der Bezeichnung „doppelter Neokoros" geprägt (FRIESEN, a.a.O. 50.56).
[17] FRIESEN, a.a.O. 62.

nem Weggang weiter bestehen blieb. Gleichzeitig ist an diesen Briefen erkennbar, dass in der nachpaulinischen Zeit häretische Bewegungen diese Gemeinde bedrohten (2Tim 1,15; vgl. auch Apg 20,29f). In unserem Sendschreiben findet man jedoch keine Spur von paulinischen Einflüssen; vgl. dazu Einleitung 2.1.4. und 3.3.

**V. 1:** Die Christusbeschreibung, „der, der die sieben Sterne in seiner Rechten hält, der inmitten der sieben goldenen Leuchter wandelt", ist aus 1,16.13 entnommen; auch die den beiden Bildern in 1,20 gegebene Erklärung wird vorausgesetzt. Am Beginn des Korpus der sieben Sendschreiben – die Beschreibung steht nicht nur für dieses Sendschreiben, sondern auch für alle sieben – macht der Vf. deutlich, dass die Gemeinden unter dem Schutz des himmlischen Christus stehen.

**V. 2–6:** Der Hauptteil des Sendschreibens. Der Vf. weist zunächst auf die positiven „Werke" der Epheser hin: Sie haben gewisse falsche Missionare zurückgewiesen (V. 2f). Dann wendet er sich zum Negativen und führt aus, dass sie ihre erste Liebe verlassen haben: Er ruft sie zur Umkehr und spricht eine scharfe Warnung gegen sie aus (V. 4f). V. 6 kommt er zum Positiven zurück; er lobt sie wegen ihres Kampfes gegen die Nikolaiten; der Hauptteil ist also als Inklusio strukturiert.

**V. 2:** Die „Werke" werden durch die Worte „deine Mühe und Geduld" und die Aussage, „du kannst böse [Menschen] nicht ertragen", erläutert.[18] In diesem Sendschreiben findet man keinen Anhaltspunkt dafür, dass die Gemeinde von der heidnischen Außenwelt bedrängt ist. Probleme, mit denen sie konfrontiert ist, sind das Wirken von falschen Missionaren (V. 2b) und das der Nikolaiten (V. 6). Der Vf., der mit dem apokalyptischen Denkschema lebt, dass die Gläubigen auf der Erde genötigt sind, mit „Mühe und Geduld" zu leben (vgl. 1,9), subsumiert eben jene Probleme unter diesem Stichwort.

Er schreibt dann, dass „du Böse[19] nicht ertragen kannst", und erläutert weiter, dass sie diejenigen, die sich als ἀπόστολοι bezeichneten, erprobt und sie als Lügner befunden haben.

Ἀπόστολοι bezeichnet an zwei anderen Stellen der Offb die Apostel in der Anfangszeit der Kirche (18,20; 21,14); an unserer Stelle wirken sie aber in der Gegenwart. Die Darstellung erinnert an Did 11,3ff, wo gewisse Wandermissionare als ἀπόστολοι bezeichnet werden.

Nicht wenige Ausleger halten diese ἀπόστολοι für mit den Nikolaiten in V. 6 identisch.[20] Aber der Vf. sieht die Vorkommnisse um die ἀπόστολοι als für die Gemeinde bereits erledigt an, betrachtet die von den Nikolaiten ausgehende Gefahr dagegen als noch aktuell. Außerdem wäre ἀλλὰ τοῦτο ἔχεις am Beginn V. 6

---

[18] „Werke" und „Mühe und Geduld" stehen nicht auf der gleichen Ebene. Das ist bereits an der unausgeglichenen Verwendung von σου erkennbar.
[19] „Böse" (κακοί) kommen in der Offb nur hier vor. Auch im übrigen NT ist der Gebrauch des Wortes in dieser Form nur selten belegt (Mt 21,41). In LXX findet man es aber als Bezeichnung von Menschen, die Gott nicht fürchten und das Gesetz vernachlässigen, häufig (besonders in der Weisheitsliteratur; vgl. Spr 1,28ff; 9,7f; 13,10; Ijob 6,23; Sir 20,18 u.a.).
[20] BOUSSET, Apk 205f; BECKWITH, Apk 450; ALLO, Apk 22; ROLOFF, Apk 49; GIESEN, Apk 99; PRIGENT, Apk 120; SCHÜSSLER FIORENZA, Apocalyptic 115 u.a.

als Weiterführung des schon in V. 2f angeschnittenen Themas doch etwas zu stark. Beide sind also zwei verschiedene Gruppen.[21]

Der Vf. verwendet Derivative von ψευδ- ziemlich oft.[22] Bei ihm ist ψευδ- die umfassende Bezeichnung des Gott und Christus gegenüber feindlichen Verhaltens (21,8.22; 22,15). Bei unserer Aussage werden die Wanderapostel mit dem Wort „Lügner" zu Gegnern der Kirche abgestempelt, obwohl sie christliche Missionare sind.

**V. 3:** Nach der konkreten Beschreibung in V. 2b kehrt der Vf. in V. 3 zur allgemeineren zurück. Sie besteht aus drei inhaltlich verwandten Sätzen. Der erste Satz, „du hast Geduld", ist lediglich eine Wiederholung von „deine Geduld" in V. 2a. Zu dem zweiten Satz,[23] „du hast um meines Namens willen [vieles] ertragen", findet man in apokalyptisch geprägten Aussagen in den Synoptikern oft ähnliche Formulierungen (Mk 13,13par; Mt 19,29; Lk 21,12 u. a.);[24] vgl. auch Herm [vis] 3,2,1; [sim] 9,28,2; Pol 8,2. Der dritte Satz, „du bist nicht müde geworden", wiederholt nur den Inhalt der vorangehenden zwei Sätze in negativer Form.

**V. 4:** Der Vf. geht vom Lob zur Kritik über: Die Epheser haben ihre „erste Liebe verlassen". Das Wort πρῶτος weist auf die Zeit der Gründung der Gemeinde durch den Vf. hin. Was ἀγάπη konkret zum Ausdruck bringt, ist nicht deutlich.[25] Da aber die hier geäußerte Kritik mit den Mahnungen und der Warnung in V. 5 eng verbunden ist (V. 5 beginnt mit „so" [οὖν]),[26] ist es vielleicht möglich, die Bedeutung der ἀγάπη von V. 5 her zu beleuchten; vgl. unten.

**V. 5:** V. 5 besteht aus drei Mahnungen und einer Warnung. Die erste Mahnung, „gedenke, von wo du gefallen bist", steht der in 3,3, „gedenke, wie du empfangen und gehört hast", inhaltlich nahe; die Aufforderung „gedenke" kommt nur in diesen beiden Mahnungen vor. Was die Gemeinde in Sardes empfangen und gehört hat, ist nichts anderes als die Verkündigung des Vf. Die hier formulierte Mahnung fordert von der Gemeinde in Ephesus, zu dem durch ihn vermittelten Evangelium zurückzukehren. Da die Epheser direkt vor und nach dieser Stelle wegen ihrer Zurückweisung der Irrlehrer gelobt werden, ist die Wahrscheinlichkeit der Annahme, dass sie hier zur Rückkehr von einem andersartigen Verständnis des Evangeliums aufgefordert werden, gering. Eher müsste man eine Erschlaffung oder Erstarrung des Glaubens als Hintergrund vermuten.[27] An diese erste Mahnung schließt sich

---

[21] Vgl. RÄISÄNEN, Nicolaitans 1607.
[22] Ψεῦδος: 14,5; 21,27; 22,15; ψευδής (als Substantiv): 2,2\*; 21,8; ψεύδεσθαι: 3,9; ψεδυοπροφήτης: 16,13; 19,20; 20,10.
[23] Zu „mein Name" vgl. auch 2,13; 3,8.
[24] Vgl. SATAKE, Leiden 4ff.
[25] Dieses Wort ist in der Offb sonst nur noch in V. 19 belegt, aber der Aussage dort mangelt es genau wie der an unserer Stelle an Konkretheit. Ebensowenig bietet der Gebrauch des Verbs ἀγαπᾶν einen Anhalt; dazu vgl. ad 1,5b-6.
[26] Οὖν kommt in 2,5.16; 3,3a.19 zwischen dem Hinweis auf die gegenwärtige Situation und der Mahnung zur Umkehr vor und verbindet beides eng.
[27] M.R. KRAFT, Apk 57: „So verstehen wir auch die Sorge des Johannes als Haltung zwischen zwei Extremen: die Erneuerung der urgemeindlichen Zustände gefährdet die Gemeinde im Hinblick auf die Häresie; deren Ablehnung lässt das geistliche Leben erschlaffen".

nicht die zweite, sondern die dritte, „tue die ersten Werke", glatter an (Inklusio). Zum Ruf zur Umkehr, der in der Mitte steht, vgl. oben die Einleitung zu Kap. 2f.

Das einleitende Wort der Mahnungen, οὖν, und die Entsprechung zwischen „du hast deine erste Liebe verlassen" in V. 4 und „tue die ersten Werke" in V. 5 zeigen, dass beide Verse inhaltlich eng verbunden sind. In V. 5 findet man also einen Anhalt zur inhaltlichen Klärung des Begriffs „Liebe" in V. 4: Von V. 5 aus gesehen ist es kaum denkbar, dass mit dieser „Liebe" die an andere Menschen gerichtete gemeint ist; denn die Mahnungen V. 5 beziehen sich auf das Verhalten der Epheser Gott gegenüber. „Deine Liebe" ist also die Liebe der Epheser zu Gott, ihr Eifer für Gott.[28]

Die darauf folgende Warnung führt aus, was Christus tun wird, falls die Epheser die Mahnungen nicht ernst nehmen (εἰ δὲ μή); vgl. 2,16; 3,3. Sie besteht aus zwei Sätzen: Der erste Satz, „ich will zu dir kommen", kann sich nicht auf die Parusie beziehen,[29] weil ihn ein Konditionalsatz begleitet, von dessen Erfüllung das Kommen abhängig gemacht ist (ähnlich 2,16; 3,3). Der Satz spielt vielmehr auf das Kommen Christi noch im Laufe der Geschichte an. Auch dass das Kommen hier (anders als in 2,25; 3,11) das Kommen „zu dir" ist, und dass die parallele Warnung in 2,16 nur einen Teil der Gemeinde betrifft, stützen diese Ansicht.[30] Der zweite Satz der Warnung, „Ich werde deinen Leuchter von seiner Stelle stoßen", bedeutet die Annullierung des Seins der Gemeinde als Gemeinde.

**V. 6:** Die Aussagerichtung innerhalb der Situationsbeschreibung wechselt noch einmal. Nach der scharfen Warnung folgt wieder ein Hinweis auf Lobenswertes: „Du hassest die Werke der Nikolaiten". Vgl. Aussagen im AT, dass Gott heidnische Kulte hasst (Dtn 12,31 u.a.). Zu den Nikolaiten vgl. den Exkurs nach Kap. 2. Dem Hass gegen die Werke der Nikolaiten liegt eine dualistische Auffassung der Menschenwelt zugrunde; nur wird die Trennlinie hier nicht zwischen der Gemeinde und der Außenwelt, sondern innerhalb der Gemeinde gezogen, ein Vorgang, der in der Offb nur in den Sendschreiben dokumentiert ist.

**V. 7:** Dem Überwinder wird versprochen, „von dem Baum des Lebens, der im Paradies Gottes ist, essen" zu dürfen. Ein bildhafter Ausdruck für die Verleihung des Lebens. Der Lebensbaum ist in der Darstellung des neuen Jerusalem mehrmals erwähnt (22,2.14.19). Allerdings ist vom Essen seiner Früchte dort nicht die Rede.[31]

---

[28] BOUSSET, Apk 205; SWETE, Apk 26; LOISY, Apk 89f; MÜLLER, Apk 103; TAEGER, Johannesapokalypse 161 Anm. 186 u.a. verstehen „Liebe" im Sinne der Nächstenliebe. KARRER, Brief 204f, fasst das Bedeutungsfeld der „Liebe" möglichst breit, „von der emotionalen Grundkraft der Liebe über die Nächsten- bis zur Gottesliebe" (ähnlich GIESEN, Apk 99; KAMPLING, Kirche 138; SCHOLTISSEK, Mitteilhaber 195).

[29] Gegen BOUSSET, Apk 205; HADORN, Apk 43; MÜLLER, Apk 103; SCHNEIDER, ThWNT II 671,29ff; HOLTZ, Christologie 207; auch ich selber habe in Gemeindeordnung 153 Anm. 1 diese Sicht bevorzugt.

[30] Mit CHARLES, Apk I 51f; LOHSE, Apk 23; MOUNCE, Apk 89; ROLOFF, Apk 50; COMBLIN, Christ 61; KARRER, Brief 78; AUNE, Setting 127 u.a.

[31] In den übrigen neutestamentlichen Schriften ist er nicht belegt. Auch im AT kommt er außer in Gen 2f nur noch in Spr 3,18; 11,30; 13,12; 15,4 vor (zu Ez 47,12 vgl. ad 22,1f). In jüdisch-apokalyptischen Schriften findet man mehrere Stellen, wo vom Lebensbaum als der eschatologischen Gabe die Rede ist; vgl. z.B. 1Hen 24,4-25,5; TestLev 18,11; 4Esr 8,52; ApkMos 28. Vgl. BOUSSET, Apk 207f; STR-B IV 1152(k); BOUSSET/GRESSMANN, Religion 284; VOLZ, Eschatologie 404.415f.

## B. 2,8–11: Das Sendschreiben nach Smyrna

(8) Und dem Engel der Gemeinde in Smyrna schreibe:
Dies spricht der Erste und der Letzte, der tot war und lebendig wurde: (9) ich kenne deine Bedrängnis und Armut – aber du bist reich – und die Lästerung seitens derer, die sich Juden nennen und es nicht sind, sondern die Synagoge des Satans. (10) Fürchte nicht, was du erfahren wirst. Siehe, der Teufel wird [einige] von euch ins Gefängnis werfen, damit ihr geprüft werdet, und ihr werdet zehn Tage lang Bedrängnis haben. Sei treu bis zum Tode, dann werde ich dir den Kranz des Lebens geben.
(11) Wer ein Ohr hat, höre, was der Geist den Gemeinden sagt. Wer überwindet, der wird durch den zweiten Tod nicht geschädigt werden.

**V. 8–11:** *Die Stadt Smyrna und das Christentum dort.* Smyrna liegt etwa 60 km nördlich von Ephesus, wie dieses am ägäischen Meer. In der hellenistischen und der römischen Zeit blühte es mit seinem guten Hafen und seiner günstigen Verkehrslage. In der Zeit von Tiberius (26 n. Chr.) erhielt Smyrna nach einem heftigen Wettkampf mit zehn anderen asiatischen Städten die Erlaubnis zur Errichtung eines Tempels für den Kaiser, Livia und den Senat, wobei man sich u.a. mit Erfolg auf die alte und feste Verbindung mit Rom berufen konnte (Tacitus, ann. IV 56).

Der Ursprung der christlichen Gemeinde in dieser Stadt ist unbekannt. Das älteste Zeugnis für sie ist die Offb. Ignatius schrieb, als er nach Rom gebracht wurde, aus Troas an die hiesige Gemeinde und ihren Bischof Polykarp je einen Brief. Also ist für den Anfang des 2. Jh. eine durch einen Bischof geleitete Gemeinde belegt. ActPol (frühestens in 4. Jh.) führt ihre Gründung auf Paulus zurück. Aber Polykarp, der in seinem Brief wiederholt auf die Wirksamkeit des Paulus in Philippi hinweist (3,2; 11,3), sagt nichts davon. Ebenso unsicher ist die Frage, ob die Gemeinde die direkte Nachfolgerin der Gemeinde der Offb ist; zumindest findet man im Brief des Polykarp keine Spur von der Wirksamkeit des Johannes, der zeitlich Polykarp direkt voranging.

**V. 8:** Die Christusbeschreibung „der Erste und der Letzte, der tot war und lebendig wurde", ist aus 1,17f übernommen[32] und entspricht der Mahnung und Verheißung in V. 10.

**V. 9f:** Der Hauptteil des Sendschreibens besteht aus V. 9f. Christus zeigt sich der Gemeinde gegenüber zufrieden, es gibt kein Wort des Tadels. In V. 10 begegnet dann eine „Voraussage" über die Trübsal, die auf die Smyrnäer zukommen wird; vor und nach der Voraussage steht je eine Mahnung, die mit ihr inhaltlich eng verbunden ist (Inklusio); die zweite Mahnung begleitet dann eine Verheißung.

---

[32] Statt ζῶν εἰμι κτλ. in 1,18 steht hier ἔζησεν, damit der Bezug auf die Auferstehung deutlich wird; vgl. 20,4.5; Röm 14,9; Ez 37,10. Die ausschließliche Verwendung des Verbs ζῆν zur Bezeichnung der Auferstehung durch unseren Vf. (ἐγείρειν und ἀνιστάναι kommen bei ihm in diesem Zusammenhang nicht vor) dient der Hervorhebung der Anteilnahme durch die Christen am Leben.

**V. 9:** Die gegenwärtige Lage der Smyrnäer wird durch drei Worte zum Ausdruck gebracht: Bedrängnis, Armut und Lästerung durch die Juden. In den jeweiligen οἶδα-Sätzen in den anderen Sendschreiben wird das Handeln der Gemeindeglieder thematisiert, hier dagegen auf den ersten Blick nur ihre Situation; die charakteristische Wendung τὰ ἔργα σου kommt nicht vor. Aber es ist doch vorausgesetzt, dass sie sich gerade wegen ihres praktizierten Glaubens in dieser Situation befinden.

Zur Bedrängnis. In diesem Sendschreiben ist von der θλῖψις der Gemeindeglieder noch einmal in V. 10 die Rede, und es liegt nahe, dass sich θλῖψις an beiden Stellen auf das gleiche Geschehen bezieht; genauer vgl. ad V. 10.

Der zweite Begriff ist „Armut". Unter den sieben Gemeinden ist die smyrnäische die einzige, die als arm bezeichnet wird. Die beigefügte Erklärung, „aber du bist reich", setzt einen anderen Maßstab voraus (vgl. 2Kor 6,10; Jak 2,5; Mk 10,21par; Lk 12,32fpar). Eine genau umgekehrte Darstellung findet man in 3,17f.

Als drittes wird die „Lästerung durch die Juden" erwähnt, „die sich Juden nennen und es nicht sind, sondern die Synagoge des Satans";[33] vgl. 3,9. Dass sie „nicht Juden sind", bedeutet, dass sie nach der Auffassung des Vf. kein echtes Gottesvolk sind.

Zur Identifizierung der vorgeblichen Juden sind auch einige andere Lösungen vorgeschlagen.[34] Nach Kraft, Apk 61, ist die Satanssynagoge „eine jüdisch-christliche Gruppe";[35] „ihre ,Lästerungen' sind ihre Behauptungen über Tod und Auferstehung Christi, die sie entweder völlig, oder wenigstens in ihrem Heilswert leugnen". „Der leidenschaftliche Angriff auf diese Gruppe erklärt sich daher, dass sie mit der Gemeinde in geistigem Austausch steht und dadurch ihr Bekenntnis gefährdet". Auffällig ist aber, dass man im Kontext weder ein Lob für das bisherige Festhalten der Smyrnäer an ihrem Glauben (vgl. etwa 2,2.6) noch eine Mahnung für ihre Zukunft (vgl. etwa 3,3) findet, wie es bei Auseinandersetzungen mit „häretischen" Tendenzen üblich ist.

S.G. Wilson, Judaizers, identifiziert sie mit „Gentile judaizers".[36] Er hält ferner für wahrscheinlich, dass diese Menschen Christen sind, und argumentiert: „Overwhelmingly the strongest argument for this is the evidence of Ignatius [Philad 6,1 und Magn 8,1]". Aber auf die Untauglichkeit der ignatianischen Stellen zum Beweis dieser Annahme hat bereits Yarbro Collins, Vilification 312, treffend hingewiesen: „Ignatius came from Antioch and was influenced by Paul's thought. John the prophet probably came from Palestine and was influenced by Jewish apocalypticism and the Sibylline Oracles". Bei der These von Wilson ist außerdem nicht ganz ersichtlich, warum diese Menschen die Gemeinde in Smyrna „lästern".[37]

---

[33] Sowohl Ἰουδαῖοι als auch συναγωγή kommen in der Offb sonst nur noch in 3,9 in einem ähnlichen Zusammenhang vor.
[34] Vgl. WILSON, Judaizers 613ff.
[35] Vgl. KÖSTER, Einführung 689 und SCHRAGE, Offenbarung 2,8–11 395, die sie für „judenchristliche Gnostiker" halten.
[36] Ähnlich MICHAELS, Apk 74; FRANKFURTER, Jews 416–422.
[37] Wilson behauptet, die Verbindung zwischen ihnen und den Verfolgern der Gemeinde (V. 10) sei „not inexorable"; dass aber der Text von der „Lästerung" dieser durch jene spricht, wird durch diese Annahme nicht berührt.

„Jude" war im rabbinischen Judentum eine Art Ehrenbezeichnung der Israeliten, die Nichtisraeliten aber verbanden mit diesem Begriff etwas Verächtliches.[38] Dass der Vf. „Jude" und „Synagoge" im positiven Sinn gebraucht, verrät seine Affinität zum Judentum.

„Synagoge des Satans" ist eine Analogiebildung zu „Synagoge des Herrn", einem Ausdruck, der in LXX mehrmals belegt ist (Num 16,3; 20,4; 27,17; 31,16; Jos 22,16.17).[39] Genau wie „des Herrn" weist „des Satans" auf die Zugehörigkeit hin.

Diese Juden lästern nun die Christen. Die Worte mit dem Stamm βλασφημ- sind sowohl in LXX[40] als auch im NT mit dem Nebenton gebraucht, dass die Lästerer gottwidrig sind, an den übrigen Stellen der Offb bezeichnen sie das Handeln des Tiers oder gottfeindlicher Menschen (13,1.5.6; 16,9.11.21; 17,3); der Gebrauch dieses Wortes an unserer Stelle deutet an, dass der Vf. die angeblichen Juden als gottwidrig betrachtet.

Der Text gibt nicht direkt an, wie die Lästerung vollzogen wird. V. 10b gibt einen Anhalt zu dieser Frage; hier ist davon die Rede, dass einige Gemeindeglieder durch den Teufel ins Gefängnis geworfen werden; mit dem Teufel ist wahrscheinlich die Ortsbehörde gemeint, die Rom vertritt. Es ist kein Zufall, dass der Vf. beide verwandte Termini, „Satan" und „Teufel", dicht nacheinander gebraucht; er sieht die Aktivitäten von beiden in engem Zusammenhang: Wahrscheinlich hilft „die Synagoge des Satans" bei der Inhaftierung etlicher Christen „dem Teufel", indem sie die Christen vor der Behörde denunziert;[41] genauer vgl. Einleitung 7.4.4.4.

**V. 10:** Zwei Mahnungen in der 2. Pers. Sg. umschließen eine längere „Voraussage" in der 2. Pers. Pl. Die beiden Mahnungen stehen in einem komplementären Verhältnis zueinander; die erste von ihnen ist negativ, die zweite positiv formuliert. Furcht vor der Bedrängnis und Treue zu Gott schließen einander aus. Der Gegenstand des Fürchtens ist, „was du erfahren wirst"; dies wird in Form einer Voraussage näher beschrieben. Sie ist in zwei Hinsichten bemerkenswert: Erstens ist eine Voraussage über eine auf die Hörer zukommende Verfolgung in den Sendschreiben sonst beispiellos. Zweitens ist innerhalb einer solchen Darstellung das Thema der Einkerkerung nur ziemlich selten belegt; in der Offb wird sie sonst nur in 13,10

---

[38] STR-B III 96.
[39] Ἡ συναγωγὴ κυρίου. An den ersten zwei Stellen Übersetzung von קְהַל יהוה, an den sonstigen von עֲדַת יהוה.
[40] Die Zahl ihrer Belege ist klein; einige von ihnen gehören zu Schriften, die ursprünglich auf Griechisch verfasst worden sind. Die hebräischen Äquivalente der übrigen sind nicht einheitlich.
[41] LICHTENBERGER, Überlegungen 613f, behauptet, dass βλασφημία/βλασφημεῖν in der Offb „nie die Denunziation (gegenüber Behörden o. ä.), sondern immer die Lästerung Gottes oder Jesu Christi als des Messias und Heilands der Welt" bedeutet; unter βλασφημία werde zunächst das Zurückweisen der Lehre, „dass Gott in Christus Jesus ein für alle Mal für das Heil der Menschen gehandelt hat durch Tod und Auferweckung", zu verstehen sein (ähnlich ROLOFF, Apk 52). Aber bei den Belegen von βλασφημεῖν (13,6; 16,9.11.21) ist ausnahmslos durch die Zufügung einer Wendung wie τὸν θεόν deutlich gemacht, dass es sich hier um die Gotteslästerung handelt; d.h., dass das Verb selbst nicht ohne weiteres die Gotteslästerung bedeutet.

erwähnt; in der synoptischen Apokalypse kommt sie nur in Lk 21,12 vor. Fraglich ist, ob es sich an unserer Stelle bei der Einkerkerung um eine „vorübergehende Maßnahme" handelt, „die der eigentlichen Verurteilung vorausging, die etwa Verbannung oder Tod vorsah";[42] denn die zeitliche Abgrenzung im nächsten Satz, „ihr werdet zehn Tage lang Bedrängnis haben", würde keinen Sinn machen, wenn sie sich nicht auf den Vollzug der Strafe bezöge. Im AT gibt es ja Beispiele, wo eine Gefangenschaft als Strafe beschrieben wird (2Chr 16,16; 18,26; Jer 32,2ff; 33,1; 37,15ff, 38,6; 39,15 u.a.).[43] Auch die in 13,10 erwähnte Gefangenschaft ist in diesem Sinne zu verstehen.

Die genannten Besonderheiten der Darstellung werfen die Frage auf, ob es sich bei der hier vorliegenden Ankündigung um eine „echte" Voraussage handelt. M.E. liegt hier vielmehr ein *vaticinium ex eventu* vor.[44] Vor allem ein Vergleich mit V. 9 legt das nahe. Wenn sich die hier angeredeten Christen jetzt schon in der Bedrängnis befinden (so V. 9), wird es für sie wenig Sinn haben, über eine künftige Bedrängnis, die nur „zehn Tage" dauern soll, informiert zu werden. Die Bedrängnisse in V. 9 und V. 10 beziehen sich also sehr wahrscheinlich auf das gleiche Geschehen: Einige Gemeindeglieder sind festgenommen und jetzt im Gefängnis. Das Geschehen gehört freilich noch nicht ganz zur Vergangenheit; sonst hätten die Mahnungen keinen Sinn; auch hätte der Vf. bei der ersten Mahnung einfach ἃ πάσχεις schreiben können.

Derjenige, der die Smyrnäer ins Gefängnis wirft, ist „der Teufel".[45] Wahrscheinlich ist damit die Ortsbehörde gemeint. Durch die Einkerkerung von einigen Gemeindegliedern (ἐξ ὑμῶν) werden alle Smyrnäer (vgl. die 2. Pers. Pl.) „geprüft". Obwohl der Nebensatz im Passiv formuliert ist, das Wort „der Teufel", das im Hauptsatz Subjekt ist, verschwindet, und hier vielleicht mit einem Anklang an Dan 1,12.14 zu rechnen ist – das ist bei „zehn Tage" im nächsten Satz deutlich der Fall –, darf man wohl nicht annehmen, dass es sich um eine Prüfung durch Gott handelt.[46] Als das faktische Subjekt des Prüfens ist der Teufel zu denken. Sein Ziel besteht darin, die Smyrnäer von ihrem Glauben abfallen zu lassen (vgl. Mk 13,9ff).

Die Angabe „zehn Tage", offensichtlich eine symbolische Zeitlänge, ist Dan 1,12.14 entnommen (auch das Motiv „prüfen") und bezeichnet, vom Kon-

---

[42] U.B. Müller, Apk 108; ähnlich Zahn, Apk 240; Beasley-Murray, Apk 82; Sweet, Apk 86; Krodel, Apk 112 u.a.

[43] Vgl. T. Lohmann, BHH 530.

[44] *Vaticinia ex eventu* sind in der Apokalyptik keine seltene Erscheinung; vgl. z.B. Dan 11,21-39. Zahn, Apk 241, und Hadorn, Apk 46, bestreiten, dass es sich hier um ein *vaticinium ex eventu* handelt, indem sie auf das Martyrium Polykarps als die Erfüllung des hier Geweissagten hinweisen. Aber das ist m.E. unwahrscheinlich.

[45] Die Verwendung von „Teufel" (ὁ διάβολος) ist nach der von „Satan" in V. 9 etwas auffällig. Für den Vf. sind sie identisch (vgl. 12,9; 20,2). Bei der unterschiedlichen Bezeichnung wirkt wohl die Überlegung mit, dass die Juden, die vorhin „die Synagoge des Satans" genannt wurden, keine direkten Täter der Verfolgung sind. Ihnen fehlt die Befugnis, jemanden ins Gefängnis zu werfen.

[46] Gegen Beale, Apk 242; Schrage, Offenbarung 2,1-8 391.

text (Ermunterung) her gesehen, einen kürzeren Zeitraum[47] (vgl. Gen 24,55; Num 11,19).

Die zweite Mahnung fordert von den Hörern die Treue „bis zum Tode". Da die Mahnung an die ganze Gemeinde gerichtet ist, liegt es nicht nahe, anzunehmen, dass hier nur diejenigen gemeint sind, die das Martyrium erleiden. Auch die Verheißung des Lebenskranzes spricht gegen eine solche Einschränkung auf diese. Der Ausdruck „bis zum Tode" impliziert also eine gewisse Mehrdeutigkeit. Dass der Vf. nicht auf die Parusie hinweist (vgl. V. 25: ἄχρις οὗ ἂν ἥξω; vgl. auch 3,11), folgt zum einen daraus, dass er vor allem an das Schicksal des Eingekerteten („durch den Tod zum Leben") denkt, zum anderen aber auch wohl daraus dass er die Parusie nicht in unmittelbarer Nähe (etwa nach „den zehn Tagen") erwartet;[48] vgl. Einleitung 7.5.4.

In den anderen Sendschreiben wird die Verheißung als Überwinderspruch formuliert. In unserem Sendschreiben ist das auch der Fall (V. 11). Aber hier folgt unmittelbar nach der Mahnung und diese aufnehmend (καί, dann) bereits eine Verheißung, so dass in diesem Sendschreiben zwei getrennte Verheißungen vorzufinden sind (ähnlich 3,4). Sie hängen inhaltlich aber eng miteinander zusammen: Genau das, was in direktem Anschluss an die Mahnung in positiver Form ausgesprochen wird, wird im Überwinderspruch in negativer Form wiederholt.[49] Die erste wird an diejenigen gerichtet, die bis zum Tode treu sind, die zweite an die Überwinder; beide Gruppen sind identisch (vgl. V. 26).

Die Verheißung verspricht den treuen Christen „den Kranz des Lebens".[50] Er ist ein bildhafter Ausdruck für das Leben (vgl. ad 2,7). Der Tod in der gegenwärtigen Welt und das Leben in der künftigen bilden einen deutlichen Kontrast.

Bei dieser Verheißung ist die enge inhaltliche Beziehung zur Charakterisierung Christi am Anfang des Sendschreibens („der, der tot war und lebendig wurde") beachtenswert. Christus ist als ihr Ur- und Vorbild der Garant des Heils der Überwinder.

---

[47] Die Zahl „zehn" kommt in der Offb sonst nur noch im Zusammenhang der zehn Hörner auf den Häuptern des Drachen bzw. des Tiers (12,3; 13,1; 17,3.7.12.16) vor. Vom Kontext her ist nicht ersichtlich, was nach diesen Tagen geschehen wird. Die nachfolgende Mahnung spricht von der Treue bis zum Tode; aber der Vf. rechnet wohl nicht damit, dass alle Smyrnäer nach diesen zehn Tagen sterben werden. Dass er ihre Befreiung von der Bedrängnis erwartet, ist, von der Mahnung her gesehen, ebenso unwahrscheinlich. Der Vf. baut den Satz nicht sehr logisch auf: Als er die Zeitangabe „die zehn Tage" formuliert, denkt er wohl einfach an das danielische Vorbild.

[48] Anders etwa HIRSCHBERG, Israel 103f: „Die begrenzte Zeit des Leidens steht in Zusammenhang mit anderen Hinweisen im Hauptteil der Offb [...] die [...] die noch verbleibende Zeit bis zum endgültigen Anbruch des Eschaton als von Gott begrenzte Zeit des Leidens und der Bewährung verstehen".

[49] Dass der Überwinderspruch in V. 11 der einzige ist, der aus lediglich einer negativen Aussage besteht, hat seinen Grund in der Art und Weise dieser Korrespondenz.

[50] Im Blick auf das Motiv des „Kranzes" sind verschiedene Hintergründe denkbar: Siegerkranz bei sportlichen Kampfspielen, Kranz des Triumphators, Kranz als Symbol der Vergottung in Mysterienreligionen usw. Der Lebenskranz an unserer Stelle verbindet sich wohl nicht mit einer bestimmten Vorstellung. „Vermutlich muß man den Vorstellungskomplex, der durch das Wort ‚Kranz' hervorgerufen wird, unaufgelöst bestehen lassen" (KRAFT, Apk 61f).

**V. 11:** Dem Überwinder wird die Verheißung gegeben, dass er vom zweiten Tod unberührt bleibt. Zum zweiten Tod vgl. ad 20,6.

## C. 2,12-17: Das Sendschreiben nach Pergamon

(12) **Und dem Engel der Gemeinde in Pergamon schreibe:**
Dies spricht, der das zweischneidige scharfe Schwert hat: (13) Ich weiß, wo du wohnst, wo der Thron des Satans ist. Und du hältst meinen Namen fest und hast meinen Glauben nicht verleugnet, auch in den Tagen des Antipas, meines treuen Zeugen, der bei euch getötet wurde, wo der Satan wohnt. (14) Aber ich habe einiges wenige wider dich, dass du dort solche hast, die an der Lehre Bileams festhalten, der den Balak lehrte, vor den Söhnen Israels eine Falle zu stellen, um Götzenopferfleisch zu essen und Unzucht zu treiben. (15) So hast auch du solche, die an der Lehre der Nikolaiten gleicherweise festhalten. (16) Kehre nun um! Wenn aber nicht, komme ich schnell zu dir und werde sie mit dem Schwert meines Mundes bekämpfen.
(17) Wer ein Ohr hat, höre, was der Geist den Gemeinden sagt. Wer überwindet, dem werde ich vom verborgenen Manna geben und ihm einen weißen Stein geben; und auf dem Stein ist ein neuer Name geschrieben, den niemand kennt außer dem, der ihn empfängt.

**V. 12-17:** *Die Stadt Pergamon und das Christentum dort.* Pergamon liegt etwa 80 km nördlich von Smyrna und etwa 24 km von der Küste entfernt im Binnenland. Nach dem Tod des letzten Königs der Attaliden, Attalus III, im Jahre 133 v. Chr. wurde das Land den Römern vermacht. Seit der Konstituierung der Provinz Asia (126) war Pergamon deren Hauptstadt. Mangels eindeutiger Belege ist nicht ersichtlich, wie lange das so blieb.[51] Wegen ihrer geographisch ungünstigen Lage stand sie zur Zeit der Offb im Schatten von Ephesus und Smyrna. Im Jahre 29 v. Chr. gestattete Oktavian, in Pergamon einen Tempel für ihn und die Göttin Roma zu errichten (Tacitus, ann. IV 37; Cassius Dio LI 20,6); dies war der Anfang des Kaiserkults in der Provinz Asia. Für das Christentum in dieser Stadt gibt es keinen zeitlich früheren Beleg als die Offb.
**V. 12:** Die Charakterisierung des Christus als „der, der das zweischneidige scharfe Schwert hat", stammt aus 1,16 und bereitet die Warnung V. 16 vor.
Unserem Sendschreiben und dem nach Thyatira ist gemeinsam, dass das Problem der Häretiker die Gemeinde belastet und der himmlische Jesus sie mit dem Hinweis auf sein machtvolles Eingreifen ermahnt. Dementsprechend ist er in diesen beiden Sendschreiben (und nur in diesen beiden) mit kämpferischen Attributen ausgestattet, nämlich mit dem zweischneidigen scharfen Schwert an unserer Stelle und mit den Augen wie einer Feuerflamme und den Füßen wie Bronze in

---
[51] Zu dieser Frage vgl. vor allem HEMER, Letters 82f.

2,18. Diese drei begegnen in Kap. 19 als Eingenschaften des kämpfenden Wortes Gottes.[52]

**V. 13-16:** Im Hauptteil des Sendschreibens wird im Blick auf das Verhalten der Gemeinde zunächst Lob (V. 13), dann Kritik (V. 14f) geäußert; dann folgt ein Ruf zur Umkehr, den eine Warnung begleitet (V. 16).

**V. 13:** Die Situationsbeschreibung, dass sich die Gemeinde in dem Ort befindet, „wo der Thron des Satans ist", ersetzt den Ausdruck τὰ ἔργα σου in anderen Sendschreiben. „Der Thron des Satans" ist schwer identifizierbar. Es kämen der Tempel des Augustus und der Roma[53] in Frage, aber auch der Zeusaltar.[54] Auf jeden Fall ist mit ihm die Instanz gemeint, die nach dem Verständnis des Vf. überweltlich begründet ist und der Gemeinde feindlich gegenübersteht.

Das Wissen Christi bezieht sich auf das lobenswerte Verhalten der Gemeinde, das in zwei Schritten beschrieben wird: Zunächst im allgemeinen (im Praes.), und zwar in einer positiven Formulierung, „du hältst meinen Namen fest"; „mein Name" ist mit „ich" identisch. Dann folgt eine Beschreibung des Verhaltens der Gemeinde beim Märtyrertod des Antipas (im Aor.), und zwar in einer negativen Formulierung, „du hast meinen Glauben nicht verleugnet".

Κρατεῖν und ἀρνεῖσθαι hängen hier zusammen. Der übliche Komplementärbegriff zu letzterem ist ὁμολογεῖν (Lk 12,8fpar; Tit 1,16; 1Joh 2,23; vgl. auch Joh 1,20), wovon wahrscheinlich auch unser Vf. weiß (3,5 erinnert an Lk 12,8). Aber er verwendet an unserer Stelle κρατεῖν und in 3,8 τηρεῖν (ἀρνεῖσθαι kommt in der Offb nur an diesen zwei Stellen), was im NT sonst analogielos ist. Ihm liegt vor allem daran, dass die Christen in ihrem jetzigen Stand fest bleiben, weniger aber daran, dass sie vor anderen Menschen ihren Glauben bekennen.

Antipas wird „mein treuer Zeuge" genannt. Das Wort „Zeuge" hat hier einen martyrologischen Beiklang.[55] Wer ihn tötete, ist nicht angegeben; die Formulierung, dass er „bei euch getötet wurde, wo der Satan wohnt", legt jedoch nahe, dass es sich um ein ordentliches Gerichtsverfahren handelt;[56] der Grund ist aber nicht ersichtlich. Ein Konflikt mit dem Kaiserkult käme in Frage, aber in diesem Fall ist es nicht leicht begreiflich, dass die übrigen Gemeindeglieder völlig verschont geblieben sind (sie „verleugneten auch in den Tagen des Antipas meinen Glauben nicht").

---

[52] Die Füße sind zwar in 19,11ff nicht direkt genannt, aber nach V. 15 tritt „das Wort Gottes" [mit seinen Füßen] die Kelter des Weines des Grimmes Gottes. Vgl. ferner, dass sowohl in 2,27 als auch in 19,15 Ψ 2,9 zitiert ist.

[53] BOUSSET, Apk 211; CHARLES, Apk I 61; LOISY, Apk 95f; GIESEN, Apk 114; SCHÜSSLER FIORENZA, Priester 242f und viele andere.

[54] LOHMEYER, Apk 25; DEISSMANN, Licht 240 Anm. 8; DIBELIUS, Rom 223; BÖCHER, Israel 53; LAMPE, Apokalyptiker 94 u.a. Einige Forscher beziehen diesen Begriff auch auf das Asklepeion (z.B. RIEMER, Tier 160).

[55] Vgl. etwa THOMAS, Apk 187: „The end of the first century may be too early to attach this developed meaning [Märtyrer] to the word, but this also may be the beginning of a transition in the word's meaning from witness to martyr".

[56] BECKWITH, Apk 459. ZAHN, Apk 247; BEASLEY-MURRAY, Apk 85, denken an Lynchjustiz.

Bemerkenswert ist, dass in dem Sendschreiben nach Pergamon – und in den Sendschreiben überhaupt – allein Antipas als Märtyrer genannt ist. Die Gemeinden standen zwar unter Druck, aber das Martyrium bildete noch die Ausnahme.

„Mein Glaube"[57] kann entweder den Glauben an Jesus bedeuten[58] oder den Glauben, der Jesus als Urheber hat. Von 14,12 her gesehen – hier begegnet „der Glaube Jesu" neben „den Geboten Gottes" als Gegenstand des Bewahrens – liegt es nahe, dass der „Glaube Jesu" im zweiten Sinne zu verstehen ist; denn bei „den Geboten Gottes" kann „Gott" nur als der Geber der Gebote verstanden werden. Der Glaube, der aus Jesus stammt, ist inhaltlich der Glaube, der in diesem Buch dargestellt ist, also dass Gott die letzte Instanz ist.

**V. 14:** Der Vf. hat auch gegen sie einiges zu sagen. Der Tadel richtet sich darauf, dass es in der Gemeinde einige gibt, die „an der Lehre[59] Bileams festhalten". „Bileam"[60] ist ein symbolischer Name.[61] Dahinter steht die Intention, diese Menschen als gottwidrig abzustempeln, wie es auch bei Isebel (V. 20ff) der Fall ist.

Im AT kommt Bileam bei der israelitischen Landnahme vor. Die Überlieferungen über ihn lassen sich in zwei Typen klassifizieren. Zum ersten Typ gehören Dtn 23,4f; Neh 13,2; Mi 6,5; Jos 24,9f; Num 22–24: Der Moabiterkönig Balak gibt Bileam den Auftrag, die Israeliten zu verfluchen, aber Gott verwandelt den Fluch in Segen, bzw. auf Gottes Befehl segnet Bileam Israel vor Balak. Der zweite Typ stellt dagegen Bileam als einen Gegner Israels dar. Er verführt Midianiterinnen dazu, die Israeliten „dem Herrn um des Peor willen untreu werden" zu lassen (Num 31,16). Aber er wird auf Befehl des Mose zusammen mit fünf midianischen Königen durch Israeliten ermordet (Num 31,8; Jos 13,21f).

Im Judentum war das durch den zweiten Typ der Überlieferung vertretene Bileambild vorherrschend.[62] Dabei wurde eine Überlieferung, Num 25,1–5, die ur-

---

[57] Das Wort πίστις ist in der Offb nur viermal belegt (2,13.19; 13,10; 14,12); das Verb πιστεύειν kommt überhaupt nicht vor. Dass der Vf. an diesem Begriff kein großes Interesse hat, ist auch dadurch deutlich, dass dessen Verwendungsweise nicht einheitlich ist. An unserer Stelle und in 14,12 steht er mit μου bzw. Ἰησοῦ; in 2,19 und 13,10 aber steht er (ohne Attribut) in einer Reihe neben anderen Tugenden und bezeichnet den Glauben, den die Christen haben.

[58] BOUSSET, Apk 212, CHARLES, Apk I 61, und MÜLLER, Apk 111, je mit Verweis auf 14,12; ferner vgl. BECKWITH, Apk 459; PRIGENT, Apk 132 u.a.

[59] Der Vf. verwendet im ganzen Buch nur in der Beschreibung der Gegner in den Sendschreiben die Wörter διδάσκειν (2,14.20) und διδαχή (2,14.15.24). Sie sind wahrscheinlich mit einer gewissen Kritik verbunden, und die Lehrtätigkeit in dem besagten Sinne ist nach ihm ein wichtiges Kennzeichen dieser Gruppe (vgl. KARRER, Brief 197f).

[60] Bileam kommt im NT noch in Jud 11 und 2Petr 2,15 vor; abgesehen davon, dass er ein Verführer ist, gibt es zwischen den Bileambildern der drei Stellen keine Gemeinsamkeit.

[61] HADORN, Apk 49 u.a. Die Möglichkeit, dass es sich bei „Bileam" um eine Selbstbezeichnung dieser Gruppe handelt, ist nicht ganz auszuschließen (vgl. ROLOFF, Apk 54), zumal sie eine zur Gnosis führende Tendenz aufweist (vgl. ad V. 24); denn in der Gnosis werden Figuren, die im AT negativ geprägt sind, gelegentlich sehr hochgeschätzt (vor allem Kain). Der Name „Bileam" ist allerdings dort nicht belegt. Auch dass sich die Gruppe die „Nikolaiten" nennt, dass es sich bei „Isebel" ebenalls um einen symbolischen Namen handelt, spricht eher gegen eine solche Annahme.

[62] Vor allem im Rabbinentum; Belege bei KUHN, ThWNT I 522,5ff; STR-B III 410.771.793. Philo, vit.Mos. I 263–304, bietet, ohne den Namen zu nennen, eine ausführliche Beschreibung Bileams, in der

sprünglich nicht auf Bileam bezogen gewesen ist, sich an den großen Überlieferungsblock in Kap. 22–24 aber direkt anschließt, in die bileamitische Tradition eingegliedert (vgl. vor allem Josephus, ant. IV 131ff); als Folge dessen wurde aus Bileam der Verführer Israels zu Unzucht und zu Götzendienst. Auch die Erklärung an unserer Stelle, „Bileam habe Balak gelehrt, vor den Söhnen Israels eine Falle zu stellen, um Götzenopferfleisch zu essen und Unzucht zu treiben", steht unter dem Einfluss dieses Überlieferungskomplexes und des darin implizierten Bileambildes.

Im Blick auf den Lehrinhalt, „Götzenopferfleisch zu essen und Unzucht zu treiben", ist nicht deutlich, ob die hier verwendeten Termini wörtlich oder symbolisch zu verstehen sind. Die gleichen Begriffe begegnen auch in V. 20 in umgekehrter Reihenfolge als Tadel Isebels. Da sie dort sehr wahrscheinlich nicht direkt die Wirklichkeit widerspiegeln (vgl. oben), muss man das auch im Blick auf unsere Stelle annehmen.[63]

Die Angabe erinnert an das sog. Aposteldekret (Apg 15,20 u.a.).[64] Dass in V. 24 in engem Zusammenhang mit dieser Formulierung ein Satz begegnet, der Apg 15,28 vergleichbar ist („ich lege euch keine andere Last auf", verstärkt diesen Eindruck.[65] Aber das Fehlen des Verbots des Genusses des Bluts und der erstickten Tiere lässt einen Zusammenhang mit dem Aposteldekret unwahrscheinlich erscheinen.[66]

**V. 15:** In V. 15 kommt der Vf. zur Wirklichkeit in Pergamon zurück, indem er diesmal die Menschen mit ihrer Selbstbezeichnung „Nikolaiten" (vgl. V. 6[67]) anspricht.[68]

**V. 16:** Nach der kritischen Stellungnahme zu den Verhältnissen in Pergamon ruft der Vf. die Gemeindeglieder zur Umkehr. Anders als in 2,5; 3,3.19 wird diese Mahnung nicht von weiteren konkreten Mahnungen begleitet, und deshalb ist nicht deutlich zu ersehen, was er von ihnen fordert. Vielleicht spricht er in erster Linie deswegen diese Mahnung hier aus, weil sie zum Schema gehört, das er selber für das Sendschreiben geschaffen hat. Sie dient hier dazu, die folgende Warnung vor-

---

die beiden genannten Gesichtspunkte vertreten sind; seine Haltung ihm gegenüber ist negativ. In Josephus, ant. IV 103–158 stehen ebenso die zwei Überlieferungen nebeneinander; im ganzen charakterisiert er ihn eher positiv (vgl. vor allem 157f; dazu vgl. Hengel, Zeloten 165–7).

[63] Vgl. Lohmeyer, Apk 31 („nichts anderes als Hinneigung zum Heidentum"); ähnlich Caird, Apk 39; Vögtle, Apk 41f; Giesen, Apk 114. Bousset, Apk 213; Beasley-Murray, Apk 85f; Mounce, Apk 98; Osborne, Apk 145; U.B. Müller, Theologiegeschichte 19 u.a. verstehen sie dagegen wörtlich; vgl. auch Satake, Gemeindeordnung 45 Anm. 3.

[64] Vgl. Ford, Apk 400; Müller, Apk 97; Prigent, Apk 133; Court, Myth 139; Walter, Nikolaos 216; Kerner, Ethik 112 u.a.

[65] Vgl. Charles, Apk I 74; Hemer, Letters 120. βάρος ist im NT nur an diesen beiden Stellen auf religiöse Pflichten bezogen.

[66] Vgl. Roose, Zeugnis 192.

[67] Vgl. dazu den Exkurs „Die Nikolaiten" am Ende von Kap. 2.

[68] Thomas, Apk 193; Stählin, ThWNT VII 356,34ff z.B., halten die Bileamiten und die Nikolaiten für zwei verschiedene Gruppen. In einer Gemeinde das Vorhandensein zweier Minderheitsgruppen, die ähnlich orientiert sind, zu postulieren, scheint m.E. jedoch schwierig. Zu dieser Frage vgl. auch Löhr, Nikolaiten 41 m. Anm. 19.

zubereiten. Auch dass diese faktisch nur eine Bestrafung der Nikolaiten beinhaltet, legt diese Annahme nahe.

Mit dem ersten Satz, „ich komme schnell zu dir", ist auf das Kommen noch im Laufe der Geschichte angespielt; vgl. ad V. 5.[69] Während dieser Satz an die angeschriebenen Gemeindeglieder gerichtet ist, bezieht sich der nächste Satz direkt auf die Nikolaiten: „Und ich werde sie mit dem Schwert meines Mundes bekämpfen" (vgl. V. 12). Die Nikolaiten werden als Feinde Gottes bekämpft, vernichtet[70] (vgl. 19,15).

**V. 17:** Der Überwinderspruch dieses Sendschreibens besteht aus zwei Verheißungen, vom verborgenen Manna zu geben und einen weißen Stein zu geben. Nicht selten werden Versuche gemacht, zwischen dem Manna und dem weißen Stein religionsgeschichtliche Zusammenhänge ausfindig zu machen,[71] aber das Nebeneinander kommt einfach daher, dass sie ähnlich aussehen (vgl. Ex 16,14.31).

Manna[72] ist in der Offb sonst nicht belegt. Die Erwähnung an unserer Stelle ist durch den vorangehenden Hinweis auf den Genuss von Götzenopferfleisch veranlasst: Die Nikolaiten bekommen nur verderbliche Speise, die Überwinder dagegen die Speise des ewigen Lebens.[73]

Zum „weißen Stein" wurden verschiedene Deutungen vorgeschlagen.[74] Der oft vertretenen Ansicht, er sei ein Amulett, auf dem der Name Christi als des Schutzgottes eingeschnitzt sei,[75] steht entgegen, dass ein solches Amulett zur Abwehr böser Mächte bestimmt ist; in den Verheißungen für den Überwinder wird aber sonst nirgendwo eine so bedrohliche Situation vorausgesetzt.[76] Zahn, Apk 277f, verbindet den Begriff „Stein" mit einem Marmortäfelchen, das dem Sieger eines Wettkampfes gegeben wird und auf dem sein Name eingraviert ist.[77] Dieser Deutung,

---

[69] BECKWITH, Apk 460 u.a.; anders MAZZAFERRI, Genre 243 u.a.

[70] In der Offb wird „bekämpfen" manchmal von einem Wort begleitet, das das Ergebnis des Kampfes beschreibt, wie „besiegen" (11,7; 13,7) oder „stürzen" (12,7ff). Bei der Formulierung „wer kann mit ihm bekämpfen?" in 13,4 impliziert das Wort „bekämpfen" dagegen schon die Bedeutung „besiegen". Auch „bekämpfen" an unserer Stelle gehört zu diesem zweiten Bedeutungstyp.

[71] LOHMEYER, Apk 26f, und BEHM, Apk 21, z.B. überlegen anhand von Joma 75a, wonach einst mit dem Manna zugleich Edelsteine und Perlen vom Himmel herabfielen, die Möglichkeit, dass das Nebeneinander hier von der rabbinischen Tradition beeinflusst ist.

[72] Zu Manna vgl. Ex 16 u.a. Im Judentum erwartete man, dass es sich jetzt im Himmel befindet („versteckt") und in der messianischen Zeit wieder vom Himmel herabfällt (syrBar 29,8; Belege bei STR-B II 481; R. MEYER, ThWNT IV 468,20ff; etwas anders Josephus, ant. III 31). Es ist die Speise für die Gerechten im kommenden Weltzeitalter (STR-B III 793f; MEYER a.a.O. 468,9ff; zur Mannafrage im ganzen vgl. VOLZ, Eschatologie 388f).

[73] ALLO, Apk 29, bezieht das Manna auf die Eucharistie; ähnlich PRIGENT, Liturgie 20f. Aber vgl. die Kritik von BRÜTSCH, Apk I 149, an PRIGENT: „Doch brauchte diese [Eucharistie] nicht dem Überwinder verheißen zu werden, da er sie sicher schon empfing".

[74] Vgl. BRÜTSCH, I 149f; HEMER, Letters 96ff.

[75] BOUSSET, Apk 215; CHARLES, Apk I 66f; LOHMEYER, Apk 27; MÜLLER, Apk 114; ROLOFF, Apk 55; AUNE, Apk 190; BOLL, Offenbarung 28 u.a.

[76] Vgl. FEKKES, Isaiah 130.

[77] Ähnlich HADORN, Apk 50; WIKENHAUSER, Apk 38; POHL, Apk I 129f; SCHRENK, ThWNT I 746,7ff.

für die einerseits spricht, dass auch an unserer Stelle der Stein dem Überwinder gegeben wird, steht andererseits entgegen, dass das Marmortäfelchen eher ein Zeugnis des Sieges als der eigentliche Preis ist und dass der Name darauf kein neuer ist, der nur für den Sieger erkennbar wäre. Nach Caird, Apk 42, ist der Stein wahrscheinlich „the Conqueror's ticket of admission to the heavenly banquet".[78] Zwar gibt es dazu „no precise analogy in ancient social custom", wie Caird, a.a.O., selbst zugibt, doch scheint diese Deutung m. E. mit verhältnismäßig wenig Schwierigkeiten beladen zu sein. Vielleicht bekommt der Überwinder einen neuen Namen, der in der himmlischen Welt für ihn gilt, und dieser wird auf den Stein als einer „Eintrittskarte" geschrieben.[79] Zu einem von Gott gegebenen neuen Namen vgl. Jes 62,2; 65,15.

### D. 2,18–29: Das Sendschreiben nach Thyatira

(18) Und dem Engel der Gemeinde in Thyatira schreibe:
**Dies spricht der Sohn Gottes, der seine Augen hat wie eine Feuerflamme, und seine Füße sind wie Bronze: (19) Ich kenne deine Werke und die Liebe und den Glauben und den Dienst und das Ausharren von dir und dass deine letzten Werke mehr sind als die ersten. (20) Aber ich habe wider dich, dass du das Weib Isebel gewähren lässt, die sich eine Prophetin nennt und meine Knechte lehrt und verführt, zu huren und Götzenopferfleisch zu essen. (21) Und ich habe ihr Zeit gegeben, damit sie umkehrt, und sie will von ihrer Unzucht nicht umkehren. (22) Siehe, ich werfe sie aufs Bett und die mit ihr Unzucht treiben in große Trübsal, wenn sie von ihren Werken nicht umkehren, (23) und ihre Kinder werde ich durch Seuche töten. Und alle Gemeinden werden erkennen, dass ich es bin, der Nieren und Herzen untersucht, und ich werde euch einem jedem nach euren Werken geben. (24) Euch aber, den übrigen in Thyatira, sage ich allen, die diese Lehre nicht haben, die die Tiefen des Satans, wie sie es nennen, nicht erkannt haben: Ich werfe keine andere Last auf euch. (25) Jedenfalls: Haltet fest, was ihr habt, bis ich komme.**
**(26) Und wer überwindet und bis zum Ende meine Werke bewahrt, dem werde ich Macht über die Völker geben, – (27) und er wird sie mit eisernem Stabe weiden, wie Tongeschirr zerschlagen wird –, (28) wie ich empfangen habe von meinem Vater, und ich werde ihm den Morgenstern geben. (29) Wer ein Ohr hat, höre, was der Geist den Gemeinden sagt.**

**V. 18–29:** *Die Stadt Thyatira und das Christentum dort.* Im Jahr 126 v. Chr. wurde die Stadt bei der Gründung der römischen Provinz Asia in diese eingegliedert. In-

---

[78] Ähnlich MOUNCE, Apk 99; THOMAS, Apk 201.
[79] SWETE, Apk 40; LOISY, Apk 99; WIKENHAUSER, Apk 38; KRAFT, Apk 67; HEMER, Letters 102f; FEKKES, Isaiah 129 u.a. CHARLES, Apk I 67; LOHMEYER, Apk 27; ROLOFF, Apk 55; GIESEN, Apk 115 u.a. plädieren für den Namen Christi.

schriftlich lässt sich erschließen, dass sie in der Zeit der Offb noch eine relativ bedeutungslose Stadt gewesen ist und erst im 2. und 3. Jh. den Höhepunkt ihres Wohlstandes erreichte.[80] In ihr war aber schon vorher dank der Militär- und Wirtschaftspolitik der Attaliden eine außerordentlich große Anzahl von Zünften ansässig. Die Proselytin Lydia (Apg 16,14) kann als Zeugin der großen wirtschaftlichen Betätigung dieser Stadt gelten.

Für die christliche Kirche gibt es kein älteres Zeugnis als die Offb. In der Mitte des 2. Jh. wurde die Stadt ein Zentrum des Montanismus (Epiphanius, haer. LI 33).

**V. 18:** In der Botenformel wird Christus zunächst mit dem Hoheitstitel „Gottes Sohn" vorgestellt. „Gottes Sohn" ist in der Offb sonst nicht belegt. An unserer Stelle bereitet der Titel den Überwinderspruch am Ende des Sendschreibens vor (vgl. ad V. 28). Darauf folgt eine aus 1,14f entnommene Beschreibung: Der, welcher seine Augen wie eine Feuerflamme hat und dessen Füße wie Bronze sind; beide Attribute bringen die Kampfkraft des himmlischen Jesu zum Ausdruck;[81] vgl. ad V. 12.

**V. 19-25:** Der Hauptteil des Sendschreibens ist lang und abwechslungsreich. Er beginnt wie üblich mit „ich kenne deine Werke" (V. 19); inhaltlich handelt es sich um ein Lob, dem es aber an Konkretheit mangelt. Dann geht der Vf. zum Tadel der Gemeinde wegen der Sache mit Isebel über (V. 20a); die Gemeinde tritt aber gleich in den Hintergrund. V. 20b-23a behandelt ausschließlich das Problem Isebels und ihrer Anhänger. V. 23b beschreibt dann die mögliche Wirkung der Bestrafung auf „alle Gemeinden". V. 23c gibt, durch die Erkenntnisaussage V. 23b veranlasst, Auskunft über die jeden einzelnen betreffende Vergeltung nach den Werken. Am Schluss des Hauptteils steht eine kurze Ermahnung, gerichtet an die übrigen Gemeindeglieder (V. 24f).

**V. 19:** Die „Werke" der Gemeindeglieder werden durch vier Begriffe erläutert, die alle grundsätzlichen Charakters sind; es ist schwierig, zu verdeutlichen, was mit ihnen konkret gemeint ist. Auch die zweite Hälfte des οἶδα-Satzes bietet nur die vage Äußerung, dass die letzten Werke der Thyatirer mehr sind als die ersten. Nach alledem bekommt man den Eindruck, dass der Vf. die angeschriebenen Christen lediglich um der Höflichkeit willen lobt. Das Interesse des Vf. an der Gemeinde ist auf die Affäre um Isebel fokussiert (V. 20ff).

Der erste Begriff, „Liebe", bedeutet Eifer des Glaubens (vgl. ad V. 4). Der nächste, „Glaube", begegnet in der Offb an dreien seiner vier Belege in der Kombination mit „Ausharren" (13,10; 14,12 und an unserer Stelle); so bedeutet er wahrscheinlich „Treue".[82] Der dritte, „Dienst", mitsamt seinen Derivaten, ist in der

---

[80] HEMER, Letters 107.
[81] Eine Anzahl der Ausleger bezieht die „Augen wie brennende Flammen" auf die Darstellung in V. 23 (CHARLES, Apk I 68; LOHMEYER, Apk 27; LOISY, Apk 100; HOLTZ, Christologie 122; HAHN, Sendschreiben 369 u.a.), und die der Bronze ähnlichen Füße auf die Darstellung in V. 27 (CHARLES, Apk ebd.; LOHMEYER, Apk ebd.; LOISY, Apk ebd. u.a.).
[82] Vgl. BOUSSET, Apk 216; ALLO, Apk 32; POHL, Apk I 132; PRIGENT, Apk 139.

Offb sonst nicht belegt; von der Gesamttendenz der Offb her gesehen bezeichnet er den Dienst an Gott und nicht den an anderen Menschen.[83] Der letzte Begriff, „Ausharren", ist in der Offb verhältnismäßig oft verwendet; vgl. ad 1,9.

**V. 20:** Mit V. 20 setzt der Tadel der Gemeinde ein; sie lasse das Weib Isebel,[84] eine falsche Prophetin, gewähren. Bemerkenswerterweise wird aber im folgenden die Warnung nur an Isebel und ihre Anhänger gerichtet. Der an die Gemeinde gerichtete Tadel hat an unserer Stelle also wohl nur die Funktion, das Sendschreiben dem Schema gemäß zu gestalten.

„Isebel" ist wie „Bileam" in V. 14 kein echter Name, sondern ein symbolischer. Durch Verwendung dieses Namens stempelt der Vf. diese Prophetin als solche ab, die Gemeindeglieder zur Abgötterei verführt.

Isebel war Tochter Ethbaals, des phönizischen Königs, und wurde Ahabs Frau (1Kön 16,31). Sie führte die Baalreligion ins Nordreich ein (16,31f), ermordete die Propheten Jahwes (18,4.13; 2Kön 9,7), wurde aber bei der Revolution Jehus getötet (2Kön 9,30ff). 2Kön 9,22 überliefert eine Klage Jehus über ihre Hurerei und vielen Zaubereien. Der Genuss des Götzenopferfleisches ist dagegen in der Tradition niemals mit ihr verbunden. Im Judentum wird Isebel anders als Bileam selten erwähnt, und auch dann geht die Beschreibung über den alttestamentlichen Bericht nicht hinaus (vgl. z. B. Josephus, ant. VIII 317f.347.355-359; IX 122-124). Es gibt auch keinen Beleg für einen symbolischen Gebrauch ihres Namens.[85]

Das Wort, „sie nennt sich eine Prophetin", verrät, dass der Vf sie nicht für eine solche hält. Hier konkurrieren zwei Propheten mit gegensätzlichen Zielen und Absichten miteinander. Isebel beschäftigt sich nicht mit der zukunftsorientierten Prophetie; der durch den Vf. angegebene Inhalt ihrer Prophetie bzw. Lehre, das Essen des Götzenopferfleisches und die Unzucht, zeigt, dass ihre Prophetie auf die Gegenwart des Christenlebens gerichtet ist; dahinter steckt wahrscheinlich die Überzeugung, dass die Christen bereits jetzt am Heil teilhaben. Offensichtlich vermag Isebel mit ihrer Prophetie in Thyatira in der Gemeinde einen großen Einfluss auszuüben.

Sie verkündigt und vertritt eine Lehre, die nach dem Verständnis des Vf. einer Verführung der Gemeindeglieder gleichkommt (zu „meinen Knechten" vgl. ad 1,1). „Verführen" (πλανᾶν) bezeichnet in der Offb immer den Akt, Menschen zur Abgötterei zu führen, und wird stets auf den Teufel bzw. seine Untertanen zurück-

---

[83] Die meisten Ausleger sehen hier den Dienst an anderen Menschen, vor allem an Mitchristen (Lohmeyer, Apk 27; Kraft, Apk 69 u.a.), aber auch an Menschen im allgemeinen (z.B. Beyer, ThWNT II 87,17) gemeint.

[84] Die HSS A u.a. lesen ein σου zwischen τὴν γυναῖκα und Ἰεζάβελ (also „deine Frau Isebel"). Zahn, Apk 287f, Hadorn, Apk 53, u.a. folgern daraus, dass der Bischof als Gemeindeengel und dessen Frau hier angegriffen seien. Aber es ist unbegreiflich, dass der „Bischof", der kurz zuvor in V. 19 gelobt wird, eine solche Frau hat, die sogar schon uneheliche Kinder (so Zahn, Apk 288f) hat. Σου ist wohl, durch seine häufige Verwendung im vorangehenden Vers veranlasst, durch spätere Schreiber eingeschoben (Michaels, Apk 78f; Aune, Apk 197).

[85] Vgl. Odeberg, ThWNT III 218,1ff.

geführt (12,9; 13,14; 18,23; 19,20; 20,3.8.10).[86] An unserer Stelle deutet der Vf. durch Anwendung dieses Ausdrucks an, dass die in der Gemeinde tätige Prophetin in Wirklichkeit dem Machtbereich des Satan zugehörig ist.[87]

Ihre Lehre ist gleich derjenigen, die auch Bileam vertreten hat (V. 14): Unzucht treiben und Götzenopferfleisch essen zu lassen. Einige Forscher beziehen beides, besonders den Genuss des Götzenopferfleisches, auf die Verhältnisse der heidnischen Stadtgesellschaft in Thyatira. „Wollte man weiterhin in den Handwerksvereinen bleiben und an ihrem geselligen Leben teilnehmen wie bisher, so war der Genuss von Götzenopferfleisch geradezu unumgänglich".[88] Aber obwohl es kaum zu bezweifeln ist, dass die Lehre Isebels den Christen die Teilnahme an einem solchen Gesellschaftsleben erleichtern würde, ist fraglich, ob der Vf. konkret an dem Verzehr von Götzenopferfleisch denkt; im Text kommt das Problem des Götzenopferfleisches, das bei solchen Fällen eine viel größere Rolle spielen dürfte als die Unzucht, nur am Rande vor; auch der Ausdruck, dass Christus der ist, der „Nieren und Herzen" untersucht (V. 23), setzt voraus, dass es sich um verborgene Angelegenheiten handelt.[89] Die beiden Begriffe „Unzucht treiben" und „Götzenopferfleisch essen" sind also symbolisch zu verstehen.

Dass er sie nicht unmittelbar auf die Wirklichkeit bezieht, ist bei der „Hurerei" außerdem daran deutlich, dass zwischen der Formulierung in V. 20 und Darstellung in V. 21f ein gewisser Widerspruch besteht: In V. 20 heißt es, dass Isebel die Gemeindeglieder „lehrt und verführt zu huren", in V. 21 dagegen, dass sie selber Hurerei ausübt; nach V. 22 wird die Hurerei nur zwischen ihr und ihren Partnern getrieben („die, welche *mit ihr* Unzucht treiben"; zu diesem Ausdruck vgl. auch unten); in V. 22 heißt es ferner: „Wenn sie nicht von ihren [Isebels] Werken umkehren".[90]

**V. 21:** Der himmlische Jesus gab Isebel „Zeit zur Umkehr", sie will aber „von ihrer Unzucht nicht umkehren". Die Darstellung ist in drei Hinsichten bemerkenswert: Erstens zeigt sie, dass der Vf. Isebel schon in der Vergangenheit zu einem bestimmten Zeitpunkt (Aor.) zur Umkehr aufforderte. Zweitens wurde der Bußruf nicht an die Gemeinde, sondern an Isebel gerichtet. Und drittens ist dieser Versuch erfolglos geblieben. Auffällig ist, dass die Verweigerung der Umkehr in der Offb sonst stets ein Akt von Ungläubigen ist (9,20f; 16,9.11).

**V. 22-23a:** Der himmlische Jesus kündigt die Strafe an, und zwar in drei Stufen: Zunächst gegen Isebel, dann gegen diejenigen, „die mit ihr Unzucht treiben", und

---

[86] Vgl. SWEETE, Apk 94; COMBLIN, Christ 143 n.4. Das Substantiv πλάνη ist in der Offb nicht belegt.
[87] Vgl. ULLAND, Vision 102f; ähnlich OSBORNE, Apk 157.
[88] MÜLLER, Apk 118; ähnlich MOUNCE, Apk 103; SWEET, Apk 92; HEMER, Letters 120; SCHÜSSLER FIORENZA, Apocalyptic 117; RÄISÄNEN, Nicolaitans 1616ff; ULLAND, Vision 108f; LÖHR, Nikolaiten 44.45ff u.a.
[89] Vgl. GIESEN, Reich 2541 Anm. 382.
[90] Das Verständnis der „Unzucht" an unserer Stelle ist unter den Auslegern sehr unterschiedlich. Nach LOHMEYER, Apk 31, z.B. liegt „die Andeutung eines grundsätzlichen sittlichen Libertinismus […] nicht in dem Wort", während nach HAUCK/SCHULZ, ThWNT VI 594,18ff, hier das Wirken des „libertinistischen Gnostizismus" zu erschließen ist (ähnlich SCHÜSSLER FIORENZA, Apocalyptic 116f).

schließlich gegen „ihre Kinder". Sowohl der Inhalt der Strafe als auch der Zeitpunkt, zu dem sie vollzogen wird, ist je nach Gruppe verschieden.

Zunächst zum Zeitpunkt: Bei Isebel und denen, „die mit ihr Unzucht treiben", steht das Verb im Präsens; zwischen beiden ist jedoch ein Unterschied gemacht: Während für Isebel die Strafe ohne jegliche Bedingung angekündigt wird, ist sie bei letzteren an eine Bedingung geknüpft, „falls sie von ihren Werken nicht umkehren", was den Eindruck erweckt, dass die Bestrafung nicht sehr schnell einsetzen wird. Im Blick auf die Bestrafung „ihrer Kinder" wird keine Bedingung formuliert, das Verb aber steht im Futur.

Zum Inhalt der Strafe: Isebel wird „aufs Bett" geworfen. Eine Assoziation mit dem „Bett der Unzucht" ist unverkennbar. Das „Bett" (κλίνη) kann entweder „Totenbahre" oder „Krankenbett" bedeuten. Vom Kontext könnte man den Eindruck bekommen, dass die erste Bedeutung zutreffend wäre; denn dass Isebel als die Hauptverantwortliche weniger bestraft wird als ihre Anhänger, ist nicht leicht akzeptabel. Aber es fragt sich dann, warum der Vf. einen solch euphemistischen Ausdruck gewählt hat. In LXX bedeutet κλίνη nur dann „Totenbahre", wenn der Kontext ganz deutlich darauf hinweist (2Βας 3,31; 2Chr 16,14 u.a.); der Kontext an unserer Stelle deutet das aber gar nicht an. So ist die Deutung „Krankenbett" m.E. wahrscheinlicher.[91] Aber wie soll man das Problem des Ungleichgewichts der Strafe lösen? Es handelt sich wohl um ein *vaticinium ex eventu*. Daher begegnet hier auch das ἔρχομαι-Motiv (2,5.16; 3,3) nicht. Wenn Isebel jetzt schon schwer erkrankt ist, kann man das als eine strenge Strafe Gottes deuten, die vergleichbar ist mit der Strafe für die beiden anderen Gruppen, die zwar schwerer ist, aber erst in Zukunft eintreten wird. Dann wird auch verständlich, dass der Vf. die Bestrafung Isebels anders als die der beiden anderen Gruppen im Präsens und ohne jeglichen Bedingungssatz beschreibt.

Diejenigen, „die mit ihr Unzucht treiben", sind die Gemeindeglieder, die ihre Anhänger geworden sind. Für diese Menschen ist die Möglichkeit der Umkehr noch vorhanden; aber das ist nur durch einen Bedingungssatz („wenn sie von ihren Werken nicht umkehren") zum Ausdruck gebracht; es gibt keine wirkliche Mahnung zur Umkehr. Man hat vielmehr den Eindruck, dass der Vf. ihre Bekehrung nicht wirklich erwartet. Die Beziehung zwischen ihnen und ihm ist so weit beschädigt, dass er sich nicht mehr direkt an sie wenden kann.

Die nächste Gruppe, „ihre Kinder", sind wohl solche Gemeindeglieder, die erst durch das Wirken Isebels in die Gemeinde eingetreten sind. Dass von ihrer Umkehr nicht die Rede ist, liegt wohl daran, dass sie nach dem Verständnis des Vf. von Anfang an keine Christen gewesen sind.

Das Wort, das hier mit „Seuche" wiedergegeben ist (θάνατος), bedeutet üblicherweise „Tod". Aber es kann auch „schwere Krankheit" bezeichnen, die oft mit dem Tod der Betreffenden endet; vgl. 6,8 (vgl. auch Ez 33,27 LXX).

---

[91] Mit CHARLES, Apk I 71; BECKWITH, Apk 467; GIESEN, Apk 119 u.a.

**V. 23b:** V. 23b beschreibt, welche Folgen der Vollzug der Strafen für die übrigen Christen hat. Die Entwicklung des Gedankengangs von V. 23a zu V. 23b ist durch alttestamentliche Prophetenschriften, vor allem durch Ez beeinflusst.[92] Als das Subjekt des Erkennens sind „alle Gemeinden" genannt; dadurch ist das Blickfeld über die Einzelgemeinde in Thyatira hinaus erweitert. Es gibt einen brennenden Anlaß dafür: Mehrere Gemeinden sind mit der Bewegung der Nikolaiten konfrontiert.

Die Aussage, Christus sei es, der „Nieren und Herzen untersucht" (vgl. Jer 17,10; Ps 7,10; Jer 11,20; 20,12), setzt voraus, dass es auch unter denjenigen, die regelmäßig den Gottesdienst besuchen, Anhänger Isebels gibt, die man nicht leicht ausfindig machen kann.

**V. 23c:** Mit der Vergeltung für jeden einzelnen nach seinen Werken ist das Endgericht gemeint. Die Entwicklung des Gedankengangs entspricht der in Jer 17,10;[93] vgl. auch Spr 24,12. Durch die direkte Anrede (die 2. Pers. Pl.) will der Vf. ihre Aufmerksamkeit wecken. Der Maßstab bei der Vergeltung sind „eure Werke" (vgl. 22,12), also ihr Verhalten gegenüber der Lehre Isebels; an die Werke im allgemeinen ist nicht gedacht. Der Satz unterstreicht, dass der himmlische Jesus die Sache nicht unentschieden lassen wird.

**V. 24:** In V. 24f wendet sich der Vf. an die treuen Gemeindeglieder in Thyatira („die übrigen in Thyatira"). Sie sind durch zwei Nebensätze näher charakterisiert: „Sie haben diese (Isebels) Lehre nicht" und „sie haben die Tiefen des Satans nicht erkannt". Das Wort, „die Tiefen des Satans", ist wohl der Lehre Isebels entnommen („wie sie es nennen"); mit der 3. Pers. Pl. (λέγουσιν) sind Isebel und ihre Anhänger gemeint. Mit „den Tiefen" ist der Ort gemeint, zu dem man nicht leicht hinabsteigen und den man nicht einfach untersuchen kann; der Ausdruck bezeichnet also ein Mysterium (Jdt 8,14; Dan 2,22; Röm 11,33; 1Kor 2,10). Isebel behauptete, dass sie und ihre Anhänger sich das Mysterium des Satans zueigen gemacht haben und deswegen jetzt darüber verfügen.[94] Für den Vf. ist aber eine solche Lehre eine „weitere Last", die nicht zu seiner Verkündigung gehört, sie vielmehr zerstört (vgl. 22,18). Er bestreitet somit die Legitimität dieser Lehre. Zur vermeintlichen Beziehung unserer Stelle auf das sog. Apostaldekret vgl. ad V. 14.

**V. 25:** Die Zusage am Ende V. 24 mit „jedenfalls" (πλήν) aufnehmend, schreibt der Vf. zum Schluss des Hauptteils eine Mahnung die Christen Thyatiras. „Was ihr

---

[92] Vgl. z.B. Ez 25,3-5. Die stereotype Wendung „sie werden (oder ihr werdet) erkennen, dass ich Jahwe bin", ist in Ez mindestens vierundfünfzigmal, zählt man auch verwandte Formulierungen mit, insgesamt achtundsiebzigmal belegt (ZIMMERLI, Erkenntnis 6f); vgl. auch AUNE, Prophecy 95f.279.

[93] KRAFT, Apk 71; WOLFF, Jeremia 171; MATHEWS, Evaluation 194. Meine frühere Annahme, V. 23c sei eine direkte Fortsetzung von V. 23a und V. 23b einer Art Zwischenstück (Kirche 344 Anm. 50), ziehe ich zurück; vgl. TAEGER, Johannesapokalypse 162 Anm. 189.

[94] Vgl. BECKWITH, Apk 469; HADORN, Apk 54; BEASLEY-MURRAY, Apk 92 u.a. SWETE, Apk 45; ROLOFF, Apk 58; GIESEN, Apk 121; OSBORNE, Apk 162f; KLAUCK, Sendschreiben 168; RÄISÄNEN, Nicolaitans 1620 u.a. sind der Meinung, dass Isebel und ihre Anhänger mit der Erkenntnis der Tiefen *Gottes* prahlten, der Vf. aber ihre Behauptung ironisch verdrehte. Dass „Synagoge des Satans" (2,9; 3,9) und „Thron des Satans" (2,13) sehr wahrscheinlich seine eigenen Formulierungen sind, könnte indirekt für diese Annahme sprechen. Doch passt dazu nicht das ὡς λέγουσιν.

habt" ist nichts anderes als, was sie durch ihn empfangen haben. „Bis ich komme" weist von V. 26 her gesehen auf die Parusie hin;[95] zur ganzen Mahnung vgl. 3,11.

**V. 26-28:** Das Wort „wer überwindet" wird – nur an dieser Stelle in den sieben Sendschreiben – durch eine weitere Aussage, „wer bis zum Ende meine Werke bewahrt", expliziert, die sich auf die Mahnung in V. 25 bezieht; alle Elemente dieser explizierenden Aussage finden eine Entsprechung in der dortigen Mahnung (wer bewahrt – haltet fest / bis zum Ende – bis ich komme / meine Werke – was ihr habt). Der Überwinderspruch ist also als Verheißung an die gedacht, die der Mahnung in V. 25 gehorchen.

**V. 26:** Aufgrund der Entsprechung zu der Formulierung „was ihr habt" in V. 25 ist anzunehmen, dass „meine Werke" die Verkündigung des Vf. bezeichnet. Der Ausdruck erinnert an „ihre (Isebels) Werke" in V. 22. Beide „Werke" stehen im schroffen Gegensatz zueinander.

Der Überwinderspruch enthält zwei Verheißungen. Während die zweite ganz kurz gefasst ist, wird die erste, bei der die Anspielung auf Ψ 2,8f deutlich ist,[96] von einer längeren Erklärung und einem Begründungssatz (V. 26-28a) begleitet.

Beachtenswert ist, dass der Vf. bei der Weissagung von der künftigen Herrschaft der Christen in 20,4.6; 22,5 (vgl. 5,10) ihren Gegenstand nicht angibt. Auch an unserer Stelle sollte man nicht viel Gewicht auf die Angabe des Gegenstandes legen. Er verwendet das Wort „Völker" nur deswegen, weil er es in der Vorlage fand.[97] Der Satz erklärt einfach, dass die Christen von der jetzigen Situation, in der sie unter Druck stehen (13,7), befreit werden.

**V. 27:** V. 27 setzt das Zitat von Ψ 2,8 fort. Sowohl die Aussage „er wird sie mit eisernem Stab weiden"[98] als auch der Vergleich „wie Tongeschirr zerschlagen werden" bringen eine entscheidende Unterwerfung zum Ausdruck.

---

[95] Anders etwa GIESEN, Apk 122.

[96] Die gleiche Psalmstelle ist in 12,5 und 19,15 auf Christus bezogen. Auch an unserer Stelle weist die dem Zitat hinzugefügte Begründung, V. 28a, darauf hin, dass die Verheißung dieses Psalmworts zuerst in Christus erfüllt wurde. In unserem Überwinderspruch findet also die Übertragung des Geschicks Christi auf die Überwinder statt. Er ist hierin dem letzten Überwinderspruch, 3,21, sehr ähnlich. Die Psalmstelle ist auch in PsSal 17,21-25 messianisch verwendet. Auch für andere Verse des gleichen Psalms findet man im NT Beispiele messianischer Deutung (V. 1 in Apg 4,25f; V. 2 in Offb 11,15b; V. 7 in Apg 13,33; Hebr 1,5; 5,5).

[97] In diesem Sendschreiben ist das Problem der Heiden bis jetzt nicht behandelt worden. Augenfällig ist also, wenn im Überwinderspruch plötzlich vom Herrschen der Überwinder über diese die Rede ist. HUBER, Psalm 2, 269, erklärt den Sachverhalt damit, dass die Gemeindeverhältnisse „für den Verfasser universale Dimension" haben, auch wenn es um innergemeindliche Gefährdung geht. Aber diese Erklärung vermag den Verdacht eines Bruchs zwischen dem Hauptteil des Sendschreibens und dem Überwinderspruch noch nicht gänzlich zu entkräften. Vielmehr ist hier bei der Gesamtstruktur der Sendschreiben anzusetzen: Gerade in Mitte der sieben Sendschreiben formuliert der Vf. einen Überwinderspruch mit zusammenfassendem und universalem Charakter, der mit dem Hauptteil des betreffenden Sendschreibens unmittelbar nichts zu tun hat; vgl. hier in gleicher Weise den letzten Überwinderspruch (3,21). Zu ἔθνη in der Offb vgl. Einleitung 7.4.4.3.

[98] Ποιμαίνειν bedeutet eigentlich „weiden", im übertragenen Sinne „unter Schutz nehmen, herrschen, verwalten oder fürsorgen". Gewöhnlich ist die Haltung des „Weidenden" dem Gegenstand gegenüber freundlich, keineswegs feindlich. Im MT steht an dieser Stelle תְּרֹעֵם, eine Form von רעע (zerstören),

**V. 28:** Während die Verheißungen für den Überwinder im Futur stehen (δώσω in V. 26 und ποιμανεῖ in V. 27), steht die Aussage über Christus im Perfekt. Das ὡς, das diese Aussage einleitet, weist nicht nur auf eine Entsprechung hin; es hat auch Begründungscharakter.

Gott wird hier „mein Vater" genannt. „Vater" ist eine Bezeichnung, die dem Begriff „Sohn" korrespondiert[99]. Es ist kein Zufall, dass der himmlische Jesus in diesem Sendschreiben und nur hier als „Gottes Sohn" vorgestellt wird (V. 18). Die Implikationen der Wendung „mein Vater" reichen aber noch weiter: In Ps 2 liest man unmittelbar vor der Stelle, die in unserem Sendschreiben zitiert ist, den Satz, „du bist mein Sohn; heute habe ich dich geboren" (V. 7); dies ist die Proklamation der Inthronisation eines Königs. „Gottes Sohn" ist also ein Prädikat, das mit der Vorstellung der Machtübernahme eng verbunden ist (vgl. auch 12,5). „Mein Vater" in V. 28 bringt diesen Sachverhalt indirekt zum Ausdruck, und „Gottes Sohn" am Anfang setzt ihn voraus.

Unsere Stelle nennt als das zweite Verheißungsgut den „Morgenstern". „Morgenstern" kommt in 22,16 innerhalb einer Selbstvorstellung Christi vor, und zwar als die Bezeichnung des Inhabers der höchsten Herrschermacht. Wie im ersten Überwinderspruch von der Verleihung der gleichen Befugnis wie derjenigen Christi die Rede ist, garantiert unser Spruch, dass dem Überwinder wie Christus mit dem „Morgenstern" die höchste Herrschermacht gegeben wird.

### Exkurs: Die Nikolaiten[100]

Die Nikolaiten kommen in der Offb – und im ganzen NT – nur in 2,6.15 vor. Allerdings ist anzunehmen, dass die Bileamiten in V. 14 wahrscheinlich mit ihnen identisch sind. Ferner entspricht die Charakterisierung der Lehre Bileams – die Erlaubnis des Genusses von Götzenopferfleisch und des Treibens von Unzucht – in 2,20 der Lehre Isebels; diese gehört also wahrscheinlich auch zu den Nikolaiten.

Nach der Darstellung in den Sendschreiben wirkte in Thyatira die Prophetin Isebel mit Erfolg (V. 20ff); in Pergamon üben die Nikolaiten einen gewissen Einfluss aus, waren aber zahlengemäß nicht sehr stark vertreten (V. 14f); in Ephesus konnten sie dagegen trotz ihres

---

LXX liest aber תִּרְעֵם, indem es das Wort für eine Form von רעה („weiden") hält, und übersetzt mit ποιμαίνειν. Wahrscheinlich denkt LXX an den Stab, den der Schäfer in der Hand hat. Es ist klar, dass die Lesart von MT (sie ist bereits in PsSal 17,24 bezeugt) dem Zusammenhang unserer Stelle besser entspricht; dem Vf. lag also hier ein Text vor, der von LXX beeinflusst gewesen ist (vgl. auch 12,5; 19,15). Es ist aber auch überlegenswert, dass der Vf. mit Absicht das Wort „weiden" aufgreift. Ποιμαίνειν kommt in der Offb abgesehen von den drei Zitaten von Ψ 2,7 (2,27; 12,5; 19,15) nur noch einmal in 7,17 vor, und zwar in einer Beschreibung des Wirkens Christi, wie es in 12,5 und 19,15 der Fall ist, aber es ist jetzt für die Christen. Es ist denkbar, dass er durch die Anwendung des gleichen Verbs die untrennbar enge Beziehung zwischen dem harten Handeln Christi den Gottlosen und dem gnadenvollen den Christen gegenüber zum Ausdruck bringen will.

[99] „Mein Vater" als Gottesbezeichnung kommt in den Sendschreiben noch in 3,5.21 vor, ohne dass dabei Christus „Sohn" genannt wird. Zu „Vater" vgl. ferner 1,6 und 14,1.
[100] Zu Einzelfragen vgl. die Auslegung der betreffenden Stellen.

Versuchs nicht Fuß fassen (V. 6). In den übrigen vier Gemeinden findet man keine Spur von ihnen. Bei ihnen handelt es sich also um eine übergemeindliche Bewegung, die aber insgesamt das Gemeindeleben nur in beschränktem Maße gefährdete.

Aus den Aussagen hinsichtlich ihrer Lehre lässt sich folgern, dass es sich bei ihnen wohl um eine Parallelerscheinung zu „den Starken" in Korinth[101] handelt. Ob eine direkte Beziehung zwischen beiden besteht, ist aber fraglich; man muss eher mit einer allgemeinen enthusiastischen Tendenz innerhalb des frühen Christentums rechnen,[102] die sich später zur Gnosis hin entwickelt.

Bei „Nikolaiten" handelt es sich wohl um eine Selbstbezeichnung der Gruppe. Im NT kommt ein Mann mit dem Namen Nikolaos nur einmal in Apg 6,5 vor. Er ist einer der sieben Diakone und wird als ein Proselyt aus Antiochien vorgestellt. Genaueres wissen wir über ihn nicht. Die Kirchenväter führen die Gruppe der Nikolaiten auf ihn zurück (Irenäus, haer. I 26,3; Hippolyt, philos. VII 36 u. a.), ohne das nachzuweisen; diesen Überlegungen ist keine historische Beweiskraft zuzuerkennen.[103] Andererseits ist es schwierig, die Gruppe als vollkommen unabhängig von ihm zu betrachten. Im alten Christentum nennt sich nämlich eine solche Gruppe häufig nach einer bekannten Person des Urchristentums, und wir kennen keinen anderen Nikolaos, der in dieser Hinsicht in Frage käme. Als der einzige Proselyt unter den Diakonen, die dem Gesetz gegenüber liberal eingestellt waren, konnte er für die in der Offb beschriebene Gruppe, die vielleicht selber durch Proselyten oder Heidenchristen geleitet wurde und sich liberal verhielt, als Gründungspersönlichkeit durchaus in Frage gekommen sein.[104]

Vom Ende des 2. Jh. an beschreiben Kirchenväter (Irenäus, Clemens, Tertullian, Hippolyt) sie als antinomistische oder gnostische Häretiker.[105] Man bekommt aber den Eindruck, dass sie keine Zeitgenossen von ihnen sind.[106] Vielleicht stammt ihr Bild aus den Darstellungen in den Sendschreiben; es ist freilich durch verschiedene Zusätze erweitert.

## *E. 3,1–6: Das Sendschreiben nach Sardes*

**(1) Und dem Engel der Gemeinde in Sardes schreibe.**

**Dies spricht, der die sieben Geister Gottes und die sieben Sterne hat: Ich kenne deine Werke, dass du den Namen hast, dass du lebst, und tot bist. (2) Werde wach und stärke den Rest, der zu sterben droht; denn ich habe deine Werke nicht erfüllt gefunden vor meinem Gott. (3) So gedenke, wie du**

---

[101] Vgl. U.B. MÜLLER, Apk 99; HEILIGENTHAL, Nikolaiten 137. Zur Einordnung der Nikolaiten vgl. GUTTENBERGER, Johannes 170 Anm.53; sie stellt dort diesbezüglich drei Vorschläge vor: Die Nikolaiten seien Gnostiker, Pauliner, und Vertreter des liberalen Flügels der Pauliner wie die Starken.

[102] SCHÜSSLER FIORENZA, Apocalyptic 120.

[103] LOHMEYER, Apk 31 u.a.; gegen KRETSCHMAR, ³RGG IV 1486.

[104] Vgl. BROX, Nikolaos 23–30; KARRER, Brief 197; KLAUCK, Sendschreiben 169f.

[105] HEILIGENTHAL, Nikolaiten 134f, erkennt bei den Kirchenvätern m.R. zwei Überlieferungsstränge, die gleicherweise bei Irenäus ihren Ausgangspunkt haben: Der eine betrachte die Nikolaiten als eine antinomistische Gruppe, ohne bei ihnen eine gnostische Tendenz zu erkennen (Irenäus, haer. I 26,3; Hippolyt, ref. VII 36,3 u.a.), der andere sehe sie als einen Ableger der Gnosis an (Irenäus, haer. III 11,1). Spätere Kirchenväter beschreiben ihre Lehre in einer Form, die der Lehre der sogenannten Barbelo-Gnostiker verwandt ist (Pseudo-Tertullian c.5 u.a.).

[106] Vgl. KRETSCHMAR, RGG³ IV 1486.

empfangen und gehört hast, und bewahre und kehre um! Wenn du nicht wachsam bist, werde ich wie ein Dieb kommen, und du sollst nicht wissen, zu welcher Stunde ich über dich kommen werde. (4) Aber du hast wenige Namen in Sardes, die ihre Kleider nicht befleckt haben, und sie werden wandeln mit mir in weißen Kleidern; denn sie sind würdig.

(5) Wer überwindet, wird sich so mit weißen Kleidern bekleiden, und ich werde seinen Namen aus dem Buch des Lebens nicht auslöschen und seinen Namen vor meinem Vater und vor seinen Engeln bekennen. (6) Wer ein Ohr hat, höre, was der Geist den Gemeinden sagt.

**V. 1-6:** *Die Stadt Sardes und das Christentum dort.* Sardes, ehemals die Hauptstadt Lydiens, liegt etwa 55km südöstlich von Thyatira und 70km östlich von Smyrna. Eine wichtige, in west-östlicher Richtung verlaufende Straße verbindet die Stadt mit dem über 2500 km entfernten Susa; zwischen ihr und der ägäischen Küste gibt es auch Verbindungen. Für die Offb ist eine andere Straße wichtiger, die in südöstlicher Richtung verläuft und an die Mittelmeerküste (Attalia) führt; die fünf nach der Stadt Pergamon genannten Adressatenstädte liegen an ihr. Seit 133 v. Chr. gehörte Sardes zum römischen Reich.

Die Offb ist das älteste Dokument für eine christliche Gemeinde in dieser Stadt.

**V. 1a:** Die Botenformel besagt, dass der himmlische Jesus die sieben Geister Gottes (vgl. 1,4) und die sieben Sterne hat (vgl. 1,16.20; vgl. 2,1). In unserem Sendschreiben findet man keinen zwingenden Grund für die Aufnahme dieser Motive.[107] Wahrscheinlich fand der Vf. in der Eingangsvision 1,13ff keine weiteren geeigneten Materialien für die Christusbezeichnung.

**V. 1b-4:** Im Hauptteil erscheint zunächst zweimal die Kombination eines Hinweises auf die Gemeindesituation und einer dementsprechenden Mahnung (V. 1c + V. 2a; V. 2b + V. 3a).[108] Daran anschließend spricht V. 3b eine Warnung aus, die deutlich macht, was geschehen wird, wenn die Mahnungen nicht befolgt werden. In V. 4 wendet sich der Vf. an die wenigen in Sardes, die des Lobes würdig sind, und spricht eine Verheißung für sie aus.

**V. 1bc:** Der himmlische Jesus beschreibt die „Werke" der Christen in Sardes mit dem Wort „du hast den Namen, dass du lebst, und bist (doch) tot". In der Offb ist vom Leben der Glaubenden mehrmals die Rede, aber meist handelt es sich dann um das Leben, das ihnen erst am Ende der Zeit gegeben wird (z.B. 2,7.10). Die Aussage, dass sie schon jetzt das Leben haben, ist selten. Abgesehen von unserer Stelle kämen nur die Hinweise in Frage, die darauf abheben, dass ihre Namen bereits jetzt im Lebensbuch des Lammes aufgeschrieben seien (vgl. 3,5; 13,8; 17,8; 20,15; 21,27). Mit diesen Aussagen ist aber nicht gemeint, dass man am Leben, das

---

[107] Bousset, Apk 222; U.B. Müller, Apk 124.
[108] Da V. 2b mit γάρ eingeleitet ist, kann man ihn als Begründung der zwei Mahnungen in V. 2a betrachten. Aber weil diese durch den Hinweis auf das „Tot"-Sein in V. 1c schon begründet sind und weil die Mahnung V. 3a, die mit οὖν beginnt, mit der Beschreibung V. 2b eng verbunden ist, ist das γάρ in V. 2b als ein Übergangspartikel anzusehen.

man in der Endzeit erhält, bereits jetzt vollkommen Anteil hat; vielmehr sind sie im Sinne einer grundsätzlichen Garantie des Lebens zu verstehen (vgl. unten). Unsere Aussage hat demnach als eine Ausnahme zu gelten. Wahrscheinlich behaupten die Gemeindeglieder selber, dass sie leben und ihre Namen schon im Lebensbuch (V. 5) aufgeschrieben seien,[109] eine Behauptung, der der Vf. kritisch gegenübersteht. Mit dem „Tot"-Sein ist die Lauheit des Glaubens gemeint, die auf dem Gefühl der Selbstsicherheit beruht.

**V. 2:** Darauf folgen zwei Mahnungen: „werde wach"[110] und „stärke den Rest,[111] der zu sterben droht".[112] Diese Mahnungen, besonders die zweite, könnten den Eindruck vermitteln, als handelte es sich beim Gemeindeengel um den Gemeindevorsteher. Auch der Gedanke, sich um andere Gemeindeglieder zu kümmern, ist in den Sendschreiben sonst beispiellos – und auch in unserem Sendschreiben selbst nicht gut entwickelt (vgl. unten). Aber der Ausdruck „Rest" als eine Bezeichnung für die Gemeindeglieder mutet, vom Standpunkt des Vorstehers her gesehen, doch seltsam an. Auch die folgende Entwicklung des Schreibens setzt nicht nur das Vergehen einer Einzelperson voraus. Es ist also nicht nötig, sich hier eine Gemeinde vorzustellen, die ihrer Ordnung entsprechend durch den einzigen Gemeindevorsteher geleitet wird.

V. 2b formuliert der Vf. nochmals sein Urteil über die „Werke" der Gemeinde; sie seien „nicht erfüllt vor meinem Gott". Diesmal ist das Wort „Werke" im positiven Sinne verwendet (das treue Glaubensverhalten). „Vor meinem Gott"[113] (vgl. V. 5) und „Werke"[114] sind eigentlich Wendungen, die sich auf das Gericht Gottes beziehen. Freilich ist an unserer Stelle nicht an das letzte Gericht gedacht; denn das Urteil Jesu wird bereits jetzt gefällt (εὕρηκα, Pf.).

**V. 3:** In V. 3a begegnen, in Aufnahme von V. 2b (οὖν), drei Mahnungen nacheinander. Sie alle sind Entfaltungen der Mahnung „sei wachsam" in V. 2a; in der Warnung V. 3b fasst sie der Vf. mit dem Wort „wenn du nicht wachsam bist" zusammen. Die zweite Mahnung in V. 2a ist nicht weiter entwickelt.

---

[109] Vgl. U.B. MÜLLER, Theologiegeschichte 39.
[110] Das Wort „wachwerden" (γρηγορεῖν) ist in LXX verhältnismäßig selten belegt; nirgends begegnet es in einer Mahnung, die sich auf den Glauben bezieht. Im Blick auf die jüdische Literatur ist die Sachlage ähnlich. Im NT kommt es dagegen in Mk 13,34–37par; Mt 24,43par; 25,13; Lk 12,37; 1Thess 5,6 als Mahnung im Zusammenhang mit dem Kommen des Endes vor (in der Offb noch in 16,15; an unserer Stelle bezieht es sich allerdings nicht auf die Parusie; vgl. unten).
[111] Das Wort „der Rest" ist Neutrum Plural (τὰ λοιπά). Vielleicht muss man ὀνόματα ergänzen; vgl. ὀλίγα ὀνόματα in V. 4.
[112] Ἔμελλον ἀποθανεῖν. Das Imperfekt ist das Tempus des Briefstils (BOUSSET, Apk 222; CHARLES, Apk I 79) und im Sinne des Präsens zu verstehen.
[113] „Mein Gott" ist in der Offb noch in 3,12 viermal verwendet; außerdem lesen einige HSS in 2,7 „Paradies meines Gottes". Allen diesen Stellen ist gemeinsam, dass der himmlische Jesus über sein Wirken spricht, das das Geschick der Christen bestimmt. Auch an unserer Stelle deutet er an, dass nicht nur Jesus, sondern auch Gott, der dem allgemeinen Verständnis nach der eigentliche Richter ist, die Werke der Gemeinde nicht als erfüllt betrachtet.
[114] Im Judentum ist die Vorstellung, dass die guten Werke, die man auf der Erde tut, im Himmel als Schatz bewahrt werden und sich beim Gericht günstig auswirken, häufig belegt (bes. in 4Esr und syrBar; vgl. BOUSSET/GRESSMANN, Religion 275 Anm. 1; VOLZ, Eschatologie 306f; STR-B I 429ff; BERTRAM, ThWNT II 643,55ff); im NT vgl. Mt 6,19f.

Bei der ersten Mahnung, „gedenke, wie[115] du empfangen und gehört hast", ist die Verkündigung des Vf. gemeint. Die zweite Mahnung zielt auf die Lauheit des Glaubens in der Gemeinde: Diese soll das durch ihn verkündigte Evangelium „bewahren". Zur dritten Mahnung vgl. ad 2,5.

Die darauf folgende Warnung besteht aus zwei zusammenhängenden Aussagen über das plötzliche Kommen Jesu. Der am Ende der zweiten Aussage (bei א u.a. auch im ersten Satz) begegnende Hinweis „über dich", zeigt, dass es sich um ein Kommen im Laufe der Geschichte handelt[116] (vgl. 2,5.16). Der Strafvollzug ist durch das Wort „wie ein Dieb" angedeutet. Man findet im Sendschreiben keinen Grund, auf die Plötzlichkeit des Kommens hinweisen zu müssen; dieser Hinweis verdankt sich ausschließlich der Metapher des Diebes.

Die Metapher des Kommens wie ein Dieb kommt sowohl in den Synoptikern (Lk 12,39fpar) als auch bei Paulus (1Thess 5,2.4), aber auch in 2Petr 3,10 und ThEv 21b vor.[117] In der Offb ist sie noch in 16,15 belegt. Im AT und Judentum hat sie keine eigentliche Parallele.[118] Es handelt sich also um ein erst im frühen Christentum entwickeltes und dort weit verbreitetes Motiv für die Parusie. An fast allen genannten neutestamentlichen Stellen kommt es in Verbindung mit der Mahnung, wachsam zu sein, vor; es handelt sich ursprünglich um ein Bild, das die Mahnung durch die Betonung der Plötzlichkeit einzuschärfen beabsichtigt.

In unserem Sendschreiben wird die Mahnung zum Wachsein (V. 2a) anders als in den meisten Fällen im NT ohne Bezug auf das nahende Ende (vgl. Apg 20,31; 1Kor 16,13; Kol 4,2; 1Petr 5,8) ausgesprochen. Dass in der Warnung, die im Zusammenhang mit dieser Mahnung geäußert wird, die Metapher des Kommens wie ein Dieb begegnet, resultiert aus der Übernahme des im frühen Christentum üblichen Sprachgebrauchs durch den Vf.

**V. 4:** Während die meisten Gemeindeglieder in Sardes „tot" sind, findet der Vf. eine kleine Anzahl von treuen und spricht ihnen eine Verheißung zu. Die Formulierung „sie haben ihre Kleider nicht befleckt" bedeutet, dass sie treu ihren Glauben bewahrt haben.[119]

In V. 4b geht der Text, ohne vorher eine Mahnung auszusprechen, gleich zur Verheißung über:[120] Die treuen Gemeindeglieder werden in weißen Kleidern mit

---

[115] Eigentlich wäre τί statt πῶς zu erwarten, da es sich auch auf τήρει in der zweiten Mahnung bezieht. Der Vf. verwendet wohl absichtlich πῶς: Er denkt nämlich nicht nur an das, was er damals den Gemeindegliedern weitergab, sondern auch an deren eigene Haltung, mit der sie damals seiner Verkündigung begegneten (vgl. GIESEN, Apk 127; THOMAS, Apk 266).

[116] MOUNCE, Apk 111; KARRER, Brief 79; anders BOUSSET, Apk 223; CHARLES, Apk I 80; LOISY, Apk 110; HEMER, Letters 145; MAZZAFERRI, Genre 243 u.a.

[117] Zum Gebrauch der Metapher in der frühchristlichen Literatur vgl. HARNISCH, Existenz 84ff.

[118] Vgl. J. JEREMIAS, Gleichnisse 47; VOS, Traditions 77 u.a.

[119] Vgl. Sach 3,3f. Eine Reihe von Auslegern versteht „Beflecken" in Verbindung mit „Unzucht" (BOUSSET, Apk 223; CHARLES, Apk I 81; ZAHN, Apk 300; HADORN, Apk 58 u.a.), aber in V. 1–3 macht der Vf. mit keinem Wort einen Vorwurf wegen Unzucht.

[120] Wie im Sendschreiben nach Smyrna (2,10.11) wird auch in diesem schon hier, noch vor dem Überwinderspruch V. 5, eine Verheißung ausgesprochen.

Christus wandeln.[121] „Die weißen Kleider" weisen auf die Zugehörigkeit zur himmlischen Welt hin. Zu „mit mir" (μετ' ἐμοῦ)" vgl. Einleitung 7.3.4.2.

**V. 5:** Die Verheißung im Überwinderspruch besteht aus drei Sätzen. Der erste ist faktisch eine Wiederholung der Verheißung in V. 4 (οὕτως). Die zweite Verheißung ist negativ formuliert: „Ich werde seinen Namen aus dem Buch des Lebens[122] nicht auslöschen". Im Hintergrund steht die Vorstellung einer Liste der zu Israel Zugehörigen; sie ist hier auf die Christen übertragen.

Der Aussage der Verheißung, dass Christus beim letzten Gericht vor Gott und seinen Engeln ihre Namen bekennt, liegt wahrscheinlich das Jesuslogion Lk 12,8 par zugrunde. Dass das Wort „bekennen" (ὁμολογεῖν) ein Hapaxlegomenon in der Offb ist, kann als Indiz dafür gelten. Auch bei den Wendungen „vor meinem Vater" (vgl. Mt 10,32) und „vor seinen Engeln"[123] (vgl. Lk 12,8) handelt es sich um Aufnahmen aus der Tradition.

### F. 3,7–13: Das Sendschreiben nach Philadelphia

(7) **Und dem Engel der Gemeinde in Philadelphia schreibe:**
**Dies spricht der Heilige, der Wahrhaftige, der den Schlüssel Davids hat, der öffnet, und niemand wird schließen, und der schließt, und niemand öffnet: (8) Ich kenne deine Werke; siehe, ich habe vor dir eine geöffnete Tür gegeben, die niemand schließen kann; denn du hast geringe Kraft und hast mein Wort bewahrt und meinen Namen nicht verleugnet. (9) Siehe, ich gebe die aus der Synagoge Satans, die sich Juden nennen und es nicht sind, sondern lügen –, siehe, ich werde sie dazu bringen, dass sie kommen und sich vor deinen Füßen niederwerfen werden und erkennen, dass ich dich geliebt habe. (10) Weil du mein Wort der Geduld bewahrt hast, werde auch ich dich vor der Stunde der Prüfung bewahren, die über die ganze Welt kommen wird, um die Bewohner der Erde zu prüfen. (11) Ich komme bald; halte fest, was du hast, damit niemand deinen Kranz nehme.**

**(12) Wer überwindet, den werde ich zu einer Säule im Tempel meines Gottes machen, und er wird nicht [wieder] nach außen kommen. Und ich werde auf ihn den Namen meines Gottes und den Namen der Stadt meines Gottes, des**

---

[121] „Wandeln" (περιπατεῖν) ist in der Offb fast synonym mit „sein"; an keiner Stelle wird auf das Motiv „gehen" abgehoben (vgl. V. 5a! vgl. 2,1; 16,15; 21,24).

[122] Das „Lebensbuch" kommt im AT in Ps 69,29 vor (vgl. auch Ex 32,32; Jes 4,3). In späterer Zeit wird die Vorstellung eschatologisiert (Dan 12,1) und findet in dieser Form viel Verwendung im Judentum; vgl. 1Hen 47,3; 104,1; 108,3 u.a.; vgl. STR-B II 169f; BOUSSET/GRESSMANN, Religion 258; VOLZ, Eschatologie 291f. Im NT vgl. Lk 10,20; Phil 4,3; Hebr 12,23; vgl. auch Herm [sim.] 2,9; 1Clem 53,4. In der Offb kommt das „Lebensbuch" sonst in 13,8; 17,8; 20,12.15; 21,27 vor; in 21,27 ist es „das Lebensbuch des Lammes" und in 13,8 „das Lebensbuch des geschlachteten Lammes"; dazu vgl. ad 13,8. Die Vorstellung des „Lebensbuches" passt gut zur dualistischen Auffassung der Menschenwelt: Diejenigen, die dort *nicht* aufgeschrieben sind, beten das Tier an (13,8; 17,8; vgl. 20,15).

[123] Zu den Engeln als Gerichtsbeisassen vgl. VOLZ, Eschatologie 276f.316.

neuen Jerusalems, das vom Himmel von meinem Gott herabkommt, und meinen neuen Namen schreiben. (13) Wer ein Ohr hat, höre, was der Geist den Gemeinden sagt.

V. 7-13: *Die Stadt Philadelphia und das Christentum dort*. Philadelphia liegt etwa 45km ostsüdöstlich von Sardes. Die Stadt gehört seit 126 v. Chr. zur römischen Provinz Asia. In dieser Stadt muss es eine starke jüdische Gemeinschaft gegeben haben (3,9; vgl. IgnPhld 6,1).

Die christliche Gemeinde ist zum ersten Mal in der Offb bezeugt. Am Anfang des 2. Jh. schreibt Ignatius auch an die Gemeinde in Philadelphia.

**V. 7:** In der Botenformel wird Christus mit drei Appositionen beschrieben; er ist „der Heilige, der Wahrhaftige" und der, „der den Schlüssel Davids hat"; die dritte ist mit einer Erläuterung versehen: „der öffnet, und niemand wird schließen" usw. Die beiden ersten haben weder in Kap. 1 noch in diesem Sendschreiben selbst eine Entsprechung. Die dritte wird dagegen im Hauptteil des Sendschreibens (V. 8b) reflektiert.

„Der Heilige" kommt im AT und Judentum manchmal als eine Gottesbezeichnung vor. An unserer Stelle wird sie auf Christus übertragen.[124] „Der Wahrhaftige" ist in LXX in dieser substantivierten Form an keiner Stelle als Gottes- bzw. Messiasbezeichnung verwendet. Aber das Adjektiv ἀληθινός wird an einigen Stellen auf Gott bezogen. In der Offb wird ἀληθινός[125] meistens neben anderen Adjektiven wie πιστός, δίκαιος oder ἅγιος verwendet. Als Bedeutung dieses Wortes in der Offb ist „zuverlässig" vorzuziehen, ohne dass der Sinn „wahrhaftig" völlig in den Hintergrund rückt (vgl. ad V. 9).

„Der den Schlüssel Davids hat" erinnert an 1,18, lehnt sich hier aber an Jes 22,22 an, wo von der Ernennung Eljakims durch Jahwe zum Palastvorsteher die Rede ist; der „Schlüssel des Hauses Davids" bedeutet dabei die Macht der Verwaltung des Palastes. Dementsprechend hat Christus „Macht, über Teilnahme oder Ausschluss vom himmlischen Jerusalem und damit von der eschatologischen Heilsgemeinde zu verfügen".[126] Der Vf. nennt in den Sendschreiben einzig in unserer Darstellung den Namen einer im AT wichtigen, Gott treuen Person; dementsprechend weist nur unser Überwinderspruch direkt auf jüdische Heilsgüter (das neuen Jerusalem und seinen Tempel) hin. Dies kann kein Zufall sein. Im Hauptteil des Sendschreibens schreibt er von der Unterdrückung der Gemeindeglieder durch die Juden: Wahrscheinlich schließen diese jene aus ihrer Gemeinschaft aus; Jesus aber hält als

---

[124] Im AT z.B. Ps 99,5; Jes 40,25; Hab 3,3; in Jesaja als „der Heilige Israels" öfters (1,4; 5,19.24 usw.); im Judentum Sir 4,14; 23,9; 1Hen 1,2.3; 93,11 u.a.; vgl. STR-B III 762; KUHN, ThWNT I 97,37ff. In der rabbinischen Literatur vor dem 3. Jh. sind Belege sehr selten. In der Offb wird ἅγιος nur selten auf Gott bzw. Christus bezogen; abgesehen von unserer Stelle, kommen nur 6,10 (ὁ δεσπότης ὁ ἅγιος καὶ ἀληθινός) und 4,8 (in Anlehnung an Jes 6,3) in Frage.
[125] Ἀληθής und seine Derivate sind im NT in den johanneischen Schriften am häufigsten belegt. Auffälligerweise begegnet in der Offb als Derivat von ἀληθής nur ἀληθινός.
[126] U.B. MÜLLER, Apk 130; vgl. V. 12.

der, der den Schlüssel Davids hat, für die Gemeindeglieder die Tür offen (wiederum ein Anklang an Jes 22,22).

**V. 8–11:** Der Hauptteil des Sendschreibens zeigt eine komplizierte Struktur. Er beginnt wie die meisten anderen mit dem Wort „ich kenne deine Werke", stellt aber nicht gleich den Inhalt der „Werke" dar, sondern beschreibt, was Christus für die Gemeinde getan hat, und zwar mit einem Wort, das an die dritte Apposition innerhalb der Christusvorstellung in V. 7 erinnert (V. 8b), um erst dann in Form eines Begründungssatzes den Inhalt der Werke (V. 8c) darzustellen.[127]

Die Aussage V. 8c wird in V. 10a aufgenommen; darauf folgt in V. 10b eine Verheißung. V. 9, der dazwischen steht, tut kund, welche Maßnahmen Christus den Juden gegenüber ergreifen wird. Die Inklusio deutet an, dass die schwierige Lage der Gemeinde durch die Juden verursacht ist und ihr Bewahren des Wortes Christi sich gerade in diesem Zusammenhang zeigt. V. 11 proklamiert die Nähe der Parusie und formuliert eine entsprechende Mahnung.

**V. 8:** Die Aussage „ich gab vor dir eine geöffnete Tür, die niemand schließen kann" ist darin einzigartig, dass sie auf eine schon vollzogene Einzelgnadentat Christi hinweist;[128] in den übrigen Sendschreiben wird von der Gnade Christi nur in Form einer Verheißung gesprochen. Freilich ist eine geöffnete Tür noch keine voll realisierte Heilswirklichkeit, sondern lediglich eine grundsätzliche Garantie des Heils. Wozu die Tür führt, ist nicht gesagt. An das neue Jerusalem zu denken, ist wohl das naheliegendste (V. 12b; vgl. 21,25; 22,14).

V. 8c gibt an, warum der Gemeinde die Gnade gegeben ist. Die Angabe besteht aus drei Teilen. Zunächst weist der Vf. auf die schwierige Situation der Gemeinde hin („du hast geringe Kraft"); dann beschreibt er, wie sich diese in dieser Situation zu Christus verhält, und zwar zunächst in positiver („du hast mein Wort bewahrt") und dann in negativer („du hast meinen Namen nicht verleugnet") Weise. Die positive Formulierung kehrt am Anfang von V. 10 fast wörtlich wieder; die negative berührt sich mit der zweiten Hälfte von V. 12. Die Darstellung mit „bewahren" und „verleugnen" ist sowohl strukturell als auch inhaltlich mit der in 2,13 verwandt.

**V. 9:** Die schwierige Situation der Gemeinde wurde von den Juden verursacht (Inklusio). Die Korrespondenz von ἰδοὺ διδῶ am Anfang von V. 9 und ἰδοὺ δέδωκα am Anfang von V. 8b deutet an, dass der Vf. das durch Christus den beiden Gruppen jeweils zugedachte Geschick als seinem entsprechend versteht.[129] Ἰδοὺ διδῶ ist im Kontext isoliert. Wahrscheinlich hat der Vf. in der genannten Absicht mit diesem Wort den Satz angefangen, aber da die Erklärung zu ἐκ τῆς

---

[127] Möglich ist auch, den ὅτι-Satz (V. 8c) direkt als die Inhaltsangabe der „Werke" und den dazwischen geschobenen Satz V. 8b (ἰδοὺ δέδωκα κτλ.) als eine Parenthese zu betrachten; von der Satzstruktur her ist er aber eher als ein Begründungssatz anzusehen.

[128] Die Deutung „Christ will continue to empower his church to witness by opening the door of salvation for the unbelieving Jews in their community" (BEALE, Apk 286; ähnlich CHARLES, Apk I 87; SWETE, Apk 54; ALLO, Apk 40) ist von V. 7 und V. 8c her gesehen wenig einleuchtend (mit den meisten neueren Kommentatoren).

[129] Vgl. auch die Korrespondenz zwischen ποιήσω an unserer Stelle und in V. 12 (POHL, Apk I 149).

συναγωγῆς τοῦ σατανᾶ länger geworden ist, hat er ihn unterbrochen und erneut mit ἰδοὺ ποιήσω begonnen.[130]

Zur Problematik des Verhältnisses zu den Juden vgl. 2,9. Der in der ersten Hälfte unserer Stelle begegnende Ausdruck deckt sich im ganzen gesehen mit dem entsprchenden in 2,9. Das anders als in 2,9 als Erklärung hinzugefügte Wort „aber sie lügen" stellt die Juden auf die Seite des Lügners (= Satans).

Die Voraussage „sie werden kommen und sich vor deinen Füßen niederwerfen" besagt, dass das Verhältnis beider Gruppen durch den himmlischen Jesus völlig ins Gegenteil verkehrt werden wird.[131] Als entsprechender Zeitpunkt ist die Parusie gedacht (vgl. V. 11). In Deutero- und Tritojesaja ist mehrmals die Rede von der Unterwerfung derjenigen, die einst Israel unterdrückt haben, vor Israel und auch davon, dass dieses Geschehen die Betreffenden zur richtigen Gotteserkenntnis führen wird (45,14; 49,23; 60,14). Besonders 60,14 spielt an unserer Stelle eine wichtige Rolle[132] (der Wortlaut am Ende des Verses erinnert an Jes 49,23). Unser Vf. ändert freilich die jesajanischen Stellen in einem wichtigen Punkt: Dort werfen sich die Heiden vor den Juden nieder, hier dagegen die Juden vor den Christen.

Der Vf. schreibt dann, dass die Juden „erkennen, dass ich dich geliebt habe". „Ich habe dich geliebt" ist ein Wort, mit dem Jes 43,4 die Erwählung Israels durch Gott zum Ausdruck bringt;[133] es ist hier auf die Erwählung der Gemeinde durch Christus übertragen.

**V. 10:** V. 10 nimmt zunächst die Wendung ἐτήρησάς μου τὸν λόγον aus V. 8c auf: ὅτι ἐτήρησας τὸν λόγον τῆς ὑπομονῆς μου. Von hier aus gesehen ist die Annahme naheliegend, dass sich μου nicht auf „die Geduld", sondern auf „das Wort" bezieht; übrigens bezeichnet ὑπομονή in der Offb durchweg die Geduld, die die Christen haben. Es ist hier als eine nähere Erklärung des „Wortes" verwendet („mein Wort, das zur Geduld mahnt").

Die Gemeindeglieder, die das Wort Jesu bewahren, werden in der Stunde der Prüfung durch Christus bewahrt.[134] Wie aus der „der Stunde der Prüfung" beige-

---

[130] Wie ἰδοὺ ποιήσω ist auch das anakoluthische ἰδοὺ διδῶ am Anfang des Verses im Sinne von „siehe ich lasse [...]" zu verstehen. Der Wechsel von Präsens (διδώ) zu Futur (ποιήσω) ist unwesentlich.

[131] Bereits vom Wortlaut, dass sich die Juden „vor *deinen* Füßen niederwerfen werden", her gesehen ist die Deutung von BEALE, Apk 288 (ähnlich RISSI, Judenproblem 258) schwer zu akzeptieren, es handle sich hier nicht um „a begrudging recognition by the Jews", sondern um „the very salvation of the ethnic Jews themselves"; vgl. OSBORNE, Apk 191.

[132] Vgl. FEKKES, Isaiah 134.

[133] „Geliebt, d.h. erwählt", LOHSE, Apk 30; FEKKES, Isaiah 137 m. n. 109.

[134] Hier ist in der Offb die einzige Stelle, wo Christus als das Subjekt von τηρεῖν vorkommt (zum Gebrauch von τηρεῖν in der Offb vgl. ad 1,3). Der Wortgebrauch ist offensichtlich durch V. 10a (τηρεῖν durch die Philadelphier) veranlasst. Eine Deutung, die schon Beda vertrat, *„non quidem ut non tenteris, sed ut non vincaris adversis"*, findet auch heute unter einer Reihe von Auslegern Zustimmung (SWETE, Apk 56; BECKWITH, Apk 483; ALLO, Apk 41; HADORN, Apk 61; BROWN, Trial 310 u.a.). Aber diese Deutung stößt vor allem im Blick auf den Ausdruck „Erdenbewohner" (= Nichtchristen; vgl. unten) auf große Schwierigkeiten. Die Verschonung der Frommen bei der endzeitlichen weltweiten Drangsal ist gewiss eine irrationale Vorstellung, aber für die Offb nicht befremdlich; vgl. etwa 7,1ff; 9,4; 16,2.10; vgl. auch syrBar 29,1f; 4Esr 13,48f.

legten längeren Erklärung deutlich wird, ist hier mit „der Prüfung" diejenige gemeint, die am Ende der Zeit, der Parusie vorangehend, die ganze Welt,[135] faktisch aber nur die Nichtchristen („Erdenbewohner"; vgl. unten), betrifft, also die Plagen, die in Kap 6ff entfaltet werden.[136] Dass die Gemeindeglieder vor ihr geschützt bleiben, bedeutet nicht, dass sie keine Verfolgung erfahren.

„Die Erdenbewohner" (οἱ κατοικοῦντες ἐπὶ τῆς γῆς; vgl. 6,10; 8,13; 11,10 bis; 13,8.14 bis; 17,8; vgl. auch 17,2; 13,12) ist in der Offb ein Begriff für die gottfeindlichen Menschen.[137] An unserer Stelle ist ihr Charakter nicht deutlich, aber es gibt keinen zwingenden Grund, eine Ausnahme zu postulieren.

**V. 11:** Es folgt ein Hinweis auf die Nähe der Parusie und am Ende des Hauptteils eine kurze Mahnung, „halte fest, was du hast usw." In der Gedankenentwicklung steht unsere Stelle 2,25 nahe. Auch der Inhalt der Mahnung ist gleich. „Was du hast" ist, wie 2,25 zeigt, das Glaubensverhalten, das die Gemeindeglieder bis jetzt festgehalten haben. Auch „dein Kranz" im Nebensatz bezeichnet das gleiche. Zugleich macht dieses Wort deutlich, dass das, „was du hast", für sie schon die höchste Gabe ist.

**V. 12:** Der Überwinderspruch besteht aus zwei Verheißungen. Die erste spricht davon, dass Christus den Überwinder „zu einer Säule im Tempel meines Gottes machen" wird. Damit ist die Eingliederung in das Gebäude, d.h. in den Bereich des Heils gemeint.[138] Das Erlebnis der Philadelphier, der Ausschluss aus der Synagoge, spielt im Hintergrund eine Rolle.

Die zweite Verheißung, Christus werde auf den Überwinder[139] „den Namen meines Gottes usw. schreiben", korrespondiert der Aussage V. 8c.

Das Schreiben der Namen ist dreifach entfaltet. Das erste, das Schreiben des Namens Gottes, und das dritte, das des neuen Namens Christi,[140] stehen zueinander in enger Beziehung; vgl. 14,1 und 22,4; sie bedeuten, dass der Betreffende als das Eigentum Gottes bzw. Christi unter ihren Schutz gestellt wird. Das Schreiben des Namens Jerusalem bedeutet die Verleihung des Bürgerrechts dieser Stadt;[141] d,h.:

---

[135] Ἡ οἰκουμένη ὅλη ist in der Offb dreimal belegt (3,10; 12,9; 16,14), hat immer den Nebenklang des „Wohnortes" derer, die Gott nicht Folge leisten. Vgl. BALZ, EWNT II 1233.

[136] Beachtenswert ist, dass hier „die Stunde der Prüfung" als zukünftig vorgestellt ist; dazu vgl. Einleitung 7.5.4.

[137] Οἱ κατοικοῦντες ἐπὶ τῆς γῆς kommt in LXX nie als *terminus technicus* vor. In zeitgenössischen jüdischen Schriften kommen verwandte Ausdrücke zwar manchmal vor (Belege etwa bei HERMS, Apocalypse 185 Anm. 37), aber auch dort sind sie nicht eine feststehende Terminologie. Z.B. in 4Esr bezeichnet das Wort in 3,25 die Sünder im Gegensatz zum Gottesvolk, aber in V. 34 werden die gleichen Menschen „Weltbewohner" genannt.

[138] Vgl. WILCKENS, ThWNT VII 735,20ff; KLINZING, Kultus 201; HEMER, Letters 166.

[139] Ἐπ᾿ αὐτόν. Grammatikalisch und sachlich ist möglich, dass die Namen auf die Säule geschrieben werden (vgl. SWETE, Apk 57; LOISY, Apk 115). Mit der Verwendung des Begriffs „Säule" wäre aber schon die Zugehörigkeit der treuen Christen zum Heilsbereich ausgesagt, so dass die Verheißung des Schreibens des Namens auf sie pleonastisch wäre. Zum Schreiben eines oder mehrerer Namen auf den Überwinder vgl. 14,1; 22,4.

[140] Der *neue* Name Christi ist vielleicht durch die Assoziation mit dem *neuen* Jerusalem entstanden.

[141] Vgl. STRATHMANN, ThWNT VI 532,10ff; LOHSE, ThWNT VII 337,15ff.

Der Überwinder bekommt einen festen Platz in dem Bereich, in dem das Heil verwirklicht wird. Die längere Erklärung zur „Stadt meines Gottes", „das neue Jerusalem, das vom Himmel von meinem Gott herabkommt", deckt sich fast vollkommen mit der Darstellung in 21.2.10.[142] Denkt man daran, dass „das vom Himmel her niederkommende Jerusalem [...] in den Pseudepigraphen selten, in der älteren rabbinischen Literatur gar nicht und in den jüngeren kleinen Midraschim auch nur einige Male erwähnt" wird,[143] ist anzunehmen, dass diese stereotype Formulierung auf den Vf. selber zurückgeht, der unsere Verheißung bewusst in Verbindung mit der Vision des neuen Jerusalem in Kap. 21 formuliert. Zu „meinem Gott" vgl. ad V. 2.

## G. 3,14–22: *Das Sendschreiben nach Laodicea*

(14) Und dem Engel der Gemeinde in Laodicea schreibe:
Dies spricht der Amen, der treue und wahrhaftige Zeuge, der Herrscher der Schöpfung Gottes: (15) Ich kenne deine Werke, dass du weder kalt noch heiß bist. Wärest du kalt oder heiß! (16) Weil du so lau und weder heiß noch kalt bist, will ich dich ausspeien aus meinem Munde. (17) Denn du sagst: Ich bin reich und reich geworden und habe keinen Mangel, und weißt nicht, dass [gerade] du elend und bemitleidenswert und arm und blind und nackt bist. (18) So rate ich dir, von mir im Feuer geläutertes Gold zu kaufen, damit du reich wirst, und weiße Kleider, damit du dich bekleiden kannst und die Schande deiner Nacktheit nicht sichtbar ist, und Salbe, um deine Auge zu salben, damit du sehen kannst. (19) Alle, die ich liebe, weise ich zurecht und züchtige ich. Sei nun eifrig und kehre um! (20) Siehe, ich stehe vor der Tür und klopfe an. Wenn einer meine Stimme hört und die Tür öffnet, werde ich zu ihm hineingehen und das Mahl mit ihm halten und er mit mir.

(21) Wer überwindet, dem werde ich geben, sich mit mir auf meinen Thron zu setzen, wie auch ich überwunden und mich mit meinem Vater auf seinen Thron gesetzt habe. (22) Wer ein Ohr hat, höre, was der Geist den Gemeinden sagt.

**V. 14–22:** *Die Stadt Laodicea und das Christentum dort.* Laodicea liegt etwa 70km südöstlich von Philadelphia. In der Nähe befanden sich Kolossae (ca. 15km östlich) und Hierapolis (ca. 10km nördlich). Eine ost-westlich verlaufende Straße von Ephesus nach Syrien und eine von nordwestlicher in südöstlicher Richtung von Pergamon nach Attalia kreuzen sich in dieser Gegend. Durch die Verkehrslage be-

---

[142] Beachtenswert ist schon, dass der Name „Jerusalem" in der Offb nur an diesen drei Stellen vorkommt (sonst als „die heilige Stadt" in 11,2; 22,19; vgl. auch 20,9; zu dieser Frage vgl. auch ad 20,2). Auch die doppelte Formulierung „vom Himmel, aus (meinem) Gott" ist, abgesehen von 20,9, wo die Lesart nicht sicher ist, nur an diesen drei Stellen belegt.
[143] STR-B III 796 mit Belegen; vgl. auch BIETENHARD, Welt 194ff.

günstigt, war Laodicea in der römischen Zeit (sie gehörte seit 188 v. Chr. zum Königreich Pergamon und seit 133 v. Chr. zu Rom) ein Zentrum der Wirtschaft und besonders des Bankwesens (Cicero, Att. V 15,2). Im Bereich des Gewerbes ist vor allem die Wollindustrie zu nennen. Hier war auch eine berühmte medizinische Schule ansässig; Aristoteles kannte schon „die phrygische Asche", die als Augenmittel verwendet worden ist (mor. 384 b,30).[144] Dies spiegelt sich wider in den Ausführungen über die zum Kauf empfohlenen Dinge in den Mahnungen V. 18.

Von der christlichen Gemeinde in dieser Stadt ist schon in Kol 2,1; 4,13ff die Rede. Es lässt sich jedoch nicht mit Sicherheit nachweisen, dass die Gemeinde der Offb auf sie zurückgeht.

V. 14: In der Vorstellung wird Christus dreifach charakterisiert. Keine der Charakterisierungen hat einen erkennbaren Rückbezug zur Vision 1,12ff, bei den zwei letzteren ist jedoch ein Bezug auf 1,5 feststellbar (vgl. unten). Sie zeigen auch keine inhaltliche Verbindung mit dem Hauptteil des Sendschreibens.

Die erste Charakterisierung, „der Amen" (ὁ ἀμήν), ist im NT sonst nicht belegt; auch in LXX findet man keinen Beleg. Um ihren Sinn zu begreifen, geht man am besten vom Wortgebrauch von „Amen" in der Offb aus. Es kommt hier, den Gebrauch im damaligen Gottesdienst widerspiegelnd, im Anschluss an einen Hymnus oder an eine Proklamation als Ausdruck der Gott (bzw. Christus) dankenden und lobenden Zustimmung vor (1,6.7; 5,14; 7,12; 19,4; 22,20), und zwar zweimal im Zusammenhang mit einer in göttlicher Autorität gesprochenen Proklamation der Parusie (vgl. auch 19,4). In 22,20 wird die Gewissheit der Parusie sogar durch den himmlischen Jesus selber – zwar nicht mit Amen, aber mit dem gleichbedeutenden ναί – betont. Christus ist also in dem Sinne „der Amen", dass er für die Christen Anlass zu Dank, Lob und, vor allem wegen seines Versprechens der baldigen Parusie, Vertrauen ist.[145]

Die zweite Beschreibung, „der treue und wahrhaftige Zeuge", lehnt sich an „der treue Zeuge" in 1,5 an. Da an unserer Stelle das Adjektiv ἀληθινός hinzugefügt ist, bezeichnet ὁ μάρτυς Christus in seiner Offenbarungstätigkeit.[146]

Die dritte Beschreibung, ἡ ἀρχὴ τῆς κτίσεως, könnte im Sinne eines „Geschöpfs, das zuerst geschaffen wurde", verstanden werden (gen. part.).[147] Da κτίσις den Akt des Schaffens und ἀρχή die erste Ursache bezeichnet, könnte der Ausdruck auch als Bezeichnung der Beteiligung Christi an der Schöpfung aufgefasst werden.[148] Diese Deutungen stoßen jedoch auf die Schwierigkeit, dass in der

---

[144] HEMER, Letters 196–9.
[145] BOUSSET, Apk 230f; CHARLES, Apk I 94; LOHMEYER, Apk 37; BEASLEY-MURRAY, Apk 104; HOLTZ, Christologie 142 u. a. rechnen mit der Möglichkeit des Einflusses von אֱלֹהֵי אָמֵן in Jes 65,16, das LXX mit τὸν θεὸν τὸν ἀληθινόν, Sym mit τὸν θεὸν ἀμήν wiedergibt. M.E. scheint jedoch nicht sehr wahrscheinlich zu sein, dass der Vf. diese im AT nur einmal belegte Gottesbezeichnung ohne einen besonderen Anlass aufnimmt.
[146] Vgl. SCHÜSSLER FIORENZA, Priester 245.
[147] Z.B. U.B. MÜLLER, Apk 135f; HENGEL, Throngemeinschaft 174; HAHN, Theologie I 462f.
[148] Z.B. LOHSE, Apk 31; ROLOFF, Apk 63; STR-B III 797; COMBLIN, Christ 84; BAUCKHAM, Theology 56; HAHN, Schöpfungsthematik 92.

Offb auf die Präexistenz Christi gar kein Gewicht gelegt ist; vgl. vor allem, dass in Kap. 4, dem Bericht des Auftretens des geschlachteten Lammes in Kap. 5 vorangehend, die himmlische Welt ohne jegliche Erwähnung des Lammes beschrieben ist. Auch in unserem Sendschreiben findet man keinen Anlass zur Erwähnung der Schöpfung. Auch eine andere Deutung, die κτίσις im Sinne der neuen Schöpfung auffasst,[149] lässt sich m.E. nicht plausibilisieren, da das wichtige Adjektiv, das der Vf. in diesem Zusammenhang sonst immer verwendet, καινός, hier nicht vorkommt.

Naheliegender ist vielmehr, dass ἀρχή hier als synonym mit ἄρχων („Herrscher") zu verstehen ist.[150] Diese Worte sind in LXX beide als Übersetzung von ראש verwendet; ἀρχή hat dabei an einigen Stellen den gleichen Sinn wie ἄρχων (Ex 6,25; Neh 9,17; Hos 1,11; Mi 3,1; Jer 13,21). Im NT vgl. Kol 1,16.18. Bemerkenswert ist auch, dass der einzige Beleg von ἄρχων in der Offb 1,5 begegnet, die Stelle, die mit der unsrigen offensichtlich besonders eng zusammenhängt. Die Beschreibung bezieht sich gedanklich auf den Überwinderspruch V. 21, der auf die Inthronisation Christi hinweist.[151]

Haben wir mit diesem Verständnis recht, unterstreichen unsere drei charakterisierenden Prädikate einmütig die Vertrauenswürdigkeit Christi als Sprechers des Wortes. Um ihn im letzten Sendschreiben vorzustellen, sind sie besonders geeignet; m.a.W.: ihre Verwendung hier ist buchkompositorisch bedingt.

**V. 15-20:** Schon im Sendschreiben nach Philadelphia war die Struktur des Hauptteils ziemlich kompliziert; in unserem Sendschreiben ist sie beinahe als verwirrt zu bezeichnen. Zunächst findet sich ein οἶδα-Satz, der durch einen ὅτι-Satz erläutert wird (V. 15a). Darauf folgt eine Wunschäußerung, „wärest du kalt oder heiß!" (V. 15b), ein Zug, der in den anderen Sendschreiben keine Entsprechung hat, aber als eine Art Mahnung betrachtet werden kann. V. 16 klagt zunächst in Form eines Begründungssatzes, der einen mit V. 15 ähnlichen Wortlaut aufweist, nochmals die Gemeinde an und beschreibt dann, ohne eine Mahnung dazwischen einzuschieben, die Gerichtsankündigung: Christus wird die „Lauen" aus seinem Munde ausspeien. Der Hauptteil endet damit aber noch nicht. V. 17 ist wiederum ein Hinweis auf die Situation in der Gemeinde. Dieser Situationsdarstellung entsprechend werden in V. 18 drei Mahnungen ausgesprochen.[152] Nachdem V. 17f so wiederum einen geschlossenen Zirkel bildet, spricht der himmlische Jesus in V. 19 zwei umfassende Mahnungen aus. Der letzte Vers des Hauptteils, V. 20, ein Trostwort, sieht auf den ersten Blick im Kontext ziemlich isoliert aus; genauer vgl. unten.

**V. 15f:** Das Verhalten der Gemeinde wird zunächst mit „kalt" und „heiß" zum Ausdruck gebracht, in V. 16 kommt noch „lau" dazu. „Kalt" ist nicht negativ; mit

---

[149] Z.B. BEALE, Rev 3.14 135.
[150] KEENER, Apk 157f, übersetzt das Wort mit „the ruler" und bemerkt dazu: „The Roman emperor in fact called himself the *princeps*, or ‚first' among Romans, but was worshiped as a deity".
[151] Vgl. KOESTER, Laodicea 412.
[152] V. 17 beginnt mit ὅτι, ist ein Begründungssatz, der syntaktisch auf den Hauptsatz, die Mahnung in V. 18, bezogen ist (so CHARLES, Apk I 96).

„heiß" zusammen steht es „lau" als einem negativen Begriff gegenüber.[153] Die Mahnung V. 19b, „sei eifrig usw.", die von der Aussage V. 15f nicht unabhängig sein wird, zeigt, dass „lau" das laxe, selbstgenügsame Glaubensverhalten bedeutet und „kalt" und „heiß" das Gegenteil.

„Ausspeien aus dem Munde" bedeutet, das Verhältnis abzubrechen; es bezieht sich auf das entscheidende Gericht.[154] Der Vf. rechnet aber mit der Möglichkeit der Umkehr (vgl. V. 19).

**V. 17:** Während er in V. 15 einseitig behauptet, dass die Gemeinde in Laodicea lau ist, gibt er in V. 17 zunächst ihre eigene prahlende Meinung, sie seien reich, wieder und widerlegt sie dann. Ob sie dabei ihren materiellen Reichtum meint oder den geistigen bzw. geistlichen, ist nicht einfach zu erkennen.[155] Dass der Vf. in V. 18 den Laodicaeern mit einem ironisch klingenden Ton Gold, weiße Kleider und Augensalbe zu kaufen empfiehlt, legt aber nahe, dass der materielle Reichtum zumindest mitgemeint ist;[156] vielleicht sind beide inbegriffen. Er ist ein Ergebnis ihrer Kompromisse mit der Umwelt (vgl. 18,3.15.19); gleichzeitig veranlasst er sie, ihr Leben in Selbstzufriedenheit zu führen, was wiederum auch ihr Glaubensverhalten prägt.

In der Widerlegung beschreibt der Vf. zunächst mit fünf Begriffen die Lage der Gemeindeglieder und führt dann aus, dass sie sie selbst nicht kennen (οὐκ οἶδας steht dem οἶδα am Anfang V. 15 gegenüber). Die fünf Begriffe sind hinsichtlich ihres Charakters und ihrer Funktion nicht ganz einheitlich. Zum Kontext passt am besten der dritte, „arm"; die beiden letzten, „blind" und „nackt", bringen über „arm" hinaus nichts wesentlich Neues zum Ausdruck. Die ersten zwei, „elend" und „bemitleidenswert", haben keine Entsprechungen im Kontext; sie sind eher Äußerungen eines subjektiven Urteils und in verschiedenen Zusammenhängen anwendbar.

**V. 18:** Die darauf folgenden drei Mahnungen nehmen auf einen je der letzten drei Begriffe in V. 17 Bezug. Ihnen ist erstens gemeinsam, dass das Wort „von mir zu kaufen" betont an ihren Anfang gestellt ist – es ist faktisch eine Anweisung, zur Verkündigung des Vf. zurückzukommen (vgl. V. 3) –, und zweitens, dass die Mahnungen jeweils von einem ἵνα-Satz begleitet werden, der deutlich macht, wozu ihre Befolgung nützt; damit sind faktisch Verheißungen ausgesprochen, die erfüllt werden, wenn die Mahnungen befolgt werden.

---

[153] GIESEN, Apk 140 u.a. Anders z.B. LOHMEYER, Apk 38: „Der Gegensatz von heiß und kalt prägt in aller Schärfe die grundsätzliche Scheidung von gläubig und ungläubig, von Gemeinde und ‚Welt' aus" (ähnlich HADORN, Apk 63; CAIRD, Apk 56f; MÜLLER, Apk 136; ROLOFF, Apk 63; ZIMMERMANN, Christus 195 u.a.).

[154] Wann es geschehen wird, ist nicht deutlich. Manche Ausleger denken an das letzte Gericht (BOUSSET, Apk 231; CHARLES, Apk I 96; LOISY, Apk 117f; LOHMEYER, Apk 38; U.B. MÜLLER, Prophetie 73 u.a.), aber die Möglichkeit eines Gerichts vor dem Ende wie in 2,5.16; 3,3 ist nicht ausgeschlossen; vgl. ALLO, Apk 43f; HUSS, Gemeinde 68.

[155] BOUSSET, Apk 231; BECKWITH, Apk 490; KRAFT, Apk 85; ROLOFF, Apk 64; AUNE, Apk 258f u.a. verstehen es im geistlichen Sinne, LOHMEYER, Apk 38; HADORN, Apk 63 u.a. dagegen im materiellen Sinne und CHARLES, Apk I 96; GIESEN, Apk 141; BEALE, Apk 304 u.a. meinen, dass hier beide Bedeutungshinsichten miteinander verknüpft seien.

[156] Vgl. weitere Argumente bei ROYALTY, Streets 167.

Der erste Gegenstand, der gekauft werden soll, ist „im Feuer geläutertes Gold". Hier ist besonders deutlich, dass das Gewicht auf der Wendung „von mir" gelegt ist. Lässt man das außer acht, ist die Anweisung nur merkwürdig: Hätte man genug Geld, brauchte man Gold nicht zu kaufen; hätte man Geld nicht, könnte man Gold nicht kaufen. „Im Feuer geläutert" weist auf seine hohe Qualität hin.

Während in V. 4 das Tragen „der weißen Kleider" erst für Zukunft vorgesehen ist, werden die Laodicaeer an unserer Stelle ermahnt, sie schon jetzt zu kaufen. Die Kleider brauchen hier nicht weiß zu sein; denn es geht im Kontext um die Nacktheit (vgl. 16,15). Die Verwendung des Ausdrucks „weiße Kleider" geht also lediglich auf die gewohnte Ausdrucksweise des Vf. zurück.

Beim dritten Gegenstand steht das Verb im angehängten ἵνα-Satz anders als in den vorangehenden zwei Sätzen nicht im Aorist, sondern im Präsens (βλέπῃς); der Vf. denkt nicht nur an den Gewinn der Sehkraft, sondern auch an den andauernden Zustand des Sehen-Könnens.

**V. 19:** Vor der letzten umfassenden Mahnung formuliert der Vf. zunächst einen Satz allgemeinen Charakters, „ich weise zurecht und züchtige diejenigen, die ich liebe". Diese Aussage steht Spr 3,12 (vgl. Hebr 12,5f; 1Clem 56,4) besonders nahe.

Das Verständnis des Leidens als einer Züchtigung Gottes wurde in der jüdischen Weisheit ausgebildet (z.B. Ijob 33,12–33; Spr 3,11ff; Sir 18,13; Weish 12,2 u.a.) und ist später ein Allgemeingut jüdischen Glaubens und Denkens geworden (2Makk 6,12ff; 7,33; 10,4; PsSal 10,1 u.a.).[157] Auch in der Apokalyptik lässt sich diese Vorstellung nachweisen (syrBar 13,10 u.a.),[158] obwohl sie hier anders akzentuiert ist; hier herrscht der Gedanke vor, dass gerade die Gerechten in dieser Welt leiden müssen. In der Offb findet man diesen Gedanken sonst nicht.

Im Anschluss an diese allgemeine Aussage folgen dann zwei kurze Mahnungen. Die erste, „sei eifrig!", steht, anders als die zweite, „kehre um!" (Aorist), im Präsens, was andeutet, dass der Vf. an einen dauerhaften Zustand denkt. Zu „kehre um!" vgl. ad 2,5.

**V. 20:** Zwischen V. 19 und V. 20 liegt ein Einschnitt vor. Formal wird das dadurch deutlich, dass statt der 2. Pers. Sg., die in V. 15–19 vorherrschend war, in V. 20 ein τις erscheint. Inhaltlich ist der Vers keine Fortsetzung der Mahnung in V. 19; er spiegelt auch nicht mehr die konkrete Gemeindesituation wider, von der in V. 15ff die Rede war, sondern weist auf die Hilfsbereitschaft Christi jedem Glaubenden gegenüber hin. Der Vf. wendet sich jetzt am Ende der sieben Sendschreiben an die Christen in allen sieben Gemeinden. In diesem Sinne, aber auch inhaltlich (vgl. unten), hat der Vers zum darauf folgenden Überwinderspruch einen engen Bezug.

V. 20 und das Jesuslogion, das in Lk 12,35–38 vorliegt, haben eine gemeinsame traditionsgeschichtliche Wurzel.[159] Beiden Stellen sind folgende konstitutive Züge

---

[157] Vgl. BOUSSET/GRESSMANN, Religion 385f; STR-B III 445; BERTRAM, ThWNT V 609,5ff; zu rabbinischen Schriften vgl. STR-B II 275.
[158] Vgl. BERTRAM, a.a.O. 616,7ff.
[159] Vgl. ROLOFF, Siehe 455ff.

gemeinsam: Christus kommt zu seinem Haus zurück,[160] klopft an die Tür, geht hinein, wenn die Knechte sie öffnen, und hält mit ihnen gemeinsam das Mahl. Dass Christus vor der Tür steht, wovon bei Lk nicht die Rede ist, ist ein eschatologisch geprägtes traditionelles Bild (z. B. Mk 13,29par; Jak 5,9), das wohl unser Vf. eingebracht hat. Das Mahlmotiv selbst entspricht der Erwartung des eschatologischen messianischen Mahles, die im Judentum weit verbreitet gewesen ist;[161] in der Offb selbst vgl. 19,9. Sowohl das Jesuslogion als auch die Aussage an unserer Stelle beziehen sich also auf die Parusie.[162] Die Anwendung der präsentischen Tempora (ἕστηκα, Pf., dem Sinn nach präsentisch, und κρούω) deutet ihre unmittelbare Nähe an.

Der Konditionalsatz „wenn einer meine Stimme hört und die Tür öffnet" stellt die Bedingung für die Verwirklichung des gemeinsamen Mahls dar. Um sie zu erfüllen, muss man stets vorbereitet sein; der Konditionalsatz ist also eine Mahnung dazu. Man darf andererseits den positiven Chrakter der Aussage nicht geringschätzen. Der Vf. will die Reihe der Sendschreiben mit einem verheißungsvollen Wort schließen, was seiner grundsätzlich positiven Stellungnahme den Gemeinden gegenüber entspricht.

V. 21: Der Überwinderspruch besteht aus zwei Teilen, einer Verheißung und einem Hinweis auf das Geschick Christi, der mit „wie" (ὡς) eingeleitet wird. Einzelne Elemente beider Sätze entsprechen sich sehr weitgehend:

1.) der Überwinder, 2.) dem werde ich erlauben zu sitzen 3.) mit mir 4.) auf meinem Thron,

1.) auch ich habe überwunden 2.) und mich gesetzt 3.) mit meinem Vater 4.) auf seinen Thron.

Der Vf. parallelisiert also das den treuen Glaubenden bestimmte Geschick absichtlich mit dem Geschick Christi und gibt dadurch der Verheißung eine feste Basis (vgl. auch 2,27). Dadurch, dass in den Sendschreiben hier zum ersten Mal auf das „Überwinden" des himmlischen Jesus hingewiesen wird, bekommt der Überwinderspruch den Charakter einer Zusammenfassung der Botschaft aller sieben Sendschreiben. Gleichzeitig funktioniert dieser Überwinderspruch als eine Brücke zum folgenden Visionsteil, indem er wichtige Motive, die dort vorkommen, vorwegnimmt: „Gottes Thron" spielt im nächsten Kapitel eine zentrale

---

[160] Dies wird an unserer Stelle nicht ausdrücklich ausgesagt, aber „Jesus ist hier gerade nicht gedacht als der heimatlose Wanderer", ROLOFF, Siehe 461.

[161] Vgl. die in STR-B IV 1154f angegebenen Belege.

[162] Ähnlich BOUSSET, Apk 233; LOISY, Apk 119; THOMAS, Apk 321; J. JEREMIAS, ThWNT III 178,17ff; HAHN, Hoheitstitel 103 Anm. 5 u. a. Einige Ausleger verstehen das Mahl als Abendmahl (LOHMEYER, Apk 39; ALLO, Apk 45; GIESEN, Apk 143; EHRHARDT, Laodizea 438ff; PRIGENT, Liturgie 35 u. a.); aber die Verheißungen in den Sendschreiben beziehen sich sonst ausnahmslos auf das eschatologische Heil (vgl. SCHENKE/FISCHER, Einleitung II 308). Die gleiche Kritik richtet sich gegen eine Deutung, die aufgrund der individualisierenden Redeweise (πρὸς αὐτόν; μετ᾿ αὐτοῦ; αὐτὸς μετ᾿ ἐμοῦ) die ganze Szene individualistisch-mystisch auffasst (WIKENHAUSER, Apk 44: „Steht er doch bittend und klopfend vor der Herzenstür eines jeden Gemeindegliedes"; ähnlich CHARLES, Apk I 100; ALLO, Apk 45; LADD, Apk 67; OSBORNE, Apk 212).

Rolle, in 5,5 spricht ein Deuteengel vom „Überwinden" des Lammes und in 5,10 wird den Christen das künftige Herrschen versprochen; vgl. ferner, dass in 12,11 vom Sieg der treuen Christen die Rede ist, der durch den Sieg Michaels (= Christi) ermöglicht wird.[163]

Andererseits gibt es zwischen dem Haupt- und dem Nebensatz aber auch Unterschiede. Vor allem ist darauf achtzugeben, dass das Verb im Hauptsatz im Futur, im Nebensatz im Aorist steht. Darin zeigt sich, dass das, was für die Glaubenden Gegenstand der Verheißung ist, für Christus schon erfüllt ist. Das ὡς weist deswegen nicht nur auf die Parallelität beider Geschehen hin, sondern zeigt, dass die Verheißung für die Christen durch das schon verwirklichte Geschehen in Christus begründet ist.[164]

Weiterhin haben beide Sätze verschiedene sachlogische Subjekte: Während bei den Überwindern Christus derjenige ist, der ihnen erlaubt, auf dem Thron zu sitzen, setzt sich Christus selber auf den Thron (vgl. Einleitung 7.2.6.1.). Das ist christologisch und soteriologisch bedeutsam: Christus ist Gott nicht untergeordnet; das Geschick der Überwinder ist eine Gnadengabe Christi.

Unsere Aussage zeigt eine bemerkenswerte Affinität mit dem Jesuslogion in Mt 19,28//Lk 22,28-30; sie sind in ihrem Grundgedanken gleich: Die Inthronisation Christi verursacht diejenige der Christen; das Verhältnis beider Geschehen wird durch die Partikel ὡς bzw. καθώς (Lk) beschrieben. Auch in Einzelheiten sind Entsprechungen feststellbar: Bei der matthäischen Fassung erinnert das Wort „wenn der Menschensohn auf dem Thron seiner Herrlichkeit sitzen wird" an unsere Aussage, obwohl der Zeitpunkt, zu dem sich Christus auf den Thron setzt, nicht gleich ist. In der lukanischen Fassung kommt das Wort „sich setzen" nur in der Verheißung für die Jünger vor (V. 30), aber in V. 29 findet sich ein Wort über Christus, das inhaltlich das gleiche zum Ausdruck bringt: „Wie mir mein Vater Herrschaft gestiftet hat"; es steht sogar darin unserer Aussage näher, dass der Zeit-

---

[163] BAUCKHAM, Structure 6; vgl. auch MINEAR, New Earth 66ff; SCHÜSSLER FIORENZA, Composition 173; BEALE, Daniel 180f.

[164] Nach ROOSE, Zeugnis 49, bedeuten „das νικᾶν Christi und das der Christen [...] zwei durchaus verschiedene Dinge: Bei den Christen ist der Begriff stark ethisch ausgerichtet. Bei Christus hingegen ist sein Heilstod gemeint". Der Hinweis ist einerseits zutreffend, andererseits aber zu einseitig. Denn man kann nicht einfach außer acht lassen, dass der Vf. an unserer Stelle für beide das gleiche Verb νικᾶν verwendet. Wenn man im Blick auf Jesus den „ethischen" Faktor völlig ausklammert, wird die parallele Verwendung des νικᾶν zu einem bloßen Wortspiel, was m.E. an dieser für die Komposition der Sendschreiben im ganzen wichtigen Stelle unwahrscheinlich erscheint. Man muss auch darauf achten, dass in unserem Kontext der Charakter des Heilstodes, des νικᾶν Christi, nicht besonders hervorgehoben ist; Christus garantiert das Heil der Christen dadurch, dass er sich als der Überwinder auf dem Thron Gottes gesetzt hat. Roose weist andernorts auch darauf hin, dass „der irdische Jesus in der Offb keine Rolle" spielt (36), dass „ein Leiden des irdischen Christus [...] nirgends ausgesagt" ist (28; ähnlich 31), und dass der Tod Christi „nirgendwo als Endpunkt des *Leidensweges* thematisiert" wird (65). Das trifft wiederum zu. Aber man müsste die zeitliche Situation ins Auge fassen, in der sich der Vf. befindet: Die Verwirklichung des Sieges der Christen liegt noch in der Zukunft; bis sie diesen erreichen, müssen sie noch leidvolle Zeiten erleben; bei Christus liegt der Sieg dagegen bereits in der Vergangenheit und er hat sein leidvolles Leben vom Standpunkt des Vf. gesehen bereits abgeschlossen, aber wenn er an unserer Stelle von seinem Sieg spricht, ist annehmen, dass er ihn aus seiner Gegenwart in den Blick genommen hat.

punkt der Handlung Gottes in der Vergangenheit liegt und dass das Wort „mein Vater" verwendet wird.

Diese Erkenntnis wirft ein Licht auf das Verhältnis zwischen unserem Überwinderspruch und der Aussage im voraufgehenden Vers, in dem genau wie in jenem eine Verheißung eschatologischen Charakters begegnet; nur die Bilder, die in beiden Versen verwendet sind, sind verschieden: in V. 20 das gemeinsame Mahl, in V. 21 dagegen das gemeinsame Sitzen auf dem Thron. In Lk 22,29f kommen aber als Inhalt der Stiftung der Herrschaft für die Jünger gerade diese zwei Bilder vor. Das legt nahe, dass unser Vf. bei der Darstellung unserer Stelle den Inhalt des Logions auf V. 20 und V. 21 verteilt[165] und bei der Darstellung von V. 20 das Bild in Anlehnung am Jesuslogion Lk 12,35ff ausgebaut hat.

Damit wird aber gleichzeitig deutlich, worauf er Gewicht legt. Im Vergleich mit der lukanischen Fassung wird an unserer Stelle erstens die Gemeinschaft mit Christus stärker betont: Essen „an meinem (= Jesu) Tisch" (Lk 22,30) versus essen „ich mit ihm und er mit mir" an unserer Stelle; sitzen „auf Thronen" (Lk 22,30) versus sitzen „mit mir auf meinem Thron" (μετ' ἐμοῦ ἐν τῷ θρόνῳ μου) an unserer Stelle.[166] Die Gemeinschaft mit (Gott und) Christus ist ein Motiv, das dem Vf. besonders naheliegt; vgl. Einleitung 7.3.4.2. Zweitens wird die Parallelität zwischen dem Geschick Christi und dem der treuen Glaubenden an unserer Stelle viel eingehender zum Ausdruck gebracht, indem der Vf. in V. 21 den Haupt- und den Nebensatz parallel baut; vor allem wird durch den Hinweis auf das Geschick Christi, der „überwunden" hat, dem Geschick der Überwinder eine feste Basis gegeben; freilich wird dieses gemeinsame „Überwinden" auch in Lk 22,28 durch den Hinweis, dass die Jünger „in meinen Versuchungen mit mir ausgeharrt" haben, angedeutet. Drittens ist an unserer Stelle vom Richten der zwölf Stämme Israels, auf das Lk 22,30 hinweist, nicht die Rede. Für den Vf., der seine Gemeinden als das wahre Israel versteht (schon in 3,9, vgl. ferner 7,4ff; 21,9ff u.a.), wäre dieser Satz zwar nicht fremd. Dass er ihn dennoch hier nicht wiedergibt, hat wohl darin seinen Grund, dass in seinen Gemeinden auch zahlreiche Nichtjuden sind.

---

[165] Vgl. BOUSSET, Apk 233; BULTMANN, Synoptische Tradition 171 Anm. 4 u.a. Die gleiche Technik verwendet der Vf. auch etwa in 14,13.

[166] Das gleiche lässt sich auch beim Vergleich unserer Verheißung mit 2,27 feststellen, einer Verheißung, die sachlich der unsrigen weitgehend entspricht, aber die Wendung „mit mir" doch nicht so stark gewichtet.

## III. 4,1–22,5: Visionen vom Endgeschehen

### A. 4,1–16,21: Drei Siebenervisionenreihen

#### 1. 4,1–5,14: Das himmlische Vorspiel

*Kap. 4f als eine Doppelvision.* Kap. 4 und 5 bilden die einleitende Doppelvision des bis 22,5 reichenden Visionsteils. Kap. 4 stellt die himmlische Welt vor der Machtübergabe an das Lamm dar, und Kap. 5 die Machtübergabe selbst, die die in Kap. 6ff entwickelten Geschehnisse zur Folge hat. Dass beide Kapitel eine Einheit bilden, wird vor allem darin deutlich, dass sich die fünf Lobgesänge, die in beiden insgesamt gesprochen werden, über die Grenze der Kapitel harmonisch anordnen: Der erste, ein Trishagion, hat stark einleitenden Charakter und der letzte mit seiner Ewigkeitswendung Schlusscharakter; bei den mittleren handelt es sich um drei mit ἄξιος εἶ bzw. ἄξιόν ἐστιν eingeleitete Bekenntnisse der Würde des Lammes. Inhaltlich gesehen sind der (alle fünf durchgehend gezählt) zweite und vierte allgemeineren Charakters, während der dritte, also der mittlere, eng auf den Kontext bezogen ist; die ersten zwei sind an Gott, die nächsten zwei an das Lamm und der letzte an Gott und das Lamm gerichtet. Als Sprecher der Lobgesänge begegnen im ersten Lobgesang vier Wesen, im zweiten vierundzwanzig Ältesten; nachdem dann im dritten die Wesen und die Ältesten gemeinsam ein neues Lied gesungen haben, preisen im vierten „viele Engel" die Würde des Lammes; zuletzt bieten alle Geschöpfe einen Lobspruch dar; der Kreis der Sprechenden erweitert sich also von einem Lobgesang zum anderen und umfasst zuletzt alle Kreaturen.

*a) 4,1–11: Gott und die himmlische Welt vor der Machtübergabe an das Lamm*
(1) Danach sah ich, und siehe, eine Tür war im Himmel geöffnet, und die erste Stimme, die ich wie eine Posaune hatte mit mir reden hören, sprach: Steige hierher herauf, und ich werde dir zeigen, was danach geschehen soll. (2) Sogleich wurde ich vom Geist ergriffen, und siehe, ein Thron stand im Himmel, und auf dem Thron saß einer, (3) und der Sitzende sah wie Jaspisstein und Karneol aus, und ein Halo war um den Thron, der wie Smaragd aussah. (4) Und rings um den Thron waren vierundzwanzig Throne, und auf den Thronen saßen vierundzwanzig Älteste, die mit weißen Gewändern bekleidet waren, und auf ihren Häuptern goldene Kränze. (5) Und vom Thron gehen Blitze und Getöse und Donner aus, und sieben Feuerfackeln brennen vor dem Thron; das sind die sieben Geister Gottes. (6) Und vor dem Thron war es wie ein gläsernes Meer gleich Kristall. Und inmitten des Throns und rings um den Thron waren vier Wesen, vorn und hinten voller Augen. (7) Und das erste Wesen war einem Löwen gleich, und das zweite Wesen war einem Stier gleich, und das dritte Wesen hatte das Gesicht wie das eines Menschen, und das vierte Wesen war dem fliegenden Adler gleich. (8) Und die vier Wesen, ein jedes von ihnen, hatten je sechs Flügel, ringsum und innen sind sie voller Augen. Und sie haben bei Tag und Nacht keine Ruhe, und sprechen: Heilig,

heilig, heilig ist der Herr, Gott der Allherrscher, der war und der ist und der kommt.
(9) Und wenn die Wesen Ruhm, Ehre und Dank darbringen werden dem, der auf dem Thron sitzt, der in alle Ewigkeit lebt, (10) werden die vierundzwanzig Ältesten vor dem niederfallen, der auf dem Thron sitzt, und den anbeten, der in alle Ewigkeit lebt, und ihre Kränze vor dem Thron niederwerfen und sprechen: (11) Würdig bist du, unser Herr und Gott, Ruhm und Ehre und Macht zu empfangen, weil du alle Dinge geschaffen hast, und durch deinen Willen waren sie und wurden sie geschaffen.

V. 1–11: *Aufbau und Stoffe*. Nach der Einleitung (V. 1–2a) beginnt die eigentliche Vision (V. 2b). Zunächst berichtet sie vom Thron in der Mitte der himmlischen Welt, dem darauf Thronenden und dem, was um ihn geschieht (V. 2b–6a). In V. 6b–8 erweitert sich das Blickfeld auf die vier Wesen, die sich ganz in der Nähe des Throns befinden, und in V. 9–11 auf die vierundzwanzig Ältesten.

Der Vf. lehnt sich in Kap. 4 (und 5,1) vor allem an Ez 1,4ff an (vgl. auch 1Hen 14,8ff), teilweise auch an Jes 6. Sowohl Ez 1,4ff als auch Jes 6 sind Inauguralvisionen und passen in diesem Sinne gut als Grundlage der einführenden Vision. Allerdings geht es in unserem Kapitel anders als in den Vorlagen nicht um die Berufung des Sehers. Auch die Darstellungsweise ist anders als in Ez 1: Während in Ez 1 zunächst die vier Wesen ausführlich beschrieben werden (V. 4–14.23–25) und erst dann den Thron und den auf ihm Sitzenden (V. 26–28), stellt unser Vf. zunächst den Thron und den auf ihm Sitzenden dar (V. 2f) und erst hinterher die vier Wesen (V. 6–8); damit bringt er deutlicher zum Ausdruck, dass in der Mitte der himmlischen Welt Gott ist und über alles herrscht. Die Beschreibung der Räder in Ez 1,15–21 lässt er weg; die Beweglichkeit des Throns ist nicht vorausgesetzt.[1] Zu den vierundzwanzig Ältesten (V. 4) gibt es in Ez 1 keine Entsprechung.

V. 1–2a: Das einleitende Wort „danach sah ich" wird in der Offb oft – nicht immer – an den Stellen verwendet, an denen gänzlich neue Szenen beginnen.[2]

Johannes sieht zunächst, dass eine Tür im Himmel geöffnet ist.[3] Die Vorstellung, dass das Sich-Öffnen des Himmels die Schau der himmlischen Welt ermöglicht, ist schon in Ez 1,1 belegt (vgl. Apg 7,56; 10,11; 1Hen 14,15; syrBar 22,1); während in Ez 1 der Seher, auf der Erde bleibend, in den geöffneten Himmel hineinschaut, wird an unserer Stelle Johannes dorthin entrückt. Die Entrückung mit diesem Zweck ist auch ein traditionelles Motiv.[4]

---

[1] Dazu vgl. Einleitung 7.1.1.
[2] Der Ausdruck führt in 4,1; 18,1 (vgl. auch 7,1 und 19,1) eine neue Vision ein, in 7,9 und 15,5 den zweiten Teil der gleichen Vision. Er wird auch in der jüdischen Apokalyptik häufig verwendet (1Hen 85,1; 89,30; syrBar 37; 53,8 u.a.); in Dan 7,6.7 (Θ); 1Hen 86,2; 4Esr 11,22 u.a. ist er wie an unserer Stelle von „siehe" begleitet; vgl. CHARLES, Apk I 106. In der Offb wird bei weniger weitreichenden Szenenwechseln eine einfachere Wendung, „und ich sah", verwendet (5,1 u.a.).
[3] Zu den Materialien, die der Vf. für seine Konzeption verwendet hat, vgl. AUNE, Apk 280ff.
[4] Im Judentum: TestLev 2,6ff; 1Hen 71; 2Hen 1,8; 3,1ff; grBar 2ff; ApkAbr 15,3ff u.a. Vgl. BOUSSET, Himmelsreise 7ff; BOUSSET/GRESSMANN, Religion 297f; SCHNEIDER, ThWNT I 518,28ff.

Johannes hört dabei die Stimme, die er schon in 1,10 zu ihm reden hörte. Durch diesen Hinweis verbindet der Vf. die folgende Vision mit der in Kap. 1. „Die Stimme" gibt als den Zweck der Entrückung die Schau dessen, „was danach geschehen soll" (vgl. ad 1,1), an. Die Einleitung bezieht sich somit nicht nur auf Kap. 4, sondern auch auf Kap. 5 und Kap. 6ff. Zum Ausdruck „vom Geist ergriffen (γίνεσθαι ἐν πνεύματι)" vgl. ad 1,10.

**V. 2b:** In V. 2b beginnt die Schilderung der himmlischen Welt, und zwar in Anlehnung vor allem an Ez 1,26–28. „Die Szene enthält in sich keinen Handlungsfortschritt. Nominalsätze bzw. in zeitlosem Präsens gehaltene Verbalsätze (Vers 5.8) bestimmen das Bild. Johannes [...] übergeht alle Züge dieser Texte [Ez 1 und Jes 6], die eine besondere Handlung zum Inhalt haben".[5]

Zunächst weist er ganz kurz auf den Thron hin; mehr als dessen Vorhandensein ist nicht berichtet. Dann geht er gleich zur Darstellung dessen über, der auf ihm sitzt. Die Reihenfolge der Darstellung ist durch Ez 1,26ff bestimmt (vgl. aber auch zu 1,12). Dass Gott im Himmel auf dem Thron sitzt, war auch in der bisherigen Darstellung vorausgesetzt (1,4; 3,21). Aber er wird hier zum ersten Mal als „der auf dem Thron Sitzende"[6] vorgestellt; zu dieser Bezeichnung vgl. Einleitung 7.1.1. Außerdem wird hier zum ersten Mal geschildert, wie er aussieht.[7]

**V. 3:** Die Beschreibung Gottes an unserer Stelle ist im Vergleich mit ihrer Vorlage Ez 1,26ff, aber auch im Vergleich mit der des Menschensohnähnlichen in 1,13–16 (vgl. oben) oder der Ältesten in V. 4 sehr zurückhaltend. Man findet hier keinen Zug, der direkt einen Körperteil Gottes schildert. Offensichtlich wirkt hier die im Judentum geläufige Abneigung gegen Bildnisse der transzendenten Gottesgestalt nach. Es wird nur gesagt, dass sein Aussehen wie Jaspisstein und Karneol ist[8] (vgl. 21,11.18.19f). Sie bringen die Majestät Gottes zum Ausdruck.

Um den Thron findet sich ein Halo,[9] eine Darstellung, die sich an Ez 1,28a anlehnt (vgl. auch Sir 43,11; 50,7; Offb 10,1); in der Ezechielstelle ist er, wie aus dem Vergleich mit V. 28b folgt, ein Ausdruck der Herrlichkeit Gottes. Auch an unserer Stelle ist er wohl so zu verstehen.[10]

---

[5] U.B. Müller, Apk 144.

[6] Zur Vorstellung vgl. Jes 6,1; 1Hen 14,18–20. Vgl. auch ὁ καθήμενος ἐπὶ τῶν χερουβιν in Ψ 79,2; 98,1; Dan 3,55.

[7] Der Vf. beschreibt das Aussehen einer Figur gewöhnlich nur bei ihrem ersten Auftritt eingehend. So werden der auf dem Thron Sitzende und das, was um den Thron ist, nur an unserer Stelle näher dargestellt. Vgl. aber ad 14,14, zum Menschensohnähnlichen.

[8] Schwierig ist, diese Edelsteine genau zu identifizieren. Dass sie hochgeschätzt waren, ist in Ex 28,17–20; Ez 28,13 u.a. belegt; vgl auch Platon, Phaed. 110 D-E.

[9] Statt τόξον (Ez 1,28 LXX) wird hier ἶρις verwendet, ein Wort, das sowohl Regenbogen als auch Halo bezeichnen kann. Dass diese ἶρις wie Smaragd aussieht, also nicht mehrfarbig, sondern etwa grün ist, spricht für die Deutung auf den Halo. Auch die Präposition κυκλόθεν unterstützt diese Sicht.

[10] Für Caird, Apk 63, ist der Regenbogen (so versteht er ἶρις) „a reminder of God's covenant with Noah"; „it warns us not to interpret the visions of disaster that follow as though God had forgotten his promise to Noah". Allo, Apk 54; Zahn, Apk 320; Sweet, Apk 117f; Giesen, Apk 149; Bauckham, Theology 51 u.a. beziehen ἶρις ebenso auf Gen 9,13. Aber es gibt im Kontext wenig Anhalt für diese Deutung.

**V. 4:** Um den Thron sind vierundzwanzig Älteste gruppiert. Der Zusammenhang wird etwas unterbrochen; denn die Darstellung von dem, was vom Thron ausgeht, V. 5, müsste eigentlich unmittelbar an V. 3 anschließen. Auch dass die Ältesten eher als die vier Wesen, die dem Thron doch näher sind (V. 6), vorgestellt werden, ist auffällig. Außerdem ist die Darstellung der Ältesten in unserem Kapitel selbst in zwei Teile geteilt: Hier nur das Aussehen und erst in V. 10f ihre Anbetung mit ihrem Lobgesang. Dieser letzte Punkt gibt zur Klärung der Unregelmäßigkeit der Darstellung einen Anhalt: Der Vf. will am Ende der Vision zwei Hymnen, das Trishagion der Wesen und den Lobgesang der Ältesten, nebeneinander stellen. In diesem Zusammenhang aber wäre die Vorstellung des Aussehens der Ältesten störend; deswegen schickt er sie voraus.

Sowohl im AT als auch im Judentum, aber auch in den übrigen neutestamentlichen Schriften begegnet außer Gott und Christus niemand, der jetzt schon im Himmel sitzt.[11] Dass die Ältesten sitzen, weist auf ihre Majestät hin. Auch die goldenen Kränze sind ein Symbol ihrer Majestät;[12] vgl. 14,14 (vgl. auch 9,7). Zu ihren weißen Kleidern vgl. ad 3,4.5.

### *Exkurs: Die vierundzwanzig Ältesten*

Sie bilden in der himmlischen Welt mit den vier Wesen zusammen den innersten Kreis um den Thron (4,4) und haben im Vergleich mit gewöhnlichen Engeln, die sich im äußeren Raum befinden (5,11; 7,11) eine höhere Stellung inne. Sie werden mit den Wesen manchmal in einem Atemzug genannt (5,11; 7,11; 14,3).

Ihre Hauptaufgabe ist die Anbetung Gottes, die sie immer vollzählig als Gruppe ausüben, meistens mit den Wesen zusammen (4,10f; 5,8-10; 11,16-18; vgl. auch 5,14; 19,4). Die ersten drei genannten Stellen berichten von ihren Lobgesängen, die jeweils Schöpfung, Erlösung und Gericht als Themen haben; die Ältesten dienen also als die himmlischen Verkünder der heilsgeschichtlich wichtigsten Handlungen Gottes bzw. Christi, und zwar gerade dann, wenn diese auf der Erde nicht deutlich genug erkennbar sind.[13] Die übrigen zwei Belegstellen, 5,14 und 19,4, beschließen jeweils eine endgeschichtlich wichtige Szene mit ihrer Proskynese und ihrem Ausspruch „Amen". In 5,8 vermitteln die Ältesten mit den Wesen zusammen die Gebete der Heiligen. In 5,5; 7,13 fungiert einer von ihnen als Interpret für Johannes; er ähnelt darin dem *angelus interpres*.[14] Damit erschöpft sich ihre Funktion. Von der aufgrund des

---

[11] Im Judentum werden Engel normalerweise als stehend vorgestellt; nur ausnahmsweise sitzen sie auf Thronen (AscJes 7,19ff – wohl eine christliche Ergänzung aus dem 2. Jh.).

[12] Vgl. MICHL, Älteste 10-14. Im AT gehört der goldene Kranz zu hochgestellten Persönlichkeiten wie etwa einem König (Ps 21,4; vgl. auch 2Sam 12,30; 1Chr 20,2), hohen Beamten (Esr 8,15) und Hohepriestern (Sach 6,11). Zu seiner Verwendung in der hellenistisch-römischen Welt vgl. STEVENSON, Crown 258-268.

[13] In den Visionen werden manchmal Stimmen von gottwidrigen Menschen vorgestellt (z.B. 6,14f; 13,4; 18,8), aber an keiner Stelle Stimmen von irdischen Christen. Auch bei der Versiegelung in Kap. 7 hören wir keinen – zu erwartenden – Lobpreis der Versiegelten selbst. Den Dienst leisten entweder die Ältesten und die Wesen oder die Verklärten (z.B. 7,12; vgl. auch 6,10).

[14] Einen *angelus interpres* findet man in der Offb in 17,7ff.15ff. Im Judentum kommt er häufig vor (z.B. Dan 9,22ff; 1Hen 17,1; 19,1; 21,5; 22,6).

Namens „Älteste" naheliegend erscheinenden Funktion etwa einer Teilnahme an der himmlischen Ratsversammlung ist keine Rede.

Sowohl die Ältesten als auch die Wesen kommen nach 19,4 nicht mehr vor. Im neuen Jerusalem sind die Christen mit Gott und Christus zusammen; sie dienen ihnen direkt und sehen ihr Angesicht direkt (22,3f); sie brauchen keinen Mittler mehr. Es gibt also keinen Anlass mehr, der das Wirken der Ältesten bzw. der Wesen erfolderlich machen würde.

Zu der Frage, um wen es sich bei den Ältesten handelt, werden in der Forschung zwei Meinungen vertretent.[15] Die einen betrachten sie als verklärte Gläubige und die anderen als himmlische Wesen wie Engel.[16] Die erste Ansicht wird u.a. durch Feuillet, Vieillards 7–9, vertreten. Sein Hauptargument ist, dass sie auf den Thronen sitzen und weiße Kleider und goldene Kränze tragen.[17] In der Schrift würden der erste und dritte Zug dieser Darstellung niemals Engeln zugeschrieben; auch beim zweiten sei die Mehrzahl der Belege sowohl in der Offb als auch in jüdischen Schriften auf die Verklärten bezogen. Aber diese Züge weisen m.E. nur auf die himmlische Majestät von denen hin, denen sie zugeschrieben sind, und sind daher nicht ohne weiteres als Indizien für die Deutung der vierundzwanzig Ältesten auf Verklärte zu betrachten.[18]

Dieser Auffassung steht auch der Tatbestand entgegen, dass an einigen Stellen die Ältesten und die Gläubigen/Verklärten unterschiedlich behandelt werden (5,9f; 7,13ff; 11,18; 14,3). Auch buchkompositorisch lassen sich die vierundzwanzig Ältesten kaum auf die Gläubigen/Verklärten deuten, denn Kap. 4 beschreibt die himmlische Welt vor der Inthronisation des Lammes; für die durch das Lamm Erlösten ist dort noch kein Platz.[19] Außerdem wäre ihr Verschwinden nach 19,4 bei dieser Interpretation nicht gut erklärbar.

Auf der anderen Seite gibt es Argumente, die für die andere Deutung sprechen: Erstens spielt in 5,5; 7,13f einer der Ältesten die Rolle eines Interpreten – eine Funktion, die in 17,7ff durch einen Engel ausgeübt wird. Zweitens erinnert die Anrede „mein Herr", die Johannes einem der Ältesten gegenüber ausspricht (7,14), an seinen zurückgewiesenen Versuch der Anbetung des Engels in 19,10 und 22,8. Drittens vermitteln die Ältesten in 5,8 das Gebet der Christen, wofür in 8,3 ein Engel zuständig ist.[20] Und schließlich verwendet der Vf. für die Darstellung der Anbetung durch die Verklärten λατρεύειν (7,15; 22,3), während er diejenige, die durch die Ältesten und durch andere himmlische Wesen erfolgt, mit πίπτειν und προσκυνεῖν zum Ausdruck bringt (vgl. ad V. 10). So ist es naheliegend, anzunehmen, dass die Ältesten eine Art Engel sind, die eine höhere Stellung haben als die gewöhnlichen.

Der Vf. greift bei der Vorstellung der „Ältesten" auf Jes 24,23 zurück: „Herr der Heerscharen ist auf dem Berge Zion und zu Jerusalem König und vor seinen Ältesten Herrlichkeit",[21] geht aber davon aus, dass sie bereits jetzt im Himmel um den Thron Gottes sind.

---

[15] Näheres bei BRÜTSCH, Apk I 221ff.

[16] Es finden sich auch Forscher, die der Ansicht sind, dass die Ältesten das ganze Volk Gottes repräsentieren (z.B. KEENER, Apk 172), oder dass sich hierin das Presbyterium der irdischen Gemeinde widerspiegelt (v. CAMPENHAUSEN, Amt 90; vgl. auch MICHL, Älteste 38.39f). Allerdings treffen die gleich unten aufgezählten Schwierigkeiten, die die Annahme einer Gleichsetzung der Ältesten mit den Verklärten impliziert, auch auf diese Deutungsvorschläge zu. Dass man sich für die vier Wesen, die mit den Ältesten oft in einem Atemzug genannt werden, Entsprechung auf der Erde bzw. in der irdischen Gemeinde schlüssig nicht vorstellen kann, spricht auch gegen diese Deutungen.

[17] Ähnlich FORD, Apk 72; HURTADO, Revelation 4–5 203.

[18] Näheres bei SATAKE, Gemeindeordnung 138–144.

[19] Vgl. ALLO, Apk 55; POHL, Apk I 163.

[20] CHARLES, Apk I 130; vgl. LOHMEYER, Apk 56 u.a.; vgl. auch ad 5,8.

[21] So BORNKAMM, ThWNT VI 656,13ff; ähnlich CHARLES, Apk I 128; LOHMEYER, Apk 46; U.B. MÜLLER, Apk 145 u.a.

Zur Zahl „vierundzwanzig": Kretschmar, Offenbarung 35 z.B., bezieht sie auf das alte (die zwölf Stämme) und neue Gottesvolk (die zwölf Apostel).[22] Aber es ist an keiner Stelle angedeutet, dass die Ältesten aus zwei zwölfköpfigen Gruppen bestehen. Der Hintergrund der Zahl ist wohl in 1Chr 25,9-31 zu suchen, wonach der Tempelchor aus vierundzwanzig Gruppen besteht (vgl. auch 24,3ff). Die Hauptaufgabe der Ältesten in der Offb ist auch das Sprechen von Hymnen.[23]

**V. 5:** Die Beschreibung widmet sich wieder den Phänomenen, die mit dem Thron in Zusammenhang stehen. Zunächst wird berichtet, dass vom Thron „Blitze, Getöse (gemeint ist der Laut des Gewitters; vgl. 14,2; 19,6) und Donner" ausgehen. Der Hinweis auf Blitze ist durch Ez 1,13 veranlasst; zu diesem sind die anderen zwei Phänomene assoziativ hinzugefügt. Sie gehen in der Offb vom Thron aus, während sie in Ez 1,13 aus dem „Feuer" hervorkommen (dazu vgl. auch ad V. 6b). Diese drei und dazu noch das Erdbeben kommen in 8,5; 11,19; 16,17f nebeneinander vor.[24] Im AT sind sie Begleiterscheinungen der Epiphanie (Ex 19,16ff; Jes 29,6; Ps 77,18 u.a.). Das gilt auch an unserer Stelle.[25]

Dann berichtet der Text, dass vor dem Thron sieben Feuerfackeln brennen (vgl. Ez 1,13; vgl. syrBar 21,6). Die Zahl „sieben" kommt in der Ezechielstelle nicht vor; vielleicht denkt unser Vf. assoziativ an den ihm vertrauten siebenarmigen Leuchter in Sach 4,2ff.[26] „Sieben" ist außerdem für ihn eine runde Zahl (1,4). Auf die Beschreibung folgt ein Deutewort: Die sieben Feuerfackeln seien „die sieben Geister Gottes". Zum Zusammenhang zwischen Feuer und Geist vgl. Ps 104 (= Ψ 103),4. Zu den sieben Geistern vgl. ad 1,4.

**V. 6a:** Dann sieht Johannes vor dem Thron etwas „wie ein gläsernes Meer gleich Kristall" (vgl. 15,2). Zum Ausdruck „wie" vgl. ad 1,13, zu „gläsern" vgl. 21,18.21 und zu „Kristall" vgl. 22,1 (auch 21,11). Im Altertum war die Ansicht verbreitet, dass es

---

[22] Ähnlich bereits Viktorin IV 3; zu älteren ähnlichen Versuchen vgl. MICHL, Älteste 45. Neuerlich auch BEALE, Apk 322; VANNI, Apocalisse 176.

[23] FEUILLET, Vieillards 27; BORNKAMM, ThWNT VI 669,11ff; SATAKE, Gemeindeordnung 150; dort auch weitere Literatur.

[24] An diesen Stellen kennzeichnet die Zusammenstellung der Begriffe sozusagen als „Marker" den Übergang von einer Visionenreihe zur anderen. Die Funktion hat sie an unserer Stelle nicht. Es ist bei unserem Vf. nicht selten, dass ihm im Laufe des Schreibens neue Ideen einfallen und der Charakter der verwendeten Motive anders wird; vgl. z.B. das Motiv der Versiegelung in Kap. 7 und 9,4 einerseits und in 14,1 und 22,4 andererseits.

TÓTH Kult 293, behauptet, dass „angesichts der nachfolgenden, sich steigernden Elemente (Offb 8,5; 11,19; 16,17ff; jeweils als Zeichen kulminativer eschatologischer Gerichtsschläge) [...] die Theophanien Blitze, Stimmen und Donner in Offb 4,5 das gerichtliche Erscheinungsbild" unterstreichen. In Kap. 4-5 kommt aber das Gerichtsmotiv sonst nicht direkt vor (das ist bei den Themen der Lieder ganz deutlich). Berücksichtigt man die genannte Tendenz des Vf. bei der Abfassung des Buches des Vf. ist die Annahme Tóths nicht überzeugend.

[25] Zu weiteren Parallelen im AT und in jüdischen Schriften vgl. AUNE, Apk 294f. Nach MAZZAFERRI, Genre 282, deutet die Beschreibung auf „potential divine judgment" (auch 341; ähnlich GLONNER, Bildersprache 199). Das könnte, von den angegebenen drei anderen Stellen her gesehen, naheliegend erscheinen, aber vom Gesamtcharakter von Kap. 4 her gesehen ist das nicht wahrscheinlich.

[26] In 5,6, wo wiederum von den sieben Geistern Gottes die Rede ist, findet man eine deutliche Spur von Sach 4,10.

im Himmel ein großes Meer gibt; vgl. Gen 1,7; 2Hen 4; TestLev 2,7; Jub 2,4; Ps 104,3; 148,4 u.a. Unsere Stelle steht wie ihr Kontext unter dem Einfluss von Ez 1,22 und bringt die Herrlichkeit der himmlischen Welt um den Thron zum Ausdruck.[27]

**V. 6b-8:** Der Vf. geht dann zum Bericht über die vier Wesen über.

### Exkurs: Die vier Wesen

Die vier Wesen befinden sich ganz in Nähe des Thrones (4,6). Von ihrer Stellung und von ihren Aufgaben (vgl. unten) her gesehen, sind sie Gott die am nächsten stehenden engelhaften Wesen;[28] anders als in Ez 1[29] werden sie in der Offb nicht als Thronträger beschrieben.[30] In 4,7 werden sie unter Hinweis auf Geschöpfe, denen sie ähnlich sehen, einzeln vorgestellt, aber eine solche Einzeldarstellung begegnet nur hier. Auch dann, wenn eines von ihnen allein etwas tut, wird es einfach „eines der vier Wesen" genannt (6,1; 15,7).

Ihre Hauptaufgabe ist, mit den Ältesten zusammen vor dem Thron Gottesdienst zu halten (4,8; 5,8-10; vgl. auch 5,14; 19,4). Sie beschäftigen sich auch mit der Entfaltung der Endereignisse: Bei den anfänglichen vier Siegelvisionen leitet ein jedes von ihnen mit dem Wort „komm!" den Auftritt eines Pferdes ein (6,1.3.5.7) und in 15,7 übergibt eines von ihnen den sieben Schalenengeln die sieben Schalen. Die Funktion des *angelus interpres*, die einer der Ältesten ausüben kann, ist ihnen nicht zugeschrieben.

Die Vorstellung stammt aus Ez 1,4ff. Schon die auffallende Bezeichnung ζῷα steht unter dem Einfluss der ezechielischen Vision (חַיָּה/ζῷον). Aber die Wesen in der Offb sind keineswegs ihre treue Kopie. In Ez 1 sprechen sie nicht, aber bewegen sich; an unserer Stelle ist ihre Hauptaufgabe das Sprechen des Trishagion; sie bewegen sich aber nicht (vgl. Einleitung 7.1.1.). In Ez ist neben jedem Wesen ein Rad vorhanden, an unserer Stelle ist davon nicht die Rede; nur der in Ez formulierte Hinweis, dass die Felgen dieser Räder voller Augen sind (V. 18), ist modifiziert aufgenommen. Die Wesen in Ezechiel werden nach 10,20 als Cherubinen beschrieben; das trifft auch für unsere Stelle im wesentlichen zu; an unserer Stelle sind in deren Darstellung aber auch Elemente aus Beschreibungen von Seraphen (Jes 6,2f) eingeflossen (die Sechs-Zahl der Flügel und das Trishagion in V. 8);[31] in Ez haben sie vier Flügel (V. 6ff). In Ez 1,4ff hat jedes von den Wesen vier Gesichter (Mensch, Löwe, Stier und Adler), an unserer Stelle dagegen nur eines.

---

[27] CAIRD's These: „The sea [...] belongs essentially to the old order, and within that order it stands for everything that is recalcitrant to the will of God" (Apk 65; ähnlich BEALE, Apk 327; RESSEGUIE, Revelation 79f), ist angesichts der Tatsache, dass die himmlische Welt in der Offb sonst konsequent als zu Gott gehörig dargestellt ist, schwer haltbar.

[28] Vgl. LOHMEYER, Apk 49 u.a.; zur Deutungsgeschichte der Wesen vgl. MICHL, Engelvorstellungen 88ff. Von den von ihnen ausgeübten, sich mit Plagen zusammenhängenden Funktionen aus gesehen ist die Annahme, sie als Vertreter der Schöpfung zu verstehen (CAIRD, Apk 64; BEALE, Apk 329 u.a.), nur schwer haltbar.

[29] Vgl. 1Sam 4,4; 2Sam 6,2; Ps 80,1; 99,1; 1Hen 61,10.12; 71,7; 2Hen 21,1; vgl. auch 2Sam 22,11; Ps 18,10.

[30] LOHMEYER, Apk 48. Das ist von 5,8; 15,7; 19,4 u.a. deutlich.

[31] Auch in jüdischen Schriften werden Cherubim und Seraphim (und Ophanim) gelegentlich nebeneinander gestellt, ohne zwischen ihnen einen wesentlichen Unterschied zu machen (vgl. 1Hen 61,9f und 71,7; Pirke Elieser 4 u.a.; vgl. PRIGENT, Liturgie 55f). „Offb 4,6-8 ist die zeitlich älteste nachweisbare Stelle, in der Keruben und Serafen endgültig zu einer Einheit verschmolzen wurden" (GLONNER, Bildersprache 199).

**V. 6b:** Die Wesen sind „inmitten des Thrones (ἐν μέσῳ τοῦ θρόνου) und rings um den Thron (κύκλῳ τοῦ θρόνου)". Wo sie sich genau befinden, ist damit nicht klar.[32] Wahrscheinlich ist die Beschreibung unter dem Einfluss von Ez 1,4f entstanden, wonach die vier Wesen „mitten aus ihm (= Feuer)" (מִתּוֹכָהּ, LXX: ἐν τῷ μέσῳ) erscheinen; unser Vf., der das „Feuer" durch den „Thron" ersetzt hat (vgl. V. 5), formuliert dementsprechend: ἐν μέσῳ τοῦ θρόνου, da aber der Ausdruck offensichtlich nicht präzise dem entspricht, was er meint, schreibt er mit seinen eigenen Worten noch einmal: καὶ κύκλῳ τοῦ θρόνου.[33]

Diese Wesen sind „vorn und hinten voller Augen"; ähnliches ist in V. 8 über ihre Flügel gesagt. Diese Beschreibungen stehen unter dem Einfluss von Ez 1,18: die Felgen der Räder, die neben den vier Wesen zu finden sind, sind „rings herum [...] voller Augen" (vgl. auch 10,12).

**V. 7:** Je eines der Wesen ähnelt einem Löwen, einem Stier, einem Menschen und einem Adler. Der Einfluss von Ez 1,10 (vgl. auch 10,14) ist unverkennbar. Anders als dort, wo jedem Wesen vier verschiedene Gesichter (Mensch, Löwe usw.) zugeschrieben werden, hat jedes Wesen an unserer Stelle nur ein Gesicht;[34] aber dieser Unterschied hat wohl kein großes Gewicht. Auf die vier verschiedenen Gestalten der Wesen wird in der Offb sonst an keiner Stelle Bezug genommen. Die Reihenfolge der vier Gestalten ist eine andere als die in Ez 1,10 (und 10,14); die Voranstellung des Löwen ergibt sich aus der größeren Gewichtung des Stammes Juda; vgl. 7,5ff.[35]

**V. 8:** In V. 8a wird zunächst ein den vier Wesen gemeinsamer Zug dargestellt: Sie haben „je sechs Flügel, ringsum und innen sind sie voller Augen". In Ez 1,6 haben die Wesen je vier Flügel. Die Zahl „sechs" stammt aus Jes 6,2 (vgl. 2Hen 19,6; 21,1; in der zweiten Hälfte des Verses ist der Einfluss von Jes 6,3 unverkennbar). „Voller Augen" stammt dagegen aus Ez 1,18.

Der Bericht des gottesdienstlichen Handelns der Wesen hat keine Entsprechung in Ez: Sie sprechen Tag und Nacht ohne Unterbrechung einen Lobspruch. Er besteht aus drei Zeilen, die jeweils drei Komponenten haben (vgl. 1,4). Die erste Zeile, das Trishagion, stammt aus Jes 6,3. Bei der zweiten, κύριος ὁ θεὸς ὁ παντοκράτωρ, wirkt Jes 6,3 noch nach, aber die Formulierung stammt vom Vf. Die dritte, „der war usw.", stammt auch von ihm (vgl. 1,4.8). Der Vf. kann den jesajanischen Satz „die ganze Erde ist seiner Herrlichkeit voll" nicht aufnehmen, weil ihm zufolge „die ganze Erde" erst durch die Verwirklichung des neuen Jerusalem „voll seiner Herrlichkeit" wird. Der ununterbrochene Lobpreis der Wesen ist ein Ausdruck der ewigen Majestät Gottes, der sowohl in jüdischen als auch sonstigen christlichen Schriften mehrfach belegt ist.[36]

---

[32] Vgl. die Zusammenstellung der Erklärungsvorschläge bei HALL, Creatures 609f.

[33] Vgl. MOYISE, OT 69.

[34] Die Beschreibung des dritten Wesens lautet etwas anders als bei den übrigen: Ἔχων τὸ πρόσωπον ὡς ἀνθρώπου. Der Vf. wählt diese Formulierung, um die Verwechselung mit dem Menschensohnähnlichen (ὅμοιον υἱὸν ἀνθρώπου) zu vermeiden (vgl. AUNE, Apk 299).

[35] Auch in 4Q385 Frag.4 9 steht der Löwe an erster Stelle; vgl. BROOKE, Ezekiel 335.

[36] Z.B. 1Hen 39,12f; 40,3f; TestLev 3,8; 1QH 10,15; vgl. MICHL, Engelvorstellungen 18 Anm. 6; JÖRNS, Evangelium 25 Anm. 12.

**V. 9–11:** V. 9–11 berichtet die Anbetung der Ältesten, die mit dem Lobpreis der Wesen einhergeht. Die Verben stehen anders als in V. 2b–8a alle im Futur. Dass aber der Vf. nicht an ein Geschehen in der Zukunft denkt, wird daran deutlich, dass in V. 9 auch die Anbetung der Wesen, die mit dem in V. 8 Dargestellten engstens verbunden ist, im Futur beschrieben ist. Wahrscheinlich hat der Vf. das Imperfekt der hebräischen Sprache im Sinne.[37] Es ist auch möglich, dass er durch Anwendung der futurischen Form die ewige Dauer des Lobspruchs andeuten will.

**V. 9:** Bevor der Vf. zum Bericht der Anbetung durch die Ältesten übergeht, fasst er in V. 9 in Form eines durch ὅταν eingeleiteten Nebensatzes das Handeln der Wesen zusammen: Sie bringen Gott δόξα (Ruhm, Preis), τιμή (Ehre) und εὐχαριστία (Dank) dar. Die drei Begriffe werden in Hymnen oft verwendet (vgl. unten). Δόξα und τιμή sind beinahe synonym zu verstehen. Sie kommen sowohl in LXX als auch im NT nicht selten nebeneinander vor.[38] Gott ist eigentlich der einzige, dem sie gebühren (vgl. Jes 42,8; 48,11; Ψ 113,9). Wenn jemand Gott δόξα und τιμή darbringt, heißt das, dass dieser das ihm Eignende (bekennend) anerkennt, faktisch ihn preist (vgl. etwa Jes 42; Ψ 28,1f.3.9).[39] Das letzte Wort, εὐχαριστία, ist von einer anderen Art als die beiden ersten; es kommt nie als ein Attribut Gottes vor. Es wird deshalb an keiner Stelle in LXX neben einem der beiden anderen Begriffe genannt; im NT nur noch in Offb 7,12. Der Vf. ergänzt die Doxologie um diesen Begriff, damit die Dreizahl zustande kommt.

**V. 10:** V. 10 stellt das gottesdienstliche Handeln der Ältesten in dreifacher Weise dar. Inhaltlich sind die drei Sätze beinahe synonym gebraucht. Die Verben, die in den zwei ersten Sätzen verwendet sind, „niederfallen" und „anbeten",[40] werden sowohl in LXX als auch im NT oft nebeneinander verwendet und bringen eine überaus ehrerbietige Haltung, meistens Gott gegenüber, zum Ausdruck (2Chr 7,3; Ijob 1,20; Jdt 6,18; Sir 50,17; 1Makk 4,55 u.a.; 1Kor 14,25). Der dritte Satz, „sie werfen ihre Kränze vor dem Thron nieder", weist ebenso auf ihre Ehrerbietung hin.[41]

---

[37] Vgl. CHARLES, Apk II 399 Anm. 1; MOULTON, Grammer III 86; MICHL, Älteste 56; THOMPSON, Syntax 45-47 u.a.

[38] Ex 28,2.36; 2Chr 32,33; Ψ 8,5; 95,7; Röm 2,7.10; 1Tim 1,17; Hebr 2,9 u.a.; in der Offb 4,11; 5,12.13; 7,12; 21,26; allerdings meistens mit anderen ähnlichen Worten zusammen.

[39] Vgl. KITTEL, ThWNT II 248,10ff.

[40] Die Kombination von „niederfallen" (πίπτειν) und „anbeten" (προσκυνεῖν) kommt in der Offb oft als Bezeichnung des gottesdienstlichen Handelns vor (4,10; 5,14; 7,11; 11,16; 19,4.10; 22,8). Dabei sind, abgesehen von 19,10 und 22,8, wo Johannes den Engel, der ihm die Offenbarung vermittelt hat, anzubeten versucht, die Anbetenden immer himmlische Wesen (die Wesen, die Ältesten und Engel) und der Angebetete Gott (und das Lamm). Umgekehrt: Bei der Darstellung der Anbetung Gottes (und des Lammes) werden abgesehen von 5,8 immer diese zwei Verben nebeneinander gestellt. Wenn die Anbetenden Menschen sind (11,1; 14,7; 15,4; 22,9) oder der Gegenstand der Anbetung ein gottesfeindliches übernatürliches Wesen wie das Tier ist (13,4.8.12.15; 14,9 u.a.), wird dagegen „anbeten" allein verwendet. Übrigens kommt „anbeten" in der Offb sonst nur noch in 3,9, dort dann alleinstehend, vor. Für die Anbetung durch die Verklärten wird in der Offb λατρεύειν verwendet (7,15; 22,3).

[41] Vgl. Tacitus. ann. XV 29, wonach der persische Fürst Tiridates an die Statue Neros herantrat, seinen Kranz abnahm und ihn ihr zu Füßen legte. Vgl. ähnliche Beispiele bei CHARLES, Apk I 133; SWETE, Apk 74; MICHL, Älteste 59 Anm. 5.

**V. 11:** Sie singen einen Lobpreis. Er ist mit dem in V. 8 eng verknüpft; darin spiegelt sich wohl die Praxis des wechselchörigen Singens im Gottesdienst wider.[42] Er besteht genau wie der in V. 8 aus drei Zeilen, je mit drei Elementen[43].

Die erste Zeile, die Anrufung, heißt: „unser Herr und Gott". Sie ist darin einzigartig, dass die Begriffe „Herr" und „Gott" mit dem Kompositum „und" (καί) verbunden sind; weder in LXX noch im NT ist ein Beleg dafür vorhanden. Bei der Erklärung wird oft darauf hingewiesen, dass nach Sueton Domitian den Titel *„dominus ac deus noster"* für sich beanspruchte (Dom. 13,2; vgl. Cassius Dio LXVII 4,7; LXVII 13,4).[44] Aber bei Statius und Quintilian, deren Gönner Domitian war, wird dieser nie mit diesem Titel angeredet;[45] auch inschriftlich ist diese Anrede nicht belegt. Obwohl man diesen *argumenta e silentio* nicht ohne weiteres eine entscheidende Bedeutung zuerkennen darf,[46] ist es auf dem Hintergrund dieser angebracht, dem Domitian gegenüber kritischen Bericht Suetons mit Vorsicht zu begegnen.[47] M.E. erscheint die Anrufung hier vielmehr auf die Intention des Vf. zurückzugehen, die erste Zeile des Hymnus ebenso wie die zwei folgenden aus drei Elementen zu konstruieren.

Der Hauptteil des Lobspruchs ist mit „du bist würdig, um zu empfangen" (ἄξιος εἶ λαβεῖν) eingeführt. Mit einer ähnlichen bzw. gleichen Wendung beginnt auch in 5,9.12 ein Hymnus. Der Vf. bedient sich hier bewusst des Hinweises auf die Würde; dies wird erstens dadurch deutlich, dass die mittleren drei der fünf in Kap. 4f formulierten Lobgesänge mit einer ἄξιος-Formel eingeführt sind (vgl. die einleitende Erklärung des Kapitels), zweitens dadurch, dass die Verwendung dieses Hinweises an den drei Stellen nicht ganz einheitlich ist (in 4,11 und 5,12 handelt es sich um einen Lobpreis für Gott bzw. das Lamm, während er sich in 5,9 auf das Empfangen des Buches durch das Lamm bezieht), und schließlich dadurch, dass die Parallelstücke 1,5f (5,9) und 7,12 (5,12) ohne diese Wendung bzw. diesen Hinweis auf die Würde formuliert sind. Sie haben alle eine exklusive Nuance: Der, der den Ruhm usw. bzw. das Buch zu empfangen würdig ist, ist einzig Gott/das Lamm; die Mächte, die die Welt beherrschen, sind es nicht.

„Ruhm und Ehre und Macht zu empfangen" erinnert an „Ruhm und Ehre und Dank darzubringen" in V. 9. „Darbringen" und „Empfangen" bilden ein Gegen-

---

[42] Deichgräber, Gotteshymnus 46.

[43] Vgl. Delling, Gottesdienst 431. Charles, Apk I 133; Aune, Apk 309; Deichgräber, Gotteshymnus 50; Jörns, Evangelium 74 u.a. fassen den Hymnus als vierzeilig auf, aber der Begründungsteil lässt sich eher als eine Zeile mit drei Elementen betrachten.

[44] Charles, Apk I 133; Lohmeyer, Apk 50; Roloff, Apk 70; Beale, Apk 334f; Holtz, Christologie 12; Karrer, Brief 266 u.a.

[45] Allerdings wird Domitian auch bei Statius einmal *deus* (I 1,62) und einige Male *dominus* (III 3,103.110; IV 2,6 u.a.) genannt; vgl. Aune, Apk 311.

[46] Giesen, Reich 2513, meint die Nichtbenutzung des Titels durch beide Schriftsteller dadurch erklären zu können, dass sie „den Titel vermeiden, um die Römer nicht unnötig aufzubringen". Das Fehlen des inschriftlichen Zeugnisses könnte auf die *damnatio memoriae* nach dem Tod Domitians zurückgehen.

[47] Vgl. L.L. Thompson, Analysis 155ff; Ders., Empire 105f; vgl. auch Yarbro Collins, Crisis 71f. Mindestens in Anfangszeiten der Regierung hat Domitian dem zu einer Festivität zu seinen Ehren versammelten Volk die Verwendung des *dominus*-Titel verboten (Statius I 6,86).

über. Anstatt „Dank" in V. 9 wird hier „Macht" verwendet (vgl. 5,12; 7,12). Damit ist das Gewicht auf Gottes Herrschaft gelegt.[48] Sie bringt den Gottfeindlichen Gericht (11,17) und den Frommen Heil (12,10).

Dass Gott Ruhm usw. zu empfangen würdig ist, wird hier durch seine Schöpfung begründet.[49] Das Lob des Schöpfers bereitet den die Doppelszene Kap. 4f abschließenden Lobgesang durch alle Geschöpfe in 5,13 vor.

Im letzten Teil des Verses wird die Schöpfung auf den „Willen Gottes" zurückgeführt. Im Zusammenhang mit der Schöpfung ist dieser Begriff sowohl im AT als auch im NT verhältnismäßig selten belegt.[50] Das Wirken Gottes wird vielmehr in der Geschichte gesucht (z.B. Ps 30,5.7; Jes 44,28; Sir 16,3; 1Makk 3,60; 2Makk 1,3; 4Makk 18,16; Mk 3,35; Mt 7,21; Joh 4,34; Röm 1,10; 1Thess 4,3; 1Petr 2,15 u.a.).

*b) 5,1–14: Die Machtübergabe an das Lamm*

(1) Ich sah in der Rechten dessen, der auf dem Thron saß, ein Buch, das innen und auf der Rückseite beschrieben und mit sieben Siegeln versiegelt war.

(2) Und ich sah einen starken Engel, der mit lauter Stimme rief: Wer ist würdig, das Buch zu öffnen und seine Siegel zu lösen? (3) Und niemand im Himmel und auf der Erde und unter der Erde konnte das Buch öffnen und es einsehen. (4) Und ich weinte sehr, weil niemand würdig erfunden wurde, das Buch zu öffnen und es einzusehen. (5) Und einer von den Ältesten spricht zu mir: Weine nicht! Siehe, überwunden hat der Löwe aus dem Stamm Juda, der Spross Davids, das Buch und seine sieben Siegel zu öffnen.

(6) Und ich sah inmitten des Thrones und der vier Wesen und inmitten der Ältesten ein Lamm wie geschlachtet stehen; es hatte sieben Hörner und sieben Augen, welche die sieben Geister Gottes sind, gesandt in alle Welt. (7) Und es kam und empfing [das Buch] aus der Rechten dessen, der auf dem Thron saß. (8) Und als es das Buch empfangen hatte, fielen die vier Wesen und die vierundzwanzig Ältesten vor dem Lamm nieder; sie hatten ein jeder eine Zither und goldene Schalen voll Räucherwerk, das sind die Gebete der Heiligen. (9) Und sie singen ein neues Lied und sagen:
Würdig bist du, das Buch zu empfangen und seine Siegel zu öffnen.
Denn du wurdest geschlachtet

---

[48] Vgl. JÖRNS, Evangelium 36f. Der Lobpreis bzw. das Bekenntnis der Macht Gottes sind schon im AT mehrmals belegt (Ps 21,13; 59,16; 68,33ff u.a.; vgl. GRUNDMANN, ThWNT II 296,7ff).

[49] Der Lobpreis Gottes als des Schöpfers ist auch im Judentum oft belegt. Meistens geht er einher mit der Anerkennung seiner Einzigartigkeit; vgl. FOERSTER, ThWNT III 1018,27ff. Im NT ist dagegen die Erwähnung der Schöpfung Gottes relativ selten, da das Interesse am Wirken Gottes der Welt gegenüber auf das Christusgeschehen konzentriert ist (vgl. DEICHGRÄBER, Gotteshymnus 210). Auch in der Offb ist sie, abgesehen von der eschatologischen Neuschöpfung, nur noch in 10,6; 14,7 belegt. Vgl. Einleitung 7.1.3.

[50] Weder im griechischen AT noch im NT findet man einen weiteren Beleg für die Anwendung von θέλημα im Zusammenhang mit der Schöpfung. Aber vgl. Ψ 113,11: ὁ δὲ θεὸς ἡμῶν […] πάντα, ὅσα ἠθέλησεν, ἐποίησεν; s. auch Ps 148,5; 1QS 11,17f; 1QH 1,13-15; JÖRNS, Evangelium 38 Anm. 88.

und hast für Gott mit deinem Blut erkauft aus jedem Stamm und jeder Sprache und
jedem Volk und jeder Nation
(10) und hast sie für unseren Gott zu Königtum und Priestern gemacht und sie werden auf Erden herrschen.
(11) Und ich sah, und ich hörte die Stimme vieler Engel rings um den Thron und die Wesen und die Ältesten, und ihre Zahl war zehntausendmal zehntausend und tausendmal tausend; (12) sie sprachen mit lauter Stimme:
Würdig ist das geschlachtete Lamm,
zu empfangen Macht und Reichtum und Weisheit und Kraft und Ehre und Ruhm und Lob.
(13) Und alle Geschöpfe, die im Himmel und auf der Erde und unter der Erde und auf dem Meer sind, und alles, was darin ist, hörte ich sagen: Dem, der auf dem Thron sitzt, und dem Lamm sei das Lob und die Ehre und der Ruhm und die Macht in alle Ewigkeit. (14) Und die vier Wesen sprachen: Amen. Und die Ältesten fielen nieder und beteten an.

**V. 1-14:** *Buchkompositorische Stellung.* In Kap. 5 findet in der himmlischen Welt ein entscheidendes Ereignis statt: Das Lamm tritt auf und empfängt das mit sieben Siegeln versiegelte Buch, das in der Rechten Gottes liegt; also wird die Macht Gottes über die (End-) Geschichte an Christus übergeben (vgl. Dan 7,13f; 1Hen 46,1.3-6; 51,3; 61,6-63,12; OdSal 22,4). In Kap. 6ff entwickeln sich die Endgeschehnisse immer weiter, so oft das Lamm eines der Siegel öffnet. Bei der Posaunen- und Schalenreihe übt jeweils ein Engel diese Funktion aus. Aber dadurch, dass die Posaunenreihe durch die siebte Siegelvision und die Schalenreihe faktisch durch die siebte Posaunenvision eingeführt werden, erstreckt sich die Initiative des Lammes auf alle drei Reihen. Kap. 5 hat in diesem Sinne sowohl buchkompositorisch als auch sachlich eine sehr wichtige Funktion.

*Aufbau.* In diesem Abschnitt begegnet viermal καὶ εἶδον (V. 1.2.6.11) und markiert jedesmal einen kleinen Einschnitt. In V. 1, der mit dem ersten καὶ εἶδον beginnt, macht der Vf. auf das Buch in der Rechten Gottes aufmerksam. Im nächsten Unterabschnitt, der mit dem zweiten καὶ εἶδον eingeführt wird (V. 2-5), teilt einer der Ältesten mit, dass der Löwe aus dem Stamm Juda die Siegel öffnen kann. Mit dem dritten καὶ εἶδον in V. 6 kommt der Bericht zu seinem Höhepunkt: Das Lamm tritt auf, tritt an den Thron und empfängt aus der Rechten Gottes das Buch; V. 8-10 beschreibt dann den Lobpreis der Wesen und der Ältesten als Reaktion auf das Geschehene. Ob das vierte καὶ εἶδον in V. 11 ebenfalls einen neuen Unterabschnitt einführt, lässt sich nicht mit Sicherheit sagen; man könnte die Lobpreisungen V. 8-14 als einheitlich betrachten. Wahrscheinlich formuliert der Vf. an dieser Stelle deswegen καὶ εἶδον, weil er in Kap. 4f hier zum ersten Mal die am Rande stehenden Engel (und in V. 13 sogar „alle Geschöpfe") in die Szene einbezieht.

**V. 1:** Während sich der Vf. in Kap. 4 vorwiegend an Ez 1 anlehnt, folgt er an unserer Stelle Ez 2,9f. Es ist aber keine präzise Kopie von Ez 2,9f: In der Ezechielstelle sind in dem entsprechenden Buch bevorstehende innergeschichtliche „Klage und

Ach und Wehe" beschrieben; in unserer Szene ist der Inhalt des Buches zwar nicht angegeben; aber von der Entwicklung in Kap. 6ff her gesehen, enthält es den Gottesplan der jetzt beginnenden Endgeschichte;[51] also ist das ganze Bild eschatologisiert. Das Motiv des Versiegeltseins[52] des Buches, das in Ez 2,9f nicht vorkommt, spielt in unserer Szene eine wichtige Rolle. Das Zentralthema unserer Szene ist, dass das Lamm das Buch empfängt (und die Siegel löst); in Ez 3,1-3 ist es dem Propheten zum Verzehr gegeben.[53]

Das Buch ist „innen und auf der Rückseite[54] beschrieben" (vgl. Ez 2,10). Der Vf. legt darauf kein großes Gewicht. Es handelt sich lediglich um eine formale Übernahme von Ez 2.

**V. 2:** In der Vorlage für Kap. 4 und 5,1, Ez 1f, öffnet Gott selbst das Buch (2,10). Unser Vf., der diese Funktion dem Lamm zuzuschreiben vorhat, kann diesen Zug nicht aufnehmen.[55] So verlässt er hier Ez 1f und lehnt sich an ein anderes traditionelles Schema an, das vor allem in 1Kön 22,20-22a (vgl. auch Jes 6,8f) begegnet;[56] dort ist nämlich genau wie an unserer Stelle in vier Zügen ein Geschehen in der himmlischen Ratsversammlung dargestellt: 1.) Gott fragt in der Ratsversammlung,

---

[51] BOUSSET, Apk 255; SWETE, Apk 75f; U.B. MÜLLER, Apk 153f; RISSI, Was ist 46 u.v.a. Diese Ansicht steht dem Vorbild in Ez 2,10 am nächsten, aber es werden auch andere Meinungen vertreten: PRIGENT, Apk 187f; PIPER, Apocalypse 10ff; MOWRY, Revelation 4-5 82f u.a. identifizieren den Inhalt mit dem AT oder einem Teil von ihm (diese Ansicht findet man bereits bei Hippolyt, Origenes und Viktorin; vgl. AUNE, Apk 345; PRIGENT, Apk 187); dagegen aber H.-P. MÜLLER, Ratsversammlung 255 Anm. 3: „Die Entsiegelung des AT, d.h. seine christologische Auslegung steht in der Offb sonst nirgends zur Debatte". Nach ROLLER, Sieben Siegel 108; U.B. MÜLLER, Messias 164f; MEALY, Thousand Years 66f, ist die Schrift eine Schuldurkunde; dagegen aber BORNKAMM, Komposition 221f und HOLTZ, Christologie 33 („Der Gedanke an die Schuld der Welt ist in c.5 nicht angedeutet, zumindest nicht im Zusammenhang mit dem Buch"); TAEGER, Johannesapokalypse 107 Anm. 84 u.a. HERZER, Reiter 246, identifiziert das Buch mit dem Lebensbuch, das in 20,12.15 geöffnet und eingesehen wird. Aber worum es hier geht, ist der Vorgang der Geschichte („was danach geschehen soll", 4,1), nicht die Frage, welche Namen im „Buch des Lebens" verzeichnet sind (OSBORNE, Apk 248).

[52] Versiegeln mit sieben Siegeln war „in den griechischen Urkunden die feste Regel (nicht Vorschrift)" (ROLLER, Sieben Siegel 102f); ähnliches lässt sich auch in Ägypten (STARITZ, Offenbarung 161; vgl. ROLLER, a.a.O. 105) und Rom (AUNE, Apk 342; FITZER, ThWNT VII 941,24ff) feststellen. Aber diese Gewohnheit hat mit dem Versiegeln an unserer Stelle nichts zu tun, unser Buch ist keine Urkunde (vgl. Ez 2,10). Auch die Siebenzahl der Siegel kommt nur daher, dass „sieben" als eine runde Zahl für den Vf. wichtig ist (BECKWITH, Apk 506; LOHMEYER, Apk 53).

[53] Dieses Motiv nimmt der Vf. in Kap. 10 auf.

[54] Die Lesarten variieren. Dem Wortlaut von Ez 2,10 (נִים וְאָחוֹר [LXX: τὰ ὄπισθεν καὶ τὰ ἔμπροσθεν]) steht am nächsten HS א (ἔμπροσθεν καὶ ὄπισθεν), während HSS A u.a. ἔσωθεν καὶ ὄπισθεν und gewisse Minuskeln ἔσωθεν καὶ ἔξωθεν lesen. Der Lesart ἔσωθεν καὶ ὄπισθεν ist die Priorität zu geben (CHARLES, Apk I 137; ALLO, Apk 60; U.B. MÜLLER, Apk 153; REICHELT, Sieben Siegel 80ff u.a.). Der Vf., der den Wortlaut von Ez 2,10 im Sinne hat, verwendet das Wort ἔσωθεν, da das Buch hier anders als in Ez 2,10 noch nicht entrollt ist (REICHELT, a.a.O. 81ff). Die Lesart ἔμπροσθεν καὶ ὄπισθεν ist eine sekundäre Angleichung an die Ezechielstelle; ἔσωθεν καὶ ἔξωθεν ist Ergebnis des Versuchs von Abschreibern, die Formulierung zu glätten.

[55] Bei der Beschreibung V. 4, dass Johannes weinte, weil niemand würdig erfunden wurde, das Buch zu öffnen, ist vorausgesetzt, dass auch Gott selbst nicht vorhat, das zu tun. Gott in der Offb ist in der Hinsicht nicht bereit zur Aktion; das entspricht dem Gottesbild des zeitgenössischen Judentums.

[56] Vgl. vor allem H.-P. MÜLLER, Ratsversammlung 256.257-260.

wer den schwierigen Auftrag ausführen kann, Ahab zu betören, damit er fällt; in unserem Text stellt ein Engel[57] eine entsprechende Frage; 2.) In der Ratsversammlung herrscht dann ein gewisses Durcheinander, dem in unserem Text die Schwierigkeit entspricht, jemanden finden zu können, der würdig ist, das Buch zu öffnen; darüber hinaus ist hier der Seher selbst von dieser Schwierigkeit berührt; dazu vgl. ad V. 4. 3.) Darauf meldet sich der Geist, und Gott gibt ihm den Auftrag; in unserem Text stellt einer der Ältesten das Lamm als den würdigen vor. 4.) Die Szene endet mit der Ausführung des Geplanten.

Ein „starker Engel" kommt sonst noch in 10,1; 18,21 vor; nur an der zuletzt genannten Stelle ist ersichtlich, warum er „stark" genannt ist. In unserer Stelle wird, wie in 10,1, dem Adjektiv kein großes Gewicht beigemessen. Die Erwähnung „eines starken Engels" an beiden Stellen zeigt aber, dass beide Szenen miteinander in enger Beziehung stehen.

Die in der Frage des Engels begegnenden Wendungen „das Buch zu öffnen" und „seine Siegel zu lösen" unterscheiden sich sachlich kaum. Ähnliche, in dieser Weise miteinander verbundene Wendungen kommen auch in V. 3.4.5 und 9 vor. Dabei verwendet der Vf. als erste immer „das Buch zu öffnen" (nur in V. 9 „das Buch zu empfangen"), die zweite hingegen variiert er. In den Aussagen, die im Kontext eine besonders wichtige Rolle spielen (V. 2.5.9), erscheint als zweite die Wendung „die Siegel zu lösen bzw. zu öffnen", auch wenn dies in V. 2.5 nach „das Buch zu öffnen" überflüssig zu sein scheint. Darin zeigt sich, dass in der folgenden Darstellung nicht das Lesen des im Buch Aufgeschriebenen, sondern das Lösen der Siegel die entscheidende Rolle spielt.[58]

**V. 3:** Der Seher findet zunächst im ganzen Kosmos keinen, der würdig ist, das Buch zu öffnen. Die Szene entspricht der Situation vor dem Christusgeschehen (deshalb Impf: οὐδεὶς ἐδύνατο), in der man keine Aussicht auf Heil hat.

**V. 4:** Der Seher, der keinen Würdigen finden konnte, weint sehr. Er verkörpert damit die Situation der Menschheit vor dem Auftritt Christi. Aber gleichzeitig hat die Darstellung vielleicht auch autobiographischen Charakter (vgl. Einleitung 2.1.3.1.).

**V. 5:** In der Verzweiflung hört er einen der Ältesten zu ihm sprechen: „Überwunden hat der Löwe aus dem Stamm Juda usw." „Der Löwe aus dem Stamm Juda" geht auf Gen 49,9 zurück. Im Judentum wird diese Stelle gelegentlich messianisch gedeutet (1QS[b] 5,29).[59]

Als Hintergrund des zweiten Ausdrucks, „der Spross (ῥίζα) Davids" (vgl. auch 22,16), ist vielleicht an einen damals verbreiteten messianischen Titel צֶמַח דָּוִיד zu denken (vgl. vor allem 4Q252 5,3f; 4Q161 Frg 10,11-21; aber auch צֶמַח in Jer 23,5; 33,15; Sach 3,8; 6,12).[60]

---

[57] Der Vf. teilt die zeitgenössische jüdische Auffassung, dass Gott nicht einfach in irdische Angelegenheiten einmischt.
[58] Vgl. REICHELT, Sieben Siegel 220f; anders HERZER, Reiter 244.246.
[59] Dazu vgl. BRAUN, Qumran I 310; sonstige Belege bei STR-B III 801. Auch in 4Q252 5,1-7 ist Gen 49,9f messianisch gedeutet, ohne den „Löwen aus dem Stamm Juda" zu erwähnen.
[60] Vgl. AUNE, Apk 350; HAHN, Hoheitstitel 248f; BURGER, Davidssohn 160f.

**V. 6f:** Die Hauptszene des Abschnitts: Das Lamm[61] tritt an den Thron Gottes heran und empfängt von Gott das Buch.

Die Szene ist strukturell nach dem gleichen Schema wie Dan 7,13f gebildet: Zunächst das Erscheinen der Hauptfigur, des Lammes bzw. des Menschensohnähnlichen, in der Mitte der himmlischen Welt und ihr Herantreten an Gott;[62] dann die Verleihung der Macht an sie, die in Offb 5 durch die Übergabe des Buches versinnbildlicht ist; die Szene schließt mit einem Lobspruch bzw. mit Lobsprüchen von Anwesenden ab. Die Darstellung ist in der Offb im Vergleich mit Dan vor allem durch einem Hymnus an das Lamm ausführlicher gestaltet, der auf dessen soteriologisches Wirken hinweist. Der größte Unterschied zwischen beiden Konzeptionen besteht darin, „dass die Einsetzung des Menschensohns in Dan 7 den abschließenden Höhepunkt des beschriebenen apokalyptischen Dramas darstellt, während die Bevollmächtigung des Lammes in Apk 5 erst den eigentlichen Auftakt dazu bildet".[63]

**V. 6:** Die Darstellung beginnt mit der Angabe des Ortes, an dem das Lamm steht, die wegen der Doppelung von „inmitten" (ἐν μέσῳ) nicht deutlich ist. Nach einigen Auslegern muss man den Ausdruck hier mit „mitten auf dem Thron und inmitten der vier Wesen" übersetzen;[64] dadurch ist zum Ausdruck gebracht, dass „das Lamm [...] gleichsam mit dem Thronenden eins" ist.[65] Bei dieser Auffassung schwebt aber das Wort ἦλθεν in V. 7 in der Luft, das voraussetzt, dass das Lamm zunächst vom Thron einigermaßen entfernt gestanden hat.[66] Einige andere Ausleger betrachten die Angabe als eine Art Semitismus, nach dem „zwischen A und B" gelegentlich mit „zwischen A, zwischen B" bezeichnet werde.[67] Die Formulierung an unserer Stelle zeige also, dass sich das Lamm zwischen dem Thron und den vier Wesen einerseits und den vierundzwanzig Ältesten andererseits befinde; der Thron und die vier Wesen seien dabei als Einheit gesehen, da diese seine Träger seien.[68] Aber die Betrachtung des Throns und der vier Wesen als Einheit ist sonst in der Offb nicht belegt; die Wesen sind in der Offb nicht die Thronträger. Die Ortsangabe ist einfach als eine doppelte zu betrachten: Das Lamm befindet sich „zwischen dem Thron und den vier Wesen", steht also dem Thron ein Stück näher als die vier Wesen und deswegen auch „inmitten der Ältesten", die außerhalb der vier Wesen sind. Dabei ist der zweite Ausdruck keineswegs eine bloße Ortsangabe –

---

[61] Ἀρνίον. Außer der Offb kommt dieses Wort nur noch in Joh 21,15 vor. In Joh 1,29.26; 1Petr 1,19; Apg 8,32 (= Jes 53,7) wird ἀμνός verwendet.

[62] „Dan.7:13 is the only OT text in which a divine, Messiah-like figure is portrayed as approaching God's heavenly throne to receive authority" (BEALE, Apk 356).

[63] REICHELT, Sieben Siegel 127.

[64] Z.B. BAUER/ALAND, WB μέσος 2.

[65] HOHNJEC, Lamm 42; vgl. auch 66; ähnlich auch GIESEN, Apk 167; MICHAELS, Apk 95; HALL, Creatures 612; HEINZE, Johannesapokalypse 279.

[66] Vgl. AUNE, Apk 352; CAIRD Apk 76; BEALE, Apk 350.

[67] Im Hebräischen וּבֵין [...] בֵּין. LXX wiederholt in diese Fällen immer die Präposition (oder das ihr entsprechende Wort) treu: Gen 1,4.7.18 u.a.; vgl. CHARLES, Apk I 140; neuerdings auch U.B. MÜLLER, Apk 156; vgl. auch Philo, leg.all. III 65 (ἀνὰ μέσον [...] ἀνὰ μέσον).

[68] CAIRD, Apk 76.

wäre das der Fall, wäre sie nach der ersten überflüssig –, sondern macht die Ältesten zu Zeugen des Auftretens des Lammes und bereitet damit den Lobpreis vor, den sie mit den vier Wesen zusammen sprechen (V. 8–10).

Der Seher, dem einer der Ältesten den Sieg des Löwen aus dem Stamm Juda bekanntgab, sieht nun mit seinen eigenen Augen,[69] dass „ein Lamm wie[70] geschlachtet" dasteht. Mit Absicht ist hier ein Kontrastbild zum Löwen, der den Sieg errungen hat, gewählt. Je nach dem Gesichtspunkt, unter dem man Christus betrachtet, unterscheiden sich die daraus entstehenden Bilder: Betrachtet man ihn vom Gesichtspunkt der himmlischen Welt aus, zu der der Älteste gehört, ist er der siegreiche Löwe; betrachtet man ihn dagegen von dem der irdischen aus, zu der der Seher gehört, ist er das geschlachtete Lamm. Beide Bilder beziehen sich aber auf die eine Person, Christus, und auf das gleiche Geschehen, das ihm widerfuhr; sein Sterben ist nichts anderes als sein Sieg, nicht bloß dessen unentbehrliche Vorstufe.

Das Verb σφάζειν ist im NT insgesamt zehnmal belegt, darunter achtmal in der Offb. Sein Gebrauch in der Offb ist nicht einheitlich. An vier Stellen (die unsrige inbegriffen) bezieht es sich auf den Tod Christi (5,6.9.12; 13,8), an den weiteren zwei Stellen auf Märtyrer, deren Tod in einem engen Zusammenhang mit dem Tod Christi gesehen wird (6,9; 18,24), und in 13,3 auf das Tier, das als Pervertierung des Lammes angesehen ist; an diesen sieben Stellen, an denen übrigens das Verb durchgehend als Ptz. Perf. Pass. verwendet ist, steht es also immer in einem Zusammenhang mit dem Tod Christi. In 6,4 (Indikativ Futur) bezieht es sich dagegen auf Menschen im allgemeinen.

*Exkurs: Das „Lamm" und sein religionsgeschichtlicher Hintergrund*[71]

Das „Lamm" tritt in der Offb hier zum ersten Mal auf. Dies Wort wird dann bis zum Ende des Visionenteils (22,5) beinahe als *die* Christusbezeichnung verwendet (achtundzwanzig Belege[72]). Inhaltlich sind die „Lamm-"Aussagen mannigfaltig. Außer den an un-

---

[69] Die Unterscheidung zwischen Hören und Sehen spielt auch in Kap. 7 eine Rolle; vgl. die einleitende Erklärung zu Kap. 7 (vgl. Vögtle, Apk I 75; Sweet, Apk 150).

[70] Charles, Apk I 141, behauptet: „The Lamb is represented ὡς ἐσφαγμένον, because in very truth He is not dead but alive" (ähnlich Bousset, Apk 258; Michl, Engelvorstellungen 170; Schüssler Fiorenza, Priester 273; Lohse, Wie christlich 329 u.a.). Dass das Lamm jetzt lebt, ist an unserer Stelle gewiss vorausgesetzt. Aber ob der Vf. das bewusst durch das Wort ὡς zum Ausdruck bringt, ist fraglich. Bei ὡς handelt es sich wie an anderen Belegen in der Offb um eine verschleiernde visionäre Terminologie (Michel, ThWNT VII 934,12f). Nach Pohl, Apk I 177, bringt der Vf. auch durch das Stehen des Lammes zum Ausdruck, dass es lebt (ähnlich Allo, Apk 62; Aune, Apk 352f; Comblin, Christ 24; Hohnjec, Lamm 46f.64; Pezzoli-Olgiati, Täuschung 75). Aber das Lamm steht einfach deswegen, weil es schon für das Empfangen des Buches bereit ist.

[71] Zum religionsgeschichtlichn Hintergrund des „Lammes" vgl. Johns, Lamb Christology 127ff.

[72] Sonst kommt es einmal in 13,11 in der Darstellung des zweiten Tiers vor. Als sonstige Bezeichnungen Christi begegnen in diesem Teil nur noch einmal „einer wie ein Menschensohn" in 14,14, zweimal „Christus" in 20,4.6 (vgl. 11,15; 12,10), einmal „Herr" in 14,13 (vgl. 11,8), einmal „das Wort Gottes" in 19,13 und einige Male „Jesus" in der Wendung „das Zeugnis Jesu" u.ä. (12,17; 14,12; 17,6; 19,10; 20,4).

serer Stelle feststellbaren soteriologischen Aussagen (vgl. auch 5,12; 13,8; 21,27; 7,14; 12,11) gibt es solche, die es als den siegreich Kämpfenden und Thronenden (17,14; 22,1.3 u.a.), als Gegenstand der Anbetung (5,8; 7,10 u.a.) usw. darstellen. Das aber heißt, dass nicht alle Aussagen ohne weiteres als Anhalt bei der Suche nach seinem religionsgeschichtlichen Hintergrund gelten können. Bei dieser Suche ist nicht zu unterschätzen, dass das Lamm im gesamten Buch an unserer Stelle zum ersten Mal als das „wie geschlachtete" auftritt und dieses Motiv hinterher wie ein roter Faden wiederholt begegnet. Man muss also den religionsgeschichtlichen Hintergrund des „Lammes" in erster Linie auf kultischer Ebene suchen. Aber damit stehen wir erst am Anfang; denn das Lamm wurde im AT und Judentum in verschiedenen Arten von kultischen Handlungen als Opfer verwendet.[73]

Eine Anzahl von Forschern findet den religionsgeschichtlichen Hintergrund im Passalamm.[74] Dafür spricht, dass es bereits in 1Kor 5,7 belegt ist, und dass wahrscheinlich an verschiedenen Stellen anderer neutestamentlichen Schriften Anklänge zu finden sind (1Petr 1,19; Joh 1,29.36). Aber in der Offb selbst lässt sich diese Annahme sich nicht zwingend erweisen,[75] auch wenn Motive, die mit der Exodusgeschichte verbunden sind, sonst mehrmals verwendet worden sind.

Neuerdings ist Stuhlmacher in diesem Zusammenhang für das Tamidopferlamm eingetreten.[76] Dieser These aber steht entgegen, dass Tamidopfer jeden Tag zweimal, morgens und abends, und fortdauernd geopfert wurden, was zum einmaligen Charakter des Todes Christi nicht gut passt.[77] Außerdem ist das Tamidopfer ein Brandopfer, dessen Spur man in der Offb kaum findet.[78]

Swete, Apk 78; Ladd, Apk 86; Kretschmar, Offenbarung 34 u.a. weisen auf Jes 53,7, besonders auf die Affinität zwischen ἀρνίον [...] ὡς ἐσφαγμένον in der Offb und ὡς πρόβατον ἐπὶ σφαγήν in Jes 53,7 (LXX), hin. Aber zwischen beiden Texten lässt sich keine wirkliche Entsprechung konstatieren; das Motiv des geschlachteten Lammes in Jes 53 ist nur Vergleichsmaterial und spielt in der Offb keine nennenswerte Rolle.[79] Außerdem wird der Titel „Knecht" in der Offb niemals auf das Lamm angewandt.

Einige Forscher legen auf das Herrschersein des Lammes Gewicht und suchen von hier aus den religionsgeschichtlichen Hintergrund des Motivs zu klären. So behauptet Böcher, Israel 40f, dass die Übersetzung von ἀρνίον mit „Lamm" nur für einen Teil der Belege der Offb zutreffe; „wo aber vom Thronen und Herrschen des ἀρνίον die Rede ist [...] wird man richtiger mit ‚Widder' übersetzen müssen".[80] Das Argument verkennt den Kern der Christologie der Offb, denn Christus ist gerade als das geschlachtete Lamm der Thronende

---

[73] Dazu vgl. Aune, Apk 372f.
[74] Lohse, Märtyrer 141-6; Holtz, Christologie 44ff; Reichelt, Sieben Siegel 150f; neuerdings auch Roloff, Apk 75; Karrer, Brief 236 Anm. 64; Heinze, Johannesapokalypse 285ff.
[75] Holtz, a.a.O. 45.
[76] Lamm 531-535; Ders., Theologie 222f. Die Ansicht wurde bereits durch einige Ausleger aus früheren Zeiten wie O. Schmitz und F. Büchsel vertreten; vgl. dazu Schüssler Fiorenza, Priester 270 Anm. 124; Beckwith, Apk 315. Zum Tamidopfer vgl. Schürer, History II 304ff.
[77] Vgl. U.B. Müller, Apk 162; Giesen, Apk 166; Holtz, Christologie 46; Schüssler Fiorenza, Priester 278.
[78] Zur Kritik an der Tamidopferthese vgl. auch Knöppler, Blut 482.
[79] Holtz, Christologie 43; ähnlich Müller, Apk 162; Schüssler Fiorenza, Priester 268f; Knöppler, Blut 480f.
[80] Ähnlich Ford, Apk 89; Mounce, Apk 145; Dautzenberg, EWNT I 171 u.a.

geworden (vgl. vor allem 5,6ff). Es ist außerdem fraglich, ob die Übersetzung „Widder" ihre philologische Berechtigung hat.[81]

Unsere Betrachtung hat gezeigt, dass der religionsgeschichtliche Hintergrud des „Lammes" wahrscheinlich auf der alttestamentlich-jüdischen kultischen Ebene zu suchen, dass ihn genauer zu bestimmen aber nicht einfach ist. Die These vom Passalamm kann durchaus eine gewisse Wahrscheinlichkeit für sich verbuchen, aber mit Notwendigkeit ist sich nicht zu erweisen. Diese Unbestimmtheit resultiert wohl aus der Tatsache, dass der Vf. gleich nach der Übernahme des Bildes den Begriff „Lamm" als die Christusbezeichnung schlechthin zu gebrauchen begonnen hat, genau wie es im Blick auf den „Christus"-Titel bei anderen Autoren der Fall ist. Für ihn selbst bedeutet die Schlachtung des Lammes einfach dessen Tod, mit dem es für die Seinigen den Weg durch den Tod zum Leben gebahnt hat;[82] vgl. auch die Erklärung des Blutes des Lammes in 7,14.

Dieses Lamm hat „sieben Hörner und sieben Augen". Das ist die einzige Beschreibung seiner Gestalt in der Offb. Im Judentum ist gelegentlich von den Hörnern des Messias die Rede, der dem Volk Israel das Heil bringt;[83] derselbe Gedanke ist bei den Hörnern des Lammes wohl vorausgesetzt. Dass sie sieben sind, weist auf die Vollkommenheit seiner Herrschaftsmacht hin.

Während die sieben Hörner vom Vf. selber nicht gedeutet sind, fügt er zu „den sieben Augen" die Erklärung bei, sie seien „die sieben Geister Gottes (vgl. 1,4), in alle Welt gesandt". Sie geht auf Sach 4,10 zurück[84] und weist auf die grundsätzliche Verwirklichung der Herrschaft Gottes auf der Erde hin.[85] Dass die Augen des Lammes Geister *Gottes* sind, könnte als inkongruent betrachtet werden. Aber in der Vorlage, Sach 4,10, sind die Augen *Gottes* Augen. Die Einheit von Gott und Christus ist durch den Vf. so stark empfunden, dass er zunächst die Sacharjastelle auf das Lamm übertragen und dann die Augen des Lammes mit den Geistern Gottes identifizieren kann. Jedenfalls: Gott wirkt durch das geschlachtete Lamm in die ganze Welt.

---

[81] Der Sprachgebrauch in LXX (Ψ 113,4.6 = Ps 114,4.6; Ιερ 27,45 = Jer 50,45; Jer 11,9; PsSal 8,23), in Aquila (Jes 40,11), bei Josephus (ant. III 221.226.251) und Philo (leg. ad Gaium 362), in Joh 21,15 als dem einzigen neutestamentlichen Beleg außerhalb der Offb und bei den Apostolischen Vätern (nur 2Clem 5,2-4) kennt nur die Bedeutung „Lamm, Schaf" (HOLTZ, Christologie 40; vgl. auch J. JEREMIAS, ThWNT I 345,11f; neuerdings HOFIUS, ἀρνίον 272-280).

[82] Vgl. HARRINGTON, Apk 84: „Yet, for him [= den Vf.], ,slain' does not appear to carry sacrifical overtones; elsewhere the verb *sphazo* is used of violent death (6:4; 13:3; 18:24)". JOHNS, Lamb Christology 148, gelangt nach der Betrachtung aller fünf Belege von ἀρνίον in LXX zu dem Ergebnis, dass bereits in LXX der Sühnecharakter des ἀρνίον nicht besonders gewichtet gewesen ist; „the concept of nonviolence or vulnerability seem most capable of charaterizing the symbolism expressed in most of these symbolic uses of lamb".

[83] 1Sam 2,10; Ps 18,3; 132,17; diese Stellen sind im Judentum messianisch gedeutet (STR-B I 8-10; II 110f; vgl. auch Lk 1,69); vgl. ferner die 15. Benediktion des Achtzehngebetes (babyl. Rezension).

[84] Besonders die Wendung εἰς πᾶσαν τὴν γῆν steht unter dem Einfluss von Sach 4,10 (בְּכָל־הָאָרֶץ / ἐπὶ πᾶσαν τὴν γῆν). In der Offb kommt das Wort γῆ öfters vor, aber πᾶσα ἡ γῆ ist sonst nicht belegt (in 13,3 ὅλη ἡ γῆ).

[85] Anders MAZZAFERRI, Genre 300: „a cryptic reference to the Spirit's role in inspiring prophecy", oder BAUCKHAM, Theology 118: „sent out [...] in a mission to the whole world which is the prophetic witness of the churches to the world" (ähnlich OSBORNE, Apk 257). Der Vf. hat aber an einer an die ganze Welt gerichtete Prophetie bzw. Mission wenig Interesse.

**V. 7:** Das Lamm geht zu Gott und empfängt[86] von ihm das Buch (vgl. Dan 7,13f). Die Szene erreicht damit ihren Höhepunkt: Übergabe der Herrschaftsmacht von Gott (Ez 2,10) an Christus. Was das zur Folge hat, ist erst in Kap. 6ff dargestellt. Vorher Lobgesänge, die auf dieses Geschehen antworten.

**V. 8:** Die Wesen und die Ältesten „fielen vor dem Lamm nieder". Sie fallen ansonsten vor Gott nieder (4,10 u.a.; neben unserer Stelle ist nur V. 14 eine Ausnahme). Die Anbetung hier deutet also an, dass das Lamm jetzt an eine Gott gleiche Stelle getreten ist (vgl. 22,3).

Jeder/jedes von ihnen hat eine Zither und eine goldene Schale voll Räucherwerk, das als Gebete der Heiligen gedeutet wird. In 15,7 und 16,1ff ist die Schale mit dem Zorn Gottes angefüllt (vgl. 21,9). Ihr sind also in der Offb zwei Funktionen zugeschrieben, die auf den ersten Blick einander gegenüberstehen, in Wirklichkeit aber eng miteinander zusammenhängen.[87]

Das Deutewort, das Räucherwerk stelle die Gebete der Heiligen dar (vgl. 8,3),[88] bringt einen neuen Aspekt in die Szene ein. „Die Heiligen" (αἱ ἅγιοι) ist in der Offb Bezeichnung der Christen im allgemeinen.[89] In der Darstellung der himmlischen Welt treten also auch indirekt plötzlich die irdischen Christen auf. Diese etwas überraschende Entwicklung[90] deutet an, dass für den Vf. das Empfangen des Buches durch das Lamm in erster Linie soteriologisch wichtig ist; dieses Anliegen wird durch den Hymnus V. 9f noch deutlicher ans Licht gebracht. Was der Inhalt der Gebete ist, ist nicht angegeben, aber da im Lobgesang in V. 9f die Erlösung der Christen Hauptthema ist und nachdrücklich auf ihre künftige Herrschaft hingewiesen wird, legt sich die Annahme nahe, dass es sich bei den Gebeten um die Bitte um die Verwirklichung ihres Heils handelt; vgl. auch ad 8,3.

**V. 9:** Der Lobgesang, den die Wesen und die Ältesten singen, ist „ein neues Lied" (vgl. 14,3; zum Adjektiv „neu" vgl. ad 2,17). Dieses Motiv ist traditionell (Jes 42,10; Ps 33,3; 96,1; 98,1; 149,1; vgl. auch Ps 40,4; 144,9). Im Judentum ist es das Lied, mit dem man in der Endzeit die Verwirklichung des Heilswerks Gottes lobpreist.[91] Auch an unserer Stelle ist das Motiv im gleichen Sinne verwendet. Nur ist es auf das bereits geschehene Christusgeschehen bezogen, während im Judentum die Endzeit allein für die Zukunft erwartet wird.

Der Lobgesang beginnt mit dem Hauptsatz „Du bist würdig zu empfangen", dem drei mit ὅτι eingeführte Begründungsnebensätze folgen; soweit hat er die glei-

---

[86] Bei der Formulierung, dass „das Lamm kam und empfing", wird seine Aktivität betont (vgl. Einleitung 7.2.6.1.).
[87] Ähnliches lässt sich auch im Blick auf die Räucherpfanne in 8,3-5 feststellen.
[88] Der Bezug des Räucherwerks auf das Gebet ist schon in Ps 141,2 belegt; vgl. auch Herm (man.) 10,3,2f; vgl. auch STR-B III 807. Die Vorstellung, dass Engel (vor allem Erzengel bzw. Schutzengel wie Michael) Gebete von Frommen vermitteln, kommt im Judentum mehrmals vor (TestLev 3,7; Tob 12,12.15; vgl. 1Hen 39,5; vgl. auch STR-B III 807f).
[89] Vgl. SATAKE, Gemeindeordnung 26-34.
[90] Eine ähnliche Entwicklung wird in 12,11 dargestellt.
[91] Belege bei STR-B III 801.

che Struktur wie derjenige in 4,11; er schließt dann mit dem Wort über die Zukunft der Christen ab.

Während der Hauptsatz inhaltlich dem Kontext angepasst ist, sind die Begründungsnebensätze, drei aoristische Verbalaussagen, stark von der Tradition geprägt. Der Vf. will in Anlehnung an den frühchristlichen Hymnus[92] (vgl. 1,5f) deutlich machen, was das Geschehen für die Glaubenden bedeutet. Dass er dabei seinem Inhalt grundsätzlich zustimmt, ist kaum zu bezweifeln. Aber bei einer solchen Anlehnung legt man nicht auf alle Elemente der Vorlage gleichmäßig Gewicht. Das Anliegen des Vf. spiegelt sich vor allem an den Stellen, an denen er die Vorlage bearbeitet (das Lamm habe „aus jedem Stamm usw." die Menschen erkauft) oder ihr etwas hinzugefügt hat („sie werden auf Erden herrschen"), wider; genauer vgl. unten.

Bei der ersten Aussage des Begründungsteils, „du wurdest geschlachtet", handelt es sich um eine Anpassung an den Kontext. Innerhalb der zweiten Aussage, in der vom Erkaufen (ἀγοράζειν statt λύειν in 1,5) der Menschen durch das Lamm die Rede ist, geht die Formulierung „aus jedem Stamm usw." statt „von unseren Sünden" in 1,5 auf den Vf. zurück. Die Zusammensetzung der vier Worte,[93] φυλή, γλῶσσα, λαός und ἔθνος, kommt auch in 7,9; 11,9; 13,7; 14,6 (vgl. auch 10,11; 17,15) vor; die Reihenfolge ist variabel. Der Bedeutung der einzelnen Begriffe kommt keine große Bedeutung zu; vielmehr bezeichnen diese vier Worte in ihrer Gesamtheit die ganze Menschheit. Im Unterschied zu dem Ausdruck „Erdenbewohner" haftet diesen vier Begriffen kein negativer Ton an; vgl. etwa 11,9 mit 14,6. Warum aber ändert der Vf. das Wort „von unseren Sünden" zu „aus jedem Stamm usw."? Für ihn ist die Erlösung in erster Linie Befreiung vom Herrschaftsbereich der gegengöttlichen Macht;[94] dem wichtige traditionelle Motiv „von unseren Sünden" kommt für ihn nicht das große Gewicht, das diesem innerhalb des Hymnus ursprünglich beigelegt gewesen war, zu (vgl. ad 1,5f). Den neutralen Ausdruck „aus jedem Stamm usw." verwendet der Vf. hier, weil er gleichzeitig darauf hinweisen will, dass Christus auch die Heiden in die Kirche aufnimmt (vgl. die Einleitung 7.4.4.2.). Das gehört zu den wichtigsten Grundanschauungen der Apokalyptik seit Dan.[95]

---

[92] Nach DEICHGRÄBER, Gotteshymnus 52, ist dieses Lied „eine offenkundige ad-hoc-Bildung des Vf." (unterstützt durch HOLTZ, Christologe 249; JÖRNS, Evangelium 52; BERGMEIER, Buchrolle 228; TAEGER, Johannesapokalypse 140 Anm. 84). HAHN, der die Hymnen in der Offb im ganzen als ad-hoc-Konzipierung betrachtet, bemerkt, dass „vielleicht nur Apk 5,9b.10 eine Ausnahme macht", ohne jedoch die Ansicht zu begründen (Sendschreiben 361; vgl. auch DERS., Gottesdienst 67 m. Anm. 11).

[93] Im AT kommt nur in Dan eine ähnliche (allerdings dreigliedrige) Zusammensetzung vor (3,4.7.31 u.a.), die für unseren Vf. wahrscheinlich als Vorbild diente (vgl. ferner 4Esr 3,7). Für ihn ist die Zahl „vier" geeigneter als Bezeichnung des Irdischen (7,1; 20,8).

[94] Vgl. „von der Erde" (14,3) bzw. „aus den Menschen" (14,4); an diesen Stellen ist ἀγοράζειν im gleichen Sinne wie an unserer Stelle verwendet.

[95] „Was man von den altisraelitischen Traditionen her als ‚Heilsgeschichte' bezeichnen könnte und was die wesentlichen Geschehnisse umfasste, in denen sich die Fürsorge Jahwes für sein erwähltes Volk offenbarte, das umfasst nun die ganze bekannte Welt. Der Raum der ‚Heilsgeschichte' ist also ausgeweitet worden, und zwar von Gott selbst, wie das Danielbuch geflissentlich betont. Die Weltreiche sind eine

**V. 10:** Die dritte Aussage des Begründungsteils ist von 1,6 kaum unterschieden. Aber anders als in 1,6 wird hier der Begriff „Königtum" näher expliziert: „sie werden auf der Erde herrschen".[96] Das künftige Herrschen der treuen Christen ist für den Vf. ein wichtiges Thema (2,26; 20,4.6[97]); der ganze Visionenteil schließt mit dem Wort: „Sie werden herrschen von Ewigkeit zu Ewigkeit" (22,5).

**V. 11:** Der zweite Lobgesang wird von „vielen Engeln" gesungen, deren Zahl „zehntausendmal zehntausend und tausendmal tausend" (vgl. Dan 7,10; 1Hen 14,22; 40,1; 60,1; 71,8) ist.

**V. 12:** Der Lobgesang ist wiederum als ein Lob der Würde des Lammes formuliert (vgl. 4,11; 5,9). Der Gegenstand des „Empfangens" wird mit sieben Begriffen umschrieben. Die Reihenfolge ist eine andere als die in 7,12, aber die aufgezählten Worte sind bis auf „Reichtum" (in 7,12 an seiner Stelle „Dank") gleich. Sie bezeichnen alle die Erhabenheit des Angesprochenen.[98] Die einzelnen Ausdrücke haben gewiss ihren eigenen Sinn, aber auf ihren jeweils besonderen Bedeutungsgehalt wird nicht viel Gewicht gelegt. Abgesehen von der Betonung der „Macht" (vgl. gleich unten) bezweckt die Anhäufung der sieben Wörter die Intensivierung und Vervollkommnung (die Zahl „sieben") des Lobpreises.

Das Wort „Macht" (δύναμις, vgl. 4,11) ist wohl deswegen an erster Stelle genannt, weil damit der Kontrast zwischen der Ohnmacht aus irdischem Blickwinkel (das geschlachtete Lamm) und der Macht aus himmlischem hervorgehoben wird. Aus dem gleichen Grund steht „Kraft" (ἰσχύς) an vierter Stelle, in der Mitte der Reihe. Das zweite, „Reichtum" (πλοῦτος), wird in der ganzen Offb nur hier in Be-

---

Notwendigkeit geworden, damit die Fürsorge und Herrschaft des Gottes Israels sich über alle Völker verbreiten kann. Entsprechend zielen die Aussagen über das baldige Ende des letzten Weltreiches und den Anbruch der Gottesherrschaft keineswegs nur auf Israel, das zukünftige Reich des Menschensohns umfasst vielmehr ‚alle Völker, Sprachen und Nationen' (7,14)" (KOCH, Geschichtsdenken 304).

[96] Das Verb „herrschen" steht in HSS A u.a. im Präsens, in HSS ℵ u.a. dagegen im Futur. LOHMEYER, Apk 57; SWEET, Apk 130; BEALE, Apk 362; HOLTZ, Gott 262 Anm. 79 u.a. lesen es präsentisch, SCHÜSSLER FIORENZA, Priester 77; JÖRNS, Evangelium 51 u.a. dagegen futurisch. Wenn das Verb präsentisch wäre, würde es unterstreichen, dass die Christen trotz ihrer äußeren Situation jetzt schon an der Herrschaft beteiligt sind. Das ist aber schon im Hymnus, ἐποίησας αὐτοὺς [...] βασιλείαν, ausgesprochen; der Vf. bräuchte es nicht nochmals in einer Erklärung zum Ausdruck zu bringen. In dem Sinne erscheint m.E. die futurische Formulierung ursprünglicher zu sein. Zu vergleichen ist auch 11,15, wo in einem Hymnus, der ebenso die βασιλεία als Thema hat, die Aussage zunächst in einem Vergangenheitstempus formuliert ist, dann aber ins Futur übergeht. Die Änderung ins Präsens ist um der Anpassung an die Aussage des Hymnus willen vollzogen worden. Übrigens ist der Hinweis von SCHÜSSLER FIORENZA, Priester 76, dass sich in der präsentischen Lesart die seit Tyconius und Augustin vorherrschend gewordene präsentische Auffassung des Millenniums widerspiegele, beachtenswert.

[97] Nicht wenige Ausleger meinen, dass sich unsere Aussage im Millennium erfüllt (BOUSSET, Apk 261; LOISY, Apk 139; MICHL, Älteste 68 Anm. 2). Aber das Millennium ist für die Offb kein so konstitutives Element, dass die Endgeschichte ohne dieses überhaupt nicht vorstellbar wäre. Auch an unserer Stelle findet man sonst kein Indiz dafür, dass der Vf. an das Millennium denkt.

[98] Manchmal wird darauf hingewiesen, dass „in den vier ersten Gliedern [...] Macht und Herrschaft genannt [werden], die das Lamm empfangen hat, [...] in den drei letzten Gliedern aber [...] die Anbetung ausgedrückt" wird (LOHSE, Apk 39; ähnlich Bousset, Apk 261; DELLING, Gottesdienst 429 u.a.). Das trifft gewiss einigermaßen zu. Es gibt aber keine Gruppierung der Glieder, die unserer Stelle und 7,12 gleichzeitig gerecht wird.

zug auf Gott bzw. das Lamm verwendet (vgl. Röm 11,33). In LXX wird Reichtum als etwas für Menschen sehr Erstrebenswertes häufig neben „Ruhm" (δόξα) genannt (1Kön 3,13; 1Chr 29,28; 2Chr 17,5; 18,1; 32,27; Spr 3,16 u.a.). Auch an unserer Stelle wird der Ausdruck wohl lediglich in einem solchen allgemeinen Verständnis verwendet. Auch der dritte Begriff, „Weisheit" (σοφία), ist in der Offb spärlich belegt (außer 7,12 nur noch in 13,18 und 17,9; vgl. Röm 11,33; 1Kor 1,24; Kol 2,3 u.a.). Zum vierten, „Kraft" (ἰσχύς), vgl. oben zu „Macht". Auch dieses Wort ist sonst nur noch in 7,12 belegt; vgl. Eph 1,19; 6,10; 2Thess 1,9 u.a. Das fünfte, „Ehre" (τιμή), und das sechste, „Ruhm" (δόξα), kommen in einem solchen Zusammenhang des öfteren vor (vgl. ad 4,9). Das letzte, „Lob" (εὐλογία), ist im Sinne des Lobes an Gott im ganzen NT außer drei Stellen der Offb (5,12.13; 7,12) nur noch in Jak 3,10 belegt; aber εὐλογητός wird sowohl in LXX als auch in anderen neutestamentlichen Schriften des öfteren verwendet (in der Offb aber nicht belegt).

**V. 13:** Zum Schluss sprechen „alle Geschöpfe" gemeinsam eine Doxologie. In der Offb ist das Lobpreisen durch die Geschöpfe sonst beispiellos. Am Ende der Doppelszene Kap 4f will der Vf. unterstreichen, dass die Machtübernahme des Lammes vollkommen dem Schöpferwillen entspricht und für alle Geschöpfe gilt, und dass diese sie akzeptieren, indem sie sie lobpreisen. Um die Anteilnahme aller Geschöpfe zum Ausdruck zu bringen, kombiniert er die senkrechte Dreiteilung des Kosmos (Himmel, Erde und Untererde) und die horizontale Zweiteilung der Erdoberfläche (Land und Meer) (vgl. Ijob 11,8f; Am 9,2f; Ps 135,6).

An unserer Stelle wird in der Offb zum ersten Mal das Lamm neben Gott genannt. Ähnliches lässt sich von nun an oft beobachten (6,16; 7,9.10; 11,15; 12,10; 14,4; 20,6; 21,22.23; 22,1.3). Die Reihenfolge beider Größen bleibt dabei immer gleich: Gott zuerst und dann das Lamm (nur 14,1 ist eine Ausnahme; vgl. dort). Außerdem liegt hier in der Offb (neben 22,3 [mit λατρεύειν]) der einzige Beleg für die Vorstellung vor, dass neben Gott auch das Lamm angebetet wird (προσκυνεῖν). Das Lamm erweitert also den traditionell monotheistischen Rahmen.

Der Lobpreis ist in vier Substantiven ausgeführt; die drei ersten, Lob, Ehre und Ruhm, sind im Lobgesang V. 12 als die letzten drei genannt; die wiederholte Verwendung sichert die enge Beziehung beider hymnischen Stücke; die zwei letzten Substantive an unserer Stelle kamen in 1,6 ebenso in einer Doxologie vor (vgl. 1Petr 4,11).

**V. 14:** Die ganze Szene wird dadurch abgerundet, dass der Vf. in V. 14 zum innersten Kreis rings um den Thron, den Wesen und den Ältesten, zurückkommt. Die Wesen sprechen „Amen", und die Ältesten fallen nieder und beten an; gemeint ist, dass beide zusammen „Amen" sprechen und beide zusammen niederfallen; vgl. etwa 19,4. Zu „Amen" vgl. ad 1,7.

## 2. 6,1–8,6: Die sieben Siegelvisionen

Die ersten vier Visionen (V. 1–8) bilden eine Gruppe; sie sind sehr kurz gefasst und haben fast die gleiche Struktur. Die fünfte (V. 9–11) und besonders die sechste (V. 12–17) sind dagegen umfangreich und weichen thematisch und strukturell von den ersten vier ab. Nachdem dann ein Zwischenstück Kap. 7 eingeschaltet wird, folgt erst 8,1 die siebte und letzte Siegelvision, die als Überleitung zur Reihe der Posaunenvisionen dient.

Den Inhalt eines versiegelten Buches kann man eigentlich erst dann lesen, wenn alle Siegel geöffnet werden. Einige Ausleger sind deswegen der Meinung, dass der Inhalt des Buches erst in 8,2ff dargestellt sei und die Siegelvisionen bloß einen vorbereitenden Charakter hätten.[99] Aber der Vf. hat kein Interesse am Lesen des Inhalts (vgl. ad 5,2 und ad 8,1f). Für ihn sind allein das Lösen der Siegel als ein symbolischer Akt wichtig.[100]

Zum Grundcharakter der Plagen der drei Visionenreihen: Sie sind alle als Gottes Bestrafung der Gottlosen konzipiert.[101] Bei einigen Schalenvisionen ist das deutlich zum Ausdruck gebracht (z.B. 16,2; vgl. auch 3,10); dass die Posaunen- und die Schalenreihe in Anlehnung an die Exodusgeschichte formuliert sind, ist auch ein Indiz dafür. Der Vf. hat nicht vor, durch diese Darstellung die Gottlosen zu ermahnen und zur Umkehr zu bringen. Das Buch ist für die Christen bestimmt. Für sie bedeutet das Kommen des Endes die Umkehrung der gegenwärtigen ungerechten Weltordnung, in der die Gottlosen im Wohlstand und die Christen bedroht sind durch Gott. Das Heil dieser ist mit der Bestrafung jener eng verbunden (vgl. etwa 8,3–5). Die Plagen sind für die Christen insofern „indirekte Heilszusagen".[102]

*a) 6,1–8: Die ersten vier Siegelvisionen: Vier Reiter*
(1) **Und ich sah, als das Lamm eines der sieben Siegel öffnete, und ich hörte eines der vier Wesen wie eine Donnerstimme sprechen: Komm!** (2) **Und ich sah, und siehe, ein weißes Ross, und der darauf saß, hatte einen Bogen, und ihm wurde ein Kranz gegeben, und er zog als ein Sieger und um zu siegen aus.**

(3) **Und als es das zweite Siegel öffnete, hörte ich das zweite Wesen sprechen: Komm!** (4) **Und ein anderes, feuerrotes Ross zog aus, und dem, der darauf saß, wurde gegeben, den Frieden von der Erde zu rauben, und dass sie einander abschlachten sollten, und ihm wurde ein großes Schwert gegeben.**

(5) **Und als es das dritte Siegel öffnete, hörte ich das dritte Wesen sprechen: Komm! Und ich sah, und siehe ein schwarzes Ross, und der darauf saß, hatte in seiner Hand eine Waage.** (6) **Und ich hörte [etwas] wie eine Stimme inmitten der vier Wesen sprechen: ein Chönix Weizen für einen Denar und drei**

---

[99] Allo, Apk 68; Zahn, Apk 347; Lohse, Apk 40; Mounce, Apk 151; Osborne, Apk 269.272; Bornkamm, Komposition 205.

[100] Roloff, Apk 79; Giesen, Apk 175; Lambrecht, Structuration 81 n. 18; Toth, Kult 265 f.

[101] Beale, Apk 372f, behauptet mit dem Verweis auf Ez 14,12–23 und Lev 26,18–28, wo die Züchtigungen von abtrünnigen Israeliten Thema ist, dass die Plagen auch an die untreuen Christen gerichtet seien. Die genannten Stellen haben aber mit unseren Visionen nichts zu tun. Auch in den Visionenreihen selbst gibt es keinen Anhalt für seine Ansicht. Zur Kritik an der These von Beale vgl. auch Pattemore, People 71f. Für Pattemore seinerseits ist das Fehlen von οἱ κατοικοῦντες ἐπὶ τῆς γῆς in V. 1–8 ein Argument dafür, dass auch das Volk Gottes von den Plagen betroffen wird (71). Aber da der Begriff auch in den Posaunen- und Schalenvisionen nicht vorkommt, wo nur die Gottlosen als Opfer der Plagen genannt sind, kann das Argument nicht ausschlaggebend sein.

[102] Giesen, Apk 179.

Chönix Gerste für einen Denar; und du sollst dem Öl und dem Wein keinen Schaden zufügen.

(7) Und als es das vierte Siegel öffnete, hörte ich die Stimme des vierten Wesens sprechen: Komm! (8) Und ich sah, und siehe ein fahles Ross, und der auf ihm saß, sein Name war der Tod, und der Hades folgte ihm, und ihnen wurde die Macht über ein Viertel der Erde gegeben, zu töten mit Schwert und Hunger und Seuche und durch die wilden Tiere der Erde.

V. 1–8: Das Öffnen der Siegel durch das Lamm unterstreicht die Herrschaft Christi über die Endgeschichte, und der Ruf der vier Wesen deutet an, dass das Lamm in völliger Übereinstimmung mit dem Willen Gottes handelt (vgl. 15,7). Der Ruf dient auch dazu, „die erforderliche Distanz zwischen dem Lamm und den unheilbringenden Reitern herzustellen".[103]

Das Motiv der vier Rosse stammt aus Sach 6,1–8, aber sein Grundcharakter ist geändert: Während die Rosse dort nur beauftragt sind, die Erde zu durchziehen und Bericht zu erstatten (6,7; 1,10f), sind mit ihnen hier die endzeitlichen Bedrängnisse verknüpft. Auch in Einzelheiten sind Abweichungen konstatierbar: Während dort vier Kriegswagen auf einmal erscheinen und jeder von Rossen mit einer bestimmten Farbe gezogen wird, ist hier von einem oder mehreren Wagen nicht die Rede; stattdessen spielen deren Reiter, die in Sach (außer in 1,8) nicht vorkommen, eine große Rolle, gibt es pro Farbe nur ein Ross, also insgesamt vier, und sie treten eines nach dem anderen auf. Die Zahl „vier" und vielleicht auch die Farben[104] der Rosse beziehen sich in Sach auf die vier Himmelsrichtungen, in unserem Abschnitt ist diese Beziehung nicht erkennbar;[105] dementsprechend werden die Plagen, die jeder Reiter bringt, nicht auf ein bestimmtes Gebiet beschränkt.

Zwischen den ersten vier Siegelvisionen und der synoptischen Apokalypse sind nicht nur in Bezug auf die Art der Plagen, sondern auch in Bezug auf ihre Abfolge gewisse Entsprechungen erkennbar. Man kann aber nicht von einer direkten Abhängigkeit unseres Textes von jener Apokalypse sprechen; die Unterschiede zwischen beiden Texten sind zu gewichtig.[106] Die Entsprechungen sind eher der ihnen gemeinsamen Tradition geschuldet: Im AT und Judentum gibt es zahlreiche Belege für die Zusammenstellung von den drei Plagen, die in den Siegelvisionen durch die letzten drei Reiter repräsentiert werden, Schwert, Hunger und Seuche, und zwar gerade in dieser Reihenfolge.[107] Unser Vf. kombiniert also bei der Darstellung der

---

[103] REICHELT, Sieben Siegel 227.
[104] Die Farben sind ursprünglich mit vier Welteckenplaneten verbunden: Merkur (rot/Osten), Saturn (Schwarz/Norden), Jupiter (weiß/Westen) und Mars (grün/Suden) (U.B. MÜLLER, Apk 166; vgl. BOLL, Offenbarung 93; LANG, ThWNT VI 952,28ff; BÖCHER, Dämonenfurcht 43).
[105] Da in 7,1, wo ebenfalls der Einfluss der Sacharjastelle feststellbar ist, von den vier Winden der Erde die Rede ist, legt sich die Annahme nahe, dass der Vf. die Sacharjastelle genau kannte.
[106] Dazu vgl. etwa BACHMANN, Noch ein Blick 276f.
[107] Jer 14,12; 21,9; 24,10; 27,8.13; 29,17.18; 32,24.36; 38,2; 42,17.22; 44,13; Ez 6,11; 7,15; 12,16; 4QpPs37 2,1. Andererseits kommen die Zusammenstellungen der vier Plagen, die sich in unserem Abschnitt finden, also entweder Bogen, Schwert, Hunger und Seuche (V. 2.4.5 u.8) oder Schwert, Hunger, Seuche und

Reitervisionen die Sacharjastelle mit der traditionellen Zusammenstellung der drei Plagen;[108] dabei führt er, um die Zahl „vier" zu gewinnen, „Bogen" bzw. „wilde Tiere" als vierte Plage ein.[109]

Einige Forscher finden in den Reitervisionen Anspielungen auf zeitgeschichtliche Ereignisse (dabei wird meistens die fünfte Vision mitberücksichtigt).[110] Es ist gewiss möglich, dass bei einigen Visionen solche Erinnerungen nachwirken. Schwierig ist jedoch, diese bei jeder Reitervision konkret zu identifizieren, was uns zur Zurückhaltung gegenüber solchen Versuchen mahnt; vgl. ad V. 5f.

V. 1f: Zur Identifizierung des Reiters: Auf den ersten Blick bekommt man den Eindruck, dass der erste Reiter einen ähnlichen Charakter wie die andern hätte.[111] Bei genauerer Betrachtung aber ergeben sich einige Hinweise, die diese Annahme fraglich erscheinen lassen: Erstens unterscheiden sich die Instrumente der letzten drei Reiter in ihrem Charakter grundlegend voneinander (Schwert, Waage und Pest), während es sich bei den Instrumenten der ersten beiden Reiter, Bogen und Schwert, in gleicher Weise um Kriegswaffen handelt.[112] Zweitens ersetzt der Vf. in V. 8, wo er die Darstellung bis dahin zusammenfasst, den „Bogen" durch „wilde Tiere". Schließlich ist in der ersten Vision nur vom Sieg des Reiters die Rede, nicht aber von der Vollstreckung einer Plage.[113] Diese Besonderheiten mahnen uns zur Zurückhaltung vor der allzu schnellen Annahme, dieser Reiter bringe wie die folgenden drei eine Plage.

Einige Ausleger weisen darauf hin, dass „Bogen [...] nicht die Waffen der Römer, sondern der Parther" sind.[114] Aber der Bogen kommt auch im AT – besonders neben dem Schwert (vgl. oben) – oft vor; „für die Deutung auf ein spezielles Volk ist die Darstellung zu allgemein".[115]

Rissi weist auf Ez 39,3 hin, wo Gott zu Gog sagt, dass er ihm den Bogen aus der Linken schlagen und seiner Rechten die Pfeile entfallen lassen werde, und folgert daraus, dass der Reiter, der den Bogen in seiner Hand hält, der Antichrist sei.[116]

---

wilde Tiere (V. 8), im AT gar nicht bzw. ganz selten vor (die einzige Ausnahme ist Ez 14,21 [Schwert, Hunger, Tiere, Seuche]; vgl. ferner Lev 26,18ff; Dtn 32,23ff; Ez 5,17; PsSal 13,2f).

[108] Vgl. ALLO, Apk 100.

[109] Vgl. FIEDLER, „und siehe" 78.

[110] Vgl. etwa den Überblick bei CHARLES, Apk I 155ff.

[111] „Auch die Auffassung, dass der erste Reiter nicht isoliert von den drei anderen gedeutet werden darf, [...] hat sich allgemein durchgesetzt" (BÖCHER, Johannesapokalypse 55); ähnlich BEHM, Apk 38; LOHSE, Apk 40; KRAFT, Apk 114; OSBORNE, Apk 276; RISSI, Rider 414; dagegen aber BORNKAMM, Komposition 219; FEUILLET, Cavalier 240.

[112] Bogen und Schwert sind im AT oft als repräsentative Waffen nebeneinander genannt (Gen 48,22; Jos 24,12; 2Kön 6,22; Ps 7,12; 37,14f; 44,6; 64,3; Hos 7,16; Jes 41,2 u.a.

[113] LOISY, Apk 144; Bornkamm, Komposition 219 u.a.

[114] LOHMEYER, Apk 60; ähnlich MÜLLER, Apk 167; HARRINGTON, Apk 89; KEENER, Apk 201f; BÖCHER, Johannesapokalypse 56 u.a.

[115] RISSI, Was ist 77; ähnlich BECKWITH, Apk 519; BEASLEY-MURRAY, Apk 132; GIESEN, Apk 176; VOS, Traditions 188; GÜNTHER, Enderwartungshorizont 174 Anm. 19.

[116] Rider 415f, Was ist 77, Hure 23f; vgl. POHL, Apk I 194f; VOS, Traditions 187.189f; auch BEALE, Apk 375f, setzt sich mit einer Reihe Argumenten für diese Ansicht ein.

Eine Schwierigkeit dieser Deutung liegt darin, dass die Plagen in den Siegelvisionen sämtlich Verwirklichungen des Zorns Gottes und des Lammes (V. 16f) gegenüber den „Erdenbewohnern" (V. 10) sind.

Feuillet deutet den Reiter als Personifikation des Gerichts Gottes, das traditionell durch die Dreiheit von Krieg, Hungersnot und Seuche vollzogen wird.[117] Die These zeichnet sich dadurch aus, dass mit ihr sowohl die gemeinsamen Züge als auch die Unterschiede, die in der Darstellung 6,1ff zwischen dem ersten und den anderen Reitern bestehen, erklärt werden können. Aber ob sie dem Gebrauch der der Offb charakteristischen Terminologie νικᾶν gerecht zu werden vermag, muss fraglich bleiben.[118]

Andere Ausleger setzen den Reiter mit dem auf einem weißen Ross Reitenden (19,11; = Christus) gleich.[119] Eine Schwierigkeit dieser Deutung liegt darin, dass dann Christus als der Reiter aufgrund des Lösens der Siegel durch Christus als das Lamm in Erscheinung träte.[120] „Im übrigen passt die Darstellung der eschatologischen Wiederkunft Christi schlecht zum Beginn der endzeitlichen Plagen, sie gehört an das Ende".[121]

Nach anderen Forschern verkörpert der Reiter die Verkündigung.[122] Aber die Mission spielt in der Offb keine wesentliche Rolle (vgl. ad 14,6).[123]

Die wichtigste Aussage im Blick auf die Deutung des Reiters ist: „Er zieht als ein Sieger und um zu siegen aus". Als Subjekt des Siegens gibt es in der Offb drei Möglichkeiten: Christus, gegengöttliche Mächte wie das Tier oder die Christen.[124] Dass die zwei ersten in unserem Fall nicht in Frage kommen, haben wir schon festgestellt. Wir können den Reiter aber als Verkörperung der treuen Christen ansehen.[125] Denn ihr Sieg besteht darin, in Bedrängnissen bis zum Ende ihren Glauben festzuhalten, und es gibt unter ihnen schon einige, die deswegen ihr Leben verloren haben (2,13; 6,9-11); es wird aber auch erwartet, dass ihre Zahl erst in der Zukunft voll werden wird (6,11).

M.E. steht dieser Annahme nichts im Wege; vielmehr lassen sich einige der Besonderheiten der Darstellung durch sie leichter erklären. Erstens wird es begreiflich, warum in der Aufzählung der Plagen in V. 8 der Bogen nicht vorkommt; der Sieg der Christen hat mit den Plagen der Gottlosen direkt nichts zu tun. Zweitens sieht man ein, warum der Reiter einen Kranz empfängt und dann auszieht. Diese Vision bereitet außerdem die fünfte vor, in der den Seelen der Märtyrer gesagt wird, dass

---

[117] Cavalier 244ff; vgl. bes. 247.250; vgl. BRÜTSCH, Apk I 283f; TAEGER, Hell 385-387.
[118] Als Subjekte von νικᾶν kommen in der Offb sonst immer konkrete Persönlichkeiten vor, niemals unpersönliche Begriffe wie das Gericht Gottes; zu νικᾶν vgl. auch gleich unten.
[119] BORNKAMM, Komposition 219; BACHMANN, Reiter 271ff; HERZER, Reiter 239.
[120] BOUSSET, Apk 265; LOISY, Apk 144; BEHM, Apk 38; AUNE, Apk 393f u.a.
[121] MÜLLER, Apk 164.
[122] ALLO, Apk 73; ZAHN, Apk 352; LADD, Apk 99; CULLMANN, Eschatologie 354f.
[123] Vgl. BACHMANN, Reiter 274.
[124] Dazu vgl. den Exkurs „Überblick über den Gebrauch von νικᾶν in der Offb und dessen jüdischer Hintergrund" bei Kap. 2.
[125] Vgl. LOISY, Apk 145; SWEET, Apk 138.

sie noch ruhen sollen, bis ihre Zahl voll wird (V. 9-11). Der Vf. führt die treuen Christen an dieser Stelle ein, weil er der Ansicht ist, dass ihr Sieg mit der Bestrafung der anderen Menschen Hand in Hand geht. Zur weißen Farbe vgl. ad 1,14.

**V. 3f:** Mit der zweiten Vision beginnen die Plagen. Die rote Farbe des Rosses deutet Blutvergießen an (vgl. 2Kön 3,22). Dem Reiter werden zwei Dinge (von Gott) gegeben; einmal die Macht, „den Frieden von der Erde zu rauben", und zum zweiten ein großes Schwert. Sachlich besagt beides das gleiche: Weltweite Kriege („von der Erde"). Krieg ist ein Topos der Endgeschichte der jüdischen Apokalyptik;[126] im NT vgl. Mk 13,7f.

**V. 5f:** Die dritte Vision. Zwischen der Farbe des Rosses (schwarz) und der Plage, die der Reiter mit sich bringt (Hungersnot), besteht keine besondere Beziehung. Der Vf. hat einfach eine Farbe, die er in Sach 6,1ff gefunden hat und die Unglück verheißt, aufgenommen. Die Waage ist ein Symbol für Lebensmittelknappheit (vgl. Ez 4,16; Lev 26,26).

Die Stimme, die inmitten der vier Wesen ertönt, bekundet zunächst den Preis von Weizen und Gerste. Ein Chönix entspricht etwa 1.08 Liter. Ein Denar war der Tageslohn eines Arbeiters (vgl. Mt 20,2ff). In einer in Antiochia in Pisidien gefundenen Inschrift aus dem Jahr 93, in dem eine Hungersnot in Kleinasien herrschte, verbietet der römische Legat L. Antistius Rusticus, das Korn für mehr als einen Sesterz (zweieinhalb Sesterzen = ein Denar) per Modius (= acht Chönix) zu verkaufen.[127] Der Preis des Weizens an unserer Stelle ist danach etwa zwanzigmal höher.[128] Der Mangel von Weizen und Gersten ist bekundet.

Die Stimme spricht dann Rätselhaftes: „Du sollst dem Öl und dem Wein keinen Schaden zufügen". Im AT sind die Fülle oder der Mangel von Getreide, Wein und Öl nicht selten als Segen oder Fluch betrachtet (Hos 2,24; Joel 2,19.24; Mi 6,15; Dtn 28,38-40). An diesen Stellen sind die drei Sorten immer einheitlich behandelt. Von diesem Hintergrund her versteht man unsere Aussage am besten in dem Sinne, dass sich der Schaden nicht auf alle Landprodukte erstreckt. Sie entspricht also der Beschreibung in V. 8, dass die Herrschaft des Reiters auf „ein Viertel der Erde" begrenzt wird.[129] Dass dabei das Getreide als dasjenige genannt ist, dem Schaden zugefügt wird, hat keinen tiefgehenden Sinn; der Vf. hätte statt dessen auch Weinstöcke und Ölbäume nennen können. Die Aufzählung der zwei Sorten von Getreide, Weizen und Gerste, ist nur von der Absicht bestimmt, die Anzahl der Getreidesorten und die der Bäume anzugleichen und so die Gesamtzahl „vier" zu erzielen.

Die Darstellung der dritten Vision ist im Vergleich mit den übrigen detaillierter, was einige Ausleger zur Identifizierng des Reiters mit zeitgeschichtlichen Figuren veranlasst hat: Sie weisen z. B. auf das Dekret von Domitian im Jahr 92 hin;[130] da es

---

[126] Vgl. VOLZ, Eschatologie 156f.
[127] COURT, Myth 60; KRAYBILL, Cult 147 n. 21.
[128] Vgl. auch Cicero, in Verrem 3,81ff, und dazu CHARLES, Apk I 166f; LOHMEYER, Apk 61 u.a.
[129] Vgl. BECKWITH, Apk 521; LADD, Apk 101; SCHLIER, ThWNT II 468,51ff.
[130] Nach BOUSSET, Apk 135, hat REINACH in seinem Aufsatz aus dem Jahr 1901 diese These vorgetragen; BOUSSET selber nimmt zu ihr positiv Stellung. Unter neueren Forschern vgl. vor allem HEMER, Letters 158, wo auch weitere Belege und Literatur angegeben sind.

an Getreide mangelte, während Wein reichlich vorhanden gewesen ist, erließ er ein Dekret, in dem er in Italien die Neugründung von Weingärten verbot und in den Provinzen ihre Reduzierung auf die Hälfte gebot, erklärte es aber für ungültig, ehe es greifenn konnte (Sueton, Dom. 7,2; 14,2). In diesem Dekret ist aber vom Öl nicht die Rede, was die Anlehnung unserer Aussage an jenes unwahrscheinlich macht.

V. 7f: Die vierte Vision. Die Farbe des Rosses, χλωρός (grün), kann im Zusammenhang mit Krankheit oder Tod verwendet werden.[131] Der Reiter heißt „Tod" (θάνατος), und ihn begleitet „Hades" (vgl. ad 1,18). Tod und Hades sind das Endziel der vorangehenden Plagen. In diesem Sinne eignet der Darstellung des vierten Reiters ein zusammenfassender Charakter. Das wird bestätigt durch die ihnen insgesamt verliehene Befugnis, „zu töten mit Schwert und Hunger und Seuche und durch die wilden Tiere der Erde". „Schwert" (ῥομφαία) und „großes Schwert" (μάχαιρα μεγάλη), das Werkzeug des zweiten Reiters, sind in LXX oft synonym verwendet; „Hunger" hat einen engen Bezug zur dritten Vision; dem vierten Reiter sind also auch die Befugnisse verliehen, die eigentlich dem zweiten und dem dritten Reiter zukommen. Θάνατος, der Name des vierten Reiters, ist hier mit „Seuche" zu übersetzen (vgl. ad 2,23), weil es so „Schwert" und „Hunger" besser entspricht. „Die wilden Tiere der Erde" hat keine Entsprechung in den vorangehenden Visionen; diese Notiz steht unter dem Einfluss von Ez 14,21.

Der vierte Reiter empfängt Macht nur über ein Viertel[132] der Erde. Die Darstellung der Bedrängnisse in der Offb entwickelt sich stufenweise; in den Posaunenvisionen erstrecken sie sich auf ein Drittel des Kosmos, in den Schalenvisionen auf den ganzen Kosmos.

*b) 6,9-11: Die fünfte Siegelvision: Das Geschrei der Märtyrer*
**(9) Und als es das fünfte Siegel öffnete, sah ich am Fuß des Altars die Seelen derer, die um des Wortes Gottes und des Zeugnisses willen, das sie hatten, geschlachtet worden waren. (10) Und sie riefen mit lauter Stimme: Bis wann, heiliger und wahrhaftiger Herr, richtest und rächst du nicht unser Blut an den Bewohnern der Erde? (11) Und einem jeden von ihnen wurde ein weißes Gewand gegeben, und es wurde ihnen gesagt, dass sie noch kurze Zeit abwarten sollten, bis die Zahl ihrer Mitknechte und ihrer Brüder voll wird, die getötet werden sollen wie sie selber.**

V. 9-11: Bei dieser Vision geht es um die Frage, wann sich das Gericht Gottes verwirklicht. Die kühle Antwort, dass bis dahin noch einige den Märtyrertod erleiden müssen, ist das, was der Vf. durch diese Vision den Lesern mitteilen will.[133] Dass

---

[131] Vgl. die Belege bei BAUER/ALAND, WB χλωρός.

[132] Ob Ez 5,12LXX in dieser Hinsicht maßgebend ist (so VANHOYE, Ézechiél 446, und KOWALSKI, Rezeption 127), ist fraglich; denn in der Posaunenreihe ist die Zahl der Geschädigten unabhängig von Ez 5,12 auf ein Drittel bestimmt.

[133] Richtig PATTEMORE, People 88: „The rhetorical force of this verse is not [...] an instruction to people who have died but a communication to people who still live".

nach den Berichten der Plagen dieses Thema aufgegriffen wird, könnte auf ein traditionelles Schema zurückgehen (vgl. Mk 13,9ff nach V. 7f).[134] Dem Vf. selbst liegt aber daran, neben der Bestrafung der Gottlosen das Geschick der treuen Christen zu erwähnen, da beide Gruppen ihm zufolge ein Gegenüber bilden,[135] und vor allem, da es für die Leser von dringendem Interesse sein muss.

**V. 9:** Der Seher sieht am Fuss des himmlischen (Brandopfer-)Altars[136] die Seelen (ψυχή) der geschlachteten Märtyrer.[137] Das Bild ist durch alttestamentlich-jüdische Vorstellungen bestimmt: Die Seele wird besonders im Kultus in enger Verbindung mit dem Blut aufgefasst (vgl. Lev 17,11.14 LXX: „Die Seele [ψυχή] allen Fleisches ist ihr Blut"; vgl. auch Dtn 12,23; Gen 9,4f) und der Priester ist bei der Herrichtung des Brandopfers verpflichtet, einen Teil des Blutes der Tiere an die Hörner des Räucher- bzw. Brandopferaltars zu streichen und den übrigen Teil beim Brandopferaltar auf den Boden zu gießen (Ex 29,12; Lev 4,7.18.25.30.34; 5,9; 8,15 u.a.).[138]

Die Märtyrer wurden „wegen des Wortes Gottes und wegen des Zeugnisses, das sie hatten", geschlachtet. Die Wendung „das Wort Gottes und das Zeugnis Jesu" ist mehrmals im Zusammenhang mit der Verfolgung verwendet (vgl. ad 1,2). An unserer Stelle ist „das Zeugnis Jesu" durch „das Zeugnis, das sie hatten", ersetzt und infolgedessen die Beziehung dieses Zeugnisses auf Jesus im Wortlaut verschwunden. Für einige Ausleger ist das ein Indiz dafür, dass hier alttestamentliche Märtyrer (mit)gemeint seien.[139] Aber 20,4 zeigt, dass auch an unserer Stelle „das Zeugnis

---

[134] HADORN, Apk 85; ROLOFF, Apk 82 u.a.

[135] In Kap. 7 wird das Geschick der Christen in Form eines Zwischenstücks von einem anderen Gesichtspunkt her wieder thematisiert.

[136] Zu Altären im Himmel vgl. ad 8,3–5.

[137] Die Märtyrer sind wohl deswegen als „geschlachtet" bezeichnet, „weil sie in der Nachfolge des geschlachteten Lammes stehen" (so KRAFT, Apk 119; STUHLMANN, Maß 156; ähnlich NIKOLAINEN, Eigenart 165; WOLFF, Gemeinde 195); vgl. 18,24. Fraglich ist jedoch, ob der Vf. die Seelen der Getöteten als Opfer für Gott betrachtet (gegen CHARLES, Apk I 173; LOHMEYER, Apk 63; U.B. MÜLLER, Apk 170; GÜNTHER, Enderwartungshorizont 86 u.a.). BÖCHER, Christus 99 m. Anm. 209, erkennt ihrem Blut gar die reinigende Kraft zu, die das Blut Jesu besitzt (1,5), und behauptet: „Das Blut der Märtyrer wird mit dem Blut Christi gewissermaßen identisch", eine Vorstellung, die in der Offb sonst nicht belegt ist.

[138] Die Vorstellung, dass die Frommen bzw. ihre Seelen nach dem Tod in den Himmel aufsteigen, findet sich im vorchristlichen Judentum (z.B. Weish 3,1–3; 4,14; 1Hen 39,4ff; 61,12; vgl. BOUSSET/GRESSMANN, Religion 294). Aber die Vorstellung, dass sie am Fuß des himmlischen Altars zu finden sind, ist zum ersten Mal an unserer Stelle und sonst kaum belegt. In der detaillierten Beschreibung der himmlischen Welt in Kap. 4 war vom Altar nicht die Rede. Aber das Ineinandergreifen beider Bilder, des himmlischen Thronsaals und des himmlischen Tempels, ist bereits in Jes 6,1ff belegt. Bei unserem Vf. vgl. besonders 7,15: Die verklärten Christen „sind *vor dem Thron Gottes* und dienen ihm […] *in seinem Tempel*". Der Vf. kann beide Bilder auch promiscue verwenden: „Eine laute Stimme" kommt in 19,5; 21,3 vom Thron her, aber in 16,1 vom Tempel; in 16,17 findet man sogar eine doppelte Angabe, „vom Tempel, vom Thron". Der himmlische Altar ist noch in 8,3–5; 9,13; 14,18; 16,7 belegt. Zum alttestamentlich-jüdischen Hintergrund des Bildes vgl. Ez 43,13ff; TestLev 3,6; Weish 9,8; zu jüdischen Parallelen vgl. auch STR-B III 700f; Belege in christlichen Schriften nach dem 2. Jh. vgl. CHARLES, Apk I 227f.

[139] Z.B. HADORN, Apk 85f; KRAFT, Apk 119; PATTEMORE, People 78f. FEUILLET, Martyrs 194f, denkt sogar an „alle vorchristliche Märtyrer", inbegriffen auch nichtalttestamentliche; „Socrate est un bel exemple".

Jesu" gemeint ist.[140] Um das Engagement der Märtyrer für den Glauben zu unterstreichen, wählt der Vf. unsere Formulierung.[141] Worte wie „Mitknechte" und „Brüder" in V. 11 weisen ebenso auf christliche Märtyrer hin. Der Vf. hat die Märtyrer der neronischen Verfolgung im Sinn.[142]

**V. 10:** Die Märtyrer rufen[143] nach Vergeltung an denjenigen, die sie ermordeten (vgl. Gen 4,10; 2Makk 8,3; 1Hen 47,1). Unserer Szene steht 4Esr 4,35f sehr nahe. Wahrscheinlich ist unserem Vf. ein solches traditionelles Schema vorgegeben.[144]

Die Märtyrer reden Gott als „heiliger und wahrhaftiger Herr" an. Zur Zusammensetzung von „heilig" und „wahrhaftig" vgl. ad 3,7. Δεσπότης ist in der Offb sonst nicht belegt; auch im ganzen NT wird es im Zusammenhang mit Gott bzw. Christus nur selten verwendet.[145] Der Grund für die Verwendung an unserer Stelle ist nicht deutlich. Die Erwartung des machtvolle Eingreifens Gottes oder die Vorstellung seines Kampfes gegen die römischen Kaiser, die jetzt als δεσπόται herrschen (vgl. Josephus, bell. VII 418f), könnte man als Hintergrund vermuten,[146] aber dann stellt sich die Frage, warum das Wort in der Offb sonst nicht verwendet ist.

Das Geschrei der Märtyrer beginnt mit „bis wann", ein Wort, das in Klageliedern wiederholt begegnet.[147] Aber während „bis wann" dort innergeschichtlich gefasst ist, ist es an unserer Stelle (wie in 4Esr 4,35f; vgl. auch Dan 8,13; 12,6) apokalyptisch-eschatologisch geprägt. „Bis wann" ist gewiss eine Äußerung der Ungeduld der Rufenden, aber in dieser Formulierung spiegelt sich auch ihr Vertrauen auf Gott wider, dass er eingreifen und sie aus der jetzigen Situation befreien wird. Was die Märtyrer erwarten, ist das Gericht[148] Gottes und seine Vergeltung[149] an „den Erdenbewohnern" (vgl. ad 3,10), die sie ermordeten. Die Aussage steht dem hymnischen Stück in 19,1f sehr nahe, das Gott wegen des Gerichts an Babylon lobpreist.[150]

---

[140] HOLTZ, Gott 254; vgl. ULFGARD, Feast 55 n.234.
[141] Vgl. STUHLMANN, Maß 155; HEINZE, Johannesapokalypse 302f.
[142] ROLOFF, Apk 83; DIBELIUS, Rom 220; NIKOLAINEN, Eigenart 165 u.a.
[143] Κράζειν ist in LXX (besonders in Psalmen) sehr oft ein Ausdruck für das Bitten vor allem an Gott (z.B. Ψ 4,3; 26,7; 54,16; 65,17; 87,13; Hi 30,20; Jes 19,20; 26,17 u.a.).
[144] Vgl. STUHLMANN, Maß 124–129.
[145] In Lk 2,29; Apg 4,24 auf Gott und in Jud 4; 2Petr 2,1 auf Christus bezogen.
[146] MOUNCE, Apk 158 n. 21; PATTEMORE, People 83.
[147] Ps 6,4; 13,2.3; 74,10; 79,5; 80,5; 89,47; 90,13; vgl. auch Jes 6,11; Jer 12,4; Hab 1,2; Sach 1,12.
[148] Das Wort κρίνειν ist in der Offb noch in 11,18; 16,5; 18,8.20; 19,2,11; 20,12.13 belegt; das Subjekt ist ausnahmslos Gott. Es hat immer, auch dort, wo es auf den ersten Blick einen neutralen Sinn zu haben scheint (11,18; 20,12.13), die Bedeutung „vernichten"; auch an unserer Stelle kann man es von der Parallele in 19,2 her nur in dieser Bedeutung verstehen. Das gleiche gilt auch für das Hauptwort κρίσις, das in 14,7; 16,7; 18,10; 19,2 vorkommt. Nur κρίμα in 20,4 hat einen anderen Bezug. In der Offb findet man keine Aussage, dass auch die Christen vor dem Gericht stehen werden (auch in 20,11ff nicht; vgl. dort).
[149] Zu „unser Blut zu rächen" vgl. Ps 79,10; Dtn 32,43; 2Kön 9,7. In der Offb kommt das „Blut" auch in 16,6; 17,6; 18,24; 19,2 im Zusammenhang mit der Ermordung von Christen vor, und dann spielt der Gedanke der Vergeltung an den Tätern immer eine Rolle.
[150] CHARLES, Apk I 175; vgl. DELLING, Gottesdienst 436. Ἐκδικεῖν wird in der Offb nur an diesen zwei Stellen verwendet.

V. 11: Auf das Geschrei der Märtyrer gibt Gott[151] eine zweifache Antwort. Zunächst wird jedem von ihnen ein weißes Gewand gegeben als ein Zeichen der Zugehörigkeit zur himmlischen Welt. Sie werden allerdings nicht jetzt gleich als volle Bürger dort aufgenommen; „die Johannes-Apokalypse kennt nicht die Lehre von der Sonderauferstehung der Märtyrer".[152]

Ihnen wird dann gesagt, dass sie noch kurze Zeit abwarten sollen (vgl. Lk 18,7f).[153] Die Paraphrase der „kurzen Zeit", die Formulierung „bis die Zahl der Märtyrer voll werde" (vgl. 4Esr 4,35f; 1Hen 47,4; syrBar 23,4f; 30,2), macht deutlich, dass die Zeit der Verfolgung noch eine Weile dauern wird, und einige der jetzt lebenden Christen noch den Märtyrertod erleiden werden. Wie groß ihre Zahl sein soll, und wie lange die jetzige Situation andauern wird, ist nicht gesagt; ihnen ist nur mitgeteilt, dass es „eine kurze Zeit" (vgl. 12,12) sein wird;[154] vgl. Einleitung 7.5.4.

*c) 6,12–17: Die sechste Siegelvision: Die kosmische Katastrophe*
**(12) Und ich sah, als es das sechste Siegel öffnete, und ein großes Beben geschah und die Sonne wurde schwarz wie ein Sack aus Haaren, und der ganze Mond wurde wie Blut, (13) und die Sterne des Himmels fielen auf die Erde, wie ein Feigenbaum, von starkem Wind geschüttelt, seine Herbstfeigen abwirft. (14) Und der Himmel verschwand wie eine zusammengerollte Schriftrolle, und jeder Berg und jede Insel wurden von ihrer Stelle gerückt. (15) Und die Könige der Erde und die Edlen und die Befehlshaber und die Reichen und die Mächtigen und jeder Sklave und Freie verbargen sich in den Höhlen und in den Felsen der Berge, (16) und sie sprechen zu den Bergen und den Felsen: Fallt auf uns und verbergt uns vor dem Angesicht dessen, der auf dem Thron sitzt, und vor dem Zorn des Lammes; (17) denn der große Tag seines Zorns ist gekommen, und wer kann bestehen?**

V. 12–17: Nach der Unterbrechung durch die fünfte Vision berichtet die sechste wiederum von einer Plage, die durch Naturkatastrophen kosmischen Ausmaßes verursacht wird und einen endgültigen Charakter hat. Der Vf. führt dies aber nur soweit aus, dass sich die Menschen vor dem Zorn Gottes und Christi verbergen (V. 15); ihr Verderben ist nur angedeutet.

---

[151] Beide passive Verben (ἐδόθη, ἐρρέθη) sind nur so zu verstehen. Im Visionenteil vermeidet der Vf., Gott direkt zum Wort kommen zu lassen (vgl. 1,8 und 21,5).

[152] NIKOLAINEN, Eigenart 166; vgl. BIETENHARD, Welt 226 Anm. 1. Anders GIESEN, Apk 184: Teilhabe „an der Vollendung des Heils".

[153] Ἀναπαύειν wird oft im Sinne von „ruhen" verwendet (vgl.14,11.13). KRAFT, Apk 120, behauptet, dass hier den Märtyrern gesagt ist, dass „sie noch kurze Zeit diese selige Ruhe genießen sollen" (ähnlich CHARLES, Apk I 177; FEUILLET, Martyrs 200). Aber die zeitlichen Begrenzungen, „noch kurze Zeit" und „bis", machen eine solche Deutung unwahrscheinlich. Ἀναπαύειν hat eher die Nuance „geduldig abwarten"; vgl. auch 1Hen 100,5; vgl. BOUSSET, Apk 271; BEHM, Apk 41; LOHSE, Apk 43; BAUERNFEIND, ThWNT I 353,1f.

[154] „Nicht dass diese Not begrenzt ist, sondern dass sie notwendig und unumgänglich ist, wird primär eingeschärft" (STUHLMANN, Maß 163).

Der Abschnitt besteht aus sieben Teilen; die ersten sechs (V. 12–14) berichten kosmische Katastrophen, ein Topos der jüdischen Apokalyptik (vgl. 1Hen 80,4ff; 4Esr 5,4; AssMos 10,5; Mk 13,24f). Der letzte Teil (V. 15–17) beschreibt die Reaktion der Menschen darauf.

**V. 12:** Die Beschreibung beginnt mit einem großen gesamtkosmischen Beben,[155] das Katastrophen im Himmel und auf der Erde verursacht.

Die Szene beschreibt dann Erscheinungen im Himmel. Der Text steht sowohl in seiner Struktur als auch in einzelnen Darstellungen Mk 13,24f nahe, aber doch nicht so, dass zwischen beiden Texten eine Abhängigkeitsbeziehung anzunehmen wäre: Mk 13,24f ist nach Jes 13,10 und 34,4 gebildet, unsere Stelle steht dagegen Joel 3,4 näher, der einzigen Stelle im AT, an der die Aussage, der Mond werde wie Blut, begegnet.

Die Verfinsterung der Sonne und des Mondes gilt im AT und in jüdischen apokalyptischen Schriften als Omen des Endes der Zeit.[156] Zur Formulierung, die Sonne werde schwarz wie ein Sack aus Haaren, vgl. Jes 50,3; Sukka 29ᵃ.[157] Dass der Mond wie das Blut wird, ist schon in Joel 3,4 ein Zeichen des furchtbaren Tages des Herrn; vgl. AssMos 10,5; Sukka 29ᵃ. Das Blut ist in der Offb (und in apokalyptischen Schriften überhaupt) auch sonst Omen des Eschaton.[158]

**V. 13f:** In der zweiten Hälfte der Beschreibung der himmlischen Erscheinungen ist der Einfluss von Jes 34,4 unverkennbar (vgl. auch Sib 3,81ff). Der Vergleich des Himmels mit einer Schriftrolle (vgl. EvThom 111) mit den Sternen als Buchstaben darauf war besonders in Babylonien üblich.[159] Statt „Weinstock" und „Blätter" in Jes spricht unser Text von „Herbstfeigen". Sie sind unreif und fallen im Frühling ab. Sie ähneln in ihrer Form Sternen.

Den Schluss des Berichts über die Naturkatastrophe bildet die Versetzung aller Berge und Inseln (V. 14b), eine Vorstufe von 16,20 (das vollkommene Verschwinden aller Inseln und Berge). Das Motiv hat weder im AT noch im Judentum eine Parallele.

**V. 15–17:** In der jeweils sechsten Vision der drei Visionsreihen ist von Reaktionen von Menschen die Rede. In der Siegelreihe geraten die Menschen in Bestürzung (6,15–17); in der Posaunenreihe leisten sie durch Verweigerung der Umkehr passiven Widerstand (9,20f); in der Schalenreihe lästern sie Gott sogar (16,21; aber bereits 16,9.11). Mit der Intensivierung der Plagen steigert sich die negative Reaktion.

**V. 15:** Die betreffenden Menschen werden in ihren sieben Ständen vorgestellt. Eine solche Aufzählung ist in der Apokalyptik traditionell (vgl. 1Hen 46,4ff; 48,8ff;

---

[155] Σεισμός kommt als eine Begleiterscheinung der Theophanie (vgl. 8,5; 11,19; 16,18) oder als eine verderbenbringende Katastrophe (16,18ff) in apokalyptischen Schriften oft vor; beide Motive verbunden in 1Hen 1,3ff; AssMos 10,3ff; syrBar 70,8 u.a. Im AT im Zusammenhang mit der Theophanie in Ex 19,18; Jes 29,6 u.a., als ein Zeichen des Tages Jahwes in Jes 13,13; Ez 38,19 u.a.; im NT Mk 13,8; Hebr 12,26; vgl. BORNKAMM, ThWNT VII 196,14 ff.
[156] Jes 13,10; Joel 3,4; Klgl 12,2; Ez 32,7; Joel 2,10; 4,15; Am 8,9; Sib 3,796–803; 4Esr 5,4; 1Hen 80,4f u. a.
[157] Vgl. STR-B I 955.
[158] 8,7.8; 11,6; 16,3.4; Sib 5,378; 4Esr 5,5; Barn 12,1; Herm(s) 4,3,3. Vgl. BEHM, ThWNT I 175,24 ff.
[159] BOLL, Offenbarung 9 Anm. 1.

62,1ff); in der Offb vgl. 13,16; 19,18. Diese Menschen verbergen sich in den Höhlen und Felsen der Berge; eine Gewohnheit von Menschen in Palästina bei Kriegen o.ä.; vgl. z.B. 1Sam 13,6; 22,1; 1Kön 18,4; Jer 4,29. Zu unserer Stelle vgl. vor allem Jes 2,10.19.21.

**V. 16:** „Fallt auf uns und verbergt uns" ist Hos 10,8 entnommen (vgl. Lk 23,30). „Verbergt uns vor dem Angesicht[160] dessen, der auf dem Thron sitzt" erinnert an Jes 2,10.19.21. Neben dem Angesicht Gottes nennt der Vf. den „Zorn[161] des Lammes". Der „Zorn" wird in der Offb wie im ganzen NT sonst stets auf Gott bezogen und an keiner Stelle auf Christus.[162] Am faktischen Ende der Reihe der Siegelvisionen, die durch das Lamm eingeleitet werden, macht der Vf. gleichsam zusammenfassend deutlich, was dieses mit jenen eigentlich bezweckt.

An unserer Stelle fehlt eine Angabe, warum sich der Zorn Gottes und Christi auf die Menschen richtet; dass hier die Aussage in V. 10 in den Blick genommen werden muss, ist kaum zu bezweifeln; die Entsprechung zwischen „den Erdenbewohnern" (V. 10) und „den Königen der Erde" (V. 15) kann als ein Indiz dafür gelten.

Der Tag wird als „der große Tag seines Zorns" bezeichnet;[163] mit αὐτοῦ[164] sind Gott und das Lamm gemeint. In der Offb wird für Gott *und* Christus manchmal ein Verb oder ein Pronomen im Singular verwendet (vgl. 11,15; 20,6; 22,3f).

Das Wort der Menschen endet mit einem Fragesatz: „Wer kann bestehen?" Ähnliche Sätze in einer ähnlichen Situation sind im AT mehrmals belegt (Ps 76,7; 130,3; Joel 2,11; Nah 1,6; Mal 3,2). Es ist der Form nach ein Fragesatz, aber wie aus

---

[160] Κρύπτειν ἀπὸ προσώπου ist im NT nur hier, in LXX aber mehrmals belegt, und zwar als Handeln eines Menschen gegenüber anderen (2Kön 11,2; Sir 6,12 u.a.), oder gegenüber Gott (vor allem Jes 2,10); meistens dient es dazu, gefährlichen bzw. furchtbaren Gegnern auszuweichen. Das Verhalten der Menschen bildet eine Kontrast zu dem der Knechte Gottes im neuen Jerusalem (22,3f).

[161] Für „Zorn" steht hier ὀργή (auch in 11,18; 14,10); in der Offb wird auch θυμός oft fast synonym verwendet (14,8.10.19; 15,1.7; 16,1; 18,3); gelegentlich werden beide Worte nebeneinander gestellt (16,19; 19,15). Diese Worte bezeichnen meistens Gottes Zorn; nur einmal bezieht sich θυμός auf den Teufel (12,12). Das Verb ὀργίζεσθαι wird dagegen an keiner Stelle in Verbindung mit Gott verwendet (vgl. ad 11,18). Der „Zorn Gottes" kann als das letzte Gericht in Erscheinung treten (6,17; 11,18; 14,10), aber auch in Form von endzeitlichen Plagen (15,1.7; 16,1).

[162] Allerdings vgl. 14,10; 17,14; auch in sonstigen neutestamentlichen Schriften wird die Funktion des Richters nur vereinzelt auf Christus übertragen: Joh 5,22.27; Apg 10,42 u.a.

[163] In 16,14 wird es „der große Tag des allmächtigen Gottes" genannt. Im AT und Judentum gibt es mehrere Ausdrücke für den Tag des Gerichts: „Der große Tag des Herrn" (Zef 1,14 u.a.); „jener großer Tag" (1Hen 54,6); „der große Tag des Gerichts" (1Hen 10,6 u.a.); „der Tag des Zorns und des Grimms" (Jub 24,28); „der Tag des Gerichts und Zorns" (Jub 24,30); vgl. VOLZ, Eschatologie 163f. „Der Tag des Zorns" kommt auch im AT mehrmals vor, aber er kommt meistens innerhalb der Geschichte (2Chr 24,18; Hi 20,28; Ez 7,19 u.a.). Vgl. auch „der Tag des Grimms" in Spr 11,4; Zef 2,2. In der Offb wird das Kommen des Gerichts immer mit dem Aorist des Verbes „kommen" (ἦλθεν) zum Ausdruck gebracht (außer unsere Stelle 11,18; 14,7.15; 18,10), während für die Wiederkunft Christi stets die präsentische Form des Verbes verwendet wird (1,7; 2,5.16; 3,11; 16,15; 22,7.12.20). In 18,10 weist ἦλθεν auf den schon vollzogenen Tatbestand hin, aber an den übrigen Stellen wird mit ihm die Situation bezeichnet, in der das Genannte so nahe herangekommen ist, dass man zu einer Stellungnahme genötigt wird.

[164] HSS ℵ C u.a. lesen statt αὐτοῦ (so A u.a.) αὐτῶν. Als *lectio difficilior* hat αὐτοῦ Vorrang (vgl. JÖRNS, Evangelium 96; gegen OSBORNE, Apk 300).

den alttestamentlichen Parallelen deutlich wird, wird keine Antwort erwartet; es ist vielmehr ein verzweifelter Schrei.

*d) 7,1–17: Zwischenstück: Die Bewahrung der Gläubigen*
Kontext. Bevor das Öffnen des siebten Siegels in 8,1 berichtet wird, wird in einem Zwischenstück[165] ein neuer Aspekt entfaltet: Die Bewahrung der Christen vor den nun eintretenden Plagen Gottes. Die Entwicklung ist beabsichtigt. Nach dem Verständnis des Vf. ist die ganze Menschheit in zwei Gruppen geteilt, die Gottlosen und die Christen; nach der Schilderung der Plagen für jene muss der Segen für diese beschrieben werden.[166] Allerdings wäre für diese Szene der Ort vor der Siegelreihe geeigneter gewesen und der Vf. selbst war sich dessen wohl bewusst: Das Bild der vier Rosse, die in den anfänglichen vier Siegelvisionen den Schaden bringen, ist aus Sach 6 entnommen; dort sind sie mit den Winden der vier Himmelsrichtungen identifiziert (V. 5) Aber da die thematische Verbindung zwischen dem Empfang des Buches durch das Lamm (Kap. 5) und dem Lösen seiner Siegel durch dieses (Kap. 6) sehr eng ist, konnte der Vf. für unsere Szene erst nach dem faktischen Ende der Siegelreihe Raum schaffen.

Dass der Vf. unsere Szene einerseits in engem Zusammenhang mit den Siegelvisionen gesehen wissen wollte, wird durch die Erwähnung „der vier Winde der Erde" an ihrem Anfang (V. 3) deutlich: in Sach 6,1ff, die den Reitervisionen 6,1–8 als Grundlage dient, werden die vier Pferdegruppen mit den vier Winden des Himmels identifiziert (V. 5[167]). Auf der anderen Seite begegnen in der Darstellung der Posaunenvisionen mehrere Rückverweise auf unsere Szene. Der deutlichste ist 9,4. Beachtenswert ist ferner, dass in den beiden ersten Posaunenvisionen die in 7,1 genannten drei geographischen Bereiche Erde, Meer und Bäume als diejenigen dargestellt werden, in denen die mit den beiden Posaunenvisionen jeweils verknüpften Plagen Platz greifen,[168] und dass die Einleitung von Kap. 7 und diejenige der sechsten Posaunenvision unverkennbar einander entsprechen (vgl. ad 9,13–21).

*Aufbau; Verhältnis beider Hälften zueinander.* Das Zwischenstück besteht aus zwei Teilen: V. 1–8 beschreibt die Versiegelung der einhundertvierundvierzigtausend Menschen, die zu Israel gehören, und V. 9–17 den Lobpreis der Unzähligen aus allen Völkern vor dem Thron Gottes und die Seligkeit, die den treuen Christen versprochen wird.

Sowohl die einhundertvierundvierzigtausend Menschen aus den zwölf Stämmen Israels in der ersten Hälfte als auch die Unzähligen aus allen Völkern in der

---

[165] Zur Frage, ob Kap. 7 als ein Zwischenstück zu betrachten ist, vgl. Einleitung 4.2.3.
[166] Kap. 7 als Antwort auf das Geschrei in 6,17 zu betrachten (so LOHMEYER, Apk 67; HADORN, Apk 89; AUNE, Apk 439.479; PRIGENT, Apk 214; STUHLMANN, Maß 195; TAEGER, Johannesapokalypse 29; ULFGARD, Feast 70.72 u.a.), ist schwierig; besonders V. 1–8 berichtet eine Aktion für die Christen, die noch am Leben sind. Es ist ebenso schwierig, zwischen σταθῆναι in 6,17 und ἑστῶτες in 7,9 eine Beziehung zu finden (gegen BEALE, Apk 405; OSBORN, Apk 301).
[167] BEALE, Apk 406. Zu „vier Winden" vgl. Jer 49,36; Ez 5,10–12; 12,14; 17,23; Dan 7,2f; 1Hen 76
[168] THOMAS, Apk 465f.

zweiten Hälfte sind die Christen schlechthin.[169] Nur werden sie von verschiedenen Gesichtspunkten her gesehen: Während der zweite Teil das, was der Seher „sieht" (V. 9), was er also als Mensch auf der Erde beobachtet, schildert, berichtet der erste Teil von dem, was er „hört" (V. 4), was ihm also aus dem Himmel erzählt wird.[170]

Die zwei Teile des Kapitels betrachten die Christen auch in einer anderen Hinsicht von verschiedenen Gesichtspunkten aus: In V. 1-8 sieht Johannes die Menschen, die noch auf der Erde sind (V. 1); in V. 9-17 dagegen sieht er die Weißbekleideten vor dem Thron Gottes und des Lammes, die sich also schon im Himmel befinden.

*α) 7,1-8: Die Versiegelung der hundertvierundvierzigtausend Menschen*
(1) Danach sah ich vier Engel, die an den vier Ecken der Erde standen und die vier Winde der Erde festhielten, damit kein Wind wehe über das Land noch über das Meer noch über irgendeinen Baum. (2) Und ich sah einen anderen Engel, der von Sonnenaufgang aufstieg und das Siegel des lebendigen Gottes hatte, und er rief mit lauter Stimme den vier Engeln zu, denen gegeben war, das Land und das Meer zu schädigen, (3) und sprach: Schädigt nicht das Land noch das Meer noch die Bäume, bis wir die Knechte unseres Gottes auf ihren Stirnen versiegelt haben.

(4) Und ich hörte die Zahl der Versiegelten, einhundertvierundvierzigtausend, versiegelt aus jedem Stamm der Söhne Israels: (5) aus dem Stamm Juda zwölftausend Versiegelte, aus dem Stamm Ruben zwölftausend, aus dem Stamm Gad zwölftausend, (6) aus dem Stamm Asser zwölftausend, aus dem Stamm Naphthali zwölftausend, aus dem Stamm Manasse zwölftausend, (7) aus dem Stamm Simeon zwölftausend, aus dem Stamm Levi zwölftausend, aus dem Stamm Issachar zwölftausend, (8) aus dem Stamm Sebulon zwölftausend, aus dem Stamm Joseph zwölftausend, aus dem Stamm Benjamin zwölftausend Versiegelte.

V. 1-8: Zugrunde liegt diesem Abschnitt Ez 9,1-7. Die in der Offb vorhandene Zahlenangabe der Versiegelten, die diese als das wahre Israel charakterisiert, hat

---

[169] V. 1-8 auf Juden- und V. 9-17 auf Heidenchristen zu beziehen (so HAUGG, Zeugen 117 u. a.), ist nicht überzeugend. Denn erstens ist es unvorstellbar, dass die einhundertvierundvierzigtausend Menschen in 14,1 sich nur aus Judenchristen zusammensetzen (PRIGENT, Apk 217); zweitens wird die Wendung „die Söhne Israels" (V. 4) in 21,12 im symbolischen Sinn gebraucht; drittens werden mit der Formulierung „die Knechte unseres Gottes" (V. 8) in der Offb meistens die Christen im allgemeinen bezeichnet, keineswegs nur die Judenchristen (vgl. ad 1,1); viertens ist kaum anzunehmen, dass unter „den Menschen, die nicht das Siegel Gottes [...] tragen", denen die Heuschrecken Schaden zufügen dürfen (9,4), die Heidenchristen mitgemeint sind (HADORN, Apk 93; RISSI, Was ist 93); fünftens schränkt der Ausdruck „aus allen Völkern", der die Gruppe der Weißbekleideten näher bestimmt (V. 9), diese nicht auf die Heidenchristen ein; und schließlich: Wie die bisher genannten Tatsachen zeigen, fehlt dem Vf. überhaupt das Interesse, die Juden- und Heidenchristen unterschiedlich zu behandeln; für ihn sind die Christen insgesamt das wahre Israel.
[170] Die gleiche Technik wird auch in 5,5f verwendet; vgl. KEENER, Apk 232f; BAUCKHAM, War Scroll 215f; PATTEMORE, People 141f.

aber keine Entsprechung in Ez. Ein weiterer Unterschied besteht darin, dass in Ez alles in Jerusalem stattfindet, während in der Offb der Blick auf die ganze Erde erweitert ist.

V. 1: Das Bild der vier Winde[171] stammt aus Sach 6,5 (vgl. oben). Zu unserer Szene im ganzen vgl. 1Hen 66f; vgl. auch syrBar 6,4ff.

Als geographische Bereiche, in denen die Winde Schaden anrichten könnten, wird neben Land und Meer, die in dieser Zusammensetzung schon die ganze Welt bedeuten, „jeder Baum" genannt (auch in V. 3), weil man an Bäumen die Stärke der Winde am besten feststellen kann.[172]

V. 2: Ein anderer Engel kommt vom Osten herauf. Er hat „das Siegel des lebendigen Gottes" (vgl. ad 1,18) bei sich, um die Knechte Gottes zu versiegeln. Das Bild hat in Ez 9,4.6 seine Wurzel (vgl. auch PsSal 15,6–9; CD 19,10–13; 4Esr 6,5; ApkEl 10f.39).[173] Wie dort bedeutet dieser Akt, die Versiegelten zu Gottes Eigentum zu erklären (vgl. 14,1; 22,4) und sie unter seinen Schutz zu stellen (vgl. 9,4).[174] Vom Kontext her gesehen sind unter den Übeln, vor denen die Christen geschützt werden, die Plagen der drei Visionenreihen, also die Bestrafung der Ungehorsamen durch Gott zu verstehen.[175] Auch in Ez 9,4–7 hat die Versiegelung die gleiche Funktion. Das heißt freilich nicht, dass sie der Verfolgung entkommen können (vgl. z.B. V. 14).

Einige Forscher verstehen die Versiegelung als ein Sinnbild der Taufe.[176] Es gibt in anderen neutestamentlichen Schriften sogar Belege dafür (2Kor 1,22; vgl. auch Eph 1,13; 4,30).[177] Aber dass die Versiegelung im Zusammenhang mit endzeitlichen Plagen berichtet wird, steht ihrer Gleichsetzung mit der Taufe entgegen.[178] Auch dass die Versiegelung für alle hundertvierundvierzigtausend Menschen auf einmal

---

[171] Die Vorstellung, dass Elemente und Kräfte der Natur unter Kontrolle von Engeln stehen, ist im Judentum geläufig; vgl. etwa 1Hen 60,11ff; Jub 2,2; vgl. CHARLES, Apk I 203; BOUSSET/GRESSMANN, Religion 323f; STR-B III 818ff, in der Offb selbst vgl. 14,18; 16,5. Beim Ausdruck „die vier Winde *der Erde*" handelt es sich einfach um eine Anpassung an die Wendung „die Engel, die an den vier Ecken der *Erde* stehen" (anders CAIRD, Apk 94, der die Winde auf Grund dieser Bezeichnung als „evils which have their origin in human use" betrachtet).

[172] Lohmeyer, Apk 68; Pohl, Apk I 214 u.a.

[173] Auch „in den hellenistischen Religionen ist ein Zeichen auf der Stirn entweder Ausdruck der Zugehörigkeit zu einem Gott oder Amulett" (SCHNEIDER, ThWNT IV 639,14f; dort Belege).

[174] An dieser Stelle und in 9,4 ist der Schutzcharakter stärker betont, während das gleiche Zeichen in 14,1 und 22,4 eher die Zugehörigkeit der betreffenden Menschen zu Gott versinnbildlicht; vgl. ad 14,1.

[175] Das Thema, der besondere Schutz der Gläubigen durch Gott, kommt noch in 11,1f; 12,6.13-16 vor (vgl. GÜNTHER, Enderwartungshorizont 170.243f). An diesen Stellen handelt es sich allerdings um den Schutz vor dem Angriff „der Heiden" bzw. „des Drachens" und nicht vor Plagen, die Gott den Gottlosen zufügt.

[176] Schon Lactanz bezieht unsere Stelle auf die Taufe; in der Neuzeit befürworten LOISY, Apk 160; KRAFT, Apk 126; SWEET, Apk 148; PRIGENT, Apk 218; BÖCHER, Israel 51; HIRSCHBERG, Israel 164 u.a. die Deutung auf die Taufe. Dagegen BOUSSET, Apk 281; CAIRD, Apk 96; FEUILLET, Israélites 204; DINKLER, RGG³ VI 636 u.a.

[177] In Herm [sim.] 8,2,3f; 8,6,3; 9,16,3–7; 9,17,4 ist σφραγίς ganz eindeutig („so deutlich zum ersten Mal in unseren Quellen", FITZER, ThWNT VII 952,25ff) Bezeichnung der Taufe.

[178] PATTEMORE, People 132.

vollzogen wird, entspricht der Praxis der Taufe nicht.[179] Bei der Versiegelung handelt es sich also lediglich um die „Sichtbarmachung eines unveränderlichen Eigentumsverhältnisses".[180]

**V. 3:** Der Engel, der das Siegel Gottes hat, erteilt den vier Engeln den Befehl, der Kreatur keinen Schaden zuzufügen, bis sie (Plural; er hat also Gehilfen bei sich)[181] die Knechte Gottes auf ihren Stirnen versiegelt haben.

**V. 4:** Es fehlt ein Bericht der Versiegelung selbst; es wird nur die Zahl der Versiegelten berichtet, die sie als das vollständige Israel charakterisiert.[182] Die zwölfstämmige Liste hat keine Entsprchung in der Vorlage, Ez 9,1-7; der Vf. will durch ihre Einführung zeigen, dass es sich bei der Versiegelung um die Konstituierung der Kirche als des wahren Israels handelt.

**V. 5-8:** Die Liste ist in der Reihenfolge und teilweise in der Auswahl der Stämme eigenartig. Die Stämme sind gewissermaßen den „Müttern" entsprechend angeordnet: Zuerst kommen zwei Söhne von Lea (Juda und Ruben), dann die zwei Söhne von Silpa, der Magd Leas (Gad und Asser), dann die zwei Söhne von Bilha, der Magd Rahels (Naphtali und Manasse; zu Manasse vgl. unten), dann die übrigen vier Söhne von Lea (Simeon, Levi, Issaschar und Sebulon) und schließlich die zwei Söhne von Rahel (Josef und Benjamin). Unter den knapp dreißig im AT belegten sowie den im zeitgenössischen Judentum bezeugten[183] Stämmelisten gibt es keine einzige, die die gleiche Reihenfolge aufweist. Bei unserer Liste handelt es sich wohl um eine Modifikation der Liste, die sich vom Bericht der Geburt der Söhne Jakobs in Gen 29,31-30,24 (vgl. Jub 28,17-24) ableitet. Nach diesem Bericht sind ihm zunächst vier Söhne von Lea (Ruben, Simeon, Levi und Juda; = L₁) geboren, dann die zwei von Bilha (Dan und Naphtali; = r), dann die zwei von Silpa (Gad und Asser; = l), dann die übrigen zwei von Lea (Issaschar und Sebulon; = L₂) und schließlich Josef von Rahel (= R); von Benjamin (= R) ist hier noch nicht die Rede; von seiner Geburt ist erst in 35,16-18 berichtet.

Bei der Modifikation ging es darum, 1.) Juda als den wichtigsten Stamm an den Anfang zu stellen (vgl. Num 2,1-31; 7,12-83; 10,14-27; Jos 21,4-7.9-40; 1Chr 4-8; 12,24-38; Ps.-Philo, liber antiquitates biblicae 25,4.9-13). Dahinter steckt die Erwartung eines davidischen Messias. Auch in Offb 5,5 spiegelt sich die gleiche Erwartung; 2.) darauf Rücksicht zu nehmen, dass die erste und die zweite Hälfte der

---

[179] Dass diejenigen, die versiegelt werden, „die Knechte unseres Gottes" genannt, also als Christen charakterisiert sind, kann nicht als ein Argument gegen die Identifizierung mit der Taufe gelten. „Die Knechte unseres Gottes" kann den Stand bezeichnen, den die Menschen nach der Versiegelung erhalten; vgl. 13,14; 19,20.

[180] HADORN, Apk 91; ähnlich MÜLLER, Apk 177 u.a.

[181] BOUSSET, Apk 281.

[182] Die Erwartung der Restauration der zwölf Stämme Israels am Ende der Zeit ist im AT und im Judentum traditionell; vgl. Jes 49,6; Sir 48,10; 4Esr 13,39ff; syrBar 78,2ff. Im NT ist sie außer der Offb in Syn, Jak und 1Petr belegt, während sie bei Paulus, Joh und Apg fehlt (vgl. GEYSER, Twelve Tribes 390).

[183] Als Beispiele im zeitgenössischen Judentum seien Jub 33,22f; 34,20f; 44,11-34; Josephus, ant. II 177-183; Ps.-Philo, liber antiquitates biblicae 8,6.11-14; 25,4.9-13; 26,10f; 11Q19 24,10-16 genannt; vgl. auch TestXII; vgl. BAUCKHAM, List 106ff.

Liste möglichst gleichmäßig aufgebaut werden; dabei wurde L$_2$ als mit l gleichwertig behandelt und R mit r; L$_1$ als der wichtigste (?) Teil wurde in zwei Teile geteilt und jeder von ihnen je an den Anfang einer Hälfte gesetzt. So ergab sich die Struktur: L$_1$ - l - r/L$_1$ - L$_2$ - R, also eine zweimalige Wiederholung von L$_1$ - l (bzw. L$_2$) - r (bzw. R). Es zeigt sich hier deutlich der Wunsch nach einer angemessenen Ordnung; 3.) Dan durch Manasse zu ersetzen. In alttestamentlichen Listen wird Dan nur ausnahmsweise übergangen. In rabbinischer Literatur wird Dan wegen des Götzendienstes (Ri 18,14ff, vor allem V. 30f; 1Kön 12,29f) oft verworfen;[184] nach TestDan 5,6 ist der Fürst des Stammes Dan sogar der Satan.[185] Auch hinter unserer Stelle steht ein solches allgemeines negatives Urteil über Dan. Bei Manasse handelt es sich, wie bei Ephraim, um einen Unterstamm von Josef; so gibt es im AT keine Liste, in der Josef und Manasse gleichrangig nebeneinander vorkommen. Ephraim könnte deswegen aus der Liste ausgelassen sein, weil er nach Hos 4,17ff als „ein Genosse der Götzen" betrachtet ist;[186] so wurde in unserer Liste an seiner Stelle Josef wieder aufgenommen.

*β) 7,9–17: Die Schar der Vollendeten vor dem Thron Gottes*
(9) Danach sah ich, und siehe, eine große Schar, die niemand zählen konnte, aus allen Nationen und Stämmen und Völkern und Sprachen; die standen vor dem Thron und vor dem Lamm, bekleidet mit weißen Gewändern und Palmen in ihren Händen, (10) und sie rufen mit lauter Stimme und sprechen:
Heil sei unserem Gott, der auf dem Thron sitzt, und dem Lamm.
(11) Und alle Engel standen rings um den Thron und die Ältesten und die vier Wesen, und sie fielen vor dem Thron auf ihr Angesicht und beteten Gott an (12) und sprachen:
Amen, Lob und Ruhm und Weisheit und Dank und Ehre und Macht und Kraft sei unserem Gott in alle Ewigkeit. Amen.
(13) Und einer der Ältesten fuhr fort und sprach zu mir: Diese mit weißen Gewändern Bekleideten, wer sind sie und woher sind sie gekommen? (14) Und ich sprach zu ihm: Mein Herr, du weißt es. Und er sprach zu mir: Es sind die, die aus der großen Bedrängnis gekommen sind und ihre Gewänder gewaschen und sie im Blut des Lammes weiß gemacht haben. (15) Deshalb sind sie vor dem Thron Gottes und dienen ihm Tag und Nacht in seinem Tempel, und der auf dem Thron sitzt, wird über ihnen wohnen. (16) Und sie werden nicht mehr hungern und dürsten, noch wird die Sonne auf sie fallen noch irgendeine Glut, (17) denn das Lamm inmitten des Thrones wird sie weiden und sie zu den Quellen des Wassers des Lebens führen, und Gott wird jede Träne von ihren Augen abwischen.

---

[184] Vgl. STR-B III 804f.

[185] Irenäus begründet die Auslassung von Dan in unserer Liste durch Zitat von Jer 8,16 (Adv. haer. V,30,2). Vgl. auch Hippolyt, antichr. 14: Ὥσπερ γὰρ ἐκ τῆς Ἰούδα φυλῆς ὁ Χριστὸς γεγέννηται, οὕτως καὶ ἐκ τοῦ Δὰν φυλῆς ὁ ἀντίχριστος γεννηθήσεται. Zu weiteren Belegen vgl. BOUSSET, Antichrist 112ff.

[186] Vgl. BEALE, Apk 421.

**V. 9–17:** In der zweiten Hälfte der Vision beschreibt der Vf. zunächst das Aussehen der Vollendeten und ihren Lobpreis (V. 9f); daran anschließend kommt er auf das Verhalten der Engel und ihren Lobspruch zu sprechen (V. 11f); schließlich informiert er durch den Mund eines der Ältesten über Herkunft, Gegenwart und Zukunft der Weißbekleideten.

**V. 9:** Im Ausdruck „die niemand zählen konnte" sehen manche eine Erfüllung der in Gen 15,5 usw. gegebenen Verheißung.[187] Dies ist aber unwahrscheinlich; in der Offb wird sonst an keiner Stelle die Unzählbarkeit der geretteten Menschen betont, auch wenn es dazu reichlich Anlass gäbe (z.B. in der Darstellung des neuen Jerusalem). Die Wendung bringt zusammen mit „aus *allen* Völkern usw." einfach das übermäßige und weitreichende Wirken Gottes zum Ausdruck. „Aus allen Völkern usw." unterstreicht den internationalen Charakter der Kirche (vgl. 5,9), was für die jüdische Apokalyptik „atypical" ist, die gewöhnlich die Gerechten als eine begrenzte Gruppe innerhalb Israels betrachtet.[188]

Diese Menschen „standen vor dem Thron und vor dem Lamm", sind also bereits im Himmel. Ihre weißen Gewänder sind ein Symbol der Zugehörigkeit zur himmlischen Welt (vgl. ad 3,4). Die Palmen in ihren Händen sind Zeichen ihres Sieges, der ihnen die Anteilhabe am eschatologischen Heil ermöglicht (vgl. 1Makk 13,51).[189]

**V. 10:** Sie lobpreisen Gott und das Lamm mit einer Doxologie, die dem von den Engeln gesprochenen Lobpreis in V. 12 korrespondiert. Die Nennung des „Lammes" nimmt die Aussage V. 14 vorweg.

Das Wort σωτηρία begegnet in der Offb immer in hymnischen Stücken (7,10; 12,10; 19,1). An den beiden anderen Stellen beschreibt der Kontext den Sieg Gottes über seine Feinde, der den Seinigen das eschatologische Heil ermöglicht. So kommen an diesen Stellen neben „Heil" die Begriffskombinationen „Macht und Herrschaft" (12,10) oder „Ehre und Macht" (19,1) vor. Für σωτηρία legt sich in diesen Fällen die Bedeutung „Erlösungskraft" nahe; sie ist wohl auch hier anzunehmen (vgl. V. 14). Unser Lobspruch ist bewusst gegen das in der Umgebung der Christen verbreitete Verständnis, das Heil werde einzig durch den Kaiser gestiftet, formuliert.[190] Obwohl ihnen in Wirklichkeit die große Bedrängnis noch bevorsteht, können sie ihr Heil schon jetzt als sicher erwarten.

Unser Lobspruch steht dem Anfangsteil des Heilsrufs 19,1f sowohl strukturell als auch inhaltlich nahe,[191] den die große Schar im Himmel nach dem Sturz Babylons ausruft. Auch σωτηρία folgt in 19,1 unmittelbar auf den einleitenden Halleluja-Ruf. Andererseits steht der Lobspruch V. 12, der mit dem unsrigen eng verbunden ist („Amen" am Anfang von V. 12!), dem in 5,12 sehr nahe, der gleich nach dem

---

[187] Vgl. Swete, Apk 99; Pohl, Apk I 219; Beasley-Murray, Apk 144f; Aune, Apk 466; Beale, Apk 426; Prigent, Apk 222; Stuhlmann, Maß 201f u.a.
[188] Aune, Apk 467.
[189] Vgl. Bousset, Apk 284; Charles, Apk I 211; Loisy, Apk 164; U.B. Müller, Apk 181; Rissi, Was ist 112; Jörns, Evangelium 78 Anm. 8 u.a.
[190] Vgl. Schüssler Fiorenza, Apk 68.
[191] Vgl. ferner, dass der zweite ὅτι-Satz von 19,2 dem Geschrei der Märtyrer in 6,10 entspricht (vgl. ad 6,10). In der Offb werden auf diese Weise die Lobsprüche miteinander verknüpft.

Herrschaftsantritt des Lammes durch Engel gesungen wird. So verbinden beide Lobsprüche unseren Abschnitt mit dem Christusgeschehen in der Vergangenheit (5,12) und dem Sturz der großen feindlichen Mächte in der Zukunft (19,1).

**V. 11f:** Auf den Lobspruch der Weißbekleideten folgt der der Engel. Er beginnt mit „Amen". Dieses Wort kommt auch in 19,4; 22,20 am Anfang einer Aussage vor und nimmt den jeweils vorangehenden Ausspruch eines anderen positiv auf. Auch an unserer Stelle zeigt es an, dass die folgende Doxologie im Einklang mit dem Lobspruch der Unzähligen gesungen wird.

Die in der Doxologie aufgezählten sieben Prädikate stimmen bis auf eines mit denen im Lobspruch 5,12 überein. Diese Gemeinsamkeit geht auf die buchkompositorische Absicht des Vf. zurück, durch die zwei Lobsprüche die enge Beziehung zwischen dem Schlachten des Lammes (5,12) und der Erlösung der Christen (7,12) hervorzuheben.

Anstelle von „Reichtum" in 5,12 wird hier „Dank" genannt.[192] Es wird in den neutestamentlichen Schriften sonst nirgendwo in einem solchen Zusammenhang verwendet (allerdings vgl. 4,9). Gemeint ist hier, dass Gott allein berechtigt ist, Dank zu empfangen (vgl. 11,17).

**V. 13-17:** Die Szene wird durch eine rhetorische Frage eines Ältesten und die Antwort des Johannes darauf eingeleitet. Als Vorbild dient Ez 37,3, wo es thematisch wie hier um das Leben der Menschen nach dem Tod geht.

**V. 14b:** Der Älteste erklärt zunächst, dass die weißbekleideten Menschen „aus der großen Bedrängnis kamen".[193] „Die große Bedrängnis" meint in der apokalyptischen Tradition diejenige in der Endzeit (Dan 12,1; Mk 13,19). Von den nachfolgenden Sätzen her gesehen ist aber mit ihr faktisch das eigene Leiden der weißbekleideten Menschen gemeint, von dem in der Offb auch sonst des öfteren die Rede ist (vor allem in Kap. 13). M.a.W.: der Vf. fasst die Einzelleiden, die die Christen erfahren, dem apokalyptisch-traditionellen Denkschema gemäß als „die große Bedrängnis" auf; seit dem Christusgeschehen hat die Zeit der großen Bedrängnis begonnen (12,12).

Diese Schar besteht nicht nur aus Märtyrern.[194] Bemerkenswert ist, dass sich die ihnen in V. 15b-17 zugesprochene Zukunft größtenteils mit der Darstellung des eschatologischen Segens in 21,3f deckt, der für alle treuen Christen vorgesehen ist.

---

[192] Wahrscheinlich geschieht dies mindestens auch deswegen, weil „Reichtum" unter den sieben das einzige maskuline Wort ist. Anders als in 5,12 ist hier jedem Wort ein Artikel vorangestellt, so dass der Unterschied in den Genera auffällt.

[193] Der Gebrauch des Part. Praes. (οἱ ἐρχόμενοι) veranlasst einige Forscher zu der Annahme, dass „der endlose Zug [...] noch in Bewegung gedacht" ist (Behm, Apk 46; ähnlich Rissi, Hure 18). Aber dass hier sowohl vorher (V. 13 πόθεν ἦλθον) als auch nachher (V. 14 ἔπλυναν, ἐλεύκαναν) durchgehend der Aorist verwendet ist und dass diese Menschen V. 9f schon insgesamt vor Gott und dem Lamm stehen, macht diese Annahme schwierig. „It would be possible to take ἐρχόμενοι as = ἐλθόντες by a Hebraism" (Charles, Apk 213); vgl. Lohmeyer, Apk 72 u.a.

[194] Bousset, Apk 284; Charles, Apk I 213 u.a. halten diese Menschen für Märtyrer. Dagegen aber Kraft, Apk 130; Holtz, Christologie 73f; Günther, Enderwartungshorizont 96 Anm. 107; Taeger, Johannesapokalypse 30f u.a.

Der Älteste erklärt dann, wie sie ihre Gewänder weiß gemacht haben. Das Bild vom „Gewänder waschen" kommt in der Offb noch einmal in 22,14 vor, wo „diejenigen, die ihre Gewänder waschen", den in V. 15 genannten Lästerern gegenübergestellt sind. Also sind diese Menschen solche, die ihren Glauben rein halten. In 22,14 ist „waschen" im Part. Praes. ausgedrückt; es ist schwierig, dort an ein einmaliges Geschehen wie Taufe oder Martyrium zu denken. An unserer Stelle steht dagegen „waschen" im Aorist; der Blick richtet sich auf den Zeitpunkt der Vollendung des glaubenstreuen Lebens.[195]

Die treuen Christen machen ihre Gewänder „im Blut des Lamms" weiß. „Das Blut des Lamms" ist in der Offb Mittel zum Heil; die Christen werden durch den Tod Christi erlöst. Beachtenswert an unserer Stelle ist, dass die Christen selbst das Subjekt des Waschens sind; so sicher das Heil der Christen ohne das Blut Christi überhaupt nicht realisierbar ist, so bestimmt wird aber doch von ihnen erwartet, dass sie selbst mit diesem Blut ihre Gewänder weiß machen. Die Christen bekommen erst durch ihr treues Erdulden der Bedrängnis bis zu ihrem Tod am Tod Christi und dadurch auch an dessen Sieg Anteil.[196]

V. 15: V. 15 beschreibt den Segen, der den Menschen gegeben wird. „Deshalb" (διὰ τοῦτο) am Anfang macht deutlich, dass dieser Folge ihres V. 14 beschriebenen Handelns ist. Zunächst werden zwei Dinge im Präsens berichtet. Diese Menschen stehen vor dem Thron Gottes zunächst, um ihren Gottesdienst, von dem gleich darauf die Rede ist, zu vollziehen; der Hinweis, dass diese Menschen aus der großen Bedrängnis gekommen sind (V. 14), legt aber nahe, dass ihr Aufenthalt vor dem Thorn auch ihren Schutz durch Gott impliziert; V. 15b und V. 15c entsprechen sich.

Die Erwähnung des Tempels und der Ausdruck „Tag und Nacht" könnten als Indiz dafür angesehen werden, dass hier die Gemeinde nicht proleptisch als die eschatologisch vollendete, sondern in ihrer gegenwärtigen himmlischen Gestalt beschrieben ist, denn im neuen Jerusalem gibt es weder Tempel (21,22) noch Nacht (21,25; 22,5).[197] Aber der Vf. bedient sich auch sonst Vorstellungen, die sich scheinbar widersprechen, um sein Interesse am jeweiligen Jetzt zum Ausdruck zu bringen, ohne dabei zu bedenken, ob die Vorstellungen gut miteinander harmonieren.[198] Wenn er an unserer Stelle schreibt, dass die Menschen im Tempel Gott dienen, meint er lediglich, dass sie ihm in seiner unmittelbaren Anwesenheit dienen

---

[195] KRAFT, Apk 130; COMBLIN, Christ 220–223; v.d. OSTEN-SACKEN, Christologie 262; DRAPER, Feast 138; KERNER, Ethik 133 u.a. beziehen das Waschen auf die Taufe. Dies ist aber auch deswegen schwierig, weil die hier in Rede stehenden Menschen als solche charakterisiert sind, die „aus der großen Bedrängnis" kommen.

[196] Zu diesem Problem vgl. Einleitung 6.3.2. Vgl. VÖGTLE, Gott 389: „[…], dass die Christen ihre Gewänder im Blut des Lammes waschen und weiß machen, d.h. durch das Martyrium den archetypischen Sieg Christi wiederholen" (ähnlich U.B. MÜLLER, Apk 183). Es gibt andererseits nicht wenige Ausleger, die das Blut des Lammes hier nur als Inbegriff des Sühnetodes Christi ansehen (BEHM, Apk 46; WIKENHAUSER, Apk 62; POHL, Apk I 223; GIESEN, Apk 199; HOLTZ, Christologie 74).

[197] So z.B. ALLO, Apk 98f.

[198] Vgl. SCHÜSSLER FIORENZA, Priester 396; HOLTZ, Christologie 200f.

(vgl. 22,3f); „Tag und Nacht" bedeutet nur „jede Zeit", „unaufhörlich"; er denkt an dieser Stelle überhaupt noch nicht daran, dass die Nacht im neuen Jerusalem verschwinden wird.

**V. 15c–17:** V. 15c markiert einen Tempuswechsel vom Präsens ins Futur. Das Futur deutet an, „dass der Seher sich bewusst ist, ein Bild zu sehen, das der Entwickelung der Dinge vorgreift".[199] Aber es ist nicht so, dass er erst jetzt das Künftige darzustellen beginnt. Vielmehr ist der ganze Abschnitt V. 9–17 proleptisch zu verstehen.[200]

Dieser Teil (V. 15c–17) deckt sich teilweise mit 21,3f:

| 7,15c | [Ez 37,27] | 21,3 |
| 16–17b | [Jes 49,10] | (6) |
| 17c | [Jes 25,8] | 4a |
| – | [(Jes 49,10)] | 4b |

Sowohl in 7,15ff als auch in 21,3f greift der Vf. also auf Ez 37,27 und Jes 25,8 zurück. Jes 49,10 ist zwar nur in 7,16–17b („sie werden nicht mehr hungern und dürsten usw.") verwendet, aber in der Formulierung 21,4b („der Tod wird nicht mehr sein" usw.) klingt es an (es beeinflusst ferner die Aussage 21,6). Also ist es naheliegend, dass der Vf. alle drei alttestamentlichen Stellen als einen Komplex im Gedächtnis hat und, dem jeweiligen Kontext entsprechend, frei verwendet.

Der Gedankengang unserer Stelle ist nicht glatt. In V. 15c und V. 17c sind nämlich die eschatologischen Wohltaten Gottes für die Gläubigen dargestellt; in V. 16 dagegen ist das Aufhören der jetzt erfahrenen Leiden Thema. Noch beachtenswerter ist, dass im Begründungssatz (V. 17ab) nicht Gott, sondern – im Kontext nur hier – das Lamm der Wirkende ist. Man erkennt in 7,15c–17 also eine Inklusio (V. 15c/16–17b/17c). Dadurch, dass er so den Bericht über das soteriologische Wirken des Lammes in der Mitte der *theo*logisch-soteriologischen Aussagen einschaltet, unterstreicht er, dass bei der Soteriologie Christus die entscheidende Rolle spielt. Dies entspricht dem Gedankengang des Kontextes: Die Verklärten haben „ihre Gewänder [...] *im Blut des Lammes* weiß gemacht" (V. 14); für das Heil der Christen ist der Tod Christi die unentbehrliche Voraussetzung (vgl. Einleitung 7.2.3.). Die Inklusio zeigt aber andererseits, dass das Wirken Gottes und das des Lammes unteilbar sind; das ist auch durch die Darstellung, dass das Lamm „inmitten des Thrones" ist (V. 17), zum Ausdruck gebracht.

**V. 15c:** Die Verheißung, Gott werde „über ihnen wohnen", bedeutet, dass er eine denkbar enge Beziehung zu den Weißbekleideten eingeht (vgl. Jub 1,17; 1Hen 62,14). Sowohl in 21,3 als auch an unserer Stelle sind die Menschen, über bzw.

---

[199] Bousset, Apk 286.
[200] „Dieser Übergang ins Futur braucht [...] ebensowenig wie in Apk 22,3–5 einen wirklichen Zeitwechsel anzudeuten, als ob die Vision in der Gegenwart handeln würde, das in der Verheißung Gesagte aber erst für die Zukunft gültig wäre" (Schüssler Fiorenza, Priester 391). Einige Forscher aber beziehen u.a. auf Grund des Tempuswechsels V. 9–15b auf die Gegenwart (z.B. Allo, Apk 99).

mit denen Gott wohnt,[201] nicht mehr Israeliten, wie es in Ez 37 der Fall ist, sondern treue Gemeindeglieder aus allen Völkern. M.a.W: Die Gemeinde aus aller Nationen wird jetzt als das wahre Israel angesehen.

**V. 16-17b:** Für V. 16-17b ist der Einfluss von Jes 49,10 maßgebend; vor allem in V. 16a ist die Koinzidenz mit der Jesajastelle (LXX; treue Übersetzung des hebräischen Textes) beträchtlich. Allerdings schießt das zweimalige ἔτι über den Jesajatext hinaus; unser Vf. betont damit, dass das jetzige Leben für die Gläubigen dann vollkommen vorbei sein wird. Bei dem Hinweis auf das Aufhören der Bedrohung durch Sonne und Glut[202] ist die Berührung mit der Jesajastelle nicht mehr so deutlich wie in V. 16a, aber doch bemerkbar. Vgl. auch 16,8f.

V. 17ab begründet, warum die Weißbekleideten nicht mehr leiden: „Das Lamm inmitten des Thrones"[203] weidet sie und führt sie zum Lebenswasser.[204] Die erste Hälfte weicht von der Vorlage, Jes 49,10, darin ab, dass der Vf. als Subjekt statt „ihr Erbarmer" in der Jesajastelle (in Offb 21,6 wird das gleiche Handeln auf Gott zurückgeführt) das Lamm nennt; dazu vgl. oben ad V. 15c-17.

Ποιμαίνειν durch Christus kommt in der Offb auch in 12,5; 19,15 vor (vgl. auch 2,27). Das Objekt und die Art und Weise des „Weidens" an diesen Stellen sind aber andere als die an unserer Stelle: Während an unserer Stelle das „Weiden" Christi seine Wohltat für die Christen bedeutet, „weidet" er an jenen Stellen mit eisernem Stabe die Heiden;[205] vgl. ad 2,27.

In V. 17b ändert der Vf. „die Quellen des Wassers" aus Jes 49,10 in „die Quellen des Wassers des Lebens". Während in Jes 49,10 das wirkliche Wasser gemeint ist, ist das „Wasser" an unserer Stelle bildhaft zu verstehen. Die Änderung bezweckt, den soteriologischen Charakter des Handelns des Lammes hervorzuheben.[206] Das „Lebenswasser" kommt in der Offb noch an drei weiteren Stellen vor (21,6; 22,1.17), ist aber nirgends so dargestellt wie an unserer Stelle, dass es an einem – wie weit auch immer – entfernten Ort vorhanden ist, zu dem das Lamm die Menschen führen muss; die Darstellung ist dem vorgegebenen Bild (Jes 49,10; vgl. Ps 23,2) geschuldet. Zu den Quellen des Lebenswassers zu führen, bedeutet einfach, das Leben zu geben (vgl. 21,6; 22,17), das nur bei Gott und dem Lamm zu finden ist.

---

[201] Zu den Wendungen „über ihnen" (7,15) und „mit ihnen" (21,3) vgl. Einleitung 6.3.4.2.

[202] CHARLES, Apk I 216; LOHMEYER, Apk 72f lesen παίσῃ ἔτι statt πέσῃ ἐπί. Aber diese Lesart ist nur schwach bezeugt. Außerdem ist die Lesart πέσῃ ἐπιν nicht so schwer verständlich, wie sie behaupten, denn πίπτω kann auch „attack" bedeuten (LIDDELL/SCOTT, πίπτω B I).

[203] Ἀνὰ μέσον τοῦ θρόνου; die Ortsangabe dient hier dazu, auf das nahe Verhältnis des Lammes, das plötzlich auftritt, mit Gott hinzuweisen. Nach 22,1 fließt das Lebenswasser gerade vom Thron.

[204] Da in 22,1 der Strom des Wassers des Lebens vom Throne Gottes und des Lammes ausgeht (vgl. auch 21,6; 22,17), ist es nicht nötig, dass das Lamm die Menschen zur Quelle führen muss, wie es an unserer Stelle geschildert ist. Der Vf. folgt bei der Verwendung des Motivs „führen" einfach der Vorlage Jes 49,10. An unserer Stelle ist nur vom Wasser des Lebens die Rede, in V. 16c hingegen neben dem Durst auch vom Hunger; aber auch in dieser Hinsicht ist der Vf. von Jes 49,10 beeinflusst.

[205] Vgl. TAEGER, Johannesapokalypse 34.

[206] Ζωῆς ist sogar vorangestellt (ἐπὶ ζωῆς πηγὰς ὑδάτων; vgl. 21,6: ἐκ τῆς πηγῆς τοῦ ὕδατος τῆς ζωῆς); „the change of order gives prominence to the mention of life" (SWETE, Apk 105; ähnlich BECKWITH, Apk 546; CHARLES, Apk I 217; MOUNCE, Apk 176).

Im AT ist „Quelle des Lebenswassers" nur in Jer 2,13; 17,13 belegt: „Sie haben mich (in 17,13: Jahwe), die Quelle des Lebenswassers, verlassen".[207] Damit ist nicht nur die Untreue des Volkes getadelt, es wird ihm auch gesagt, dass es vom Heil ausgeschlossen wird, das nur Gott gibt. Das bildhafte Verständnis, Gott sei das Lebenswasser, ist auch in einigen anderen Aussagen vorausgesetzt, in denen andere Begriffe verwendet werden; z.B. Ps 63,2: „Meine Seele dürstet nach dir [Gott]"; vgl. Ps 42,2f.[208] Im Vergleich mit diesen Beispielen zeichnet sich der Begriff „Quellen des Lebenswassers" an unserer Stelle dadurch aus, dass es sich bei ihm um das eschatologische Heilsgut handelt, das die Christen erst in der Zukunft zu erwarten haben; da Gott als Ursprung dieser „Quellen des Lebenswassers" nicht explizit genannt wird, kommt diesem als einem Symbol des Heils ein nachgerade selbständiger Charakter zu.

V. 17c: Zum Schluss kommt der Vf. wieder zur Darstellung des Handelns Gottes zurück: Gott wird die Tränen der Menschen abwischen, wird also ihrer Trauer ein Ende setzen.

e) *8,1–6: Die siebte Siegelvision:*
*Stille im Himel; Vorbereitung für die Posaunenvisionen*
(1) **Als es das siebte Siegel öffnete, geschah eine Stille im Himmel etwa eine halbe Stunde lang. (2) Und ich sah die sieben Engel, die vor Gott stehen, und ihnen wurden sieben Posaunen gegeben. (3) Und ein anderer Engel kam und stand auf dem Altar; der hatte eine goldene Räucherpfanne, und ihm wurde viel Räucherwerk gegeben, damit er es mit den Gebeten aller Heiligen auf den goldenen Altar vor dem Thron bringe. (4) Und der Rauch des Räucherwerks stieg mit den Gebeten der Heiligen aus der Hand des Engels vor Gott empor. (5) Und der Engel nahm die Räucherpfanne und füllte sie mit dem Feuer des Altars und warf es auf die Erde, und es geschahen Donner und Getöse und Blitze und ein Beben. (6) Und die sieben Engel, die die sieben Posaunen hatten, machten sich bereit, um zu blasen.**

V. 1-6: Der Aufbau ist etwas kompliziert. Mit dem Öffnen des siebten Siegels entsteht im Himmel eine Stille, eine Begleiterscheinung der Theophanie (V. 1). Gleich darauf folgt die Übergabe der sieben Posaunen an sieben Engel (V. 2). Dann aber folgt ein Zwischenstück, das in den Handlungen eines weiteren Engels, der eine goldene Räucherpfanne hat, den Grundcharakter der Posaunenreihe offenbart (V. 3-5). Dessen letzter Abschnitt (V. 5b) deutet die Theophanie an und steht damit

---

[207] Vgl. auch 1Hen 96,6: „Ihr werdet verwelken und vertrocknen, weil ihr die Quelle des Lebens verlassen habt".
[208] Eine verwandte Begrifflichkeit, „Quelle des Lebens", findet eine breitere Verwendung; vgl. z.B. Ps 36,10: „Bei dir ist die Quelle des Lebens". In der Weisheitsliteratur bezeichnet „Quelle des Lebens" das, was weise Handlungen ermöglicht (Spr 10,11; 13,14; 14,27; 16,22; Sir 21,13). Vgl. MICHAELIS, ThWNT VI 114,10ff Als weiteres Vergleichsmaterial käme „Quelle der Weisheit" u.a. in Frage; vgl. dazu und generell zu diesem Problem, TAEGER, Johannesapokalypse 70ff. Im NT vgl. Joh 4,14 (und 7,38).

in enger Beziehung zu V. 1. Die eigentliche Posaunenreihe beginnt erst in V. 6. Die siebte Siegelvision dient als ihre Einführung.

V. 1: Das Lamm öffnet das letzte Siegel. Es liegt hier nicht im Interesse des Verfassers, zu erklären, ob und dass der Seher das „Buch mit den sieben Siegeln" jetzt lesen kann.

Die „Stille", die dann Platz greift, wird unterschiedlich gedeutet.[209] Einige Forscher erklären sie unter Bezugnahme auf V. 3-5: Nach Charles, Apk I 223, ist sie „an arrest of the praises and thanksgivings in heaven", „in order that the prayers of all the suffering saints on earth might be heard before the throne of God".[210] Nach Aune, Apk 507f, wird im Jerusalemer Tempel während des Rauchopfers wahrscheinlich eine Stille gehalten;[211] diejenige an unserer Stelle sei dementsprechend ebenfalls im Zusammenhang mit der Darstellung des Rauchopfers in V. 3-5 zu betrachten. Aber im Text findet man keine direkte Beziehung zwischen der Stille und dem Emporsteigen des Rauchs bzw. der Gebete (V. 3f). Dass im Bericht vom Gebet der Frommen (vgl. 5,8; 6,9-11) sonst nirgendwo von einer solchen Stille die Rede ist, gebietet Vorsicht vor solchen Assoziationen.

Einige Forscher sehen einen Zusammenhang zwischen der Stille und dem Handeln Gottes: Nach Ladd, Apk 122f, repräsentiert die Stille „an attitude of trembling suspense on the part of the heavenly hosts in view of the judgments of God which are about to fall upon the world".[212] Giesen, Apk 204, versteht sie von der anderen Richtung her: „Die Himmelsbewohner sind so sehr vom Heilshandeln Gottes und seines Lammes an den treuen Christen beeindruckt, dass sie in Schweigen versinken". Aber bei solchen Gelegenheiten ertönt in der Offb sonst ein Lobspruch im Himmel.

Andere Forscher verstehen die Stille als die uranfängliche/eschatologische: Rissi, Was ist 10f, verweist auf die Erwartung im Judentum (4Esr 7,30f; vgl. 6,39; syrBar 3,7; Ps.-Philo, antiquitates biblicae 60,2), dass am Ende der Zeit die Welt wieder ins uranfängliche Schweigen zurücksinkt und eine neue Welt aus dem Chaos entsteht; „so erweist sich das Bild in 8,1 als eine andeutende Schilderung der eschatologischen Hoffnung, die von 19,11ff an voll entfaltet wird".[213] Aber der Vf. berichtet hier von einer Stille nur „im Himmel". Außerdem wird in der Darstellung der neuen Schöpfung in 19,11ff an keiner Stelle die Stille vorausgesetzt.

Kraft, Apk 132, betrachtet die Stille im Zusammenhang mit der Theophanie: Nach dem „anfänglichen Entwurf" der Siegelreihe bleibe, nachdem in den vorangehenden Visionen von Wind, Erdbeben und Feuer die Rede war, „für das siebte Siegel die Theophanie übrig" (vgl. 1Kön 19,11f).[214] Aber auch bei dieser These bleibt ungeklärt, warum die Stille nur im Himmel geschieht.

---

[209] Vgl. etwa die Zusammenstellung von Vorschlägen bei OSBORNE, Apk 336f.
[210] Ähnlich LOISY, Apk 170; WIKENHAUSER, Apk 63; CAIRD, Apk 106f; VANNI, Apocalisse 124; LAMBRECHT, Opening 371 u.a.; dagegen MOUNCE, Apk 179.
[211] Ähnlich SLATER, Christ 184f; STEVENSON, Power 290f.
[212] Ähnlich HUGHES, Apk 101.
[213] Zustimmend SWEET, Apk 159; ähnlich ROLOFF, Apk 93.
[214] Bei ALLISON, Silence 192f sind qumranische Belege der himmlischen Stille bei der Theophanie (4Q405 fr.20-21-22 Col II 7-8.12-13 u.a.) gesammelt.

Einen Anhalt zur Deutung der Stille gibt vielleicht ein Vergleich mit den beiden anderen Visionenreihen: Sowohl in der siebten Posaunen- als auch in der siebten Schalenvision wird an der unserer Stille entsprechenden Stelle (11,15; 16,12) von „lauten Stimmen im Himmel" berichtet, die die Verwirklichung der Herrschaft Gottes proklamieren. Die Stille an unserer Stelle zeigt, dass die Situation noch nicht so weit entwickelt ist, aber dass dennoch das Vorgehen auf der Erde Gegenstand des großen Interesses im Himmel ist.

**V. 2:** Im Anschluss an die Stille beobachtet der Seher, dass den sieben Engeln[215] vor Gott sieben Posaunen[216] gegeben werden.

**V. 3–5:** Ein Zwischenstück, das den Grundcharakter der Posaunenreihe deutlich macht.

Zu dem Begriff „Altar": Charles, Apk I 227f, behauptet, dass es weder in der jüdischen noch in der christlichen Apokalyptik einen eindeutigen Beleg für zwei himmlischen Altäre gibt und dass es sich sich hier um den Räucheraltar handelt.[217] Bei dieser Annahme aber ergeben sich einige Probleme: 1.) In unserem Abschnitt kommt das Wort „Altar" insgesamt dreimal vor (V. 3b.d.5); aber erst beim zweiten Mal ist es mit einer Erklärung versehen, die deutlich macht, dass es sich um einen Räucheraltar handelt.[218] Handelte es sich in diesem Abschnitt durchgehend um den Räucheraltar, müsste diese Erklärung bei der erstmaligen Verwendung dieses Begriffs begegnen. 2.) Nach V. 3b stand der Engel „auf (ἐπί) dem Altar". Ein ähnlicher Ausdruck kommt in Am 9,1 LXX vor, wo ἐπί Wiedergabe von עַל ist. עַל bedeutet im allgemeinen „auf", und auch in Am 9,1 ist diese Bedeutung vorzuziehen (vgl. 7,7).[219] Das hieße aber, dass auch ἐπί an unserer Stelle, wenn möglich, mit

---

[215] Das Wort „sieben Engel" ist mit einem Artikel versehen. Das veranlasst viele Ausleger dazu, sie mit den Erzengeln zu identifizieren (BOUSSET, Apk 291; LOHMEYER, Apk 73 u.a.). Dass sie „vor Gott stehen", könnte als ein Argument dafür gelten (vgl. Tob 12,15; Lk 1,19; vgl. MICHL, Engelvorstellungen 184; BÖCHER, Dualismus 42). Aber die Anzahl der Engel an unserer Stelle ist durch die Zahl der Posaunenvisionen vorgegeben. Außerdem gibt es Probleme, die diese These schwierig machen: 1.) Mit wem soll der „andere Engel" in V. 3–5 identifiziert werden, der eine Funktion ausübt, die 5,8 den Wesen und Ältesten zukommt, deren Rang nicht niedriger als der der Erzengel ist? 2.) Mit wem sind die sieben Engel der Schalenvisionen zu identifizieren, die eine ganz ähnliche Funktion innehaben wie die an unserer Stelle? Man muss sich also damit begnügen, die Engel als solche zu verstehen, die Gott ganz nahestehen und seinen Willen treu in die Tat umsetzen.

[216] Im AT und Judentum kommt das Motiv der „Posaune Gottes" u.a. im Zusammenhang mit der eschatologischen Wende vor (Joel 2,1; Zef 1,16; 4Esr 6,23; Sib 4,173f; ApkMos 22; 1QM 3,1ff u.a.; vgl. FRIEDRICH, ThWNT VII 80,5ff; 84,1ff). In ApkZef 9–12 sind Visionen wie in der Offb durch das Blasen von Posaunen gegliedert. Zur vielfältigen Verwendung des Posaunenmotivs im AT und Judentum vgl. STR-B IV,2 Register s.v. „Posaune"; VOLZ, Eschatologie Register s.v. „Posaune"; FRIEDRICH, a.a.O. 79,1ff; 81,29ff.

[217] Ähnlich LOHMEYER, Apk 73; MOUNCE, Apk 181; GIESEN, Apk 208f; BRIGGS, Temple 78–80 u.a.

[218] Der Räucheraltar war mit Gold überzogen (Ex 30,1ff; 40,5.26; Num 4,11; 1Kön 7,48; 1Chr 28,18; 2Chr 4,19; 1Makk 1,21; Hebr 9,4). „Vor dem Thron" (in 9,13 „vor Gott") erinnert daran, dass das Wort „vor Jahwe" manchmal in Bezug auf den Räucheraltar vorkommt (Lev 4,7.18; 1Kön 9,25). Zum Räucheraltar vgl. GALLING, Reallexikon 22 (c).

[219] Vgl. WOLFF, Dodekapropheton 2 389.

"auf" wiederzugeben ist.[220] Handelte es sich um den Räucheraltar, wäre der Satz dann aber unverständlich; denn er ist zu klein, als dass ein Engel darauf Platz finden könnte. Dieses Problem entfällt, wenn der Altar als Brandopferaltar verstanden wird (außer Am 9,1 vgl. Ex 20,6; 1Sam 2,28; 1Kön 12,32.33; 13,1; 2Kön 16,12; 23,17). Naheliegend ist also, den Altar V. 3b als Brandopferaltar zu deuten. Da es sich aber beim Altar V. 3d zweifellos um einen Räucheraltar handelt, muss man annehmen, dass sich der Vf. in diesem Abschnitt zwei Altäre im Himmel vorstellt,[221] und zwischen V. 3ab und V. 3c ein Ortswechsel vorausgesetzt ist.[222]

**V. 3:** Der Engel hat einen λιβανωτός in der Hand. Λιβανωτός bedeutet gewöhnlich „Weihrauch", aber an dieser Stelle bezeichnet es eine Kohlenpfanne, mit der man Feuer vom Brandopferaltar zum Räucheraltar transportiert.[223]

Die Darstellung V. 3cd erinnert an 5,8. In der Offb kommen das Rauchwerk und „die Gebete der Heiligen" nur an diesen beiden Stellen vor, und zwar jeweils eng aufeinander bezogen.

**V. 5:** Der Engel füllt dann die Feuerpfanne mit dem Feuer[224] des Altars und wirft es auf die Erde. Zugrunde liegt hier Ez 10,2.[225] Das Werfen ist eine symbolische Vorwegnahme der Plagen, die in den Posaunenvisionen entwickelt werden (vgl. ad V. 7.9.10). Die Verwendung der gleichen Pfanne einmal für die Darbringung der Gebete und zum andern zum Werfen der Straffeuers macht deutlich, dass die Bestrafung der Gottlosen Antwort Gottes auf eben diese Gebete ist.[226]

Als der Engel das Feuer auf die Erde wirft, geschehen Donner, Getöse, Blitze und ein Beben, Begleiterscheinungen der Theophanie (vgl. ad V. 1).

Das Beben[227] bei der Theophanie hat eigentlich mit dem Gericht nichts zu tun (Ex 19,16ff; Jes 29,6; 64,2; Ps 68,19; 77,18). Andererseits wird das Erdbeben manchmal unter den direkt dem Ende vorangehenden Trübsalen genannt (4Es 9,3; syrBar 27,7; Mk 13,8par; in diesem Zusammenhang kommen Donner, Getöse und Blitze nicht vor). Das Erdbeben kann also eine doppelte Funktion innehaben. An

---

[220] So BOUSSET, Apk 292. Viele Ausleger übersetzen ἐπί mit „vor" (LOHMEYER, Apk 72), „an" (LOHSE, Apk 49; GIESEN, Apk 208) oder „zu" (POHL, Apk II 19).
[221] So BOUSSET, Apk 292; ALLO, Apk 103; HADORN, Apk 99; KRAFT, Apk 135; PAULIEN, Trumpets 315ff, besonders 315 Anm. 4; BACHMANN, Tempel 478 Anm. 25.
[222] Vgl. Tam 5,5 und 6,2: „Der, welchem die Kohlenpfanne zugefallen war, nahm die silberne Pfanne, stieg zum (Brandopfer-)Altar empor, räumte die Kohlen weg und scharrte sie in die Pfanne; dann stieg er herab und schüttete sie in die goldene Pfanne". [...] Er „häufte die Kohlen auf dem (Räucher-)Altar auf" (STR-B II 72).
[223] Zur goldenen Kohlenpfanne vgl. 1Kön 7,50; 2Kön 25,15; 2Chr 4,22.
[224] Feuer ist im AT ein wichtiges Mittel für das Gericht Gottes sowohl im Laufe der Geschichte (z.B. Gen 19,24f; Ex 9,23) als auch in der Endzeit (z.B. Jes 66,15f; Ez 39,6). Genaueres bei LANG, ThWNT VI 935,24ff. Auch im Judentum (besonders in Qumran: 1QpHab 10,5; 1QS 2,15 u.a.) und im NT (z.B. Mt 3,10ff; Lk 12,49; 2Thess 1,7ff) sind Beispiele dafür zahlreich (vgl. LANG, a.a.O. 938,37ff und 942,1ff). In der Offb vgl. 8,7; 9,18; 16,18; 18,8; 20,9 u.a.
[225] Ez 10,1-7 folgt direkt der Szene der Versiegelung der treuen Glaubenden (9,1ff), die Offb 7,1ff zugrunde liegt (BEALE, Apk 459f).
[226] Vgl. HADORN, Apk 100; COMBLIN, Christ 56; LAMBRECHT, Structuration 102 u.a. Zu diesem Thema vgl. auch die Erklärung der „goldenen Schalen" in 5,8.
[227] Zum Erdbeben vgl. BAUCKHAM, Earthquake 199-209.

unserer Stelle ist das Erdbeben noch im Rahmen der Theophanie vorgestellt, aber dass es das Werfen des Feuers durch den Engel begleitet, deutet an, dass der Vf. auch seinen Gerichtscharakter im Blick hat. In 11,19 wird dieser deutlicher (vgl. V. 13); dort ist auch der Hagel neu hinzugefügt, der im AT im Zusammenhang mit dem Gericht des öfteren vorkommt (vgl. ad 16,21), im Zusammenhang mit der Theophanie aber nicht. In 16,18-21 ist der Bezug auf die Theophanie durch die Erwähnung von Blitz, Getöse und Donner noch beibehalten, aber durch die ausführliche Erklärung des Wirkens des Erdbebens und des Hagels ist das Gewicht entscheidend in Richtung auf die Beschreibung eines Gerichts verschoben.

**V. 6:** Nach dem Zwischenstück setzt der Vf. die Darstellung der Posaunenvisionen fort. V. 6 ist die direkte Fortsetzung von V. 2.

*3. 8,7-11,19: Die sieben Posaunenvisionen*
*Vergleich mit den Schalenvisionen.* Beide Visionsreihen entsprechen sich in mancherlei Hinsicht,[228] aber es gibt auch einige Unterschiede.

1.) In beiden Visionsreihen ist zwischen der Einführung der Reihe und dem Beginn ihrer tatsächlichen Entfaltung ein Zwischenstück eingeschoben, das für das Verständnis des Grundcharakters der jeweiligen Reihe einen wichtigen Anhalt bietet. Als struktureller Unterschied lässt sich hingegen ausmachen, dass bei der Posaunenreihe zwischen der sechsten und siebten Vision (wie bei der Siegelreihe) ein längeres Zwischenstück eingeschoben ist (10,1-11,13), bei der Schalenreihe nicht.

2.) In beiden Visionsreihen sind die ersten vier Visionen jeweils kurz gefasst (genau wie in der Siegelreihe) und bilden eine Einheit (vgl. auch 3). Die fünfte und die sechste sind dagegen jeweils viel ausführlicher dargestellt; inhaltlich aber ist zwischen der fünften und sechsten Posaunenvision einer- und der fünften, sechsten (und siebten) Schalenvision andererseits eine deutliche Differenz zu konstatieren: Während erstere durch dämonische Figuren verursachte Plagen gegen Menschen beschreiben, richten sich in letzteren die Plagen gegen Rom.

3.) Bei den ersten vier Visionen beider Reihen sind die Bereiche, in denen sich die jeweiligen Erscheinungen abspielen bzw. von denen sie ausgehen, identisch. Während es bei der jeweils fünften Vision keine Gemeinsamkeit bei der Ortsangabe gibt, wird bei der jeweils sechsten das Geschehen mit dem Euphrat verbunden. Da der Euphrat in der Offb sonst nicht genannt wird, ist diese Gemeinsamkeit als eine mit Absicht gewollte zu betrachten.

4.) In Bezug auf den Inhalt der Einzelplagen lassen sich zwischen beiden Reihen eher weniger Gemeinsamkeiten finden. Innerhalb des Berichts von den ersten vier Visionen beider Reihen lässt sich eine inhaltliche Gemeinsamkeit lediglich zwischen den Schilderungen der beiden jeweils zweiten Visionen konstatieren: Das Meer wird Blut, und alles Lebendige in ihm stirbt. Deutlicher tritt zutage, dass die Darstellungen der beiden jeweils fünften Visionen Gemeinsames enthalten: In beiden Reihen ist von Finsternis die Rede (9,2; 16,10); außerdem wird den Menschen

---
[228] Vgl. BORNKAMM, Komposition 206.

bei beiden Visionen Pein bereitet (9,5; 16,10). Im Rahmen der Schilderung der beiden jeweils siebten Visionen wird jeweils die Feststellung der Gottesherrschaft proklamiert und von Blitzen, Getöse, Donner, Beben und Hagel berichtet. Andererseits finden sich innerhalb der Darstellung der beiden Visionsreihen aber auch inhaltliche Differenzen: Während im Rahmen der ersten vier Visionen der Posaunenreihe den Menschen nur ausnahmsweise Schaden gestiftet wird (8,11; dazu vgl. ad loc), leiden sind sie innerhalb der Schalenreihe bereits von der ersten Vision an unter den Plagen; während der Konflikt zwischen Gott und den widergöttlichen Mächten innerhalb der Darstellung der Schalenreihe zumindest ansatzweise zum Ausdruck kommt, geschieht dies in der Posaunenreihe, buchkompositorisch bedingt, noch nicht.

5.) Sowohl in den Posaunen- als auch in den Schalenvisionen findet sich eine Anzahl von Anspielungen auf die Darstellung der ägyptischen Plagen im Buch Exodus.[229] Allerdings lassen sich auch Motive nennen, die keinen Bezug auf diese haben. Auch sind nicht alle ägyptischen Plagen in die Darstellung der Visionenreihen aufgenommen. Die Aufnahme von vielen Stoffen aus der Exodusgeschichte ist dadurch veranlasst, dass der Vf. die Kirche mit dem wahren Israel identifiziert. Die Plagen sind für ihn wie in Ex Vorzeichen der Erlösung.

Trotz dieser Anlehnung an die Exodusgeschichte weicht der Vf. auf der anderen Seite bewusst von ihr ab. Erstens nämlich führt er das jeweilige Geschehen nicht durch das Handeln von Menschen (Mose, Aaron), sondern durch das Blasen einer Posaune bzw. Ausgießen einer Schale durch einen Engel ein; dementsprechend wird besonders bei den anfänglichen drei Posaunenvisionen die Bewegung vom Himmel auf die Erde hin durchgehend betont; ein Zug, der die jeweilige Vision mit der Darstellung V. 5 verbindet. Zweitens eignet, anders als in der Exodusgeschichte, den Geschehnissen, hier, entsprechend ihrem endzeitlichen Charakter, eine weltweite Dimension.

6.) Das Ausmaß der Schäden ist bei beiden Reihen verschieden. Bei den ersten vier und der sechsten Posaunenvision hat jeweils nur ein Drittel des betroffenen Bereichs unter der Plage zu leiden;[230] in der fünften quälen Heuschrecken die Menschen fünf Monate. In den Schalenvisionen ist dagegen ist die Wirkung der Plagen entschränkt; sie erreichen hier ihren Höhepunkt.

7.) In der sechsten der Posaunen- und der vierten, fünften (und siebten) Schalenvision begegnet das Motiv der Nicht-Bekehrung der Menschen. Die Plagen sind bestimmt nur zur Qual von gottwidrigen Menschen.[231]

---

[229] Sowohl im AT (z.B. Ps 78,43-51; 105,27-36) als auch in frühjüdischen Schriften (z.B. Jub 48,5-8) ist die Aufnahme von Exodus-Plagen-Traditionen feststellbar (genauer vgl. AUNE, Apk 499ff). Da die Plagenreihen in der Offb mit keiner von diesen übereinstimmen, und da sich auch in der Offb selbst die beiden Reihen nicht miteinander decken, ist ihre Quelle die Geschichte im Buch Exodus selbst.

[230] Ausnahmen sind „alles grüne Gras" in 8,7 und „viele Menschen" in 8,11; vgl. z.St. Zu „einem Drittel" vgl. Ez 5,2.12; Sach 13,7ff; BM 59ᵃ (STR-B IV 315; vgl. ebd. III 808).

[231] Für nicht wenige Ausleger sind besonders die Posaunenvisionen eine Gelegenheit zur Umkehr der Menschen (BEASLEY-MURRAY, Apk 156; SWEET, Apk 161; VÖGTLE, Apk 78; ROLOFF, Apk 96; KRODEL, Apk 196; GIESEN, Apk 214f).

*Zu den Posaunenvisionen selber.* Die ersten vier Visionen sind kurz gefasst und ihnen eignet eine gemeinsame einfache Struktur. Die letzten drei Visionen werden 8,13 erneut durch die Stimme eines Adlers eingeführt und zusätzlich als das erste, zweite und dritte Weh numeriert. Die fünfte und sechste sind im Vergleich zu den ersten vier viel ausführlicher gestaltet, und die Schäden treffen direkt die Menschen; die Christen sind ausdrücklich ausgeklammert (9,4.20f). Zwischen der sechsten und siebten Vision ist ein längeres Zwischenstück eingeschoben (10,1–11,13). Der siebten Vision kommt eine Sonderstellung zu.

*a) 8,7–13: Die ersten vier Posaunenvisionen: Naturkatastrophen*
(7) **Und der erste blies. Und es entstand Hagel und Feuer, mit Blut vermischt, und wurde auf das Land geworfen. Und ein Drittel des Landes verbrannte, und ein Drittel der Bäume verbrannte, und alles grüne Gras verbrannte.**
(8) **Und der zweite Engel blies. Und es wurde etwas wie ein großer, mit Feuer brennender Berg ins Meer geworfen, und ein Drittel des Meers wurde zu Blut, (9) und ein Drittel der Geschöpfe im Meer, die Leben haben, starb, und ein Drittel der Schiffe wurde vernichtet.**
(10) **Und der dritte Engel blies. Und es fiel vom Himmel ein großer Stern, brennend wie ein Fackel, und er fiel auf ein Drittel der Flüsse und auf die Wasserquellen. (11) Und der Name des Sternes heißt „der Wermut", und ein Drittel der Wasser wurde zu Wermut, und viele der Menschen starben von den Wassern, weil sie bitter geworden waren.**
(12) **Und der vierte Engel blies. Und ein Drittel der Sonne wurde geschlagen und ein Drittel des Mondes und ein Drittel der Sterne, dass ein Drittel von ihnen verfinstert wurde und der Tag zu seinem Drittel nicht mehr schien und die Nacht ebenso.**
(13) **Und ich sah, und hörte einen Geier, der im Zenit flog und mit lauter Stimme rief: Weh, weh, weh den Bewohnern der Erde wegen der übrigen Posaunenstöße der drei Engel, die noch blasen werden.**

**V. 7:** Die erste Vision. Im Hintergrund steht Ex 9,22ff (vgl. Ps 78,47f; 105,32). Mit „Feuer" waren dort Blitze gemeint, hier aber Feuer selbst (vgl. 20,9). „Mit Blut vermischt", ein Ausdruck, der dort nicht vorkommt, steigert die geheimnisvolle Atmosphäre. In Ex 9,22ff spielt der Hagel die Hauptrolle und das Feuer ist dessen Begleiterscheinung (vgl. auch Ps 78,47.48; 105,32), an unserer Stelle dagegen ist von Schäden des Hagels nicht die Rede (vgl. aber 11,19 und besonders 16,21), sondern nur von denen des Feuers. Diese Verschiebung hat der Vf. wohl vorgenommen, weil er unsere Vision als Verwirklichung der Einführungsvision (V. 5) betrachtet.[232]
**V. 8f:** Die zweite Vision. Es wird „etwas wie ein großer [...] Berg ins Meer geworfen"; als Folge dessen wird das Meerwasser in Blut verwandelt, sterben die Geschöpfe im Meer und werden die Schiffe vernichtet. Während die ersten beiden

---
[232] Vgl. KRAFT, Apk 136.

Konsequenzen Vorbilder in der Exodusgeschichte haben (Ex 7,20f; vgl. Ps 105,29; 78,44), lassen sich für das auslösende Geschehen, das Werfen von etwas wie einem Berg, und die zuletzt genannte Konsequenz, die Vernichtung von Schiffen, dort keine Entsprechungen finden. Andererseits ist bei dem Werfen von etwas wie einem Berg der Bezug auf die Einführungsvision (V. 5) unverkennbar und die Vernichtung von Schiffen ist als Folge dessen gedacht. Die ganze Szene bildet so eine Inklusio.[233] Durch sie bringt der Vf. zwei wichtige Bezüge, denjenigen zur Einführungsvision und denjenigen zur Exodusgeschichte, miteinander in Verbindung.

V. 10f: Die dritte Vision. Auch mit dem Hinweis darauf, dass ein großer Stern vom Himmel auf Flüsse und Wasserquellen fällt, wird eine Brücke zu V. 5 geschlagen; dementsprechend wird ausdrücklich betont, dass der Stern „wie eine Fackel brennt". Im Hintergrund steht wiederum Ex 7,19ff. Nur um eine Wiederholung zu vermeiden, lässt der Vf. hier das Wasser nicht wie in V. 8 (und Ex 7,20) in Blut verwandelt, sondern bitter werden (vgl. 16,4–7).

In V. 11 wird der Name des Sterns, „Wermut", vorgestellt. Die Nennung geht auf den Vf. zurück, der den Fall des Sterns und das Bitterwerden der Gewässer, zwei Phänomene, die eigentlich gar keine Beziehung zueinander haben, miteinander verbinden will. Zur Verunreinigung des Wassers als Strafe vgl. Jer 23,15 (vgl. auch Jer 9,14; 8,14; Klgl 3,15.19).

Als eine sekundäre Auswirkung wird bei dieser Vision vom Sterben vieler Menschen berichtet. Von Schädigungen von Menschen ist innerhalb der ersten vier Visionen nur hier die Rede, und zwar deswegen, weil das Bitterwerden der Gewässer visuell nicht feststellbar ist; dieses Motiv soll nur unterstreichen, dass wirklich Menschen geschädigt worden sind.

V. 12: Die vierte Vision. Eine Beziehung auf die Exodusgeschichte ist unverkennbar (Ex 10,21ff).[234] Kausal ist nicht erklärbar, dass die Verminderung der Lichtmenge die (zeitweise) totale Verfinsterung des Tages und der Nacht verursacht. Die Verminderung der Lichtmenge um ein Drittel bedeutet für das Leben der Menschen faktisch nicht viel, die totale Verfinsterung von einem Drittel des Tages (und der Nacht) brächte dagegen chaotische Verwirrung.

V. 13: Nach dem Ende der vierten Vision schaltet der Vf. das Geschrei eines Geiers ein, das den „Erdenbewohnern" das Kommen von drei Wehen vorhersagt. Weder im AT noch im Judentum findet man einen Beleg für die Boten- bzw. Ankündigerrolle eines Geiers. An unserer Stelle wird dadurch unterstrichen, dass es sich um eine Unheilsverkündigung handelt.[235] Zur Formulierung, dass er „im Zenit flog und mit lauter Stimme rief", vgl. 14,6f.

---

[233] So braucht man keine kausale Beziehung zwischen dem Werfen von etwas wie einem großen Berg und der Verwandlung des Meerwassers ins Blut und dem Sterben der Geschöpfe im Meer anzunehmen.

[234] Das Motiv, dass am Ende der Tage Sonne, Mond und Sterne ihr Licht verlieren, ist im AT ohne Beziehung auf die Exodusgeschichte des öfteren belegt (Jes 13,10; Ez 32,7; Joel 3,4; 4,15; vgl. auch Am 5,18–20; 8,9; Zef 1,15; AssMos 10,5; Mk 13,24).

[235] Weil sich Geier um das Aas sammeln (Lk 17,37 par), gelten sie als besondere Vögel (vgl. Hi 9,26; Spr 30,17; Hos 8,1; Hab 1,8).

Das Geschrei beginnt mit einem dreimalig wiederholten οὐαί. Eine solche dreimalige Wiederholung ist weder im AT noch in den übrigen neutestamentlichen Schriften belegt.[236] Sie hat damit zu tun, dass der Geier das Kommen von drei Wehen vorhersagt.[237]

*b) 9,1–12: Die fünfte Posaunenvision: Der Angriff von Heuschrecken*
(1) Und der fünfte Engel blies. Und ich sah einen Stern, vom Himmel herabgefallen auf die Erde, und ihm wurde der Schlüssel zum Schacht des Abgrunds gegeben. (2) Und er öffnete den Schacht des Abgrunds, und es stieg Rauch aus dem Schacht empor wie Rauch eines großen Ofens, und die Sonne und die Luft wurden von dem Rauch des Schachts verfinstert. (3) Und aus dem Rauch kamen Heuschrecken auf die Erde hervor, und es wurde ihnen Macht gegeben, wie die Macht, die die Skorpione der Erde haben. (4) Und ihnen wurde gesagt, dass sie dem Gras der Erde und allem Grünen und allen Bäumen keinen Schaden zufügen sollten, sondern nur den Menschen, die nicht das Siegel Gottes auf den Stirnen haben. (5) Und es wurde ihnen gegeben, dass sie sie nicht töteten, sondern fünf Monate lang quälten, und ihre Qual ist die Qual eines Skorpions, wenn er einen Menschen sticht. (6) Und in jenen Tagen werden die Menschen den Tod suchen und ihn nicht finden, sie werden zu sterben begehren, und der Tod flieht von ihnen.
(7) Und die Gestalten der Heuschrecken waren den Pferden gleich, die zum Krieg gerüstet sind, und auf ihren Köpfen waren wie goldgleiche Kränze, und ihre Gesichter waren wie Gesichter von Menschen, (8) und sie hatten Haare wie Frauenhaare, und ihre Zähne waren wie die von Löwen, (9) und sie hatten Brustrüstungen wie eiserne Brustpanzer, und das Geräusch ihrer Flügel war wie das Geräusch von Wagen vieler Pferde, die zum Kampf laufen, (10) und sie haben Schwänze, gleich den Skorpionen, und Stacheln, und in ihren Schwänzen ist ihre Macht, die Menschen fünf Monate lang zu quälen. (11) Sie haben über sich als König den Engel des Abgrunds, sein Name ist auf Hebräisch Abaddon, und auf Griechisch hat er den Namen Apollyon.
(12) Das erste Weh ist vergangen. Siehe, es kommen noch zwei Weh danach.

**V. 1–21:** *Die fünfte und die sechste Vision.* Beiden Visionen ist gemeinsam, dass sie mit der Freisetzung dämonischer Mächte beginnen. Anders als in den ersten vier Visionen wird bei diesen Visionen der Angriff direkt gegen die „Erdenbewohner" (vgl. ad 3,10) gerichtet (8,13). In beiden Visionen folgen dann ausführliche Beschreibungen der betreffenden Tiere; innerhalb dieser spielen jeweils Militärpferde eine wichtige Rolle. Die Darstellungs der Ausführung der Aufgabe ist bei beiden Visionen nicht ganz parallel: In der fünften wird sie nur indirekt (V. 5b.6), in der

---

[236] Eine zweimalige Wiederholung von οὐαί findet sich in 18,10.16.19 – die einzigen Belege im NT; in LXX vgl. Ez 16,23; Am 5,16; Mi 7,4.
[237] Vgl. LOISY, Apk 179; BEASLEY-MURRAY, Apk 159; MOUNCE, Apk 189 u.a.

sechsten dagegen direkt (V. 18) referiert. Im ganzen gesehen ist aber die Parallelität beider Visionen augenfällig; der Vf. fasst sie in einer engen Beziehung zueinander auf.

**V. 1-12:** Die fünfte Vision zeigt eine gut geordnete innere Struktur:[238]

A. Ein vom Himmel gefallener Stern öffnet den *Abgrund* (V. 1-2).
B. Aus dem Rauch kommen *Heuschrecken* hervor; ihnen wird gestattet, durch die *Macht*, wie sie *Skorpione* haben, den Erdenbewohnern *Schaden zuzufügen fünf Monate lang* (V. 3-5).
C. In jenen Tagen suchen die Menschen den Tod, aber dieser flieht von ihnen (V. 6).
B'. Die *Heuschrecken* haben Schwänze wie *Skorpione*, in denen die *Macht* liegt, den Menschen *Schaden zuzufügen fünf Monate lang* (V. 7-10).
A'. Sie haben über sich als König den Engel des *Abgrunds* (V. 11).

A, C und A' sind kurzgefasst. Die Voraussage über das, was unter den Menschen geschieht (C), wäre eher am Ende der ganzen Darstellung zu erwarten (vgl. die sechste Vision). Sie ist aber in ihrer Mitte positioniert, weil der Vf. die Misere der Gottlosen unterstreichen und den ganzen Abschnitt symmetrisch aufbauen wollte.

B und B' sind länger gehalten. B berichtet von der Macht der Heuschrecken, die der der Skorpione gleicht (V. 3). Dann wird geklärt, wem (V. 4) und in welcher Weise (V. 5a) sie Schaden zufügen sollen. V. 5b entspricht durch den nochmaligen Hinweis auf die von Skorpionen verursachte Qual V. 3b.

B' beschreibt durch acht Vergleiche, wie die Heuschrecken aussehen. Der erste und der siebte weisen auf die Ähnlichkeit mit Militärpferden hin; auch der Ausdruck „zum Kampf" (εἰς τὸν πόλεμον) ist beiden Vergleichen gemeinsam. Nachdem die Darstellung so einmal abgerundet wurde, kommt als der achte der wichtigste: ihre Schwänze seien den Skorpionen gleich; in ihnen liege ihre Macht, Menschen Schaden zuzufügen fünf Monate lang; so enden B und B' mit sachlich parallelen Aussagen.

**V. 1:** Der Stern, der vom Himmel auf die Erde herab fällt, ist beauftragt, den Schacht des Abgrunds zu öffnen. Seine Funktion ähnelt also der des sechsten Posaunenengels (V. 13), der die am Euphrat gebundenen vier Engel von ihren Fesseln befreien soll (V. 14). Das Wort „Abgrund" (ἄβυσσος) kommt in der Offb vorwiegend als Wohnort widergöttlicher Mächte vor (11,7; 17,8), aber auch als Gefängnis des Teufels während des Millenniums (20,1.3). Der Abgrund ist durch einen Schacht oder Brunnen mit der Erdoberfläche verbunden (z.B. 1Hen 18,11).

**V. 3f:** Das Hervorkommen von Heuschrecken weist wiederum auf die Exodusgeschichte hin (Ex 10,3ff; vgl. Ps 78,46; 105,34);[239] die Plage deckt sich aber mit der

---
[238] Vgl. GIBLIN, Rev 11.1-13 447.
[239] Im AT ist auch sonst gelegentlich der von Heuschrecken verursachte Schaden als Strafe Gottes betrachtet (z.B. Dtn 28,38; 2Chr 7,13; Am 7,1; Weish 16,9). Manchmal stehen sie aber auch als Metapher für ein großes Heer (z.B. Ri 6,5; 7,12; Jer 51,14.27; Jud 2,20), was auch in unserer Vision vorausgesetzt ist (V. 7ff).

dortigen nicht: Ausdrücklich ist gesagt, dass den Heuschrecken nicht gestattet sei, die Gräser usw. zu verzehren; die Beschreibung in V. 7–9 steht vielmehr unter dem Einfluss von Joel 1f.

Mit V. 3b beginnt die Darstellung der den Heuschrecken von Gott zuerkannten Macht (wiederholter Aorist Passiv: ἐδόθη V. 3*; ἐρρέθη V. 4; ἐδόθη V. 5!). Ihr Vergleich mit Skorpionen, der in unserem Abschnitt eine wichtige Rolle spielt (vgl. V. 10), ist im AT nicht belegt.[240] Sie sollen den Menschen Schaden zufügen, die „nicht das Siegel Gottes an den Stirnen haben"; dadurch ist eine Brücke zu 7,1–9 geschlagen.

**V. 5:** Das Töten von Menschen wird erst im Rahmen der sechsten Vision dargestellt (V. 18). In der fünften dürfen die Heuschrecken sie nur quälen.[241] Statt den Prozentsatz von gequälten Menschen anzugeben, nennt der Vf. hier eine zeitliche Grenze: fünf Monate lang. Die Herkunft dieser Zeitdauer ist schwer ermittelbar.[242] Ob sie als längere[243] oder kürzere[244] Zeit aufzufassen ist, ist ebenso schwer zu sagen.

**V. 6:** Gerade in der Mitte der Vision geht der Vf. zu einem Prophetenspruch über. Er besteht aus der faktisch zweimal wiederholten Aussage, der Schmerz sei so groß, dass die Menschen den Tod suchen, der aber von ihnen fliehe.[245] Die Verben stehen außer dem letzten, φεύγει, im Futur.[246]

**V. 7:** Die Beschreibung des Aussehens der Heuschrecken besteht aus acht Vergleichen[247] und steht im ganzen unter dem Einfluss von Joel 1–2; vgl. die einführende Erklärung zu 9,1–12.

**V. 8:** Die Frauen tragen lange Haare; lange Haare sind manchmal ein Zeichen der Wildheit: auch Barbaren tragen sie, in der Phantasie auch Dämonen;[248] vgl. auch ApkZef 6,8.

**V. 10:** Auch gewisse babylonische Zentauren und ihre hellenistische Nachfolger haben Skorpionschwänze.[249]

---

[240] An keiner alttestamentlichen Stelle sind sie Vollstrecker der Strafe Gottes (vgl. aber Sir 39,30).

[241] Βασανίζειν und seine Derivate werden in der Offb fast ausnahmslos im Zusammenhang mit der eschatologischen Pein verwendet, die die gottfeindlichen Menschen erleiden; die einzige Ausnahme ist 12,2.

[242] Nach Charles, Apk I 243; U.B. Müller, Apk 193 u.a. ist dieser Zeitraum von der üblichen Lebensdauer von Heuschrecken hergeleitet. Das ist aber wenig überzeugend, „da es sich hier ja keineswegs um normale, sondern um übernatürliche Heuschrecken handelt" (Roloff, Apk 102; ähnlich Giesen, Apk 218; Prigent, Apk 242).

[243] Z.B. Beasley-Murray, Apk 161; Müller, Apk 193; Giesen, Apk 218.

[244] Z.B. Aune, Apk 530.

[245] Ähnliche Aussagen sind nicht nur im AT (Ijob 3,21; Jer 8,3) und in frühjüdischen Schriften (z.B. ApkEl 25,9–11; 27,7–9), sondern auch in säkularen Schriften (Sophokles, Elektra 1007f; Ovid, Ibis 123; Seneca, Troades 954) belegt (vgl. Charles, Apk I 243f; Lohmeyer, Apk 79).

[246] Ein ähnlicher Tempuswechsel findet auch in 7,15c–17 statt.

[247] Gewisse formale Regelmäßigkeiten sind festzustellen: Im ersten und letzten Vergleich wird ὅμοιος verwendet, in den mittleren sechs dagegen ὡς (beim zweiten Vergleich kommt neben ὡς zusätzlich noch ὅμοιος vor); bei den ungeraden erscheint nach dem beginnenden καί jeweils ein Nomen im Nominativ, während die geraden meistens mit καί und εἶχον bzw. ἔχουσιν beginnen.

[248] Vgl. Michl, Haare bes. 282ff.

[249] Boll, Offenbarung 69.

**V. 11:** Zum Schluss des Berichts besagt der Text, dass die Heuschrecken den Engel des Abgrundes[250] als ihren König haben. Der „Engel" hat einen hebräischen und einen griechischen Namen; das ist ein Hinweis darauf, dass sein Einfluss sich auf die ganze Welt erstreckt;[251] denn die beiden Sprachen Hebräisch und Griechisch vertreten Juden und Heiden, also die ganze Welt.

Auf Hebräisch heißt er Abaddon. Der Name stammt vom Verb אבד ab und bedeutet im AT (Ijob 26,6; 28,22; 31,12; Ps 88,12; Spr 15,11), in Qumran[252] und in rabbinischen Schriften[253] „Verderbnis" bzw. den „Ort der Verderbnis" (das Totenreich). In Ijob 26,6; Spr 15,11 wird er wie ein Eigenname verwendet, in Ijob 28,22 gar personifiziert. Sein griechischer Name ist Apollyon; dieser ist nach ἀπολλύναι („verderben") gebildet, aber kein genaues Äquivalent zu Abaddon.[254] Er erinnert außerdem an Apollon,[255] dessen Attribut unter anderm die Heuschrecke ist; er ist in der Antike manchmal auch als Verderber angesehen,[256] obwohl dies etymologisch nicht berechtigt ist.

**V. 12:** Das Wort „Weh", das eigentlich ein Ausruf ist, kommt hier, mit Artikel versehen, als Substantiv vor (auch in 11,14).[257] In der Offb wird es als Femininum behandelt, wahrscheinlich deswegen, weil dem οὐαί die Vorstellung einer θλῖψις zugrundeliegt.[258]

*c) 9,13–21: Die sechste Posaunenvision: Der Angriff von Pferden*
**13 Und der sechste Engel blies. Und ich hörte eine Stimme von den vier Hörnern des goldenen Altars, der vor Gott steht, 14 die sprach zu dem sechsten Engel, der die Posaune hatte: Lasse die vier Engel los, die am großen Fluss Euphrat gebunden sind! 15 Und die vier Engel, die auf die Stunde und den Tag und den Monat und das Jahr bereitstanden, wurden losgelassen, um ein Drittel der Menschen zu töten. 16 Und die Zahl der Reiterheere war zwanzigtausend mal zehntausend; ich hörte ihre Zahl.**

**17 Und so sah ich in der Vision die Pferde und die darauf saßen: Sie hatten feurige, hyazinthfarbene und schwefelige Panzer, und die Köpfe der Pferde waren wie Löwenköpfe, und aus ihren Mäulern kommen Feuer und Rauch und Schwefel hervor. 18 Von diesen drei Plagen wurde ein Drittel der Menschen getötet, von dem Feuer und dem Rauch und dem Schwefel, die aus**

---

[250] Mit dem Stern V. 1 ist dieser Engel nicht zu identifizieren (vgl. BOUSSET, Apk 301; MOUNCE, Apk 197; U.B. MÜLLER, Apk 195; gegen CAIRD, Apk 120; KRAFT, Apk 142).
[251] POHL, Apk II 39.
[252] BRAUN, Qumran I 311.
[253] STR-B III 810; VOLZ, Eschatologie 328.
[254] In LXX wird אֲבַדּוֹן regelmäßig mit ἀπώλεια übersetzt (die einzige Ausnahme ist Ijob 31,12).
[255] BOUSSET, Apk 301; BEASLEY-MURRAY, Apk 162; U.B. MÜLLER, Apk 195; vor der Identifizierung zurückhaltend: LADD, Apk 134; ROLOFF, Apk 103 u.a. Syph liest hier sogar „Apollo" (OEPKE, ThWNT I 396,17f).
[256] Homer, Il. I 10; Aeschylos, Ag. 1080–1082 u.a.; vgl. OEPKE, a.a.O. 396,20ff.
[257] In LXX vgl. Spr 23,29; Ez 2,10; 7,26 usw., aber jedesmal ohne Artikel.
[258] BOUSSET, Apk 301f.

ihren Mäulern hervorkamen. 19 Denn die Macht der Pferde liegt in ihrem Maul und in ihren Schwänzen; denn ihre Schwänze sind Schlangen gleich, die Köpfe haben, mit denen sie Schaden zufügen.

20 Und die übrigen Menschen, die nicht durch diese Plagen getötet wurden, bekehrten sich von den Werken ihrer Hände nicht, dass sie die Dämonen und die goldenen und silbernen und ehernen und steinernen und hölzernen Götzen nicht anbeteten, die weder sehen noch hören noch gehen können, 21 und sie bekehrten sich nicht von ihren Morden noch von ihren Zaubereien noch von ihrer Unzucht noch von ihren Diebstählen.

V. 13–21: Die Vision besteht aus drei Teilen. Die Einführungsszene (V. 13-15) hat mit dem Hauptteil der Vision (V. 16-19) abgesehen vom Motiv des Tötens eines Drittels der Menschen nichts gemeinsam; die auftretenden Figuren sind hier und dort ganz andere. Dass dem Hauptteil einer Vision eine Einführungsszene vorangestellt ist, und vor allem, dass der Posaunenengel von einem dritten (diesmal von einer Stimme aus den vier Ecken des Altars) eine Anordnung bekommt, ist in dieser Visionsreihe singulär. Die Anordnung bildet andererseits einen gewissen Kontrast zur Einführungsszene der Vision 7,1ff: Während dort ein Engel aus dem Osten den vier Windengeln verbietet, das Land, das Meer usw. zu schädigen, bis die Knechte Gottes versiegelt werden, befiehlt die Stimme an unserer Stelle dem Posaunenengel, die vier Engel, die am Euphrat gebunden[259] sind, von ihren Fesseln zu befreien, um ein Drittel der Menschen zu töten. Unsere Einführungsszene dient also dazu, zwischen 7,1-8 und der faktisch letzten Posaunenvision (und damit der ganzen Posaunenreihe) eine Brücke zu schlagen. Der Hauptteil (V. 16-19) berichtet vom Töten eines Drittels der Menschen durch die Pferde. Zu seinem Aufbau vgl. ad V. 17. Zum Schluss der Vision wird – wie am Ende der anderen zwei Visonenreihen (6,15-17; 16,21) – die Reaktion der am Leben bleibenden Menschen auf die Plage berichtet (V. 20f).

V. 13f: Die Stimme von den vier Hörnern des Altars (vgl. Ex 30,1f) vertritt den Willen Gottes und zeigt, dass die folgenden Plagen auf ihn zurückgehen. Auf den Räucheraltar werden nach 8,3-5 die Gebete der Heiligen gebracht; die Plagen sind also eine Antwort Gottes auf diese.

Die Zahl vier der Engel steht wie in 7,1ff eigentlich im Zusammenhang mit den vier Ecken der Erde. An unserer Stelle deutet sie an, dass sich die Engel nach der Befreiung in die vier Richtungen begeben; die Plage hat eine weltweite Dimension.[260]

Der Euphrat ist für die Römer die Ostgrenze, an der sie gelegentlich schwere Niederlagen durch die Parther erlitten haben (53 v. Chr. in Carrhae und 62 n. Chr.

---

[259] Dass die vier Engel „gebunden" sind, ist für einige Forscher ein Indiz für ihren dämonischen Charakter (ROLOFF, Apk 104; SWEET, Apk 172; BEALE, Apk 506 u.a.). Aber bei bösen ἄγγελοι wird in der Offb immer angegeben, zu wem sie zugehören (12,7.9; 9,4). Wenn Engel ohne Attribute erscheinen, stehen sie im Dienst Gottes. Dass sie gebunden sind, bedeutet nur, dass sie „auf Stunde usw. gerüstet" sind (V. 15).
[260] LOHMEYER, Apk 82; POHL, Apk II 46 u.a.

durch Vologeses). Der Vf. benutzt das den Lesern vertraute Bild, um den Schrecken der Plage zu unterstreichen.

**V. 15:** „Die vier Engel wurden losgelassen" (*passivum divinum*). Die Zeit, für die die Engel sich bereit halten, ist vierfach angegeben, was den Lesern zeigt, dass sie von Gott genau bestimmt ist, und sie beruhigt (vgl. 4Esr 4,36f; 13,58).

**V. 16-19:** Der Hauptteil der Vision. Die vier Engel verschwinden von der Bühne; an ihrer Stelle treten Reiterheere auf. Der Vf. lässt die Beziehung zwischen diesen und den Engeln im unklaren;[261] er will jene nicht direkt mit den höllischen Wesen verbinden. Er denkt hier wahrscheinlich an Ez 38,14-16, eine Prophetie des eschatologischen Ansturms des mächtigen Heeres aus dem Norden, das aus Reitern auf Rossen besteht (vgl. Jes 5,26-30; Jer 6,22-26); er prägt sie um, indem er den Blickfeld universal erweitert und das Heer dämonisiert.

**V. 17:** Von den Reitern berichtet der Vf. nur die Farben der Panzer; er hat kein Interesse an deren Material oder an anderen Ausrüstungsgegenständen wie etwa Helmen (vgl. Jes 59,17; 1Thess 5,8). Ihm liegt lediglich am symbolischen Charakter, den die Farben haben. Das ist bei ihren Namen auch deutlich: „feurig, hyazinthfarbig und schwefelig". Sie entsprechen den am Ende des Verses genannten drei Objekten, die den Mäulern der Pferde entströmen, um das Töten der Menschen zu bewerkstelligen. Die Reiter haben keinen eigenständigen Wert neben den Pferden.

Die Beschreibung der Pferde gliedert sich wiederum symmetrisch:[262]

A. Ihre Köpfe waren wie Löwenköpfe (V. 17b).
B. *Aus ihren Mäulern* kommen *Feuer, Rauch und Schwefel* hervor (V. 17c).
C. Ein Drittel der Menschen wurde durch diese Plagen getötet (V. 18a).
B'. von dem *Feuer, Rauch und Schwefel*, die *aus ihren Mäulern* hervorkamen (V. 18b).
A'. Ihre Macht liegt in ihrem Maul (V. 19).

Das wichtigste Organ der Pferde ist ihr Maul: Aus ihm entströmen Feuer, Rauch und Schwefel, die die Menschen töten. In der Offb kommen Feuer und Schwefel häufig nebeneinander als endgültige Strafmittel gegen Satan und die Seinigen vor (14,10; 20,10; 21,8; vgl. auch 19,20). Der Rauch ist sonst in diesem Zusammenhang nicht belegt. Er ist hier mit der Absicht hinzugefügt, um eine Dreiheit zu bilden.

**V. 18:** In der Mitte der Beschreibung, also als ihren zentralen Inhalt, beschreibt der Vf. den Tod der Menschen aufgrund der Plagen.[263]

**V. 19:** Wie in der fünften Vision kommt er zum Schluss noch auf die Schwänze zu sprechen. Die Nähe zu V. 10 ist auch in Einzelheiten konstatierbar: Dass sie Schlan-

---

[261] Die vier Engel werden manchmal fälschlicherweise als „Führer und Repräsentanten" der Heerscharen betrachtet (ROLOFF, Apk 104; KRODEL, Apk 205).
[262] GIBLIN, Apk 108; etwas anders gegliedert durch AUNE, Apk 540.
[263] Πληγή kommt in der Offb zum ersten Mal vor, obwohl in den vorangehenden Visionen sachlich wiederholt von Plagen die Rede gewesen ist. Innerhalb der Schalenreihe ist manchmal die zusammenfassende Bezeichnung „die sieben Plagen" verwendet (15,1 u.a.). Sonst begegnet das Wort, abgesehen von den zwei auf Babylon bezogenen Fällen (18,4.8), nur noch in 11,6; 22,18.

gen[264] ähnlich seien, erinnert daran, dass die Heuschrecken „Schwänze haben, gleich Skorpionen"; Skorpione und Schlangen werden im AT und Judentum manchmal als gefährliche Tiere nebeneinander genannt (Dtn 8,15; Sir 39,30; Lk 10,19).

**V. 20f:** Trotz der Plagen bekehren die Menschen sich nicht (vgl. ad 6,15-17). Die Plagen sind von Anfang an nicht als Mittel zur Bekehrung gedacht.[265]

Hier sind insgesamt fünf Laster genannt. Während die letzten vier nur kurz erwähnt sind, ist dem ersten, dem Götzendienst, eine längere Erklärung hinzugefügt. Er bildete ursprünglich mit den drei folgenden eine Gruppe (vgl. gleich unten); da er aber von den anderen so abgehoben wurde, ergänzt der Vf. „Diebstahl" als das letzte[29],[266] um wieder eine Vierzahl zu erhalten.

Die ersten vier, Götzendienst, Mord, Zauberei und Unzucht, begegnen in Form einer Aufzählung ihrer Täter auch in 22,15 und 21,8 in dieser Reihenfolge; sie bilden für den Vf. gleichsam eine Einheit. Die einzelnen Laster bzw. Lästerer haben dabei gewiss ihren eigenen Sinn. Aber auf ihre Besonderheiten ist nicht viel Gewicht gelegt; sie gelten vielmehr in ihrer Gesamtheit als der Inbegriff gottfeindlichen Verhaltens. Nur beim Götzendienst ist die Sachlage anders: Er nimmt nicht nur an unserer Stelle eine besondere Stellung ein, sondern steht in 21,8 und 22,15 am Ende der Liste und ist dadurch hervorgehoben. Diesem Laster kommt als Ablehnung der rechten Gottesverehrung grundlegender Charakter zu.

Abgesehen von „Unzucht" sind diese Laster in der Offb einzeln nur selten belegt. Sie sind abgesehen von „Zauberei" alle im Dekalog verboten. Die Zauberei ist zwar im AT an keiner Stelle in Form eines gesetzlichen Verbots zurückgewiesen, aber sie gilt als heidnisch und ist Gegenstand der Verdammung (Ex 22,18; Dtn 18,10f; 2Chr 33,6; Mi 5,12; Weish 12,4 u.ö.).

Die Weigerung der Abkehr vom Götzendienst ist ausführlich dargestellt. Der Begriff „Götzendienst" (εἰδωλολατρία) begegnet, anders als bei den übrigen Lastern, allerdings nicht unmittelbar; statt dessen wird der Ausdruck „die Werke ihrer Hände" verwendet, der hier einen herabsetzenden Ton[267] hat und traditionell in kritischen Aussagen gegen den Götzendienst erscheint (2Kön 19,18; Jes 2,8; 17,7f; Weish 13,10; vgl. auch Dtn 4,28; 2Kön 22,17; Ps 115,4; 135,15; Jer 1,16; 25,6; 44,8; Sib 5,80 u.a.; im NT, Apg 7,41).

Den Hauptsatz begleitet dann ein mit ἵνα beginnender Nebensatz, der besagt, dass diese Menschen – als Folge ihrer Weigerung zur Umkehr[268] – nicht aufhören,

---

[264] Die Schlange ist im AT oft ein zu fürchtendes Tier, das durch seinen Biss den Menschen Schmerz zufügt (Gen 3,15; Ijob 20,16; Koh 10,8; Am 5,19; Weish 16,5; Sir 25,15 u.a.). Gelegentlich ist sie ein Strafmittel Gottes gegen Menschen (Num 21,6; Dtn 32,24; Jer 8,17).

[265] Gegen etwa BEASLEY-MURRAY, Apk 156; RISSI, Zukunft 100. Es wäre grotesk zu denken, dass Gott ein Drittel der Menschen durch die Plagen sterben ließ, um den anderen Gelegenheit zur Bekehrung zu geben (gegen etwa OSBORNE, Apk 380).

[266] Eine ähnliche „Ergänzung" findet man auch in 6,8.

[267] Der Ausdruck „die Werke der Hände" kann auch im positiven Sinn gebraucht werden; besonders im Dtn kommt „die Werke der Hände der Menschen" als Bezeichnung von Taten vor, die Gegenstände des Segens Gottes werden können (15,10; 16,15; 24,19; 28,12; 30,9; 33,11; vgl. Ps 90,17; Jdt 13,4).

[268] Konsekutives ἵνα – MOULTON I 210.

die Dämonen und Götzen anzubeten. Im Hauptsatz war nur von den letzteren die Rede; „Dämonen" sind übernatürliche Wesen, die im Rahmen des Götzendienstes von Menschen angebetet werden. Die darauf folgende längere Erklärung besagt, dass die Götzenbilder faktisch nichts sind (vgl. 1Kor 10,19f); der Vf. nennt zunächst fünf Materialien für Götzenbilder (vgl. Apg 17,29) und hebt dann in drei Punkten ihre Unfähigkeiten hervor („sie können nicht sehen" usw). Die Aufzählung der Materialien deutet an, dass man über ihre Herkunft Bescheid weiß (Jer 10,8f), dass den Götzen jeder heilige Charakter fehlt (Jes 44,14ff) und dass sie leicht verfallen (EpJer 10f.55). Ihre Bewegungsunfähigkeit bietet im AT auch oft Anlass zur Kritik (Dtn 4,28; Ps 115,5–7; 135,16f; Jer 10,5; Dan 5,23; Sir 30,19; Sib 5,78f; EpJer passim); im NT 1Kor 12,2.

*d) 10,1–11,14: Zwischenstück: Das Schicksal der Gläubigen in der Endzeit*

*α) 10,1–11: Die Beauftragung des Sehers mit Prophetie und sein Schicksal*
(1) Und ich sah einen anderen starken Engel vom Himmel herabsteigen, mit einer Wolke bekleidet, und der Regenbogen war über seinem Kopf, und sein Angesicht war wie die Sonne und seine Beine waren wie Feuersäulen, (2) und er hatte in seiner Hand ein geöffnetes Büchlein. Und er setzte seinen rechten Fuß auf das Meer, den linken aber auf das Land, (3) und er rief mit lauter Stimme, wie ein Löwe brüllt.

Und als er rief, redeten die sieben Donner mit ihren Stimmen. (4) Und als die sieben Donner geredet hatte, wollte ich schreiben. Und ich hörte eine Stimme vom Himmel, die sprach: Versiegle, was die sieben Donner geredet haben, und schreibe es nicht auf!

(5) Und der Engel, den ich auf dem Meer und auf dem Lande stehen sah, erhob seine rechte Hand zum Himmel, (6) und schwor bei dem, der in alle Ewigkeit lebt, der den Himmel schuf und was in ihm ist, und das Land und was in ihm ist, und das Meer und was in ihm ist: Es wird keine Frist mehr sein, (7) sondern in den Tagen der Stimme des siebten Engels, wenn er die Posaune blasen wird, ist das Mysterium Gottes vollendet, wie er es seinen Knechten, den Propheten, kundtat. (8) Und die Stimme, die ich vom Himmel her hörte, sprach wiederum mit mir und sagte: Geh und nimm das geöffnete Büchlein in der Hand des Engels, der auf dem Meer und auf dem Lande steht!

(9) Und ich ging zu dem Engel und sagte ihm, mir das Büchlein zu geben, und er sagt zu mir: Nimm und iss es auf, und es wird deinen Bauch bitter machen, aber in deinem Mund wird es süß sein wie Honig. (10) Und ich nahm das Büchlein aus der Hand des Engels und aß es auf, und es war in meinem Munde wie Honig süß, und als ich es gegessen hatte, wurde mein Bauch bitter.

(11) Und sie sagen mir: Du musst wiederum weissagen über viele Völker und Nationen und Sprachen und Könige.

**V. 1-11:** *Aufbau und Thema einzelner Bestandteile.*

Der Seher nimmt aus der Hand „eines starken Engels" ein Büchlein und isst es dessen Anweisung folgend; es schmeckt in seinem Mund süß, aber sein Bauch wird ihm dadurch bittter. Obwohl hier kein christliches Element enthalten ist (es kommt nicht einmal Christus vor!), ist diese „autobiographische" Beschreibung kaum durch jemand anderen als den Vf. selbst verfasst. Er benutzt als Grundlage Ez 2,8-3,3.

Die Darstellung insgesamt macht einen sehr sprunghaften Eindruck. V. 3b-4 ist eine Episode über die Stimmen der sieben Donner, die im Kontext fast vollkommen isoliert steht; auch auf das Thema der Beauftragung wird hier keine Rücksicht genommen; nur die „Stimme vom Himmel" legt einen Bezug zu V. 8 nahe. Bei ihr handelt es sich um einen sekundären Einschub durch den Vf. selbst. Zu diesem Abschnitt lässt sich kein alttestamentlicher Hintergrund aufweisen.

V. 5-7 ist eine Proklamation über die Nähe des Endes. Dieser Abschnitt ist durch die Figur des „starken Engels" mit V. 1-3b.9f verbunden. Aber beide Teile fügen sich nicht glatt zusammen: In der Beauftragung zur Prophetie ist vorausgesetzt, dass bis zum Ende noch eine gewisse Zeit verziehen muss; in V. 6 hingegen führt der Engel aus, dass es keine Frist mehr gibt; wenn der siebte Engel die Posaune blasen wird (vgl., dass die Szene unmittelbar nach der sechsten Posaune folgt!), werde das Mysterium Gottes vollendet werden. V. 5-7 sind also auch ein Nachtrag durch den Vf. selbst. Auch dass der „starke Engel" dieses Wort spricht, entspricht seiner Absicht (vgl. unten). Inhaltlich steht V. 5-7 in einem engen Zusammenhang mit V. 3b-4 (vgl. unten); der Nachtrag wurde mit V. 3b-4 zusammen eingefügt. In V. 5-7 lehnt sich der Vf. an Dan 12,5-7 an. V. 8 wird eine zweite Anordnung der Stimme vom Himmel an den Seher geschildert, das Büchlein aus der Hand des „starken Engels" zu nehmen. V. 8 bildet mit V. 5-7 zusammen einen nachträglichen Einschub, vorgenommen vom Vf.

V. 11 ist ein selbständiges Wort; vgl. unten ad loc. Das Kapitel besteht also aus dem Grundstock V. 1-3a.9f, dazu zwei miteinander zusammenhängenden Einschüben, V. 3b-4 und V. 5-8, und dazu V. 11.

Im Blick auf den Grundstock ist zu konzedieren, dass der Vf. die Vorlage recht frei bearbeitet. In Ez wird deutlich gesagt, dass in dem entsprechenden Büchlein über das Gericht gehandelt wird (2,10); der Vf. der Offb zeigt dagegen kein Interesse an dem Inhalt des Büchleins; nur innerhalb der sekundär eingeschalteten Proklamation des Engels in V. 7 deutet er an, dass es sich um das Kommen des Endes handelt; im Rahmen des Grundstocks selbst ist vielmehr wichtig, dass der Bauch des Sehers bitter wird, als er es isst; damit ist auf sein schweres Geschick als das des Beauftragten Gottes abgehoben. Durch die Bearbeitung ist dieser Abschnitt dem Gesamtthema des Zwischenstücks 10,1-11,13, dem Geschick der Gläubigen in der Endzeit, angepasst.

Durch die Einschaltung von V. 3b-4 und V. 5-8 behandelt der Vf. aber ein weiteres Thema. In V. 4 befiehlt eine Stimme vom Himmel dem Seher, die Stimmen der sieben Donner nicht aufzuschreiben; ihm ist also untersagt, die Botschaft der Donner anderen Menschen weiterzuerzählen. Die gleiche Stimme fordert in V. 8

von ihm, das Büchlein aus der Hand des „starken Engels" zu nehmen; er ist also beauftragt, anderen Menschen den Inhalt des Büchleins bekanntzumachen. Die Stimme fordert den Seher also mit den beiden Anordnungen zu einem jeweils gegensätzlichen Verhalten zu den beiden ihm vermittelten Botschaften auf. Das deutet an, dass die beiden Botschaften gegensätzlichen Inhalts sind. Der Vf. unterstreicht nun durch die Einschaltung der Stimme des „starken Engels" (V. 5-7) die Nähe des Endes. Es liegt also nahe anzunehmen, dass die Botschaft der Donner die Nähe des Endes negiert. Dass die Donner diese Botschaft verkünden, soll unterstreichen, dass ihr göttliche Autorität eignet (V. 4); der Zug, dass der Seher sich gleich bereit macht, die Botchaft aufzuschreiben, bezweckt das gleiche. Die Stimmen der Donner verkünden also mit göttlicher Autorität eine Botschaft, vielleicht des Inhalts, dass die Christen das Ende bereits erfahren und an der eschatologischen Verheißung teilhaben. „Die Stimme vom Himmel" erkennt die Botschaft des „starken Engels" an und weist die der Donner zurück.

Hier spiegelt sich sehr wahrscheinlich eine innerchristliche Auseinandersetzung über den Zeitpunkt des Endes wider. Dem Seher wird befohlen, das Büchlein aus der Hand des „starken Engels" zu nehmen; er ist also von der Nähe des Endes überzeugt. In den Stimmen der Donner kommen hingegen seine innergemeindlichen Gegner zu Wort, mit denen er sich in den Sendschreiben wiederholt auseinandersetzt und die die Ansicht vertreten, dass das Ende nicht erst für die Zukunft zu erwarten, sondern bereits jetzt Realität sei. Dass diese Anschauung an unserer Stelle nicht klar und deutlich dargelegt, wohl aber mit einer zumindest scheinbaren göttlichen Autorität versehen wird (die sieben Donner), zeigt offensichtlich, dass der Vf. diese Anschauung und die in ihr begründeten Gefahren wohl erahnt, sie aber noch nicht so deutlich vor Augen hat wie zur Zeit der Abfassung der Sendschreiben. Bei V. 3b-8 handelt es sich also wahrscheinlich um einen Nachtrag des Vf. selbst unmittelbar vor der Endfassung des Buches.

Auf diesem Hintergrund wird auch verständlich, warum plötzlich „eine Stimme vom Himmel" auftritt. Welche der beiden Anschauungen die richtige ist, kann nur eine höhere Instanz entscheiden; die Stimme vom Himmel vertritt sie. Ob die Stimme von Gott oder von Christus ist, ist für den Vf. wohl nicht entscheidend. Zur ganzen Frage vgl. auch ad 22,18f.[269]

*Beziehungen auf andere Teile des Buches*
Das Hauptthema des Kapitels, die Beauftragung des Sehers zur Prophetie, ist bereits 1,11.19 behandelt worden, ist also in der jetzigen Buchkomposition hier zum zweiten Mal aufgegriffen. Zwischen beiden Berichten lassen sich erhebliche Unterschiede ausmachen: Erstens ist in Kap. 1 Christus der Auftraggeber, während in Kap. 10 „ein starker Engel" diese Rolle übernimmt. Zweitens betont der Vf. in Kap. 1 als einem Bestandteil der Einleitung des ganzen Buches die Autorität des Be-

---

[269] Nach KARRER, Brief 271, ist „die implizite Kritik an Erkenntnisbemühungen, die bei ihrem Eindringen in die Tiefen Satans (oder Gottes?) keine gottgesetzten Grenzen respektieren" unüberhörbar; die Ansicht steht aber auf einer schmalen Basis.

auftragten, während er in Kap. 10 das Gewicht auf die Darstellung des Geschicks des Propheten legt; dies ist wohl der Zweck der Wiederaufnahme des Themas der Beauftragung im jetzigen Kontext.

Drittens ist die Beauftragung an unserer Stelle mit Hilfe des Motivs des Büchleins dargestellt, in Kap. 1 ist von diesem nicht die Rede. Das Motiv des Büchleisns fand nun bereits in Kap. 5 Verwendung: Das Lamm empfängt das noch versiegelte Büchlein aus der Rechten Gottes. Daran anschließend wird berichtet, dass das Lamm die sieben Siegel des Büchleins eins nach dem anderen löst, also ist das Büchlein dort sehr eng mit dem Lamm verknüpft. An unserer Stelle nimmt es der Seher aber aus der Hand des „starken Engels". Das zeigt, dass die Darstellung an unserer Stelle ursprünglich unabhängig von der in Kap. 5 vorliegenden konzipiert worden ist. Es gibt allerdings keinen zwingenden Grund anzunehmen, dass es sich in Kap. 5 und Kap. 10 um zwei verschiedene Büchlein handelt.[270] Der Vf. bringt die Beziehung beider Szenen auch dadurch zum Ausdruck, dass er sie beide von einem „starken Engel" einführen lässt (5,2; 10,1).

**V. 1:** An der Stelle Gottes in Ez tritt hier „ein anderer starker Engel" auf. „Ein starker Engel" kommt auch in 5,2 vor. Der Vf. deutet durch diese Bezeichnung die Beziehung zu Kap. 5 an. Als Stellvertreter Gottes wird der Engel in seiner Würde und seinem Glanz besonders ausgezeichnet.[271] Er ist mit einer Wolke bekleidet; die Wolke kommt im AT oft im Zusammenhang mit der Theophanie vor (Ex 19,9.16 u.a.; vgl. Mk 9,7). Der Regenbogen weist im AT gelegentlich auf den Glanz Gottes hin (z.B. Ez 1,28; vgl. ApkAbr 11,2). Die Beschreibung seines Angesichts (vgl. ApkZef 6,11) und seiner Beine (vgl. JosAs 14,9) erinnert an die des Menschensohnähnlichen in 1,15f.

**V. 2:** Das Anliegen des Vf. richtet sich auch hier wie in Kap. 5 nicht auf den Inhalt des Büchleins, sondern auf dessen Übergabe, diesmal an den Seher und auf dessen Geschick als des Beauftragten.

Er verwendet hier für das „Buch", statt βιβλίον[272] in Kap. 5, βιβλαρίδιον, einen Diminutiv von βίβλος. Aber in V. 8 lesen HSS A C u.a. statt βιβλαρίδιον

---

[270] Einige Ausleger halten die beiden Bücher nicht für identisch. Ein Teil dieser Forscher geht davon aus, dass das Buch an unserer Stelle speziell Kap. 11 enthalte (CHARLES, Apk I 257f; LOHMEYER, Apk 87; U.B. MÜLLER, Apk 199; PRIGENT, Apk 254; RISSI, Was ist 48; LAMBRECHT, Structuration 96 u.a.); aber die Visionen Kap. 11 haben keinen so gewichtigen Inhalt, dass sie eine so glanzvolle Einleitung nötig hätten. Ein anderer Teil vertritt die Meinung, dass das Buch nur Kap. 12ff (SWETE, Apk 146; HAUGG, Zeugen 77; COMBLIN, Christ 86 n.3; YARBRO COLLINS, Combat Myth 26f u.a.) bestehe; aber ob der Vf. die Visionen bis Kap. 9 und diejenigen ab Kap. 12 so deutlich voneinander abgrenzen wollte, ist fraglich. Zu den verschiedenen Vorschlägen zur Identifizierung des Inhalts des Büchleins vgl. AUNE, Apk 571f.

[271] Dies hat manche Kommentatoren (bereits Viktorin; Primasius u.a.; neuerdings GIESCHEN, Christology 256-260 u.a.) dazu veranlasst, diesen Engel mit Christus zu identifizieren, was aber nicht akzeptabel ist, da in der Offb das Wort ἄγγελος durchgehend Engel bezeichnet. Auch das Schwören in V. 6 spricht gegen die Annahme.

[272] Βιβλίον selbst ist auch ein Diminutiv von βίβλος. Unser Vf. unterscheidet aber zwischen βιβλίον und βίβλος auch nicht deutlich; vgl. 20,12.27 mit 3,5; 20,15. Das Buch, das er jetzt schreibt, ist auch βιβλίον (1,11; 22,7 u.a.).

(א P u.a.) βιβλίον und haben als *lectio difficilior* das Vorrecht. Das würde heißen, dass er keinen Unterschied zwischen βιβλίον und βιβλαρίδιον macht.[273] Die Auswahl des Diminutivs könnte allenfalls dem Sachverhalt geschuldet sein, dass es hier um das Verschlingen des Buches durch den Seher geht.[274]

Der Engel setzt den rechten Fuß auf das Meer und den linken auf das Land. In Ez 2,8ff gibt es keine Entsprechung dazu. Meer und Land zusammen vertreten die ganze Erde (Ex 20,11; Ps 69,35; Offb 7,2; 12,12 u.a.). Dass der Engel die Füße auf sie setzt, bedeutet, dass es in seiner Botschaft um das Geschick der ganzen Welt geht.[275]

**V. 3a:** Im AT wird die Stimme Jahwes gelegentlich mit dem Brüllen des Löwens verglichen (Hos 11,10; Am 3,8; auf den Messias bezogen: 4Esr 11,37; 12,31). Der Engel wird also wiederum als ein Gott nahes Wesen beschrieben.

**V. 3b-4:** Der Seher hörte die sieben Donner reden.[276] Was sie redeten, konnte er verstehen und wollte es aufschreiben. Aber „eine Stimme vom Himmel" verbot ihm, das zu tun.[277] Die Weisung der Stimme besteht aus zwei Teilen. Beim zweiten, „schreibe es nicht auf!", ist klar, was damit gemeint ist. Auch der erste ist gut verständlich; denn σφραγίζειν kann auch im Sinne von „verbergen" verwendet werden; vgl. 22,10; Dan 12,9 LXX; man kann sich aber des Eindrucks nicht erwehren, dass es neben μὴ γράφειν überflüssig wäre. Der Begriff „versiegeln" ist in Dan 12,4 von einem Engel an den Seher gerichtet. Unser Vf., der die nächste Szene, V. 5-7 in Anlehnung an Dan 12 (V. 7) formuliert,[278] nimmt dieses Wort bewusst

---

[273] Vgl. BEASLEY-MURRAY, Apk 171; MAZZAFERRI, Genre 267ff, besonders 269; BAUCKHAM, Conversion 243 u.a.

[274] Vgl. LOISY, Apk 195.

[275] CHARLES, Apk I 260; BECKWITH, Apk 574; SWEET, Apk 177f u.a. Vgl. Kap. 13; hier steigt das erste Tier aus dem Meer und das zweite aus dem Land (V. 11) auf.

[276] In der Offb werden himmlische Stimmen manchmal mit Donnern verglichen (6,1; 14,2; 19,6), aber der Ausdruck „die sieben Donner" ist sonst nicht belegt. Im AT sind Donner manchmal als Metapher für die Stimme Gottes verwendet (1Sam 2,10; 7,10; 2Sam 22,14; Hiob 17,4f; 40,9; Ps 18,14; 29,3), aber an keiner Stelle wir der Inhalt der Stimme angegeben. Da in Ps 29,3 Gott als Stimme spricht und in V. 3-9 siebenmal von der Stimme Gottes die Rede ist, behaupten einige Ausleger, dass unsere Stelle davon beeinflusst sei (LOHMEYER 85; BEHM 55; WIKENHAUSER 72 u.a.), aber das ist nicht nachweisbar. Es steht jedoch auch im Blick auf die Offb fest, dass Donner immer auf die himmlische Welt hinweisen. Da in der Offb die Zahl „7" stets als eine vollkommene betrachtet wird, ist anzunehmen, dass auch die sieben Donner an unserer Stelle als göttlich charakterisiert werden.

[277] Das Verbot wird verschieden gedeutet. BOUSSET, Apk 309 z.B. vermutet, dass das Intermezzo „einen literarischen Zweck hat, und dass der Apok. hier eine Quelle, welche sieben Donnervisionen enthielt, absichtlich aus dem Rahmen seines apokalyptischen Werks ausschließen wollte." Aber die Existenz einer solchen Quelle kann nicht bewiesen, sondern nur vermutet werden; und auch wenn sie existierte, bliebe das Problem ungelöst, warum der Vf. eine solche Bemerkung offensichtlich für notwendig hält. Nach CAIRD, Apk 126 kann das Verbot nur bedeuten, dass Gott auf den Vollzug des durch die sieben Donner symbolisierten Gerichts verzichtet; aber dass der Vf. im folgenden Text weitere Bestrafungen von Menschen darstellt (z.B. in der Schalenreihe), macht diese Ansicht unwahrscheinlich.

[278] Das Anliegen der Aufforderung hier und dasjenige in Dan 12 sind nicht identisch: In Dan ist die Aufforderung mit der Absicht verbunden, die Abfassungszeit des Buches in die Zeit des babylonischen Exils zurückzuverlegen.

von dort auf und zeigt damit, dass er die Aufforderung in engem Zusammenhang mit dem Engelwort V. 6f, „es wird keine Frist mehr usw.", auffasst.[279]

**V. 5–7:** V. 5–7, eine zweite Einschaltung, steht unter deutlichem Einfluss von Dan 12,5–7. Das Heben der Hand ist eine Geste beim Schwören, vgl. Dan 12,7; Gen 14,22; Ex 6,8 u.a. Zu „bei dem, der in alle Ewigkeit lebt" vgl. Dan 12,7; Dtn 32,40.

**V. 6a:** Während Dan 12,7 Gott nur den „Ewiglebenden" nennt, weist unsere Stelle zusätzlich auf seine Tätigkeit als Schöpfer hin. Beide Ausdrücke ergänzen sich. Während der Begriff „der Ewiglebende" anhand eines zeitlichen Schemas Gottes Allüberlegenheit zum Ausdruck bringt und dabei den Blick vorwiegend auf die Zukunft richtet (vgl. ad 1,18), unterstreicht der Hinweis auf dessen Schöpfermacht diese Allüberlegenheit in Hinblick auf die Protologie, wobei diese Allüberlegenheit durch die Auflistung einzelner Gemächte (Himmel und was in ihm ist usw.) auch in ihrer räumlichen Dimension in den Blick kommt.[280] Die Bezeichnungen stehen mit dem Inhalt des Engelwortes V. 6f in engem Zusammenhang: Dieser hat einen eindeutig eschatologischen Charakter und die Verwirklichung des „Geheimnisses" Gottes bezieht sich auf die gesamte Schöpfung.[281]

**V. 6b–7:** Das einleitende Wort des Engels („es wird keine Frist mehr geben") hebt, verglichen mit Dan 12,7 („[es soll dauern] eine Zeit, Zeiten und eine halbe Zeit"), die dringende Nähe des Endes hervor. Die Terminangabe „in den Tagen der Stimme des siebten Engels", der einzige Zug in unserem Unterabschnitt, der in direkter Beziehung zum Kontext steht, bringt die gleiche Naherwartung zum Ausdruck. Freilich weiß man nicht genau, wann die siebte Posaune geblasen wird. Es herrscht die gleiche Unbestimmtheit wie in 6,11.[282]

Das Wort μυστήριον bezieht sich in 1,20; 17,7 auf Einzelzüge in einer Vision, aber hier bezeichnet es den gesamten Heilsplan Gottes, vor allem die Festsetzung seiner Herrschaft (11,15). Der Sprachgebrauch entspricht genau dem der jüdischen Apokalyptik.[283]

Ob mit „seinen [Gottes] Knechten, den Propheten" alttestamentliche oder christliche[284] oder beide[285] gemeint sind, ist umstritten. Die Vergangenheitsform des Verbs (εὐηγγέλισεν) legt eine Gleichsetzung mit alttestamentlichen Propheten

---

[279] In 22,10 sagt der Engel dem Seher: „Versiegle die Worte der Prophetie des Buches nicht!", und begründet diese Mahnung mit der Nähe des Endes. Der Imperativ „versiegle!" an unserer Stelle steht dieser Aufforderung nachgerade entgegen. Auch das spricht dafür, die Aufforderung hier auf das Wort des Engels in V. 5, „es wird keine Frist mehr sein", zu beziehen.
[280] Zur Verbindung von „Ewiglebendem" und „Schöpfer" vgl. 4,9.11.
[281] CHARLES, Apk I 263; BEASLEY-MURRAY, Apk 174; RISSI, Was ist 38.
[282] Zu diesem Problem vgl. Einleitung 7.5.4. Der Zusammenhang mit 6,11 ist auch auf der Wortebene erkennbar: ἔτι χρόνον μικρόν (6,11) und χρόνος οὐκέτι ἔσται (10,6).
[283] Zum Sprachgebrauch in der jüdischen Apokalyptik vgl. BORNKAMM, ThWNT IV 822,11ff.
[284] Z.B. BOUSSET, Apk 311; CHARLES, Apk I 266; GIESEN, Apk 236.
[285] Z.B. LOISY, Apk 199; BEHM, Apk 56.

nahe; sie sind mindestens mitgemeint.[286] Die hier verwendete Formulierung, „Knechte, die Propheten", ist alttestamentlich-traditionell: Sie ist im AT mehrmals belegt,[287] im NT aber nur an unserer Stelle (11,18 ist anders zu fassen).

Der Vf. denkt nicht an bestimmten Prophetensprüche, sondern an den allgemein anerkannten Gedanken, dass Gott durch seine Propheten deutlich macht, was er tun will, bevor er es in die Tat umsetzt; vgl. Am 3,7; vgl. auch 1QpHab 2,8–10; 7,3–6. Anders ausgedrückt: Was Gott den Propheten verkündet hat, kann nicht unrealisiert bleiben; der Hinweis dient also der Vergewisserung der Vollendung des Geheimnisses Gottes.

Das Wort „verkündigen (εὐαγγελίζειν)"[288] stammt wahrscheinlich aus jüdisch-theologischer Sprech- und Denkweise, in der es auf eine prophetische Ansage des Kommens Gottes zu Gericht und Heil bezogen ist.[289] Das Präfix εὐ- versteht der Vf. im positiven Sinn („gut"). Denn die Verwirklichung der Herrschaft Gottes ist für die Christen nichts anderes als die Frohbotschaft (vgl. 11,15); auch endzeitliche Plagen, die hier einen Teil des „Geheimnisses" ausmachen, haben für sie als Verwirklichung der Gerechtigkeit Gottes Verheißungscharakter.

**V. 8:** Die gleiche Stimme, die in V. 4 das Aufschreiben der Stimme der Donner verboten hat, fordert den Seher zum Nehmen des Büchleins auf. Das Nehmen (und Verschlingen) versinnbildlicht das Empfangen des prophetischen Auftrags und damit das Weitergeben der Botschaft.

**V. 9f:** In Ez 3,1 gibt Gott dem Propheten gleich anschließend an die Anweisung zum Essen den Auftrag, zum Haus Israel zu reden. In unserem Abschnitt erfolgt dagegen der Auftrag der Verkündigung erst nach dem Bericht vom Verschlingen des Buches. Stattdessen spricht der Engel selber hier, an die Anweisung zum Essen anschließend, über den Geschmack des Buchs: Der Vf. legt auf die Geschmacksfrage im Vergleich mit Ez ein viel größeres Gewicht.

Da sich das Hauptanliegen des Vf. auf das Empfangen des Auftrags richtet, bezieht sich auch der Geschmack nicht auf den Inhalt des Büchleins,[290] sondern auf das Schicksal des Sehers als des Vollstreckers des Auftrags.[291] Dass das Büchlein in seinem Mund süß ist, bedeutet, dass das Wirken als Bote Gottes für ihn eine Freude sein wird. Aber der Vf. setzt einen anderen Akzent, indem er das Wort von der Bitterkeit hinzufügt, das keine Entsprechung in Ez hat; entgegen der zu erwartenden Reihenfolge nennt er letzteres zuerst.[292] Damit weist er auf sein schwieriges Schicksal hin, das er als Bote Gottes auf sich nehmen muss.

---

[286] In Gemeindeordnung 65 habe ich anders geurteilt.
[287] 2Kön 9,7; Jer 7,25; Ez 38,17; Am 3,7 u.a. Vgl. 1QS 1,3; 1QpHab 2,9; 7,4f; CD 6,1. In rabbinischen Schriften gibt es dagegen keinen Beleg (BRAUN, Qumran I 311f).
[288] Das Aktiv kommt im NT sonst nur noch 14,6; Apg 16,17D* vor und gehört der späteren Gräzität an (BAUER/ALAND, WB). In LXX gibt es einige Belege des Aktivs (1Rg 31,9; 2Rg 18,19).
[289] Vgl. STUHLMACHER, Evangelium 210ff.
[290] So SWETE, Apk 131; LOISY, Apk 201; BEASLEY-MURRAY, Apk 175; u.a.
[291] Vgl. BECKWITH, Apk 576; ROLOFF, Apk 110f u.a.
[292] In V. 10 erscheinen sie in der üblichen Reihenfolge.

**V. 11:** Dadurch, dass in unserem Abschnitt die Anweisung zur Verkündigung anders als in Ez erst nach dem Verschlingen gegeben wird, wird sie von der Vision gewissermaßen abgekoppelt. Auch zwei weitere Züge sprechen gegen ihre direkte Beziehung auf die Vision.

Erstens steht das Verb „sagen" hier in dritter Person Plural (λέγουσιν). Hier spiegelt sich wohl der aramäische Sprachgebrauch wider, bei der Bezeichnung des Handelns Gottes eine Passivform zu verwenden, um zu vermeiden, den Namen Gottes zu nennen, und diese wiederum durch eine Aktivform in dritter Person Plural zu ersetzen.[293] Nach dem Verständnis des Vf. handelt es sich bei V. 11 also um eine von der Vision veranlasste, aber von ihr abgekoppelte Aufforderung Gottes an den Seher. Dass hier Gott bzw. Christus spricht, ist auch sachlich nicht unwahrscheinlich; vgl. 1,19.

Zweitens hat das Wort „wieder" keinen Bezug auf die Vision. Dessen Sinn ergibt sich nur in Bezug auf den breiteren Kontext. Die Posaunenvision, die nach dem Verständnis des Vf. einen Teil dessen ausmacht, „was er sah" (1,19), wurde durch das Zwischenstück 10,1ff unterbrochen, das den Auftrag an den Seher als Thema hat und in diesem Sinne auf der gleichen Ebene steht wie 1,19. „Wieder" zu weissagen bedeutet, zurückzugehen zur Verkündigung dessen, was er sah. Freilich kommt der Vf. nicht gleich darauf zurück. Kap. 11 steht in enger Beziehung zu Kap. 10, in ihm begegnen die hier aufgelisteten „Könige" nicht (dazu vgl. gleich unten). Erst nach der siebten Posaune wird die Anweisung befolgt.

Während in der Vision nicht direkt davon die Rede war, was der Vf. verkünden soll, sagt das die Anweisung deutlich: Er soll weissagen über[294] viele Völker usw. Zur vierfachen Bezeichnung der Menschheit, Völker usw., vgl. ad 5,9. Im Vergleich mit den übrigen Beispielen ist hier die Erwähnung von „Königen" bemerkenswert. „Könige" ist in Kap. 17.18 Bezeichnung von römischen Kaisern (17,10 u.a.); auch in Kap. 13 ist von diesen wiederholt die Rede, obwohl dort die Bezeichnung fehlt. Denkt man daran, dass sie in den Visionen bis Ende Kap. 9 nur einmal flüchtig erwähnt sind (6,15), fällt diese Anhäufung der Belege für diese Titulatur im zweiten Teil des Buches auf. Die Erwähnung der „Könige" in unserer Anweisung bereitet diese Entwicklung der Darstellung vor.[295]

---

[293] Vgl. S. Thompson, Syntax 21f; vgl. 12,6; 16,15. Lohmeyer, Apk 87; Krodel, Apk 216; Giesen, Apk 237 u.a. denken als Subjekt von λέγουσιν an die Stimme (V. 4.8) und den Engel (in Gemeindeordnung 72 habe ich mich dieser Ansicht angeschlossen). Aber sich die himmlische Stimme und den jetzt auf der Erde befindlichen Engel zusammen als Subjekt vorzustellen, ist nicht naheliegend. Swete, Apk 131; Charles, Apk I 269; Mounce, Apk 217; Prigent, Apk 258 u.a. halten es für unbestimmten Plural.

[294] Ἐπί. Bauckham, Conversion 264, behauptet, dass προφητεῦσαι ἐπί der in Ezechiel mehrmals belegten Wendung הנבא על (34,2; 35,2; 37,4; 39,1) entspreche und „prophecy to" bedeute; ähnlich Beale, Apk 554. Aber in der Offb findet man nicht nur im direkt unserem Wort folgenden Text, sondern im ganzen Buch überhaupt keine Weissagung, die direkt z.B. an die „Könige" gerichtet ist. Ἐπί mit Dat. ist besser mit „über, concerning" zu übersetzen (vgl. Beckwith, Apk 584; Thomas, Apk II 75).

[295] Ähnlich Charles, Apk I 269; U.B. Müller, Apk 203 u.a.

*β) 11,1-2: Vermessung des Tempels*
(1) Und es wurde mir ein Messrohr, einem Stabe gleich, gegeben und gesagt: Stehe auf und miss den Tempel Gottes und den Altar und die in ihm anbeten! (2) Und wirf den äußeren Vorhof des Tempels hinaus und miss ihn nicht, denn er wurde den Heiden gegeben, und sie werden die heilige Stadt zweiundvierzig Monate lang zertreten.

**V. 1-2:** Die zweite Hälfte des Zwischenstücks, 11,1-14, besteht aus zwei zusammenhängenden Weissagungen, V. 1f und V. 3-14, die zwar ursprünglich voneinander unabhängig gewesen sind, sachlich aber das Geschick der Kirche in der Endzeit als gemeinsames Thema haben. Der Vf. bemüht sich, beide Stücke miteinander zu verbinden, indem er V. 3, die Einleitung des zweiten Teils, als Fortsetzung der in V. 1 angefangenen Rede formuliert und beiden Stücken einen gemeinsamen zeitlichen Rahmen, vierundzwanzig Monate, gibt.

*Vorlage zu V. 1f:* Wellhausen, Analyse 15ff, stellte die These auf, dass der Vf. hier ein zelotisches Flugblatt aus der Zeit der Belagerung Jerusalems benutze, das die Weissagung enthielt, dass die Römer zwar den Außenhof des Tempels einnehmen könnten, der Innenhof jedoch in der Hand der Zeloten bliebe. Die Schwierigkeit dieser These, die viel diskutiert worden ist,[296] besteht darin, annehmen zu müssen, dass eine nicht erfüllte Weissagung überliefert und zum Vf., der nicht zu den Zeloten zu rechnen ist, gelangt wäre.[297]

Nach Roloff, Apk 113, handelt es sich hier um „einen ursprünglich christlichen Prophetenspruch […] der die Ereignisse des Jahres 70 aus der Sicht der christlichen Gemeinde deutete"; „entscheidend war, dass das Innere des – geistlich verstandenen – Tempels, die Schar der Gott in Jesus Christus Anbetenden, verschont wurde".[298] Fraglich ist jedoch, ob es berechtigt ist, auf der einen Seite die Zerstörung der heiligen Stadt wörtlich, auf der anderen Seite das Bewahren des Inneren des Tempels im übertragenen Sinn zu verstehen. Fraglich ist auch, ob es überhaupt denkbar ist, dass sich eine Gruppe von Christen mit dem verwüsteten Tempel und dem Altar identifizierte.

Bei der Frage nach einer Vorlage muss man folgende im Text beobachtbare Tatbestände berücksichtigen: Erstens enthält der Text keine spezifisch christlichen Elemente; zweitens ist das Dasein des Tempels vorausgesetzt, drittens ist der Seher selbst in den Text integriert; und viertens lehnt sich der Text an Ez 40-42 an. Daraus folgt, dass der Vf. hier den Bericht einer eigenen Vision zugrunde gelegt hat, den er vor 70 n. Chr. noch als jüdischer Apokalyptiker in Anlehnung an Ez 40-42 formulierte.

In dieser Vision wurde er beauftragt, innerhalb des Volkes zwei Gruppen voneinander zu unterscheiden: Die Treuen einerseits, denen er beistehen soll, und die

---

[296] Zustimmend: Bousset, Apk 325; Charles, Apk I 270; Lohse, Apk 58; U.B. Müller, Apk 206f; Boring, Apk 143; Reader, Stadt 250; Horn, Synagoge 155 u.a.; kritisch: Caird, Apk 131; Ernst, Gegenspieler 130 u.a.
[297] Mit Hadorn, Apk 118; Günther, Enderwartungshorizont 240f u.a.
[298] Ähnlich Krodel, Apk 218f; Feuillet, Chap.XI 186ff.

Abtrünnigen andererseits, die er dem Schicksal überlassen soll. Der letzte Satz des Berichts, „sie werden die heilige Stadt zweiundvierzig Monate lang zertreten", verheißt dem Volk zwar ein dunkles Schicksal, verrät aber durch die Charakterisierung der Stadt als einer heiligen und durch die Terminangabe „zweiundvierzig Monate lang", dass der Vf. für die Zukunft der Auserwählten Positives erwartet (vgl. Sach 12,3f; bes. Dan 8,13f; vgl. auch Lk 21,24).

**V. 1.:** Während in Ezechiel 40-42 ein Engel mit einem Maßrohr in der Hand auftritt und der Prophet Beobachter bleibt, wird an unserer Stelle Johannes selbst das Maßrohr gegeben und er bekommt den Auftrag zu vermessen. Wer ihm das Rohr gibt, wird nicht gesagt. Da es aber in Ez 40-42 Gott gewesen ist, ist es naheliegend, hier entsprechend Christus anzunehmen; denn derjenige, der es ihm gibt, gibt ihm auch eine Anweisung (V. 2), und in deren Fortsetzung V. 3 ist von „meinen zwei Zeugen" die Rede.

Das Vermessen bedeutet, etwas unter den Schutz Gottes zu stellen (vgl. V. 2). Als Gegenstände werden drei Dinge genannt: Mit dem „Tempel" sind das Heiligtum und das Allerheiligte gemeint. Der „Altar" ist der Brandopferaltar, vertritt den Innenhof des Tempelbezirks und steht mit dem Tempelgebäude zusammen dem in V. 2 genannten Außenhof gegenüber. Diese Gegenstände sind Sinnbilder der treuen Christen und mit „den in ihm Anbetenden" identisch. V. 1 besagt also, dass die Christen unter den besonderen Schutz Gottes gestellt werden.

**V. 2:** „Wirf hinaus" und „miss nicht" sind sachlich identisch. Sie können Ausschluss vom Heil bedeuten (Mt 22,13; 25,30; Lk 13,28; Joh 12,31 u.a.), aber auch einfach Ausschluss vom Schutz im irdischen Leben. Welche Bedeutung an dieser Stelle vorzuziehen ist, hängt davon ab, wie man „den äußeren Vorhof des Tempels" und „die heilige Stadt" auffasst; dazu vgl. gleich unten.

„Die Heiden", denen der Außenhof gegeben wird und die die heilige Stadt zertreten, sind ein Sinnbild der Gegner Gottes bzw. der Christen.[299] „Die heilige Stadt"[300] ist bildhaft gemeint, also nicht das irdische Jerusalem. Ἅγιος wird in der Offb immer im positiven Sinne verwendet. Das schließt alle Deutungsversuche aus, die diesen Begriff auf ein Negativum beziehen.[301] Als Positivum kämen in diesem Kontext nur die irdischen Christen in Frage. Die ganze Szene besagt: Die Christen leiden in ihrem irdischen Leben unter den gottfeindlichen Menschen, aber ihr Glaube und ihr wahres Leben (der Tempel usw. in V. 1) stehen auch in dieser Zeit unter dem Schutz Gottes.[302]

---

[299] Zu ἔθνος in der Offb vgl. Einleitung 6.4.4.3.

[300] Eine traditionelle Bezeichnung von Jerusalem; Neh 11,1.18; Jes 48,2; 52,1; Dan 9,24; vgl. auch 1Makk 2,7; 2Makk 1,12; 3,1; 9,14; 15,14; 3Makk 6,5; Mt 4,5; 27,53. In der Offb kommt sie noch in 21,2.10; 22,19 vor, bezeichnet aber dann das neue Jerusalem.

[301] Manchmal wird „die heilige Stadt" auf ungläubige Juden (RISSI, Judenproblem 246; FEUILLET, Chap.XI 185 u.a.) oder auf untreue Christen (HAUGG, Zeugen 120 u.a.), oder auf „die Welt, die durch Götzendienst entweiht wird" (GIESEN, Apk 245 u.a.) gedeutet.

[302] Ähnlich MOUNCE, Apk 219f; SWEET, Apk 184; HARRINGTON, Apk 119; BEALE, Apk 561; BAUCKHAM, Theology 127; RESSEGUIE, Revelation 92f u.a.

„Zweiundvierzig Monate" und mit ihnen vergleichbare Zeitangaben beschreiben in Kap. 11–13 den gemeinsamen zeitlichen Rahmen der dort dargestellten Ereignisse.[303]

γ) *V. 3-14: Die zwei Zeugen*
(3) Und ich werde meinen zwei Zeugen [Auftrag] geben und sie werden weissagen zwölfhundertsechzig Tage lang, bekleidet mit Säcken. (4) Diese sind die zwei Ölbäume und die zwei Leuchter, die vor dem Herrn der Erde stehen. (5) Und wenn jemand ihnen Schaden zufügen will, kommt Feuer aus ihrem Mund und verzehrt ihre Feinde. Und wenn jemand ihnen Schaden zufügen will, muss er so getötet werden. (6) Diese haben die Macht, den Himmel zu verschließen, dass kein Regen fällt während der Tage ihrer Weissagung, und sie haben die Macht über die Wasser, sie in Blut zu verwandeln und die Erde mit jeder Plage zu schlagen, sooft sie wollen.
(7) Und wenn sie ihr Zeugnis beendet haben, wird das Tier, das aus dem Abgrund heraufsteigt, mit ihnen Krieg führen und sie besiegen und sie töten. (8) Und ihr Leichnam liegt auf der Straße der großen Stadt, die geistlich Sodom und Ägypten genannt wird, wo auch ihr Herr gekreuzigt wurde. (9) Und Menschen aus den Völkern und Stämmen und Sprachen und Nationen sehen ihren Leichnam dreieinhalb Tage lang, und sie lassen nicht zu, dass ihre Leichname in ein Grab gelegt werden. (10) Und die Bewohner der Erde freuen sich über sie und frohlocken und werden einander Geschenke schicken, denn die zwei Propheten haben die Bewohner der Erde gequält.
(11) Und nach den dreieinhalb Tagen kam der Wind des Lebens von Gott in sie, und sie stellten sich auf ihre Füße, und große Furcht fiel auf die, die sie sahen. (12) Und sie hörten eine laute Stimme vom Himmel zu ihnen sprechen: Steigt hier herauf! Und sie stiegen zum Himmel in der Wolke, und ihre Feinde sahen sie. (13) Und in jener Stunde geschah ein großes Erdbeben, und ein Zehntel der Stadt fiel, und durch das Erdbeben wurden siebentausend Menschen getötet, und die übrigen gerieten in Furcht und gaben dem Gott des Himmels die Ehre.
(14) **Das zweite Weh ist vergangen. Siehe, das dritte Weh kommt schnell.**

**V. 3-14:** *Tradition und Redaktion:* 1.) Der Vf. benutzt in diesem Abschnitt wahrscheinlich eine Quelle. Das lässt sich aus folgenden Beobachtungen erschließen:
a.) Der Abschnitt zeigt terminologische Besonderheiten.[304] α.) Es gibt Worte, die in der Offb nur hier vorkommen: „Feind" (V. 5.12); „sooft" (ὁσάκις ἐάν; V. 6);

---
[303] 11,3; 12,6.14; 13,5. Die Zeitspanne „dreieinhalb Jahre" ist Dan 7,25; 12,7 (vgl. auch 8,14) entnommen; dort bezeichnet sie wie in unserem Bericht die Zeit bis zur Verwüstung Jerusalems. Sie ist durch unsere Szene vermittelt in Kap. 11–13 eingeführt. Auch in rabbinischen Schriften wird sie in verschiedenen Zusammenhängen häufig gebraucht (STR-B III 761).
[304] Vgl. CHARLES I 271f. Anders HAUGG, Zeugen 49: „Wenn Apok 11,1-13 auch 9 Sonderausdrücke aufweist, so ist dies eine geringe Zahl im Vergleich zu Apok 1 mit 31; 2 mit 36; 3 mit 26; 21 mit 43 Sonderausdrücken".

„Leichnam" (V. 8.9); „pneumatisch" (V. 8); „überfallen" (V. 11); „sehen" (θεωρεῖν; V. 11.12);[305] „in dem Augenblick" (V. 13); „in Schrecken versetzt werden" (V. 13); der Eigenname: „Sodom und Ägypten" (V. 8). β.) Es gibt Worte, deren Gebrauchsweise in unserem Abschnitt von der an anderen Stellen bemerkenswert abweicht.: Προφητεία (V. 6) wird an anderen Stellen fast immer auf die Offb insgesamt bezogen (Ausnahme: 19,10), an unserer Stelle dagegen auf die Wirksamkeit der zwei Zeugen; προφήτης (V. 10) kommt sonst meistens mit „Heiligen" zusammen vor (vgl. ad V. 18; Ausnahmen: 10,7; 22,6.9); μαρτυρία (V. 7) wird sonst überwiegend im Sinne von „Zeugnis Jesu" verwendet (Ausnahmen: 6,9; 12,4). Ἀφιέναι mit Infinitiv im Sinne von „zulassen" (V. 9; das Wort kommt sonst in 2,4.20 vor) und εἰσέρχεσθαι ἐν (V. 11) sind in der Offb sonst nicht belegt.

b.) In diesem Abschnitt begegnen Figuren und Vorstellungen, die in der Offb sonst überhaupt nicht vorkommen. α.) Die „zwei Zeugen" sind nur hier belegt. β.) Sie sind während ihrer Wirksamkeit ihren Gegnern überlegen und ihnen eignet ein aggressiver Charakter. Diese Erzählzüge haben sonst keine Parallele. γ.) Der dargestellte Sachverhalt, dass die bei der Zerstörung der Stadt nicht Getöteten Gott die Ehre geben, ist in der übrigen Offb ebenfalls singulär. δ.) Nicht nur in der Offb, sondern auch im ganzen NT gibt es sonst keinen Beleg für eine Auferstehung und Himmelfahrt dreieinhalb Tage nach dem Tod.

2.) Andererseits ist in einigen Punkten die Bearbeitung des Vf. leicht feststellbar.

a.) Einige Termini und Ausdrücke sind typisch für den Vf. α.) „Völker usw." (V. 9) und „Erdenbewohner" (V. 10). β.) Grammatikalische Unregelmäßigkeiten, z.B.: προφητεύσουσιν [...] περιβεβλημένους (V. 3, statt -οι) und αἱ δύο λυχνίαι [...] ἑστῶτες (V. 4, statt -σαι). γ.) καί am Satzanfang (außer V. 4.6 durchgehend).

b.) Es finden sich Figuren, Motive, Vorstellungen usw., die wohl auf den Vf. zurückgehen. α.) Die Angabe der Zeugen als „meine zwei Zeugen" (V. 3; die Verwendung des Pronomens μου; Voraussetzung des Martyriums). β.) Die Angabe der Frist „zwölfhundertsechzig Tage" (V. 3). γ.) Die Erklärung in V. 4, die die Zeugen mit der Kirche identifiziert. δ.) Das „Tier", das in diesem Abschnitt nur in V. 7 auftritt; vgl. ad V. 7. ε.) Die Zerstörung der Stadt durch das „Erdbeben" in V. 13 (vgl. vor allem 16,18f). η.) Die Bemerkung V. 8 Ende, dass auch Christus in der Stadt gekreuzigt wurde.

3.) Diese Beobachtungen lassen uns vermuten, dass der Vf. in diesem Abschnitt eine Vorlage bearbeitet hat. Dass in diesem Abschnitt, abgesehen vom Kreuzigungswort in V. 8 und dem Ausdruck „meine zwei Zeugen" in V. 3, die wohl auf den Vf. zurückgehen, jedes christliche Element fehlt und dass die Darstellung der Auferstehung der Zeugen von der im frühen Christentum üblichen Erwartung (z.B. 1Thess 4,16f) abweicht, legt nahe, dass die Vorlage jüdischen Ursprungs gewesen ist.

---

[305] Für „sehen" werden meistens βλέπειν, ἰδεῖν und ὁρᾶν verwendet, auch in diesem Abschnitt kommt in V. 9 βλέπειν vor.

Inhaltlich beschreibt die Vorlage die Wirksamkeit und das Geschick der zwei Propheten, die in ihren Einzelzügen teilweise stark an Elia und Mose erinnern (vor allem V. 3.5.6). Diese Einzelzüge sind aber nicht auf einen von ihnen, sondern auf beide zugleich bezogen; die zwei Zeugen sind durchgehend einheitlich dargestellt. Die Darstellung ihres Todes, ihrer Auferstehung und ihrer Himmelfahrt deckt sich andererseits nicht mit den jeweiligen Beschreibungen ihrer Wirksamkeit im AT; außerdem ist die Erwartung des Wiederkommens dieses Paars in jüdischen und frühchristlichen Schriften, abgesehen von Mk 9,2ff, nicht belegt.[306] Daher ist unwahrscheinlich, dass in der Vorlage die beiden Zeugen als die wiederkommenden Elia und Mose konzipiert gewesen sind; sie wurden bereits dort als eine Person gesehen. Die Zahl „zwei" resultiert wohl aus einer juristischen Gewohnheit des Judentums, nach der Zeugen zumindest zu zweit sein müssen (Num 35,30; Dtn 17,6; 19,15; Mt 18,16; Joh 8,17).

Als eine Parallele dieser Darstellung ist die Elia-Henoch-Erzählung in ApkEl 34,7.4–35,17 beachtenswert.[307] Als „der Unverschämte", der Antichrist, am heiligen Ort erscheint, kommen Elia und Henoch vom Himmel herab, um mit ihm zu kämpfen. Der Unverschämte kämpft mit ihnen auf dem Platz der großen Stadt sieben Tage lang; dann liegen diese dort dreieinhalb Tage tot; das ganze Volk sieht sie. Am vierten Tage aber stehen sie auf und schelten den Unverschämten. Dieser wird zornig und kämpft mit ihnen. An jenem Tag jauchzen sie und leuchten und das ganze Volk, die ganze Welt schaut auf sie.

Neben offenkundigen Parallelen gibt es aber auch erhebliche Unterschiede; ihre wichtigsten seien genannt: Während in unserem Abschnitt die Namen der Zeugen nicht angegeben sind, sind beide Personen in der ApkEl am Anfang als Elia und Henoch vorgestellt;[308] während unsere zwei Zeugen irdische Personen sind, kommen Elia und Henoch in ApkEl vom Himmel her; während in unserem Abschnitt zuerst die Wirksamkeit der Zeugen dargestellt wird und erst dann das Tier auftritt, geht in der ApkEl das Wirken des Antichrists voraus, und erst als Reaktion darauf kommen Elia und Henoch herab; während unsere Darstellung, abgesehen vom Bericht des Erdbebens, mit der Himmelfahrt der Getöteten endet, kämpfen in ApkEl beide Figuren nach der Auferstehung wieder mit dem Antichrist und töten ihn.

---

[306] ApkPetr 15–17 knüpft an die Verklärungsgeschichte an und stellt das gemeinsame Erscheinen von Mose und Elia dar. Unter jüdischen Schriften kommt nur Dtn R 3 (201c) in Frage, der Midrasch entstand aber erst spät (um 900?); vgl. STR-B I 756f; J. JEREMIAS, ThWNT II 940 Anm. 78. Moses ist im Judentum sehr hoch geschätzt, spielt aber „in der älteren jüdischen, rabbinischen Literatur keine eschatologische Rolle" (HAUGG, Zeugen 102).

[307] ApkEl ist eine christliche Schrift, die wahrscheinlich eine jüdische Schrift als Vorlage hat. Weder die Entstehungszeit der jetzigen Gestalt noch die der eventuellen Vorlage ist uns bekannt. Origenes, Clemens von Rom und Clemens von Alexandrien könnten sie gekannt haben. Vgl. CHARLESWORTH, TRE XXVII 644.

[308] Freilich geschieht das nur am Anfang. Sonst wirken sie durchgehend einheitlich wie unsere zwei Zeugen, ohne dass die Namen genannt werden. Von der Wiederkehr von Henoch und Elia vor dem Gericht ist schon in 1Hen 90,31 die Rede; vgl. 4Esr 6,26 (vgl. J. JEREMIAS, ThWNT II 933,21ff m. Anm. 19); vgl. auch ApkPetr 2. Unter älteren Kommentatoren identifiziert z.B. Hippolyt, Antichr. 43 beide Zeugen mit Henoch und Elia; vgl. VANDERKAM, Enoch 92ff.

264    4,1–16,21 Drei Siebenvisionenreihen

In diesem Teil der ApkEl findet man kein christliches Element; wir haben eine jüdische Überlieferung vor uns. Sie und unsere Vorlage gehen vielleicht auf eine gemeinsame jüdische Tradition zurück, die den Kampf zweier von Gott Beauftragter gegen die gottfeindlichen Mächte und ihren Schutz durch Gott als Thema hat; sie sind aber voneinander unabhängig.[309]

*Deutung der Geschichte durch den Vf. selbst:* 1.) Für den Vf. sind die Zeugen nicht zwei Einzelpersonen, sondern wahrscheinlich ein Sinnbild der Kirche.[310] Die Zahl „zwei" hat für ihn wohl keine besondere Bedeutung mehr.[311]

Einige Forscher beziehen die zwei Zeugen auf zwei historische Figuren. Einige Beispiele seien genannt.[312]

Munck, Petrus, deutet sie auf Petrus und Paulus.[313] Dass sie einheitlich dargestellt sind, ist ihm zufolge durch ihr gemeinsames Martyrium am besten erklärbar (16). „Die große und einzige Schwierigkeit" dieser Deutung bestehe in der Identifizierung der großen Stadt mit Jerusalem, aber nach Munck ist V. 8b „eine Hinzufügung durch einen Leser [...] der [...] grosses Gewicht auf den Zusammenhang dieses Stückes mit V. 1–2 legte" (35). Er selbst hält die Stadt für Rom (30ff).[314] Die These ist aber schwer annehmbar; denn der Antichrist wurde „nach atl. und ntl. Vorstellung in der Endzeit in Jerusalem erwartet [...] und nicht in Rom".[315] Das gemeinsame Martyrium ist wahrscheinlich der Vorlage geschuldet; vgl. ApkEl.

Böcher, Täufer 81–86, deutet die Zeugen auf Johannes den Täufer und Jesus. Aber wie Jesus und Johannes ermordet wurden und was ihnen danach geschah, sollte den Lesern damals gut bekannt gewesen sein. Dass das der Vf. außer acht lassen kann, ist m.E. unwahrscheinlich.

Neuestens schlägt Oberweis, Zebedaiden, die Identifizierung der zwei Zeugen mit den Zebedaiden vor. Der wichtigste Anhalt für ihn ist V. 4, in dem auf Sach 4 angespielt wird. Nach ihm muss sich „dem frühchristlichen Leser von Sach 4 die Assoziation mit den Zebedaiden gerade aufgedrängt haben" (78), die Jesus um die Plätze zur Rechten und zur Linken des Erhöhten bitten (Mk 10,35–40). So „scheint es, als ob wir in Offb 11 exakt jene zebedaidenfreundliche Tradition vor uns haben, gegen die in Mk 10.35–40 und Mt 20.20–3 so heftig polemisiert wird" (88). Aber Züge der „die Gleichwertigkeit von Rechts und Links" (statt der Bevorzugung des Rechten vor dem Linken) und „die Beschränkung auf zwei zu vergebende Plätze" (77) sind m.E. als Brücke zwischen der Zebedaidengeschichte und Sach 4 zu

---

[309] Vgl. J. JEREMIAS, ThWNT II 942,35f; BERGER, Auferstehung 81; SCHRAGE, Elia-Apokalypse 207; anders MUNCK, Petrus 113ff.
[310] SWETE, Apk 134; CAIRD, Apk 134; HILL, Prophecy 408; GÜNTHER, Enderwartungshorizont 252f u.a.; vgl. ad V. 4.
[311] Gegen CAIRD, Apk 135; POHL, Apk 71; ROLOFF, Apk 115; AUNE, Apk 631; HAUGG, Zeugen 114 u.a. Auffällig ist, dass es der Vf., der selbst der wichtigste Zeuge in diesem Buch ist, gar nicht für nötig hält, dass neben ihm noch jemand als Zeuge fungiert.
[312] Weitere Vorschläge findet man bei FORD, Apk 177f; AUNE, Apk 601f.
[313] Ähnlich COURT, Myth 98.
[314] Vgl. COURT, a.a.O. 102; HIRSCHBERG, Israel 218f.
[315] GÜNTHER, Enderwartungshorizont 249.

schmal. Auch der Umstand, dass in Mk 10,35-40 sehr wahrscheinlich an die nachösterlichen Ehrenplätze gedacht sind, während die Beschreibung in V. 4 noch vor dem Bericht über das irdische Wirken der beiden Personen spielt, ist beachtenswert. Vgl. auch die Kritik von Siew, War 247, an ihn.

Witherington, Apk 42f, denkt an die Möglichkeit, dass es sich bei den zwei Zeugen um „the churches at Smyrna and Philadelphia that were undergoing persecution" handelt. Aber die Darstellung etwa, dass sie Feuer aus ihrem Mund kommen lassen, wenn jemand ihnen Schaden zufügen will (V. 5), ist vom Bild beider Gemeinden in den Sendschreiben weit entfernt.

2.) Unser Abschnitt thematisiert wie in V. 1f und Kap. 12 das endzeitliche Geschick der Kirche. Zwischen diesen Texten lassen sich deutliche inhaltliche Parallelen feststellen: Die Zeugen stehen wie der Tempel und der Innenhof in V. 1f und die Frau in Kap. 12 während ihrer Wirksamkeit unter dem Schutz Gottes; für die Ereignisse ist der gleiche Zeitraum vorausgesetzt. Aber zwischen unserem Abschnitt und den beiden anderen Texten besteht ein unübersehbarer Unterschied: Die zwei Zeugen werden erst nach dem Ende ihrer Wirksamkeit getötet, während nach 11,1f und Kap. 12f die Kirche bereits in ihrem konkreten Leben dem Angriff der satanischen Mächte ausgesetzt ist. Diese unterschiedliche Darstellung ist durch die Vorlage bestimmt, die der Vf. in unserem Abschnitt benutzt. Die Bezugnahme auf diese Vorlage wird ihm aber erst durch die Erfahrungen seiner Gegenwart ermöglicht. Nach dem apokalyptischen Schema erleidet die Kirche in der Endzeit Bedrängnisse durch feindliche Mächte; die Darstellung 11,1f und Kap. 12 entspricht diesem Schema. Allerdings ist, wie die aktuellen Erfahrungen des Vf. zeigen, die Kirche in der Gegenwart nicht ständig Verfolgungen ausgesetzt; vielmehr lebt sie sogar verhältnismäßig ruhig (vgl. etwa Kap. 2f), auch wenn er damit rechnen muss, dass bald mit dem Auftreten des achten Königs (17,10ff) für die Kirche die letzte Notzeit kommen wird. Diesen Vorstellungen und Erwartungen des Vf. hat seine Vorlage offensichtlich weitgehend entsprochen.

**V. 3:** Der Vers setzt formal die Rede V. 1f fort; inhaltlich ist er die Einleitung zu V. 5-13. Zwischen ihr und dem folgenden Text gibt es jedoch gewisse Inkongruenzen: Die Zeugen werden in V. 3 „meine (= Christi) zwei Zeugen" genannt; im folgenden Text begegnet die 1. Pers. Sing. nicht mehr und Christus wird in V. 8 „ihr Herr" genannt; in V. 10 werden die Zeugen nur als „diese zwei Propheten" bezeichnet. Oder: Die Zeugen werden an unserer Stelle beauftragt, zu weissagen; im folgenden ist jedoch nur von ihren Wundertaten die Rede; die Darstellung ihrer prophetischen Tätigkeiten ist auf die formale Ebene beschränkt („in den Tagen ihrer Weissagung" V. 6; „als sie ihr Zeugnis beendeten" V. 7). Also durchzieht der Gesichtspunkt in V. 3, der die nahe Beziehung der Zeugen mit Christus betont und die Kirche als eine prophetische Kirche charakterisiert (vgl. etwa 22,6f.10), nicht den gesamten Textabschnitt. V. 3 geht mitsamt der Zeitangabe „zweiundvierzig Monate" auf den Vf. zurück, der folgende Text dagegen gibt im ganzen die von ihm verwendete Tradition wieder.

Übrigens: Der prophetische Charakter der Kirche besteht für den Vf., von den Beschreibungen in seinem Buch her gesehen, nicht darin, dass alle Gemeindeglieder auch potentiell Propheten sind, sondern darin, dass ihre prophetische Wirksamkeit für sie maßgebend ist.

Manchmal wird die Beschreibung, dass sie mit Säcken (σάκκος/שׂק; vgl. ad 6,12) bekleidet sind, als ein Hinweis auf einen Bußruf angesehen.[316] Das ist aber vom Wortgebrauch von σάκκος/שׂק im AT her gesehen nicht naheliegend. Im AT (und auch in LXX) ist nämlich die Bekleidung mit Säcken ein Ausdruck der eigenen Trauer und Buße,[317] aber nicht ein Mittel, um andere zur Buße aufzufordern. Vgl. auch Mt 11,21//Lk 10,13. Wahrscheinlich sind die Säcke als eine Tracht für Propheten gedacht. Allerdings gibt es im AT keinen eindeutigen Beleg dafür (höchstens käme Jes 20,2 in Frage). Als Prophetentracht kommt im AT des öfteren der Mantel aus Haaren vor (zu Elia 1Kön 19,13.19; 2Kön 1,8; 2,8.13f; vgl. auch Sach 13,4 und AscJes 2,10); auch Johannes der Täufer soll ähnlich bekleidet gewesen sein (Mk 1,6). Zwischen Sack und Mantel aus Haaren ist aber faktisch kein großer Unterschied. Wahrscheinlich sind also die zwei Zeugen mit den Säcken bekleidet, damit sie als Propheten wie Elia erscheinen. Zur Zeitangabe „zwölfhundertsechzig Tage" vgl. ad V. 2.

**V. 4:** Die Zeugen sind „die zwei Ölbäume und die zwei Leuchter". Die Technik, eingeführten Bildern ein Deutungswort beizufügen, ist in der Offb mehrmals belegt (vgl. z.B. 1,20); οὗτοί εἰσιν o.ä. ist eine Wendung, die in solchen Fällen oft begegnet (vgl. 7,14; 14,4; 20,5.14). Auch inhaltlich dürfte die Deutung auf den Vf. zurückgehen.[318] Sie wird aber im folgenden nicht weiter entwickelt.

„Ölbäume" und „Leuchter" sind aus Sach 4 entnommen. In Sach 4 kommt nur ein Leuchter vor, der Jahwe versinnbildlicht; V. 14 identifiziert dann die Ölbäume, die neben dem Leuchter stehen, mit zwei Gesalbten; wahrscheinlich sind der politische Führer Serubbabel und der Hohepriester Josua gemeint.[319] Anders als in Sach 4 gibt es an unserer Stelle zwei Leuchter, die wie die Ölbäume „vor dem Herrn der Erde" (dazu vgl. gleich unten) stehen. Beide Größen, Ölbäume und Leuchter, werden miteinander identifiziert (καί epexegeticum). Die Erläuterung, die in Sach 4 dem Begriff „Leuchter" beigefügt ist, ist hier außer acht gelassen, diejenige zu den „Ölbäumen" in Sach 4 wird mit gewissen Änderungen auf beide bezogen.

Serubbabel und Josua sind Vertreter des Königtums und Priestertums. Dies müsste unseren Vf. interessiert haben. Denn er bezieht das Königtum und Priestertum in 1,6; 5,9 (vgl. auch 20,6) auf die Gesamtheit der Christen. Die Interpretation der zwei Zeugen als Ölbäume soll also deutlich machen, dass diese die Kirche versinnbildlichen.[320]

---

[316] BOUSSET, Apk 317; BEASLEY-MURRAY, Apk 180; ROLOFF, Apk 115; GIESEN, Apk 249; HAUGG, Zeugen 134; RISSI, Was ist 100; ERNST, Gegenspieler 129 u.a.
[317] Als Ausdruck der Trauer z.B. Gen 37,34; 2Sam 3,31; Ps 30,12; Jes 22,12; Jer 6,26; Ez 7,18; vgl. auch Josephus, ant. II 38; VII 154; als Ausdruck der Buße z.B. 1Kön 21,27; 2Kön 19,1; Neh 9,1; Dan 9,3; vgl. auch Mt 11,21. Beides ist manchmal schwer zu unterscheiden.
[318] BECKWITH, Apk 600; YARBRO COLLINS, Combat Myth 196 n.61; genauer vgl. unten.
[319] Auch in rabbinischen Schriften werden unter den zwei Ölbäumen häufig Königtum und Priestertum verstanden (STR-B III 811f).
[320] VÖGTLE, Apk 89; KRODEL, Apk 223 u.a.

Die Bezeichnung Gottes als „der Herr der Erde", die in der Offb sonst nicht belegt ist, steht unter dem Einfluss von Sach 4,14. Die Formulierung, dass die Ölbäume (und die Leuchter) nicht „neben" (Sach 4,14), sondern „vor" (ἐνώπιον) dem Herrn der Erde stehen, stammt dagegen wohl von unserem Vf.; denn ἐνώπιον ist ein Wort, das er häufig verwendet.[321] Durch diese Änderung wird die enge Beziehung, in der die zwei Zeugen mit dem Herrn der Erde stehen, unterstrichen (vgl. 7,15; 1QS 11,17; 1QH 4,21; 7,30f).

**V. 5:** V. 5 besteht aus zwei Teilen. Beide beginnen mit: „Wenn jemand ihnen Schaden zufügen will"; die zweite Hälfte jedes Teils beschreibt jeweils die Reaktion der zwei Zeugen.

Dass „Feuer aus ihrem Mund kommt und [ihre Gegner] verzehrt" (V. 5a) erinnert sowohl an Mose (Num 16,35) wie an Elia (2Kön 1,10.12; vgl. Josephus, ant. IX 23). Freilich ist keine Tradition vorhanden, die Mose oder Elia mit dem Motiv des Feuer aus dem Mund verbindet, das die Feinde vernichten soll. Zum „Feuer aus dem Mund" vgl. Jer 5,14; 4Esr 13,10; vgl. auch Sir 48,1. Unsere Aussage bezeichnet nicht eine Verkündigungstätigkeit der Zeugen:[322] Das Feuer aus ihrem Mund ist hier nur als Reaktion auf einen Versuch der Gegner, sie zu vernichten, dargestellt und nicht als eine Aktion aus eigener Initiative.

**V. 6:** Die zwei Zeugen haben die Fähigkeit, über die Menschen Plagen kommen zu lassen, und zwar in allen drei Bereichen des Kosmos, dem Himmel, dem Wasser und dem Land. Die Beschreibung der Vollmacht, „den Himmel zu verschließen, damit kein Regen fällt", lehnt sich an die Eliaerzählung 1Kön 17,1ff an[323] und ist im frühen Christentum mehrmals erwähnt (Lk 4,25f; Jak 5,17ff; vgl. auch Sir 48,3).[324] Die Fähigkeit, das Wasser in Blut zu verwandeln, lehnt sich an Ex 7,14ff an. In Offb 8,8; 16,4 ist dies eine Plage gegen die Ungläubigen (vgl. auch Ps 105,28). Die dritte Fähigkeit, „die Erde mit jeder Plage zu schlagen", umfasst die übrigen Plagen im Rahmen des Exodus; vgl. Jdt 5,12; vgl. auch 1Sam 4,8; Jos 24,5. Der Name „Ägypten" kommt aber nicht vor; sowohl das „Wasser" als auch das „Land" werden weltweit erweitert. Auch zeitlich findet eine Erweiterung statt („sooft sie wollen").

**V. 7-10:** Der nächste Abschnitt behandelt den Tod der Zeugen und die Reaktion der Menschen darauf. Das Wort „wie ihr Herr" (V. 8) deutet an, dass die Zeugen den gleichen Weg gehen wie Christus selbst. Züge, die an Elia und Mose erinnern, kommen dagegen von nun an, abgesehen von einem eventuellen Anklang bei der Darstellung der Himmelfahrt (V. 12), nicht mehr vor.

---

[321] Ἐνώπιον wird im NT in den lukanischen Schriften (fünfunddreissigmal) und der Offb (vierunddreissigmal) besonders häufig verwendet, im übrigen NT darüber hinaus nur noch vierundzwanzigmal.

[322] Gegen etwa BORING, Apk 146: „Fire proceeds from their *mouths*: it is their powerful word of witness"; ähnlich CAIRD, Apk 136; HUGHES, Apk 124.

[323] In 1Q22 2,9f spricht Mose vom Zorn Gottes, den Himmel zu verschließen, von dem der Regen fällt.

[324] „Die Tage ihrer Weissagung" sind nach V. 3 zwölfhundertsechzig Tage. Die gleiche Zeitspannen begegnen auch in Lk 4,25 und Jak 5,17. Aber diese Übereinstimmung ist wahrscheinlich Zufall. Unser Vf. hat sie aus Dan entnommen (vgl. ad V. 2).

**V. 7:** Der Sieg des Tiers über die Zeugen findet in dem Augenblick statt, wo „sie ihr Zeugnis beenden". Dauer und Ende ihres Zeugnisses sind, wie V. 3 besagt, allein von Gott bzw. von Christus bestimmt (V. 3).

Das „Tier"[325] kommt in diesem Abschnitt nur hier vor, aber es spielt in Kap. 13.17 eine große Rolle. Wahrscheinlich hat es der Vf. hier auftreten lassen, um zwischen unserem Abschnitt und Kap. 13.17 eine Brücke zu schlagen.[326] Der Herkunftsort des Tiers ist hier nicht das Meer wie in Dan 7,3, sondern der Abgrund (vgl. auch 17,8); der Text unterstreicht damit seinen übernatürlichen Charakter.[327]

Während der Angriff des Tiers mit drei Verben im Futur beschrieben ist, ist bei der Erklärung „aus dem Abgrund heraufkommend" ein präsentisches Partizipium verwendet. Das veranlasst einige Ausleger zur Annahme, dass die Wendung „nicht so verstanden werden" darf, „als ob das Tier erst gegen Ende der Endzeit heraufsteige. [...] Mehr oder weniger verborgen durchwirkt er [der Antichrist] die ganze Endzeit".[328] Für diese These könnte einiges sprechen, vor allem dass in Kap. 13 das Tier die ganzen zweiundvierzig Monate hindurch wirkt. Andererseits aber ist in 17,8 das Tier aus dem Abgrund erst für die Zukunft erwartet. Da in unserem Text vor V. 7 vom Tier nicht die Rede ist, betrachtet der Vf. das Tier wie in 17,8 als ein zukünftiges Wesen.

**V. 8:** Nach ihrer Ermordung werden die Leichname der Zeugen „auf der Straße der großen Stadt" liegengelassen (vgl. ad V. 9); der angemessene Respekt wird ihnen also nicht erwiesen.

Der Vf. verwendet „die große Stadt" sonst für Babylon (16,19; 17,18; 18,10.16.18.19.21). Hier ist damit aber Jerusalem gemeint, wie der letzte Nebensatz dieses Verses, „wo auch ihr Herr gekreuzigt wurde", zeigt. Durch diese Bezeichnung will er Jerusalem degradieren. Als Betrachter der Leichname treten „Menschen aus Völkern usw. auf. Jerusalem wird das Zentrum der widergöttlichen Welt.

Dem Terminus „der großen Stadt" sind zwei Erklärungen beigefügt. Erstens heißt es, dass sie „pneumatisch (πνευματικῶς) Sodom und Ägypten genannt" ist. „Pneumatisch" bedeutet, nach der prophetischen Einsicht, die das Wesen der Sache durchschaut. Die große Stadt ist in ihrem Wesen als ein gottlästerlicher Ort charakterisiert. Sowohl im AT als auch im NT wird Sodom mit Gomorrha zusammen in Warnungen gegen die Ungläubigen bzw. in Unheilsweissagungen häufig

---

[325] Das „Tier" ist mit einem Artikel versehen, obwohl es zum ersten Mal vorkommt. Der Vf. setzt voraus, dass das danielitische Tier (7,3) den Lesern bekannt ist. HS A fügt sogar ein Beiwort, „das vierte", hinzu und zeigt damit, dass für die Leser eine Assoziation mit dem vierten danielischen Tier nahelag.

[326] Vgl. YARBRO COLLINS, Combat Myth 167f; gegen BOUSSET, Apk 320; BRÜTSCH, Apk II 25 u. a. Zu dieser literischen Technik vgl. Einleitung 4.2.1. Freilich müsste das Auftreten eines unserem Tier entsprechenden Wesens in diesem entscheidenden Augenblick bereits in der zugrundeliegenden Quelle ein zentrales Motiv gewesen sein. Um welche Figur es sich hier aber gehandelt hat, lässt sich allerdings nicht mehr ermitteln (in ApkEl z. B. ist es „der Unverschämte").

[327] Der „Abgrund" und das „Meer" stehen sich konzeptionell sehr nahe (z. B. Ijob 28,14; 38,16; Ps 33,7; 135,6; Spr 8,24). Auch unser Vf. verwendet das Motiv des „Tieres aus dem Meer" in 13,1 ohne Änderung (vgl. aber dort). Der Begriff „Abgrund" bezeichnet auch das Chaos vor der Schöpfung (Gen 1,2) und als solcher ist er Wohnort der „Urschlange" (Offb 12,9).

[328] POHL, Apk II 73f; ähnlich HADORN, Apk 122; HAUGG, Zeugen 63; RISSI, Was ist 87.

genannt (z.B. Dtn 29,23; Jes 13,19; Jer 50,40; Mt 10,15; 11,23f; Lk 17,29; 2Petr 2,6; Jud 7). Gelegentlich sind die Bewohner in Jerusalem mit denjenigen in Sodom und Gomorrha verglichen (Dtn 32,32; Jes 1,10; 3,9; Jer 23,14; Ez 16,46ff). Der Name „Ägypten" kommt in der Offb zwar nur hier vor, aber es finden sich nicht wenige Anspielungen an die Exodusgeschichte. Der Vergleich von Jerusalem mit Ägypten ist einmalig.

Die zweite Erklärung, der Nebensatz „wo auch ihr Herr gekreuzigt wurde", macht schon stilistisch den Eindruck eines Einschubs durch den Vf.; außerdem ist es im ganzen Abschnitt, abgesehen von „*meinen* zwei Zeugen" (V. 3), das einzige deutlich christliche Element. Die kritische Haltung des Vf. gegen Jerusalem schimmert durch (vgl. 4QTest 21–30). Freilich legt er kein großes Gewicht darauf. In V. 9 sind diejenigen, die die Leichname der Zeugen entehren, die „aus Völkern und Stämmen usw.", und in V. 10 freuen sich „die Erdenbewohner" auf ihren Tod; an den entscheidenden Stellen kommt die Bezeichnung „Jerusalem" oder „Juden" nicht vor. Durch seinen erklärenden Satz will der Vf. vielmehr andeuten, dass der Tod der zwei Zeugen sie engstens mit Christus verbindet[329] und dass ihnen deswegen das gleiche Geschick wie das Christi versprochen ist. Auch die Verwendung von καί bei der Einführung des erklärenden Satzes und der Ausdruck „*ihr* Herr"[330] (ὅπου καὶ ὁ κύριος αὐτῶν κτλ.) unterstreichen diese Ansicht.

**V. 9f:** Die Reaktion der Menschen auf den Tod der Zeugen wird in zwei Schritten dargestellt. Erstens lassen sie nicht zu, dass ihre Leichname in ein Grab gelegt werden; eine äußerste Entehrung der Verstorbenen.[331] Dieser Zustand dauert „dreieinhalb Tage". Die arithmetische Entsprechung zu den dreieinhalb Jahre als der Dauer der Wirksamkeit der Zeugen ist nur ein Zufall,[332] da auch in ApkEl 34,7,29f die Leichname von Elia und Henoch dreieinhalb Tage lang ungeschützt daliegen. Ebenso hat die Zeitangabe mit der Auferstehung Christi am dritten Tage nichts zu tun,[333] auch wenn der Vf. ihr Geschick als Anteilnahme an demjenigen Christi versteht (vgl. V. 8). Die zweite Reaktion der Menschen, die Veranstaltung eines Festes, steht in diametralem Gegensatz zu ihrer Reaktion in V. 11.

**V. 11f:** In diesem Unterabschnitt sind die daran anschließenden Geschehnisse auf Seiten der Zeugen und die entsprechenden Reaktionen der Menschen in zwei Er-

---

[329] POHL, Apk II 76; BAUCKHAM, Theology 85; OBERWEIS, Zebedaiden 88. Das Geschick der Zeugen wird allerdings in seinen Einzelzügen vom Christusgeschehen unabhängig dargestellt: Sie wurden nicht begraben, sie waren dreieinhalb Tage lang tot und ihre Auferstehung und Himmelfahrt geschahen vor den Gegnern. Die Darstellungen sind durch die Vorlage bedingt.

[330] „Der Herr" ist nicht als Titel, sondern in allgemeinerem Sinne zu verstehen (vgl. HOLTZ, Christologie 10).

[331] Vgl. 1Kön 13,22; 2Kön 9,10; Jes 14,19f; Jer 8,2; 9,22; 14,16; 16,4; 22,19; 25,33; 2Makk 5,10; PsSal 2,27; 1Hen 98,13; Josephus, bell. IV 382; Offb 19,17f. Vgl. BERGER, Auferstehung 278 Anm. 118.

[332] Gegen CHARLES, Apk I 289; MICHEL, ThWNT IV 684,15f; CONSIDINE, Witnesses 388; YARBRO COLLINS, Cosmology 68f u.a.

[333] Gegen z.B. BEALE, Apk 594; COMBLIN, Christ 199 n. 2 u.a.

zählzügen dargestellt: Zuerst die Auferstehung der Zeugen (V. 11a) und darauf folgend eine große Furcht bei den Menschen (V. 11b); dann deren Himmelfahrt (V. 12a) und darauf folgend die Reaktion der Menschen: Sie sehen jene (V. 12b). Die Darstellungen der Auferstehung und der Himmelfahr der Zeugen zeigen die gleiche Struktur: Jede von ihnen besteht aus zwei Zeilen, die erste davon bezeichnet das Wirken von Seiten Gottes her (Geist des Lebens aus Gott / eine laute Simme vom Himmel her) und die zweite die dadurch veranlaßten Handlungen der Zeugen (Auferstehung / Himmelfahrt). Diese Struktur macht deutlich, dass das Wirken Gottes die Ursache des Schicksals der Zeugen ist. Bei den Beschreibungen der Reaktionen der Menschen findet sich keine solche Regelmäßigkeit. Sie sind aber durch die gemeinsame Wendung θεωρεῖν αὐτούς miteinander verbunden. Bemerkenswert ist, dass hier noch von keiner Plage für die Erdenbewohner die Rede ist. Große Furcht ergreift sie nur deswegen, weil das Heil für die Zeugen das Untergehen der Erdenbewohner ahnen lässt.

**V. 11:** Die entscheidende Wende des Geschicks beider Seiten geschieht durch das Eingreifen Gottes („der Wind des Lebens aus Gott"). Die Darstellung steht unter dem Einfluss der Vision Ez 37,1-10.

**V. 12:** Die Zeugen hören dann „eine laute Stimme vom Himmel". „Sie hörten"[334] passt in einer Vision nicht gut; denn solange eine Figur in der Vision nicht erzählt, dass sie etwas hörte, können andere Menschen davon nichts wissen. Der auffällige Bericht soll unterstreichen, dass die Himmelfahrt der Zeugen durch göttliche Initiative geschieht. In der Darstellung der Himmelfahrt könnte man auf den ersten Blick wiederum den Einfluss der Eliageschichte annehmen.[335] Aber es gibt unübersehbare Unterschiede: Elia fuhr lebendig in den Himmel, unsere Zeugen erst nach ihrem Tod; bei Elia diente sozusagen als Transportmittel ein Wirbelwind, bei unseren Zeugen eine Wolke.

Die Reaktion der Menschen auf die Himmelfahrt beschreibt V. 12b: „Sie sahen sie". Das „Sehen" im gewöhnlichen Sinn wäre in diesem Fall sowohl als Beschreibung der Reaktion als auch im Verhältnis zu V. 11b zu schwach. Der Text besagt, dass die „Feinde" gezwungenermaßen Augenzeugen der Himmelfahrt werden, was ihre völlige Niederlage bedeutet.

**V. 13:** Auffälligerweise fehlt ein Bericht über das weitere Geschicks des Tieres; auch die Zerstörung der Stadt durch ein Erdbeben ist überraschend; denn anders als in 16,19 spielt die Stadt in der Beschreibung V. 3ff, abgesehen von V. 8, keine Rolle; die Unterwerfung der Menschen vor Gott als Folge des Erdbebens ist

---

[334] 𝔓⁴⁷ ℵc u.a. lesen ἤκουσα, ℵ* A C P u.a. dagegen ἤκουσαν. In Darstellungen von Visionen kommt ἤκουσα öfters vor (z.B. 4,1; 5,11). Es ist dagegen kein Beleg für das Auftreten eines anderen als Hörers vorhanden. Die Lesart in der 3. Pers. Plu. ist also als *lectio difficilior* vorzuziehen (CHARLES, Apk I 290; LOISY, Apk 215; THOMAS, Apk II 102; HAUGG, Zeugen 31). Bei der Annahme der 3. Pers. Plu. muss man klären, ob als Subjekt nur die zwei Zeugen gemeint sind, oder auch die Erdenbewohner. Dass in diesem Satz selbst mit αὐτοῖς (HSS A u.a. haben allerdings dies Wort nicht) die zwei Zeugen gemeint sind, spricht für die erste Möglichkeit (gegen CHARLES, a.a.O.; LOISY, a.a.O.; POHL, Apk II 80; GIESEN, Apk 257).

[335] So BOUSSET, Apk 323; BECKWITH, Apk 603; KRAFT, Apk 159 und viele andere.

ebenso auffällig.[336] Diese Eigenartigkeiten lassen sich nur dadurch erklären, dass der Vf. hier erheblich in die Vorlage eingegriffen hat. Er kann nämlich an dieser Stelle noch nicht vom Zugrundegehen des Tieres berichten, weil er vorhat, es in Kap. 13 (wieder) auftreten zu lassen,[337] und vor allem „because the Christian tradition was already established that Antichrist would be destroyed by Christ at his second Advent".[338] Er führt deswegen das auch andernorts verwendete Erdbebenmotiv (vgl. vor allem 16,18f) als Ersatz ein und begründet mit ihm die Schlussbemerkung, dass die übrigen Menschen Gott die Ehre geben.[339]

Dass die Nichtgetöteten, die in Furcht[340] gerieten, „dem Gott des Himmels die Ehre gaben", ist in der Offb sonst beispiellos; vgl. 6,15ff; 9,20f; 16,9.11.21 verfluchen sie Gott sogar. Dieser Zug gehört zur Vorlage und sollte ursprünglich nur zeigen, dass Gott (vielleicht durch die Vernichtung des Antichrist) seinen Anspruch auf Anerkennung durchsetzt. Jedenfalls ist festzuhalten, dass das Ziel der ganzen Darstellung „nicht eine Botschaft über das Schicksal dieser Menschen, sondern über das Geschick der Zeugen Christi" ist.[341]

**V. 14:** V. 14 fungiert wie 9,12 als Bindeglied. Der kontextuelle Zusammenhang ist aber anders als in 9,12 nicht ganz ersichtlich: „Das zweite Weh" kann sich nur auf die sechste Vision, 9,13-21, beziehen; das auf sie folgende Geschehen in 10,1-11,13 kann dagegen von seinem Inhalt her gesehen kaum als „Weh" bezeichnet werden. Aber warum erst jetzt der Rückverweis auf das zweite Weh? Durch ihn beabsichtigt der Vf. zu zeigen, dass das Zwischenstück mit der sechsten Posaunenvision doch eng verbunden ist; nach ihm bilden das Geschick der Gottlosen und das der treuen Christen eine untrennbare Einheit.

Schwieriger ist die Frage, was mit „dem dritten Weh" gemeint ist. Sie wird dadurch erschwert, dass der Vf. an keiner Stelle von dessen Vorübergehen berichtet, wie es bei beiden vorangehenden der Fall ist. Da in 8,13; 9,12 das „Weh" jeweils

---

[336] Vgl. BERGER, Auferstehung 38. Manche Ausleger übersehen diesen Tatbestand; vgl. etwa NIKOLAINEN, Eigenart 163: „Das, was die schrecklichsten Plagen nicht zustande bringen können, geschieht nach der Auferweckung der zwei Blutzeugen Christi, eine Massenbekehrung der ungläubigen Menschen" (ähnlich GIBLIN, Apk 115; AUNE, Apk 612; BAUCKHAM, Conversion 278ff).

[337] Vgl. LOHMEYER, Apk 89.

[338] BLACK, Two Witnesses 235.

[339] Vgl. AUNE, Apk 592, der aufgrund eines Vergleichs mit Lactanz, Inst. VII 17,1-8 erschließt, dass die Darstellung des Erdbebens und (anders als wir) auch die der Bekehrung der Überlebenden durch Johannes hinzugefügt wurde, da sie bei Lactanz keine Entsprechung haben.

[340] Ἔμφοβος ἐγένετο. TRITES, Witness 169, weist darauf hin, dass φοβεῖσθαι, abgesehen von 1,17; 2,10 (μὴ φοβοῦ), in der Offb immer einen positiven Sinn (Gottesfurcht) hat, und behauptet, dass auch die Wendung an unserer Stelle dementsprechend zu verstehen ist (ähnlich KARRER, Brief 241; BAUCKHAM, Conversion 278). Aber sowohl in LXX als auch im NT wird ἔμφοβος nie im positiven Sinne gebraucht (BEALE, Apk 605).

[341] U.B. MÜLLER, Apk 216. KARRER, Brief 241, betrachtet „Gott die Ehre geben" als „das, was die Apk als heilsentsprechendes Tun von allen Bewohnern der Erde erwartet und erhofft (vgl.14.6f)", hält unseren Abschnitt für eine „Vision endgültigen Heils" und findet hier „den Gipfel des ersten Corpusteils" (= Kap. 4-11). Aber in der darauf folgenden siebten Posaunenvision (V. 15-19; vgl. besonders V. 18), die zweifellos die vorangehende Geschichte der zwei Zeugen voraussetzt, nimmt der Vf. das Motiv der Bekehrung der Menschen nicht auf, was fragwürdig macht, ob er darauf Gewicht legt.

mit der unmittelbar folgenden Posaune verbunden aufgefasst ist, ist auch an unserer Stelle als das dritte Weh zunächst die siebte Posaune, also das in V. 15-19 Dargestellte, zu verstehen. Aber V. 15-19 ist kein isoliertes Stück, es hat vielmehr die Schalenreihe, das Verderben Babylons und sogar das letzte Gericht im Blick. So ist mit dem dritten „Weh" wohl auch die gesamte endzeitliche Trübsal gemeint, die von nun an geschehen soll. Das ist wohl auch der Grund, warum der Vf. von dessen Vorübergehen nicht berichtet. Übrigens ist ἔρχεται ταχύ, das hier in Bezug auf das dritte „Weh" verwendet ist, an anderen Stellen ein Ausdruck, der die baldige Parusie ankündigt (3,11; 22,7.12.20; vgl. auch 2,16); ταχύ bedeutet dabei gewiss „schnell", aber dass man bis zur Parusie „noch kurze Zeit" (6,11) abzuwarten hat, ist im ganzen Buch vorausgesetzt.[342] Auch von hier aus gesehen ist der Inhalt des dritten „Wehs" nicht auf V. 15-19 zu beschränken.

*e) 11,15–19: Die siebte Posaunenvision: Das Dankgebet der Ältesten*
(15) **Und der siebte Engel blies. Und es geschahen laute Stimmen im Himmel, die sprachen:**
   **Es ist die Herrschaft der Welt unseres Herrn und seines Christus geworden, und er wird herrschen in alle Ewigkeit.**
**(16) Und die vierundzwanzig Ältesten, die vor Gott auf ihren Thronen sitzen, fielen auf ihr Angesicht und beteten Gott an, (17) und sprachen:**
   **Wir danken dir, Gott der Herr, der Allmächtige, der ist und der war, denn du hast deine große Macht ergriffen und die Herrschaft angetreten.**
**(18) Und die Völker zürnten, und es kam dein Zorn**
   **und die Zeit der Toten, gerichtet zu werden,**
   **und den Lohn zu geben deinen Knechten, den Propheten und den Heiligen und denen, die deinen Namen fürchten, den Kleinen und den Großen, und die zu verderben, die die Erde verderben.**
**(19) Und der Tempel Gottes im Himmel wurde geöffnet, und es wurde die Lade seines Bundes in seinem Tempel sichtbar, und es geschahen Blitze und Getöse und Donner und ein Beben und ein großer Hagel.**

**V. 15-19:** Die ersten sechs Siegelvisionen berichten hauptsächlich Plagen auf der Erde, die siebte eine Stille im Himmel. Dementsprechend berichten die ersten sechs Posaunenvisionen Plagen auf der Erde und die siebte eine himmlische Szene, jetzt aber nicht eine Stille, sondern die Proklamation des Sieges Gottes durch „Stimmen" und einen Lobspruch über das Gericht Gottes durch die Ältesten; die beiden siebten Visionen sind also akustisch orientiert und beziehen sich nicht auf Einzelphänomene, sondern auf die Gesamtsituation.

Der Abschnitt wird durch die siebte Posaune eingeführt (V. 15) und mit einer Theophanie beendet (V. 19). Die Proklamation (V. 15) und das Dankgebet (V. 17f), die den Hauptinhalt der Vision ausmachen, beinhalten in der jeweiligen zweiten Hälfte einen Hinweis darauf, was als ihre Folge geschehen wird: Die ewige Herr-

---
[342] TAEGER, Johannesapokalypse 147 Anm. 115.

schaft Gottes (V. 15) und das Gericht Gottes und die Belohnung der treuen Christen (V. 18). In diesem Abschnitt reicht also der Blick des Vf. über die Schalenvisionen hinweg bis zum letzten Gericht und zum neuen Jerusalem.[343]

**V. 15:** Gleich nach dem Ertönen der Posaune „geschahen (ἐγένοντο) laute Stimmen (φωναὶ μεγάλαι) im Himmel". Ein ähnlicher Ausdruck kommt auch am Ende des Abschnitts vor („es geschahen [ἐγένοντο] Blitze und Getöse [φωναί] und Donner usw."; V. 19; vgl. auch 8,5; 16,18): Das Stück ist durch diese beiden Beschreibungen gerahmt. Wer die Proklamation spricht, ist nicht angegeben; vielleicht eine Schar von Engeln.

Zur Proklamation im ganzen vgl. Ps 22,29. Sie beginnt mit ἐγένετο; „Die Konstruktion mit ἐγένετο (Hebraismus) ist [...] eine Vorzugswendung des Verfassers der Apokalypse".[344] Κόσμος kommt in der Offb sonst nur in der Wendung „von Grundlegung des Kosmos an" (13,8; 17,8) vor. An unserer Stelle bezeichnet dieser Begriff anders als an diesen Stellen faktisch die Menschenwelt. Sie war bis jetzt durch gegengöttliche Kräfte beherrscht, aber jetzt wird sie unter die Herrschaft Gottes und seines Gesalbten gestellt.[345]

Die Proklamation bietet sowohl im Aufbau als auch in Einzelheiten viele Gemeinsamkeiten mit dem ersten Teil des Hymnus in 12,10–12 (vgl. ad 12,10). Deshalb scheint es auf den ersten Blick naheliegend zu sein, dass sie wie in 12,10 auf die Inthronisation Christi und seinen grundsätzlichen Sieg über den Drachen als deren Konsequenz hinweist.[346] Aber dem steht die Beobachtung im Wege, dass die Proklamation hier durch die siebte Posaune eingeleitet wird, die gesamten Plagenreihen ihrerseits aber gerade durch die Inthronisation Christi im Himmel (Kap. 5) eingeführt worden sind.[347] Mit der Verwirklichung der Herrschaft an dieser Stelle ist deshalb die endgültige Herrschaft gemeint, die erst für das Ende der Geschichte zu erwarten ist (vgl. unten).

Der Ausdruck „sein Christus", der hier neben „unserem Herrn" vorkommt, ist in der Offb nur noch in 12,10 – neben „unser Gott" – belegt (vgl. Lk 2,26; 9,20); außerdem kommt in 20,4.6 „der Christ" vor. „Christus" = Gesalbter ist ursprünglich ein gewöhnliches Substantiv, das den König, gelegentlich auch einen Priester bezeichnet; deshalb kommt im AT ein Ausdruck wie „mein Gesalbter" nicht selten vor.[348]

---

[343] Vgl. REICHELT, Sieben Siegel 240.

[344] JÖRNS, Evangelium 111 Anm. 14.

[345] Die Erwartung der Verwirklichung der Gottesherrschaft ist sowohl im AT als auch im Judentum des öfteren belegt (Ps 93,1; 96,10; 97,1; 99,1; Jes 24,23; 33,22; 52,7; Obd 21; Mi 4,7; Zef 3,15; Sach 14,9; Sib 3,767; TestMos 10,2; syrBar 21,25). Vgl. BOUSSET/GRESSMANN, Religion 214f.

[346] Vgl. etwa BERGER, Auferstehung 276 Anm. 110; 309 Anm. 226.

[347] Vgl. GÜNTHER, Enderwartungshorizont 232 Anm. 187.

[348] Der König als Gesalbter kommt in 1Sam 2,10.35; 2Chr 6,42; Ps 2,2; Jes 45,1 u.a. vor, ein Priester als Gesalbter in Lev 4,5.16; 2Makk 1,10 u.a. Nicht wenige dieser Beispiele begleitet (in LXX) die Apposition τοῦ θεοῦ o.ä.; vgl. auch 1Hen 48,10; 52,4. In 1Sam 12,3.5; Ps 2,2; Sir 46,19 u.a. werden „Herr" und „mein Gesalbter" wie an unserer Stelle nebeneinander genannt. Nicht wenige Ausleger denken an einen Einfluss von Ps 2,2 an unserer Stelle (LOHMEYER, Apk 95; HADORN, Apk 126; THOMAS, Apk II 107; PRIGENT, Apk 279; MOYISE, Psalms 232 u.a.), aber dagegen vgl. JÖRNS, Evangelium 96; die Verbindung von κύριος und χριστός ist, wie oben zeigt, in LXX nicht nur in Ps 2,2, sondern auch sonst belegt.

An unserer Stelle ist mit diesem Ausdruck zweifellos Christus gemeint. Aber durch seine Verwendung wird dessen Funktion als König unterstrichen.[349] Es ist kein Zufall, dass sowohl hier als auch in 12,10 (aber auch in 20,4.6) der Kontext von der Herrschaft Christi spricht.

Obwohl in der ersten Hälfte des Verses „unser Herr" und „sein Christus" nebeneinander stehen, steht in der zweiten Hälfte das Verb im Singular. Das kann man einmal so erklären, dass Gott und Christus einheitlich aufgefasst sind;[350] ähnliche Beispiele lassen sich in 6,17 u. a. beobachten. Da aber im Dankgebet V. 17f, das zu unserer Proklamation inhaltlich parallel steht, nur Gott Adressat des Dankens ist, kann der Singular auch als Folge der Konzentration auf Gott erklärt werden.[351] Jedenfalls verwendet der Vf. sonst an keiner Stelle nach der gleichzeitigen Nennung von Gott und Christus ein Pronomen oder ein Verb im Plural. Er ist dem Monotheismus verpflichtet.[352] Zu „er wird herrschen in alle Ewigkeit" vgl. Dan 7,14 u. a. Die Verwendung der Futurform könnte als Indiz eines Übergangs zur Weissagung gewertet werden (vgl. 5,10).

**V. 16:** Auf die Proklamation respondierend beten die Ältesten Gott an; zu diesem Gang der Darstellung vgl. 4,8–11; 7,9–12.

**V. 17f:** In der ersten Hälfte des Gebets (V. 17) danken die Ältesten Gott für die Verwirklichung der Herrschaft, und in der zweiten Hälfte (V. 18) sprechen sie über das Gericht und die Belohnung als dessen Folge oder – eher – als dessen Inhalt.

**V. 17:** Die erste Hälfte beginnt mit dem Wort „wir danken dir", gefolgt von der Anrede, „Gott der Herr, der Allmächtige, der ist und der war"; zu dieser Struktur vgl. Did 9,2.3; 10,1,[353] zu diesen Gottesprädikaten vgl. ad 1,8; 1,4. Da schon „die Herrschaft der Welt unseres Herrn und seines Christus geworden ist" (V. 15), wird Gott nicht „der Kommende" (vgl. 1,4 u. a.) genannt (vgl. auch 16,5). Der Grund des Dankens wird durch zwei Sätze angegeben: „Du hast deine große Macht ergriffen und die Herrschaft angetreten" (vgl. Ps 93,1; 96,10; 97,1; 99,1). Sie meinen inhaltlich das Gleiche.

**V. 18:** Die Aussage über das Gericht beginnt mit dem Hinweis darauf, dass „die Völker zürnten". Die Taten ihres Zorns gehen dem Wirken Gottes voran. Augenfällig ist, dass, während bei den Völkern das Verb „zürnen" verwendet und damit deren Aktivität angedeutet wird, zur Bezeichnung des Zorns Gottes das Substantiv (ἡ ὀργή σου) mit ἦλθεν gebraucht wird; das Wort ὀργή enthält einen stärker technisch-theologischen Charakter.

Der Ausdruck „die Zeit der Toten" deutet an, dass es keinen lebendigen Menschen mehr gibt; gemeint ist also das letzte Gericht. Es folgen dann drei Infinitive zur Erklärung des Satzes „es kam die Zeit der Toten". Das Verhältnis zwischen ihnen ist nicht eindeutig. Eine Deutungsmöglichkeit wäre die, den ersten Infinitiv

---

[349] Vgl. HOLTZ, Christologie 8.
[350] SWETE, Apk 142; LOHMEYER, Apk 95; HOLTZ, Christologie 7 Anm. 4.
[351] BEALE, Apk 611.
[352] Vgl. BAUCKHAM, Worship 139f; ähnlich STUCKENBRUCK, Angel Veneration 262.
[353] DEICHGRÄBER, Gotteshymnus 54.

"richten" umfassend-neutral aufzufassen und die zwei folgenden als dessen Konkretisierungen, und zwar in positiver („den Lohn geben") und negativer („vernichten") Hinsicht.[354] Aber eine Schwierigkeit gibt es: Die Wendung „die Zeit der Toten" ist mit dem Begriff „dein Zorn" verknüpft, damit also negativ geprägt. Dagegen spricht auch, dass in der Offb der Komplex κρίνειν, κρίμα, κρίσις durchweg die Gottlosen als Gegenstand hat (vgl. ad 6,10).[355] Bei den drei Infinitiven handelt es sich also um eine Inklusio; das Dankgebet enthält als seinen Hauptinhalt den Hinweis auf das Gericht an den Gottlosen („es kam dein Zorn"), aber da dies ein von der Belohnung der Christen untrennbares Geschehen ist, fügt der Vf. eine Aussage darüber ein. Haben wir mit dieser Betrachtung Recht, dann sind in der Menge der „Toten" die Christen nicht inbegriffen;[356] vgl. 20,11-15.

Die Aussage über die Christen besagt ganz kurz: Gott gibt ihnen Lohn. Von dem, was sie getan haben, ist nicht die Rede; der Verdienstgedanke liegt fern. Auch in 21,7f; 22,12-15 sind die Laster der Gegner eingehend beschrieben, im Blick auf die Christen wird dagegen nur auf ihre Treue bis zum Ende hingewiesen.

Die Aussage hier zählt die Empfänger des Lohnes allerdings einzeln auf. Auch in 19,5 findet man eine Aufzählung, und zwar mit den gleichen Bezeichnungen und in der gleichen Reihenfolge wie hier; der einzige Unterschied ist, dass dort „die Propheten und die Heiligen" fehlen. Betrachtet man nur unsere Stelle, könnte man die ersten zwei Bezeichnungen als miteinander verbunden („die Propheten als deine Knechte") auffassen,[357] aber angesichts von 19,5 ist diese Möglichkeit ausgeschlossen. Auch vom Wortgebrauch von „Knecht" in der Offb her gesehen ist es schwierig, den Ausdruck speziell auf Propheten zu beziehen (vgl. ad 1,1). Die Begriffe „Propheten" und „Heilige" sind in 16,6; 18,24 (vgl. auch 18,20) paarweise verknüpft und bezeichnen zusammen die Gesamtheit der Christen. Das gleiche gilt auch an unserer Stelle.[358] Die nächste Bezeichnung, „die, die deinen Namen (in 19,5: Gott) fürchten", ist in der Offb nur an diesen zwei Stellen belegt. „Die Gottesfürchtigen" (οἱ φοβούμενοι τὸν θεόν) sind im Judentum ein *terminus technicus* für die Nichtjuden, die am Synagogengottesdienst teilnehmen und das noachitische Gesetz halten, aber – anders als die Proselyten – nicht bereit sind, sich beschneiden zu lassen.[359] Im AT (und auch in Qumran) wird der Begriff dagegen auf die treuen Israeliten angewandt.[360] Setzt man nun für „die Gottesfürchtigen" den

---

[354] KRAFT, Apk 162; U.B. MÜLLER, Apk 224; JÖRNS, Evangelium 103; DE JONGE, Use 270; TAEGER, Johannesapokalypse 168.
[355] BEALE, Apk 618.
[356] So LOHMEYER, Apk 95; ROLOFF, Weltgericht 114.
[357] So z.B. HADORN, Apk 126; MOUNCE, Apk 232; THOMAS, Apk II 111; STRATHMANN, ThWNT IV 506,32; HOLTZ, Christologie 43 u.a.
[358] Vgl. SATAKE, Gemeindeordnung 47f.
[359] Vgl. KUHN, ThWNT VI 731,18ff; 732,44ff; 741,18ff; BALZ, ThWNT IX 203,18ff; STR-B II 716f.
[360] Besonders in Ps (15,4; 22,23.25 u.a.; insgesamt mehr als zwanzigmal) und Sir (1,13; 2,7.8.9 u.a.; mehr als zwanzigmal) ist er belegt, sonst nur vereinzelt (1Kön 18,3.12; 2Kön 4,1; 2Chr 5,6LXX; Neh 7,2; Mal 3,16 u.a.). Zu Belegen in Ps vgl. WANKE, ThWNT IX 199,5ff; zur Frage im ganzen vgl. SATAKE, Gemeindeordnung 37.

jüdischen Wortgebrauch voraus, handelt es sich bei ihnen um Menschen, die den Gottesdienst besuchen, aber der Gemeinde nicht angehören.[361] Aber das Dasein solcher Menschen ist in der Offb sonst nirgendwo vorausgesetzt. Einige Ausleger halten sie für Heidenchristen,[362] aber eine Zweiteilung der Kirche in die Juden- und Heidenchristen ist der Offb fremd. Es bleibt also nur übrig, „die Gottesfürchtigen" dem alttestamentlichen Sprachgebrauch analog als Bezeichnung der Christen schlechthin zu verstehen.[363] Also bezeichnen sowohl „die Knechte" als auch „die, die deinen Namen fürchten" die Christen in ihrer Gesamtheit.

Kurzum: An unserer Stelle werden durch die drei Ausdrücke „die Knechte", „die Propheten" und „die Heiligen" und durch die Wendung „die, die deinen Namen fürchten", die Christen bezeichnet. „Die Kleinen und die Großen", der Ausdruck, der die Reihe beschließt, bedeutet einfach „alle genannte Menschen".[364]

Das Dankgebet schließt mit einem in Form des *jus talionis* formulierten Satz ab. Sowohl das Vergehen der Menschen (vgl. 19,6) als auch die Bestrafung durch Gott wird mit dem gleichen Verb, „verderben" (διαφθείρειν), bezeichnet (vgl. 18,6; 22,18; vgl. auch 1Kor 3,17).

**V. 19:** Im Anschluss an die Proklamation und das Dankgebet geschehen Ereignisse im Himmel, die mit drei Sätzen beschrieben werden. Zunächst wird „der Tempel Gottes im Himmel geöffnet". Ein ähnlicher Satz kommt in 15,5 vor: „Der Tempel des Zeltes des Zeugnisses im Himmel wurde geöffnet"; dort führt das Geschehen das Auftreten der sieben Schalenengel ein; es ist also letztlich ein für die Gottlosen negatives Geschehen. An unserer Stelle wird als Folge der Öffnung des Tempels „die Lade des Bundes" sichtbar, ein für die Endzeit erwartetes und für das Volk Gottes verheißungsvolles Geschehen.[365] Beide Konsequenzen ergänzen sich und zeigen, dass das Heil der Christen und das Verderben der Gottlosen die zwei Seiten des gleichen endzeitlichen Wirkens Gottes darstellen.

Zum letzten Satz, „es geschahen Blitze, Getöse usw.", vgl. ad 8,5. Im Vergleich zu 8,5 kommt hier die Wendung „ein großer Hagel" hinzu.

*4. 12,1–14,20: Zwischenstück: Die satanischen Mächte und die Menschen*
Nach der siebten Posaunenvision mit der Proklamation und dem Dankgebet in 11,15ff bekommt man den Eindruck, dass die Geschichte zum Schluss gekommen und nur noch das Erscheinen des neuen Himmels und der neuen Erde zu erwarten

---

[361] SWETE, Apk 144; KRAFT, Apk 162.
[362] CHARLES, Apk I 296; ALLO, Apk 151; vgl. auch PROKSCH, ThWNT I 111,36f; FEUILLET, Chap.XI 197.
[363] POHL, Apk II 88f; PRIGENT, Apk 281; NIKOLAINEN, Eigenart 168 u.a.
[364] „Die Kleinen und die Großen" ist sowohl im AT (Gen 19,11; Weish 6,7 u.a.) als auch in säkularen griechischen Schriften belegt und bedeutet immer „alle". In der Offb kommt es noch in 13,16; 19,5.18; 20,12 vor; vgl. auch Apg 8,10; 26,22; Hebr 8,11.
[365] Nach 2Makk 2,4–8 wurde die Lade bei der Zerstörung des Tempels im Jahr 587 mit dem Zelt und Rauchopferaltar zusammen von Jeremia versteckt; es wird erwartet, dass alle diese Gegenstände in dem Augenblick, wo „Gott das Volk sammelt und sich dessen erbarmt", den Menschen wieder gezeigt werden (vgl. auch VitaProph Jer 9–14; syrBar 6,5–10; 80,2; Josephus, ant. XVIII 85; vgl. STR-B III 179ff).

## 12,1–14,20 Zwischenstück: Die satanischen Mächte und die Menschen

wäre. Aber wider Erwartung begegnet in Kap. 12-14 wieder ein Zwischenstück. Neu ist bei diesem, dass die satanischen Mächte eine wichtige Rolle spielen: Kap. 12 beschreibt den Sieg Christi über den Drachen, Kap. 13 die darauf folgende Wirksamkeit von zwei Tieren auf der Erde und Kap. 14 die Erlösung der Christen und die Bestrafung der Gegner am Ende der Zeit. Da der Sieg Christi durch seinen Tod und seine Inthronisation im Himmel verwirklicht wird, spielen die in Kap. 12 dargestellen Ereignisse in der gleichen Zeit wie diejenigen von Kap. 5.

*a)   12,1–18: Vision der Frau, des Kindes und des Drachens*[366]
(1) Und ein großes Zeichen erschien im Himmel, eine Frau, bekleidet mit der Sonne, und der Mond unter ihren Füßen, und auf ihrem Haupt ein Kranz von zwölf Sternen, (2) und sie ist schwanger und schreit in den Wehen und in der Qual zu gebären. (3) Und es erschien ein anderes Zeichen im Himmel, und siehe, ein großer feuerroter Drache, der sieben Häupter und zehn Hörner hatte und auf seinen Häuptern sieben Diademe, (4) und sein Schwanz fegt ein Drittel der Sterne des Himmels weg und warf sie auf die Erde. Und der Drache stand vor der Frau, die gebären wird, um das Kind zu verschlingen, sobald sie es geboren hatte. (5) Und sie gebar einen Sohn, ein männliches Kind, der alle Völker mit eisernem Stab weiden wird. Und ihr Kind wurde zu Gott und zu seinem Thron entrückt. (6) Und die Frau floh in die Wüste, wo sie einen von Gott bereiteten Ort hatte, damit man sie dort zwölfhundertsechzig Tage lang ernähre.
(7) Und es geschah ein Kampf im Himmel. Michael und seine Engel erhoben sich, um mit dem Drachen zu kämpfen. Und der Drache und seine Engel kämpften, (8) und er behielt nicht die Oberhand, und es wurde für sie kein Ort mehr im Himmel gefunden. (9) Und es wurde geworfen der große Drache, die uralte Schlange, genannt Teufel und Satan, der Verführer der ganzen Welt, er wurde auf die Erde geworfen, und seine Engel wurden mit ihm geworfen.
(10) Und ich hörte eine große Stimme im Himmel sprechen:
Jetzt ist das Heil und die Macht und die Herrschaft unseres Gottes geworden und die
Vollmacht seines Gesalbten,
denn geworfen wurde der Verkläger unserer Brüder, der sie vor unserem Gott Tag und
Nacht verklagte.
(11) Und sie haben ihn überwunden durch das Blut des Lammes und durch das Wort ihres
Zeugnisses,
und sie haben ihr Leben nicht geliebt bis zum Tode.

---
[366] Zur Auslegungsgeschichte von Kap. 12 vgl. PRIGENT, Apocalypse 12.

(12) Deswegen frohlockt, ihr Himmel und die in ihnen wohnen!
Weh der Erde und dem Meer,
denn der Teufel stieg zu euch herab und hat einen großen Grimm,
weil er weiß, dass er (nur noch) kurze Frist hat.
(13) Und als der Drache sah, dass er auf die Erde geworfen war, jagte er der Frau nach, die das männliche Kind geboren hatte. (14) Und der Frau wurden die zwei Flügel des großen Adlers gegeben, damit sie in die Wüste an ihren Ort fliege, wo sie dort eine Zeit und (zwei) Zeiten und eine halbe Zeit ernährt wird, fern von der Schlange. (15) Und die Schlange warf aus ihrem Mund hinter der Frau Wasser her wie einen Strom, damit sie sie vom Strom fortschwemmen lasse, (16) und die Erde half der Frau, und die Erde öffnete ihren Mund und trank den Strom, den der Drache aus seinem Mund warf. (17) Und der Drache ergrimmte über die Frau und ging weg, um mit den übrigen ihres Samens Krieg zu führen, die die Gebote Gottes bewahren und das Zeugnis Jesu haben. (18) Und er stand auf dem Sand des Meeres.

*Aufbau*: Kap. 12 besteht aus vier Teilen. Im ersten Teil (V. 1-6) erscheinen eine schwangere Frau und ein roter Drache im Himmel; der letztere steht vor ihr, um ihr Kind, wenn sie es gebiert, zu verschlingen, aber dieses wird entrückt zu Gott und die Frau flieht in die Wüste. Der zweite Teil (V. 7-9) beschreibt den Kampf, der sich daraufhin im Himmel zwischen Michael und dem Drachen abspielt; letzterer verliert ihn und wird auf die Erde geworfen. Dieser Teil ist keine direkte Fortsetzung des ersten; die Figuren, die in beiden Teilen vorkommen, decken sich nicht ganz: Michael kommt hier – und nur in dieser Szene – vor; die Frau und das Kind verschwinden von der Bühne. Der dritte Teil (V. 10-12) ist ein Gesang im Himmel; er bietet eine Art Deutung dessen, was vorher (besonders in V. 7-9) und nachher berichtet wird. Der letzte Teil (V. 13-18), eine Fortsetzung des ersten, stellt den vergeblichen Versuch des Drachen dar, die Frau zu verfolgen. V. 17f bildet den Übergang zu Kap. 13.

*Der traditionsgeschichtliche Hintergrund von V. 1-6.13ff:* Bereits die Tatsachen, dass V. 1-6 und V. 13ff im ganzen eine fortlaufende Geschichte über die Frau und den Drachen darstellen, und dass V. 7-9 seinerseits eine geschlossene Einheit bildet, deuten an, dass der Vf. bei der Darstellung von Kap. 12 mehrere Traditionen verarbeitet hat.

Es gibt freilich Forscher, die in dieser Hinsicht einer anderen Meinung sind. Holtz, Christologie 90, z.B. behautptet, dass der Vf. Kap. 12, abgesehen von V. 10-12, als „einen geschlossenen Traditionsblock übernimmt".[367] Er ist freilich der Ansicht, dass das ganze Kapitel nicht auf einmal entstand: „Die v. 7-9 sind offenbar bei dem Durchgang durch die jüdische Überlieferung hinzugewachsen"(93). Er legt aber keine überzeugende Erklärung dafür vor, zu welchem Zweck man im Judentum die Stoffe so zusammengestellt hat.

---

[367] Ähnlich SCHENKE/FISCHER, Einleitung II 290.

M.E. sind V. 1–6.13ff und V. 7–9 erst durch unseren Vf. zusammengestellt worden. Wir betrachten beide Stücke gesondert und behandeln zuerst V. 1–6.13ff; zu V. 7–9 vgl. ad V. 7–9.

Zunächst fragen wir danach, ob der Vf. in V. 1–6.13ff die Tradition im ganzen so wiedergibt, wie sie ihm überliefert worden ist. Die Entwicklung der Geschichte im jetzigen Text ist an einigen Stellen nicht ganz durchsichtig: Erstens scheint die Verfolgung der Frau durch den Drachen in V. 13ff nicht ausreichend motiviert. Der Drache hatte Angst vor dem Kind. Das war der Grund, warum er es kurz nach der Geburt verschlingen wollte. So gibt es nach der Entrückung des Kindes keinen Grund mehr dafür, *die Frau* weiter zu verfolgen. Der Widerspruch im Text ist m. E. ein Indiz dafür, dass der Vf. hier in eine ihm vorliegende Überlieferung eingreift. Der Vorlage zufolge hat nämlich die Frau sehr wahrscheinlich auch in V. 13ff das Kind noch im Bauch oder bringt es als Neugeborenes mit sich. Die Entrückung des Kindes zu Gott (V. 5), die diese Verfolgung sinnlos macht, ist ein Zug, den der Vf. in die Überlieferung eingebracht hat.[368] Warum er so verfährt, werden wir nachher klären (vgl. ad V. 5). Zweitens fehlt am Schluss des jetzigen Texts „der Sieg des mittlerweile zum Helden herangewachsenen Sonnenkinds über den Drachen".[369] Der Vf. kann erst in 20,10 den endgültigen Sieg des Kindes über den Drachen berichten. Diese Beobachtungen zeigen, dass der Vf. die Überlieferung an einigen Stellen in erheblichem Maße bearbeitet hat. Wir müssen bei der Exegese die Tradition und die Redaktion möglichst klar unterscheiden.

Zu religionsgeschichtlichen Parallelen zu V. 1–6.13ff werden seit dem Ende des 19. Jh. verschiedene Vorschläge gemacht.[370] Keiner von ihnen erklärt unsere Perikope vollständig. Sie zeigen aber, dass im alten östlichen Mittelmeerraum ähnliche Mythen in verschiedenen Versionen verbreitet waren. Unser Vf. legte eine von ihnen seiner Darstellung zugrunde.

Unter ihnen ist der Geburtsmythus von Artemis und Apollon, den Hyginus (2. Jh.) überliefert, unserer Perikope am nächsten.[371] Nach ihm erhält Python, der große Drache, das Orakel, er solle durch das Kind, das Leto gebären wird und dessen Vater Zeus ist, ermordet werden; daraufhin jagt er ihr nach, um dem Untergang vorzubeugen. Aber der Nordwind Boreas bringt sie im Auftrag von

---

[368] Vgl. BOUSSET, Apk 355f; LOISY, Apk 232.
[369] BOUSSET, Apk 356.
[370] GUNKEL, Schöpfung 54ff, versucht, in unserem Kapitel babylonische Einflüsse nachzuweisen; aber „the incurable weakness of this hypothesis is that it is not found in Babylonian mythology, but reconstructed on the basis of the very chapter it is invoked to explain" (CHARLES, Apk I 311; ähnlich BOUSSET, Apk 352). Manchmal wurde der ägyptische Isis-Horus-Seth Mythus als Hintergrund genannt; dazu vgl. BOLL, Offenbarung 109ff; BERGMEIER, Sonnenfrau 100ff; die Schwäche dieser These besteht darin, dass der Mythus in der griechischen Welt nur in einer verkürzten Form bei Herodot II 156 zu finden ist, und dass es nicht sicher ist, dass er im 1. Jh. n. Chr. geläufig war (vgl. AUNE, Apk 674). Es wurde auch auf Beziehungen zu griechischen (vgl. unten), iranischen, phrygischen und anderen Mythen hingewiesen; vgl. BOUSSET, Apk 351ff; CHARLES, Apk I 310ff; AUNE, Apk 669ff; GOLLINGER, Zeichen 127ff; HUSS, Gemeinde 120ff; BUSCH, Drache 26f; KOCH, Drachenkampf 149 u. a.
[371] YARBRO COLLINS, Combat Myth 67; ähnlich auch AUNE, Apk 712. Zu diesem Mythus vgl. DIETERICH, Abraxas 117ff; SAFFREY, Relire 410ff.

Zeus zu Poseidon, dieser bringt sie auf die kleine Insel Ortygia und versenkt die ganze Insel, so dass Python sie nicht finden kann und erfolglos zu seinem Wohnort, Parnassos, zurückkehren muss. Auf der Insel, die durch Poseidon wieder an die Wasseroberfläche gebracht wird, gebiert Leto Artemis und Apollon. Vier Tage nach seiner Geburt kommt Apollon nach Parnassos und tötet Python dort.

Andere Forscher wollen den traditionsgeschichtlichen Hintergrund im alttestamentlich-jüdischen Bereich finden: Manchmal wird 1QH 3,3-18, eine Stelle, an der die Geburtswehen einer Frau und die Geburt eines männlichen Kindes thematisiert werden, als mit unserer Perikope vergleichbar angesehen.[372] Dass die Frau dort wahrscheinlich auch als ein Kollektiv zu deuten ist, scheint dafür zu sprechen. Für nicht wenige Forscher ist das Kind, das die Frau gebiert, der Messias: פֶּלֶא יוֹעֵץ ("ein Wunder von einem Ratgeber") in Z.10 sei ein messianischer Titel, der aus Jes 9,5 stamme; בְּכוֹר in Z.8 bedeute „den Erstgeborenen" und גֶּבֶר הַצָּרָה in Z.9 „einen Mann des Leidens", d.h. den Leidensmessias. Die Argumente sind jedoch nicht einleuchtend: פֶּלֶא יוֹעֵץ ist kein jüdischer Messiasname, בְּכוֹר bedeutet „im Ofen", und הַצָּרָה in Z.9 ist kein Hauptwort, das sich mit גֶּבֶר verbindet, sondern eine Form von צרר.[373] So kann in 1QH 3,3-18 von der Charakterisierung des Kindes als Messias nicht die Rede sein. Außerdem fehlen im Kontext Motive wie die Bedrohung des zur Welt kommenden Kindes durch die feindliche Macht[374] und die Flucht der Frau, die in Offb 12 wichtige Rollen spielen. So gibt es m.E. kein Grund für die Annahme einer Beziehung zwischen beiden Stellen.

Einige Forscher, die für V. 1-6.13ff eine alttestamentlich-jüdische Herkunft annehmen, beziehen auch V. 7-9, wo ebenso alttestamentlich-jüdische Hintergründe zu vermuten sind, in ihre Analyse ein: Rissi, Was ist 40f, vertritt z.B. die Ansicht, dass die Darstellung unseres Kapitels auf Jes 26,17-27,1 LXX - dort ist anders als im MT von der Geburt des „Geliebten" die Rede, die den Toten Hoffnung auf die Auferstehung bringt - zurückgeht. Nach ihm bestehen zwischen beiden Texten auffallende Übereinstimmungen: 1.) Die Frau schreit wegen der Geburtswehen (Jes 26,17; Offb 12,2); 2.) eine kurze Zeit ist der Zorn Gottes (Jes 26,21) bzw. der des Drachen (Offb 12,12) auf dem Plan; 3.) in der Zwischenzeit bleibt die Gemeinde verborgen (Jes 26,20) bzw. in der Wüste bewahrt (Offb 12,6); 4.) schließlich wird die Schlange besiegt (Jes 27,1; Offb 12,7-12). Jedoch gibt es zwischen beiden Texten auch entscheidende Unterschiede. Vor allem ist das Motiv des Gegensatzes zwischen dem Drachen und der Frau, das in der Offb eine wichtige Rolle spielt, im Jesajatext nicht zu finden (das muss auch gegenüber Böcher, Israel 42, betont werden, der im Hintergrund Jes 66,7-9; Jer 4,31; Mi 4,9f; 5,2f; 1QH 3,3-18 finden will); Punkt zwei und Punkt drei sind keine echten Parallelen; die Angreifer sind jeweils verschieden. So ist es schwierig, den Jesajatext als Vorlage anzunehmen.

---

[372] DUPONT-SOMMER, Mère 174-188. Zu Lit. vgl. FEUILLET, Chap.XII 65 n. 3; BRAUN, Qumran I 314f; BUSCH, Drache 57 Anm. 120.
[373] Zum ganzen vgl. BRAUN, Qumran I 316f; HUSS, Gemeinde 119 m. Anm. 1077.
[374] Vgl. ERNST, Gegenspieler 116.

Warum hat nun der Vf. den heidnischen Mythus als Stoff aufgenommen? Allgemein ist darauf hinzuweisen, dass dieser seinen kleinasiatischen Hörern und Lesern sehr vertraut gewesen ist; in Patmos selbst ist ein Artemistempel nachgewiesen, als Schutzgöttin von Ephesus und Sardes galt Artemis, und in Didyma wurde ein Apollontempel unterhalten.[375] Sachlich kann der Vf. insbesondere an das Motiv der Geburt des Kindes in einer aufgrund des Auftretens des Drachen bedrohlichen Situation und an dasjenige der (in Kap. 12 nicht aufgenommenen, aber als das Endziel vorgesehenen) endgültigen Vernichtung des Drachen durch das Kind gut anknüpfen. Nur musste er den Mythus an einigen wichtigen Stellen bearbeiten, um ihn in seine Aussageintention einzupassen; zu Einzelheiten vgl. die Auslegungen unten.

*Wer ist die Frau für den Vf.?:* Bei der Auslegung des Kap. 12 ist die Frage, wen bzw. was der Vf. mit der Frau meint, stets lebhaft diskutiert worden. Folgende Vorschläge sind gemacht:[376]

1.) Vor allem unter katholischen Forschern ist bis vor kurzem die Deutung, die Frau sei Maria, eine Deutung die manchmal mit einer ekklesiologischen Interpretation (vgl. unten) kombiniert worden ist, vorherrschend gewesen. Sie ging gewöhnlich von der buchstäblichen Annahme der „Geburt" in V. 5 aus. Aber hier ergibt sich unmittelbar die Frage, warum der Text nach der Darstellung der Geburt direkt zur Darstellung der Entrückung in den Himmel übergeht. Der Schutz und die Ernährung der Frau in der Wüste sind mit dieser Deutung ebenfalls nur schwerlich vereinbar. Auch das Dasein „der übrigen ihres Samens" wäre „nur unter der höchst unwahrscheinlichen Voraussetzung" erklärbar, „der Verfasser der Apokalypse habe bereits an eine geistige Mutterschaft Mariens gedacht".[377]

2.) Gelegentlich wird die Frau mit dem Volk Israel identifiziert.[378] Denn dem Text zufolge gehen sowohl der Messias als auch die Christen aus ihr hervor (V. 5.17); sie könne „nicht die christliche Gemeinde bedeuten, denn Jesus erscheint nicht als Sohn der Gemeinde, sondern als ihr Haupt im Urchristentum". In der Offb gibt es nun gewiss Aussagen, die den Messias oder die Kirche engstens auf Israel beziehen. Aber sie meinen das nicht buchstäblich, sondern im übertragenen Sinn (zu dieser Frage vgl. Einleitung 6.4.4.1.). Auch in diesem Kapitel (V. 14ff) liegt dem Vf. nichts am Geschick des Volkes Israel, sondern an dem der Kirche.

3.) Als eine Variation von 2.) ist die Ansicht zu betrachten, nach der die Frau das Gottesvolk im alten und neuen Bund bedeute.[379] Aber es bleibt fraglich, ob der Vf. an Israel so großes Interesse gehabt hat.

---

[375] SAFFREY, Relire 410ff.
[376] Zum Überblick der Vorschläge vgl. GIESEN, Apk 271-275; MICHL, Frau 301ff; HUSS, Gemeinde 127; GOLLINGER, Zeichen 27ff; KOCH, Drachenkampf 161ff.
[377] ERNST, Frau 44.
[378] Z.B. U.B. MÜLLER, Messias 180f m. Anm. 53.
[379] BECKWITH, Apk 628; BEASLEY-MURRAY, Apk 198; GIESEN, Apk 274; ERNST, Frau 44ff; HOLTZ, Christologie 102ff; YARBRO COLLINS, Combat Myth 134f u.a.

4.) Bousset, Apk 357, bezieht die Frau auf die Judenchristen und „die übrigen ihres Samens" auf „die heidenchristliche Gemeinde".[380] Aber die Erklärung, die der Vf. der Bezeichnung „die übrigen ihres Samens" beifügt, widerrät dieser Annahme.

5.) Bei der Beschäftigung mit der Frage, wen oder was der Vf. mit der Frau meint, muss man m.E. immer in Rechnung stellen, dass er in diesem Kapitel nicht nur den Gesamtplan, sondern auch sehr viel Einzelzüge seiner Vorlagen übernommen hat, ohne dabei immer eine detaillierte Allegorese zu beabsichtigen;[381] es ist genau zu prüfen, welche Bedeutung den Einzelzügen jeweils zukommt. Die Geburt des Kindes (V. 5) ist für ihn zwar als Hinweis auf das Christusgeschehen wichtig, aber dass es von *der Frau* geboren worden ist, hat wohl wenig Bedeutung.[382] In der Tat deutet er die Geburt gleich als Entrückung um (V. 5), zu der die Frau nichts beiträgt. So erscheint es m.E. nicht ratsam, beim Versuch der Klärung der Identität der Frau von diesem Erzählzug auszugehen. Dass die Frau vor dem Angriff des Drachen geschützt bleibt, ist dagegen für ihn sehr wichtig, da es zur Darstellung, dass „die übrigen ihres Samens", also die Christen, der Verfolgung Satans ausgesetzt werden, ein Gegenüber bildet. Von hier aus gesehen erscheint mir die ekklesiologische Deutung der Frau, die bereits durch Hippolyt, Antichr. 60f und auch heute von einer Anzahl von Auslegern vertreten wird,[383] den Vorzug zu verdienen. Der Vf. bringt durch die unterschiedliche Darstellung des Geschicks der Frau und der „übrigen ihres Samens" zum Ausdruck, dass die Christen zwar durch den Angriff Satans viel zu leiden haben, aber im Grunde genommen doch unter dem Schutz Gottes stehen; vgl. 11,1f.

**V. 1:** Zunächst werden beide Hauptfiguren, die Frau und der Drache, jeweils als ein „Zeichen" (σημεῖον) im Himmel eingeführt (V. 1–2.3–4a). Σημεῖον wird in der Offb auch im Sinne von „Wunder" gebraucht (dazu vgl. ad 13,13). An unseren beiden Stellen und in 15,1 bezeichnet es ein bestimmtes Phänomen in einer Vision (12,1.3) bzw. eine Vision selbst (15,1).

Die Darstellung der Frau besteht aus zwei Teilen, der Beschreibung ihres Aussehens und ihrer Schwangerschaft. Ihr Aussehen wird mit Hilfe von Himmelskörpern beschrieben. Manchmal wird in diesem Zusammenhang auf Gen 37,9 bzw. TestNaph 5 verwiesen und „der Kranz von zwölf Sternen" auf die zwölf Stämme Israels[384] oder sogar auf die zwölf Apostel[385] und die Frau, die ihn trägt, auf das wahre Israel gedeutet. Aber anders als an unserer Stelle sind dort auch die Sonne und der Mond auf bestimmte geschichtliche Figuren bezogen. Zwischen unserer

---

[380] Ähnlich RISSI, Judenproblem 255; DERS., Was ist 99; BIETENHARD, Reich 111.
[381] Vgl. VÖGTLE, Apokalypse 12 415; vgl. auch U.B. MÜLLER, Apk 231.
[382] ROLOFF, Apk 125, weist als Beispiel für aus dem Mythus übernommene Züge, „deren Integration nicht voll gelungen ist und die darum in der vorliegenden Erzählung seltsam quer stehen", an erster Stelle auf „die Geburt des göttlichen Kindes aus der Frau" hin.
[383] ALLO, Apk 158; HADORN, Apk 129; KRODEL, Apk 238 u.a.
[384] MOUNCE, Apk 236 n.5; KRAFT, Apk 164; U.B. MÜLLER, Apk 233; GIESEN, Apk 277; BEALE, Apk 626; RISSI, Was ist 97; BÖCHER, Israel 35 u.a. BUSCH, Drache 47 Anm. 104 stellt Vertreter dieser Deutung zusammen.
[385] SWETE, Apk 147; ALLO, Apk 158; MOUNCE, a.a.O.; bereits Hippolyt, Antichr. 61.

Beschreibung und diesen Stellen besteht also keine Beziehung.[386] Sowohl die zwölf Sterne als auch die Sonne und der Mond sind Elemente des Mythus, in dem die Frau als die himmlische Göttin dargestellt worden ist; hier dienen sie nur noch zur Unterstreichung ihres erhabenen Charakters.[387]

**V. 2:** Die Erklärung, die Frau „sei schwanger und schreie in den Wehen und in der Qual zu gebären", steht in ihrem Wortlaut Jes 26,17 sehr nahe, aber das, was jeweils damit gemeint ist, ist doch verschieden (bei Jesaja sind die Geburtswehen auf die direkte Einmischung Gottes in die Geschichte bezogen).

Im AT wird das Bild der Geburtswehen oft metaphorisch verwendet (Jes 13,8; 26,17; 66,8; Jer 22,23; 49,24; Hos 13,13; Mi 4,9. Vgl. auch 1QH 3,7-12). Die daraus abgeleitete Vorstellung des „Wehs des Messias", d.h. des Wehs, aus dem heraus die messianische Zeit geboren wird, ist in rabbinischen Schriften belegt; sie ist wahrscheinlich schon zur Zeit Jesu bekannt gewesen.[388] Eine Anzahl von Forschern vertritt die Ansicht, der Vf. verwende sie gerade in diesem Sinne.[389] Hier ist aber Vorsicht geboten, weil diese Vorstellung in frühchristlichen Schriften ansonsten auf die Parusie bezogen ist,[390] die in unserer Perikope gar keine Rolle spielt. Vögtle, Apokalypse 12, umgeht die Schwierigkeit durch die Annahme, dass der Vf. unter diesem Weh die endzeitliche Verfolgung versteht, die die Gemeinde nun bestehen muss.[391] Das leuchtet aber nicht ein, denn der Vf. verbindet den Beginn der Verfolgung ausdrücklich mit dem Sturz des Drachen, der erst nach der „Geburt" des Kindes geschieht. Die Aussage, „in den Wehen und in der Qual zu gebären", ist lediglich als ein Zug des Mythus zu betrachten, der im jetzigen Kontext nur andeutet, dass sich die Zeit des Gebärens nähert.

**V. 3:** Die rote Farbe des Drachen ist ebenfalls dem Mythus entnommen[392] und soll dessen überwältigenden Charakter unterstreichen. Die Beschreibung über ihn ist zweigeteilt; V. 3b stellt sein Haupt dar, und V. 4 berichtet, dass sein Schwanz Sterne auf die Erde hinabwirft.

In dem folgenden Hinweis, dass er sieben Häupter und zehn Hörner hat und auf den Häuptern sieben Diademe sind, ist der Einfluss von Dan 7 erkennbar. Ähnliche Darstellungen kommen auch beim Tier aus dem Meer (13,1) und dem Tier, auf dem Frau Babylon reitet (17,3), vor. Die Siebenzahl der Häupter ergibt sich aus dem Sachverhalt, dass diejenigen der vier Tiere in Dan 7 insgesamt sieben ergeben;[393]

---

[386] Vgl. HOLTZ, Christologie 104; BUSCH, a.a.O. 49. „Die alleinige Deutung der Sterne bleibt [...] problematisch, insofern Sonne und Mond als weitere Bildbestandteile der Frau [...] unberücksichtigt bleiben" (KOCH, Drachenkampf 187).
[387] Vgl. BOUSSET, Apk 355; YARBRO COLLINS, Cosmology 108.
[388] STR-B I 950; Belege dort; vgl. auch TJon Jes 66,7; dazu vgl. AUS, Isaiah 66,7 258ff.
[389] CAIRD, Apk 149; MICHL, Frau 310; GOLLINGER, Zeichen 135f; AUS, a.a.O. 253-263.
[390] Vgl. VÖGTLE, Apokalypse 12 397.
[391] 411.412.414; ähnlich OSBORNE, Apk 457.
[392] Vgl. Musrussu in Babylon (vgl. CHARLES, Apk I 318; LOHMEYER, Apk 99) und Typhon in Ägypten (vgl. AUNE, Apk 683); vgl. auch Homer, Il. II 308; Euripides, Iphigenie im Taurerlande 1245. Vgl. auch Sib 8,88.
[393] So z.B. HADORN, Apk 139; ROLOFF, Apk 135; ERNST, Gegenspieler 122.132; YARBRO COLLINS, Combat Myth 162.

denn das erste Tier in Kap. 13, das ebenso sieben Häupter hat, zeigt sich auch in anderer Hinsicht als Kombination der vier danielischen Tiere.[394] Die Diademe, von denen in Dan 7 keine Rede ist, sind ein Symbol der königlichen Würde (z. B. 1Makk 1,9; 6,15; in der Offb vgl. 13,1 und 19,12).

**V. 4:** Auch in der Beschreibung seines Schwanzes, der ein Drittel der Sterne des Himmels auf die Erde warf, lehnt sich der Vf. an Dan 8,10. Die im Vergleich mit Dan 7 viel größere Zahl der geworfenen Sterne unterstreicht die außerordentliche Stärke des Drachen.

**V. 5:** Während die Darstellung der Bereitschaft des Drachen zum Verschlingen des erwarteten Kindes und der Geburt selbst aus dem Mythus stammen, geht der Zug, dass „das männliche Kind"[395] gleich nach der Geburt „zu Gott und zu seinem Thron" entrückt wird, auf den Vf. selber zurück. Zwischen dem Bericht der Geburt und dem der Entrückung zitiert er Ps 2,9: Er wird über „alle Heiden" herrschen.[396] Auch hier ist die Technik angewendet, einen Gegenstand zugleich vom himmlischen und vom irdischen Gesichtspunkt zu betrachten und ihn in zwei ganz gegensätzlichen Weisen darzustellen (vgl. ad 5,5f): Nach irdischem Maßstab sieht der Neugeborene buchstäblich wie ein Kind aus, nach dem Schriftwort, also nach himmlischem Maßstab, ist er der Herrscher über alle Heiden.[397]

Was meint der Vf. mit dieser Geburt? Bemerkenswert ist, dass in Ps 2,7, also in unmittelbaren Zusammenhang mit dem an unserer Stelle zitierten V. 9, von einer Geburt die Rede ist, die auf die Thronbesteigung eines Königs deutet. Es ist kaum denkbar, dass unser Vf. ohne Wissen um diesen Kontext die Psalmstelle zitiert hat (vgl. ad 2,28); dann ist es aber naheliegend, dass er auch das Verständnis der Geburt, das jene voraussetzt, teilt. Also versteht er unter der Geburt die himmlische Inthronisation Christi, die im Anschluss an dessen Tod stattfindet.[398]

Nach der Unterbrechung durch das Zitat kommt der Vf. zur Vision zurück: Der Hinweis, dass das Kind „zu Gott und zu seinem Thron entrückt" wird, bringt die Inthronisation Christi im Himmel[399], die er schon im Bericht der Geburt durch

---

[394] Vgl. den Exkurs „Überblick über die gegengöttlichen Mächte in der Offb" am Ende Kap. 12; vgl. BEALE, Daniel 231.

[395] Υἱὸν ἄρσεν. „Das Ntr. ἄρσεν ist Appos. zu υἱόν" (BDR 136 Anm. 4; vgl. Jer 20,15: „Dir ist בֵּן זָכָר geboren"). Zur Doppelbezeichnung an unserer Stelle vgl. FEKKES, Isaiah 184: „It would seem much easier to account for υἱός as a secondary addition rather than ἄρσεν. [...] the use of υἱός here is probably occasioned by the immediately following quotation of Ps. 2.9".

[396] RESSEGUIE, Revelation 144, und SIEW, War 157ff, weisen darauf hin, dass Ps 2,9 in 2,26f nicht auf Jesus, sondern auf die treuen Christen bezogen ist, und behaupten, dass das männliche Kind „the true messianic community" (RESSEGUIE) und „the heavenly [...] existence of the church" (SIEW) bezeichne. Aber sie übersehen, dass der Vf. auch in 2,28 den Bezug des Psalmwortes auf Jesus als eine Selbstverständlichkeit voraussetzt; vgl. ferner 19,15.

[397] Vgl. RISSI, Hure 30.

[398] Vgl. FEUILLET, Chap.XII 63. Eine Anzahl von Forschern versteht die Geburt als die irdische Geburt Jesu (z.B. CHARLES, Apk I 320; TAEGER, Johannesapokalypse 98; KALMS, Sturz 61). Zum Überblick über die Deutungsvorschläge vgl. KOCH, Drachenkampf 230–232.

[399] U.B. MÜLLER, Messias 172, lehnt es ab, „die Entrückung als Sieg und Antritt der Weltherrschaft des Christus zu kennzeichnen", und behauptet, dass sie zunächst „nur die Rettung vor dem Drachen" meint

das Psalmzitat andeutete, jetzt in einer bildhaften Form zum Ausdruck. Um deutlicher zu machen, dass es sich um eine Inthronisation handelt, erläutert er „zu Gott" durch „zu seinem Thron".[400] Der, der ihn entrückt, ist Gott (ein *Passivum divinum*; vgl. 2Kor 12,2.4; 1Thess 4,17).

**V. 6:** Die Flucht der Frau in die Wüste. Die Wüste ist im Zusammenhang mit der Exodusgeschichte ein den Juden besonders vertrauter Ort (Ex 16; Dtn 8,2ff); auch im Judentum und in jüdisch-christlichen Kreisen aus dem ersten Jhd. erwartete man, dass sich die gleiche Geschichte wie der einstige Exodus am Ende der Zeit wiederholt.[401] Der Vf., der auch sonst ein großes Interesse an der Exodusgeschichte zeigt, hat die Wüste bewusst als Zufluchtsort gewählt.[402] In der Tat findet man im folgenden Text Anklänge an die Exodusdarstellung: Nachjagen der Frau durch den Drachen (V. 13), Getragenwerden auf den zwei Flügeln des Adlers (V. 14), Speisung durch das Manna (V. 14) und ein Meerwunder (V. 15f). Sie gehen alle auf seine Bearbeitung zurück.

*Der traditionsgeschichtliche Hintergrund von V. 7-9 und deren Funktion im jetzigen Kontext:* In der zweiten Szene, V. 7-9, bearbeitet der Vf. traditionelle Motive. Einen Anhalt zur Erschließung des motivgeschichtlichen Hintergrundes bieten die erklärenden Hinweise zur Figur des Drachen durch den Vf. in V. 9, dass der Drache „der Teufel und der Satan" genannt werde, und die Einlassung in V. 10, dass Satan als der Ankläger die Christen Tag und Nacht vor Gott verklage. Der Vf. gestaltet die Szene analog zur Darstellung des himmlischen Gerichtshofes, indem er Material aus dem gleichen Vorstellungskreis verarbeitet.

Nach der Niederlage stürzt Satan auf die Erde. Das Motiv des Satanssturzes ist im Judentum mehrmals belegt,[403] aber niemals im Zusammenhang mit seiner Ankläger- oder Verfolgungstätigkeit wie an unserer Stelle.[404] Die Verknüpfung beider Motive geht auf den Vf. zurück.

Michael, eine Figur, die wahrscheinlich bereits in der Überlieferung vorgegeben gewesen ist,[405] gilt im Judentum als der Schutzengel Israels (Dan 10,13.21; 12,1;

---

(ähnlich BUSCH, Drache 112f). Aber die Rettung kann auch durch die Flucht mit der Mutter dargestellt werden, ohne den Mythus zu ändern.
[400] SCHÜSSLER FIORENZA, Priester 365.
[401] Apg 21,38; Mt 24,26, Josephus, ant. XX 167.188; bell. II 259; vgl. auch 1QS 8,13d; 9,19f; vgl. auch J. JEREMIAS, ThWNT IV 865,18ff.
[402] KRAFT, Apk 170; LAMPE, Apokalyptiker 111 Anm. 127, vermuten die Flucht der Urgemeinde ins Ostjordanland als Hintergrund; zur Kritik dieser Hypothese vgl. GÜNTHER, Enderwartungshorizont 257.
[403] Fast nur im Zusammenhang mit der Urgeschichte (YARBRO COLLINS, Combat Myth 108; vgl. 2Hen 29,4; VitAd 12-17). In Lk 10,18 dagegen, einem Text, der zu unserer Stelle keine Beziehung hat, ist der endzeitliche Sturz Satans belegt (vgl. auch Jes 14,32).
[404] Vgl. FOERSTER, Bilder 283; YARBRO COLLINS, Combat Myth 108.
[405] Dass hier statt Christus Michael auftritt, lässt sich nach KALMS, Sturz 72, „durch die Konstellation erklären, die durch Ps 110,1 vorgegeben ist"; beim Psalmwort sei „Gott [...] der eigentlich Handelnde; dabei ist es nicht außergewöhnlich, dass er durch seine Engel handelt, wenn er hier für seinen Sohn Christus dessen Feinde unterwirft". Aber in der Offb findet sich keine weitere Stelle, an der einem Engel die angebliche Rolle zugeschrieben wird. Außerdem wird in der Offb Ps 110,1 an keiner Stelle verwendet, auch wenn mehrmals auf die himmlische Inthronisation Christi angespielt wird.

1Hen 20,5). Man erwartet von ihm in verschiedenen Formen die Erlösung Israels: Er wird sich gegen das Reich des Feindes stellen und Israel Frieden bringen (TestDan 6,2; vgl. TestLev 5,6; TestMos 10,2); Gott wird durch seine Kraft dem Volk ewige Hilfe schicken; unter seiner Herrschaft wird Israel durch Freude erleuchtet werden (1QM 17,6f). Solche Erwartungen verraten, dass Michael messianische Würde beigemessen wird;[406] in TestDan 6,1 wird er „der Mittler zwischen Gott und den Menschen" genannt.

Auch an unserer Stelle eignet Michael der gleiche Charakter wie in diesen jüdischen Beispielen. Er besiegt den Drachen, der als Ankläger der Christen vor Gott ihren Untergang bewirkt. Dieser Sieg bedeutet die grundsätzliche Verwirklichung des Heils für die Christen. Das Verständnis, Michael sei Erlöser, wird auch in V. 10 angedeutet, wo der Vf. unter Hinweis auf seinen Sieg schreibt, dass „die Macht seinem [sc. Gottes] Christus zuteil geworden ist".

Also ist Michael für den Vf. mit Christus identisch, womit deutlich wird, mit welcher Intention er das Motiv des himmlischen Kampfes einschaltet. In V. 5 hat er den Bericht seiner himmlischen Inthronisation in die Überlieferung eingetragen, aber damit ist der soteriologische Charakter des Christusgeschehens noch nicht deutlich genug herausgestellt. So führt er an unserer Stelle die neuen Motive ein, um deutlich zu machen, dass das Heil der Christen mit dieser Inthronisation schon grundsätzlich verwirklicht ist. Dass er dabei Michael nicht expressis verbis mit dem „Kind" identifiziert, mag darin begründet sein, dass er vermeiden will, den Lesern einen falschen Eindruck zu geben, als käme Satan die Kompetenz eines richtigen Gegenübers zu Christus zu. Die Verwendung dieser Motive lässt ferner die Wiederaufnahme der durch V. 7-12 unterbrochenen Erzählthematik in V. 13ff zwangloser, ja sogar dringend geboten erscheinen: Der Drache wird durch die Niederlage wütend und erneut zur Verfolgung der Frau motiviert (vgl. Anfang V. 13). Buchkompositorisch ist dieser Zug bemerkenswert, denn die Verfolgung wird jetzt auf Satan zurückgeführt. Die Gemeinde wird gleichzeitig davon in Kenntnis gesetzt, dass seine Verfolgung nicht Ausdruck seiner Überlegenheit, sondern seiner entschiedenen Niederlage ist (vgl. unten zu V. 10-12). Christen können deswegen gerade in Verfolgungen überzeugt sein, dass diese bald mit dem endgültigen Sieg Christi über seine Feinde (19,11ff) beendet sein werden.[407]

**V. 9:** Die Niederlage des Drachen. In diesem einzigen Vers ist das Wort „wurde(n) geworfen" (ἐβλήθη bzw. ἐβλήθησαν) dreimal wiederholt (vgl. auch V. 10.13); damit ist die Wichtigkeit des Geschehens unterstrichen: Obwohl die

---

[406] „Als eschatologische Erlösergestalt spielt der davidische Messias [in der frühen – chasidischen – Form der jüdischen Apokalyptik] noch kaum eine Rolle (1. Hen 90,37?), stärker betont wird die Person des ‚himmlischen Erlösers' Michael" (HENGEL, Judentum 347). Zu Michael im Judentum vgl. AUNE, Apk 693-695; BOUSSET/GRESSMANN, Religion 327f.

[407] HANNAH, Michael 128, behauptet, dass der Vf. den Sieg deswegen nicht auf Christus, sondern auf Michael zurückführe, weil er nur „an incomplete victory" ist (der endgültige Sieg sei erst in 19,11-20,10 berichtet). Aber der Wortlaut V. 10.11 zeigt, dass der Vf. bereits dieses Geschehen als das entscheidende betrachtet.

Menschheit auf der Erde eine Intensivierung seines Wirkens erfahren wird, ist er „geworfen", hat er verloren!

Der Vf. stellt den Drachen mit vier Namen vor (vgl. 20,2). Unter den drei Bezeichnungen, die in diesem Kapitel zum ersten Mal verwendet werden, stehen die erste, „die uralte Schlange", und die dritte, „der Verführer der ganzen Erde", in einer engen Beziehung zueinander, indem sie auf das Wirken des Drachen nach seinem Sturz abheben; die mittlere, „Teufel und Satan", ist dagegen mit seinem in diesem Teil beschriebenen Wirken verbunden (vgl. gleich unten den Exkurs „Satan im Judentum und im NT"); also besteht hier eine Inklusio. Durch die vielschichtige Nennung macht der Vf. deutlich, dass „der Drache" alle, die als die Erzfeinde gelten, verkörpert, wie sie auch genannt sein mögen, und unterstreicht den entscheidenden Charakter des jetzt darzustellenden Geschehens.[408]

„Die uralte Schlange" ist die Schlange in der Paradiesgeschichte.[409] Durch Rückgriff auf die Paradiesgeschichte deutet der Vf. an, dass die Endgeschichte tatsächlich beginnt. Die letzte Bezeichnung, „der Verführer der ganzen Erde", ist durch den Begriff „die uralte Schlange" veranlasst (vgl. Diog 12,3); das Objekt der Verführung ist auf „die ganze Erde" erweitert. Sie bereitet die Darstellung des Wirkens des Drachen nach seinem Absturz (13,14) vor. „Die ganze Erde" (οἰκουμένη) kommt in 3,10 und 16,14 vor und ist immer negativ geprägt (vgl. ad 3,10). In ihr sind die Christen nicht inbegriffen. Zu „verführen" (πλανᾶν) vgl. ad 2,20.

*Exkurs: „Satan" im Judentum und im NT*

„Satan" (שָׂטָן) ist eigentlich ein allgemeines Substantiv im Sinne von Anschuldiger, Gegner (z.B. 1Sam 29,4; 1Kön 11,14.23.25; Ps 109,6). In Ijob 1,6ff ist er einer der Gottessöhne, also ein himmlisches Wesen, und hat die Aufgabe, Menschen vor Gott zu beschuldigen (vgl. auch Sach 3,1). Dabei ist er noch keineswegs Feind Gottes. In 1Chr 21,1 dagegen, wo „Satan" eindeutig Eigenname ist und sein Wirken mit Anschuldigungen nichts zu tun hat, ist sein gottfeindlicher Charakter evident.

Auch im Judentum besteht das Bewusstsein, dass „Satan" ein allgemeiner Begriff ist, weiter. So wird er gelegentlich im Plural gebraucht (z.B. 1Hen 40,7; 65,6), oder es wird eine Anzahl von Teufeln erwähnt, denen jeweils ein Eigenname beigelegt ist (z.B. Beliar, Mastema, Samuel). Sein Charakter als Ankläger ist auch hier deutlich zu erkennen (Jub 48,15; 1Hen 40,7): Er hebt vor Gott die Sünden von Menschen hervor (ExR 43 [99ª]; 21[84];[410] vgl. auch Sanh 89ᵇ; ApkZef 4,2). Gelegentlich verführt er zunächst Menschen und klagt sie dann vor Gott an (Jub 1,20f). In rabbinischen Schriften begegnet gelegentlich als sein Gegenüber ein Verteidiger. Dieser weist vor Gericht auf gute Taten von Menschen hin (ExR 31[91ᶜ],[411] oder stößt einfach Satan von seinem Platz (ExR43[99ª]). In ExR18(80ᶜ)

---

[408] An der anderen Stelle, an der diese vielschichtige Nennung belegt ist (20,2), thematisiert der Vf. in gleicher Weise das Missgeschick des Drachen.
[409] Als Belege der Bezeichnung gibt es nur einige rabbinische Stellen aus späterer Zeit; vgl. STR-B I 138. Dort und III 814 sind Beispiele gesammelt.
[410] Vgl. STR-B I 141f; BUSCH, Drache 122f.
[411] Vgl. STR-B III 814.

ist der Gegenspieler des Sammaël genannten Satan wie an unserer Stelle Michael (vgl. Str-B III 813).⁴¹²

Im NT ist Satan der Gegner Gottes (z.B. Apg 26,18; Röm 16,20; Offb 2,9), obwohl er letzten Endes unter der Herrschaft Gottes steht (z.B. Lk 22,31f). Er verführt Menschen zu Widerstand gegen Gott (Mk 1,13; Lk 22,3; Joh 13,27; Apg 5,3; 1Kor 7,5 u.a.). Oft wird die Ursache von Krankheiten bei ihm gesucht (Mk 3,23; Lk 13,16; 2Kor 12,7). Es gibt andererseits außer unserer Stelle keinen Beleg für den Satan als Ankläger.⁴¹³ In der Offb gilt „Satan" als der Eigenname des Erzfeindes Gottes.

Der Begriff „Teufel" (διάβολος), das hier neben „Satan" steht, wird in LXX an den Stellen, wo „Satan" mehr oder weniger als Eigenname gebraucht ist, stattdessen verwendet (Sach 3,1ff; Ijob 1,6ff; 1Chr 21,1. Vgl. auch Ps 109,6; Weish 2,24). Auch im NT werden beide Begriffe synonym gebraucht (z.B. vgl. Mt 4,10 mit V. 11) und gilt „Teufel" beinahe als Eigenname. Auch an unserer Stelle ist das wohl der Fall.⁴¹⁴

**V. 10-12:** Ein himmlischer Hymnus unterbricht die Vision. Es ist eine durch den Vf. selbst gegebene⁴¹⁵ Deutung dessen, was vor allem in V. 7-9 geschah, und eine Erklärung über die Auswirkungen dieses Ereignisses auf die Menschen. Er besteht aus drei Teilen. Der erste Teil, V. 10b, erklärt die endgültige Machtübernahme Gottes und Christi. Der zweite Teil, V. 11, spricht vom Sieg der Christen, einem Thema, das in der Vision nicht direkt berührt ist, sich aber sachlich eng auf sie bezieht (vgl. unten). Der letzte Teil, V. 12, schließt mit „darum" an V. 10 an. Der durch ὅτι eingeleitete Begründungssatz am Ende weist von einem anderen Gesichtspunkt her genau auf den gleichen Tatbestand wie in V. 10 hin und dieses Thema wird im nachfolgenden Teil der Vision und darüber hinaus in Kap. 13 entwickelt. Wer diesen Hymnus spricht, ist nicht angegeben; möglicherweise Engel.

**V. 10:** Bei V. 10 wird manchmal auf die Nähe zu 11,15 hingewiesen,⁴¹⁶ aber zwischen beiden Hymnen lassen sich hinsichtlich der Situation, in der sie gesprochen werden, und ihrer Zielrichtung erhebliche Differenzen ausmachen; vgl. ad 11,15.

Der Hymnus beginnt mit „jetzt" und weist damit darauf hin, dass die Geschichte in eine völlig neue Phase übergeht. Zu ἐγένετο vgl. zu 11,15. Der jetzt verwirklichte Sachverhalt wird durch vier Substantive erläutert. Die ersten drei sind auf Gott und das letzte auf Christus bezogen. Diese Verteilung ist kein erhebliches interpretatorisches Gewicht beizumessen. Denn erstens ist in 11,15 „die Herrschaft

---

⁴¹² Freilich ist er nicht der einzige Verteidiger; Moses, Phanuel, die Engel, oder sogar Gott selbst spielen gelegentlich die gleiche Rolle; vgl. FOERSTER, ThWNT II 76,18 m. Anm. 39.

⁴¹³ BEHM, ThWNT V 810 Anm. 90.

⁴¹⁴ Das Wort καλούμενος, das hier dem Ausdruck „Teufel und Satan" beigefügt ist, wird in der Offb in den meisten Fällen in Verbindung mit einem Eigenname gebraucht (1,9; 16,16; 19,11.13 u.a.).

⁴¹⁵ Obwohl zwischen V. 11 einerseits und V. 10b+12 andererseits gewisse Diskrepanzen vorhanden sind (vgl. unten), ist es nicht ratsam, V. 10+12 als einen „vorgegebenen Hymnus" und „v. 11 als Zusatz des Johannes anzusehen", wie U.B. MÜLLER, Messias 171, m. Anm. 11, dies vorschlägt. Denn der Wortlaut von V. 12 setzt die Entwicklung in Kap. 13 voraus, so dass man die Verse ihm schwerlich absprechen kann.

⁴¹⁶ SWETE, Apk 155; LOHMEYER, Apk 102; Pohl, Apk II 108; KRAFT, Apk 168 u.a.

über die Welt", die dem dritten unserer vier Begriffe entspricht, auf Gott und Christus bezogen; zweitens ist jeder der vier Begriffe an anderen Stellen der Offb nie ausschließlich entweder mit Gott oder mit Christus verbunden. Auch an unserer Stelle sind die vier Begriffe gleichmäßig auf Gott *und* Christus zu beziehen; vgl. 21,23.

Unter ihnen ist der erste soteriologisch geprägt, während die anderen die Herrschaft Gottes bzw. Christi zum Ausdruck bringen; die Verwirklichung des eschatologischen Heils und die der Gottesherrschaft sind untrennbar verbunden. Zu σωτηρία vgl. zu 7,10. Warum der Absturz des Drachen das Heil impliziert, wird in der zweiten Hälfte des Verses gezeigt. Zu δύναμις vgl. zu 4,11*, zu βασιλεία vgl. zu 11,15. Ἐξουσία wird in der Offb zwar recht häufig gebraucht, aber nur an unserer Stelle (und 2,28a) auf die Herrschaft Gottes bzw. Christi bezogen; es wird in Kap. 13 zur Bezeichnung der Herrschaft des Gegners Gottes verwendet (V. 7); unsere Aussage hat diese Herrschaft im Auge und erklärt, dass jetzt die Herrschaft Gottes bzw. Christi an deren Stelle getreten ist.

Die zweite Hälfte des Verses begründet die Aussage der ersten durch den Hinweis auf den Absturz des Drachen, der in der vorangehenden Vision dargestellt ist. Er wird hier zunächst „der Ankläger[417] unserer Brüder" und dann „derjenige, der sie vor unserem Gott Tag und Nacht verklagt", genannt. Zu Satan als Ankläger vgl. oben den Exkurs. „Brüder" ist in der Offb im Sinne von Mitchristen verwendet (1,9; 6,11; 19,10; 22,9). Aber auch in 19,10 und 22,9 sagt aber ein Engel, dass er ein „Mitknecht" von Johannes und seinen Brüdern sei.

**V. 11:** Das Charakteristische unseres Verses besteht darin, dass er die Verwirklichung des Heils vorwiegend vom Standpunkt der Christen darstellt. Es ist selten, dass in einem Hymnus das Handeln der Christen unmittelbar thematisiert wird. Auch in unserem Hymnus geht der Gedankengang glatt von V. 10 zu V. 12 über. Unser Vers ist in diesem Sinne ein Fremdkörper. Um so mehr spürt man, welch großes Interesse der Vf. auf diese Aussage legt: Gerade die Wichtigkeit des Verhaltens der Christen will er hier betonen, ohne damit dessen Begründung im Sieg Michaels = Christi in Frage zu stellen. Der Vers hat einen paränetischen Charakter.

Er besteht aus zwei Sätzen, der eine ist positiv („sie haben ihn überwunden"[418]), der andere negativ („sie haben ihr Leben nicht geliebt") formuliert. Das Wort ἐνίκησαν deutet an, dass der Vf. das Heil der Christen in engem Zusammenhang mit dem Sieg Michaels = Christi betrachtet (beim Sieg Michaels ist das Wort νικᾶν nicht verwendet; der Gedankengang ist jedoch unverkennbar). Das wird noch deutlicher, wenn der Vf. als den Grund ihres Sieges an der ersten Stelle „das Blut des Lammes" nennt. Dies weist auf den Tod Christi hin, von dem im Kontext unmittelbar nicht die Rede ist. Der Vf. erwähnt den Tod Christi, weil er an das Leiden

---

[417] Statt κατήγορος, wie es üblich ist, steht hier das Wort κατήγωρ. Es handelt sich wohl um eine semitisierende Form von κατήγορος (BOUSSET, Apk 342; CHARLES, Apk I 327; vgl. BÜCHSEL, ThWNT III 637,16ff; anders BAUER/ALAND, WB).

[418] Zu „überwinden" vgl. den Exkurs „Überblick über den Gebrauch von νικᾶν in der Offb und dessen jüdischen Hintergrund" in Kap. 2.

und den Tod von treuen Christen denkt („sie haben ihr Leben nicht geliebt bis zum Tode") und dieses in einen engen Zusammenhang mit dem Tod Christi stellen möchte:[419] Er erwartet von seinen Lesern, in ihrem eigenen Verhalten die Konsequenzen aus dem Leiden Christi zu ziehen (vgl. ad 7,14).

Dass auf das eigene Verhalten der Christen Gewicht gelegt wird, zeigt sich im zweiten Ausdruck, „das Wort ihres Zeugnisses", noch deutlicher. Freilich ist dessen Bedeutung auf den ersten Blick nicht eindeutig. Man kann ihn als das „Offenbarungswort, das sie [sc. die Christen] empfingen", deuten.[420] Es ist aber fraglich, ob bei dieser Deutung der Genitiv αὐτῶν richtig verstanden wird. Sollte er ausdrücken, dass ihnen das Zeugnis gegeben ist, müsste man ihn auch bei der Erwähnung des „Blutes des Lammes" erwarten. Berücksichtigt man weiterhin, dass der zweite Satz auf die Treue der Christen bis zum Tod hinweist, muss man diesen Ausdruck eher als das Zeugnis, das sie geben, verstehen.[421] Allerdings darf man dabei nicht an ihre Verkündigung den Nichtchristen gegenüber denken. In der Offb ist sonst an keiner Stelle davon die Rede. Das „Wort ihres Zeugnisses" ist vielmehr ihr Glaubensbekenntnis. Konkret ist hier daran gedacht, dass sie trotz Verfolgung an ihrem Glaubensbekenntnis festhalten.

Der zweite Satz des Verses weist direkt auf ihre Glaubenstreue bis zum Tode hin. Vorausgesetzt ist dabei die Verfolgung durch den Drachen (faktisch durch die Tiere), die in V. 12 als ein künftiges Geschehen beschrieben und in Kap. 13 entfaltet wird. Die Aussage ist also eine Prolepse und deckt sich zeitlich mit dem in V. 10 Dargestellten nicht. Der Vf. fügt dennoch diese Aussage hier ein, weil er der Überzeugung ist, dass mit dem Sieg Christi der Weg zum Sieg der Christen, die noch von der Verfolgung bedroht sind, unumkehrbar gebahnt worden ist.[422] Man kann den Sachverhalt auch umgekehrt formulieren: Der Sieg Christi wirkt bei den Christen gerade mitten in ihrem Leiden.

**V. 12:** V. 12 schließt mit „darum" direkt an V. 10 an und fordert auf Grund des dort erwähnten Sturzes des Drachen den „Himmel und die darin Wohnenden" zur Freude auf[423] und spricht gegenüber der Erde und dem Meer einen Wehruf aus.

---

[419] Vgl. Swete, Apk 156: „Yet the Sacrifice of the Death of Christ does not spell victory except for those who suffer with Him" (ähnlich Bauckham, Theology 75).

[420] So Lohmeyer, Apk 103; ähnlich Behm, Apk 68; Kraft, Apk 169.

[421] „Their testimony to Jesus" (Swete, Apk 156; ähnlich Allo, Apk 164; Brütsch, Apk II 90; Prigent, Apk 303).

[422] „Der Aorist ἐνίκησαν ist Ausdruck der Radikalität der soteriologischen Bedeutung des Heilstodes: Angesichts des umfassenden Sieges Christi für die Christen haben auch diese schon gesiegt" (Roose, Zeugnis 99; anders Jörns, Evangelium 115; Taeger, Johannesapokaypse 209f; Ders., Gesiegt 37 Anm. 42).

[423] Eine Aufforderung zur Freude kommt auch in 18,20 vor. Während unsere Aufforderung noch vor dem Anbruch der Verfolgung durch die satanischen Mächte ergeht, wird diejenige in 18,20 kurz nach dem Sturz Babylons gesprochen. Die beiden Aussagen gemeinsame Grundstruktur, Aufforderung – Anrede – Begründung ist alttestamentlich-traditionell; vgl. vor allem Jes 49,13; vgl Jes 44,23; Dtn 32,43; 4Q176 Frg 1–2 2,1–2 u.a. Auch dass das Wort „Himmel" hier im Plural steht (οὐρανοί) – das einzige Beispiel unter den mehr als fünfzig in der Offb – ist traditionell.

„Der Himmel und die dort Wohnenden" sind Engel.[424] Von der zweiten Hälfte des Verses her gesehen könnte man Eindruck bekommen, dass die Engel deswegen frohlocken können, weil der Drache aus ihrer Umgebung verschwindet.[425] Aber im bisherigen Text war nicht davon die Rede, dass er sie irgendwie bekümmert hätte. Sie werden vielmehr, beispielhaft für die Christen, zum Frohlocken aufgefordert, weil sie, obwohl sie noch mit Verfolgungen rechnen müssen, für die Zukunft die vollkommene Verwirklichung des Heils erwarten können.[426]

Während der Himmel zur Frohlocken aufgefordert wird, wird an Erde und Meer ein Wehruf gerichtet. Der Begründungssatz weist auf den Beginn der Verfolgung durch den Drachen hin, die in V. 17 erwähnt und in Kap. 13 entwickelt wird. Die Erde und das Meer sind nicht negativ geprägt. Sie sind Opfer des Teufels. Mit „der Erde" und „dem Meer" spielt der Vf. auf die Christen an (vgl. besonders V. 17). Der Absturz Satans wird hier anders als in V. 10 mit „herabsteigen" (κατέβη) bezeichnet. Obwohl der Hymnus im Himmel gesungen wird, ist der Gesichtspunkt der irdischen Christen vorausgesetzt; – vom Himmel aus gesehen wurde der Drache auf die Erde „hinabgeworfen", aber vom Standpunkt der irdischen Christen her gesehen ist er wie ein siegreicher Feldherr auf die Erde „herabgestiegen".

Durch den Bezug auf den Satanssturz wird die Verfolgung hier in den Kontext des übermenschlichen eschatologischen Kampfes zwischen Gott und seinem Widersacher eingegliedert; den Adressaten wird dadurch zum einen deren unausweichliche Notwendigkeit gezeigt, zum anderen aber werden sie ihres endgültigen Sieges vergewissert.

Die Erklärung des Vf., der Absturz Satans bedeute für die irdischen Menschen dessen Herabsteigen zu ihnen, ist im Blick auf die temporale Struktur mit einer gewissen Schwierigkeit belastet. Denn der Absturz soll kurz nach der Entrückung des Kindes geschehen sein, während die Intensivierung der Verfolgung faktisch erst für die Zukunft zu erwarten ist. Aber vielleicht ist der Vf. der Auffassung, dass die Kirche in eigentlichem Sinne bereits jetzt mitten in der Zeit der Verfolgung steht, auch wenn sie im Augenblick ein wenig aufatmen kann.

**V. 13ff:** Der letzte Teil des Kapitels ist inhaltlich eine Fortsetzung von V. 1–6 und schildert die Verfolgung der Frau durch den Drachen, die zwar in V. 6 schon vorausgesetzt, aber noch nicht explizit benannt worden ist. Aufgrund seiner Bearbeitung der Vorlage (V. 5.7–9) kann sie der Vf. jetzt als Folge des Christusgeschehens darstellen.

**V. 13:** Überleitung von V. 7–9 zu V. 13ff. Das Verb διώκειν und das Bild „der Adler" in V. 14 erinnern an die Exodusgeschichte (vgl. Ex 14,4.8.9.23; 15,9).

---

[424] Mit BOUSSET, Apk 343; LOISY, Apk 240; MOUNCE, Apk 244 u.a.
[425] So LOISY, Apk 246; THOMAS, Apk II 136.
[426] Die Engel sprechen Lobsprüche in der Regel nicht aufgrund eigener Anliegen, sondern immer beispielhaft für die Christen.

**V. 14:** V. 14 ist inhaltlich eine Wiederaufnahme von V. 6.[427] Dass der Frau für die Flucht „die zwei Flügel des großen Adlers[428] gegeben" werden, spiegelt Ex 19,4 (vgl. auch Dtn 32,11) wider.[429] Die Angabe „eine Zeit und Zeiten und eine halbe Zeit" ist Dan 7,25; 12,7 entnommen und bedeutet dreieinhalb Jahre.

**V. 16:** Zu der Schilderung, dass die Erde den Mund öffnet, den Strom trinkt, den die Schlange schickt, und die Frau rettet, vgl. Ex 15,12 u.a.;[430] sie geht auf den Vf. zurück.

**V. 17:** „Die übrigen ihres Samens" werden als diejenigen vorgestellt, die „die Gebote Gottes bewahren und das Zeugnis Jesu haben". Die Kombination von „die Gebote Gottes" und „das Zeugnis Jesu" ist als eine Variation des durch den Vf. öfters verwendeten Ausdrucks „das Wort Gottes und das Zeugnis Jesu" zu betrachten und weist wie dieser auf den christlichen Glauben hin; nur wird durch die Verbindung mit τηρεῖν der paränetische Charakter stärker betont. „Die übrigen ihres Samens" sind also die Christen in ihrem wirklichen Leben. Die Hinwendung des Drachen zu ihnen ist nicht als Folge seines Fehlschlags gegen die Frau aufgefasst.[431] Denn der Weheruf in V. 12 rechnet damit, dass gleichzeitig mit dem Sturz Satans, also noch vor seinem vergeblichen Angriff an die Frau, seine Verfolgung der Christen beginnt. V. 17f ist vielmehr als ein Geschehen gedacht, das sich mit V. 15f gleichzeitig ereignet: Während die Frau (= das Wesen der Kirche) vor dem Angriff des Drachen geschützt bleibt, werden „die übrigen ihres Samens" diesem ausgesetzt; vgl. 11,1f.

**V. 18:** Der Drache, der jetzt mit ihnen Krieg führen will, tritt an den Sand des Meeres[67].[432]

---

[427] Eine ähnliche Wiederaufnahme der vorherigen Aussage findet man auch in 15,5f (vgl. V. 1) und 21,10 (vgl. V. 2).

[428] Dass das Wort „Adler" mit einem Artikel versehen ist, hat verschiedene Erklärungen hervorgerufen: Mit ihm sei an den Adler beim Exodus gedacht (HADORN, Apk 135f), es sei als „generic" zu verstehen (MOUNCE, Apk 245 n.35), oder es wirke noch nach, dass in der Vorlage ein ganz bestimmter Adler gemeint sei (BOUSSET, Apk 344; CHARLES, Apk I 330). Die erste ist wohl vorzuziehen, falls es sich nicht überhaupt um einen grammatikalischen Fehler handelt.

[429] Vgl. SWETE, Apk 158; KRODEL, Apk 244; POHL, Apk II 115; PRIGENT, Apk 304; HOLTZ, Christologie 104 Anm. 6; YARBRO COLLINS, Combat Myth 120 u.a.

[430] KRAFT, Apk 170f, deutet die Wassermassen auf die Heeresmacht Pharaos. DOCHHORN, Erde 140-142, hat diese Assoziation durch den Verweis darauf nahegelegt, dass in Ps.-Philo, antiquitates biblicae 16 und TargPsJon zu Ex 15,12 je ein Mischzitat aus Ex 15,12 und Num 16,30.32; Dt 11,6 feststellbar ist: „Beide Texte bezeugen, dass es eine exegetische Tradition gab, die Ex 15,12 und Num 16,30.32; Dt 11,6 in Zusammenhang brachte, so dass die Annahme plausibel erscheint, dass in ApcJoh 12,16 eine Vermischung beider Stellen vorliegt" (142).

[431] Gegen MOUNCE, Apk 247; MEALY, Thousand Years 96.

[432] 051 u.a. lesen ἐστάθην (1. Sg), und BECKWITH, Apk 633, gibt dieser Lesart den Vorzug, was aber schon wegen der schwachen Bezeugung wenig überzeugt ($\mathfrak{P}^{47}$ ℵ A C lesen ἐστάθη). Außerdem gibt es in der Offb sonst kein Beispiel, in dem Johannes aus eigener Initiative den Standort wechselt, um eine Vision zu sehen; er verhält sich in dieser Hinsicht immer passiv (vgl. 17,3; 21,10). Bei ἐστάθην handelt es sich um eine Akkommodation an das folgende εἶδον.

## Exkurs: Überblick über die gegengöttlichen Mächte in der Offb

An deren Spitze steht der Drache. Nach der Darstellung von Kap. 12 scheitert er mit dem Versuch, Christus zu vernichten, und verliert den Kampf mit ihm im Himmel; hinuntergeworfen auf die Erde intensiviert er die Verfolgung der Christen. Trotz der Aussage 12,17 beteiligt er sich jedoch selbst nicht direkt an der Verfolgung der Christen, sondern gibt dem ersten Tier „seine Macht, seinen Thron und seine große Gewalt" (13,2); der Vf. begreift ihn offensichtlich als ein transzendentes Wesen. Nach der Übergabe der Macht tritt er, abgesehen von kurzen Notizen in 13,4.11 und 16,13, bis zu Kap. 20 nicht mehr in Erscheinung. Kap. 20 berichtet dann von seinem letzten Versuch, „die Heiligen" anzugreifen, und von seiner endgültigen Vernichtung.

Der Drache ist mit Satan identisch (12,9; 20,2); während die Drache nur im Visionsteil begegnet, ist vom Satan auch in den Sendschreiben mehrmals die Rede. Er ist hier etwas anders charakterisiert als dort; die genaue Unterscheidung zwischen dem Satan und seinem Vertreter auf der Erde, wie sie in Kap. 12f durchgeführt wird, ist hier nicht vorausgesetzt. In 2,9 und 3,9 werden die Juden, die die Christen lästern, als „der Synagoge des Satans" zugehörig abgestempelt. In 2,10.13 beteiligt sich der Satan selbst noch direkt an der Verfolgung der Christen. Nach 2,24 kann er auch in der Gemeinde wirken. Diese Belege zeigen, dass für den Vf. die Unterscheidung zwischen Satan und seinem irdischen Vertreter, dem Tier, nicht wesentlich ist; eine systematische Satanologie ist bei ihm nicht zu suchen.

In 13,2 heißt es, dass „der Drache seine Macht und seinen Thron und große Gewalt" dem Tier gab. Das ist eine Erklärung in mythologischem Gewand; in Wirklichkeit stehen dem Vf. und den Lesern das mit dem Tier zu identifizierende Wesen, das römische Reich bzw. sein Kaiser, vor Augen; der Satz erklärt, dass es sich bei diesem Wesen nicht nur um eine menschliche Instanz handelt, sondern dass es zugleich auch die übernatürliche satanische Macht verkörpert.

Das Tier führt Krieg gegen die Christen, besiegt sie (13,7a) und übt Gewalt über die gesamte Menschheit aus (13,7b). Seine Tätigkeit wird nur pauschal dargestellt und nicht direkt auf einzelne Menschen bezogen.

Die Beschreibungen in Kap. 13 sind bis Einzelheiten stark von Dan 7[433] geprägt. In der Beschreibung des Tieres werden nämlich wichtige Züge der vier Tiere in Dan 7,2ff verschmolzen.[434] Der Einfluss des vierten Tiers ist vorherrschend.

Das Tier tritt in der Offb nochmals in Kap. 17 auf. Die Beziehung auf Dan 7 ist hier nicht so deutlich wie in Kap. 13. Vielmehr knüpft der Vf. dort an die Legende von *Nero redivivus* an und schreibt, dass Nero als der achte König bald wieder erscheinen wird (V. 16ff).

Das Tier verliert am Ende die letzte Schlacht mit dem „Wort Gottes" und wird infolgedessen mit dem zweiten Tier zusammen in den Feuerpfuhl geworfen (19,11ff, besonders V. 20). Für seine Tätigkeit sind als zeitlicher Rahmen im ganzen zweiundvierzig Monate bestimmt (13,5).

Im Rahmen der Darstellung der Figur des ersten Tieres fällt auf, dass sich einige Motive in gleicher Weise auch in der Darstellung des Lamms bzw. des „Wortes Gottes" fin-

---

[433] Die danielische Vision, die Mitte des zweiten Jhd. in der gegen die syrische Religionspolitik gerichteten chasidischen Bewegung entstand, erregt Mitte des ersten Jhd. n. Chr. als eine akute Prophetie wieder Aufmerksamkeit; das vierte Tier wird diesmal auf Rom gedeutet; vgl. 4Esr 12,11ff und syrBar 39,5ff (auch 36,5ff). Offb 13 steht im Strom einer solchen antirömischen Kritik.

[434] V. 1a klingt an Dan 7,2f an, V. 1b an Dan 7,7b, V. 2 an Dan 7,4–6, V. 5a an Dan 7,8, V. 6 an Dan 7,25 (vgl. 8,10–12), V. 7a an Dan 7,21.

den.⁴³⁵ Das wird bereits in der Beschreibung ihres Aussehens deutlich: Das Tier hat zehn Hörner (13,1), das Lamm hat sieben (5,6); die Hörner des Tieres sind mit Diademen bestückt (13,1), das Haupt des „Wortes Gottes" trägt ebenfalls viele Diademe (19,12); auf den Häuptern des Tieres sind Namen der Lästerung geschrieben (13,1), das „Wort Gottes" trägt auch einen Namen geschrieben, „den keiner kennt außer ihm selbst" (19,12). Beide Figuren bekommen von übergeordneten Instanzen große Macht: Dem Tier gibt der Drache seine Macht (13,2), das Lamm empfängt von Gott die Macht, „das Buch und seine sieben Siegel zu öffnen" (5,5); dem Tier wird u.a. der Thron des Drachen gegeben (13,2), während sich Christus auf den Thron Gottes im Himmel setzt (3,21). Die augenfälligste Parallele besteht darin, dass beide eine tödliche Gefahr überstehen: Eines der Häupter des Tieres wird tödlich verwundet, aber die Wunde wird geheilt (13,3); das Lamm erscheint „wie geschlachtet" in der himmlischen Welt (5,6; vgl. auch 13,8); vgl. diesbezüglich gemeinsame Verwendung von ἔζησεν in 13,14 und 2,8. Auch in der Darstellung ihrer jeweiligen Beziehung zu ihren jeweiligen Anhängern sind Parallelen konstatierbar: Dem Sachverhalt, dass die Menschen die Proskynese vor dem Tier vollziehen (13,4), entspricht die Proskynese vor dem Lamm durch himmlische Wesen (5,8); dem Tier wird „die Gewalt über jeden Stamm usw. gegeben" (13,7), wie das Lamm durch sein Blut Menschen aus jedem Stamm usw. erkauft hat (5,9); das Zeichen des Tieres, das alle Menschen, die ihm gehorchen, haben (13,16), bildet ein Gegenüber zum Siegel Gottes, mit dem die treuen Christen versiegelt werden (7,2ff); während jenes „der Name des Tieres oder die Zahl seines Namens" ist (13,17), trägt dieses den Namen des Lammes und den seines Vaters (14,1). Diese Entsprechungen zeigen eindeutig, dass es dem Vf. hier darum geht, das Tier einerseits als Gegenüber zu Christus, also als Antichrist zu charakterisieren, es andererseits aber als bloße Imitation des Lammes zu degradieren und zu entlarven.

Neben dem ersten Tier und in enger Beziehung zu diesem erscheint ein zweites Tier. Während das erste Tier dem Meer steigt, erscheint dieses vom Lande (V. 11). Vielleicht ist hier mit dem Einfluss des Leviathan-Mythus zu rechnen, dem zufolge neben dem Tier aus dem Meer, Leviathan, ein zweites aus der Wüste, Behemoth, auftritt (1Hen 60,7ff; ähnlich 4Esr 6,49ff; syrBar 29,4). Die Berührung mit diesem Mythus erschöpft sich aber darin. Weder eignet beiden Tieren die gleiche Funktion noch sind sie einander ebenbürtig: Während das erste Tier vorwiegend im militärisch-politischen Bereich agiert, handelt das zweit Tier hauptsächlich in religiösen Kontexten. Es zwingt Menschen zur Anbetung des ersten (13,12 u.a.)⁴³⁶ und verfolgt diejenigen, die solches verweigern (13,15ff), während es selbst nicht angebetet wird. Bei ihm handelt es sich wahrscheinlich um Hohepriester des Kaiserkults in der Provinz Asia.⁴³⁷ Sein religionsgeschichtlicher Hintergrund ist nicht deutlich. Der Vf. hat bei der Darstellung vielmehr Tätigkeiten der Priesterschaft des Kaiserkultes und die verbreitete Erwartung des Auftretens von Pseudopropheten in der Endzeit im Sinn und schafft das Bild selbständig.⁴³⁸ Es erscheint hinterher nicht mehr als „das zweite Tier", sondern als Pseudoprophet (16,13; 19,20; 20,10), und stets in Begleitung des ersten Tiers, das zwar in V. 12 noch „das erste Tier", aber bereits in V. 14, und dann durchgehend, einfach „das Tier" genannt wird. Am Ende wird er mit dem Tier zusammen in den Feuerpfuhl geworfen (19,20).

---

⁴³⁵ Vgl. JÖRNS, Evangelium 121-123; BÖCHER, Johannesapokalypse 83; DERS., Antichrist 23,22ff; SCHRAGE, Ethik 321; TAEGER, Johannesapokalypse 189.

⁴³⁶ Dazu vgl. ad 13,4; der Drache ist dagegen nur einmal in 13,4 als Gegenstand der Anbetung genannt. Für den Vf. war der Kaiserkult akute Problem.

⁴³⁷ Vgl. BOUSSET, Apk 365f; AUNE, Apk 729.756; KRETSCHMAR, Offenbarung 45; FRIESEN, Twice Neokoros 79.

⁴³⁸ ROLOFF, Apk 139.

Der Drache und die zwei Tiere bilden eine Art Trias (16,13). In der Offb gibt es aber noch eine vierte gegengöttliche Macht: Die große Hure Babylon. Zu ihr vgl. den Exkurs „Babylon" bei 14,8.

Die vier gegengöttlichen Mächte treten genau in der umgekehrten Reihenfolge ihres Auftretens wieder ab.

*b) 13,1-18: Die Vision der zwei Tiere*
Kap. 13 führt das am Ende von Kap. 12 angeschnittene Thema, die Verfolgung der Christen, weiter. Nicht der Drache, sondern statt seiner zwei Tiere führen die Verfolgung aus.[439]

In der ersten Hälfte (V. 1-10) berichtet der Vf. über das erste Tier, in der zweiten (V. 11-18) über das zweite. Beide Teile sind im ganzen parallel strukturiert: Zunächst der Bericht vom Auftreten des jeweiligen Tieres (V. 1.11), dann die Beschreibung seines Aussehens (V. 1f.11) und seines Wirkens (V. 5-8.12-17); das ganze endet jeweils mit einem mahnenden bzw. belehrenden Spruch an die Leser (V. 9f.18). Einige Züge in der Darstellung des ersten Tieres (dessen Wunde [V. 3] und die Reaktion der Erdenbewohner auf sein Wirken [V. 3b-4.8]) haben jedoch in der zweiten Hälfte keine Entsprechung; auch der Hinweis, dass der Drache dem Tier die Macht übergibt (V. 2.4), hat nur eine indirekte Entsprechung in V. 12. Vergleicht man ferner die Beschreibungen der beiden Tiere, stellt man fest, dass diejenige des zweiten Tieres ganz konkret gestaltet ist, während diejenige des ersten Tieres stärker mythisch geprägt ist. Darin spiegelt sich die Situation des Vf.: Er sieht sich unmittelbar von denjenigen bedrängt, die durch das zweite Tier (den Hohepriester für den Kaiserkult in der Asia; vgl. unten) repräsentiert werden, aber nur mittelbar von denjenigen, die das erste Tier (dem römischen Reich bzw. dem Kaiser; vgl. unten) symbolisiert.

*α) 13,1-10: Vision des ersten Tiers*
**(1) Und ich sah aus dem Meer ein Tier aufsteigen, das hatte zehn Hörner und sieben Häupter, und auf seinen Hörnern zehn Diademe und auf seinen Häuptern Namen der Lästerung. (2) Und das Tier, das ich sah, war gleich einem Panther, und seine Füße wie die eines Bären und sein Maul wie das Maul eines Löwen. Und ihm gab der Drache seine Macht und seinen Thron und große Gewalt. (3) Und eines seiner Häupter war wie zum Tode verwundet, und seine Todeswunde wurde geheilt. Und die ganze Erde lief staunend dem Tier nach, (4) und sie beteten den Drachen an, weil er die Gewalt dem Tier gegeben hatte, und sie beteten das Tier an und sprachen:**
   **Wer ist dem Tier gleich,**
   **und wer kann mit ihm streiten?**
**(5) Und ihm wurde ein Maul gegeben, große Dinge und Lästerungen zu reden, und ihm wurde Gewalt gegeben, zweiundvierzig Monate lang zu wir-**

---
[439] Zu beiden Tieren vgl. den Exkurs „Überblick über die gegengöttlichen Mächte in der Offb" am Ende des Kap. 12.

ken. (6) Und es öffnete sein Maul zu Lästerungen gegen Gott, um seinen Namen und seine Wohnung, die im Himmel Wohnenden, zu lästern. (7) Und es wurde ihm gegeben, gegen die Heiligen Krieg zu führen und sie zu besiegen, und es wurde ihm die Gewalt über jeden Stamm und jedes Volk und jede Sprache und jede Nation gegeben. (8) Und ihn werden alle Bewohner der Erde anbeten, jeder, dessen Name nicht im Buch des Lebens des geschlachteten Lammes seit Grundlegung des Kosmos geschrieben steht.

(9) Wenn einer ein Ohr hat, der höre! (10) Wenn einer [andere Menschen] in Gefangenschaft [führt], der geht in Gefangenschaft; wenn einer [andere Menschen] mit dem Schwert tötet, der muss selber mit dem Schwert getötet werden. Hier ist die Standhaftigkeit und der Glaube der Heiligen.

**V. 1:** Dass das erste Tier aus dem Meer aufsteigt, ist für manche Ausleger schon ein Ausdruck seines gegengöttlichen Charakters.[440] Aber in der Offb stellt das Meer in den meisten Fällen lediglich der Bereich dar, der mit dem Land zusammen die ganze Welt ausmacht.[441] Auch in unserem Kapitel korrespondiert es mit „Land" in V. 11 und ist keineswegs negativ geprägt. Vielleicht wirkt bei der Darstellung das geographische Empfinden des Vf. ein: Das erste Tier steigt als Rom vom Westen aus dem Meer auf, während das zweite als Priesterschaft des Kaiserkultes in der Provinz *Asia* auf dem Land wirkt.[442]

Zunächst beschreibt der Vf. die wichtigsten Merkmale des Tiers: Es hat zehn Hörner und sieben Häupter. Auch beim Drachen war davon die Rede (12,3). Sie dienen also dazu, das Tier als dessen irdisches Abbild vorzustellen. Bei dem Ausdruck „Namen der Lästerung" denkt der Vf. wahrscheinlich an konkrete Titel, die im Rahmen des Kaiserkults verwendet worden sind.

**V. 2:** Dann sind einzelne Merkmale genannt, die bei anderen Tieren anzutreffen sind. Die hier genannten drei Tiere, Panther, Bär und Löwe beggnen in Dan 7 als die drei ersten Tiere. Der Vf. stellt also unser Tier als Zusammenfassung der drei ersten Tiere in Dan 7 dar. Vgl. auch den unverkennbaren Einfluss von Dan 7,8 in V. 5f.

Durch den Bericht über die Machtübergabe vom Drachen an das Tier schlägt der Vf. eine Brücke zu Kap. 12; inhaltlich macht er dadurch deutlich, dass Satan hinter dem römischen Reich steht. Damit lässt sich das Tier nicht mehr als ein Werkzeug Gottes deuten.

Aber in der Darstellung dieses Kapitels ist die Beziehung zwischen dem Drachen und den beiden Tieren auffällig schwach dargestellt. Außer an unserer Stelle wird sie nur in V. 4 (beinahe nur nebenbei) erwähnt (V. 11 ist anders zu beurteilen). Die Geschichte der Tiere ist auch ohne diese Aussagen verständlich, d. h., sie war

---

[440] ROLOFF, Apk 136; FOERSTER, ThWNT III 134,31 u.a.

[441] 7,1-3; 8,7-9; 10,2ff; 16,1-3 u.a. Nur in 4,6; 15,2; 18,21; 20,8 wird das Meer *nicht* neben dem Land genannt. Aber auch dann ist ihm kein besonders negativer Charakter zugeschrieben. Nach 4,6 und 15,2 gibt es sogar im Himmel so etwas wie ein gläsernes Meer.

[442] Vgl. BEHM, Apk 75.

## 12,1–14,20 Zwischenstück: Die satanischen Mächte und die Menschen

ursprünglich keine naturhafte Entwicklung von Kap. 12. Wahrscheinlich enthielt sie die Aussagen über den Drachen in ihrer ersten Überlieferungsphase nicht; der Vf. hat sie sekundär in sie eingeschaltet. Darin zeigt sich die Tiefe seines Verständnisses der irdischen Wirklichkeit. Man könnte sie als eine in sich abgeschlossene Größe betrachten, aber sie ist ihm zufolge nur dann recht erkannt, wenn man ihre supranaturalen Hintergründe mit bedenkt.

Dem Tier werden drei Dinge gegeben. Das erste ist die Macht (δύναμις) des Drachen. Während die „Gewalt" (ἐξουσία), die hier an der dritten Stelle genannt wird, oft von einer konkretisierenden Angabe begleitet wird (V. 4.5.7), wird „Macht" meistens absolut gebraucht; sie ist ein umfassenderer Ausdruck. Der zwischen beiden genannte „Thron" hat einen etwas anderen Charakter. Dass dem Tier der Thron des Drachen gegeben wird, ist ein Kontrastbild zur Inthronisation Christi auf Gottes Thron (3,21). Das Tier wird jetzt zum Antichrist. Der Vf. denkt wohl an den Kaiserkult. Dadurch, dass „der Thron" zwischen den Begriffen „Macht" und „Gewalt" genant wird, wird der bedrängende Charakter des Kaiserkults angedeutet.

**V. 3:** Das Anliegen des Vf., das Tier als das Gegenüber zum Lamm zu charakterisieren, gipfelt in der Beschreibung, dass eines der Häupter (= ein Kaiser) tödlich verwundet ist, aber von dieser Wunde wieder genesen ist;[443] auffällig ist die gemeinsame Verwendung des Ausdrucks „wie verwundet" (ὡς ἐσφαγμένη / ὡς ἐσφαγμένον) in der Beschreibung des Tieres sowohl als auch in der des Lammes (5,6).[444] Dieser Zug wird in unserem Abschnitt noch zweimal, in V. 12 und V. 14, als Charakteristikum des Tieres erwähnt, und zwar jeweils im Zusammenhang mit seiner Anbetung durch die Erdenbewohner. Dass lediglich „eines seiner Häupter" (= ein Kaiser) verwundet worde ist, wird im folgenden nicht besonders hervorgehoben; der Vf. schreibt einfach „die Wunde *des Tieres*" (V. 12.14).

Mit dem verwundeten Kaiser ist wahrscheinlich Nero gemeint.[445] Allerdings gibt es Ausleger, die einen anderen Kaiser vorschlagen. In Frage kommen vor allem diejenigen, die eines gewaltsamen Todes starben: (Caesar,) Caligula und Domitian. Aber die Ermordung Caesars liegt zum Zeitpunkt der Abfassung der Offb mehr als ein Jahrhundert zurück; außerdem gibt es keinen Beleg dafür, dass sich im Anschluss daran eine Legende bildete, in der es um seine Wiederkehr ging. Das zweite Argument trifft auch auf die Person Caligulas zu; dazu kommt noch, dass er nicht mit einem Schwert verwundet worden ist (vgl. V. 14). Kraft, Apk 176, schlägt die Identifizierung des Hauptes mit Domitian vor, indem er behauptet, dass auch „der

---

[443] BEALE, Apk 687, behauptet: „God must be the unmentioned agent of the beast's ‚wound'", und untermauert seine These durch Hinweis auf alttestamentliche Stellen wie Jes 27,1. Aber dann müsste man sich bei der darauf folgenden Beschreibung „seine Todeswunde wurde geheilt" ebenso das Wirken Gottes vorstellen, was mir nur unwahrscheinlich erscheint. Es handelt sich bei der Darstellung der Wunde lediglich um eine Parodie.

[444] Trotz der Parallele ist der Akzent in beiden Fällen anders gelegt: In der Beschreibung des Tieres dient der Hinweis auf die Verwundung lediglich der Hervorhebung seines übernatürlichen Charakters, während ihm in der Beschreibung des Lammes eigenes Gewicht beigemessen wird.

[445] Zu dieser Frage vgl. auch den Exkurs „Legende von der Wiederkehr Neros" bei Kap. 17.

ein Menschenalter zurückliegende Tod Neros nicht als hinreichend aktuell anzusehen" ist. Aber die Erwartung der Wiederkehr Neros war am Ende des 1. Jh. noch lebendig. Schlier, Antichrist 22, erklärt: „Wenn ein Cäsar stirbt, mag das ein tödlicher Schlag für das Imperium sein, aber schon wächst ein anderer an dieser Stelle empor und die Wunde ist geheilt".[446] Aber unser Vf. hat hier nicht eine allgemeine Erscheinung, die sich beim Sterben jedes Kaisers wiederholt, im Sinn, sondern ein einmaliges Geschehen in der Endzeit.

Das Genesen von der tödlichen Wunde stellt etwas für „die ganze Erde" Erstaunliches (vgl. 17,8) und Vertrauenerweckendes dar.[447] Nicht der Zwang zum Gehorsam, sondern der Anschein, dass das Tier eine übernatürliche Kraft hat, führt die Menschen in seine Nachfolge (vgl. V. 12.14).[448]

**V. 4:** Der Vf. berichtet zunächst von der Huldigung der Menschen vor dem Drachen,[449] um den Abschnitt nochmals mit dem vorigen zu verbinden. Da sich aber das Interesse des Vf. mehr auf das Tier, den irdischen Machthaber, richtet, geht er gleich darauf zum eingehenden Bericht von der Huldigung vor dem Tier über (V. 8.12.15; vgl. auch 14,9.11; 16,2; 19,20; 20,4); von der Huldigung vor dem Drachen berichtet er nicht mehr.[450]

Wie im himmlischen Gottesdienst Hymnen wichtige Bestandteile sind (4,10; 7,11; 11,16; 19,4), singt man auch bei der Huldigung vor dem Tier einen Gesang. Er besteht aus zwei Fragesätzen, die jeweils eine verneinende Antwort erwarten, und betont, dass das Tier in seiner Würde und Macht einmalig ist. Die Formulierung „Wer ist [...] gleich?" im ersten Satz wird sowohl bei säkularen Angelegenheiten (vgl. 18,18) als auch in altorientalischen Riten verwendet;[451] es gibt auch viele Beispiele in Lobgesängen oder Gottesbekenntnissen im AT (Ex 15,11; Ps 35,10; 71,19; 89,7 u.a.) und im Judentum (1QM 10,8f; 4Q381 15,6); sie betonen die Überlegenheit Gottes. Das Tier wird also parodistisch als ein göttliches Wesen gepriesen. Während an den genannten alttestamentlichen Stellen Gott stets in zweiter Person angeredet ist, wird an unserer Stelle vom Tier in der dritten Person gesprochen.

---

[446] Ähnlich BEALE, Apk 690f; ULLAND, Vision 287ff; GLONNER, Bildersprache 141.

[447] Nach POHL, Apk II 126, verwendet der Vf. das Wort „Staunen" „nie für das aufgeschlossene, freudige Bewundern durch einen Jünger, sondern für den verwirrenden und lähmenden Schrecken"; auch das Wort an unserer Stelle müsse man so verstehen; ähnlich S. THOMPSON, Syntax 12f.24f. Aber die Dürftigkeit der Belege (dies Wort kommt in der Offb außer unserer Stelle nur noch in 17,6-8 vor) lässt einen solch einseitigen Schluss nicht zu, zumal ein Wort, das der gleichen Wurzel entstammt, θαυμαστός, mindestens in 15,3 im Sinne aufgeschlossener Bewunderung verwendet ist. Vgl. BAUER/ALAND, WB θαυμάζω 2.

[448] Πορεύεσθαι ὀπίσω kommt in LXX vor allem im Zusammenhang mit der Huldigung der heidnischen Götter vor (Dtn 4,3; Ri 2,12; 3Βας 11,5; Ιερ 2,5 u.a.), aber auch im Zusammenhang mit dem Jahweglauben (Dtn 13,4; 3Βας 11,6; Hos 11,10; Sir 46,10 u.a.; die Belege sind jedoch verhältnismäßig spärlich).

[449] Zu „huldigen" (προσκυνεῖν) vgl. ad 4,10.

[450] Das ist ein Indiz dafür, dass Kap. 13 ursprünglich von Kap. 12 unabhängig konzipiert wurde; dazu vgl. Einleitung 6.1.

[451] Vgl. z.B. das sumerische „Handerhebungsgebet" an den Mondgott Nanna-Suen (Sin), 23; die akkadische Gebetsbeschwörung an Ischtar, 105 (vgl. Übersetzung von SCHMÖKEL bei BEYERLIN, Textbuch 129.136).

Das bedeutet, dass sich die lobpreisenden Menschen an andere Menschen wenden. Das Wort hat also einen herausfordernden Klang und verrät ihr Überlegenheitsgefühl. „Streiten" im zweiten Satz umfasst die Bedeutung „besiegen" (vgl. ad 2,16). Der Satz bereitet die nachfolgende Darstellung (besonders V. 7) vor.

**V. 5–8:** Zum Schluss der Darstellung des Tieres berichtet der Vf. von seiner Wirksamkeit. Dieser Teil besteht aus zwei Abschnitten, die eine ähnliche Struktur aufweisen und sachlich eng aufeinander bezogen sind (V. 5f.7f). Jeder Abschnitt besteht wiederum aus zwei Hälften (V. 5+6 / V. 7+8). Die jeweiligen ersten Hälften bestehen jeweils aus zwei Sätzen, die mit „und ihm wurde gegeben (καὶ ἐδόθη αὐτῷ)" eingeleitet werden (V. 5a.b und V. 7a.b). Zunächst wird dargestellt, dass ihm jeweils die Befugnis zum Angriff „gegeben" wird; an dieser Stelle ist die Anlehnung an die Darstellung des kleinen Horns in Dan 7 unverkennbar (V. 8.20 und V. 21). Die jeweils daran anschließenden, zweiten ἐδόθη-Sätze machen dann deutlich, in welchem Zeitraum (V. 5b) und bei wem (V. 7b) es dem Tier erlaubt ist zu wirken (jeweils wird das Wort ἐξουσία verwendet). Während der Zeitangabe ein einschränkender Charakter eignet, zeigt die Ortsangabe eine umfassende Tendenz. In der jeweils zweiten Hälfte der Abschnitte wird dargestellt, wie der jeweils in der ersten Hälfte erwähnte Angriff des Tieres durchgeführt wird bzw. welche Wirkung er hat (V. 6.8). Als das Ziel des Angriffs sind im ersten Abschnitt (V. 6) die himmlische Welt und im zweiten (V. 7b) die Menschen auf der Erde genannt; das Wirkungsfeld des Tiers erstreckt sich also auf den ganzen Kosmos.

Der „Geber" dieser Befugnisse ist trotz V. 2 nicht der Drache, sondern Gott; zum Drachen passt die einschränkende Zeitangabe „zweiundvierzig Monate" (V. 5b) schlecht.[452] Der Vf. will den Lesern deutlich machen, dass auch das Wirken des Tieres, das Gott zu verspotten scheint, unter strenger Kontrolle Gottes steht.

**V. 6:** Im Rahmen der Wirksamkeit des Tiers wird zunächst auf die Lästerung Gottes hingewiesen. „Gottes Name" ist sachlich mit Gott identisch; in 16,9 und 16,11.21 sind die Begriffe austauschbar. Der nächste Begriff, „Gottes Wohnung", wird mit dem unverbunden[453] daran angeschlossenen Hinweis „die im Himmel Wohnenden" umschrieben; letzte sind einfach Engel[454] (vgl. 12,12).

**V. 7:** Die Wirksamkeit des Tieres auf der Erde (V. 7f) richtet sich auf die zwei gegensätzlichen Teile der Menschheit, die Heiligen (V. 7a)[455] und die anderen (V. 7b). In V. 7a (Kampf mit den Heiligen) hat der Vf. die Wirklichkeit vor Augen, die ihn und die Leser bald überfallen wird. Was der Drache vorhatte (12,17), realisiert sich jetzt (vgl. V. 14–17). Kein Trostwort schreibt er für sie. Nur durch die Verwendung

---

[452] BEALE, Apk 695.
[453] Ohne καί ℵ* A C u.a., mit καί ℵ$^c$ P 046* u.a. Die letztere Lesart stammt wohl von Abschreibern, die die Syntax zu entspannen suchten.
[454] Mit BOUSSET, Apk 363; CHARLES, Apk I 353; U.B. MÜLLER, Apk 251 u.a. BEALE, Apk 697, hält „die im Himmel Wohnenden" für „both saints living on earth and those who have died and gone to be with the Lord"; für PATTEMORE, People 168, sind sie „the believing community". Aber die Wirksamkeit des Tieres auf der Erde wird erst in V. 7f behandelt.
[455] In einer Anzahl von wichtigen Hss ($\mathfrak{P}^{47}$ A C P u.a.) fehlt V. 7a ($\mathfrak{P}^{115}$ ℵ bietet ihn). Es handelt sich um eine Haplographie (V. 7b beginnt genau wie V. 7a mit καὶ ἐδόθη αὐτῷ).

des Wortes „gegeben" weist er auf Gottes Macht hin, unter deren Kontrolle auch die harte Wirklichkeit steht. Zur Anreihung der vier Begriffe, Stamm, Volk usw. vgl. ad 5,9. Die „Heiligen" sind unter ihnen nicht mitgezählt. Das Wirken des Tieres ist wiederum antithetisch zu dem des Lammes dargestellt (vgl. 5,9).

**V. 8:** Die Darstellung der Reaktion „aller Erdenbewohner": Sie „werden ihn anbeten"; sie geht zur Weissagung über (das Verb ist futurisch; vgl. ad 7,15c-17).

Dem Hinweis, nicht im Lebensbuch geschrieben zu stehen, (vgl. ad 3,5) sind längere Erläuterungen zugefügt. Einige Ausleger beziehen den Ausdruck „seit Grundlegung des Kosmos" auf das direkt vorangehende ἐσφαγμένου.[456] Dagegen spricht aber, dass es in der Parallelaussage 17,8 nur auf das „Nichtgeschriebensein" bezogen werden kann.[457] Dass die Namen „seit der Grundlegung des Kosmos" im Lebensbuch nicht geschrieben stehen, ist ein Ausdruck, der das Verlorensein dieser Menschen in höchstem Maße unterstreicht.[458]

Die dem Begriff „Lebensbuch"[459] beigefügte Apposition „des geschlachteten Lammes" hebt das Paradox hervor, dass das ewige Leben erst im *Tod* Christi begründet worden ist, und macht damit deutlich, dass auch diejenigen, die treu im Glauben bleiben und deswegen gegebenenfalls getötet werden (vgl. V. 15), genau wie jener durch dieses Leiden hindurch das ewige Leben erlangen werden. Dass „das Lebensbuch des geschlachteten Lammes" nur an unserer Stelle, an das Leiden der Christen Thema ist, begegnet, spricht für diese Auffassung.

Der Sachverhalt, dass das Lebensbuch, dessen Existenz bei der Grundlegung des Kosmos vorausgesetzt ist, in dieser Weise auf das geschlachtete Lamm bezogen wird, impliziert auch eine gewisse Widersprüchlichkeit. Der Vf. versteht beide Ausdrücke, „das geschlachtete Lamm" und „die Grundlegung des Kosmos", je für sich, mit je eigenem Aussagegehalt; und er kümmert sich nicht darum, welche Probleme durch ihre Zusammensetzung entstehen.[460]

**V. 9f:** Die Schilderung des Tiers erlangt mit dem Bericht über dessen Anbetung durch die Menschen ihren Höhepunkt und wird dann plötzlich unterbrochen. Bevor er zum Bericht des zweiten Tiers übergeht, schaltet der Vf. eine Mahnung an die Leser ein.

Sie beginnt: εἴ τις ἔχει οὖς ἀκουσάτω (a). Dies ist faktisch mit dem Ruf am Ende jedes Sendschreibens, ὁ ἔχων οὖς ἀκουσάατω, identisch. Darauf folgen in

---

[456] CHARLES, Apk I 354; HARRINGTON, Apk 139; OSBORNE, Apk 503 u.a.

[457] Vgl. LADD, Apk 181; GIESEN, Apk 308; HOLTZ, Christologie 151 u.a.

[458] Vielleicht mutet eine solche Auffassung vielen Auslegern allzu „unchristlich" an. So schreibt etwa POHL, Apk II 131f: „Hier wird uns zugesprochen: Die Liebe Gottes zu seinem Volk hat einen absoluten Vorsprung vor allen innerweltlichen Mächten und Kräften [...] Wer sich in diese Botschaft hineinhört, findet es absurd, aus der Erwählungslehre die ewige Nichtliebe Gottes zu einem Teil der Menschheit zu folgern". Aber es ist festzuhalten, dass der Text nur davon spricht, dass die Namen gewisser Menschen nicht im Lebensbuch verzeichnet sind.

[459] Zum „Lebensbuch" vgl. ad 3,5 und Einleitung 2.1.2.

[460] LOISY, Apk 252 versucht, diese Widersprüchlichkeit durch das Argument aufzulösen, dass das Lamm zur Schlachtung vorherbestimmt gewesen ist (ähnlich GIESEN, Apk 308 u.a.). Aber eine solche Auffassung ist in der Offb sonst beispiellos.

V. 10 zwei orakelartige Sätze (b), und ein Satz, der mit ὧδέ ἐστιν beginnt (c) und das ganze abschließt. In der Entsprechung, V. 18, erscheint dagegen zunächst ὧδε ἡ σοφία ἐστιν (c') vor, dann folgt eine Aufforderung, die aus einem Anruf, ὁ ἔχων νοῦν, und einem Imperativ Aorist (ψηφισάτω) mit Objekt besteht (a'). Darauf folgen zwei Sätze, die einen orakelartigen Charakter haben (b'). So hat das Ganze eine Struktur, a-b-c/c'-a'-b'. Der Vf. will beide Teile des Kapitels, die inhaltlich miteinander eng verbunden sind, möglichst parallel aufbauen.

V. 10: Die ersten zwei Sätze von V. 10 erinnern an Jer 15,2 und 43,11. An diesen Stellen reihen sich vier bzw. drei Aussagen in Form von „welche zu […] [bestimmt sind, begeben sich] zu" aneinander. Als Bestimmung wird jedesmal ein Missgeschick genannt; „Gefangenschaft" und „Schwert", die an unserer Stelle vorkommen, finden sich auch dort. Im ganzen besagen sie, dass ein Missgeschick diejenigen betreffen wird, die dazu bestimmt sind.

Die Aussagen an unserer Stelle, vor allem der erste Satz, sind auf den ersten Blick mit denjenigen in Jer verwandt. Der erste Satz bedeutet etwa: Einer, der für das Gefängnis bestimmt ist, muss in der Tat ins Gefängnis geführt werden. Gemeint wäre das durch Gott prädestinierte Geschick der Christen.

Beim zweiten Satz ist die Sachlage jedoch komplizierter. Denn die meisten wichtigen Hss lesen hier: „Wer mit Schwert [andere Menschen] töten wird (oder tötet[461]), der muss selber mit Schwert getötet werden", während die Hs A auch im Vordersatz das Verb in Passiv bietet: „Wer [bestimmt ist,] mit Schwert getötet zu werden";[462] im letzteren Falle spricht auch dieser Satz von dem durch Gott prädestinierten Geschick der Christen.

Hs A bietet nun in diesem Satz kein konjugiertes Verb. Für das „Getötetwerden" im Vordersatz wird der Infinitiv ἀποκτανθῆναι verwendet; im Nachsatz steht kein δεῖ. Der ganze Satz macht so einen unvollkommenen Eindruck. Die meisten anderen Hss dagegen verwenden im Vordersatz eine konjugierte Form von ἀποκτείνειν und im Nachsatz ein δεῖ, so dass hier der Satzbau korrekt ist. Hs A vertritt also eine *lectio difficilior*; aber man kann sie in diesem Fall auch auf die Bemühung zurückführen, den Satz stärker idiomatisch zu gestalten.[463] Bei der von Hs A gebotenen Lesart ist das αὐτόν im Nachsatz problematisch, da es etwas in Schwebe hängt. M.E. scheint die Lesart der anderen Hss den Vorzug zu verdienen.

---

[461] 𝔓⁴⁷ C 051* lesen futurisch, ℵ präsentisch; der Unterschied ist nicht schwerwiegend.
[462] Die meisten Ausleger, auch Nestle-Aland²⁷, lesen so. Nach SCHMID, Studien 138ff, beweist diese Stelle „den überragenden Wert von A als der schlechthin besten Apk-Hs" (141). Er argumentiert dabei vom Ergebnis seiner Exegese ausgehend, „dass der darin enthaltene Gedanke nicht der der Talion sein kann, sondern der, dass die Christen in jedem Geschick, das sie treffen mag, den Ratschluss Gottes erkennen sollen" (140). Aber das ist nicht das einzig mögliche Ergebnis der Exegese, wie unten gezeigt wird.
[463] Nach CHARLES, Apk I 355, ist der Text von A „not Greek, but it is a literal rendering of a distinctively Hebrew idiom: i.e. of אשר בחרב למות הוא בחרב למות" (vgl. auch SCHMID, Textkritik 124f). Aber dieser rekonstruierte hebräische Text ist nicht so bündig wie Jer 43,11 bzw. 15,2 MT. Ist der dem Vf. zur Verfügung stehende hebräische Text in etwas lockererer Form formuliert gewesen als beide Jeremiastellen in MT (und in LXX)? Das ist nicht sehr wahrscheinlich; wir haben als Vergleichsmaterial jedenfalls nur den Kurztext in Jer 43,11 bzw. 15,2.

Freilich wird gegen sie manchmal ein inhaltlicher Einwand erhoben, dass der Vordersatz dann der Lage der damaligen Leser nicht entspräche: „Wie hätten auch die kleinen christlichen Gruppen in Kleinasien den Gedanken fassen können, der römischen Weltmacht mit Waffengewalt Widerstand leisten zu wollen?"[464] Es ist aber nicht notwendig, sich als Subjekt des Tötens die Christen vorzustellen; vielmehr sind als solches das Tier und die Seinigen zu denken. Der ganze zweite Satz besagt nämlich, dass das Tier und die Seinigen mit dem Schwert Christen töten, aber – am Ende der Zeit – sie selber das gleiche Geschick erfahren werden; das δεῖ unterstreicht dabei, dass das Gesagte genau dem Willen Gottes entspricht.[465]

Versteht man den zweiten Satz in dieser Weise, muss man auch den ersten entsprechend auffassen, was nicht unmöglich ist: Hier ist nicht das Geschick derjenigen Thema, für die die Gefangenschaft vorgesehen ist, sondern Gottes Bestrafung derjenigen, die jetzt Christen ins Gefängnis führen.

Unsere Sicht wird durch 14,9-12 gestützt, eine Stelle, deren Schlusswort (V. 12) sowohl stilistisch als auch inhaltlich dem an unserer Stelle (V. 10c) sehr nahe ist. Da in der Offb sonst an keiner weiteren Stelle ein ähnliches Wort vorkommt, muss man annehmen, dass der Vf. beide Worte und auch ihre Kontexte in einem sehr engem Zusammenhang auffasst. In dem 14,12 direkt vorangehenden Text (V. 9-11) ist nun die Bestrafung der Anhänger des Tiers durch Gott dargestellt. Im Anschluss daran ermahnt der Vf. in V. 12 seine Leser zum Geduld. Genau so weist er in 13,10a.b auf das Geschick der Gottlosen hin und daran anschließend ermahnt er in V. 10c die Leser zur Standhaftigkeit und zur Glaubenstreue.[466]

Das Wort „hier ist" (ὧδέ ἐστιν), das den letzten Satz einführt, ist etwas unklar; hier wird wohl die Begründung für die Forderung von Standhaftigkeit und Glaubenstreue formuliert. Die Mahnung als ganze besagt dann: Gott wird diejenigen bestrafen, die jetzt Christen verfolgen, deswegen gilt es, jetzt mit Standhaftigkeit treu im Glauben zu leben.

### β) 13,11-18: Vision des zweiten Tiers

(11) Und ich sah ein anderes Tier aus dem Land aufsteigen, und es hatte zwei Hörner gleich dem Lamm und redete wie der Drache. (12) Und alle Gewalt des ersten Tiers übt es vor ihm aus, und es bringt die Erde und die auf ihr Wohnenden dazu, das erste Tier anzubeten, dessen Todeswunde geheilt wurde. (13) Und es tut große Zeichen, so dass es auch Feuer vom Himmel vor den Menschen auf die Erde herabfallen lässt, (14) und es verführt die Bewohner der Erde durch die Zeichen, die vor dem Tier zu tun ihm gegeben war, indem es den Bewohnern der Erde sagt, ein Bild für das Tier zu machen, das die Schwertwunde hat und [wieder] lebendig geworden ist.

---

[464] LOHSE, Apk 71; ähnlich ROLOFF, Apk 138; ENROTH, Hearing Formula 606 u.a.
[465] Vgl. 11,5b: Καὶ εἴ τις θελήσῃ αὐτοὺς ἀδικῆσαι οὕτως δεῖ αὐτὸν ἀποκτανθῆναι. Diese durch den Vergeltungsgedanken bestimmte Deutung war im Mittelalter und weiter im 16. und 17. Jh. vorherrschend (SCHMID, Textkritik 113).
[466] Ähnlich KEENER, Apk 342.

(15) Und es wurde ihm gegeben, dem Bild des Tieres Geist zu geben, damit das Bild des Tieres auch redete und machte, dass alle, wenn sie das Bild des Tieres nicht anbeteten, getötet wurden. (16) Und es macht, dass alle, die Kleinen und die Großen, die Reichen und die Armen, die Freien und die Sklaven, sich auf ihre rechte Hand oder auf ihre Stirn ein Malzeichen geben (17) und dass niemand kaufen oder verkaufen kann, es sei denn, er hat das Malzeichen, den Namen des Tiers oder die Zahl seines Namens.
(18) Hier ist die Weisheit [nötig]. Wer Vernunft hat, der berechne die Zahl des Tieres, denn sie ist die Zahl eines Menschen, und seine Zahl ist sechshundertsechsundsechzig.

**V. 11:** Das zweite Tier[467] hat zwei Hörner wie das Lamm und redet wie der Drache;[468] die Ähnlichkeiten unterstreichen seinen übernatürlichen Charakter.

**V. 12-14:** Die Darstellung seiner Tätigkeiten beginnt der Vf. mit einem zusammenfassenden Bericht: Dieses Tier übt alle Gewalt des ersten Tiers vor ihm aus (V. 12a). Darauf folgen drei selbständige Sätze (V. 12b.13.14a) und einer, der durch das Partizipium λέγων eingeleitet wird (V. 14b). Diese vier Sätze sind dem Sinn nach chiastisch gestellt: Der erste und vierte beziehen sich auf den Zwang zur Anbetung des ersten Tiers und der zweite und dritte berichten Wunder, die das zweite Tier tut. Die vier Sätze entwickeln die Aussage V. 12a inhaltlich weiter.

**V. 12f:** In V. 12a ist vom Ausüben (ποιεῖ) der Gewalt des ersten Tiers die Rede.[469] Die folgenden zwei Sätze, V. 12b und V. 13, die ihrerseits ähnlich strukturiert sind, knüpfen an V. 12a an, indem sie je mit „und er tut" (καὶ ποιεῖ) beginnen; in beiden Fällen begleitet ein ἵνα-Nebensatz den Hauptsatz. Bei genauerer Betrachtung aber fällt auf, dass der Ausdruck καὶ ποιεῖ [...] ἵνα [...] in V. 12b und V. 13 jeweils anders zu verstehen ist. In V. 12b bedeutet das Verb ποιεῖν in Verbindung mit ἵνα προσκυνήσουσιν „anbeten *lassen*"; in V. 13 dagegen bedeutet es „(die Wunder) *tun*"; der ἵνα-Nebensatz weist in diesem Fall auf ein konkretes (und wichtiges) Beispiel der „großen Wunder" hin, von denen im Hauptsatz die Rede ist. Dass beide Sätze trotzdem ähnlich strukturiert sind, kann nur auf die Absicht des Vf. zurückgehen, zu zeigen, dass diese zwei Dinge den Hauptinhalt des Wirkens des zweiten Tieres ausmachen.

Das erste Tier war schon in V. 4 Gegenstand spontaner Anbetung. An unserer Stelle zwingt das zweite Tier die Menschen zu dessen – jetzt organisierter – Anbetung. Dabei fällt auf, dass erst in diesem Zusammenhang wieder auf die

---

[467] Zum zweiten Tier vgl. den Exkurs „Überblick über die gegengöttlichen Mächte in der Offb" am Ende des Kap. 12.
[468] Weder ἀρνίον noch δράκων ist mit einem Artikel versehen. Beim δράκων ist kaum zu bezweifeln, dass der Drache, der in Kap. 12 eine große Rolle spielte, gemeint ist; ἀρνίον könnte ein unbestimmter Ausdruck sein (vgl. MICHAELS, Apk 163 note), aber um den ungewöhnlichen Charakter zu unterstreichen, wäre ein Vergleich mit „einem" Lamm wohl zu unbestimmt. Es handelt sich auch hier um einen grammatikalischen Fehler.
[469] „Vor ihm" bedeutet etwa „in seiner Vertretung" (vgl. 8,2; 11,4).

Heilung der Todeswunde des ersten Tieres hingewiesen wird, während es bei dessen erstem Auftreten in diesem Abschnitt, V. 12, einfach nur als „das erste Tier" bezeichnet wird (vgl. auch V. 14). Der Vf. findet also in der „übernatürlichen" Ähnlichkeit des Tieres mit dem Lamm den Hauptanlass für seine Anbetung (vgl. auch V. 14b).

Das zweite Tier tut auch Wunder: Es lässt Feuer vom Himmel herabfallen.[470] „Wunder" werden in der Offb ausnahmslos von gottfeindlichen Mächten getan.[471] Im Hintergrund steht die damals weit verbreitete Meinung, dass am Ende Pseudopropheten erscheinen und Wunder tun (vgl. z.B. Mk 13,22; 2Thess 2,9).

**V. 14:** In V. 14a werden die Objekte der Verführung „die Erdenbewohner" genannt. Gewöhnlich werden die Menschen erst durch Verführung zu Feinden Gottes. So könnte man annehmen, dass das Wort hier einen neutralen Charakter hätte. Aber vgl. 19,20, wo die Menschen schon vor der Verführung durch den Pseudopropheten als solche bezeichnet sind, die „das Malzeichen des Tiers annehmen und sein Bild anbeten". Der Begriff ist hier also nicht neutral zu fassen.

Der Befehl, ein Bild des ersten Tiers zu schaffen, spielt auf den Kaiserkult an. Bei der Erklärung, dass das verwundete Tier wieder lebendig wurde, wird diesmal die Wendung καὶ ἔζησεν verwendet, das stärker auf seine Auferstehung hinweist; vgl. 2,8.

**V. 15-17:** Hier ist wiederum eine Parallelität des Satzbaus festzustellen. Der Abschnitt besteht aus zwei Teilen (V. 15 und V. 16f). Im ersten Teil, V. 15, folgen auf einen einleitender Hauptsatz zwei Nebensätze, die durch ein gemeinsames ἵνα eingeleitet sind. Der zweite Teil, V. 16f, beginnt ebenfalls mit einem Hauptsatz, den zwei ἵνα-Nebensätze begleiten. Die Parallelität beider Teile wird dadurch vervollständigt, dass sich jeweils der zweite Nebensatz auf die Verfolgung der Christen – eine neue Gedankenentwicklung in diesem Abschnitt – bezieht und dass in diesem Zusammenhang jeweils eine ἐὰν- (bzw. εἰ) μή-Aussage verwendet wird.

**V. 15:** Der Vf. formuliert sorgfältig: Er schreibt weder einfach, dass das zweite Tier dem Bild Geist gab, noch direkt, dass Gott ihn gab, sondern: „Ihm wurde es gegeben (gemeint ist: Gott erlaubte ihm), dem Bild des Tiers Geist zu geben". Durch diese indirekte Formulierung wird deutlich, dass zwar weder das Bild noch der dadurch angedeutete Kaiserkult von Gott anerkannt, aber dennoch – trotz seiner Grausamkeit, die sich im folgenden Text zeigt – letztlich unter seiner Kontrolle ist. „Geist geben" bedeutet in diesem Fall einfach „beleben" (vgl. 11,11).

---

[470] Vgl. Elia auf dem Berg Karmel (1Kön 18,38).
[471] Das Wort σημεῖον kommt im Sinne von „Wundertat" in Verbindung mit ποιεῖν sowohl im Johannesevangelium (vierzehnmal) als auch in der Offb (viermal) vor, während es in anderen neutestamentlichen Schriften verhältnismäßig selten belegt ist. Aber man kann damit nicht einfach von einer johanneischen Terminologie sprechen: Anders als in der Offb bezeichnet das Wort im Evangelium meistens die Wundertat Jesu. In der Offb wird es auch in der Darstellung der zwei Zeugen (Kap. 11) nicht verwendet, obgleich in V. 6 von ihren Wundertaten die Rede ist.

**V. 16:** Das zweite Tier bewirkt, dass sich alle Menschen ein Malzeichen machen; dieses bildet ein Gegenüber zu Gottes Zeichen[472] (vgl. ad 7,2). Im folgenden Teil des Buches kommt der Ausdruck „das Malzeichen bekommen" stets im Zusammenhang mit der Wendung „das Tier anbeten" vor (14,9.11; 19,20; 20,4; vgl. auch 16,2); beide zusammen sind charakteristische Verhaltensweisen der gottfeindlichen Menschen. Die Entwicklung von V. 15 zu V. 16 ist durch diese Auffasssung des Vf. bestimmt.

Einige Ausleger verstehen dieses Malzeichen als Gegenstück zu den Tephillin[473] und erkennen in dieser Darstellung insgesamt sogar eine antijüdische Haltung des Vf.[474] Aber Tephillin (sowohl Kopf- als auch Hand- oder Armtephillin) bestehen aus einer Kapsel und einem Riemen, was schwerlich der Bezeichnung χάραγμα gerecht wird.

Der Vf. bezeichnet diejenigen, die versiegelt werden, zunächst generalisierend als „alle", nennt dann aber in drei komplementären Begriffsverbindungen gesellschaftliche Gruppen von jeweils gegensätzlichem sozialem Status: Die erste, „die Kleinen und die Großen", begegnete schon in 11,18; die letzte, „die Freien und die Sklaven", findet sich auch in 19,18 (vgl. auch 6,15); die mittlere, „die Reichen und die Armen", ist in der Offb sonst nicht belegt.

**V. 17:** Die Kennzeichnung beabsichtigt den Ausschluss derjenigen, die nicht gekennzeichnet sind, vom Handel auf dem Markt, eine Maßnahme, die die Zerstörung ihres Lebens bezweckt.[475] Streng genommen wäre es sinnlos, erst jetzt von deren Ausschluss vom Marktleben zu sprechen, nachdem in V. 15 schon von ihrer Ermordung die Rede war. Aber für den Vf. sind sowohl der Hinweis auf die Ermordung als auch der auf den Ausschluss vom Marktleben nur ein Ausdrucksmittel dafür, dass gegen die Christen strenge Maßnahmen ergriffen werden.

Beim Malzeichen handelt sich um den Namen des Tieres oder um die Zahl seines Namens.

**V. 18:** Bevor der Vf. zur Angabe der Zahl übergeht, schaltet er eine Anrede an die Leser ein, um sie auf die folgende Mitteilung aufmerksam zu machen. „Hier ist

---

[472] Während das Zeichen Gottes mit dem Wort σφραγίς bezeichnet wird, wird für das Malzeichen des Tieres durchweg das Wort χάραγμα verwendet, ein Wort, das in der Offb außer in diesem Zusammenhang niemals vorkommt und auch im ganzen NT nur noch einmal in Apg 17,29 belegt ist. Auch in LXX fehlt es vollkommen. „Χάραγμα ist das eingravierte oder -geätzte, -gebrannte, -geschriebene Zeichen oder Mal" (WILCKENS, ThWNT IX 405,28ff). Wenn in religösem Umfeld die Menschen versiegelt werden, ist die Bezeichnung dafür gewöhnlich σφραγίς oder στίγμα. Χάραγμα ist in diesem Zusammenhang außer in der Offb nirgendwo belegt; vgl. allerdngs 3Makk 2,29. Vielleicht wählt der Vf. dieses Wort, weil er einerseits die Ähnlichkeit, andererseits den Unterschied zwischen dem Zeichen Gottes und dem des Tiers zum Ausdruck bringen will.
[473] YARBRO COLLINS, Perspective 252; KRETSCHMAR, Offenbarung 43. Zu Tephillin vgl. STR-B IV 250ff; der älteste Beleg der (Arm-) Tephillin findet sich in Arist 159.
[474] SCHNEIDER, ThWNT IV 639,8ff.
[475] Einige Ausleger beziehen das Zeichen auf die römischen Münzen, auf denen der Name des Kaisers geprägt ist. „The inability to buy or sell would then be the result of the refusal to use Roman coins" (YARBRO COLLINS, Perspective 253; DIES., Crisis 126). Dies passt aber zur Beschreibung, dass sich alle Menschen „an ihrer rechten Hand oder an ihren Stirnen" versiegeln lassen (V. 16), nicht gut; vgl. BALZ, EWNT III 1091.

die Weisheit [nötig]" bedeutet, dass man hier die Weisheit wirken lassen soll. Darauf folgt ein Ratschlag an denjenigen, „der Vernunft hat"; Weisheit und Vernunft sind synonym gebraucht und bezeichnen die auf Glauben begründete Fähigkeit, den Inhalt der Offenbarung richtig zu verstehen. Eine ähnliche Aussage findet sich auch in 17,9a, und zwar wiederum im Zusammenhang mit dem wahren Wesen des Tieres: „Hier gilt die Vernunft, die Weisheit hat".

Dass die Zahl des Tieres „die Zahl eines Menschen" ist, bedeutet, dass sie auf den Namen eines Menschen hinweist. Vorausgesetzt ist dabei wohl die Technik der Gematrie.

Eine Forscher weisen darauf hin, dass die Zahl „sechshundertsechsundsechzig" eine Dreieckzahl mit dem Grundwert „acht" ist:[476] Sie ist nämlich die Summe der Zahlen von eins bis sechsunddreißig und sechsunddreißig ist wiederum die Summe der Zahlen von eins bis acht; und der Sinn der Zahl „acht" ist durch 17,11 bestimmt: Dadurch, dass das Tier als das achte bezeichnet wird, wird „nicht nur die dämonische Furchtbarkeit des Antichrist [...] sondern auch die Gewissheit seines baldigen Sturzes" hervorgehoben.[477] Aber die Lösung mündet letzten Endes in eine Tautologie", dass die Zahl des Tieres eben das Tier ist.[478]

Unter der Voraussetzung, dass hier die Technik der Gematrie zugrundliegt, ist zu fragen, wer dann mit dieser Zahl gemeint ist? Eine Reihe von Lösungsvorschläge wurde vorgelegt.[479] Der einleuchtendste ist die Deutung auf die hebräische Gematrie von „Kaiser Nero" (נרון קסר;[480] נ=50, ר=200, ו=6, נ=50, ק=100, ס=60, ר=200).[481]

Aber warum eine auf dem hebräischen Alphabet beruhende gematrische Verschlüsselung im griechischen Text?[482] Warum nicht einfach „Nero"? Für den Vf.

---

[476] BERGH VAN EYSINGA, Gnosis 293ff.
[477] Vgl. LOHMEYER, Apk 118f.
[478] Vgl. OBERWEIS, Rätzelzahlen 227; GIESEN, Reich 2582 Anm. 775.
[479] Irenaeus, haer. V 30,3, weist auf die Vielzahl von Namen hin, die gematrisch den gleichen Wert haben, und nennt als ihre Beispiele Ευανθας, Λατεινος und Τειταν. Am Ende des 2. Jh. gab es also keine allgemein anerkannte Ansicht in Bezug auf Deutung der Zahl. Zu von sonstigen altkirchlichen Kommentatoren gemachten Vorschlägen vgl. AUNE, Apk 770. Zu von modernen Autoren gemachten Vorschlägen vgl. z.B. ERNST, Gegenspieler 142ff; HARTINGSVELD, Zahl 192ff.
[480] So BOUSSET, Apk 373; CHARLES, Apk I 367; U.B. MÜLLER, Apk 257; GIESEN, Apk 315; ERNST, Gegenspieler 142ff; WILCKENS, ThWNT IX 406 Anm. 7 u.a. „Kaiser" wird in rabbinischen Schriften sowohl קסר als auch קיסר geschrieben (LEVY). In einem kürzlich in Murabbat gefundenen aramäischen Dokument ist die Form ohne י belegt, und zwar ausgerechnet in Bezug auf Nero (לנרון קסר; HILLERS, Rev 13:18 65). Nero wird in rabbinischen Schriften immer נירון geschrieben, und deswegen stellt HARTINGSVELD, Zahl 194, die Deutung von „sechshundertsechsundsechzig" auf „Kaiser Nero" in Frage. Aber das durch HILLERS vorgeführte Dokument zerstreut auch dieses Bedenken.
[481] Hss 𝔓[115] C lesen „sechshundertsechzehn"; Irenäus, haer. V 30,1, weiß, dass diese Lesart in seiner Zeit verbreitet ist, meint aber, dass sie auf ein Versehen von Abschreibern zurückgeht. Vielleicht ergibt sich diese Zahl aus dem Sachverhalt, dass entsprechend der lateinischen Lesart das „n" am Ende des „Neron" (נ=50) wegfiel.
[482] BOHAK, Gematrias 119–121 (und BAUCKHAM, Nero 389), macht darauf aufmerksam, dass in grBar 4,3-7.10 Gematrien von griechischen Wörtern in hebräischer Transkription zu finden sind (δράκων = 360, κατακλυσμός = 409).

ist wahrscheinlich die Zahl „sechshundertsechsundsechzig" doch wichtig; sie ist nämlich aus drei Sechsen zusammengesetzt; „sechs" ist sehr nahe bei „sieben", dem Symbol der Vollkommenheit, aber doch „the number of lack and incompleteness".[483]

Die Technik der Gematrie steht nun grundsätzlich jederman offen. So könnte man annehmen, dass bei „Weisheit" und „Vernunft" der Glaube nicht besonders vorausgesetzt sei. In Wirklichkeit gibt es aber viele Menschen, deren Name die Zahl „sechshundertsechsundsechzig" ergibt. Um zu wissen, wen unter ihnen der Vf. im Sinne hat, muss man die Fähigkeit haben, seine Intention richtig zu erkennen, man muss also doch die Weisheit und Vernunft haben, die durch den Glauben ermöglicht werden. Aus dem gleichen Grund versteht es sich auch, warum der Vf. hier die Technik der Gematrie anwendet. Durch sie überlässt er den Lesern die Entscheidung, mit wem sie das Tier identifizieren wollen, natürlich in der Erwartung, dass sie ihre Entscheidung so treffen, wie er selbst es meint, dass sie also trotz der Möglichkeit, in ihrem Leben benachteiligt bzw. sogar getötet zu werden, an ihrem Glauben festhalten. Die Gematrie ist hier also keineswegs eine Technik, mit der der Vf. sich selbst vor Feindseligkeiten zu schützen beabsichtigt, geschweige denn eine Spielerei.

*c) 14,1-20: Heil und Gericht am Ende der Zeit*
*Aufbau.* Das Kapitel besteht aus drei Abschnitten (V. 1-12.13.14-20), die Heil und Gericht am Ende der Zeit als gemeinsames Thema haben. Gegenüber Kap. 13 zeigt es eine thematisch neue Entwicklung. Die den ersten Abschnitt einleitende Vision (V. 1-5) bildet ein Gegenüber zu Kap. 13. Nach hinten ist eine deutlichere Zäsur gezogen: Kap. 15 ist die Einleitung der Schalenvisionen. So bildet Kap. 14 im ganzen eine geschlossene Einheit.

Der Text lässt sich am besten unterteilen, wenn man auf die Figuren blickt, die jeweils die Hauptrolle spielen: Im ersten Abschnitt (V. 1-12) treten das Lamm und dreimal nacheinander „ein anderer Engel" auf, während im letzten Abschnitt (V. 14-20) „der einem Menschensohn Ähnliche" und auf ihn folgend wiederum dreimal „ein anderer Engel" erscheinen. Der erste und der letzte Abschnitt werden jeweils mit καὶ εἶδον καὶ ἰδοῦ eingeführt; sie bestehen je aus zwei Einheiten, und die jeweils erste Einheit (V. 1-7.14-16) behandelt die Rettung der Gläubigen, die jeweils zweite (V. 8-12.17-20) dagegen die Bestrafung der Gegner. Auch in Bezug auf die Tätigkeiten der Engel findet man gewisse Regelmäßigkeiten. Die Engel, die in beiden Abschnitten jeweils unmittelbar nach dem Lamm bzw. dem einem Menschensohn Ähnlichen auftreten, kündigen das Kommen des Endes an; ihre Worte sind in einem wichtigen Punkt sogar gleichlautend: ὅτι ἦλθεν ἡ ὥρα (V. 7.15). Die

---

[483] BORING, Apk 162. Die zuletzt genannte Deutung findet unter modernen Auslegern nicht wenige Anhänger (HARRINGTON, Apk 144; HALVER, Mythos 40; BEAGLEY, Sitz im Leben 76f); die meisten von ihnen fassen sie als Gegensatz zur gematrischen Deutung auf, was eigentlich nicht nötig ist. SCHENKE/FISCHER, Einleitung II 293, weist auf Philo, leg.all. I 3f, hin, wonach sich alles Irdische im Rahmen der „Sechs" bemisst.

Stimme V. 13 gehört nicht zu einem der beiden Abschnitte und bildet das Zentrum des Kapitels; sie hat mit der Verheißung an die treuen Christen ein besonderes Gewicht.

α) *14,1-12: Hundervierundvierzigtausend Menschen auf dem Berg Zion und die Verkündung der drei Engel*

(1) Und ich sah, und siehe das Lamm stand auf dem Berg Zion, und mit ihm hundertvierundvierzigtausend, die seinen Namen und den Namen seines Vaters auf ihren Stirnen geschrieben hatten. (2) Und ich hörte eine Stimme aus dem Himmel wie eine Stimme vieler Wasser und wie eine Stimme eines gewaltigen Donners; und die Stimme, die ich hörte, war wie von zur Zither Singenden, die auf ihren Zithern spielten. (3) Und sie singen wie ein neues Lied vor dem Thron und vor den vier Wesen und den Ältesten, und niemand konnte das Lied lernen außer den hundervierundvierzigtausend, die von der Erde erkauft sind. (4) Diese sind die, die sich mit Frauen nicht befleckt haben; denn sie sind jungfräulich; diese sind die, die dem Lamm nachfolgen, wohin es auch geht. Diese wurden aus Menschen erkauft als Opfergabe für Gott und das Lamm. (5) Und in ihrem Munde wurde keine Lüge gefunden; sie sind makellos.

(6) Und ich sah einen anderen Engel hoch oben im Himmel fliegen, der hatte ein ewiges Evangelium, um es den auf der Erde Ansässigen zu verkünden, jeder Nation und [jedem] Stamm und [jeder] Sprache und [jedem] Volk,

(7) und er sprach mit lauter Stimme: Fürchtet Gott und gebt ihm die Ehre, denn gekommen ist die Stunde seines Gerichts, und betet den an, der den Himmel und die Erde und Meer und Wasserquellen gemacht hat.

(8) Und ein anderer zweiter Engel folgte ihm und sprach: Gefallen, gefallen, Babylon die große, die vom Grimmeswein ihrer Unzucht alle Nationen hat trinken lassen.

(9) Und ein anderer, dritter Engel folgte ihnen und sprach mit lauter Stimme: Wenn jemand das Tier und sein Bild anbetet und das Malzeichen auf seiner Stirn oder auf seiner Hand annimmt, (10) der wird auch vom Grimmeswein Gottes trinken, der ungemischt in seinem Zornesbecher eingeschenkt ist, und wird mit Feuer und Schwefel vor den heiligen Engeln und vor dem Lamm gequält werden. (11) Und der Rauch von ihrer Qual steigt in alle Ewigkeit empor, und sie haben Tag und Nacht keine Ruhe, die, die das Tier und sein Bild anbeten, und wenn einer das Malzeichen seines Namens annimmt. (12) Hier ist die Standhaftigkeit der Heiligen, die die Gebote Gottes und den Glauben Jesu bewahren.

**V. 1-5:** Das Interesse des Vf. richtet sich auf die hundertvierundvierzigtausend Menschen: Über das Lamm schreibt er nur kurz, dass es auf dem Berg Zion steht; dann geht er zur Darstellung der Menschen über, die bei diesem sind (V. 1); nach dem Bericht über das neue Lied (V. 2f) kommt er in V. 4f in einer eingehenderen Erklärung auf sie zurück.

In der Forschung ist umstritten, ob es sich in dieser Vision um die geistliche Wirklichkeit der Christen in der Gegenwart handelt, die der Verfolgung ausgesetzt sind,[484] oder um eine vorwegnehmende Darstellung des Segens, der ihnen am Ende der Zeit zuteil werden wird.[485] Vielleicht ist diese zweite Deutung vorzuziehen; denn erstens wird in der Offb die Verherrlichung der Christen sonst immer erst für das Ende der Zeit erwartet (6,9-11; 7,9ff), zweitens ist in den nächsten Szenen das letzte Gericht Thema; bezieht sich V. 1-5 auf die Gegenwart, ergibt sich zwischen V. 1-5 und V. 6ff ein Bruch.[486] Drittens schließlich wird hier als Versammlungsort der Menschen der Berg Zion angegeben, der Fall Babylons allerdings erst in V. 8 verkündet; der Berg Zion als das neue Jerusalem soll nach dem Verständnis des Vf. aber erst nach dem Zugrundegehen Babylons erscheinen.

Diese Vision bietet ein Kontrastbild zu Kap. 13. Auf dem Berg Zion treten mit dem Lamm zusammen die Menschen auf, auf deren Stirn der Name des Lammes und Gottes geschrieben ist, ein Zug, der sich auf die Beschreibung in 13,16f bezieht, ihr aber diametral gegenübersteht. Dass diese Menschen von der Erde bzw. aus den Menschen erkauft sind (V. 3.4), entspricht der Darstellung, dass sie wegen der Verweigerung der Anbetung des Tieres getötet werden (13,15).[487]

**V. 1:** Der Begriff „Zion" ist in der Offb sonst nicht belegt. Aber das „neue Jerusalem", das mit ihm sachlich identisch ist, spielt in 21,9ff eine große Rolle.

Bei nachexilischen Propheten sind die Begriffe „Zion" (und „Jerusalem") eng verbunden mit der Erwartung der Befreiung aus der Drangsal;[488] Jahwe kommt nach Zion zurück, wohnt in Jerusalem (Sach 8,3 u.a.) und wird für sein Volk zur Zuflucht (Joel 4,16f u.a.); die durch Gott Befreiten kommen nach Zion zurück und sind voll Freude (Jes 35,10; 51,11). Im Judentum, besonders in der Apokalyptik, wird die Erwartung auf das Eschaton übertragen (z.B. Sib 3,787); der Messias erscheine am Ende der Zeit auf dem Berg Zion, gewinnt entscheidend über seine Feinde und nehme die Auserwählten unter seinen Schutz (syrBar 40; 4Esr 13,32ff.39ff).

Das Auftreten des Lammes auf dem Zion bezeichnet den Beginn der eschatologischen Heilszeit. Gleichzeitig ist ein gewisses Gegenüber zum „Stehen" des Drachen „auf dem Sand des Meeres" (12,18) beabsichtigt, das den Beginn der Verfolgungszeit markiert.

„Die hundertvierundvierzigtausend Menschen" sind wie in 7,4ff die treuen Christen. Ihre Situation ist aber anders: Während sie in 7,4ff noch vor der großen Drangsal stehen, nehmen sie an unserer Stelle schon am eschatologischen Segen

---

[484] Swete, Apk 177; Wikenhauser, Apk 98; Roloff, Apk 148; Prigent, Apk 331; Rissi, Was ist 94; Reader, Stadt 234f; Wolff, Gemeinde 189 u.a.

[485] Beckwith, Apk 647; Charles, Apk II 5; U.B. Müller, Apk 261; Schüssler Fiorenza, Priester 385 Anm. 197; Stuhlmann, Maß 203 u.a.

[486] Vgl. U.B. Müller, Apk 261.

[487] Natürlich finden nicht alle Einzelzüge eines Abschnitts im jeweils anderen ihre Entsprechung. Vor allem ist zu bemerken, dass in 14,1-5 vom Wirken des Lammes kaum die Rede ist, während Kap. 13 dasjenige des Tiers eingehend beschreibt.

[488] Vgl. zum folgenden Fohrer, ThWNT VII 298,28ff; besonders 311,28ff; Volz, Eschatologie 225.371-6; STR-B IV 883-5.919-31; Lohse, ThWNT VII 324,10ff.

teil. Damit zusammenhängend verschiebt sich die Bedeutung des auf ihre Stirn geschriebenen Namens Christi und Gottes: Während es in Kap. 7 (und 9,4) vor allem als Schutznahme gedacht war, tritt hier (und 22,4) das Gegenüber zum Malzeichen des Tieres (vgl. 13,16) in den Vordergrund.

Am Anfang der Szene ist nur vom Lamm die Rede gewesen; jetzt, bei der Angabe des auf die Stirn geschriebenen Namens, wird der Name Gottes hinzugefügt, und zwar als „sein Vater", also gleichsam durch das Lamm vermittelt. Wenn in der Offb Gott und das Lamm nebeneinander genannt werden, steht gewöhnlich Gott an erster Stelle (5,13; 6,16 u.a.); unsere Stelle macht in dieser Hinsicht eine Ausnahme. Die Voranstellung des Lammes ist nicht nur kontextuell, sondern auch inhaltlich bedingt: Zur Erlösung trägt in erster Linie das Lamm bei; vgl. Einleitung 7.2.6.1.

**V. 2:** Die Offb berichtet mehrmals von „einer Stimme aus dem Himmel"; aber diese spricht dann immer eine konkrete Anweisung an die Menschen aus (10,4.8 u.a.).[489] Unsere Stelle bildet in dieser Hinsicht eine Ausnahme. Die Stimme ist wahrscheinlich mit „dem neuen Lied", das im Himmel gesungen wird (V. 3), identisch. Auch das Lied wird nicht zitiert.

**V. 3:** Im Rahmen der Wendung „sie singen" sind wohl Engel als Subjekt vorgestellt. Zum „neuen Lied" vgl. 5,9; es handelt sich um den Lobgesang anlässlich des eschatologischen Heils.[490] Das „Lernen" des Lieds bedeutet, es „sich zu eigen zu machen",[491] faktisch also, am Heil teilzuhaben. Dass die Auserwählten das Lied erst durch ihr Hören auf den Gesang der Engel lernen, weist auf den Gnadencharakter des Heils hin.

Zu „diejenigen, die von der Erde erkauft worden sind", vgl. V. 4. Die „Erde" ist der Wirkungsort der Tiere (13,3.8.12.14). Das Wort „erkaufen" (ἀγοράζειν) ist in der Offb nur hier und in 5,9 belegt. Bei seiner Verwendung an beiden Stellen ist ein gewisser Tonunterschied bemerkbar: Während dort das Erkaufen der Gesamtheit der Christen schon stattgefunden hat, geschieht es an unserer Stelle erst am Ende der Zeit; in 5,9 ist der Vf. an die Tradition gebunden, an unserer Stelle schreibt er freier.[492]

**V. 4f:** Der Text, der die besonderen Eigenschaften der Erwählten darstellt, besteht aus vier Doppelzeilen (V. 4a.b / c.d / e.f / V. 5a.b), die sowohl formal als auch inhaltlich einen Chiasmus bilden: Die erste und vierte enthalten (in der jeweils ersten Zeile) eine negative Partikel, während die zweite und dritte positiv formuliert sind; die erste und vierte sprechen vom Lebenswandel der Christen in der Welt, die zweite und dritte beziehen sich auf den ihnen gegebenen Segen; nur hier sind das

---

[489] Anders verhält es sich mit der „Stimme *im* Himmel", die immer mit Lobpreisung im Himmel zu tun hat (11,15; 12,10; 19,1).

[490] In 14,1-5 konzentriert der Vf. sein Interesse auf die hundertvierundvierzigtausend Menschen; dass „das Herzukommen der Völker und ihr Niederfallen vor Gott" den Inhalt „des neuen Liedes" ausmacht (so FENSKE, Lied 255), erscheint mir fraglich.

[491] ROLOFF, Apk 149.

[492] Für den Vf. ist übrigens die Terminologie „erkaufen" selbst nicht sehr wichtig; in 7,9.14 verwendet er sie nicht, obwohl das durchaus zu erwarten wäre.

Lamm und Gott erwähnt. Übrigens beginnen die ersten drei mit οὗτοι; mit Ausnahme der zweiten spielen kultische Begriffe eine wichtige Rolle.

**V. 4:** Dass sich die hundertvierundvierzigtausend Menschen „mit Frauen nicht befleckten", kann nicht buchstäblich gemeint sein, da unter den Christen sicherlich auch Frauen sind.[493] Dass sie „jungfräulich" (παρθένος)[494] sind, ist ebenso nicht wortwörtlich zu nehmen,[495] denn es ist kaum anzunehmen, dass der Vf. von allen treuen Christen Jungfräulichkeit erwartet.

Wahrscheinlich steht im Hintergrund unserer Darstellung der traditionelle Gedanke, dass man sich beim Auftreten vor Gott oder bei der Beschäftigung mit heiligen Dingen (z.B. dem heiligen Krieg) des Verkehrs mit Frauen enthalten muss (Ex 19,15; 1Sam 21,5; vgl. auch CD 12,1).[496] Allerdings dauert dieser Zustand in unserem Fall lebenslang, während er in den genannten Beispielen nur für eine begrenzte Frist gedacht ist.

Die nächste Charakterisierung der Menschen, dass sie nämlich „dem Lamm nachfolgen",[497] gibt dem ihnen gegebenen Gnadenzustand im Himmel Ausdruck: Sie dürfen „mit ihm" (V. 1) zusammen sein.[498] „Wohin es auch geht" unterstreicht nur die Intensität des Zusammenseins. Zu „treuen Christen am Ende der Zeit" vgl. 7,17; 3,4.

Die soteriologische Disposition, die in dieser Aussage angedeutet wird, wird in der dritten Doppelzeile noch deutlicher sichtbar. Diese Menschen werden als „Opfergabe (ἀπαρχή) für Gott und für das Lamm" „aus Menschen erkauft". Ἀπαρχή[499] bezeichnet eigentlich den Erstling, aber schon im klassischen Griechentum und vor allem in LXX nicht selten einfach eine Opfergabe, da der Erstling für Gott bestimmt ist.[500] Auch an unserer Stelle ist es so zu verstehen, da es

---

[493] Vgl. LOISY, Apk 263; BRÜTSCH, Apk II 158 u.a.

[494] Παρθένος ist in der Offb sonst nicht belegt. Der Begriff bezeichnet im allgemeinen die Jungfrau. Er bezieht sich gelegentlich, wie an unserer Stelle, auch auf Männer (von Joseph in JosAs 4,7; vgl. auch BAUER/ALAND, WB παρθένος 2).

[495] LOHSE, Apk 76; MOUNCE, Apk 270; PRIGENT, Apk 334; HAUCK, ThWNT IV 744,34ff; DELLING, ThWNT V 835,12ff; v. CAMPENHAUSEN, Askese 150f; NIEDERWIMMER, Askese 187 u.a. Es gibt aber auch Forscher, die das Wort in Richtung „Askese" verstehen wollen (BOUSSET, Apk 381; ALLO, Apk 196; LOHMEYER, Apk 123; STAUFFER, ThWNT I 651,1ff; BÖCHER, Israel 51; STEGEMANN, Aspekte 457f u.a.).

[496] Zu Erklärungsversuchen vgl. ULFGARD, Feast 76.

[497] Im NT bezeichnet ἀκολουθεῖν nur hier und in Joh 21,19ff das Verhältnis der nachösterlichen Christen zum Erhöhten.

[498] Zur soteriologischen Nuance von μετά vgl. Einleitung 7.3.4.2. SÖDING, Heilig 65, versteht die Beschreibung hier als „existentielle Teilhabe am Todesgeschick Jesu, konkretisiert in der Leidensnachfolge"; nach ROOSE, Zeugnis 62, bezeichnet Nachfolge des Lammes hier, „das zu tun, zu dem bereit zu sein, was das Lamm, was der Erhöhte fordert". Aber vom chiastischen Aufbau von V. 4f (vgl. oben) her gesehen erscheint mir die Ansicht unwahrscheinlich.

[499] 𝔓[47] ℵ u.a. lesen ἀπ'ἀρχῆς. Gemeint ist damit vielleicht „vom Anfang der Welt an" (vgl. 13,8; 17,8). Aber angesichts der hier vorliegenden Verbindung mit der Wendung „aus den Menschen" kann dieser Lesart kaum der Vorzug gegeben werden. Ἀπαρχή ist in der Offb sonst nicht belegt.

[500] Der älteste Beleg ist Herodot I 92 (DELLING, ThWNT I 483,9ff). In LXX kommt es etwa vierzigmal als Übersetzung von תְּרוּמָה (Opfergabe) und nur etwa zwanzigmal als solche von רֵאשִׁית (Erstling). In Ex 23,19; Sir 45,20 ist es mit der Apposition τῶν πρωτογενημάτων („der Erstlinge") versehen.

im Kontext sonst keinen Hinweis gibt, der die Einschränkung auf den „Erstling" legitimiert.[501]

**V. 5:** Das Wort „in ihrem Munde wurde keine Lüge gefunden" lehnt sich an Zef 3,13 an (vgl. auch Jes 53,9). Der Vf. verwendet bei der Wiedergabe von „Zunge des Truges (תַּרְמִית לָשׁוֹן)" (Zef) bzw. „Hinterlist (מִרְמָה)" (Jes) das Wort ψεῦδος, das bei ihm ein Inbegriff des gotteslästerlichen Verhaltens ist (vgl. ad 2,2); er denkt nicht nur an das, was sie sprechen, sondern vielmehr an ihr ganzes Lebensverhalten, auch wenn er (der Vorlage zufolge) „in ihrem Munde" schreibt. Ihm liegt in erster Linie an ihrem Verhältnis zu Gott; an die Treue anderen Menschen gegenüber ist nicht besonders gedacht.[502] Dass hier ihr Gesamtverhalten Thema ist, wird auch durch die Aussage in der zweiten Hälfte des Verses deutlich. Ἄμωμος wird im NT im allgemeinen im religiös-sittlichen Sinn („tadellos") verwendet (z.B. Phil 2,15), in LXX dagegen vorwiegend im kultischen (Lev 21,17ff; 22,20ff; Num 19,2 u.a.). Da an unserer Stelle kurz vorher von einer „Opfergabe" die Rede ist, hat das Wort einen kultischen Klang, ist aber metaphorisch gemeint und bedeutet, dass die treuen Christen von Gott und dem Lamm angenommen werden können.

**V. 6-12:** Drei Engel sprechen nacheinander. Ihr gemeinsames Thema ist das Gericht. In den Ausführungen ist eine Anzahl von alttestamentlich geprägten Motiven verwendet, die an späteren Stellen wieder aufgenommen werden (V. 7 in 15,4; V. 8 in 18,2f; V. 10 in 16,19; 19,20; V. 11 in 19,3), so dass sie wie ein Inhaltsverzeichnis für die folgenden Texte fungieren.[503]

**V. 6:** Die Bezeichnung „ein anderer Engel" (ἄλλος ἄγγελος) ist auffällig, da in der direkt vorangehenden Vision von keinem Engel die Rede gewesen ist. Ἄλλος hat auch in der Offb die Funktion, Gleichartiges voneinander zu unterscheiden. Nur an unserer Stelle und in V. 15 (beidemal „ein anderer Engel") ist die Funktion des ἄλλος nicht deutlich. Da das Wort kurz nach diesen Belegen wiederholt im üblichen Sinn verwendet wird (V. 8.9 und V. 17.18), muss man es auch in V. 6 und V. 15 im üblichen Sinn verstehen: Der jeweilige Engel wird im Hinblick auf die jeweils vorangehende himmlische Person, das Lamm und den Menschensohnähnlichen, so bezeichnet.[504] Anders ausgedrückt: Der Vf. verbindet durch die Verwendung von ἄλλος V. 6f eng mit V. 1-5 und V. 15f eng mit V. 14.

---

[501] Mit LOHMEYER, Apk 123; MOUNCE, Apk 271; AUNE, Apk 818 u.a. Es gibt jedoch nicht wenige Forscher, die behaupten, dass diese Menschen die Erstlinge aller seien, und hier die Äußerung der Hoffnung des universalen Heils finden (HADORN, Apk 150; LOHSE, Apk 76; POHL, Apk II 155; BEASLEY-MURRAY, Apk 223f; RISSI, Was ist 107 Anm. 384; SCHÜSSLER FIORENZA, Redemption 74 u.a.). Aber die Menschen, die hier als ἀπαρχή bezeichnet sind, sind nach V. 3 die treuen Christen schlechthin; das Vorhandensein von weiteren Christen, die „den Erstlingen" folgen werden, ist nicht intendiert.

[502] Sowohl in Zef 3,13 als auch in Jes 53,9 ist diese Aussage mit einer zweiten verknüpft, die besagt, dass die Betreffenden kein Unrecht tun, was deutlich zeigt, dass das Hauptinteresse dort auf der zwischenmenschlichen Beziehung liegt; vgl. HOLTZ, Werke 438.

[503] Vgl. FEKKES, Isaiah 204.

[504] Zur Erklärung des ἄλλος werden verschiedene Vorschläge gemacht: 1.) Ἄλλος charakterisiere den Engel als gegensätzlich zu denjenigen der Posaunenvisionen (SWETE, Apk 181; ALLO, Apk 217; HAR-

Der Engel wird anders als die beiden folgenden eingehend vorgestellt, und zwar offensichtlich in der Erwartung, dass das, was er verkündet, im Licht dieser Vorstellung (vor allem „ein ewiges Evangelium"; vgl. ad V. 7) verstanden wird.

Zunächst heißt es, dass er „hoch oben im Himmel fliegt". In der Offb ist sonst an keiner Stelle vom „Fliegen" eines Engels die Rede. Andererseits berichtet 8,13 vom Fliegen eines Adlers, der das Elend verkündet. Hier und dort dient das Motiv zur Verdeutlichung des Sachverhalts, dass sich der Inhalt der Verkündigung auf die ganze Erde bezieht.

Dann heißt es: Dieser Engel „bringt ein ewiges Evangelium". „Evangelium" kommt in der Offb nur an dieser Stelle vor; auch εὐαγγελίζειν (Akt!) ist außer unserer Stelle nur noch in 10,7 belegt. Dieser Begriff spielt also bei unserem Vf. keine so zentrale Rolle wie bei Paulus. Auch ist dessen Sinngehalt anders zu fassen als bei Paulus;[505] dazu vgl. ad V. 7. Das Wort „ewig (αἰώνιος)" ist in der Offb nur hier belegt; das Hauptwort αἰών wird stets in Form εἰς τοὺς αἰῶνας (τῶν αἰώνων) verwendet. Dies legt nahe, dass der Begriff „das ewige Evangelium" nicht dessen Gültigkeit von Ewigkeit her,[506] sondern dessen eschatologischen Charakter betont; es ist das Evangelium, das sich jetzt verwirklicht und in alle Ewigkeit bleibt. Es deutet gleichzeitig an, dass die Herrschaft des Tieres keinesfalls ewig bleibt, obwohl für die Leser die Lage aktuell völlig anders aussehen mag.

Die Adressaten des Evangeliums, „die auf der Erde Ansässigen" (οἱ καθήμενοι ἐπὶ τῆς γῆς), sind von den „Erdenbewohnern" (οἱ κατοικοῦντες ἐπὶ τῆς γῆς) zu

---

RINGTON, Apk 149; OSBORNE, Apk 534); beide Berichte sind aber zu weit voneinander entfernt. Das gleiche gilt auch für diejenigen Forscher, die dieses ἄλλος auf Michael (12,7) beziehen möchten (z.B. THOMAS, Apk II 202). 2.) Er stehe im Gegensatz zu dem Adler in 8,13 (HADORN, Apk 152); aber zwischen beiden Berichten treten mehrere Engel auf. 3.) Er stehe im Gegensatz zu den engelhaften Sängern in V. 2f (BECKWITH, Apk 655; LADD, Apk 193); sie sind aber nicht als Engel vorgestellt. 4.) Ἄλλος mache deutlich, dass der Betreffende nicht das Lamm, sondern „another, an angel" sei (CHARLES, Apk II 12); jedoch kann man ἄλλος ἄγγελος in V. 8.9 und in V. 17.18 nicht in gleicher Weise erklären. 5.) Es bedeute einfach „un nouvel ange"; man brauche keinen engelartigen Vorgänger zu suchen (PRIGENT, Apk 337f); aber in der Offb ist eine solche Verwendung von ἄλλος nicht belegt. 6.) Ἄλλον hier sei nach HSS 𝔓47 ℵ* u.a. zu streichen (BOUSSET, Apk 385 Anm. 2); doch ist die Lesart mit ἄλλον offensichtlich lectio difficilior. 7.) „Durch diese gleichmäßige Kennzeichnung werden sie [die anderen Engel in V. 6.8.9.15.17.18] also weniger gegen frühere Engel in der Offb abgesetzt als vielmehr untereinander verbunden zu einer geschlossenen Engelklasse" (POHL, Apk II 157 Anm.605; ähnlich HOLTZ, Christologie 130 m. Anm. 2; CARRELL, Angelology 177f); ἄλλος wird aber in der Offb sonst nie in dieser Weise gebraucht. 8.) Ἄλλον ἄγγελον sei ein Indiz dafür, dass altes Material verarbeitet sei (STUHLMACHER, Evangelium 214 Anm. 1); von V. 15 her gesehen ist das aber nicht überzeugend. 9.) Es handele sich um eine „geprägte Einleitungsformel […] die die dringenden Gottesworte aus dem AT in der anderen Situation der Endzeit erneut verkündigt" (v. SCHAIK, ἄλλος ἄγγελος 225); fraglich ist jedoch, ob man alle Belege in diesem Kapitel so einheitlich fassen kann.

[505] Thesen zum Verständnis von „Evangelium" an dieser Stelle sind bei STUHLMACHER, Evangelium 210–212, zusammengestellt.

[506] Anders KRAFT, Apk 193: „‚Ewig' ist dieses Evangelium insofern, als Gott es von Anfang an so festgelegt und unverändert daran gehalten hat"; ähnlich BECKWITH, Apk 655; HADORN, Apk 152; FRIEDRICH, ThWNT II 733,16f u.a.

unterscheiden.[507] Da unter den Hörern auch Christen sind, hat der Vf. diesen nicht negativ geprägten Ausdruck gewählt.

**V. 7:** Das Wort des Engels besteht aus drei Mahnungen zum Gottesdienst: „Fürchtet Gott", „gebt ihm Ehre" und „betet ihn an". Diese drei Aussagen begegnen auch in der zweiten Hälfte des Liedes der Überwinder in 15,4. An unserer Stelle wird die zweite Mahnung von einem Begründungssatz begleitet, der auf das Kommen der Stunde des Gerichts hinweist; in 15,4 beschließt eine diesem Begründungssatz ähnliche Aussage die Reihe der Mahnungen. Daraus ergibt sich, dass sich dieser Begründungssatz auf alle drei Mahnungen bezieht. Die drei Mahnungen sind alle im Imp.Aor. formuliert. Also ist nicht ein Gottesdienst gemeint, der zu jeder Zeit von Menschen erwartet ist, sondern ein solcher, der gerade in der Stunde des Gerichts erforderlich ist. Dies deutet an, dass das „Evangelium" engstens auf das Kommen „der Stunde des Gerichts" zu beziehen ist[508] (vgl. auch ad V. 15). Dieser Begriff deutet das Kommende vom Standpunkt der Gläubigen aus; für die anderen müsste es mit dem Wort „Elend" bezeichnet werden.[509]

Der gleiche Sachverhalt ergibt sich, wenn man die Implikationen des Vollzugs dieser Verkündung bedenkt. Sie fordert von den Menschen, Gott zu ehren. Da in der Offb die Christen bereits Gott ehren (vgl. etwa 11,18), sind die Mahnungen nicht an sie gerichtet, sondern an Nichtchristen. Insofern haben die Forscher, die sie als Forderungen der Umkehr auslegen,[510] Recht. Aber dieses Buch und auch unsere Szene ist eben für Christen geschrieben.[511] Es handelt sich also hier lediglich auf der formalen Ebene um Mahnungen an die Nichtchristen, faktisch aber um eine Kundgebung für die Christen, die besagt, dass Gott jetzt die Initiative ergriffen hat.[512] Wie der Vf. über die Nichtchristen denkt, wird im Wort des dritten Engels deutlich.

Zur ersten Mahnung vgl. etwa Dtn 13,4; 1Sam 12,14; Koh 12,13; Ps 31,19; Jes 8,12f; Sir 2,8. Zur zweiten, dass sie Gott Ehre geben sollen, vgl. ad 4,9. Bei der dritten,

---

[507] Hss 𝔓[115] A u.a. lesen auch hier τοὺς κατοικοῦντας κτλ., wahrscheinlich eine Angleichung an die häufiger vorkommende andere Wendung. U.B. MÜLLER, Apk 266; AUNE, Apk 826f; RISSI, Hure 35 u.a. halten den Ausdruck für mit οἱ κατοικοῦντες κτλ. identisch.

[508] „These ‚glad tidings' consist especially in the ‚fall of Babylon,' as the second angel underlines" (SCHÜSSLER FIORENZA, Rhetoric 181). Zum Wortsinn von κρίμα vgl. ad 6,10.

[509] Vgl. POHL, Apk II 158; KRAFT, Apk 193; KEENER, Apk 372; v. SCHAIK, Ἄλλος ἄγγελος 220. Stuhlmacher, Evangelium 210ff, weist darauf hin, dass בשׂורה = εὐαγγέλιον im jüdischen Bereich „die Bedeutung einer prophetischen Ansage des Kommens Gottes zu Gericht und Heil" hat, und dass dies dort nicht selten durch Engel ausgerichtet wird (212). Die Frage, ob das εὐαγγέλιον an unserer Stelle „die traditionsgeschichtlich älteste Verwendung […] im urchristlichen Bereich" darstellt (213), sei dahingestellt. Durchaus möglich ist, dass sich unser Vf. bei der Verwendung des Wortes an diese Tradition anschließt.

[510] LOHMEYER, Apk 124; BEASLEY-MURRAY, Apk 225; PRIGENT, Apk 339; STRECKER, EWNT II 186; MAZZAFERRI, Genre 283f; HIRSCHBERG, Israel 198f u.a.

[511] Vgl. GIESEN, Apk 327f; TAEGER, Johannesapokalypse 112.

[512] U.B. MÜLLER ist einer der wenigen Forscher, die dafür eintreten, dass das, was hier geschrieben ist, „kein Ruf zur Umkehr und Buße" ist (Apk 267). Seine Begründung, dass „nach dem Zusammenhang gar keine Zeit mehr zur Buße für die Erdenbewohner besteht", ist allerdings wenig einleuchtend.

„betet denjenigen, der Himmel […] gemacht hat, an", ist der Kontrast zur Anbetung des Tieres und seines Bildes (vgl. V. 9.11) beabsichtigt. Das Bild des Tieres ist durch ihre Anbeter selbst geschaffen (ποιῆσαι, 13,14). Gott ist aber der Schöpfer des Alls (ὁ ποιήσας τὸν οὐρανὸν κτλ.).[513]

**V. 8:** Während der erste Engel den Blick auf den Richter richtet, weisen der zweite und der dritte auf das Gerichtete hin. Der zweite verkündet den Fall Babylons, ein Thema, das erst in 16,17ff und vor allem in Kap. 17 eingehend behandelt wird. Die Vorwegnahme ist dadurch veranlasst, dass in V. 1-5 von der Restauration Zions berichtet war; Zion und Babylon sind Größen, die einander diametral gegenüberstehen; vgl. etwa syrBar 67,7; 4Esr 3,28ff.

Das einleitende Wort, „Gefallen, gefallen, Babylon die große" (vgl. 18,2), stammt aus Jes 21,9 (vgl. auch Jer 51,8). Während in Jes 21,9 die Stadt einfach „Babylon" heißt, wird sie hier „Babylon, die große" genannt. Zieht man in Betracht, dass in rabbinischen Schriften Rom häufig als „die große Stadt" oder „eine große Stadt in Rom" bezeichnet wird,[514] ist es naheliegend, dass bei dieser Bezeichnung ihre Identifizierung mit Rom eine Rolle spielt.

Im Ausdruck „Grimmeswein ihrer Unzucht" sind zwei miteinander zusammenhängende, aber gegensätzlich gerichtete Motive, das des Zornes Gottes[515] und das der Unzucht, verbunden; vgl. 18,3. An anderen Stellen wird manchmal nur eines von ihnen genannt (14,10; 16,19 / 17,2).

Die Vorstellung des „Grimmesweins" ist alttestamentlich-traditionell. Besonders bei Propheten ist wiederholt davon die Rede, dass Gott die Menschen vom Wein trinken lässt; gemeint ist damit fast immer, dass Gott sie bestraft. Israel bekommt diesen Wein (Ps 60,5; Jes 51,17; Jer 13,12ff; Ez 23,31ff), auch andere Völker trinken ihn (Ps 75,9; Jer 49,12 u.a.). In Jer 25,15ff.27ff reichen Propheten den Wein dar; in Sach 12,2 ist Jerusalem, in Jer 51,7 Babylon jeweils ein Becher in der Hand Gottes, um andere trunken zu machen. So wird der Wein auch „Zornesbecher" genannt (Jes 51,17; vgl. Jer 25,15; Hab 2,15).

Eine Assoziation mit sexuellen Vorstellungen lässt sich dagegen nur selten belegen (Klgl 4,21; Hab 2,15; vgl. auch Gen 9,21). Während im AT der „Grimmeswein" in verschiedenen Verbindungen vorkommt, ist er in der Offb vorwiegend auf Ba-

---

[513] Der Ausdruck „derjenige, der den Himmel […] gemacht hat", ist traditionell (Gen 1,1; 2,4; Ex 20,11; Ψ 113,23; Jes 37,16; Ιερ 39,17 u.a.). Nur die Nennung der Wasserquellen ist einmalig; im AT werden sie höchstens in Spr 8,24 als ein Geschöpf genannt. In den anfänglichen vier Posaunen- und Schalenvisionen sind „Flüsse und Wasserquellen" neben Erde, Meer und Firmament Orte, an denen die Katastrophen geschehen (8,10; 16,4). Ihre Nennung an diesen Stellen ist für die Bildung der vier Visionengruppen nötig; für den Vf. bedeutet die Vierzahl die Gesamtheit der geschaffenen Welt. Das gleiche gilt auch hier.
[514] STR-B III 816.
[515] Wenn vom Unzuchtswein die Rede ist (14,8; 18,3), steht das Wort θυμός ohne Begleitung des Genetivs θεοῦ. So behauptet WOLFF, Jeremia 173f, dass θυμός in diesen Fällen „am einfachsten als ‚Leidenschaft, Rausch' zu verstehen" sei. Kommt aber gleich in V. 10 die Wendung ἐκ τοῦ οἴνου τοῦ θυμοῦ τοῦ θεοῦ vor, erscheint es m.E. doch naheliegend, dass auch in 14,8 mit θυμός Gottes Grimm gemeint ist. Die Auslassung des τοῦ θεοῦ ist einfach auf das Bemühen zurückzuführen, das Nacheinander allzu vieler Genetive zu vermeiden.

bylon bezogen; sie ist sowohl dessen Spenderin (14,8; 18,3; vgl 17,2) als auch dessen Empfängerin (Gott gibt ihn ihr; 16,19). Diese feste Verbindung der Stadt „Babylon" mit der Vorstellung der „großen Hure" hat den Vf. veranlasst, das Motiv vom „Unzuchtswein" zu bilden.[516]

Diejenigen, die den Wein trinken, sind „alle Völker" (14,8; 18,3); in 16,19 muss Babylon selbst den Grimmeswein trinken. Anders als im AT gibt es in der Offb keinen Hinweis darauf, dass der Grimmeswein Israel bzw. den Gläubigen gereicht wird, ein Indiz dafür, dass die dualistische Anschauung der Menschenwelt für den Vf. grundlegend ist. Anders als Jer 51,7 reicht an unserer Stelle nicht Gott, sondern Babylon selber den Völkern den Wein; vgl. auch 17,4. Dieser Änderung liegt die entschieden negative Haltung des Vf. Babylon gegenüber zugrunde. Gleichzeitig wirkt auch die Charakterisierung als Unzuchtswein mit; das macht es unmöglich, sich Gott als dessen Spender vorzustellen.

### Exkurs: Babylon

Im AT kommt Babylon verständlicherweise bei Propheten der Exilszeit besonders häufig vor. Dabei wird einerseits darauf hingewiesen, dass das abtrünnige Israel an Babylon ausgeliefert wird (Jer 20,4; Ez 12,13; 17,12 u.a.), zum anderen darauf, dass das gottfeindliche Babylon zugrundegeht; das letztere Thema ist vor allem in Jer 50f intensiv behandelt (aber auch in Jes 21,1–10; 46,1f; 47,13 u.a.). Auch im Judentum nach 70 n. Chr. findet man Aussagen über Freveltaten und Untergang Babylons; in diesen Fällen ist mit Babylon Rom gemeint (Sib 5,159–161.434ff; syrBar 10,2f; 67,7; 4Esr 3,28.31 u.a.). Die Gleichsetzung ist dadurch veranlasst, dass sich beide in der Zerstörung des Jerusalemer Tempels schuldig gemacht haben.[517]

In der Offb wird Babylon zum ersten Mal an unserer Stelle und dann in 16,19 erwähnt. Erst in Kap. 17 aber wird die „Hure Babylon" regelrecht eingeführt, schon am Ende des Kapitels wird allerdings von ihrem Niedergang berichtet; das Thema wird dann noch in 18,1–19,10 ausführlicher behandelt.

In seinen Ausführungen über „Babylon" bedient sich der Vf. vieler alttestamentlicher Aussagen und Motive. Allerdings übernimmt er nicht alle Züge, die im AT begegnen. Dass das abtrünnige Israel an Babylon ausgeliefert wird, berücksichtigt er nicht, und zwar zum einen deswegen, weil Babylon grundsätzlich als widergöttlich betrachtet ist, und zum andern deswegen, weil für den Vf., der die Menschenwelt dualistisch auffasst, die Notwendigkeit derartiger Züchtigungen von Christen im Grunde unvorstellbar ist. Dass Babylon zugrunde geht, findet dagegen in der Offb reichlich Anklänge; die Hauptquelle ist Jer 50f. Gelegentlich sind auch andere Prophetenworte (vor allem aus Jesaja und für 18,9–19 aus Ez 26f) herangezogen. Bemerkenswert ist dabei, dass Jer 51,7 in 14,8 und 18,2a.3a mit Jes 21,9 und in 17,2 und 18,3 mit Jes 23,17 (Weissagung über Tyrus!) verbunden vorkommt. Das deutet darauf an, dass der Vf. auf eine Art Florilegium zurückgreift, bestehend aus Jer 50f als Grundbestand, ergänzt um einige thematisch verwandte Worte aus Jes.

---

[516] Vgl. COURT, Myth 145.
[517] Die jüdischen Belege thematisieren fast ausnahmslos die Zerstörung des Tempels (HUNZINGER, Babylon 67–77; vgl. auch U.B. MÜLLER, Apk 289; YARBRO COLLINS, Date 382).

In der Offb kommen als widergöttliche Mächte außer Babylon noch die Trias Drache, Tier und Pseudoprophet vor (zu der Trias vgl. den Exkurs am Ende des Kap. 12). Während die Mitglieder der Trias in enger Beziehung zueinander stehen, kommt Babylon eine Sonderstellung zu. Der Drache und der Pseudoprophet haben gar keine Berührung mit Babylon. Beim Tier ist der Sachverhalt zwar anders – in Kap. 17 erscheint Babylon auf dem Rücken des Tiers (V. 3) – aber die Beziehung beider ist verwickelt: Kap. 17 endet mit dem Bericht, dass Babylon von ihm getötet wird (V. 16f).

Warum hält es der Vf. für nötig, neben der Trias noch Babylon als die vierte Macht auftreten zu lassen? Babylon ist für ihn das Gegenüber zum neuen Jerusalem. Das ist vor allem darin deutlich, dass er beide Größen mit exakt parallel gebauten Sätzen einführt (17,1ff und 21,9ff). Das neue Jerusalem kann nur dann erscheinen, wenn die Existenzbasis der alten Welt, das alte Babylon, verschwindet. Kein Element der Trias kann in dem Sinne die Position Babylons ersetzen.

Sowohl Babylon als auch das Tier versinnbildlichen Rom. Der Vf. verwendet sie aber unterschiedlich. Während das Tier Wunderkraft hat (die Todwunde wird geheilt), Menschen zu seiner Anbetung veranlasst (13,3f.12) und vor allem die Stärke Roms vertritt (13,2.4.7; 17,13.17; 19,19), verkörpert Babylon eher die wirtschaftliche Macht Roms (17,4; 18,3.7.11.16.17.23), durch die es verderbliche Einflüsse auf die ganze Welt ausübt (14,8; 17,2; 18,3; 19,2).[518]

Babylons Brutalität den Christen gegenüber wird nicht verschwiegen: Von dem von Babylon vergossenen Blut der Christen ist wiederholt die Rede (17,6; 18,24; 19,2). Aber es findet sich kein Hinweis auf eine unmittelbare Verfolgung der Christen durch Babylon, wie er etwa in Bezug auf das zweite Tier in 13,15.17 begegnet. Es kommt anders als das Tier auch niemals als Objekt religiöser Anbetung vor.

Am Ende der Zeit wird Babylon von Gott streng bestraft; es wird vollkommen gestürzt (14,8; 18,2.4ff.21ff; 19,2). Dabei wird mit Ausnahme von 17,16f nicht mit einer Einmischung einer dritten Macht, die etwa dem Volk vom Norden in Jer 50f entspräche, gerechnet. Der Untergang wird einzig durch Gottes souveränes Handeln herbeigeführt (19,2).

**V. 9–12:** Die „Stimme des dritten Engels" besteht aus zwei Teilen (V. 9b–11.12). Der erste behandelt die Konsequenzen des Falls Babylons für die Menschen, die unter seiner Herrschaft sind. Der Spruch ist nicht als „eine Warnung [...] auch an die Christen"[519] zu verstehen; er mahnt die christlichen Leser nur indirekt, geduldig im Glauben zu bleiben (V. 12).

Dieser Teil besteht aus vier Komponenten (V. 9b;10;11ab;11c) und ist chiastisch gegliedert. Die erste und die letzte beschreiben, wer bestraft werden, und zwar in Anwendung der charakteristischen Ausdrücke „das Tier anbeten" und „das Malzeichen annehmen" (vgl. ad 13,16). Die mittleren beiden, die jeweils aus zwei Sätzen bestehen, legen dar, wie jene bestraft werden. In den ersten zwei Sätzen (V. 10a.b) werden Gott, das Lamm und die Engel als an der Bestrafung Teilnehmende erwähnt.

---

[518] Vgl. BAUCKHAM, Critique 343.
[519] So ROLOFF, Apk 153; ähnlich HADORN, Apk 153; MOUNCE, Apk 274 u.a.

**V. 10:** Die zu bestrafenden Menschen „trinken vom Grimmeswein Gottes, der ungemischt in seinem Zornesbecher eingeschenkt ist".[520] „Ungemischt" weist auf die Heftigkeit des Zorns hin;[521] gewöhnlich hat man den Wein mit Wasser verdünnt. Bei dem zweiten Hinweis, dass sie nämlich „mit Feuer und Schwefel gequält" werden, ist an eine dauerhafte Qual gedacht (vgl. 19,3).

Seit etwa der zweiten Hälfte des 2. Jh. v. Chr. findet man in jüdisch-apokalyptischen Schriften gelegentlich Hinweise darauf, dass nach dem Gericht im Süden Jerusalems der mit Feuer gefüllte Abgrund seinen Mund öffnet, in den dann die gottfeindlichen Menschen hineingeworfen werden (1Hen 90,26f). Sein Name ist nur vereinzelt angegeben (4Esr 7,36; syrBar 85,13 u.a.), gemeint ist aber das Tal Ben-Hinnom, in dem in der Zeit von König Ahas und Manasse Kinder für Molok verbrannt wurden (2Chr 28,3; 33,6; Jer 7,31 u.a.). Im NT (Mk 9,43; Mt 5,22 u.a.) und in rabbinischen Schriften ist der Name Gehenna des öfteren belegt. Möglicherweise war ursprünglich gemeint, dass die Menschen in diesem feurigen Abgrund auf einmal verbrannt werden; aber im 1. Jh. n. Chr. ist Gehenna meistens der Ort, an dem die Sünder bis zum Gericht aufbewahrt und nur „vorläufig" bestraft werden; damit aber ist der Unterschied zwischen Scheol (dazu vgl. ad 1,18) und Gehenna fast verschwunden.[522] Infolgedessen wird in rabbinischen Schriften die Scheol nur ausnahmsweise erwähnt und dann mit „Gehenna" vollkommen synonym verwednet. Ursprünglich war die Strafe in der Scheol mit Finsternis und die in der Gehenna mit Feuer verbunden, aber als beide Vorstellungen aneinander angeglichen worden sind, wurden auch die jeweils unterschiedlichen Strafen einander angeglichen.[523]

Das Quälen durch Feuer und Schwefel geschieht „vor den heiligen Engeln und vor dem Lamm". Βασανισθήσεται ist als *passivum divinum* aufzufassen, und die Engel und das Lamm sind Beobachter der Bestrafung (vgl. 1Hen 56,8; 27,3; 48,9; 62,12). Bei der Wendung „vor dem Lamm" ist ein Gegenüber zu V. 1-5 beabsichtigt.

**V. 11:** Der Ausdruck „der Rauch von ihrer Qual" bezeichnet den Rauch, der von den verbrennenden Menschen emporsteigt (vgl. 18,9.18; 19,3), nicht den

---

[520] „Eingeschenkt" (κεκερασμένος) kann auch mit „gemischt" übersetzt werden. Da das unmittelbar nachfolgende „ungemischt" (ἄκρατος) dem gleichen Wortstamm entspringt, könnte man letztere Übersetzung bevorzugen (Swete, Apk 185; Lohmeyer, Apk 125; Behm, Apk 83; Pohl, Apk II 161; Seesemann, ThWNT V 167,3ff). In dem Fall wiese κεκερασμένος darauf hin, dass der Wein zur Verstärkung seiner Wirkung mit bestimmten Ingredienzien gemischt wird; vgl. Ψ 74,9; PsSal 8,14; 3Makk 5,2. Aber der Wortlaut an unserer Stelle, τοῦ κεκερασμένου ἀκράτου ἐν τῷ ποτηρίῳ, scheint m.E. aber eher für die erste Übersetzung zu sprechen, denn sonst wäre vor ἀκράτου etwa καὶ τοῦ zu erwarten. Auch Beckwith, Apk 657; Allo, Apk 218; Prigent, Apk 341; Bauer/Aland, WB κεράννυμι 1 u.a. befürworten diese Übersetzung.

[521] Seesemann, a.a.O. 166,31ff.

[522] In der Offb ist er noch beibehalten: „Hades" (= Scheol) selber wird nach dem letzten Gericht in den Teich des Feuers geworfen (20,14).

[523] „Flamme" im Hades (Lk 16,24); „Finsternis" in Gehenna (mehrmals in rabbinischen Schriften belegt; vgl. Str-B IV 1077). Sogar ein widerspruchsvoller Ausdruck wie „finstere Flamme" ist belegt (z.B. 2Hen 10,2; 1QS 2,7; 4,13).

Rauch, der sie quält. Zum Bild vgl. Jes 34,10. Der zweite Satz, dass sie „Tag und Nacht keine Ruhe (ἀνάπαυσις) haben", bildet ein Gegenüber zu dem Hinweis in V. 13, dass „die Toten im Herrn" „von ihren Mühen ausruhen (ἀναπαήσονται)". Zu „Tag und Nacht" vgl. 7,15. Beide Sätze des Verses beschreiben den gleichen Sachverhalt aus positiver (Qual) und negativer (Ruhelosigkeit) Sicht. Auch „in alle Ewigkeit" im ersten Satz und „Tag und Nacht" im zweiten ergänzen sich und beziehen sich gemeinsam auf die gesamte Darstellung; in 20,10 sind sie in einem Atemzug gesprochen.

V. 12: Das Wort des dritten Engels nimmt in seinem zweiten Teil eine unerwartete Wendung, indem es die Christen zur Geduld ermahnt. Ein ähnliches Wort stand in 13,10; auch die Entwicklung des Gedankengangs ist an beiden Stellen parallel (vgl. ad 13,10).

Das dem Ausdruck „den Heiligen" beigefügte Erklärungswort οἱ τηροῦντες κτλ. enthält die Wendung „die Gebote Gottes und der Glaube Jesu"; letzterer ist eine Variante der in der Offb mehrmals belegten Verknüpfung „das Wort Gottes und das Zeugnis Jesu" (1,2 u. a.) und bezeichnet wie diese den christlichen Glauben schlechthin. „Der Glaube Jesu" ist nur hier belegt; vgl. jedoch „mein [des himmlischen Jesu] Glaube" in 2,13. In 13,10 wird neben „Standhaftigkeit" „Glaube" erwähnt; das hat auf die Formulierung an unserer Stelle eingewirkt. „Der Glaube Jesu" bedeutet die Treue des Glaubens, die durch Jesus grundsätzlich ermöglicht ist.[524]

*β) 14,13: Eine Seligpreisung für die Toten*
**(13) Und ich hörte eine Stimme aus dem Himmel sprechen: Schreibe! Selig sind von nun an die Toten, die im Herrn sterben. Ja, spricht der Geist, damit sie von ihren Mühen ausruhen; denn ihre Werke folgen ihnen nach.**

V. 13: Wer die „Stimme aus dem Himmel" spricht, lässt sich nicht mit Sicherheit ausmachen. Von ähnlichen Beispielen her gesehen (10,4.8; 11,12; 18,4 u. a.) ist an ein höheres Wesen zu denken als an einen einfachen Engel. Die zweite Hälfte des Wortes wird auf den Geist zurückgeführt.

Zunächst eine Aufforderung zum Schreiben; vgl. 19,9 (in Verbindung mit einer Seligpreisung!); 21,5; vgl. auch 10,4. Sie unterstreicht die Wichtigkeit der Botschaft, die das Zentrum des ganzen Abschnitts Kap. 14 bildet.

Die Seligpreisung wird an „die Toten, die im Herrn sterben" gerichtet.[525] Die „Toten" sind die Menschen zwischen ihrem Tod und dem letzten Gericht. Das Wort „im Herrn" kommt in der Offb nur hier vor. Auch ähnliche Ausdrücke sind mit Ausnahme von „in Jesu" in 1,9 nicht belegt. „Die Toten, die im Herrn sterben"

---

[524] Die überwiegende Anzahl von Forschern betrachtet ihn als Glauben an Jesus (BOUSSET, Apk 386; ALLO, Apk 220; MOUNCE, Apk 277; AUNE, Apk 838; BULTMANN, ThWNT VI 211 Anm. 267; HOLTZ, Christologie 22f u. a.), aber dazu vgl. ad 2,13.
[525] Der Einschränkung auf Märtyrer (so BOUSSET, Apk 386f; LOISY, Apk 271; U.B. MÜLLER, Apk 268 u. a.) ist schwerlich zuzustimmen; vgl. unten die Deutung von „von nun an".

erinnert an „die Toten in Christus" (1Thess 4,16; vgl. 1Kor 15,18). Es ist möglich, dass solche Ausdrücke in der Urchristenheit verbreitet gewesen sind.[526] „Der Herr" ist in der Offb vorwiegend eine Bezeichnung Gottes, aber an unserer Stelle bezeichnet der Ausdruck wie 22,20.21 u. a. wahrscheinlich Christus.

Es ist nicht leicht zu erkennen, welcher Zeitpunkt mit „nun" gemeint ist und worauf sich das „von nun an"[527] bezieht.

Als Antwort auf die erste Frage kommen vier Möglichkeiten in Betracht. Erstens: Einige Ausleger versuchen, unser „nun" von 12,10 (dem Sieg Michaels über Satan) ausgehend zu deuten.[528] Aber einmal ist der Text zu weit entfernt; außerdem ist der Sieg Michaels (= Christi) im Kontext unserer Stelle nicht besonders hervorgehoben. Zweitens könnte „nun" auf „die Gegenwart des Sehers" hinweisen;[529] sowohl „schreibe!" als auch „der Geist spricht" beziehen sich gewiss auf die Gegenwart des Sehers. Fraglich ist aber, ob der Vf. auf die Gegenwart im genannten Sinne ein so großes Gewicht legt wie etwa auf das Christusgeschehen. Drittens verstehen das Wort einige Forscher im Sinne von „in der jetzt bald beginnenden endzeitlichen Verfolgung".[530] Aber die Verfolgung ist in unsrem Kapitel keineswegs ein wichtiges Thema;[531] abgesehen von der Anspielung in V. 12 ist sie nirgendwo angedeutet. Viertens kann man „von nun an" vom direkten Kontext her auffassen; unsere Aussage steht in der Mitte zwischen V. 6ff einerseits, wo zum erstenmal in diesem Buch der Fall Babylons thematisiert ist, und der Vision des letzten Gerichts V. 14ff andererseits; das „nun" ist dann der Zeitpunkt, an dem die Leser zum ersten Mal eine sichere Aussicht auf das Ende der Geschichte bekommen. Mir erscheint die zuletzt genannte Erklärung am wenigsten mit Schwierigkeit behaftet zu sein.

Versteht man das „nun" so, wird es dann deutlich, worauf sich „von nun an" bezieht. Dass nur die Toten selig sind, die von dem Augenblick an sterben, an dem man sicher vom Untergang der widergöttlichen Mächte ausgehen kann, ist ein merkwürdiger Gedanke ohne Parallele in der Offb. „Von nun an" ist eher auf „selig ist" zu beziehen: Von nun an können die christlichen Toten der Verwirklichung ihres eigenen Heils gewiss sein.

Zwischen dem Hauptsatz und dem ἵνα-Satz ist eine Zwischenbemerkung, „ja, spricht der Geist", eingeschaltet. „Ja" (ναί) soll entweder den ganzen Hauptteil be-

---

[526] Vgl. HADORN, Apk 154; ROLOFF, Apk 153; HOLTZ, Christologie 11.

[527] Ἀπ' ἄρτι. Nach BEASLEY-MURRAY, Apk 227, ist dieses Wort eher als ἀπαρτί („assuredly") zu lesen und bezieht sich auf das Wort „selig" („blessed assuredly are the dead"). Keine andere Seligpreisung wird jedoch von einem solchen Wort begleitet. AUNE, Apk 783.788, der ebenfalls ἀπαρτί liest („certainly, exactly, truly"), betrachtet es als ein Einführungswort des ἵνα-Satzes; neben dem darauf folgenden ναί wäre es aber pleonastisch; freilich lässt AUNE ναί weg, wie HSS 𝔓47 und ℵ* das tun; aber diese Lesart ist wohl dadurch zustande gekommen, dass Abschreiber den Text hier pleonastisch empfunden haben.

[528] BEASLEY-MURRAY, Apk 227; THOMAS, Apk II 215f; RISSI, Was ist 34f; GÜNTHER, Enderwartungshorizont 82.

[529] So LOHMEYER, Apk 126; ähnlich TAEGER, Johannesapokalypse 162.

[530] U.B. MÜLLER, Apk 268; ähnlich BOUSSET, Apk 386f; ROLOFF, Apk 153; HAUCK, ThWNT IV 372,32; AUNE, Prophecy 283 u.a.; sie beziehen es auf „sterben".

[531] Vgl. TAEGER, Johannesapokalypse 162f.

stätigen oder nur ἀπ' ἄρτι, das direkt dem ναί vorangeht. Die erste Möglichkeit ist jedenfalls nicht ganz auszuschließen, aber man muss vielleicht die Aussage pointierter auffassen und ναί auf ἀπ' ἄρτι beziehen. Ja, erst von nun an, da die Aussicht auf ihr eigenes Heil sicher geworden ist, können die verstorbenen Christen seliggepriesen werden. Das darauf folgende Wort, „der Geist sagt", überrascht etwas.[532] In der Offb ist der Geist, wenn er als Sprecher vorkommt (am Ende der sieben Sendschreiben und 22,17), der Geist, der durch Propheten zu der Gemeinde spricht. An unserer Stelle zeigt der Befehl „schreibe!" das starke Interesse des Vf., den Lesern etwas mitzuteilen. Das plötzliche Auftreten des Geistes hat damit zu tun.

Der ἵνα-Satz macht den Inhalt der ihnen versprochenen Seligkeit deutlich:[533] Sie werden von den Mühen, die sie als Christen in ihrem irdischen Leben erfahren haben, ausruhen (vgl. V. 11).

Im Begründungssatz am Ende des Verses ist die Szene des letzten Gerichts vorausgesetzt, in dem die Menschen nach ihren Werken gerichtet werden (20,12f; vgl. 4Esr 7,77; 8,33).[534] Die Christen können sicher sein, dass sie „ihre Werke", also ihre Treue zum Glauben, Gott vorweisen können (vgl. 19,8) und dass sie dann belohnt werden. Dieser Begründungssatz steht nicht ganz auf der Linie des bisherigen Gedankengangs: Dass Christen beim Gericht ihre gute Werke vorweisen können, ist nicht erst „von nun an" möglich. Der Vf. hat hier einfach das geläufige Bild des Gerichts übernommen.

*γ) 14,14–20: Die doppelte Vision der Ernte*
**(14) Und ich sah, und siehe, eine weiße Wolke, und auf der Wolke [sah ich] einen einem Menschensohn Ähnlichen sitzen, der hatte auf seinem Haupt einen goldenen Kranz und in seiner Hand eine scharfe Sichel. (15) Und ein anderer Engel kam aus dem Tempel heraus und schrie mit lauter Stimme zu dem auf der Wolke Sitzenden: Sende deine Sichel und ernte ab, denn gekommen ist die Stunde zu ernten, denn die Ernte der Erde ist reif geworden. (16) Und der auf der Wolke Sitzende warf seine Sichel auf die Erde, und die Erde wurde abgeerntet.
(17) Und ein anderer Engel kam aus dem Tempel im Himmel heraus, er hatte auch eine scharfe Sichel. (18) Und ein anderer Engel kam aus dem Altar heraus, der hatte Macht über das Feuer-, und er rief mit lauter Stimme dem, der die scharfe Sichel hatte, zu und sprach: Sende deine scharfe Sichel und**

---
[532] Die Beziehung zwischen „der Stimme aus dem Himmel" und „dem Geist" ist nicht deutlich. Da das vom Geist gesprochene Wort nur einen Nebensatz darstellt, der von dem durch „die Stimme" gesprochenen Hauptsatz abhängig ist, könnten beide Sprecher identisch sein (so z.B. GIESCHEN, Christology 266), aber das ναί, das am Anfang des Wortes des Geistes steht, setzt gewöhnlich einen Wechsel von Sprechern voraus (16,7; 22,20; auch 1,7).
[533] Unter den sieben Seligpreisungen begleitet noch bei zweien ein ἵνα-Satz den Hauptsatz und erklärt dessen Inhalt (16,15; 22,14).
[534] Auch in jüdischen Schriften wird in einem solchen Zusammenhang gelegentlich das Wort „nachfolgen" verwendet; z.B. Aboth 6,9; aber „vorangehen" häufiger (STR-B).

ernte die Trauben des Weinstocks der Erde ab, denn seine Trauben sind reif geworden. (19) Und der Engel warf seine Sichel auf die Erde und erntete den Weinstock der Erde ab und warf [die Trauben] in die große Kelter des Grimmes Gottes. (20) Und die Kelter wurde außerhalb der Stadt getreten, und Blut kam aus der Kelter heraus bis an die Zügel der Pferde, sechzehnhundert Stadien weit.

**V. 14-20:** Nachdem der Vf. in V. 6-12 durch drei Engel das Kommen des Gerichts ankündigen ließ, beschreibt er jetzt dessen Vollzug mit dem Bild der Ernte.[535] Zugrunde liegt Joel 4,13.

*Vergleich beider Szenen.* Die zwei Szenen (V. 14-16 und V. 17-20) sind im ganzen parallel aufgebaut. In beiden Szenen tritt zuerst ein himmlisches Wesen mit „einer scharfen Sichel" in seiner Hand auf (V. 14.17), dann „ein anderer Engel", der seinen Vorgänger „mit lauter Stimme" auffordert, die Sichel auf die Erde zu schicken und zu ernten mit dem Hinweis darauf, dass die Stunde der Ernte gekommen sei (V. 15.18); darauf werfen die ersten Wesen ihre „Sichel auf die Erde" (V. 16.19).

Beide Szenen zeigen aber in mancher Hinsicht Unterschiede. Erstens sind die ersten himmlischen Wesen beider Szenen nicht gleich. In der ersten Szene ist es „ein einem Menschensohn Ähnlicher", also Christus; in der zweiten Szene dagegen nur ein Engel (V. 14.17). Das zweite himmlische Wesen ist in beiden Szenen ein Engel; aber der Ort, von dem er kommt, ist jeweils ein anderer: In der ersten Szene kommt er „aus dem Tempel", in der zweiten „aus dem Altar". Die Erläuterung zum zweiten Engel der zweiten Szene, dass er „die Macht über das Feuer hat", hat keine Entsprechung beim Engel der ersten Szene (V. 15.18). Offensichtlich hält der Vf. in der ersten das erste himmlische Wesen (den einem Menschensohn Ähnlichen), in der zweiten dagegen das zweite (den Engel, der die Macht über das Feuer hat) für wichtiger. Zweitens ist das Erntegut jeweils ein anderes, in der ersten Getreide, in der zweiten Trauben (V. 15.18). Der auffallendste Unterschied ist drittens der, dass die erste Szene mit dem Bericht der Ernte endet, während die zweite darüber hinaus darstellt, was mit den geernteten Trauben geschieht (V. 16.19); eine Beschreibung, die auf das letzte Gericht hinweist.

Um die Intention des Vf. zu begreifen, sollte man von dem zuletzt genannten Unterschied ausgehen. Legte der Vf. auf die Parallelität Gewicht, hätte er bei der ersten Szene über das Schlagen des Getreides berichten können, das im AT gelegentlich als ein Symbol der Trübsal gebraucht ist (Jes 21,10; Jer 51,33; Mi 4,13). Das Fehlen ist kein Zufall. Beide Szenen beziehen sich auf das Schicksal von Menschen; der Vf. stellt es seiner dualistischen Auffassung der Menschenwelt entsprechend

---

[535] Vergleiche des Endgerichts mit der Getreideernte finden sich schon im AT; auch in anderen neutestamentlichen Schriften und in der jüdischen Apokalyptik kommen ähnliche Darstellungen vor. Sie sind ziemlich vielfältig. Der Vergleich kann das Heil zum Ausdruck bringen (Jes 27,12; Mk 4,29 u.a.), aber auch das Zugrundegehen (Mi 4,12); er kann auch die Trennung zwischen zum Heil und zum Verderben bestimmten Menschen bezeichnen, indem er Weizen und Unkraut oder Korn und Hülse gegenüberstellt (Mt 13,30.39f; 3,12).

12,1–14,20 Zwischenstück: Die satanischen Mächte und die Menschen   323

dar: In der zweiten Szene ist das Gericht über die Gottlosen Thema; in der ersten dagegen die Rettung der Gläubigen;[536] vgl. auch unten ad V. 15.

Auch dass derjenige, der in der ersten Szene die Hauptrolle spielt, Christus ist, lässt sich von dorther erklären. Ein Engel kann kein richtiger Erlöser sein. Andererseits ist der Menschensohnähnliche auch in 1,9–20, dem einzigen anderen Beleg in der Offb, als Herr seiner Gemeinden charakterisiert.[537]

**V. 14:** Anders als in Dan 7,13 ist hier vom „Kommen" des Menschensohnähnlichen nicht die Rede; er wird durchgehend als „der auf der Wolke Sitzende" bezeichnet (V. 15.16);[538] im Hintergrund steht wahrscheinlich das Verhalten eines Richters bei der Gerichtssitzung.[539] Dass in V. 15 und 16 wiederholt das Wort „Erde" verwendet ist, deutet an, dass bei der Bezeichnung auch das Gegenüber der Wolke zur Erde eine Rolle spielt. Der Menschensohnähnliche hat den Menschen gegenüber eine transzendente Stellung inne.

Er ist glanzvoll dargestellt. Erstens ist die Wolke[540] „weiß", eine Beschreibung, die weder in Dan 7,13 noch an den übrigen neutestamentlichen Stellen, in denen sich Dan 7,13 widerspiegelt, eine Entsprechung hat; zur weißen Farbe vgl. ad 1,14; zu unserer Stelle vgl. vor allem 19,11; 20,11. Zweitens hat er auf seinem Haupt einen goldenen Kranz; vgl. 4,4; auch dort werden die weiße und die goldene Farbe kombiniert (vgl. auch 1,13f; 3,18).

**V. 15:** Er schickt die Sichel nicht gleich auf die Erde. Ein „anderer Engel" (vgl. ad V. 6) fordert ihn dazu auf. Dass er der Anweisung des Engels folgt, verträgt sich mit seiner glanzvollen Beschreibung nicht gut. Vielleicht lässt sich das Problem aber lösen,[541] wenn wir beachten, worauf der Ruf des Engels Gewicht legt. Er besteht aus zwei Aufforderungen und zwei ὅτι-Sätzen, die sie begründen. Gewöhnlich liegt bei einem solchen Fall das Gewicht auf den Aufforderungen. Ob das auch an unserer Stelle gilt, ist jedoch fraglich. Denn die Darstellung ist durch die Vorlage und durch die Intention, beide Szenen möglichst parallel zu gestalten, bestimmt. Un-

---

[536] Ähnlich SWETE, Apk 190; ALLO, Apk 223f; KRODEL, Apk 273; HOLTZ, Christologie 133f; VOS, Traditions 151 u.a. Eine Reihe von Forschern hält jedoch beide Szenen für das Bild des Gerichts (BOUSSET, Apk 389; GIESEN, Apk 336; BEALE, Apk 774; AUNE, Apk 802; YARBRO COLLINS, Son of Man 565 u.a.

[537] Vgl. SCHÜSSLER FIORENZA, Priester 195f.

[538] In der jüdischen Literatur wird vom Sitzen des Messias als des Richters auf dem Thron nur in den Bilderreden des 1Hen gesprochen (45,3; 55,4; 61,8; 62,2; 69,27); vgl. STR-B I 978.

[539] U.B. MÜLLER, Apk 270; GIESEN, Apk 337; vgl. 20,11; Mt 25,31

[540] Anders als in Dan 7,13 (MT, LXX, Theod) steht hier die Wolke im Singular, weil sie hier als Thronsitz des Menschensohnähnlichen gedacht ist (AUNE, Apk 840; U.B. MÜLLER, Messias 196; CARRELL, Angelogoly 182). Die Formulierung „*auf* der Wolke" (anders in 1,7: „mit den Wolken" wie in MT; Theod) entstammt dem gleichen Hintergrund.

[541] Für U.B. MÜLLER, Apk 270; FEKKES, Isaiah 195 n. 10; HANNAH, Michael 155 u.a. ist die Schwierigkeit damit gelöst, dass der Engel „aus dem Tempel herauskommt", also einen göttlichen Befehl überbringt. Aber in der Offb wirkt Christus im allgemeinen nicht auf den Befehl Gottes; vgl. Einleitung 7.2.6.1. Einige Forscher weisen auch auf Mk 13,32 u.a. hin und argumentieren, es sei ganz natürlich, dass ein Engel aus Gottes Nähe dem Menschensohnähnlichen das Kommen der Gerichtsstunde mitteilt, da Gott allein sie kennt (SWETE, Apk 189; WIKENHAUSER, Apk 102; BEALE, Apk 772; HOLTZ, Christologie 131–3; VOS, Traditions 150). Aber in der Offb kennt Jesus selbst die Stunde (vgl. etwa 22,20).

sere Darstellung bietet nun zwei Begründungssätze, die der zweiten Szene dagegen nur einen, der inhaltlich dem zweiten Satz in unserer Szene entspricht; der erste an unserer Stelle, der auf das Kommen der Erntezeit hinweist, hat keine Entsprechung dort. Das deutet an, dass der Vf. an ihm ein spezielles Interesse hat. Der Satz hat nun im Kontext eine andere Beziehung; er steht nämlich in seinem Wortlaut und in seinem Inhalt auffallend nahe zu V. 7, beginnt sogar mit der gleichen Wendung (ὅτι ἦλθεν ἡ ὥρα). Das kann kein Zufall sein. Hier ist der faktische Hauptinhalt der Verkündung des Engels zu finden. Er ist ein Verkünder des Kommens des Endes, und zwar nicht dem Menschensohnähnlichen gegenüber, sondern den Lesern.[542]

**V. 17:** Mit V. 17 beginnt die zweite Szene. Der erste Engel ist im Vergleich mit dem Menschensohnähnlichen sehr knapp dargestellt; es fehlt jeder Zug, der seine Würde betont.

**V. 18:** Während der erste Engel aus dem Tempel herauskommt, kommt der zweite aus dem Altar heraus.[543] Dieser war in 6,9-11 mit dem Bittgebet der wegen des Glaubens Ermordeten um Vergeltung verbunden; ähnlich auch in 8,3-5. „Aus dem Altar" deutet also an, dass die Traubenernte, die die Bestrafung von Gottlosen versinnbildlicht, einem solchen Bittgebet der Gläubigen entspricht (vgl. 9,13; 16,7). Im Hintergrund der Bemerkung, dass der Engel „die Macht über das Feuer"[544] hat, steht die enge Beziehung zwischen Altar und Feuer (vgl. 8,5), aber auch die Assoziation Feuer-Gericht, die in der Offb mehrmals belegt ist (vgl. ad 8,5), obgleich die Strafe an unserer Stelle ohne Anwendung des Feuers vollzogen wird.

**V. 19f:** Unsere Stelle weicht in mancherlei Hinsicht vom Grundtext Joel 4,13 ab. Schon die ganze Szene ist anders strukturiert: Joel 4,13 hat die Form einer Aufforderung, an unserer Stelle tritt dagegen neben dem zweiten Engel, der die Anweisung gibt, der erste auf, der sie ausübt, und es wird betont, dass die Strafe wirklich vollzogen wird. Der die Darstellung beschließende Hinweis, dass viel Blut aus der Kelter fließt, hat keine Entsprechung in Joel 4,13. „Der" Kelter ist Apposition zu „des Zornes Gottes"; zu „Zorn" vgl. oben ad V. 8.

Die Kelter[545] kommt noch in 19,15 vor und hat die gleiche Funktion wie hier: „Das Wort Gottes" „tritt die Kelter des Grimmesweines Gottes". „Das Wort Gottes" und seine Begleiter reiten dabei auf einem weißen Ross; ihr Treten ist danach ein Bild für einen auf Pferden ausgefochtenen Kampf. An unserer Stelle erscheint

---

[542] Ohne das Engelwort wie wir zu analysieren, behauptet CARRELL, Angelology 190, in ähnlicher Weise: „The point of the command is not to galvanize ‚one like a son of man' into action but to alert the reader to the imminence of the harvest".

[543] Der in Bezug auf den Altar auffällige Ausdruck ἐξῆλθεν ist in Analogie mit den anderen zwei Engeln, die aus dem Tempel kommen, gewählt (KRAFT, Apk 198). In einigen Hss ($\mathfrak{P}^{47}$ A u.a.) fehlt dieser Ausdruck, was wahrscheinlich von den Abschreibern stammt, die an ihm Anstoß nahmen.

[544] Zum Feuerengel vgl. Ψ 103,4 (zitiert in Hebr 1,7); syrBar 6,4f; 7,1-8,1 u.a.; Belege bei AUNE, Apk 846; BÖCHER, Dämonenfurcht 49. Als ähnliche Vorstellungen in der Offb vgl. „die Macht über das Wasser" (11,6) und „die Macht über die Plagen" (16,9). Vgl. auch 7,1; 16,5.

[545] Der Bezug der Kelter auf die Strafe Gottes findet sich schon im AT; vgl. Joel 4,13; Jes 63,2f (vgl. unten) und Klgl 1,15. In Jer 25,30 ist nicht deutlich, ob die Kelter als ein Instrument für Strafen gedacht ist.

am Ende der Darstellung unvermittelt der Hinweis, dass das von der Kelter ausgeflossene Blut „bis an die Zügel der Rosse" reicht. Der Vf. denkt also schon an unserer Stelle an den endzeitlichen Kampf in 19,11ff.[546]

Die Kelter wird „außerhalb der Stadt" getreten. Mit der „Stadt" ist Jerusalem als Sinnbild des Ortes gemeint, in dem das Heil Gottes verwirkllicht ist; vgl. 22,14. Bemerkenswert ist, dass die hundertvierundvierzigtausend Menschen auf dem Berg Zion sind (V. 1).[547] Wird die Kelter getreten, fließt das Blut aus ihr heraus. Die Assoziation von Traubensaft und Blut steht im Hintergrund (vgl. ad 7,14). Hier ist der Einfluss von Jes 63,3 anzunehmen (vgl. 19,13). Der Vf. betont die große Menge des ausgeflossenen Bluts, d.h. die große Zahl der Ermordeten. Zu „bis an die Zügel der Pferde" vgl. 1Hen 100,3; 6Esr 15,35. Sechzehnhundert Stadien[548] entsprechen etwa 300km. Denkt man daran, dass der Abstand zwischen Jerusalem und der Küste nur etwa 30km beträgt, wird der unrealistische Charakter dieser Zahl deutlich. Die Zahl ist symbolisch gedacht: „Sechzehn" ist das Quadrat von „vier", und „vier" symbolisiert die Erde.

5. *15,1–16,21: Die sieben Schalenvisionen*

a) *15,1–8: Die Vorbereitung der Schalenvisionen*
(1) **Und ich sah ein anderes Zeichen im Himmel, groß und wunderbar: Sieben Engel, die sieben Plagen hatten, die letzten, denn in ihnen wird der Grimm Gottes vollendet.**
(2) **Und ich sah [etwas] wie ein gläsernes Meer, mit Feuer vermischt, und [ich sah] die Überwinder über das Tier und über sein Bild und über die Zahl seines Namens an dem gläsernen Meer stehen, die hatten Zithern Gottes.**
(3) **Und sie singen das Lied des Mose, des Knechtes Gottes, und das Lied des Lammes und sprechen:**

**Groß und wunderbar sind deine Werke,**
**Herr Gott, der Allmächtige!**
**Gerecht und wahrhaftig sind deine Wege,**
**König der Völker!**
(4) **Wer wird [dich] nicht fürchten, Herr,**
**und deinem Namen nicht verherrlichen?**
**denn du allein bist heilig;**
**so werden alle Völker kommen**
**und vor dir anbeten,**
**denn deine gerechten Gerichte sind offenbar geworden.**

---

[546] Vgl. CHARLES, Apk II 25; YARBRO COLLINS, Combat Myth 37; MCKELVEY, Millennium 93.
[547] Dass der Zug auf die Kreuzigung Jesu hinweist (so z.B. HARRINGTON, Apk 156; vgl. besonders Hebr 13,12f), erscheint m.E. unwahrscheinlich.
[548] Ἀπὸ σταδίων χιλίων ἑξακοσίων. Ἀπό weist in diesem Fall auf den Abstand hin; vgl. BDR §161 Anm. 3; BAUER/ALAND, WB ἀπό III.

(5) Und danach sah ich, und es wurde der Tempel des Zeltes des Zeugnisses im Himmel geöffnet, (6) und es kamen die sieben Engel, die die sieben Plagen hatten, aus dem Tempel heraus, bekleidet mit reinem, glänzendem Linnen und gegürtet um die Brust mit goldenen Gürteln. (7) Und eines der vier Wesen gab den sieben Engeln sieben goldene Schalen, gefüllt mit dem Grimm Gottes, der in alle Ewigkeit lebt. (8) Und der Tempel wurde mit Rauch von der Herrlichkeit Gottes und von seiner Macht gefüllt, und niemand konnte in den Tempel hineingehen, bis die sieben Plagen der sieben Engel vollendet waren.

V. 1–8: Wie die Posaunenreihe durch die siebte Siegelvision eingeführt wurde (8,1), wird die Schalenreihe als die Fortführung der siebten Posaunenvision entwickelt; vgl. ad 11,14; 15,5.

V. 1 führt die sieben Schalenengel ein. Nachdem der Text durch ein Zwischenstück (V. 2–4) unterbrochen wird, führt V. 5–8 den in V. 1 angefangenen Bericht über die Vorbereitung der Schalenreihe fort.

V. 1: Die sieben Schalenengel werden als „Zeichen" (σημεῖον) bezeichnet. Das veranlasst einige Forscher zu der Behauptung, dass die Schalenreihe in enger Beziehung zu 12,1ff stünde.[549] Das aber ist nicht überzeugend. Denn erstens ist die Verwendung dieses Begriffs hier und 12,1.3 nicht gleich: In 12,1.3 bezieht er sich auf Teilaspekte (Frau/Drache) einer Vision; an unserer Stelle dagegen auf die ganze Schalenreihe. Zweitens verwendet er das Wort ἄλλος sonst stets zur Unterscheidung des in Rede stehenden Objekts von einem unmittelbar zuvor genannten gleichartigen (vgl. etwa 8,2f). An unserer Stelle wird das σημεῖον in Hinblick auf die unmittelbar vorangehenden Visionen in Kap. 14 als ἄλλο σημεῖον bezeichnet.

Die Kombination von „groß" und „wunderbar" kommt in der Offb sonst nur in V. 3 vor. Durch die Verwendung der gleichen Adjektive wird zwischen der Schalenreihe und V. 2–4 eine Brücke geschlagen. An unserer Stelle ist das Zeichen deswegen „groß und wunderbar", weil Gott durch die Plagen, die den Inhalt des „Zeichens" ausmachen, die gottfeindlichen Menschen, die mächtig und unbesiegbar zu sein scheinen, bestraft.

Die Plagen sind deswegen die „letzten", weil „in ihnen der Grimm Gottes vollendet wird". Freilich geht der Bericht über das Wirken des Zornes Gottes mit der Schalenreihe nicht zu Ende; auch in 18,3; 19,15 kommt er vor. Wahrscheinlich ist der Ausdruck „die letzten" derjenigen Phase der Traditionsentwicklung, in der die drei Reihen jeweils selbständige Einheiten bildeten, zuzuweisen; vgl. Einleitung 6.1. Im jetzigen Kontext betrachtet der Vf. die Beschreibung ab Kap. 17f als Entfaltung der letzten Schalenplage 16,17ff; außerdem führt einer der Schalenengel die Szene des Gerichts der großen Hure ein (17,1); in diesem umfassenden Sinn enthält die Schalenreihe die „letzten" Plagen.

---

[549] BOUSSET, Apk 392; SWETE, Apk 193; ROLOFF, Apk 157; PRIGENT, Apk 353; BAUCKHAM, Structure 16; KALMS, Sturz 17 u.a.

**V. 2–4:** In V. 2–4 ist – ähnlich der Posaunenreihe (8,3–5) – als Zwischenstück ein Lobpreis der Überwinder im Himmel eingeschoben. Beiden Zwischenstücken eignet als inhaltliche Gemeinsamkeit, dass sie auf den Grundcharakter der jeweils folgenden Visionen als Bestrafungen Gottes hinweisen: Wie das Werfen des Feuers auf die Erde (8,5) in mehreren Posaunenvisionen ein Echo findet (vgl. ad 8,5), hat 15,2–4 mit der Schalenreihe den Bezug auf die Exodusgeschichte gemeinsam. In beiden Zwischenstücken macht der Vf. deutlich, dass die Bestrafung der Gottlosen und das Heil der Christen die zwei Seiten des gleichen Wirkens Gottes sind, indem er die Geschehnisse mit dem Bittgebet der Heiligen bzw. dem Lobgesang der Überwinder in Beziehung setzt. Auch im Detail weisen beide Zwischenstücke gemeinsame Züge auf: In 8,3–5 spielen die Heiligen, an unserer Stelle die Überwinder, jeweils eine große Rolle, die Menschen also, die zu den von den Plagen betroffenen Gottlosen in einem diametralen Gegensatz stehen; allerdings stehen die Heiligen noch vor der Vergeltung, während die Überwinder bereits auf sie zurückblicken. Dementsprechend sprechen die Heiligen vor Gott Bittgebete, die Überwinder im Himmel einen Lobspruch. Ihre unterschiedlichen Positionen werden auch dadurch zum Ausdruck gebracht, dass die Bittgebete durch einen Engel vor Gott gebracht werden, während die Überwinder den Lobpreis selbst formulieren.

Unser Zwischenstück hat auch die Funktion, die Schalenreihe mit Kap. 14 zu verbinden: Durch die Bezeichnung der Christen als der Überwinder über das Tier usw. (V. 2) werden sie den in 14,9.11 genannten Anbetern des Tiers gegenübergestellt; der Hymnus setzt mit seinem Thema, der Verwirklichung des Gerichts, den Hauptinhalt von 14,9–12.15–20, fort;[550] vgl. auch die Koinzidenzen, die zwischen 14,7 und 15,4 bestehen (vgl. unten).

**V. 2:** Dass die Überwinder am himmlischen Meer[551] stehen (vgl. 7,9), erinnert an das Geschehen am Roten Meer.[552] Die Objekte ihres Überwindens, das Tier, sein Bild und die Zahl seines Namens (vgl. 13,11ff), sind die drei, die die Verfolgung der Christen bewirkt haben. Als deren Überwinder stehen die Christen ihren Anbetern (14,9.11) gegenüber.[553]

---

[550] Vgl. YARBRO COLLINS, Combat Myth 19.
[551] Der Seher sieht ὡς θάλασσαν ὑαλίνην. Ὡς gehört zum apokalyptischen Stil (vgl. ad 5,6). In diesem Vers selbst wird das Meer noch einmal ohne die Partikel ὡς erwähnt. Ἐπὶ τὴν θάλασσαν kann auch mit „auf dem Meer" übersetzt werden; nicht wenige Forscher plädieren dafür mit dem Hinweis, dass das gläserne Meer faktisch ein hartes Pflaster sei (BEALE, Apk 791; ähnlich LOISY, Apk 280; MOUNCE, Apk 286 u.a.); POHL, Apk II 173 übersetzt es dagegen mit „beim Meer"; vgl. auch BEASLEY-MURRAY, Apk 235. Da die Exodusgeschichte im Hintergrund steht, ist die Übersetzung „am Meer" vorzuziehen.
[552] Schon im AT gilt der Exodus als Vorzeichen der Erlösung der Gläubigen (Hos 12,9; Mi 7,15 u.a.). Im Judentum begegnet die Vorstellung häufig. Vor allem in der Damaskusschrift identifiziert sich die hinter dieser stehende Gruppe mit dem durch Mose geführten Israel in der Wüstenzeit (7,6ff; 13,1ff u.a.) und ihren Vorsteher mit dem messianisch verstandenen Mose (5,18ff); vgl. auch Josephus, ant. XX 97–99; bell. II 261f u.a.; zum ganzen vgl. J. JEREMIAS, ThWNT IV 864,4ff.
[553] Die Besiegten sind sonst immer mit einem von νικᾶν abhängigen Akkusativ bezeichnet. Hier verwendet der Vf. aber die Wendung νικᾶν ἐκ. Da in diesem Abschnitt auch sonst Exodusmotive vorkommen, liegt es nahe, dass er an die Befreiung aus dem Herrschaftsbereich des Tieres denkt (vgl. PATTEMORE, People 178).

**V. 3-4:** Dass die Überwinder wider Erwarten (vgl. V. 2!) nicht von ihren eigenen Erfahrungen sprechen, kommt daher, dass der Hymnus in erster Linie im Hinblick auf die Schalenreihe formuliert ist. „Das Lied des Mose,[554] des Knechtes Gottes und das Lied des Lammes" sind von V. 2-4 her gesehen nicht zwei verschiedene Lieder, sondern ein Lied.[555] Die Bezeichnung „das Lied des Lammes" hat seinen Ursprung darin, dass das Lamm einst selber überwunden und so den Gläubigen (sie sind hier „Überwinder" genannt) den Sieg und damit den Zugang zum Heil ermöglicht hat. Es ist das Lied, das zu singen den Überwindern erst durch Mose bzw. das Lamm gegeben ist.

Zum Aufbau des Hymnus. Er besteht aus zehn Zeilen, die sich auf zwei Strophen verteilen. Die erste Strophe enthält die ersten vier Zeilen und hat einen relativ regelmäßigen Aufbau: Die erste Zeile lobsingt die „Werke" Gottes und die dritte seine „Wege" („Werke" und „Wege" sind synonym verwendet; vgl. unten), während die zweite und vierte jeweils ein Anruf an Gott sind. Die zweite Strophe, die betont, dass Gott der Verehrung und Huldigung würdig ist, gliedert sich weiter in zwei Teile, die je aus drei Zeilen bestehen. Im ersten Teil bilden die fünfte und sechste Zeile (numeriert nach dem ganzen Hymnus) eine an Gott gerichtete rhetorische Frage, die durch die siebte, einen ὅτι-Satz, begründet wird. Im zweiten Teil beschreiben die achte und neunte Zeile das Handeln „aller Völker"; man kann die achte Zeile, obwohl sie mit ὅτι beginnt, von ihrem Inhalt her nicht als einen zweiten Begründungssatz, der neben der siebten Zeile steht, verstehen; die achte und die neunte Zeile setzen den Gedankengang der fünften und sechsten Zeile fort. Die letzte Zeile, die wiederum ein ὅτι-Satz und inhaltlich mit dem der siebten Zeile eng verbunden ist, begründet die Aussage der direkt vorangehenden zwei Zeilen. Die zweite Strophe weist also mit ihren beiden Hauptaussagen auf das Handeln von Menschen und mit ihren beiden Begründungssätzen auf Gott hin.[556]

---

[554] Mose ist in der Offb nur hier namentlich genannt, obwohl man an mehreren Stellen einen Widerschein des Exodus findet. Er wird im NT sonst nirgendwo „Knecht Gottes" genannt, im AT und Judentum findet man dagegen mehrere Belege dafür (Ex 14,31; Num 12,7; Josephus, ant. V 1,13 u.a.; vgl. J. JEREMIAS, ThWNT IV 876,16ff). Zu „Knecht Gottes" vgl. ad 1,1. Das AT kennt zwei „Lieder des Mose": Ex 15,1ff (kurz nach dem Wunder am Roten Meer) und Dtn 32,1ff (kurz vor seinem Tod). In unserem Hymnus gibt es zwar Elemente, die man als Bezugnahmen auf die beiden Lieder betrachten könnte (vgl. besonders Ex 15,11 und Dtn 32,4), aber er lässt sich keinesfalls als deren treue Wiedergabe verstehen. Der Vf. bezeichnet dieses Lied wegen der beim Singen vorausgesetzten Situation und seines Gesamtinhalts als „das Lied des Mose".

[555] Es gibt Forscher, die an zwei verschiedene Lieder denken, und zwar mit der Begründung, dass der Text nicht „das Lied des Mose und des Lammes" lautet, sondern „das Lied des Mose und das Lied des Lammes" (BOUSSET, Apk 393; vgl. ZAHN, Apk 530 u.a.). Aber der Vf. ist in dieser Hinsicht nicht konsequent. Vgl. „das Blut der Heiligen und der Propheten" (16,6) mit „das Blut der Heiligen und das Blut der Zeugen Jesu" (17,6); vgl. auch 18,2.22.

[556] Auch dass in Ps 86,9 drei Aussagen, die jeweils der achten, neunten und sechsten Zeile unseres Lieds entsprechen, eine Einheit bilden und nacheinander vorkommen (vgl. ad V. 4), spricht für unsere Annahme. Es gibt allerdings Forscher, die alle drei ὅτι-Sätze (also die siebte, achte und zehnte Zeile) als Begründungssätze betrachten (POHL, Apk II 176; ROLOFF, Apk 159; DELLING, Gottesdienst 434; JÖRNS, Evangelium 129).

**V. 3:** In den Lobsprüchen der ersten Strophe, also in der ersten und dritten Zeile, kommen zunächst zwei Adjektive (groß und wunderbar / gerecht und wahrhaftig) vor und dann Substantive (deine Werke / deine Wege). „Werke" und „Wege" sind in LXX häufig synonym (Dtn 32,4; Ψ 144,17; Dan 3,27 [auch Θ]; Tob 3,2 u.a.)[557] und bezeichnen das Handeln; dies gilt auch an unserer Stelle. Von der zweiten Strophe des Hymnus her gesehen denkt der Vf. an das Gericht Gottes über die Gottlosen.

Die Kombination „groß und wunderbar" kommt im AT/LXX einige Male in Lobsprüchen oder Gebeten vor (Dan Θ 9,4; Tob 12,22; vgl. Jdt 16,13; Ps 106,21f; 136,4). Ps 86,10, „Du bist groß (Ψ 85,10: μέγας) und tust Wunderbares (θαυμάσια)", ist deswegen beachtenswert, weil in der zweiten Strophe unseres Hymnus der vorangehende Vers des gleichen Psalms anklingt. Der Anlass zur Bezeichnung Gottes bzw. seiner Werke als „groß und wunderbar" ist im AT nicht einheitlich. Beide Adjektive werden auch einzeln als appositionelle Ergänzung „Gottes" bzw. „seiner Werke" verwendet. Die zweite Adjektivverknüpfung, „gerecht und wahrhaftig", bezieht sich in 16,7; 19,2 genau wie an unserer Stelle auf das Gericht Gottes über die Gottfeindlichen.[558]

Während die erste Anrede, „Herr Gott, der Allmächtige", in der Offb vor allem in Lobgesängen über die Verwirklichung des Gerichts Gottes mehrmals vorkommt (11,17 u.a.), ist die zweite, „König der Völker", nur hier belegt,[559] der Sache nach aber vgl. etwa 11,15. Diese seltene Titulatur wird an unserer Stelle verwendet, weil der Vf. diese und die nächste Zeile in Anlehnung an Jer 10,7 formuliert, wo Gott „König der Völker" genannt wird.[560] Darüber hinaus passt sie auch sehr gut zum Kontext: In V. 4 ist von der Anbetung Gottes durch alle Völker die Rede.

**V. 4:** Die zweite Strophe spricht vorwiegend davon, wie die Menschen auf die Werke Gottes reagieren. Die ersten zwei Zeilen sind rhetorische Fragen (vgl. 13,4). Die erste Zeile steht unter dem Einfluss von Jer 10,7. In der zweiten Zeile findet man dagegen Anklänge an Ps 86,9, eine Stelle, deren Einfluss im gesamten zweiten Teil der Strophe feststellbar ist.

Auf diese rhetorische Frage folgt ein Begründungssatz, „denn du allein bist heilig". Die μόνος-Prädikation für Gott ist in AT, Judentum und säkularen Schriften reichlich,[561] in der Offb aber sonst nicht belegt. Einerseits aus diesem Grund, an-

---

[557] Vgl. MICHAELIS, ThWNT V 55,13ff.

[558] In LXX kommen beide Wörter nur ausnahmsweise als Appositonen von „Gott" bzw. „Gottes Werken" nebeneinander vor (Tob 3,2 Hs B und A; vgl. auch Dan 3,27; Dtn 32,4). Es gibt freilich eine Reihe von Stellen, wo eines der beiden einzeln in ähnlichen Zusammenhängen verwendet ist. Während „gerecht" dabei oft mit dem Gerichtsgedanken verbunden ist (z.B. Ψ 7,12; Jes 58,2; Jer 11,20), ist bei „wahrhaftig" eine solche Verbindung nur selten belegt (Ψ 18,10; Dan 3,27.31).

[559] 𝔓⁴⁷ ℵ* u.a. lesen ὁ βασιλεὺς τῶν αἰώνων. Diese Gottesbezeichnung ist in Tob 13,7.11; 1Tim 1,17 belegt, und ähnliche Ausdrücke finden sich zahlreich in jüdischen und frühchristlichen Schriften; vgl. Belege bei DEICHGRÄBER, Gotteshymnus 92f. Zum Inhalt des Hymnus passt der Titel „der König der Völker" besser (vgl. V. 4); auch der Befund der Handschriften spricht für diese Lesart.

[560] In LXX gibt es keine Entsprechung zu Jer 10,6–8 MT.

[561] Vgl. DELLING, Gottesdienst 435 u.a.

dererseits, weil der Text unmittelbar vor und nach unserer Aussage stark durch Ps 86,9 geprägt ist, ist anzunehmen, dass auch unsere μόνος-Aussage unter dem Einfluss von Ps 86,10, „du *allein* bist Gott" steht. Das Wort „heilig" (ὅσιος) ist in der Offb nur noch einmal in 16,5 als Anrede an Gott verwendet, der die Verfolger der Christen gerichtet hat. Gott ist ὅσιος, weil er in Treue zur Verheißung des Heils für die Christen ihre Verfolger richtet.[562]

Der zweite Teil der zweiten Strophe beginnt mit zwei im Futur formulierten Sätzen, die die Unterwerfung aller Völker voraussagen. Manche Forscher sind der Meinung, dass hier von deren Bekehrung die Rede ist,[563] was aber problematisch ist, weil der Vf. diesen Hymnus in enger Beziehung mit den Schalenvisionen auffasst, in denen er wiederholt betont, dass sich Menschen trotz der Plagen nicht bekehren (16,9.11.21). Die Aussage besagt nur, dass die Menschen dazu gezwungen werden, das gerechte Gericht Gottes zu akzeptieren.[564]

Die Hauptaussagen der zweiten Strophe sind inhaltlich einheitlich; Gottes Souveränität wird von allen Menschen anerkannt. Die Einheitlichkeit wird auch darin deutlich, dass die sechste, achte und neunte Zeile gemeinsam stark an Ps 86,9/Ψ 85,9 anklingen.[565] Außerdem stehen unter den vier Verben, die hier vorkommen, drei („fürchten", „verherrlichen" und „anbeten") auch in der Mahnung eines Engels in 14,7 nebeneinander (freilich statt δοξάζειν hier δόξαν διδόναι dort).

Zum Begründungssatz im zweiten Teil, „denn deine gerechten Gerichte (δικαίωμα)[566] sind offenbar geworden", vgl. 14,7. „Offenbarwerden" bedeutet die eschatologische Verwirklichung (Ps 98,2; 1QH 14,16; CD 20,20 u.a.).[567]

**V. 5ff:** In V. 5 nimmt der Vf. den unterbrochenen Bericht über die Vorbereitung der Schalenreihe wieder auf. Zu „und danach sah ich" vgl. ad 4,1. Der Bericht ist im Vergleich mit demjenigen der Posaunenreihe (8,2.6) ausführlicher gehalten, indem er wiederholt betont, dass die Plagen auf den Willen Gottes zurückgehen: Die Engel kommen aus dem Tempel, sind in himmlischen Glanz gehüllt (V. 6) und bekommen von einem der vier Wesen die Schalen (V. 7); am Beginn der Plagen wird betont, dass „eine laute Stimme aus dem Tempel" den Befehl gibt, die Schalen über die Erde auszugießen (16,1; in der Posaunenreihe ohne Entsprechung).

---

[562] In LXX ist ὅσιος vor allem Übersetzung von חָסִיד und bezeichnet ein juristisch adäquates Handeln von durch Verträge gebundenen Menschen bzw. Gruppen, gelegentlich auch ein dem Bund entsprechendes Handeln Gottes (Ps 145,17; vgl. Belege von ὅσιος in Dtn 32,4 LXX; Ψ 144,13); vgl. Hauck, ThWNT V 489,26ff.

[563] Charles, Apk II 37; Allo, Apk 230; Prigent, Apk 356; Osborne, Apk 567f; Bauckham, Conversion 306; Fenske, Lied 262f u.a. Karrer, Brief 279 versteht die Stelle sogar im Sinne eines Heilsuniversalismus; dagegen Stegemann, Aspekte 462.

[564] Giesen, Apk 345 u.a.

[565] Beide Texte unterscheiden sich faktisch nur darin, dass die an der Psalmstelle dem Wort „alle Völker" beigefügte Erklärung, dass Gott sie geschaffen hat, an unserer Stelle nicht vorkommt.

[566] Zur Bedeutung von δικαίωμα vgl. Schrenk, ThWNT II 223,30ff. Dieses Wort kommt in der Offb sonst nur einmal in 19,8 im Sinne von „gerechte Werke der Gläubigen" vor.

[567] Vgl. Bultmann/Lührmann, ThWNT IX 6,13ff m. Anm. 19.

**V. 5:** „Das Zelt des Zeugnisses" (ἡ σκηνὴ τοῦ μαρτυρίου)[568] wird in der Offb nur hier verwendet (im NT sonst nur noch in Apg 7,44), kommt in LXX aber des öfteren vor (Ex 29; 30; 40; Lev 4; 8; 16f; Num 3f; 16–18 u.a.), und zwar meist (weit über einhundertmal) als – sprachlich falsche – Übersetzung von אֹהֶל מוֹעֵד („Zelt der Begegnung").[569] Dies Wort hat der Vf. wahrscheinlich von LXX übernommen;[570] sachlich denkt er bei diesem Begriff an das „Zelt der Begegnung" in der Wüstenzeit. Die Erwähnung des Zeltes dient einmal der Erinnerung an die Exodusgeschichte, die in der Schalenreihe eine große Rolle spielt. Überdies erinnert die Bezeichnung ἡ σκηνὴ τοῦ μαρτυρίου an ἡ κιβωτὸς τοῦ μαρτυρίου (in Ex 30,26; 40,2f und Num 7,89 kommt beides nebeneinander vor), eine Größe, die sachlich in 11,19 erwähnt worden ist (als ἡ κιβωτὸς τῆς διαθήκης). Zwischen 11,19 und unserer Stelle findet man auch im Satzbau eine Parallele: 15,5: καὶ ἠνοίγη ὁ ναὸς τῆς σκηνῆς τοῦ μαρτυρίου ἐν τῷ οὐρανῷ / 11,19: καὶ ἠνοίγη ὁ ναὸς τοῦ θεοῦ ὁ ἐν τῷ οὐρανῷ. Dadurch macht der Vf. seine kompositorische Absicht deutlich, die Schalenreihe als Entwicklung der siebten Posaunenvision zu charakterisieren.[571]

**V. 6:** Aus Anlass der erstmaligen Einführung der sieben Engel (vgl. ad 4,2) ist die Beschreibung ihrer Kleider detailliert. Sie erinnern an die des Menschensohnähnlichen in 1,13; ihre Beschreibung stammt wie die dieser aus Dan 10,5 (vgl. auch Ez 9,2). Diese parallele Darstellung ist Absicht. Der Menschensohnähnliche ist in 1,13ff vorwiegend für das Bewahren der Gemeinden zuständig; die sieben Engel an unserer Stelle gießen dagegen die Schalen aus; das Heil der Christen und die Plagen der Gottlosen sind so engstens miteinander verbunden.

**V. 7:** Die Schalen[572] sind voll mit „dem Grimm Gottes". In der Siegel- und der Posaunenreihe war vom „Grimm" Gottes nicht die Rede, obwohl das auch dort vorausgesetzt war. Die „Gott" beigefügte Apposition, „der in alle Ewigkeit lebt" (vgl. ad 1,18), hebt die Beständigkeit des Zornes Gottes hervor.

**V. 8:** In V. 8 kehrt der Vf. zum Bericht über den Tempel zurück. Dabei lehnt er sich größtenteils an die alttestamentlich-traditionelle Vorstellung der Theophanie an (vor allem an Jes 6,1.4[573]) und deutet damit wiederum an, dass die Plagen auf den Willen Gottes zurückgehen.

Er beschreibt zunächst, dass „der Tempel mit Rauch gefüllt war". Zu „Rauch" oder „Wolke" als Begleiterscheinungen einer Theophanie vgl. Ex 19,18 und 40,34f;

---

[568] An unserer Stelle ist dies Wort im Genitiv an den Begriff „Tempel" angehängt. Eine solche Kombination von „Tempel" und „Zelt" ist sonst weder im NT noch in LXX belegt (vgl. allerdings 4Q394 frg 1,2,16f). Man kann diesen komplizierten Ausdruck nur als eine Art Pleonasmus verstehen (mit BOUSSET, Apk 394: „Der Tempel, nämlich die Stiftshütte"; BECKWITH, Apk 678 u.a.).

[569] Vgl. STRATHMANN, ThWNT IV 485,21ff. Daneben gibt es in LXX wenige Fälle, in denen ἡ σκηνὴ τοῦ μαρτυρίου eine sprachlich zutreffende Übersetzung von אֹהֶל הָעֵדוּת ist (Num 9,15; 17,22.23; 18,2; 2Chr 24,6).

[570] STRATHMANN, a.a.O. 508,23f.

[571] Vgl. MAZZAFERRI, Genre 287; BAUCKHAM, Structure 9.

[572] Von einer „goldenen Schale" war in 5,8 die Rede. Über deren doppelte Funktion vgl. dort.

[573] Vgl. FEKKES, Isaiah 200.

für unsere Stelle ist der Einfluss von Jes 6,4 ausschlaggebend (dazu vgl. ad 4,8). Der Ausdruck „seine [Gottes] Macht" kommt in Berichten von Theophanien sonst niemals vor. An unserer Stelle verwendet der Vf. dieses Wort deswegen, weil er schon an die Heftigkeit der Plagen in der Schalenreihe denkt. Zur Aussage, niemand habe in den Tempel hineingehen können, vgl. Ex 40,34f; 2Chr 7,1f u.a.

*b) 16,1–21: Die sieben Schalenvisionen: Die letzten Plagen*

(1) Und ich hörte eine laute Stimme aus dem Tempel, die zu den sieben Engeln sprach: Geht hin und gießt die sieben Schalen des Grimmes Gottes über die Erde aus!

(2) Und der erste ging und goss seine Schale über die Erde aus, und es entstand ein böses und schlimmes Geschwür an den Menschen, die das Zeichen des Tieres trugen und sein Bild anbeteten.

(3) Und der zweite goss seine Schale über das Meer aus, und es wurde zu Blut wie von einem Toten, und alle Lebewesen im Meer starben.

(4) Und der dritte goss seine Schale über die Flüsse und die Wasserquellen aus, und es wurde zu Blut. (5) Und ich hörte den Engel der Gewässer sprechen:

Du bist gerecht, der ist und der war, du heiliger,
denn du hast so gerichtet,
(6) denn sie haben Blut von Heiligen und Propheten vergossen;
und du hast ihnen Blut zu trinken gegeben;
sie sind würdig.

(7) Und ich hörte den Altar sprechen:

Ja, Herr, Gott, der Allmächtige,
wahrhaftig und gerecht sind deine Gerichte.

(8) Und der vierte goss seine Schale über die Sonne aus, und ihr wurde es gegeben, die Menschen mit Feuer zu verbrennen. 9 Und die Menschen verbrannten in großer Glut, und sie lästerten den Namen Gottes, der die Macht über diese Plagen hatte, und sie bekehrten sich nicht, um ihm Ehre zu geben.

(10) Und der fünfte goss seine Schale über den Thron des Tieres aus, und sein Reich wurde verfinstert, und sie zerbissen sich ihre Zungen vor Schmerzen, (11) und sie lästerten den Gott des Himmels wegen ihrer Schmerzen und wegen ihrer Geschwüre und bekehrten sich nicht von ihren Werken.

(12) Und der sechste goss seine Schale über den großen Fluss Euphrat aus, und sein Wasser trocknete aus, damit der Weg der Könige vom Sonnenaufgang bereitet würde. (13) Und ich sah aus dem Maul des Drachen und aus dem Maul des Tieres und aus dem Maul des falschen Propheten drei unreine Geister wie Frösche [herauskommen]. (14) Sie sind Dämonengeister, die Zeichen tun; sie gehen aus zu den Königen der ganzen Welt, um sie für den Kampf am großen Tag Gottes, des Allmächtigen, zu versammeln. (15) Siehe, ich komme wie ein Dieb. Selig, wer wacht und seine Kleider bewahrt, damit er nicht nackt gehen muss und man seine Schande sieht. (16) Und sie versammelten sie an dem Ort, der auf hebräisch Harmagedon heißt.

(17) Und der siebte goss seine Schale über die Luft aus, und es kam eine laute Stimme aus dem Tempel, vom Thron, aus, die sprach: es ist geschehen. (18) Und es geschahen Blitze und Getöse und Donner und ein großes Erdbeben, wie es nicht geschehen war, seit der Mensch auf der Erde war, solch ein Erdbeben, so groß. (19) Und die große Stadt wurde zu drei Teilen und die Städte der Völker stürzten ein, und des großen Babylon wurde vor Gott gedacht, ihm den Becher des Weines seines grimmigen Zornes zu geben. (20) Und alle Inseln flohen und Berge waren nicht zu finden. (21) Und ein großer Hagel, so schwer wie ein Talent, fällt vom Himmel auf die Menschen, und die Menschen lästerten Gott wegen der Plage des Hagels, denn seine Plage ist sehr groß.

**V. 1-21:** *Aufbau.* V. 1 bildet die Einleitung; eine Stimme aus dem Heiligtum ordnet sieben Engeln an, den Zorn Gottes in die Tat umzusetzen. Ab V. 2 beginnt die Beschreibung der Plagen. Im Vergleich mit der Siegel- und der Posaunenreihe fällt die Regelmäßigkeit auf. Die Beschreibungen bestehen jeweils aus vier Elementen:[574] 1.) Zunächst wird in jeder Vision mit einer fast stereotypen Wendung von der Ausgießung der Schale berichtet: „Der erste (zweite [...] Engel) goss seine Schale über [...] aus". 2.) Darauf folgt die Darstellung der jeweiligen Folgen, eingeführt meistens durch „es geschah" (καὶ ἐγένετο). 3.) Dann folgt die Beschreibung der negativen Auswirkungen der betreffenden Plage für die Menschenwelt. 4.) Die vierte, fünfte und siebte Vision haben als Schlussnotiz gemeinsam, dass die Menschen wegen der Plagen Gott fluchen (jedesmal eingeleitet mit καὶ ἐβλασφήμησαν [καὶ οὐ μετενόησαν κτλ.]).

Aufgrund dieser Regelmäßigkeit stimmen die sieben Visionen anders als diejenigen in den beiden vorangehenden Reihen in ihrem Aufbau und ihrem Charakter weitgehend überein; die ersten vier bilden nicht mehr so deutlich eine abgegrenzte Gruppe wie dort, die siebte nimmt keine Sonderstellung mehr ein: Sie folgt direkt (ohne Zwischenstück[575]) der sechsten, in ihr werden die Ereignisse viel ausführlicher dargestellt als in der jeweils siebten Vision der beiden anderen Reihen. Nur darin, dass auch ihr eine einleitende Funktion für den nächsten Abschnitt zukommt (vgl. ad V. 17-21), hat sie mit der jeweils siebten Vision der beiden anderen Reihen eine Gemeinsamkeit.

*Inhaltliche Charakteristika.* Die Schalenreihe steht einerseits (besonders in den ersten vier Visionen) der Posaunenreihe inhaltlich sehr nahe (vgl. ad 8,6ff), andererseits lassen sich in ihr aber auch eine Anzahl von für sie charakteristischen und singulären Zügen konstatieren. Erstens wird in ihr, anders als in beiden ersten Visionsreihen, der Wirkungsumfang nicht eingeschränkt, wie etwa innerhalb der Posaunenreihe auf immer ein Drittel. Zweitens treffen hier die Plagen schon in den

---

[574] Vgl. H.-P. MÜLLER, Plagen 268-270; U.B. MÜLLER, Bestimmung 303f.
[575] Freilich trägt die zweite Hälfte der sechsten Vision in gewissem Sinne den Charakter eines Zwischenstücks (vgl. dort).

anfänglichen vier Visionen (die zweite ist ausgenommen) unmittelbar die Menschen; die vierte, fünfte und siebte Visionen berichten, dass sich die Menschen dennoch nicht bekehren (freilich schon in der sechsten Posaunenvision). Und schließlich schreibt der Vf. erst in dieser Reihe ausdrücklich, dass die durch die entsprechenden Plagen Getroffenen die Anbeter des Tieres sind (V. 2); bei der fünften Vision wird die Schale sogar direkt „über den Thron des Tieres" ausgegossen; die siebte berichtet den Sturz Babylons; auch in der sechsten stellt Rom das Ziel des Angriffs der Könige aus dem Osten dar; solche Darstellungen sind für beide erste Reihen bereits buchkompositorisch unmöglich gewesen: Erst nach der Posaunenreihe, in Kap. 13, wurde vom Auftreten des Tieres berichtet; erst in 14,8 kommt der Vf. kurz auf Babylon zu sprechen.

**V. 1:** Die Anordnung „einer lauten Stimme aus dem Tempel" macht durch den (nach 15,1.7) erneuten Hinweis auf den Grimm Gottes deutlich, worum es sich bei den Plagen handelt. Zur Vorstellung, dass der Zorn Gottes über die Menschen ausgegossen wird und sie vernichtet, vgl. Ps 69,24; Jer 10,25; Ez 22,31; Zef 3,8 u.a.

**V. 2:** Die Plage eines schlimmen Geschwürs hat ihr Vorbild in Ex 9,8ff. Dadurch, dass einerseits die Zugehörigkeit der Menschen zum Tier zum Ausdruck gebracht wird, und dass andererseits ausschließlich Menschen von der Plage betroffen sind (in Ex 9,8ff ist auch das Vieh mit Geschwüren geschlagen), ist der Strafcharakter stärker betont als dort.

**V. 3:** Die zweite Vision überschneidet sich beträchtlich mit der zweiten Posaunenvision und beide haben Ex 7,17ff als Hintergrund (vgl. auch Ps 78,44; 105,29).

**V. 4-7:** Die dritte Vision besteht aus zwei Stimmen, der Stimme des Engels der Gewässer und des Engels des Altars.

**V. 5f:** Zum Engel der Gewässer vgl. 1Hen 66,2. Über andere Naturengel vgl. ad 7,1. Zu „du bist gerecht" vgl. ad 15,3; zu „der ist und der war" vgl. ad 1,4 und zu „der Heilige" vgl. ad 15,4. Das Motiv der Vergeltung des Blutes der Christen ist bereits in 6,10 belegt; vgl. auch 18,24; 19,2. Zu „Heiligen und Propheten" vgl. ad 11,18.

Die Bestrafung, die darin besteht, zum Trinken des Blutes zu zwingen, ist weder im übrigen NT noch im AT (höchstens in Jes 49,26) belegt. Im AT ist auch das Genießen des Blutes von Tieren strengstens verboten (Gen 9,4ff; Jub 6,7ff; Apg 15,20.29 u.a.). Unser Vf. hält die Beschreibung in Ex 7,14ff, dass die Ägypter als Ergebnis der Verwandlung in Blut kein Wasser mehr trinken konnten, als Strafe für nicht streng genug und lässt die Menschen das Blut trinken, zwingt sie also, sich dieser abscheulichsten Tat zu unterwerfen.

**V. 7:** Auf die Stimme des Engels antwortend (ναί am Anfang) lobpreist der Altar das Gericht Gottes; er vertritt die Stimme der Märtyrer (vgl. 6,9-11 und 8,3-5). Zu ναί vgl. ad 1,7; zur Anrede „Herr, Gott, der Allmächtige" vgl. ad 1,8; auch im Lobspruch des Gerichtes Gottes in 11,17; 15,3 ist Gott so angeredet. Zu „wahrhaftig und gerecht" vgl. ad 15,3; vgl. auch 19,2.

**V. 8:** Im Gegenüber zur vierten Posaunenvision, in der die geschlagene Sonne usw. sich verfinsterten, vermehrt in unserer Vision die Sonne ihre Hitze; die

Verfinsterung ist für die nächste Vision reserviert. Mit „den Menschen" sind die Anbeter des Tieres (V. 2) gemeint. Für die Christen ist ein anderes Verhältnis zur Sonne vorgesehen (7,16). Von der heftigen Hitze der Sonne ist auch im AT des öfteren die Rede (Ps 121,6; Jes 4,6; Jer 36,30 u.a.); aber an keiner Stelle wird sie als Strafe Gottes verstanden. Auch in der Exodusgeschichte findet dies keine Entsprechung. Die hier vorliegende Verknüpfung geht auf unseren Vf. zurück.

**V. 9:** Zum Ausdruck ἐκαυμαστίσθησαν [...] καῦμα μέγα vgl. 17,6: ἐθαύμασα [...] θαῦμα μέγα.[576] Die Menschen zeigen sich durch ihre Lästerung Gottes als Anhänger des Tieres (vgl. 13,1ff) und Zugehörige zur großen Hure (17,3). Dass sie aufgrund der Plagen ihre eigene Sünde anerkennen und sich bekehren, ist in der Offb an keiner Stelle vorausgesetzt.[577] Zu μετανοεῖν vgl. ad 2,5; zu δοῦναι δόξαν vgl. ad 4,9.

**V. 10:** Jetzt wird die Schale direkt über „den Thron des Tieres" ausgegossen. Die Strafe Gottes naht ihrem Höhepunkt. Das Motiv der Verfinsterung stammt aus Ex 10,21ff (vgl. Ps 105,28; vgl. auch TestSim 8,4). Die Verfinsterung impliziert die Schwächung des Reiches des Tieres. Welches kausale Verhältnis zwischen der Verfinsterung des Reichs und dem Schmerz der Menschen besteht, ist nicht ersichtlich. Der Text beschreibt nur, ihr Schmerz sei so groß, dass sie Selbstmord (vgl. 9,6) begehen wollen.

**V. 11:** „Schmerz" ist diesmal anders als in V. 10 in den Plural gesetzt; der Vf. denkt nicht nur an denjenigen in der fünften Vision, sondern an alle Schmerzen, die die Menschen durch die in dieser Reihe beschriebenen Plagen erfahren. Neben den Schmerzen werden „ihre Geschwüre" genannt; vom „Geschwür" war in der ersten Schalenvision die Rede, mit der unsere Vision durch den gemeinsamen Hinweis auf das „Tier" verbunden ist; der Vf. blickt mit der Erwähnung der „Geschwüre" auf die gesamte Schalenreihe zurück.[578] Das gleiche wird ferner durch den letzten Hinweis, „sie bekehrten sich nicht von ihren Werken" (vgl. 9,20), beabsichtigt; „die Werke" ist in umfassendem Sinn zu verstehen.

**V. 12-16:** Die sechste Vision ist in sich nicht einheitlich. Zunächst wird in V. 12 von der Ausgießung der Schale über „den großen Fluss Euphrat" und von ihrer Wirkung gesprochen, in V. 13f.16 dann von der Sammlung der Könige durch unreine Geister zum Kampf im letzten Tag. Diese zweite Szene stellt keine Entwicklung der ersten dar. Καὶ εἶδον am Anfang V. 13 markiert den Beginn einer neuen Vision.[579] Die Könige, die in den beiden Szenen jeweils vorkommen, sind von-

---

[576] „These constructions were [in LXX] the means to render the Hebrew combination of finite verb and absolute infinitive, which had the value of intensivity" (MUSSIES, Morphology 99).
[577] Auch zu unserer Stelle behaupten einige Ausleger, dass die Möglichkeit, Buße zu tun, den Menschen bis zu diesem Augenblick noch offen stand (CHARLES, Apk II 27; LOHMEYER, Apk 135). Aber „die Nachricht zielt einzig und allein darauf hin, dass auf seiten der Menschen die Bereitschaft dazu [zur Buße] gefehlt hat" (KRAFT, Apk 207).
[578] OSBORNE, Apk 588f.
[579] Das Motiv der „unreinen Geister wie Frösche" bildet die Brücke zwischen beiden Partien (vgl. unten).

einander zu unterscheiden:[580] In der ersten sind sie Könige aus dem Osten, die nach Rom vormarschieren, in der zweiten dagegen Könige der ganzen Welt, die gegen Gott bzw. den Messias den eschatologischen Kampf führen (das wird nicht deutlich zum Ausdruck gebracht). V. 15 hat wiederum eine Sonderstellung inne: Ein Parusiewort mit einer Seligpreisung unterbricht die zweiten Szene.

Wie verhalten sich beide Szenen jeweils zu ihrem Kontext? Die erste, die den Angriff der Könige aus dem Osten gegen Rom andeutet, ordnet sich in den Kontext gut ein: Die fünfte Vision deutet durch die Verfinsterung des Reichs des Tieres den Verfall Roms an und die siebte berichtet vom Sturz Babylons (= Roms). Unsere Szene hat außerdem, wie es bei den anderen Schalenvisionen auch der Fall ist, durch den gemeinsamen Hinweis auf den Fluss Euphrat einen Bezug zu der entsprechenden Posaunenvision (9,14).

Die zweite Szene, die sich mit der Erwartung des eschatologischen Kampfes zwischen dem Messias und seinen Feinden beschäftigt, hat mit dem Gesamtthema der Reihe, den Plagen gegen Gottlose, nichts zu tun; außerdem korrespondiert sie nicht der Posaunenreihe. Aber sie hat in einer anderen Richtung eine wichtige kontextuelle Beziehung: Sie bereitet die Beschreibung des endzeitlichen Kampfes zwischen dem Messias und den Königen der ganzen Welt, der in Kap. 17ff dargestellt wird (vgl. ad V. 14), vor. Der Vf. schaltet sie, veranlasst dadurch, dass in beiden Traditionen das Kampfmotiv eine wichtige Rolle spielt, hier ein und verankert dadurch die spätere Darstellung über den eschatologischen Kampf in der Schalenreihe, eine Technik, die er in seinem Buch mehrmals anwendet, um dessen Einheit zu unterstreichen (vgl. Einleitung 5.2.1.).

**V. 12:** Das Austrocknen des Euphrats erinnert an die Unheilsweissagung über Babylon in Jer 51,36f (vgl. Jes 44,27; Jer 50,38), nach der das Meer Babylons durch Jahwe vertrocknet und infolge dessen Babylon ein Trümmerfeld wird. Aber das Motiv der „Könige aus dem Osten" kommt in der Jeremia-Weissagung nicht vor. Es ist schwierig anzunehmen, dass unserer Stelle eine bestimmte alttestamentliche Aussage zugrundeliegt. Vielmehr hat der Vf. bereits hier die Legende der Wiederkehr Neros (dazu den Exkurs unten) im Sinne.

**V. 13:** Die Vorstellung von unreinen Geistern „wie Fröschen" erinnert wiederum an die Exodusgeschichte (Ex 8,1ff; vgl. auch Ps 78,45; 105,30; Weish 19,10). Aber anders als die Frösche dort sind diejenigen an unserer Stelle nicht das Werkzeug zur Plage von Gottlosen. Die Wassertiere dienen nur dazu, die Szene V. 13ff mit dem Fluss Euphrat und damit mit der ersten Szeme zu verbinden. Erkennt man diese Funktion, wird der Versuch,[581] die Frösche selbst zu deuten, wenig sinnvoll. Auch

---

[580] KRODEL, Apk 286. Es gibt allerdings auch Forscher, die meinen, dass sich die Könige aus dem Osten mit der der ganzen Welt vereinigen (z.B. OSBORNE, Apk 590f).

[581] Die „Frösche" werden unterschiedlich erklärt (vgl. BÖCHER, Dämonenfurcht 95f): Sie seien in persischen Mythen Repräsentanten von Ahriman, dem Gott der Finsternis (CHARLES, Apk II 47 u.a.; vgl. Plutarch, de Iside 46), oder nach Lev 11,10 // Dtn 14,10 unreine Geister (ROLOFF, Apk 164 u.a.), oder wegen ihrer geräuschvollen Stimmen Symbol von Agitatoren (ALLO, Apk 237 u.a.), oder aber Schlangen ähnlich (KRAFT, Apk 208 u.a.).

die Beschreibung, dass die Geister[582] „aus dem Maul" der Trias kommen,[583] hat nur das Ziel, ihre Zugehörigkeit zu dieser zum Ausdruck zu bringen.

**V. 14:** V. 14 bietet zunächst eine kurze Zwischenbemerkung, „sie sind Dämonengeister,[584] die Zeichen tun". „Dämonen" kommen in der Offb auch in 9,20 und 18,2 vor, ihr Bild ist aber abgesehen davon, dass sie gegengöttliche Wesen sind, nicht einheitlich. Auch ihre Beziehung zu der Trias ist nicht deutlich (sie ist nur an unserer Stelle angedeutet). Es ist deshalb fraglich, ob der Vf. mit unserer Zwischenbemerkung etwa theologisch Tiefgehendes zum Ausdruck bringen wollte. Auch das Wort „sie tun Zeichen" unterstreicht nur den gegengöttlichen Charakter der Dämonen (ποιεῖν σημεῖα ist in der Offb stets mit einer gegengöttlichen Macht verbunden; vgl. ad 13,12).

Die Geister sammeln die Könige der ganzen Welt zum letzten Kampf mit Gott. Zu „die ganze Welt" (ἡ οἰκουμένη ὅλη) vgl. ad 3,10. Die Könige sind Vasallen des Tieres, des römischen Kaisers. Der zu erwartende letzte Kampf wird „der Kampf am großen Tag Gottes" genannt. Zum „großen Tag" vgl. 6,17: „der große Tag seines Zorns". Die Initiative scheint auf seiten der Geister zu liegen, die die Könige sammeln. Aber es handelt sich gerade umgekehrt um „den Kampf am großen Tag *Gottes*". Die Initiative liegt bei ihm; er kämpft mit seinen Gegnern und richtet sie.

Das Thema des eschatologischen Kampfes ist vor allem in Sach 12-14 belegt (vgl. 4Esr 13,8-11);[585] in der Offb kehrt es noch in 17,12-14; 19,19-21 und 20,7-10 zurück (vgl. auch 11,7), und zwar in der Weise, dass der Vf. es jedes Mal einen Schritt weiter entwickelt: Unsere Stelle berichtet nur von der Sammlung der Könige, 17,12-14 dann vom Kampf und Sieg des Lammes und 19,19-21 und 20,7-10 nochmals vom Kampf und dann vor allem vom Schicksal der beim Kampf Besiegten.

**V. 15:** In V. 15 denkt der Vf., durch „den großen Tag Gottes" in V. 14 veranlasst, an die Parusie, die als Auftakt zu jenem gilt und ermahnt die Leser zur Wachsamkeit und zum Festhalten an dem, was sie erhalten haben.[586]

---

[582] „Die unreinen Geister" ist in der Offb sonst nur noch in 18,2 belegt; sie spielen keine entscheidende Rolle wie die Trias oder Babylon. Zu den Geistern im Judentum vgl. STR-B IV 501-35; BOUSSET/GRESSMANN, Religion 326ff; SJÖBERG, ThWNT VI 373,39ff.

[583] Man kann diese Beschreibung unterschiedlich deuten. Nach MOUNCE, Apk 299; KEENER, Apk 395, z.B. soll mit ihr gesagt werden, dass sich die Geister mit Propaganda beschäftigen, oder nach HUGHES, Apk 176, mit „every kind of blasphemy, false teaching, and filthy language". Aber das Maul ist hier nur als ein Organ genannt, aus dem das, was im Körper ist, am leichtesten herauskommen kann (vgl. etwa 9,17.18).

[584] Πνεύματα δαιμονίων ist im Sinne von „Geister, d.h. Dämonen" zu verstehen (mit CHARLES, Apk II 48; LOHMEYER, Apk 136; POHL, Apk 189 Anm. 680 u.a.); in 18,2 stehen δαιμόνια und πνεῦμα ἀκάθαρτον nebeneinander.

[585] Vgl. WENDEBOURG, Tag 63f.81ff.

[586] CHARLES, Apk II 49, und LOHMEYER, Apk 136f, behaupten, dass V. 15 in den Kontext nicht passt, und vermuten seinen ursprünglichen Standort in 3,3. Aber alle Versuche, den ursprünglichen Standort dieses Verses in den Sendschreiben zu suchen, scheitern an der Tatsache, dass „in den Sendschreiben keine Seligpreisungen Platz haben; an deren Stelle stehen dort die Überwindersprüche" (KRAFT, Apk 209). Vielmehr müsste man sagen, dass dieser Vers dazu dient, „die Passage Offb 16,12-16 als Ausdruck christlicher Endtagserwartung verstehen" zu können (WENDEBOURG, Tag 351; ähnlich SÄNGER, Amen 88f).

Die verwendeten Ausdrücke wie „wie ein Dieb" oder „wach zu sein" sind im Urchristentum in weiten Kreisen in diesem Zusammenhang verwendet; in der Offb selbst in 3,3. In unserer Aussage ist aber ein anderes Thema mit aufgenommen, nämlich das der „Bewahrung der Kleider", damit die Schande nicht entdeckt wird.[587] Zwar ist die Verknüpfung der Motive des „Dieb" und der „Nacktheit" nicht unbedingt weit hergeholt, da man sich beim Schlafen auskleidete, aber sie ist in der christlichen und der frühjüdischen Literatur sonst nicht belegt. Außerdem fällt in unserem Text noch etwas auf, nämlich die Verwendung des Wortes „bewahren" (τηρῶν); vielleicht wäre ἐνδεδυμένος in unserem Zusammenhang treffender. Die Verwendung von τηρῶν erfolgte aber mit Absicht; sie ist nämlich durch das Motiv des „Wachseins" beeinflusst; vgl. 3,3. Das Verb τηρεῖν ist in der Offb beinahe ausnahmslos auf Substantive wie „Glaube" o. ä. (vgl. ad 1,3) bezogen. Der Vf. verwendet also hier den Begriff „die Kleider" als Sinnbild etwa des Evangeliums, das er verkündet hat, und will damit sagen, dass diejenigen, die an diesem festhalten, bei der Parusie nicht „nackt" gefunden und gerichtet werden.

**V. 16:** V. 16 führt zum ursprünglichen Gedankengang zurück. Die Darstellung der Vision endet mit dem Bericht der Sammlung der Könige; ihre sachliche Fortsetzung findet sich in 17,12–14. Der Ort, an dem sich die Könige versammeln, heißt „auf hebräisch Harmagedon".

### Exkurs: Harmagedon

Der Name „Harmagedon" besteht aus zwei Faktoren: „Har" und „Magedon". „Har" (Ἁρ) ist eine lautgetreue Transformierung des hebräischen הַר (=Berg); „Magedon" (Μαγεδων) ist sehr wahrscheinlich eine griechische Bezeichnung des Ortsnamens Megiddo (מְגִדּוֹ oder מְגִדּוֹן); LXX gibt in Ri 1,27 (Hs A) und 2Chr 35,22 Megiddo mit Μαγεδων wieder.[588] „Auf hebräisch" bedeutet also nicht, dass Harmagedon als ganzes ein rein hebräischer Ortsname ist. Die Bemerkung bezweckt, dem Namen Harmagedon einen geheimnisvollen Eindruck zu geben.

Megiddo war eine alte kanaanäische Stadt, lokalisiert am südlichen Rande der Jesreelebene und an den südöstlichen Ausläufern des Berges Karmel. Später gehörte sie zu Israel. Das AT berichtet im Blick auf Megiddo dreimal von Schlachten: Erstens siegten nach Ri 4 hier Debora und Barak über Sisera und sein kanaanäisches Heer; ein Satz im Deboralied, „Könige kamen und kämpften, Kanaans Könige kämpften da, zu Thaanach an den Wassern Megiddos" (5,19), erinnert an die Sammlung der Könige an unserer Stelle. Zweitens ist Megiddo nach 2Kön 9,27 der Ort, an dem Ahasja, der von Kämpfern aus der Schar Jehus beschossen wurde, starb. Und schließlich kämpfte nach 2Kön 23,29; 2Chr 35,20ff. Josia mit dem Pharao Necho hier und fiel.

---

[587] Ἵνα μὴ [...] βλέπωσιν τὴν ἀσχημοσύνην αὐτοῦ. Zur 3. Pers. Plu. (βλέπωσιν) vgl. ad 10,11; 12,6 (Gott als das faktische Subjekt).
[588] Sonst Μαγεδω in Ri 1,27 (Hs B); 2Chr 23,29 (Hs B); Μαγεδδων in Jos 12,21 (Hs A); Μαγεδδω in Jos 17,11 (Hs B); 4Reg 23,29f (Hs A); 1Chr 7,29 (Hs A) u. a.

Aber man kann unser Harmagedon nicht einfach mit Megiddo identifizieren, weil Megiddo auf der Ebene liegt und kein Berg ist.[589] Man hat verschiedentlich versucht, die Schwierigkeit zu umgehen:[590] Lohmeyer, Apk 137, identifiziert Harmagedon mit dem Berg Karmel. Dass sich auf diesem Berg die Geschichte Elias und der Baalspropheten abgespielt hat, spreche für diese Annahme. Aber die Tatsachen, dass der Berg Karmel von Megiddo etwa 20 km entfernt ist, und dass an unserer Stelle der Ort nicht Karmel-Berg heißt (warum sollte diese Verschlüsselung nötig gewesen sein?), stehen ihr im Wege. Darüber hinaus wird vorgeschlagen, die Bezeichnung „Harmagedon" etymologisch zu deuten; sie sind aber alle wenig überzeugend. Als ein Beispiel sei die durch F. Hommel im Jahre 1890 vorgelegte und auch heute von einigen befürwortete Erklärung, mit „Harmagedon" sei הַר מוֹעֵד, der Berg der Versammlung (vgl. Jes 14,13), bezeichnet. Diese Erklärung versucht etwa Kraft, Apk 209 zu untermauern, wenn er behauptet, der Vf. lehne sich in V. 14 an Jes 14,12 LXX, „der, welcher zu allen Völkern Botschaft sandte, wurde auf den Boden gestürzt", an; in Jes 14,13 sei dann das Vorbild unserer Weissagung zu finden: „Ich werde mich setzen auf den Berg der Versammlung"; so habe er diese Jesajastelle im Sinn, wenn er V. 14 und V. 16 schreibe.[591] Aber der Wortlaut unserer Stelle weicht von Jes 14,12 MT erheblich ab und, wie Kraft selber vermerkt, enthält der LXX-Text von Jes 14,13 anders als im MT das Wort „der Berg der Versammlung" nicht. Seine daran anschließende Erklärung, bei der Umwandlung von harmoed zu har-magedon habe Sach 12,11 hineingewirkt, ist auch nicht überzeugend; „de *mo'ed* à *mogued*, puis à *maguedon* l'évolution ne va pas de soi!".[592]

Bei dem Versuch einer Erklärung geht man am besten davon aus, dass die Hörer/Leser, als sie den Ortsnamen hörten/lasen, gleich an Megiddo denken würden. Vielleicht hat der Vf. eine Aussage wie Ri 5,19 im Sinne. Die Verbindung mit „Berg" (Har) spricht wohl dafür, die vorgesehene Schlacht auf Ez 38f zu beziehen (besonders 39,2.4; LXX liest hier: συνάξω σε [...] καὶ καταβαλῶ σε ἐπὶ τὰ ὄρη Ισραηλ); diese Stelle legt der Vf. in 20,8ff bei der Darstellung des durch Gog und Magog geführten Kampfes zugrunde.[593] Harmagedon ist ein auf diesem Hintergrund durch den Vf. selbst für das Schlachtfeld des letzten Kampfes gebildeter Ortsname.

**V. 17-21:** In dieser Vision finden sich Begriffe, mit denen der Vf. die auf die bisherige Darstellung dieser Reihe zurückblickt und sie abzurunden sucht (vgl. auch ad V. 11): Die „laute Stimme" (V. 17) korrespondiert derjenigen in V. 1, die die Reihe eröffnete; γέγονεν in V. 17 bildet den Höhepunkt einer Reihe von ἐγένετο-Prädikaten in dieser Reihe (vgl. gleich unten); der Hinweis auf „den Grimm Gottes" (V. 19) zeigt, dass der Sturz Babylons das Ziel der ganzen Reihe ist (vgl. 15,1.7; 16,1);[594] das Wort ist in der Schalenreihe nach V. 1 hier zum ersten Mal wieder verwendet. Der Sturz Babylons ist andererseits das Hauptthema des nächsten großen Abschnitts, 17,1-19,10. Die Vision fungiert also auch als Einleitung zu diesem. In

---

[589] „In John's day the tell or mound upon which Megiddo was built was about seventy feet in height, hardly enough to justify the designation Mount" (MOUNCE, Apk 301).
[590] Verschiedene Vorschläge sind z.B. bei OSBORNE, Apk 594f zusammengestellt.
[591] Ähnlich auch STROBEL, EWNT I 367.
[592] PRIGENT, Apk 366 Anm.23; ähnlich BEASLEY-MURRAY, Apk 245.
[593] Vgl. SWETE, Apk 209; CHARLES, Apk II 50; ALLO, Apk 239f; PRIGENT, Apk 367; GÜNTHER, Enderwartungshorizont 185 Anm.44.
[594] Vgl. YARBRO COLLINS, Persecution 736.

diesem Doppelcharakter bildet sie eine Parallele zu 21,1–8, einem Text, der ebenso gleichzeitig als Kulmination des Vorangehenden und Einführung in das Folgende anzusehen ist.[595]

**V. 17:** „Die Luft" ist deswegen als Bestimmungsort gewählt, weil die meisten hier genannten Naturphänomene (Blitze, Donner und Hagel) dort ihren Ort und ihre Quelle haben.[596]

Die absolute Formulierung γέγονεν, also ohne Angabe des Subjekts, deutet den umfassenden Charakter dessen an, was dabei gemeint ist. Dieses γέγονεν bildet einen Kontrast zu den ἐγένετο-Prädikaten, die in den anderen Schalenvisionen fast regelmäßig begegnen, aber dann immer mit bestimmten Einzelphänomenen verbunden sind, und unterstreicht, dass die Plagen jetzt ihren Höhepunkt erreichen; auch der Gebrauch des Perfekts weist darauf hin. Γέγονεν hat aber auch in einer anderen Hinsicht eine wichtige Funktion: In 21,6 wird es im Rahmen eines Spruches Gottes pluralisch (γέγοναν!) verwendet. Beide Ausdrücke stehen in einer komplementären Beziehung zueinander: Während sich unser γέγονεν auf das Unheil bezieht, das vor allem als Sturz Babylons verwirklicht wird, bringt das γέγοναν in 21,6 die Verwirklichung des eschatologischen Heils zum Ausdruck. Ihnen eignet außerdem eine buchkompositorisch parallele Funktion: Während unsere Aussage am Ende der Schalenreihe den nächsten Abschnitt (17,1–19,10) vorwegnimmt und jene mit diesem verbindet, wird die neue Heilszeit, die in 21,6 am Ende der Sektion 19,11–21,8 angedeutet wird, in der folgenden (21,9–22,9) inhaltlich entwickelt.[597]

**V. 18ff:** Auf die Stimme „es ist geschehen" folgen fünf außerordentliche Naturphänomene hintereinander (vgl. ad 8,5). Während die ersten drei, Blitze, Getöse und Donner, zusammengefasst und eher nüchtern dargestellt sind (ihnen gemeinsam geht ein ἐγένοντο voran), werden die beiden letzten, Erdbeben und Hagel, anders als in 11,19, bis hin zu ihren Wirkungen ausführlich dargestellt: Das Erdbeben verursacht den Untergang von Städten und die Veränderung der Gestalt des Geländes. Das Hauptereignis aber ist der Sturz Babylons.[598]

**V. 18:** Der Hinweis auf die Heftigkeit des Erdbebens, solche seien „nicht geschehen, seit der Mensch auf der Erde war", wird im AT, in Judentum und auch sonst in verschiedenen Zusammenhängen verwendet, in Bezug auf ein Erdbeben vgl. Josephus, ant. XV 121; Plinius, hist. nat. II 86, in Bezug auf endzeitliche Plagen vgl. Dan 12,1; Mk 13,9; TestMos 8,1; 1QM 1,11 (vgl. auch Joel 2,2).

---

[595] Vgl. KRODEL, Apk 354.
[596] Vgl. Philo, vit.Mos. I 129, wo die ägyptische Plage des Hagels u.a. „Plagen des Himmels und der Luft" genannt wird (BEALE, Apk 841).
[597] Vgl. BAUCKHAM, Structure 7.
[598] Nach BAUCKHAM, Earthquake 205, hält es der Vf. für notwendig, die letzte der Schalenvisionen, die mit Motiven aus der Exodusgeschichte gefüllt sind, durch die Erwähnung der Theophanie am Sinai neu zu akzentuieren. Dass das Element der Theophanie an unserer Stelle noch beibehalten ist, ist gewiss nicht zu bestreiten, aber das Gewicht liegt auf den Plagen (vgl. ad 8,5). BAUCKHAM überbewertet m.E. den Einfluss der Sinaitradition.

**V. 19f:** Dass die große Stadt (Babylon = Rom)[599] in drei Teil zerfiel,[600] ist Ausdruck für ihren vollkommenen Sturz.[601] Innerhalb des folgenden Hinweises, „die Städte der Völker stürzten ein", sind mit „den Völkern" nur die Gottlosen gemeint, die unter der Herrschaft Babylons stehen (14,8; 18,3.23).

Die Formulierung, dass „des großen Babylon vor Gott gedacht" wurde, klingt an die Darstellung der Gerichtssitzung Gottes an.[602] Die Vorstellung, dass das Gedenken Gottes für einen Menschen bzw eine Sache eine neue Situation schafft, ist im AT mehrmals belegt (Gen 8,1; 19,29; Ex 6,5; Ps 106,45; Ez 16,60 u.a.);[603] in der Offb vgl. 18,5. Zu „dem Becher des Weines seines grimmigen Zornes" vgl. ad 14,8.

**V. 20:** Zu „alle Inseln flohen und Berge waren nicht zu finden" vgl. 1Hen 1,6; AssMos 10,4. Im Vergleich mit 6,14 ist der Grad der Katastrophe erhöht. Das Verschwinden der Inseln und Berge ist zugleich ein Vorzeichen des Untergangs aller Kreaturen (20,11; 21,1);[604] die Verben ἔφυγεν und οὐχ εὑρέθη sind hier und 20,11 gemeinsam verwendet.

**V. 21:** Die Darstellung der Vision endet mit dem Bericht über einen großen Hagel[605] mit Ex 9,18–26 als Hintergrund (vgl. auch Ps 78,47f; 105,22; auch sonst dient er als ein Instument der Strafe Gottes: Jos 10,11; Jes 28,2.17; Ez 38,22; Ps 18,13f u.a.). Zu „den Menschen" vgl. ad V. 8. Bei der Darstellung des Erdbebens (V. 18–20) war anders als in 11,13 von menschlichen Schäden nicht die Rede; das hat wohl damit zu tun, dass „die große Stadt" personifiziert ist. Der Vf. hält es aber für nötig, von den menschlichen Schäden zu berichten, damit er zum Schluss der Reihe nochmals deren Starrsinnigkeit unterstreichen kann. Deshalb berichtet er über den Hagel. Dieser wird nicht wie in 8,7 „auf das Land" geworfen, sondern fällt „auf die Menschen". Die Verfluchung der Menschen ist einerseits die Folge ihres starrsinnigen Ungehorsams, andererseits bringt sie, wie der Hagelschlag zeigt, für sie unerträgliche Pein mit sich.

---

[599] „Wenn dort [V. 19] die ‚große Stadt' den ‚Städten der Heiden' gegenübergestellt wird, so passt dies eigentlich nicht auf Rom, sondern auf Jerusalem" (ROLOFF, Apk 161; ähnlich BEAGLEY, Sitz im Leben 91; RISSI, Hure 48; vgl. auch LOHMEYER, Apk 137f). Aber „die große Stadt" ist stellvertretend für „die Städte der Völker" vorangestellt. Auch dass erst hinterher Babylon namentlich genannt wird, kann kein Argument gegen die Identifizierung „der großen Stadt" am Anfang des Verses mit Babylon sein (gegen THOMAS, Apk II 275).

[600] Καὶ ἐγένετο ἡ πόλις [...] εἰς τρία μέρη ist eine ungeschickte Wendung; sie ist veranlasst durch die Anwendung der feststehenden (vgl. V. 2.3.4.10) Formel καὶ ἐγένετο; vgl. H.-P. MÜLLER, Plagen 269.

[601] MOUNCE, Apk 304 u.a.

[602] Vgl. ZAHN, Apk 547; Prigent, Apk 368; BIETENHARD, Welt 117 Anm.1 u.a.

[603] Vgl. MICHEL ThWNT IV 678,20ff.

[604] Vgl. FOERSTER, ThWNT V 486,3f; RISSI, Was ist 17; GÜNTHER, Enderwartungshorizont 206f; GIBLIN, Correlations 502.

[605] Ein einziges Hagelkorn ist als so gewichtig dargestellt „wie ein Talent"; ein Talent wiegt zwischen 25 und 40 kg. Nach Josephus, bell. III 167; V 270 wogen die bei der Belagerung Jerusalems von Steinwerfern der Römer geschleuderten Steine ein Talent.

## B. 17,1–22,5 Babylon und das neue Jerusalem

### 1. 17,1–19,10:[606] Das Gericht über die große Hure

*Buchkompositorische Beziehungen und Aufbau.* Das Gericht über die große Hure ist das Thema, mit dem die Schalenreihe ihren Höhepunkt erreichte (16,19), das aber dort nur kurz angeschnitten worden war. Der Bezug auf die Schalenreihe ist vor allem dadurch gesichert, dass Kap. 17 durch einen Schalenengel eingeführt wird (17,1). „Babylon" kommt in der Offb, abgesehen von den zwei kurzen Notizen in 14,8 und 16,19, nur in diesem Abschnitt vor, ist aber für den Vf. als das Gegenbild des neuen Jerusalem eine sehr wichtige Figur; näheres im Exkurs „Babylon" bei 14,8.

Dieser Abschnitt korrespondiert mit 21,9–22,9, wo das neue Jerusalem Thema ist. Das wird vor allem in der Parallelität der die Abschnitte einführenden Wendungen (mit geringfügigen Abweichungen) deutlich. Ähnliches lässt sich ferner im Blick auf die beiden Schlussteile (19,9f; 22,6–9) feststellen: In beiden Fällen wird die Glaubwürdigkeit „dieser Worte" unterstrichen, von einem Versuch des Sehers, den Offenbarungsengel anzubeten, und seiner Zurückweisung berichtet².[607] Allerdings ist die Parallelität am Ende nicht so augenfällig wie diejenige am Anfang der beiden Texte; vgl. ad 22,6–9 und Einleitung 5.1.1.

Man teilt unseren Abschnitt am besten in drei Teile ein, 17,1–18 (Hure Babylon und das Tier), 18,1–24 (Sturz Babylons und Klagelieder) und 19,1–10 (Lobgesänge im Himmel). Zur Korrespondenz zwischen 17,1f und 19,2 vgl. die einleitende Erklärung zu 19,1–10.

#### a) 17,1–18: Die Hure Babylon und das Tier

(1) **Und es kam einer der sieben Engel, die die sieben Schalen hatten, und redete mit mir und sagte: Komm, ich will dir das Gericht über die große Hure, die auf vielen Wassern sitzt, zeigen, (2) mit der die Könige der Erde Unzucht getrieben haben, und die Erdenbewohner sind vom Wein ihrer Unzucht trunken geworden. (3) Und er brachte mich im Geiste in die Wüste fort.**

**Und ich sah eine Frau auf einem scharlachroten Tier sitzen, voll mit Lästernamen, das sieben Köpfe und zehn Hörner hatte. (4) Und die Frau war mit Purpur und Scharlach bekleidet und mit Gold und Edelstein und Perlen geschmückt und hatte einen goldenen Becher in ihrer Hand, voll mit Greueln und der Unreinheit ihrer Unzucht. (5) Und auf ihrer Stirn [war] ein Name geschrieben, ein Geheimnis: Babylon, die große, die Mutter der Huren und der Greuel der Erde. (6) Und ich sah die Frau vom Blut der Heiligen und vom Blut der Zeugen Jesu trunken. Und ich erstaunte, als ich sie sah, mit großem Entsetzen.**

---

[606] Zum deutlich jüdischen Charakter dieses Abschnitts vgl. Einleitung 6.1.
[607] Vgl. GIBLIN, Correlations 488ff; SCHÜSSLER FIORENZA, Composition 172; BAUCKHAM, Worship 133f; SMITH, Structure 386f.

(7) Und der Engel sagte zu mir: Warum bist du erstaunt? Ich werde dir das Geheimnis der Frau und des Tiers, das sie trägt und die sieben Häupter und die zehn Hörner hat, sagen. (8) Das Tier, das du sahst, war und ist nicht und wird aus dem Abgrund heraufsteigen und geht ins Verderben. Und staunen werden die Erdenbewohner, deren Namen vom Anfang der Welt an im Lebensbuch nicht geschrieben stehen, wenn sie das Tier sehen, dass es war und nicht ist und dasein wird. (9) Hier gilt die Vernunft, [also] derjenige, der Weisheit hat.

Die sieben Häupter sind sieben Berge, auf denen die Frau sitzt, und sie sind sieben Könige. (10) Die fünf sind gefallen, der eine ist, der andere ist noch nicht gekommen; und wenn er kommt, soll er kurze Zeit bleiben. (11) Und das Tier, das war und nicht ist, ist selbst sowohl der achte als auch [einer] von den sieben und geht ins Verderben. (12) Und die zehn Hörner, die du sahst, sind zehn Könige, die die Herrschaft noch nicht empfangen haben, aber sie werden Macht wie Könige für eine Stunde mit dem Tier empfangen. (13) Diese sind eines Sinnes und geben ihre Macht und Gewalt dem Tier. (14) Diese werden mit dem Lamm Krieg führen, und das Lamm wird sie besiegen, denn es ist Herr der Herren und König der Könige, und die mit ihm, Berufene und Auserwählte und Treue. (15) Und er sagt zu mir: Die Wasser, die du sahst, wo die Hure sitzt, sind Völker und Scharen und Nationen und Sprachen. (16) Und die zehn Hörner, die du sahst, und das Tier, diese werden die Hure hassen und sie verwüstet und nackt machen und ihr Fleisch verzehren und sie mit Feuer verbrennen. (17) Denn Gott hat ihnen ins Herz gegeben, seinen Willen auszuführen und einen Sinn zu tun und ihre Herrschaft dem Tier zu geben, bis die Worte Gottes erfüllt sein werden. (18) Und die Frau, die du sahst, ist die große Stadt, die über die Könige der Erde Herrschaft hat.

**V. 1–18:** Kap. 17 besteht aus der Einleitung (V. 1–3a), der Vision (V. 3b–6) und ihrer Erklärung durch den Engel (V. 7–18).

**V. 1:** Zum Deuteengel vgl. ad 1,1. Er will dem Seher „das Gericht über die große Hure" zeigen. Es gibt in Kap. 17 keine Beschreibung des Gerichts, das unmittelbar durch Gott an ihr vollzogen wird. Statt dessen berichtet V. 15–17 die Ermordung der Hure durch das Tier und die zehn Könige; mit „dem Gericht über die große Hure" ist dies Geschehen gemeint.

Babylon wird zum ersten Mal „die große Hure" genannt, sachlich war das aber bei ihrem ersten Auftritt (14,8) vorausgesetzt. Sie ist die Mutter der Huren (V. 5), die Unzuchtspartnerin von Königen der Erde (V. 2; 18,3.9) und lässt die Erdenbewohner vom Wein ihrer Unzucht trinken (14,8; 17,2; 18,3; 19,2). „Unzucht" ist ein Sinnbild für das gottfeindliche Verhalten.

Auch im AT ist gelegentlich ein Volk oder eine Stadt mit einer Hure verglichen: In Jes 1,21; 57,7–13 u. a. ist Jerusalem bzw. Israel eine Hure. In Jes 23,15–18 wird Tyrus und in Nah 3,1–7 Ninive wegen reger Handelstätigkeiten eine Hure genannt. Da Babylon in Offb 18 als eine starke wirtschaftliche Macht dargestellt ist und da dort alttestamentliche Weissagungen über Tyrus mehrmals reflektiert sind, vermuten einige Forscher bei der Verwendung dieses Namens den Einfluss dieser alttestamentlichen Stellen.[608] Aber dass in Kap. 18 die Handelsbeziehung doch nicht direkt als Unzucht bezeichnet ist (vgl. ad 18,3), spricht gegen eine solche Mutmaßung. Vielmehr muss man Ez 16 und 23 als Hintergrund denken, da mehrere Züge in V. 1-6 an Beschreibungen dort erinnern[609] und vor allem in V. 16 deutlich Ez 16,39; 23,25-29 anklingt.

Die Beschreibung, dass die Hure „auf vielen Wassern" sitzt, entspricht der geographischen Lage Babylons, das vom Euphrat und vielen mit ihm verbundenen Kanälen umgeben und durchzogen ist (vgl. Jer 51,13; Herodot I 178). Hier denkt der Vf. aber vielleicht an die Stadt Rom mit dem Tiber und ihrer Hafenstadt Ostia, die mit der ganzen Welt regen Schiffverkehr hat; vgl. 18,17b. Das Wort „sitzen"[610] weist auf Babylons hohe Stellung und große Macht hin (vgl. 18,7).[611]

**V. 2:** Der Vf. nennt als ihre Kollaborateure „die Könige der Erde" und „die Erdenbewohner". Aber sie sind nicht hauptverantwortlich; das Gericht gilt der Hure. Der Hinweis auf die Könige unterstreicht die Macht der Hure; vgl. 18,3.9ff. Dass die Erdenbewohner vom Wein der Hure betrunken sind, ist nicht ein Hinweis auf die Verfolgung der Frommen (vgl. V. 6); denn sie ist in V. 2f durch nichts angedeutet und in 18,3 kommt eine ähnliche Aussage ohne Bezugnahme darauf vor.

**V. 3a:** Dass Johannes in die Wüste gebracht wird, setzt nicht voraus, dass sich die Hure dort aufhält. Genau wie der „Berg" auf die Heiligkeit des neuen Jerusalem hinweist, deutet die „Wüste" das unreine und gottfeindliche Wesen der Hure an. Zu „im Geiste" vgl. ad 1,10.

**V. 3b:** Der Bericht vom Aussehen der Hure (bis V. 6a). Das Tier, auf dem sie sitzt, ist gleich dem, von dem seit Kap. 13 als der irdischen Verkörperung des Drachen mehrmals die Rede gewesen ist.[612] Dass die Hure auf ihm sitzt, zeigt sie als miteinander Verbündete. Die scharlachrote Farbe findet auch Erwähnung als Farbe der Kleider der Hure (V. 4; 18,16): Sie ist die Farbe der Sünde (vgl. vor allem Jes 1,18; vgl. 1Clem 8,3f). Was die Farbe andeutet, bringt der Vf. direkter zum Ausdruck: Das Tier ist „voll mit Lästernamen". Im Vergleich mit 13,1 - an dieser Stelle sind die Lästernamen nur mit Köpfen des Tiers in Verbindung gebracht - ist hier eine Steigerung feststellbar. Zu „Lästernamen" vgl. ad 13,1. Als ein drittes Merkmal des Tieres nennt der Text, dass es „sieben Köpfe und zehn Hörner" hat; dazu vgl. 12,3 (der Drache) und 13,1 (das Tier). In V. 9ff werden diese Züge erklärt.

**V. 4:** Die Darstellung der Hure selbst beginnt mit der Beschreibung ihrer Kleider und ihres Schmucks. Im Hintergrund der Darstellung steht, dass die römischen

---

[608] Z.B. BAUCKHAM, Critique 346.
[609] Die Stadt treibt in weltweitem Ausmaß Unzucht (V. 1f/Ez 16,15f.25.29), trägt kostbare Ornamente (V. 4a/Ez 16,13), hat einen grauenhaften Becher in der Hand (V. 4b/Ez 23,31f) und ist für das Ausgießen von Blut verantwortlich (V. 6/Ez 16,38; 23,45).
[610] Jer 51,13/Ιερ 28,13 hat „wohnen", שְׁכַנְתְּ/κατασκηνοῦντας; „sitzen" ist also eine bewusste Änderung durch den Vf.
[611] Gott sitzt auf dem Thron (4,2 u.a.); von Christus vgl. 3,21; vgl. ad 4,2.
[612] Vgl. unten den Exkurs „Das Tier in Kap. 13 und in Kap. 17".

Kaiser seit Caligula und auch Domitian (vgl. Sueton, Dom. 4,4) Purpurmantel und Diadem trugen. Dass die Farbe ihre Widergöttlichkeit andeutet, wird dadurch deutlich, dass sich ihr Gegenüber, die Braut (= das neue Jerusalem), mit glänzender reiner Leinwand bekleidet (19,8).

Als Schmuck nennt der Text Gold, Edelstein und Perlen (vgl. auch 18,16). In der Offb findet man keine Aussage, die jene als solche negativ betrachtet. Auch wenn an unserer Stelle ein kritischer Ton nicht zu überhören ist (vgl. 18,12), unterstreicht der Hinweis auf den Schmuck in erster Linie, dass die Hure außerordentlich reich ist.

Der Beschreibung, dass die Hure einen goldenen Becher in der Hand hat, liegt Jer 51,7, Babylon sei „ein goldener Becher in der Hand Jahwes", zugrunde (vgl. Hab 2,16; Ps 75,9). Der Vf. modifiziert das Bild in wichtigen Punkten: Während in Jer 51,7 Babylon selber ein goldener Becher in der Hand Jahwes ist, befindet sich dieser hier in der Hand der Hure. Die Vorstellung, dass Babylon Stellvertreterin Jahwes ist, ist hier also zurückgewiesen, ihr gottfeindlicher Charakter ist stärker betont. Er ist auch durch die Angabe des Inhalts des Bechers zum Ausdruck gebracht: Er ist „voll mit Greueln und der Unreinheit ihrer Unzucht". Da in V. 1–6 der Einfluss von Ez 16 und 23 maßgebend ist (vgl. ad V. 1), ist auch der Begriff „Greuel" (βδέλυγμα), der in der Offb außer V. 4f nur noch in 21,27 belegt ist (außerdem in 21,8 ἐβδελυγμένος), wahrscheinlich von dort entnommen; allein in Ez 16 kommt nämlich תּוֹעֵבָה neunmal vor (in Kap. 23 einmal). LXX gibt das Wort allerdings an keiner dieser Stellen mit βδέλυγμα wieder,[613] so dass man an unserer Stelle kaum mit einem Einfluss von LXX rechnen kann. תּוֹעֵבָה ist Inbegriff dessen, was die richtige Beziehung zwischen Gott und Menschen zerstört, also der Nichtbeachtung der Gebote Gottes; das gilt auch an unserer Stelle.

**V. 5:** Auf der Stirn der Hure steht, wahrscheinlich nach der Sitte römischen Dirnen,[614] ihr Name, „Babylon die große, die Mutter der Huren[615] und der Greuel der Erde", geschrieben. Der Vf. bezeichnet ihn als „Geheimnis". Dass es sich bei „Babylon" um Rom handelt, wird den Lesern kein Geheimnis sein. Mit dem Geheimnis ist vielmehr die Beziehung zwischen Babylon und „den Huren und den Greueln der Erde" gemeint: Hinter den „Huren" und „Greueln", mit denen die Christen alltäglich konfrontiert sind, steht die Großmacht Babylon.

---

[613] LXX übersetzt es in Ez 16 fast durchweg mit ἀνομία. In 16,22 fügt Origenes mit Asteriskus καὶ τὰ βδελύγμά σου ein.

[614] So CHARLES, Apk II 65; MOUNCE, Apk 310; SCHNEIDER, ThWNT IV 640,11f u.a.; als Belege sind Juvenal, sat. 6,122f; Sen Rhet I 2,7 u.a. zu nennen.

[615] Πορνων kann entweder Maskulinum πόρνων oder Femininum πορνῶν sein (MOULTON II 60). NESTLE/ALAND²⁷ z.B. liest πορνῶν. Es ist an sich denkbar, dass der Vf. gottfeindliche Menschen sozusagen als Verkleinerungen Babylons betrachtet und sie in dem Sinne πόρναι nennt. Aber in der Offb ist ein solcher Wortgebrauch nicht belegt; πόρνη ist immer Bezeichnung der großen Hure Babylon selber. Auf der anderen Seite kommt πόρνος in den Katalogen von Gotteslästerern in 21,8; 22,15 vor, und zwar in 21,8 mit „mit Greueln Befleckten" (ἐβδελυγμένοι, vgl. βδελύγματα an unserer Stelle) zusammen. Πορνων an unserer Stelle ist demnach besser als πόρνων zu lesen. Der Vf. hat vielleicht eine Menge von Gotteslästerern im Sinn und betrachtet die große Hure als deren Haupt.

**V. 6a:** Erst in V. 6a weist der Text auf die Beziehung Babylons zu den Christen hin. Die Erklärung V. 6a knüpft wie ein nachträgliches Anhängsel an das Bild des Bechers in V. 4 an. In der folgenden Darstellung verschwindet dieser Gesichtspunkt wieder. Im ganzen Abschnitt bis 19,10 werden die Christen nur am Rande erwähnt. Zu dieser Frage vgl. Einleitung 6.1.

Dass im Becher das Blut der Christen ist, ist zwar letzten Endes kein Widerspruch zur Aussage in V. 4; aber zwischen beiden Angaben, V. 4 und V. 6a, ist doch ein gewisser Unterschied unverkennbar; denn „Greuel" und „die Unreinheit ihrer Unzucht" sind in erster Linie Bezeichnung kultischer Vergehen und lassen sich nicht so ohne weiteres mit dem Blutvergießen verknüpfen. Bei der Formulierung an unserer Stelle handelt es sich um eine sekundäre Umschreibung durch den Vf. vom christlichen Standpunkt aus. Auch dass der Vers mit καὶ εἶδον beginnt, einem Ausdruck, den der Vf. bei einer neuen Entwicklung oft verwendet, unterstützt diese Ansicht. Zur Verwandschaft zwischen Blut und Wein vgl. ad 7,14 und 14,20.

„Von Blut trunken" ist auch im AT ein Bild für die Massenermordung (Dtn 32,42; Jes 34,7; 49,26; Jer 46,10; Ez 39,19 u.a.). Allerdings wird dann als Subjekt meistens eine Waffe oder ein Landstrich genannt. Im Judentum war der Abscheu vor dem Trinken von Blut sehr stark, was sich in der Spärlichkeit diesbezüglicher Darstellungen widerspiegelt. Um so mehr musste unsere Stelle als schockierend empfunden werden.[616]

Es ist nun schwierig anzunehmen, dass der Vf. und seine Leser selbst eine Massenermordung von Christen erlebt haben (vgl. ad 2,13). Als Hintergrund könnte die Verfolgung durch Nero in Frage kommen.[617] In der Tat spielt in V. 6bff die Nerolegende eine große Rolle, aber dann ist sie nicht mit der Hure, sondern mit dem Tier verbunden und von der Verfolgung der Christen nirgends die Rede. Wahrscheinlich spiegelt sich an unserer Stelle nur die Überzeugung des Vf. von einer Verfolgung in naher Zukunft wider.

Neben „den Heiligen" begegnen hier „die Zeugen Jesu". Da der Vf. als Verfolgte mehrmals „Propheten und Heilige" nennt (16,6; 18,24; vgl. auch 11,18; 18,20), und da dabei Propheten eine besondere Gruppe unter den Christen ausmachen, sind „die Zeugen Jesu" hier mit den „Propheten" an den anderen Stellen identisch.[618] Nach seiner Auffassung werden jedenfalls nicht nur eine bestimmte Gruppe unter den Christen, sondern alle Christen der Verfolgung ausgesetzt. Die

---

[616] Vgl. Plinius, hist.nat. XIV 28,148: Antonius „war vom Blut von Bürgern trunken"; vgl. auch etwa Sueton, Tib. 59. Vgl. SWETE, Apk 217; CHARLES, Apk II 66 u.a.

[617] So CHARLES, Apk II 65f; HADORN, Apk 170; KRETSCHMAR, Offenbarung 52 u.a.

[618] Nach LOISY, Apk 305; MOUNCE, Apk 311; THOMAS, Apk II 290; PRIGENT, Apk 378; SCHWEIZER, Gemeinde 121 Anm. 491 u.a. sind „die Zeugen" entweder mit „den Heiligen" identisch, oder bezeichnen den Charakter „der Heiligen" präziser. WIKENHAUSER, Apk 111; KRAFT, Apk 216; AUNE, Apk 937; MAZZAFERRI, Genre 306 identifizieren dagegen „die Zeugen" mit Propheten. BECKWITH, Apk 694; BEASLEY-MURRAY, Apk 253, behaupten, dass „die Zeugen Jesu" Christen sind, während unter „den Heiligen" auch Figuren aus dem AT einbegriffen seien, aber diese Deutung der Heiligen ist nicht akzeptabel (vgl. ad 5,8).

Apposition „Jesu" bei dem Begriff „die Zeugen Jesu" ist ein possesiver Genitiv;[619] vgl. 2,13; 11,3.

**V. 6b:** Das Erstaunen des Sehers führt die Deutung durch den Engel in V. 7ff ein.[620] Auch in der jüdischen Apokalyptik wird manchmal berichtet, dass ein Seher nach der Schau einer Vision sich entsetzt (Dan 8,27), beunruhigt ist (syrBar 55,2; 4Esr 10,31) oder sich fürchtet (4Esr 13,13) und dass diese seelische Spannung dann durch die Deutung eines Engels o. ä. gelöst wird.

**V. 7-18:** Die Deutung des Tieres, seiner Häupter und seiner Hörner durch den Engel. V. 15-18 stellt die Vernichtung der Frau durch das Tier usw. dar. Die Erklärung hinterlässt auf den ersten Blick einen verwirrenden Eindruck, denn sie scheint mit der Vision nicht gut koordiniert zu sein. In jener war die Hure die Hauptfigur, die Erklärung beschäftigt sich dagegen in erster Linie mit dem Tier. Aber das Thema der Vision, das Gericht über die Hure, wird doch am Ende der Erklärung verwirklicht (V. 16f). Der Vf. verwendet dabei die Nerolegende;[621] die lang ausgeführte Darstellung vom Tier und von den zehn Hörnern ist ein Teil dieser und stellt in diesem Sinn keine thematische Abweichung dar.

*Exkurs: Die Legende von der Wiederkehr Neros*[622]

Nero beging im Jahre 68 Selbstmord. Nach seinem Tod bildete sich bald der Glaube, dass Nero in Wirklichkeit nicht gestorben sei, sondern irgendwo weiter lebe; er verband sich dann mit der Erwartung eines Königs aus dem Osten, der Rom erobern und die ganze Welt beherrschen werde,[623] und entwickelte sich weiter zu der Legende, dass Nero zu den Parthern geflohen sei und dermaleinst an der Spitze eines parthischen Heeres an Rom Rache nehmen und gegen das *imperium* Krieg führen werde (Sib; vgl. unten). Dementsprechend erschienen mehrere Pseudo-Nerones. Tacitus, hist. II 8f erzählt, dass sich schon im Jahr 69 ein Sklave aus Pontus (oder ein Freigelassener aus Italien) für Nero ausgab und Achaia und

---

[619] THOMAS, Apk II 290; OSBORNE, Apk 613; HOLTZ, Christologie 23 halten es für einen objektiven Genitiv.

[620] Trotz der Fülle von Visionen ist in diesem Buch vom Erstaunen des Sehers sonst sehr selten die Rede. Seine Reaktion nach der Schau des Menschensohnähnlichen in 1,17 steht sachlich unserer Stelle nah, folgt aber dem traditionellen Denkschema, dass ein Mensch, der dem Heiligen begegnet ist, nicht weiter am Leben bleiben kann, und ist keine echte Parallele zu unserer Stelle. KARRER, Brief 249 Anm. 113, zählt 5,4; 7,13f als verwandte Beispiele auf, aber das Erstaunen ist dort nicht besonders hervorgehoben. Unser Erstaunen ist auch nicht identisch mit dem, das die Erdenbewohner beim Betrachten des Tieres ergriffen hat (V. 8; anders etwa GIESEN, Apk 373; RESSEGUIE, Revelation 204).

[621] Bereits Viktorin macht darauf aufmerksam (SWETE, Apk 164). Auch in Philosfrat. vit. Apoll. 4,38 und Sib 8,157 wird Nero mit einem Tier gleichgesetzt (θηρίον/θῆρ μέγα); vgl. KREITZER, Hadrian 92 Anm. 4.

[622] Zu dieser Legende vgl. BOUSSET, Apk 411ff; CHARLES, Apk II 83ff; MÜLLER, Apk 297ff; YARBRO COLLINS, Combat Myth 176ff.

[623] Gegen Rom gerichtete Weissagungen soll schon der „Peripatetiker" Antisthenes aus Rhodos in der 1. Hälfte des 2. Jh. v. Chr. in seiner Darstellung des römischen Feldzugs gegen Antiochus III berichtet haben (FGrHist. II B, S. 1174ff nach Phlegon; vgl. NILSSON, Religion II 110f; FUCHS, Widerstand 5f; HENGEL, Judentum 341).

Kleinasien in Aufregung versetzte (vgl. Dio Cassius LXIV 9; Zonaras 11,25). Ein zweiter erschien in der Regierungszeit des Titus (79–81) am Euphrat und erhielt eine Weile die Unterstützung der Parther (Zonaras 11,18). Sueton, Nero 57 berichtet ebenso, dass etwa zwanzig Jahre nach dem Tod Neros ein Pseudo-Nero erschien und unter den Parthern viele Gönner fand; ob er ein anderer Mann als derjenige ist, von dem Zonaras berichtet, ist nicht auszumachen. Von dem Glauben bzw. dem Wunsch, dass Nero noch lebt, wird sogar in der Regierungszeit Trajans berichtet (Dio Chrysostomos, or. XXI 10), andererseits wurde aber die Ansicht, er sei schon tot, gegen Ende des 1. Jh. doch vorherrschend.

Die Nerolegende fand schon früh in jüdischen Schriften Aufnahme. Den ältesten Beleg bietet Sib 4. Das Orakel nimmt den Volksglauben der Wiederkehr Neros (ohne den Namen anzugeben) auf und verbindet ihn mit dem jüngst (im Jahre 79) geschehenen Ausbruch des Vesuvs (130ff).

In Sib 5, ein Buch, das, abgesehen von einigen Einschüben (1–51 u. a.), wohl am Ende des 1. Jh. entstand, bekommt das Bild des wiederkehrenden Nero dämonische Züge: Er greift, durch drei Moiras durch die Luft getragen, Korinth an und schneidet drei Köpfen (drei Flaviern?) mit der Sichel die Wurzeln ab (214–227). Nachdem sich die Erwartung längere Zeit doch nicht erfüllt hatte, konnte man sich also seine Wiederkehr nicht mehr vorstellen, ohne seiner Person übernatürliche Kraft zuzuschreiben. Anders als in Sib 4 werden hier Züge des eschatologischen Widersachers aus der jüdischen Apokalyptik auf Nero übertragen (361ff). Er kommt vom Westen her und will „die Stadt der Seligen" zerstören, dann vernichtet aber ein König, der von Gott gegen ihn gesandt wird, alle Mächtigen, und anschließend findet das Gericht über die Menschen statt (104–110). Im ersten Absatz des Buches (1–51), der wahrscheinlich erst aus der Zeit Hadrians stammt, ist sogar davon die Rede, dass sich der wiederkommende Nero mit Gott identifiziert (28–34). Vgl. ferner Sib 8,70–72.139–159.

In unseren deutenden Erklärungen ist nun der Einfluss der Nerolegende deutlich erkennbar: Der Hinweis darauf, dass die zehn Hörner = zehn Könige mit dem Tier zusammen die große Hure vernichten (V. 12b.16), entstammt ursprünglich dieser Tradition. Auch die Identifizierung des Tiers mit dem achten König, der gleichzeitig einer der sieben Könige ist (V. 11), setzt diese voraus. Andererseits hat die inhaltlich eng mit 16,14; 19,19f; 20,7–10 verbundene Darstellung V. 14, dass der Wiederkehrende mit dem Lamm Krieg führt, nichts mit ihr zu tun. Die durch die Legende beeinflusste Auffassung, dass die Hure durch das Tier und seine Verbündeten vernichtet wird, ist in der Offb nur in 17,16 belegt. Im Rest des Buches wird der Sturz Babylons direkt auf das Wirken Gottes zurückgeführt oder setzt dieses mindestens voraussetzt (vgl. ad 14,8); dabei liegt Jer 50f zugrunde. Diese Inkongruenz hält der Vf. anscheinend nicht für schwerwiegend. Sowohl Jer 50f als auch die Nerolegende sieht er als einen für die Darstellung des Sturzes Babylons, des Gesamtthemas unseres Abschnitts (vgl. V. 1), geeigneten Stoff an, und er macht sich keine Gedanken darüber, wie er beide miteinander harmonisieren soll.

### Exkurs: Das Tier in Kap. 13 und in Kap. 17

In diesen beiden Kapiteln ist die Hauptfigur ein Tier. Dass dabei das gleiche Tier gemeint ist, ist kaum zu bezweifeln. Im Rahmen der Darstellung dieses Tieres in den beiden Kapiteln sind gemeinsame Züge feststellbar: Es hat sieben Köpfe und zehn Hörner (13,1; 17,3.7); es ist nach 17,3 voller blasphemischer Namen, nach 13,1 sind sie auf seinen Häuptern zu erkennen; dass es aus dem Abgrund heraufsteigt (17,8), erinnert an sein Aufsteigen aus dem Meer (13,1; allerdings vgl. die Auslegung dort). Ob die wunderbare Genesung seiner tödlichen Wunde in Kap. 13 und seine Wiederkehr nach dem zeitweiligen Verschwinden in Kap. 17 als verschiedene Versionen einer gleichen Vorstellung zu anzusehen sind,[624] ist fraglich (vgl. unten und ad 13,3), aber jedenfalls schreibt der Vf. ihm in beiden Kapiteln eine übernatürliche Kraft zu, die die Erdenbewohner in Staunen versetzt (13,3; 17,8).

Zwischen beiden Kapiteln bestehen andererseits deutliche Unterschiede, die aber lediglich auf unterschiedliche Ausrichtungen der jeweiligen Texte zurückzuführen sind. In Kap. 13 ist das Interesse des Vf. vorwiegend auf die Wirkung des Auftretens des Tieres auf Menschen gerichtet: Die Erdenbewohner sind gezwungen, dessen Bild anzubeten und dessen Malzeichen zu empfangen; die Christen, die dessen Willen nicht Folge leisten, werden verfolgt. In Kap. 17 begegnen die Erdenbewohner nur einmal als Bewunderer des Tieres (V. 8b); die Christen werden nur in V. 6a und V. 14 kurz erwähnt, und zwar jeweils vom Kontext abweichend; das Thema dieses Kapitels ist der Sturz Babylons, der an sich ohne Beziehung zum Geschick der Christen verwirklicht werden soll. In diesem Kapitel ist außerdem vom Untergang des Tieres zweimal die Rede (V. 8.11). Dazu findet man in Kap. 13 keine Entsprechung; buchkompositorisch konnte der Vf. dort noch nicht so weit in die Zukunft gehen.

**V. 7:** In V. 7 beginnt die Erklärung des Engels vor allem im Blick auf das Tier. Die Attribute, „die sieben Häupter und die zehn Hörner" (vgl. V. 3), spielen in der folgenden Deutung eine zentrale Rolle (vgl. V. 9ff). Zum „Geheimnis" vgl. ad 1,20.

**V. 8:** Durch die viergliedrigen Erklärung, es „war und ist nicht und wird aus dem Abgrund heraufsteigen und geht ins Verderben", wird das Tier als Gegenüber zu Gott bzw. Christus (vgl. 1,4 u.a.) vorgestellt. Dass es jetzt nicht da ist, entspricht der Auffassung der Nerolegende, aber gleichzeitig dem Empfinden der Christen, dass die größte Drangsal noch für die Zukunft zu erwarten ist.[625] Für die ersten drei Glieder dieser Erklärung lassen sich ungefähre Entsprechungen in der Gottes- bzw. der Christusbezeichnung aufweisen, nicht aber für das vierte, das besagt, dass das Tier „ins Verderben gehe" (vgl. V. 11). Dieser Hinweis sprengt auch den Rahmen der Nerolegende. Dass der Vf. dennoch zweimal (auch in V. 11) eine solche Bemerkung macht, macht seine Intention deutlich, dem Tier seinen für die Leser furchterregenden Eindruck zu nehmen und sie vom Erstaunen über jenes zu befreien. Die Erdenbewohner sind dagegen über dessen Herkunft und dessen Ende nicht unterrichtet und bleiben deshalb Staunende. Sie werden als diejenigen, „deren Namen vom Anfang der Welt an im Lebensbuch nicht aufgeschrieben sind", bezeichnet (vgl. ad 13,8). Dies ist ein negativ formuliertes Trost- und Ermunterungswort für die Leser.

---

[624] So etwa THOMAS, Apk II 292.
[625] Vgl. KRAFT, Apk 222.

**V. 9:** Zur Bemerkung, „hier gilt es die Vernunft, [also] derjenige, der Weisheit hat",[626] vgl. 13,18. Von Christen wird erwartet, an der Glaubensvernunft und Glaubensweisheit festzuhalten, damit sie, anders als die Erdenbewohner, das Wesen des Tieres erkennen.

Die sieben Häupter des Tieres werden zunächst mit den sieben Bergen identifiziert. Die sieben Hügel Roms sind gemeint.[627] Der Engel erklärt dann, dass sie „sieben Könige" seien. Βασιλεύς ist im Orient Bezeichnung für Kaiser gewesen.[628]

*Exkurs: Die Sieben Könige*

Die Meinungen der Gelehrten über die Liste sind geteilt.

1.) Einige Forscher gehen von der Voraussetzung aus, dass die Reihe alle Kaiser bis zur Zeit der Abfassung der Offb umfasst: Einige von ihnen identifizieren den ersten mit Augustus,[629] überspringen die drei Interregnumkaiser[630] und identifizieren den sechsten, der jetzt regiert, mit Vespasian.[631] Dass die Offb wahrscheinlich in der Regierungszeit Domitians geschrieben wurde, macht ihnen keine Schwierigkeit. Denn nach den meisten von ihnen benutzt der Vf. eine Weissagung aus der Zeit Vespasians. Aber dazu muss man sagen, dass diese Sicht „literarkritisch nicht eindeutig nachgewiesen werden kann und darüber hinaus eine solche postulierte Quelle zeitgeschichtlich wohl kaum näher einzuordnen wäre, was aber wiederum für die Deutung wichtig wäre".[632] Einigen anderen Forschern zufolge schreibt der Vf. diesen Teil als *vaticinium ex eventu*.[633] Aber dieser Annahme stehen Schwierigkeiten im Wege: Erstens spricht gegen sie, „dass die Kommunikationssituation der Offb, bei der Adressaten und Verfasser einander persönlich bekannt sind, die Vorspiegelung einer früheren Abfassungszeit höchst unwahrscheinlich macht".[634] Zweitens müsste man dann annehmen, dass der Vf. das Risiko in Kauf nimmt, die Leser davon überzeugen zu müssen,

---

[626] ῶδε ὁ νοῦς ὁ ἔχων σοφίαν. Grammatikalisch könnte ὁ ἔχων σοφίαν als Beiwort zu ὁ νοῦς betrachtet werden. Aber in 13,18 treten ἡ σοφία und ὁ ἔχων νοῦν ohne Zusammenhang miteinander auf, wobei Weisheit und Vernunft inhaltlich kaum zu unterscheiden sind. Die Formulierung an unserer Stelle wäre am besten auf diesem Deutungshintergrund zu verstehen.

[627] Vgl. z.B. Horaz, carm. 7; Vergil, Aen. VI 782; Sueton, Dom. 4,5; sonstige Belege vgl. SWETE, Apk 220; LOHMEYER, Apk 143; CAIRD, Apk 216; AUNE, Apk 944f.

[628] Vgl. 1Petr 2,13.17; 1Tim 2,2; 1Clem 37,3; 4Esr 12,14.23; vgl. DEISSMANN, Licht 310; SCHMIDT, ThWNT I 576,32ff.

[629] Das ist nicht selbstverständlich: Während Tacitus Caesar *dictator* nennt und ihn vom *imperator* Augustus unterscheidet (hist. I 90; vgl. auch ann. III 62; VI 16; XIII 3; XIV 9; hist. III 68), sehen Sueton; Sib 5,12; Josephus, ant. XVIII 32; 4Esr 11,12ff u.a. Caesar als den ersten Kaiser an (BECKWITH, Apk 704 u.a.). Zählt man aber von Caesar an, wird der sechste, der jetzt regiert, Nero, was gegen die Theorie des *Nero redivivus* spräche, denn als der Wiederkehrender kann er jetzt nicht leben (V. 11).

[630] Auch das ist nicht selbstverständlich. Sueton, Caes. 7; Sib 5,35; Josephus, bell. IV 494ff u.a. behandeln alle drei als Kaiser.

[631] BOUSSET, Apk 406f; CHARLES, Apk II 69; SCHÜTZ, Domitian 48 u.a.

[632] GÜNTHER, Enderwartungshorizont 141.

[633] VÖGTLE, Apk 132; GIESEN, Apk 382; FEUILLET, Chap.XI 200; VIELHAUER/STRECKER, Apokalypsen 504; BÖCHER, Johannesapokalypse 96.

[634] ROOSE, Zeugnis 56.

Domitian, der als Sohn von Vespasian allgemein bekannt war und bis jetzt die Christen nicht systematisch verfolgte (vgl. Einleitung 4.4.), als das übernatürliche Tier anzusehen.[635]

2.) Eine zweite Gruppe von Forschern lässt die Liste mit einem Kaiser beginnen, der ihrem Ermessen nach dafür besonders geeignet ist. Dabei gehen sie davon aus, dass das Buch unter Domitian geschrieben worden ist. Einige beginnen mit Caligula; die drei Interregnumkaiser überspringen sie; so wird der sechste Domitian. Diejenigen Forscher, die die Reihe so deuten, bieten dafür zwei unterschiedlichen Begründungen an. Die einen gehen davon aus, Caligula sei als Nachfolger des Kaisers in der Zeit des Todes Jesu, Tiberius, besonders geeignet, um als der erste der dem Satan untertänige Kaiser angesehen zu werden.[636] Es ist aber nicht einleuchtend, warum die Reihe der Knechte Satans erst einige Jahre nach dem Tode Jesu (Caligula wurde erst im Jahr 37 Kaiser) beginnt. Die zweite Gruppe findet in Caligula vielmehr „the first emperor to come into significant conflict with the Jews and the first to present himself as a god in his own lifetime in Rome".[637] Aber ob „der Konflikt mit den Juden" einst auf den Vf. so viel Eindruck gemacht hat, ist mir fraglich; man findet in der Offb keine Spur davon.

Andere Forscher lassen die Reihe mit Nero beginnen, weil unter ihm das *imperium* an der Kirche nun in der Tat grausam gehandelt habe.[638] Bei dieser Identifizierung wird Domitian dann aber der siebte Kaiser (oder bei der Ausklammerung der Interregnumkaiser der vierte). Diese Schwierigkeit umgehen sie dadurch, dass sie nur zwei unter den Interregnumkaisern zählen: Nach Allo, Apk 259 z. B., sind sowohl Otho als auch Vitellius nicht in allen Provinzen bekannt gewesen (so könne man einen von beiden ignorieren); Reicke, Apokalyptik 178, klammert Otho aus, weil er anders als die anderen zwei niemals Alleinherrscher gewesen ist. Aber „die drei Imperatoren des Interregnums [müssen] entweder alle mitgerechnet oder alle ausgeschlossen werden".[639]

3.) Man muss davon ausgehen, dass der Vf. die Zahl „sieben" deswegen wählt, weil sie eine runde Zahl ist, und dass der sechste Kaiser, der jetzt regiert, Domitian ist. Es ist dabei fraglich, ob der Verfasser überhaupt ein Interesse daran gehabt hat, von Domitian an die Kaiser rückwärts zu zählen.[640] In der Offb ist eine solche Geschichtsbetrachtung sonst nirgendwo belegt. Was er durch die Reihung der Könige zum Ausdruck bringen will, ist nur, dass nach dem himmlischen Plan für das römische Reich nur noch *ein* Kaiser vorgesehen ist, der nur kurze Zeit regiert, und dann die Zeit des Antichrist kommt.[641]

In diesem Zusammenhang muss man zwei weitere, miteinander zusammenhängende Fragen klären: Warum betrachtet der Vf. den Antichrist nicht als den siebten Kaiser, sondern als den achten? Warum zählt er den gegenwärtigen nicht als den siebten, sondern als den sechsten und rechnet mit dem Kommen des siebten vor dem Antichrist? Zur ersten Frage: Die gewaltsame Einführung des achten Königs, der im Bild keine Entsprechung hat, bringt zum Ausdruck, dass der Antichrist eine die Macht der Kaiser übergreifende dämonische Macht

---

[635] Anders GIESEN, Apk 382f.
[636] PRIGENT, Apk 381; STROBEL, Abfassung 440; DERS, TRE III 182f.
[637] YARBRO COLLINS, Date 402; DIES., Crisis 64; ähnlich bereits BRUN, Kaiser 137f.
[638] ALLO, Apk 259; REICKE, Apokalyptik 176–179; GÜNTHER, Enderwartungshorizont 134f.
[639] BRUN, Kaiser 136.
[640] „Gegen Ende des 20. Jh. war die Tendenz deutlich, die sieben Könige als Symbole für die abgeschlossene Zeit der Herrschaft des Bösen zu verstehen" (AUNE, RGG[4] IV 542). „Wenn die Siebenzahl der Kaiser vorgeschrieben ist, dann darf man als erste Frage nicht die stellen, bei welchem Kaiser mit der Zählung zu beginnen sei" (KRAFT, Apk 221).
[641] Vgl. BECKWITH, Apk 704ff; HADORN, Apk 142; CAIRD, Apk 218f u.a.

sein eigen nennt; die sieben Könige sind als die sieben Häupter des Tieres nur seine Stellvertreter, der achte aber ist das Tier selbst. Gleichzeitig spiegelt sich hier auch die Vorstellung wider, dass „acht" als der Grundwert von „sechshundertsechsundsechzig" die Zahl von Nero sei (vgl. ad 13,18). Zur zweiten Frage: Man muss von der Geschichtsauffassung des Vf. ausgehen, die das ganze Buch durchzieht: Er betont wiederholt die Nähe des Endes, lässt aber offen, wann es genau kommen wird (vgl. Einleitung 7.5.4.). Auch an unserer Stelle kommt dieses Geschichtsverständnis zum Ausdruck; durch den Hinweis auf den siebten Kaiser, der bald kommen und kurze Zeit regieren wird, kündigt er einerseits die Nähe des Endes an,[642] vermeidet aber andererseits, bei den Lesern den Eindruck zu erwecken, als käme es bereits morgen.

**V. 11:** Der achte König wird mit dem Tier selbst gleichgesetzt. Das Tier wird durch eine fünfgliedrige Beschreibung vorgestellt, wobei das erste, das zweite und das letzte Glied in der Vorstellung in V. 8a eine fast genaue Entsprechungen haben, während das dritte und das vierte anders als dort lauten: „Es ist selbst sowohl der achte als auch [einer] von den sieben".[643] Deutlich spiegelt sich hier das Motiv des wiederkehrenden Nero wider.

**V. 12:** Das Bild der zehn Hörner stammt aus Dan 7, und auch dort sind sie auf zehn Könige bezogen (V. 24). Anders als dort treten sie an unserer Stelle auf einmal auf. Außerdem haben sie noch keine Königsmacht, ein Zug, der der Tatsache der Abwesenheit des Tieres in der Gegenwart entspricht; der Vf. stellt sie durchgehend in enger Verbindung mit dem Tier vor. Dies wird durch die nächste Erklärung noch deutlicher: Sie empfangen (von Gott; vgl. V. 17) „Macht wie Könige für eine Stunde mit dem Tier". Das Wiederkommen des Tieres ist vorausgesetzt. „Eine Stunde" entspricht „kurze Zeit" für das Tier (V. 10).

**V. 14:** V. 14 stört den Zusammenhang. Der Widerstand des Tieres und der Könige gegen das Lamm ist im Kontext durch nichts veranlasst und die Darstellung des Kampfes ihrerseits hinterlässt im unmittelbar folgenden Text keine Spur. Der letzte Krieg zwischen dem Lamm und den Gegenmächten ist ein Thema, das erst in 19,11-21 entwickelt wird. Die Aussagen an unserer Stelle nehmen diese Szene vorweg.[644] Aber warum eine solche Beschreibung? Erstens versucht der Vf., durch die Vorwegnahme die ursprünglich selbständigen Einheiten miteinander zu verbinden. Zweitens wird durch unsere Aussage als einzigem christlichem Element im Kontext die ganze Erklärung des Engels auf das Leben der Hörer/Leser bezogen. Und schließlich hat unsere Aussage auch die Funktion, den echten Charakter des Tieres als des Widersachers deutlich zu machen; in der Darstellung der Vernichtung der Hure sind das Tier und seine Verbündeten wie Instrumente Gottes ver-

---

[642] Deshalb kann die Kürze der Regierungszeit des siebten weder als Reflexion der tatsächlich kurzen Regierungszeit von Titus noch als Indiz für ein hier in 17,3-11 vorliegendes *vaticinium ex eventu* sein (gegen VIELHAUER, Geschichte 504 u. a.).

[643] Der achte ist jetzt noch nicht da, kann also nicht mit dem sechsten identisch sein, der jetzt regiert. Er muss also einer von den ersten fünf sein. Dass der Vf. den achten dennoch als einen „aus den sieben" kennzeichnet, kann als ein Indiz dafür gelten, dass er sich die sieben Könige nicht konkret vorstellt, sondern einheitlich auffasst.

[644] YARBRO COLLINS, Combat Myth 221 u. a.

standen (V. 17); eine solche Auffassung entspricht dem Denken unseres Vf. aber keineswegs (vgl. ad V. 4); durch unsere Aussage bemüht er sich, diesen falschen Eindruck zu korrigieren.

Das Lamm besiegt die Gegenmächte. Während νικᾶν in 5,5 absolut gebraucht ist, wird es an unserer Stelle von dem Pronomen αὐτούς begleitet; während es in 5,5 im Aorist steht, wird es an unserer Stelle im Futur verwendet; „der Sieg über die Könige [erwächst] erst in abgeleiteter Weise aus dem ‚Sieg' […] von dem in c.5 die Rede ist".[645]

Das Prädikat „Herr der Herren und König der Könige" ist im NT sehr selten belegt; man findet außer 19,16 nur noch in 1Tim 6,15 ein ähnliches (auf Gott bezogen). Auch im AT kommen beide Komponenten schon einzeln selten vor, in Dan 4,37 LXX; 2,47 Θ (Hs A); ihre Verknüpfung ist im MT ohne Beleg; 1Hen 9,4 findet man jedoch Belege dafür (neben „Gott der Götter"). An unserer Stelle handelt es sich wahrscheinlich um eine ad-hoc-Bildung des Vf.

Die Christen werden hier mit drei Begriffen bezeichnet („Berufene und Auserwählte und Treue"). Die ersten beiden sind in der Offb sonst nicht belegt; es ist nicht leicht zu erkennen, was mit ihnen genau gemeint ist. Aber von der dualistischen Auffassung der Menschenwelt her gesehen ist kaum anzunehmen, dass der Vf. wie etwa Mt 22,14 an Menschen denkt, die zwar berufen sind, aber nicht auserwählt.[646] Während diese beide Ausdrücke dem Sinn nach passiv sind, ist beim letzten (πιστός) auf die positive Haltung der Christen Gewicht gelegt. In 2,10.13 bezeichnet dieses Wort ihre Treue Gott gegenüber. Aber auch wenn die Glaubenstreue wichtig ist, betrachtet er ihren Sieg nur als eine Begleiterscheinung des Sieges des Lammes. Sie können das Tier nur als solche besiegen, die „mit ihm" sind.

**V. 15:** Mit der erneuten Einführung „er [der Engel] sagt mir" kommt der Vf. endlich zur Beschreibung der Frau. Zunächst weist er durch die Deutung der „Wasser", auf denen die Frau sitzt (V. 1), als „Völker und Scharen usw." auf ihre Herrschaft über die ganze Menschheit (vgl. ad 5,9) hin.

**V. 16:** Die Weissagung, dass das Tier und die Könige die Hure verfolgen, steht unter dem Einfluss der Nerolegende. Als ihr Hintergrund käme aber auch Ez 16,35ff; 23,22ff in Frage. Die Darstellung an unserer Stelle unterscheidet sich zwar von der in Ez vor allem darin, dass die Hure von Anfang an eine gegengöttliche Macht ist. Auch in der Darstellung der Art der Züchtigung finden sich Unterschiede. Andererseits gibt es aber bemerkenswerte Gemeinsamkeiten. Eine von ihnen ist, dass Gott die Frau durch ihr Nahestehende züchtigen lässt; dies hat keine direkte Parallele in der Nerolegende. Auch dass das Tier und die Hörner die Frau „nackt machen" und „sie mit Feuer verbrennen", ist von Ez 16 übernommen. Man muss also annehmen, dass der Vf. bei der Darstellung sowohl die Nerolegende als auch die Darstellung in Ez im Blick hatte.

Die Tätigkeit des Tieres und der zehn Könige wird in vier Sätzen dargestellt. Der erste, sie „werden die Hure hassen", macht ihr Grundverhalten ihr gegenüber

---

[645] HOLTZ, Christologie 37 Anm. 2.
[646] Anders SWEET, Apk 261.

deutlich; „hassen" bedeutet, sich feindlich zu verhalten. Die drei weiteren Sätze beschreiben ihr konkretes Tun. Der beim zweiten Satz verwendete Ausdruck „verwüstet" klingt als ein auf einen Menschen bezogener merkwürdig;[647] die Voraussetzung, die Hure sei Rom, erlaubt aber dessen Verwendung (vgl. 18,17; besonders 18,19). Der Vf. kommt aber gleich zu einem dem Bild angemessenen Ausdruck, „nackt", zurück (vgl. Ez 16,37.39; 23,29). Die greuliche Darstellung, die darauf folgt, sie „verzehren ihr Fleisch", weist einerseits auf ihr jämmerliches Ende hin,[648] verrät andererseits den unmenschlichen Charakter der Täter. Beim letzten Satz, sie „werden sie verbrennen", ist der Einfluss von Ez 16,41 erkennbar, der Vf. hat aber gleichzeitig die Verwüstung Roms durch Feuer (vgl. 18,8.18) schon im Sinn.

**V. 17:** Das Wort des Engels in V. 17 zeigt, dass die Vernichtung der Hure aus dem Willen Gottes resultiert: „Gott hat ihnen ins Herz gegeben". Was damit genau gemeint ist, machen drei Infinitiv-Sätze deutlich. Unter ihnen bezieht sich der erste, „seinen [= Gottes] Willen auszuführen", auf den Grundcharakter ihrer Tätigkeit, der zweite und dritte, „einen Sinn zu tun" und „ihre Herrschaft dem Tier zu geben", auf ihre konkrete Ausführung. Die beiden letzten Angaben sind inhaltlich eine Wiederholung der Darstellung in V. 13; neu ist ihre Bezugnahme auf den Willen Gottes. In V. 13 konnte sie der Vf. noch nicht zum Ausdruck bringen, weil er schon beabsichtigte, in V. 14 den Krieg des Tieres und der Könige mit dem Lamm zu erwähnen.[649] An unserer Stelle ist es dagegen für ihn wichtig, deutlich zu machen, dass Gott auch gottfeindliche Mächte in seinen Dienst nimmt. Die Terminangabe am Ende des Verses, „bis die Worte Gottes erfüllt sein werden", macht das letzte Ziel der Geschichte deutlich. In der Offb weist „das Wort" (λόγος), wenn es im Plural verwendet wird, immer auf den Inhalt des Buches hin; auch „die Worte Gottes" an unserer Stelle sind in der gleichen Weise zu verstehen.

**V. 18:** Der letzte Hinweis im Blick auf die Hure, dass sie „die große Stadt ist, die über die Könige der Erde Herrschaft hat", weist den Lesern nochmals darauf hin, dass es sich bei der so jämmerlich vernichteten Hure um nichts anderes handelt als um Rom, mit dessen überlegener Macht die Leser konfrontiert sind.

*b) 18,1–24: Der Sturz Babylons und drei Klagelieder*
**(1) Danach sah ich einen anderen Engel vom Himmel herabsteigen, der hatte große Macht, und die Erde wurde von seinem Glanz erleuchtet. (2) Und er schrie mit starker Stimme und sprach: „Gefallen, gefallen, Babylon die große, und [sie] wurde zur Wohnung von Dämonen und zur Behausung jedes un-**

---

[647] Im NT sind ἐρημοῦν und seine Derivate sonst an keiner Stelle auf Menschen bezogen. In LXX beziehen sie sich an einigen Stellen auf Menschengruppen wie ein Volk (2Kön 19,17; Jes 60,12), in Bar 4,16.19 und Hos 2,3 auf eine Frau, die wie an unserer Stelle symbolisch Jerusalem bzw. Israel vertritt.

[648] In Dtn 32,42; Jes 34,7; 49,26; Jer 46,10; Ez 39,19 u. a. korrespondieren die Wendungen „vom Blut trinken" und „das Fleisch fressen" immer. Die große Hure, die „vom Blut der Zeugen Jesu trunken" ist (V. 6), wird also – ironischerweise – selbst verzehrt werden.

[649] Vgl. KRAFT, Apk 225.

reinen Geistes und zur Behausung jedes unreinen Vogels und zur Behausung jedes unreinen und gehassten Tieres. (3) Denn vom Grimmeswein ihrer Unzucht haben alle Völker getrunken, und die Könige der Erde haben mit ihr gehurt, und die Kaufleute der Erde sind von der Macht ihres Luxus reich geworden".

(4) Und ich hörte eine andere Stimme vom Himmel sprechen: „Geht aus, mein Volk, aus ihr, damit ihr an ihren Sünden nicht teilhabt, und aus ihren Plagen, damit ihr [sie] nicht empfangt. (5) Denn ihre Sünden haben sich bis zum Himmel aufgetürmt, und Gott hat ihrer ungerechten Taten gedacht. (6) Vergeltet ihr, wie auch sie vergolten hat, und zahlt ihr das Doppelte heim nach ihren Werken, mischt ihr in den Becher, den sie mischte, doppelt. (7) Wieviel sie sich selbst verherrlicht und üppig gelebt hat, soviel gebt ihr Qual und Trauer. Denn sie spricht in ihrem Herzen: Ich throne als Königin und bin keine Witwe und werde Trauer nicht sehen. (8) Darum werden an einem Tage ihre Plagen kommen, Pest und Trauer und Hunger, und sie wird mit Feuer verbrannt werden, denn der Herr, Gott, der sie richtet, ist stark.

(9) Und weinen und wehklagen werden über sie die Könige der Erde, die mit ihr gehurt und üppig gelebt haben, wenn sie den Rauch ihres Brandes sehen, (10) während sie von ferne stehen aus Furcht vor ihrer Qual, und sprechen:
Weh, weh, du große Stadt,
Babylon, du starke Stadt,
denn in einer Stunde ist dein Gericht gekommen.

(11) Und die Kaufleute der Erde weinen und trauern über sie, weil niemand mehr ihre Fracht kauft, (12) Fracht von Gold und Silber und Edelstein und Perlen und Leinwand und Purpur und Seide und Scharlach und all das Citrusholz und all das Gerät aus Elfenbein und all das Gerät aus edelstem Holz und Kupfer und Eisen und Marmor (13) und Zimt und Amomum und Räucherwerk und Salböl und Weihrauch und Wein und Öl und Feinmehl und Weizen und Kühe und Schafe und Pferde und Wagen und Sklaven und Menschenseelen. (14) Und die Blüte, deine Begierde der Seele, ist von dir gegangen, und alles Prächtige und Glänzende ist dir verloren. Und man wird sie nie mehr finden. (15) Die Kaufleute dieser Dinge, die an ihr reich geworden sind, werden aus Furcht vor ihrer Qual von ferne stehen, weinend und trauernd, (16) und sprechen:
Weh, weh, du große Stadt,
die in Leinwand und Purpur und Scharlach bekleidet
und mit Gold und Edelstein und Perlen geschmückt war,
(17) denn in einer Stunde ist solcher Reichtum verwüstet worden.

Und jeder Steuermann und jeder Seekaufmann und Seeleute, alle, die auf dem Meer arbeiten, standen von ferne (18) und schrien, als sie den Rauch ihres Brandes sahen, und sprachen: Wer war der großen Stadt gleich? (19) Und sie warfen Staub auf ihre Häupter und schrien, weinend und trauernd, und sprachen:

Weh, weh, du große Stadt,
in der alle, die Schiffe auf dem Meer haben, von ihrer Kostbarkeit reich geworden sind.

Denn in einer Stunde ist sie verwüstet worden.

(20) Freue dich über sie, Himmel, und die Heiligen und die Apostel und die Propheten, denn Gott hat das Strafurteil euretwegen an ihr vollzogen".

(21) Und ein starker Engel hob einen Stein wie einen großen Mühlstein auf, und warf [ihn] ins Meer und sprach: „So wird mit stürmischer Gewalt Babylon, die große Stadt, geworfen werden, und sie wird nicht mehr gefunden werden. (22) Und der Klang von Zitherspielern und Sängern und Flötenspielern und Posaunenbläsern wird in dir nicht mehr gehört werden, und jeder Handwerker jedes Handwerks wird in dir nicht mehr gefunden werden, und das Geräusch der Mühle wird in dir nicht mehr gehört werden, (23) und das Licht der Lampe wird in dir nicht mehr gefunden werden, und die Stimme von Bräutigam und Braut wird in dir nicht mehr gehört werden. Denn deine Kaufleute waren die Edlen der Erde, denn durch deine Zauberei wurden alle Völker verführt. (24) Und in ihr wurde das Blut von Propheten und Heiligen gefunden und von allen, die auf der Erde hingeschlachtet worden sind".

V. 1-24: Kap. 18 besteht wiederum aus drei Einheiten: Zunächst die Proklamation des Sturzes Babylons durch einen Engel (V. 1-3), dann eine himmlische Stimme (V. 4-20), die vor allem die drei Klagelieder einführt, und zum Schluss die Weissagung eines Engels über den Sturz Babylons mit einem zeichenhaften Akt (V. 21-24). In der Darstellung sind der Wohlstand Babylons in der Gegenwart und dessen totaler Verlust in der Zukunft gegenübergestellt;

Anders als in Kap. 17 ist dieses Kapitel „von at.lichen Wendungen und Gedanken völlig durchsetzt".[650] In den Klageliedern (V. 9-19) ist Ez 26-28, im übrigen Teil Jer 50f maßgebend. Genuin christliche Elemente sind nur wenig vorhanden. Auf die Verfolgung der Christen wird nur am Ende der zweiten Einheit (V. 20.24) zurückblickend hingewiesen. Charles, Apk II 88ff, vermutet deswegen die Benutzung einer jüdischen Quelle aus der Zeit Vespasians; aber dazu vgl. die Kritik von Yarbro Collins, Revelation 18, 187f.

V. 1: Der Engel, der den Sturz Babylons proklamiert, ist sehr glanzvoll dargestellt und darin nur demjenigen in 10,1 vergleichbar. Der Ausdruck, „die Erde wurde von seinem Glanz (δόξα) erleuchtet", erinnert an Ez 43,2, eine Beschreibung über Gott; auch in der Offb ist δόξα fast durchweg Gott bzw. dem Lamm vorbehalten; der Vf. stellt den Engel also in gottähnlicher Gestalt vor und das unterstreicht, dass der Inhalt seines Wortes, der Sturz Babylons, Gottes Entscheidung ist.

V. 2: Φωνὴ μεγάλη kommt des öfteren vor (5,2 u.a.; insgesamt zwanzigmal), aber ἰσχυρὰ φωνή nur hier; „die starke Stimme" hat mit dem Inhalt der Proklamation, dem Sturz Babylons, zu tun.

---

[650] KUHN, ThWNT I 513,15ff.

Der Anfang des Spruchs, „gefallen, gefallen, Babylon die große", und der Anfang des Begründungssatzes, „vom Grimmeswein ihrer Unzucht haben alle Völker getrunken" (V. 3), stimmen in ihrem Wortlaut mit 14,8 fast vollkommen überein. Der übrige Teil von V. 2 stellt die Verödung Babylons in der Gegenwart dar, und die zweite Hälfte von V. 3 weist auf den Wohlstand in der Vergangenheit hin.

Der Sturz Babylons = Roms ist für den Vf. historisch noch keine Wirklichkeit; in diesem Sinne gehört die Vergangenheitsform in V. 2f („gefallen, gefallen, Babylon die große" usw.) zum prophetischen Redestil. Aber der Kontext unserer Stelle ist anders als in 14,8. Der Vf. hat inzwischen schon zweimal den Sturz erwähnt (16,19; 17,16); in V. 9ff begegnen Klagelieder, die diesen schon voraussetzen. Hier eignet ihm stärker der Charakter einer in der Vision bereits erlebten Wirklichkeit.

Der anschließende Satz, Babylon sei verödet und zur Wohnung von Dämonen usw. geworden, führt über 14,8 hinaus. Auf den ersten Ausdruck, „Wohnung von Dämonen", folgen drei andere, „Behausung[651] jedes unreinen Geistes/Vogels/Tieres". Die Wiederholung des Adjektivs „unrein" hebt den Kontrast zum neuen Jerusalem hervor, in das nichts „Unreines" hineinkommen kann (21,27).

**V. 3:** Die Begründung besteht aus drei Aussagen. Die erste („vom Grimmeswein ihrer Unzucht haben alle Völker getrunken"[652]) ist parallel zu 14,8 und die zweite, die die Könige betreffende Aussage, zu 17,2; die dritte, die Aussage über die Kaufleute, hat dagegen keinen Vorgänger. Die drei Aussagen sind in ihrem Stil nicht einheitlich (metaphorisch und realistisch); die Bezeichnung der einzelnen Menschengruppen ist unausgewogen (ohne und mit „der Erde"); auch ist ihre Reihenfolge eher ungewöhnlich; außerdem sind in den Klageliedern V. 9ff „alle Völker" durch „Seeleute" ersetzt. Das alles zeigt, dass sich die Dreiergruppe an unserer Stelle sozusagen in einem Übergangsstadium befindet; dem Vf. war ein Wort wie 14,8, ein Proklamationswort über den Sturz Babylons mit dem Hinweis auf seine Wirkung auf „alle Völker", vertraut; um die Begründung wie üblich in Form einer Dreiheit zu gestalten, hat er die Aussagen die Könige und Kaufleute betreffend hinzugefügt.

Während der Vf. die Beziehung der Völker und der Könige zu der Hure durch das Wort „Unzucht" zum Ausdruck bringt, verwendet er diesen Begriff im Blick auf die Kaufleute weder hier noch in V. 11 (dasselbe gilt auch im Blick auf die Seeleute in V. 17ff), sondern schreibt direkt, dass sie von der wirtschaftlichen Beziehung zu ihr profitieren, obwohl es in der alttestamentlichen Tradition durchaus

---

[651] Φυλακή wird im NT (auch in der Offb, 2,10; 20,7) meistens im Sinn von „Gefängnis" gebraucht. Einige Forscher wollen auch unsere Stelle in diesem Sinne verstehen (BERTRAM, ThWNT IX 240,15ff; vgl. auch OSBORNE, Apk 636; BAUER/ALAND, WB φυλακή 3). Aber da der Vf. hier am Geschick der unreinen Geister usw. nicht interessiert ist, empfiehlt sich dieses Verständnis nicht. Man muss es vielleicht als mit κατοικητήριον gleichbedeutend ansehen, obwohl diese Bedeutung sonst nicht belegt ist.

[652] Πέπωκαν. Diese Lesart ist nur durch wenige Minuskeln wie 2329 vertreten. Wichtigere Hss wie ℵ A C lesen πεπτωκα(σι)ν. Aber dies geht wahrscheinlich auf Fehler durch Abschreiber zurück, die, durch ἔπεσεν beeinflusst, in das Wort ein τ einfügten; die Lesart passt zum direkten Zusammenhang nicht, in dem nicht von der über die Betreffenden verhängten Strafe, sondern von ihrem Vergehen die Rede ist.

möglich ist, eine Handelsbeziehung als „Unzucht" zu brandmarken. Er betrachtet die Handelsbeziehung realistischer; auch im folgenden weist er wiederholt auf sie hin (vgl. die Klagelieder und V. 23); hier liegt sein Hauptanliegen bei seiner Kritik an der Hure Babylon.

**V. 4-20:** Das Wort „einer anderen Stimme vom Himmel" besteht aus fünf Teilen: Der erste (V. 4-8) und der letzte (V. 20) sind vorwiegend Worte an die Gemeinde, die mittleren drei sind Klagelieder. Dass die Stimme die Hörer mit „mein Volk" anredet (V. 4), könnte den Eindruck erwecken, der Sprechende sei Gott selbst. Aber dieses Wort gehört zum Zitat aus dem AT (vgl. unten) und ist für die Interpretation nicht ausschlaggebend. Dass in V. 5.8 „Gott" in der dritten Person Erwähnung findet und dass die Stimme auch die Klagelieder vorstellt, spricht gegen diese Auffassung. Vom Ausdruck „Herr, Gott" in V. 8 her gesehen, ist es ebenso unwahrscheinlich, dass Christus spricht, sondern vielmehr eine Stimme eines Engels.[653]

**V. 4-8:** Der erste Teil besteht aus einer Mahnung (V. 4), einem viergliedrigen Befehl (V. 6-7a) und einer Weissagung (V. 8a), jeweils von einer Begründung begleitet (V. 5.7b.8b).

**V. 4:** Die Mahnung enthält zwei Aufforderungen. Die erste steht unter dem Einfluss von Jer 51,45. Besonders die Anrede am Anfang, „geht aus, mein Volk, aus ihr", ist ein fast wörtliches Zitat.[654] Der darauf folgende ἵνα-Satz, „damit ihr an ihren Sünden nicht teilhabt", hat dagegen keine Entsprechung in Jer 51,45. Das Wort ἁμαρτία ist in der Offb, abgesehen von V. 5 und von der durch Tradition bedingten Verwendung in 1,5, sonst nirgendwo belegt. Um so bemerkenswerter ist, dass der Vf. hier und im nächsten Vers den gottfeindlichen Charakter Babylons unterstreicht. Er ermahnt die Leser, von der Sünde Babylons Abstand zu nehmen. Sie sind mit Johannes συγκοινωνοί an der Bedrängnis und an der Herrschaft und am Ausharren in Jesus (1,9). Ihnen ist an sich unmöglich, an den Sünden Babylons συγκοινωνεῖν (vgl. 1Hen 104,6; Jes 52,11).[655] Die zweite Aufforderung, „[geht aus] aus ihren Plagen, damit ihr [sie] nicht empfangt", steht, obwohl der Wortlaut anders ist, dem Sinn nach der Jeremiaaussage nahe.

Mit Babylon ist nicht die Stadt Rom gemeint; die Leser befinden sich nicht in Rom, sondern in Kleinasien. Auch ein Bezug auf das römische Reich ist unwahrscheinlich; aus ihm hinauszugehen ist für die Christen in Kleinasien unrealistisch. Gemeint ist der römische Lebensstil, vor allem die Teilnahme am Kaiserkult.[656] Bei der Aufforderung ist vorausgesetzt, dass für die Christen als Wohnort eine andere Stadt, das neue Jerusalem, vorbereitet ist.[657]

---

[653] Bousset, Apk 419; Beckwith, Apk 714 halten sie für die Stimme Christi oder Gottes, Charles, Apk II 97; Allo, Apk 266, für diejenige Christi.

[654] Mit dieser Aufforderung zeigt der Vf., dass er der Welt gegenüber eine andere Position bezieht als etwa Paulus (1Kor 5,9f); vgl. Wolter, Ethos 198.

[655] Scholtissek, Mitteilhaber 202.

[656] Ähnlich U.B. Müller, Apk 305; Krodel, Apk 302; Giesen, Apk 393 u.a.

[657] Vgl. Keener, Apk 425.

**V. 5:** In V. 5 folgen zwei Begründungssätze. Der erste ist durch das Stichwort „Sünde" mit dem ersten ἵνα-Satz von V. 4 verbunden, der zweite deutet die Plagen an, von denen im zweiten ἵνα-Satz die Rede ist. Der Satz „ihre Sünden türmen sich bis zum Himmel auf" hat Jer 51,9, „ihr Gericht reicht bis zum Himmel", als Vorbild; das Wort „Sünde" findet sich aber im Jeremiatext nicht. Der zweite Begründungssatz, „Gott hat ihrer ungerechten Taten gedacht", bedeutet, dass Gott sich entschloss, Babylon zu bestrafen. Zu „gedenken" vgl. ad 16,19; „ungerechte Taten" (ἀδικήματα) wird synonym mit „Sünden" verwendet; der Plural deutet konkrete Einzeltaten an.

**V. 6f:** Der zweite Teil besteht aus vier Befehlen und einem Begründungssatz. Bei den Befehlen wird jedesmal mit Hinweis auf eine Handlung Babylons eine dieser entsprechende Vergeltung gefordert. Der Hinweis auf die entsprechende Handlung ist bei den zwei ersten Befehlen kurz, beim dritten wird durch Verwendung des Wortes „Becher" die Sündhaftigkeit ihres Handelns angedeutet, und beim letzten wird ihre Missetat konkret dargestellt. Im Rahmen der Beschreibung der Vergeltung verlangen der erste und der letzte Befehl eine einfache, die zwei mittleren hingegen eine doppelte Vergeltung des entsprechenden Handelns Babylons. Obwohl vom Wechsel des Adressaten nicht ausdrücklich die Rede ist, sind die Befehle nicht mehr an „mein Volk" (V. 4), sondern an Strafengel gerichtet.[658]

**V. 6:** Beim ersten Befehl, „teilt ihr aus, wie sie auch ausgeteilt hat", wird sowohl in der Beschreibung der Tat der Hure als auch in der Darstellung ihrer Bestrafung das gleiche Verb ἀποδιδόναι verwendet (vgl. 11,18; 22,18f). Zum Motiv „doppelt" beim zweiten und dritten Befehl vgl. Jes 40,2; Jer 16,18; im Hintergrund steht die juristische Vorschrift der doppelten Entschädigung dessen, was man gestohlen hat (vgl. Ex 22,3.6.8). Zu „nach ihren Werken" vgl. wiederum Jer 50,29 (= Ieρ 27,29). Der dritte Befehl, „mischt ihr in den Becher, den sie mischte, doppelt", setzt den doppelten Charakter des Weins, nämlich der Unzucht (z.B. 17,2) und des Zorns Gottes (z.B. 14,10), voraus.

**V. 7:** Der vierte Befehl weist darauf hin, dass ihre Missetaten darin bestehen, dass sie „sich selber verherrlicht (ἐδόξασεν) und üppig gelebt hat". Die Herrlichkeit (δόξα) gebührt Gott allein; Babylon setzt sich an die Stelle Gottes. Zu ihrem üppigen Leben vgl. V. 3.9. Als Vergeltung ist das Geben von „Qual und Trauer" genannt. Mit „Qual" ist faktisch ihre Verbrennung gemeint (vgl. V. 9f). „Trauer" ist, von der Verwendung dieses Begriffs am Ende des Verses und V. 8 her gesehen, allgemeiner Art. Während es im neuen Jerusalem keine Trauer mehr gibt (21,4), herrscht sie jetzt in Babylon, der Stadt, die sie zuvor nicht erfahren hat.

Der darauf folgenden Begründung und der Aussage im nächsten Vers liegt Jes 47,7–9 zugrunde. Schon die Einleitung, „sie sagt in ihrem Herzen", lehnt sich

---

[658] KRETSCHMAR, Offenbarung 53 u.a. Manche Forscher meinen, die Befehle seien auch an das Tier und die zehn Könige in 17,16f gerichtet (BOUSSET, Apk 420; ZAHN, Apk 573; THOMAS, Apk II 323; GOPPELT, ThWNT VI 151,23ff u.a.). Aber nach der konkreten Darstellung ihres Angriffs (17,16f) ist eine erneute Aufforderung zur Vergeltung nicht sehr wahrscheinlich; außerdem wäre in diesem Fall eine erneute Anrede an sie unentbehrlich.

an Jes 47,8. Die zwei ersten Sätze haben deutlich erkennbare Parallelen in Jes 47,7f; auch die Gegenüberstellung von „Königin" und „Witwe" stammt aus dieser Parallele. Die Wendung „an einem Tage" (V. 8) ist aus Jes 47,9 entnommen. Aber die Anlehnung bleibt an der Oberfläche. In Jes 47 ist die Kritik an Babylon dadurch veranlasst, dass es Israel grausam behandelt hat (V. 6). An unserer Stelle dagegen ist von der Unterdrückung der Christen nicht die Rede. Die Hure wird nur wegen ihrer Selbstverherrlichung und ihres üppigen Lebens verurteilt.

**V. 8:** Die Weissagung vom Sturz Babylons (die Verben stehen jetzt im Futur) besteht aus zwei Sätzen, die wiederum von einer Begründung begleitet werdet. Im ersten Satz steht zunächst die umfassende Aussage, dass „ihre Plagen an einem Tage kommen werden"; dann werden diese einzeln aufgezählt: „Pest und Trauer und Hunger". Die drei Plagen sind in ihrem Charakter nicht einheitlich: Die erste (θάνατος, Pest, dazu vgl. ad 2,23) und die letzte (Hunger) sind konkrete Plagen,[659] während die mittlere (Trauer) eine innere Reaktion von durch Plagen getroffenen Menschen bezeichnet (Inklusio). Der Hinweis auf Pest und Hunger ist im Kontext isoliert. In den Klageliedern (V. 9ff) ist von ihnen nicht mehr die Rede. Sie sind nur deswegen erwähnt, weil sie Topoi der Darstellung eines Massensterbens sind. „An einem Tage" bezeichnet das überraschende Eintreten der Plagen „im Gegensatz zu der scheinbar ewig dauernden Prachtentfaltung Babylons";[660] in den folgenden Klageliedern wird es zu „in einer Stunde" gesteigert (V. 10.17.19). Diese Angabe passt aber nicht ganz in den Kontext, denn die als dritte genannte Plage, der Hunger, wird gewöhnlich erst im Verlauf einiger Zeit wirkmächtig.

Beim zweiten Satz, „sie wird mit Feuer verbrannt werden", hat der Vf. wiederum Jer 50f im Sinn (50,32; 51,25.30.32.58; in der Offb vgl. 17,16; 18,9.18). Allerdings setzt unsere Stelle den dort erkennbaren Bezug auf Kriege nicht voraus. Durch Verbrennung mit Feuer wird die Vernichtung Babylons endgültig: „Ihr Rauch steigt in alle Ewigkeiten auf" (19,3).

Beim am Ende stehenden Begründungssatz „der Herr, Gott, der sie richtet, ist stark" lehnt sich der Vf. an Jer 50,34, „der, der sie erlöst, ist stark", an. Im Hintergrund steht die Erfahrung der Christen, die sich im Angesicht der Macht Roms („die Starke Stadt", V. 10) ohnmächtig fühlen.

**V. 9-19:** Anstatt den Sturz Babylons direkt darzustellen, beschreibt der Vf. ihn durch drei Klagelieder, gesungen von Königen (V. 9f), Kaufleuten (V. 11-17a) und Seeleuten (V. 17b-19), indirekt; gleichzeitig zeigt er dadurch, welche Auswirkungen der Sturz auf diejenigen hat, die von dieser Stadt profitiert haben. In den Liedern schwingt kein Mitleid für Babylon mit; sie sollen zum Ausdruck bringen, dass der Sturz Gottes Strafe für ihre Missetaten ist (V. 10).

Bei den Klageliedern greift der Vf. auf die Klagelieder über Tyrus in Ez 26,17f; 27,3ff besonders 32ff; 28,12ff als Vorlage zurück; in Ez 27,12ff findet sich auch eine Warenliste. Die Chrakterisierung Babylons als einer Händlerstadt kommt im AT nur sporadisch vor (Ez 16,29; 17,4). Unser Vf. zeichnet dagegen besonders durch

---

[659] Auch in 6,8 kommen sie nebeneinander vor. „Hunger" ist in der Offb sonst nicht belegt.
[660] RISSI, Was ist 32; ähnlich POHL, Apk II 230.

Einschaltung der Klagelieder ein neues Bild von Babylon als dem entscheidenden Wirtschaftszentrum der Welt.[661]

Aus der Gruppe der Klagenden, den Königen, den Kaufleuten und den Seeleuten, werden die ersten beiden in V. 3 als Profiteure der Verhältnisse in Babylon aufgeführt. Anstelle „aller Völker" dort treten hier Seeleute auf, denn eine unbestimmte Menschenschar, „alle Völker", ist als Sprecher eines bestimmten Klagelieds nicht geeignet. Die Seeleute begegnen als Klagende übrigens schon in der Vorlage, Ez 27,.

Die drei Klagelieder unterstreichen gemeinsam, dass der Sturz plötzlich kommt („in einer Stunde"; V. 10.17.19), dazu den Kontrast zwischen der Herrlichkeit Babylons einst und ihrem Elend in der Zukunft. Sie alle durchzieht ein starkes Interesse am Reichtum Babylons (auch in V. 3. 23).[662] Dass Babylon für die Klagenden die Quelle ihres Reichtums gewesen ist, kommt bei den ersten zwei Klageliedern in der Einleitung deutlich zur Sprache; die Seeleute, die das dritte Klagelied sprechen, sind selbst keine reichen Männer, das Lied weist aber darauf hin, dass die Schiffsbesitzer durch Babylon reich geworden sind.

Den Klageliedern geht jedesmal die Angabe der Klagenden und die Beschreibung ihres Verhaltens voran.[663] Als ihr Verhalten werden immer ihr Wehklagen[664] bzw. Trauern und ihr Stehen von ferne[665] hervorgehoben, aber von Fall zu Fall sind auch jeweils individuelle Elemente hinzugefügt. Die Klagelieder selbst beginnen mit οὐαὶ οὐαί (vgl. ad 8,13), ἡ πόλις ἡ μεγάλη, einer Wehklage, die zu der Proklamation des Engels, ἔπεσεν ἔπεσεν Βαβυλὼν ἡ μεγάλη (14,8; 18,2) einen Gegenüber bildet, und enden mit einem durch ὅτι μιᾷ ὥρᾳ eingeführten Begründungssatz.

**V. 9:** Dass die „Könige der Erde" (vgl. ad 1,5; 6,15) ein üppiges Leben führen, hat in den bisherigen Darstellungen von ihnen (17,2.18; 18,3) kein Pendant; im Klagelied für Tyrus, Ez 27, findet man jedoch eine ähnliche Aussage (V. 33). Sie werden so als Nutznießer des Reichtums Babylons gekennzeichnet wie die beiden anderen Gruppen der Klagenden; ein Indiz, wo das Interesse des Vf. liegt.

**V. 10:** Das Klagelied der Könige erwähnt nur das allernötigste. Die Wendung „denn in einer Stunde" im Begründungssatz ist nicht wie bei den anderen zwei Klageliedern mit ἠρημώθη verbunden, sondern wird von einem Ausdruck beglei-

---

[661] Vgl. ROYALTY, Streets 63–65.102.

[662] „The recognition of Rome as a world trade center in the Book of Revelation is a new idea in early Christian literature and has no parallels in Jewish apocalypses" (GEORGI, Prophet 125).

[663] „Wenn die Zeitform aus der Zukunft (9–10) in die Gegenwart (11,17a) und Vergangenheit (17b–19) übergeht, so erklärt sich dies aus der Lebhaftigkeit, mit der sich Johannes die Zukunft vergegenwärtigt" (WIKENHAUSER, Apk 118). Aber wahrscheinlich geht er hier von einer Weissagung zu einem Visionenbericht über.

[664] Κόπτεσθαι („sich an die Brust schlagen") als ein Ausdruck der Trauer ist im AT des öfteren belegt; mit κλαίειν zusammen in Ier 22,18; Ez 24,16.23 u.a.; auch in Lk 8,52; in der Offb vgl. 1,7 (κόπτεσθαι allein).

[665] „Von ferne stehen" bedeutet, dass man trotz starken Interesses aus Furcht Abstand nimmt; vgl. Lk 18,13; 23,49; Ex 20,18.21.

tet, der den Hintergrund des Geschehens deutlich macht: „Dein Gericht ist gekommen"; dadurch ist eine Brücke zu V. 8, Gott sei stark, der „sie gerichtet hat", geschlagen. Dieses Klagelied ist so indirekt ein Bekenntnis der Überlegenheit Gottes.

**V. 11–17a:** Die Darstellung des Klageliedes der Kaufleute ist die längste. Sie beginnt wie die anderen mit dem Bericht ihres Verhaltens (V. 11a), schaltet dann, durch die Begründung „weil niemand ihre Fracht kauft" (V. 11b) vermittelt, eine Warenliste (V. 12f) und außerdem noch eine Anrede an Babylon ein (V. 14), die keine Entsprechung in den anderen Klageliedern haben; erst dann führt sie wieder zur Klage zurück (V. 15) und stellt das Klagelied vor (V. 16–17a).

Die Kaufleute sind Großhändler,[666] die kostbare Waren oder Waren in großer Menge umschlagen. Sie klagen über Babylon, aber der Begründungssatz verrät, dass sich ihr Trauern auf ihren eigenen Schaden bezieht, den sie durch den Sturz dieser Stadt erleiden.

Rom importierte damals aus der ganzen Welt Waren in großer Menge. Plinius schreibt z. B., dass Indien, China und Arabien jährlich mindestens tausend Millionen Sesterze (vier Sesterze entsprechen einem Denar) von Rom empfangen (hist. nat. VI 26); in Qid 49$^b$ liest man: Zehn Maß Reichtum sind über die Welt herabgekommen; neun erhielten die Römer und eines die ganze übrige Welt.[667]

**V. 12f:** In V. 12f begegnet eine Warenliste (vgl. Ez 27,12ff).[668] Die Aufzählung ist nach Produktarten[669] unterteilt: 1.) zuerst vier Artikel aus Edelmetallen bzw. Edelsteinen, 2.) und dann vier Sorten kostbarer Tücher.[670] 3.) Dann nennt die Liste drei Sorten von kostbaren Möbeln bzw. Geschirr;[671] im Blick auf das Geschirr werden nacheinander vier Materialien, aus denen es offensichtlich gefertigt ist, genannt. 4.) Darauf folgen fünf Sorten von Spezereien,[672] 5.) vier Sorten von landwirtschaftlichen Produkten, die für das Alltagsleben unentbehrlich sind, 6.) und zwei Arten

---

[666] Ἔμπορος im Gegensatz zu κάπηρος, dem Kleinhändler, vgl. BAUER/ALAND, WB ἔμπορος.
[667] STR-B I 826; vgl. auch WETTSTEIN, Texte 1623f.
[668] Zu Einzelartikeln der Warenliste vgl. BAUCKHAM, Critique 352ff, der versucht, durch Heranziehung von säkularen Schriften deutlich zu machen, welchen Wert sie in der derzeitigen römischen Welt hatten. Beispiele der Aufzälung von luxeriösen Waren in der römischen Welt sind bei AUNE, Apk 981f, gesammelt.
[669] In Ez 27,12ff sind die Artikel nach Produktionsorten geordnet. Für den Vf., der Rom mit dem symbolischen Namen „Babylon" bezeichnet, war dieses Vorgehen unannehmbar.
[670] Im Altertum waren schon Kleider und Tücher selbst nicht billig; in Gen 24,53; 2Kön 5,5; 7,8; Sach 14,4 werden sie sogar direkt nach den Edelmetallen genannt. „Seide" ist sowohl im AT als auch im NT sonst nirgendwo belegt (zu מֶשִׁי in Ez 16,10.13 vgl. ZIMMERLI, Ezechiel 335). Sie wurde erst im hellenistischen Zeitalter im Mittelmeerraum bekannt und war sehr kostbar. Die hier aufgezählten Edelmetalle bzw. -steine und kostbaren Tücher sind in der Mehrzahl mit denen identisch, die in 17,4; 18,16 als die Tracht und der Schmuck Babylons genannt sind. Bei der Aufzählung der Warenliste hat der Vf. seine eigene Darstellung der Hure Babylon im Sinne.
[671] Seneca soll 300 Tische aus Citrusholz mit Elfenbeinbeinen besessen haben (Cassius Dio lxi 10,3; vgl. SWETE, Apk 233). „Elfenbein" ist im AT als kostbarer Schmuckgegenstand mehrmals erwähnt.
[672] Auf Spezereien wurde im Altertum viel Wert gelegt; auch im AT findet man an mehreren Stellen eine Liste (Hld 4,14; Sir 24,15; Gen 37,25; Ps 45,9; Spr 7,17 u. a.).

Vieh.⁶⁷³ 7.) Die nächsten drei Artikel beziehen sich auf Gegenstände, die man für Alltagsbeschäftigungen braucht.⁶⁷⁴ 8.) Zum Schluss werden „Menschenseelen"⁶⁷⁵ aufgeführt.

**V. 14:** Auf diese Warenliste folgt ein kurzes dreizeiliges Lied. In der Verwendung der 2 Pers. Sing. und darin, dass das Bestehen von Babylon noch vorausgesetzt ist, hebt sich das Lied vom Kontext ab und steht V. 22f nahe. Nicht wenige Forscher behaupten deswegen, dass es ursprünglich vor⁶⁷⁶ oder nach⁶⁷⁷ V. 22f plaziert gewesen ist. Das ist aber nicht zwingend. Denn zwischen diesen beiden Stücken sind sowohl formale als auch inhaltliche Unterschiede erkennbar. Außerdem müsste man dann klären, warum es an die jetzige Stelle verschoben worden ist. Wie wir schon mehrmals beobachtet haben, verwendet der Vf. bei seiner Darstellung Material unterschiedlicher Herkunft, ohne sich um kleinere Widersprüche, die innerhalb dessen vorhanden sein mögen, zu kümmern.

Ὀπώρα ist eigentlich „die Zeit nach dem Frühaufgang d. Sirius (Juli–Sept.)".⁶⁷⁸ Der Begriff wird dann einerseits auf die Früchte, die in diesem Zeitraum reif werden, andererseits auf „die kräftigste, blühendste Jugendzeit" des Menschenlebens übertragen.⁶⁷⁹ Bauer/Aland befürwortet für ὀπώρα „d. Früchte, d. Obst". Aber dass nach der Warenliste das Obst getrennt von dieser aufgeführt wird, muss seltsam anmuten. Auch die appositionelle Ergänzung „daran deine Seele Lust hatte" passt kaum zu dem Begriff „Obst". Die Übersetzung mit „Obst" ist außerdem mit den in der zweiten Zeile genannten Attributen „Prächtigen" und „Glänzenden" nur schwerlich in Einklang zu bringen. So ist ὀπώρα besser etwa mit „Blüte" zu

---

⁶⁷³ Κτῆνος bezeichnet in LXX vorwiegend das Haustier im Gegensatz zum wilden Tier (Gen 7,14ff; Ex 9,3ff; Lev 27,9ff u.a.), kann aber auch „Haustier" oder „wildes Tier" bedeuten (Gen 7,2ff; Dtn 14,4ff; Ez 14,13ff u.a.) oder auch nur „wildes Tier" (Ψ 8,8; Mi 5,7; Ιερ 9,9 u.a.). Vom Zusammenhang her gesehen kommen hier nur Haustiere in Frage. Da Schafe gleich hinterher genannt werden, sind mit κτήνη wohl Kühe gemeint.

⁶⁷⁴ Pferde sind nach Lev 11,4 keine essbaren Tiere. Sie waren im Altertum vor allem für militärische Zwecke bestimmt (Ex 14,7ff; Ez 26,7ff u.a.; auch in der Offb: 6,2ff; 9,7ff; 19,11.14.19.21). An unserer Stelle folgen auf die „Pferde" ῥέδη, Reisewagen mit vier Rädern, so dass mit „Pferden" in erster Linie gewöhnliche Wagenpferde gemeint sind (vgl. MICHEL, ThWNT III 339 Anm. 13). Diese allein sind aber als Gegenstände für Großhandel schlecht vorstellbar; so ist die Möglichkeit von Pferden für militärische Zwecke nicht völlig auszuklammern. „Sklaven" wurden im Altertum als Eigentum (vgl. etwa Tob 10,10) und Handelsgegenstände (z.B. Ez 27,13) betrachtet. Σώματα als Bezeichnung von Sklaven ist im NT sonst nicht belegt, aber im allgemeinen ist es nicht selten. Vgl. AUNE, Apk 1002; GROBEL, Σῶμα 55f; SCHWEIZER, ThWNT VII 1034,18ff; GUNDRY, Soma 26–28.

⁶⁷⁵ Der Ausdruck ψυχαὶ ἀνθρώπων kommt schon in Ez 27,13 LXX in der Liste von Handelsgegenständen als Übersetzung von נֶפֶשׁ אָדָם im Sinne von „Sklaven" vor. Das nimmt der Vf. auf (vgl. auch Num 31,35 und 1Chr 5,21). Zwischen diesem Ausdruck und dem Begriff „Sklaven" gibt es für ihn keinerlei Sinnunterschied. Warum sie doppelt bezeichnet sind, ist nicht ersichtlich. Vom Gebrauch in Ez 27,13 LXX her gesehen ist es schwierig, bei der Nennung von „Menschenseelen" eine der Sklaverei gegenüber kritische Haltung herauszuhören (gegen POHL, Apk II 233; KRODEL, Apk 304f; GIESEN, Apk 398; SCHWEIZER, ThWNT IX 654,10ff u.a.).

⁶⁷⁶ CHARLES, Apk II 105; KRAFT, Apk 235.
⁶⁷⁷ LOHMEYER, Apk 151.
⁶⁷⁸ BAUER/ALAND, WB ὀπώρα.
⁶⁷⁹ GLONNER, Bildersprache 96; vgl. auch LIDDELL/SCOTT, ὀπώρα.

übersetzen. In der zweiten Zeile wählte der Vf. wegen des verwandten Klanges die Termini „Prächtige" (λιπαρά) und „Glänzende" (λαμπρά). Was mit ihnen konkret gemeint sind, ist nicht klar. Die letzte Zeile weissagt (das Verb ist jetzt futurisch) das Andauern dieser Situation.

**V. 16–17a:** Das Klagelied selbst beginnt und endet mit stereotypen Wendungen. Die Beschreibung im Mittelteil stimmt fast wörtlich mit der der Hure in 17,4 überein.

**V. 17b:** Bei der Darstellung des Klageliedes der Seeleute führt der Vf. zunächst vier seemännische Berufssparten auf; zugrunde liegt Ez 27, das Klagelied über Tyrus, in dem ebenso verschiedene Berufsgruppen von Seeleuten nacheinander genannt sind (V. 8f.25ff). Der zuerst genannte „Kapitän, Steuermann (κυβερνήτης)" wird vom Schiffseigentümer angestellt und ist für die eigentliche Seefahrt verantwortlich.[680] Im Vergleich mit Königen und Großhändlern hat er einen viel niedrigeren Stand. Beim zweiten, ὁ ἐπὶ τόπον πλέων, ist die Bedeutung von ἐπὶ τόπον nicht klar.[681] Vielleicht versteht man τόπος am besten im Sinne von Handels-„Platz".[682] Das Wort πλέων ist an sich Bezeichnung von Seefahrern im allgemeinen, aber der Kontext zeigt, dass hier derjenige gemeint ist, der Fracht nach Übersee transportiert; vgl. Ez 27,9.27. Ähnliches wird auch für die am Ende stehende zusammenfassende Bezeichnung, „alle, die das Meer beruflich befahren", gelten.

**V. 18:** Das Geschrei dieser Menschen, „wer [war] der großen Stadt gleich", steht unter dem Einfluss von Ez 27,32, „wer [war] [...] Tyrus gleich".

**V. 19:** „Staub auf das Haupt zu streuen", ist ein Ausdruck der Trauer (Hi 2,12; Klgl 2,10 u.a.). Unser Ausdruck steht unter dem Einfluss von Ez 27,30.

Der Mittelteil dieses Klageliedes hebt nur indirekt den Glanz Babylons hervor, indem er auf den Gewinn, den die Schiffseigentümer durch die Beziehung mit Babylon erzielten, hinweist.

**V. 20:** In der Offb sind die Aspekte der Vernichtung der Gottlosen und des Heils der Christen engstens miteinander verbunden. Auch hier notiert der Vf. als Gegenüber zu den drei Klageliedern eine von der gleichen himmlischen Stimme an den Himmel und die Christen gerichtete Aufforderung zum Frohlocken. Der Lobgesang selbst ist erst in 19,1ff aufgezeichnet. Auch bei dieser Aufforderung dient Jer 51 als Grundlage; der Vf. ändert die Weissagung Jer 51,48 (keine Entsprechung in LXX) in eine Aufforderung und ersetzt den Begriff „Erde" und die Wendung

---

[680] Vgl. Plutarch, mor. 807 B: ναύτας μὲν ἐκλέγεται κυβερνήτης καὶ κυβερνήτην ναύκληρος.

[681] Deswegen sind für diesen Ausdruck mehrere Varianten vorhanden. A,C u.a. lesen ἐπὶ τόπον, ℵ u.a. dagegen ἐπὶ τὸν τόπον, was vielleicht als Versuch zur Verdeutlichung („zu dem Ort = Babylon") anzusehen und deswegen wohl sekundär ist; außerdem sind durch weniger wichtige Hss Lesarten wie ἐπὶ τὸν πόντον, ἐπὶ τὸν ποταμόν und ἐπὶ τῶν πλοίων vertreten.

[682] CONZELMANN, Apk 18,17 290; dort auch Belege; vgl. τόπος in Apg 27,2. BECKWITH, Apk 717f, leitet es von ἐπὶ πόντου („auf dem Meer") ab, aber neben ὁ πλέων wäre dies überflüssig (vgl. MOUNCE, Apk 331f). BOUSSET, Apk 423; ALLO, Apk 271; LOHMEYER, Apk 151; AUNE, Apk 1005f u.a. verstehen es im Sinne von „der Küste entlang", aber es ist nicht deutlich, warum in diesem Zusammenhang speziell auf Küstenschiffahrer Rücksicht genommen wird; vgl. auch PRIGENT, Apk 394: „Mais on préférerait alors lire la préposition κατά (au sens distributif) à la place de ἐπί".

„alles, was darin ist", durch drei Bezeichnungen, die die Gesamtheit der Christen repräsentieren.

Zum Frohlocken wird zunächst „der Himmel" aufgefordert; damit sind die Engel gemeint (vgl. 12,12). „Die Heiligen usw." sind irdische Christen. In 12,12 sind nur die im Himmel Wohnenden zum Frohlocken aufgefordert worden; nach dem Sturz Babylons wird der Kreis ausgeweitet. Man kann aber den Sachverhalt auch so verstehen, dass anders als in ähnlichen Beispielen im AT, wo der Himmel und die Erde angeredet werden (Ps 96,11; Jes 49,13; vor allem Jer 51,48), hier neben dem Himmel nur treue Christen als Vertreter der Erde genannt sind.

Die Begriffe „die Heiligen" und „die Propheten" sind schon in 11,18; 16,6 miteinander verknüpft verwendet worden; vgl. auch 18,24. An unserer Stelle ist die Gruppe der „Apostel" zwischen beiden eingeschaltet, um, den drei Trauerchören entsprechend, drei Gruppen von Frohlockenden aufweisen zu können.[683] „Apostel" kommen in der Offb, abgesehen von den angeblichen Aposteln 2,2, nur noch in 21,14 als „die zwölf Apostel" vor. Während die anderen zwei Begriffe, „Heilige" und „Propheten", die Christen, die gegenwärtig am Leben sind, bezeichnen, vertreten „die Apostel" Christen der Anfangszeit der Kirche[684] (Inklusio) und alle zusammen die Gesamtheit der Christen vom Anfang bis zur Gegenwart.

Die Aufforderung wird dadurch begründet, dass „Gott das Strafurteil euretwegen an ihr vollzog". Der Ausdruck stammt aus dem AT (Sach 7,9: κρίμα δίκαιον κρίνατε; 8,16; vgl. auch Jes 16,15; Ιερ 21,12; Ez 44,24). Da mit „anklagen" usw. gelegentlich ein Genitiv zur Angabe des Grundes steht,[685] ist das Personalpronomen ὑμῶν nach τὸ κρίμα im Sinne von „euretwegen" zu verstehen und weist auf die Tatsache hin, dass die Christen von Babylon verfolgt wurden. So weist der Vf. in dem Abschnitt über den Sturz Babylons (17,1ff) seit 17,6 zum ersten Mal wieder deutlich auf die Verfolgung der Christen hin. Zu dieser Frage vgl. Einleitung 6.1.

**V. 21-24:** Nach der Aufforderung zum Frohlocken, mit der der Bericht den Höhepunkt erreicht, wäre nur noch eine Erwiderung auf diese zu erwarten; und in der Tat findet man sie in 19,1f. Aber vorher wird eine Weissagung über den Sturz Babylons durch einen starken Engel dargestellt, die von einer zeichenhaften Handlung begleitet wird. Die vorausgesetzte Situation ist eine andere als in V. 4-20: Während in V. 4-20, abgesehen von V. 14, die verbrannte Hure Babylon Gegenstand der Klage ist, wird in V. 22f Babylon als eine menschenleere Ruine dargestellt (vgl. auch V. 2). Wie schon mehrmals zu beobachten gewesen ist, gehört es zur Technik des Vf., ein Ereignis oder einen Sachverhalt durch die Verwendung von mehreren auf ihn bezogenen, in Einzelheiten manchmal sich widersprechenden Traditionen rekapitulierend darzustellen. An unserer Stelle legt der Vf. Jer 51,61ff

---

[683] LOHMEYER, Apk 151; Pohl, Apk II 241.
[684] In Gemeindeordnung 135 habe ich „die Apostel" wie in 2,2 als Wandermissionare verstanden. Aber seitdem ich die wiederholte Verwendung der Inklusio in der Offb beobachtet habe, habe ich meine Ansicht geändert. LOISY, Apk 324; MÜLLER, Apk 309 u.a. halten die Apostel für Figuren der Vergangenheit.
[685] BDR §178.

zugrunde.[686] Nur ändert er dem Kontext entsprechend die Vorlage: Der Handelnde ist „ein starker Engel"; das Schriftmotiv ist nicht aufgenommen.

**V. 21a:** Zur Bezeichnung des Engels als „stark" vgl. V. 8. Der Vergleich mit dem Mühlstein kommt in Jer 51,63 nicht vor. Mit ihm ist der obere Stein der größeren Mühlen gemeint, der transportierbar (vgl. Mk 9,42),[687] aber so schwer ist, dass man ihn nur mit Mühe aufheben kann, gleichzeitig aber sein schnelles und endgültiges Versinken gesichert ist.

**V. 21b–24:** Der Engel weissagt zunächst den Sturz Babylons und dann mit fünf regelmäßig konstruierten Sätzen deren Verwüstung (vgl. V. 2). Der Vf. will V. 22f stärker den Charakter einer Straferklärung geben, indem er hier anders als V. 21.24 in der 2. Pers. formuliert.[688] V. 23b–24 gibt in drei Sätzen den Grund an, warum Babylon vernichtet werden musste.

**V. 21b:** In der Offb wird für die Bezeichnung des Sturzes einer Stadt gewöhnlich πίπτειν verwendet. Βληθήσεται hier ist durch die vorangehende symbolische Handlung (ἔβαλεν V. 21a) bedingt (vgl. aber 12,9f). „Mit stürmischer Gewalt" (ὁρμήματι) ist eine Wendung, die in LXX gelegentlich auf den Zorn Gottes bezogen ist (Hos 5,10; Hab 3,8).

**V. 22–23a:** Jeder der fünf Sätze nimmt ein Einzelphänomen als Thema auf und schließt mit der Wendung οὐ μὴ [...] ἐν σοὶ ἔτι. Diese ähnelt in ihrer Struktur dem Schlusswort von V. 21, καὶ οὐ μὴ εὑρεθῇ ἔτι, obwohl die durch jenes dargestellte Situation eine andere ist. In den sechs οὐ μή-Sätzen (V. 21 Ende mitgezählt) kommen optische (mit εὑρεθῇ bzw. φάνῃ) und akustische (mit ἀκουσθῇ) Phänomene betreffende Aussagen immer abwechselnd vor. Unter den fünf Sätzen beziehen sich der erste und der letzte auf besondere Festlichkeiten und die mittleren drei auf das Alltagsleben. Bei der Aufzählung lehnt sich der Vf. wahrscheinlich an Jer 25,10 an (vgl. auch Jes 24,8).

Zum Aufhören der Musik vgl. Ez 26,13. Musik[689] wird oft bei fröhlichen Angelegenheiten gespielt (z.B. Jes 5,12; Sir 22,6 u.a.). Ihr Aufhören bedeutet das Verschwinden der Freude.

„Handwerk" (τέχνη) bzw. „Handwerker" (τεχνίτης) beziehen sich in anderen neutestamentlichen Schriften und LXX vorwiegend auf ein besondere Begabungen voraussetzendes Handwerk wie Goldschmiedekunst oder Bildhauerei.[690]

---

[686] Außerdem kommen Ausdrücke vor, die an Ez 26 erinnern: zu ἔβαλεν εἰς τὴν θάλασσαν (V. 21) vgl. Ez 26,12; zu οὐ μὴ εὑρεθῇ ἔτι (V. 21) vgl. Ez 26,21 und zu V. 22 vgl. Ez 26,13. Ez 26 steht mit Kap. 27, in dem sich das Vorbild unserer Warenliste findet, in einem Zusammenhang.

[687] Vgl. STR-B I 776.

[688] Auch in Unheilsweissagungen wie Mi 6,9c-15; Sib 3,350–366 u.a. ist ein Wechsel von der dritten zur zweiten Person feststellbar (AUNE, Prophecy 75.285).

[689] Die an der zweiten Stelle genannten μουσικοί sind, wörtlich verstanden, „Musiker". Aber da die anderen drei genannten Gruppen von Musikern jeweils ein bestimmtes Instrument spielen, bezeichnen die μουσικοί nicht „Musiker" im umfassenden Sinn. In LXX wird das Wort zweimal als Übersetzung von שִׁיר („Lied") verwendet (Gen 31,27 und Ez 26,13). Außerdem bedeutet das Wort in TestJud 23,2 „Sänger". Dies legt auch hier die Übersetzung „Sänger" nahe.

[690] Für das NT vgl. Apg 17,29; 19,24.38, für LXX vgl. Ex 28,11; Dtn 27,15; Jer 10,9; Weish 13,10; 14,18f; Sir 45,11. Zeltmacherei und Herstellung von Salböl gehören auch dazu.

Diese werden meist von Männern betrieben. An unserer Stelle bilden τεχνίτης/ τέχνη ein Gegenüber zur Arbeit an der Mühle, die als eine Frauenarbeit galt (Mt 24,41; Hi 31,10; Jes 47,2; Ex 11,5). Die „Mühle" hier ist anders als die im vorangehenden Vers eine kleinere, die in jeder Familie vorhanden war. Dass ihr Geräusch nicht mehr zu hören ist, bedeutet, dass das Alltagsleben von Grund auf umgestürzt ist.

Dies gilt auch für das Verschwinden des Lichts. Es herrscht dann Finsternis (vgl. 16,10). Das neue Jerusalem ist hingegen mit Licht angefüllt (21,23.25; 22,5). Die Stimme von Bräutigam und Braut werden nicht mehr gehört; vgl. Jer 7,34; 16,9; besonders 25,10; vgl. auch 33,11.

**V. 23b-24:** Dann folgen drei Gründe, warum Babylon durch Gott vernichtet wird. Die drei Sätze sind nicht ganz parallel konstruiert; sowohl stilistisch als auch inhaltlich zeigen sich zwischen den ersten beiden und dem letzten Unterschiede: Während die beiden ersten mit ὅτι eingeleitet sind, ist das beim letzten nicht der Fall; während in den beiden ersten Babylon wie im vorangehenden Vers in der 2. Pers. genannt ist, wird sie im letzten in der 3. genannt; während die beiden ersten die Handelstätigkeiten Babylons betreffen (vgl. unten), weist der letzte auf die von ihr praktizierte Verfolgung der Christen hin.

**V. 23b:** Der erste Satz steht im ganzen unter dem Einfluss von Jes 23,8, einem Wort, das zu einem Orakel über das Gericht an Tyrus gehört.[691] „Deine Kaufleute" sind diejenigen Roms und nicht gänzlich identisch mit „den Kaufleuten der Erde", von denen in diesem Kapitel schon mehrmals die Rede war. „Die Edlen" (μεγιστᾶνες; vgl. 6,15) sind bei Propheten neben Königen manchmal solche, an denen das Gericht vollstreckt wird; vgl. ad 6,15.

Der zweite Grund des Sturzes Babylons besteht darin, dass „alle Völker durch deine Zauberei verführt wurden". In Nah 3,4, wo das Strafgericht über Ninive Thema ist, wird Zauberei mit Unzucht parallelisiert; letztere ist eine Metapher für Handelstätigkeit. Auch an unserer Stelle ist mit dem Begriff „Zauberei" wohl die Handelstätigkeit Babylons und deren Anziehungkraft gemeint; anders als bei der Darlegung des ersten Grundes der Vernichtung Babylons ist hier der Blick auf deren verderbliche Einflüsse auf die Völker gerichtet. „Verführen" bedeutet, zum Ungehorsam und Widerstand gegenüber Gott zu verleiten (vgl. 12,9; 20,3; vgl. auch 13,14; 19,20). Die Verführten sind „die Völker"; die Christen sind unter ihnen nicht inbegriffen.

**V. 24:** Als dritter Grund wird die Verfolgung der Christen durch Babylon genannt. Der Satz, der sich in Hinsicht auf seinen Stil und seinen Inhalt von den vorangehenden unterscheidet (vgl. ad V. 23b-24), ist wahrscheinlich durch den Vf. selbst nachträglich hinzugefügt. Er will dadurch nochmals unterstreichen, dass Gott des schweren Schicksals der Christen gedenkt. Zum Ausdruck „in ihr wurde gefunden" (ἐν αὐτῇ [...] εὑρέθη) vgl. V. 22, οὐ μὴ εὑρεθῇ ἐν σοὶ ἔτι, eine Ent-

---

[691] Ein Beispiel dafür, dass der Vf. unter einem bestimmten Schlagwort (in diesem Fall „Tyrus") mehrere Bibelstellen (in diesem Fall Ez 26-28 und Jes 23,8) assoziativ im Gedächtnis hat.

sprechung, die ironisch klingt.⁶⁹² Vom Blut der Christen war schon in 17,6 die Rede; vgl. auch 19,2; vgl. 6,10; 16,6.

Als Ermordete nennt der Vf. an unserer Stelle neben „Propheten und Heiligen" „alle diejenigen, die auf der Erde hingeschlachtet wurden". Dass mit der dritten Gruppe nichtchristliche Ermordete gemeint sind,⁶⁹³ ist angesichts des Fehlens einer solchen Vorstellung in der übrigen Offb unwahrscheinlich. Man muss diesen Begriff vielmehr als eine Erklärung der Wendung „Propheten und Heiligen" ansehen.⁶⁹⁴ Der Vf. stellt sich nämlich in V. 22-23a Babylon als eine konkrete Stadt bzw. Ruine vor, was auch die Formulierung an unserer Stelle beeinflusst („es wurde *in ihr* gefunden"). Aber dann könnte man das hier erwähnte Blutvergießen nur als solches verstehen, das in dieser Stadt stattfand; die Ermordung anderer an anderen Orten wäre ausgeklammert. Um diesen falschen Eindruck bei den Lesern (sie sind in Kleinasien!) zu vermeiden, fügt der Vf. diese Erklärung hinzu.

*c) 19,1-10: Lobgesänge im Himmel*
(1) **Danach hörte ich im Himmel [etwas] wie eine laute Stimme einer großen Schar, die sprachen:**

**Halleluja! Das Heil und die Herrlichkeit und die Macht [sind] unseres Gottes,**

(2) **denn wahrhaftig und gerecht [sind] seine Gerichte,**
**denn er hat die große Hure gerichtet,**
**die die Erde mit ihrer Unzucht verdarb,**
**und er hat das Blut seiner Knechte von ihrer Hand gerächt.**

(3) **Und zum zweiten Mal sprachen sie:**
**Halleluja! Und ihr Rauch steigt in alle Ewigkeit auf.**

(4) **Und die vierundzwanzig Ältesten und die vier Wesen fielen nieder und beteten Gott, der auf dem Thron sitzt, an und sprachen:**
**Amen, Halleluja!**

(5) **Und eine Stimme ging vom Thron aus und sprach:**
**Lobt unseren Gott, alle seine Knechte und die ihr ihn fürchtet, die Kleinen und die Großen.**

(6) **Und ich hörte [etwas] wie eine Stimme einer großen Schar und wie eine Stimme vieler Wasser und wie eine Stimme starker Donner, die sprachen:**
**Halleluja!**
**Denn König geworden ist Gott der Herr, der Allherrscher.**

(7) **Lasst uns froh sein und jubeln und ihm die Ehre geben! Denn es ist die Hochzeit des Lammes gekommen,**
**und seine Braut hat sich bereitgemacht.**

---

[692] Vögtle, Apk 140f; Giesen, Apk 406; Yarbro Collins, Revelation 18 199.
[693] So Allo, Apk 273; Krodel, Apk 308; Osborne, Apk 659; Wengst, Pax 148; Bauckham, Theology 39; Ders, Critique 349 u.a.
[694] Wolff, Gemeinde 195 Anm. 51 bezieht es auf Christen.

(8) Und es wurde ihr gegeben, sich mit glänzender reiner Leinwand zu kleiden;
denn die Leinwand sind die Rechtstaten der Heiligen.
(9) Und er spricht zu mir:
Schreibe!
Selig sind, die zum Hochzeitsmahl des Lammes geladen sind.
Und er spricht zu mir:
Diese Worte sind wahrhaftig und [stammen von] Gott.
(10) Und ich fiel vor seinen Füßen nieder, um ihn anzubeten, und er spricht zu mir:
Hüte dich!
Ich bin dein Mitknecht und der deiner Brüder, die das Zeugnis Jesu haben.
Bete Gott an!
Denn das Zeugnis Jesu ist der Geist der Prophetie.

V. 1-10: Im größeren Kontext schließt unser Abschnitt die seit 17,1ff entwickelte Darstellung des Gerichts gegen die Hure ab. Zwar wird über das Wirken Satans, des Tieres usw. im folgenden Text noch berichtet, aber die Hure Babylon begegnet nicht mehr. In diesem Zusammenhang fällt die Parallelität der Darstellung V. 1f zu derjenigen des die ganze Perikope über die Hure einleitenden Abschnittes 17,1-6a auf: Der Engel spricht in 17,1 zunächst programmatisch von τὸ κρίμα τῆς πόρνης τῆς μεγάλης; dementsprechend heißt es an unserer Stelle: ἔκρινεν τὴν πόρνην τὴν μεγάλην. Die an unserer Stelle unmittelbar an die Einleitung anschließende Wendung „sie verdarb die Erde mit ihrer Unzucht" (V. 2) erinnert dann an die Erklärung des Engels: „die Könige der Erde haben Unzucht mit ihr getrieben" (17,2; ähnlich 18,3). Der Hinweis auf die Vergeltung Gottes für das vergossene Blut der Christen an unserer Stelle korrespondiert 17,6; dort wird die Hure als von ihrem Blut trunken dargestellt. Der Vf. rahmt so die Gesamtheit der Darstellung des Gerichts der großen Hure mit einander ähnlichen bzw. parallelen Aussagen.

Innerhalb der Darstellung der letzten Stimme wird die Bereitschaft der Braut des Lammes zur Hochzeit thematisiert, die mit dem Verschwinden Babylons engstens verbunden ist. Sie funktioniert als Übergang von Kap. 17f zu 19,11ff.

Zunächst folgen fünf himmlische Stimmen aufeinander (V. 1-8). Sie sind symmetrisch gereiht. Das ist schon bei ihrer Länge erkennbar: Die erste (V. 1f) und die letzte (V. 6-8) sind die längsten; die zweite (V. 3) und die vierte (V. 5) deutlich weniger lang, und die dritte (V. 4) als die Symmetrieachse besteht aus nur zwei Wörtern, ἀμήν, ἀλληλούϊα.[695] Auch inhaltlich lassen sie eine symmetrische Anordnung erkennen: Die erste und die letzte sind Lobpreisungen über die Tat Gottes. Ein Vergleich der je fünf Elemente der Darstellung dieser beiden Stimmen lässt einerseits eine recht weitgehende Parallelität zwischen ihnen, andrer-

---

[695] KENNEL, Hymnen 238f.

seits aber auch eine fortschreitende Entwicklung erkennen:[696] Beide Stimmen beginnen mit einem Hallelujaruf (V. 1 und V. 6); dieser wird dann im jeweils zweiten Glied begründet je durch einen Hinweis auf das Gericht Gottes (V. 2a und V. 6); während innerhalb des dritten Elements innerhalb der Darstellung der ersten Stimme immer noch auf das Gericht zurückblickt wird (V. 2b), weist der entsprechende Abschnitt innerhalb der Darstellung der letzten Stimme auf das Kommen der Hochzeit des Lammes hin (V. 7); das jeweils vierte Element in der Darstellung der Stimmen beschreibt die Aktivitäten beider Frauen (V. 2c und V. 7 Ende), das jeweils letzte dann, was Gott der jeweiligen Frau tat (V. 2 Ende und V. 8). Die zweite und vierte Stimme stellen keine Lobsprüche dar. Die zweite besteht aus einer Beschreibung der an der Hure zu vollziehenden Strafe (V. 3), die vierte aus der Aufforderung an die Christen zum Lob (V. 5); sie beziehen sich also jeweils auf eine der zwei antithetisch zueinander stehenden Menschengruppen.

In V. 9f schließen dann eine Seligpreisung für die zum Hochzeitsmahl des Lammes Geladenen, eine Versicherung der Wahrhaftigkeit der Worte und ein Bericht vom zurückgewiesenen Versuch der Anbetung des Engels durch den Seher den Abschnitt ab.

**V. 1:** Die Sprecher der „lauten Stimme" sind Engel; verstorbene treue Christen[697] kommen deswegen nicht in Frage, weil sie in V. 2 als „seine [d.h. Gottes] Knechte" bezeichnet sind. D.h., dass V. 1f dem Aufruf zum Jubel in 18,20, in dem auch die Christen angeredet werden, nicht vollkommen entspricht, wohl deswegen, weil irdische Christen in Visionen nicht auftreten können.

Die Stimme beginnt mit „Halleluja". „Halleluja" ist in anderen neutestamentlichen Schriften nicht belegt. Auch unser Vf. verwendet es außer in unserem Abschnitt nicht, obwohl er mehrere hymnische Stücke in sein Werk einarbeitet. Im Judentum hat sich „eine Anschauung herausgebildet, die Halleluja fest mit der Endzeit verbindet, ja, die diesen Jubelruf der Endzeit vorbehalten will".[698] Auch unser Vf. versteht das „Halleluja" als einen Jubelruf,[699] der erst auf dem eschatologischen Höhepunkt gesprochen werden soll. Anders ausgedrückt: Er fasst den Sturz Babylons als das endgeschichtliche Geschehen auf, das des Halleluja-Rufens wert ist.

Im Hauptteil werden zunächst drei Attribute genannt, die zu „unserem Gott" (vgl. ad 1,6) gehören. Sie kamen schon in bisherigen hymnischen Stücken mehrmals vor. Zum ersten, „Heil" und zum dritten, „Macht" vgl. 12,10; zum mittleren, „Herrlichkeit", vgl. 5,13 u.a.

---

[696] Zum folgenden vgl. RUIZ, Praise 76.
[697] So z.B. GIESEN, Apk 409.
[698] JÖRNS, Evangelium 147 mit Verweis auf Barakhot 9b, Tob 13,18; 3Makk 7,13 u.a.; vgl. auch DELLING, Gottesdienst 435.
[699] Im AT behält „Halleluja" zwar seinen ursprünglichen Sinn, „Lobt Jahwe" bei, aber bekommt stärker den Charakter eines eigenständigen Jubelrufs, wie vor allem in seiner Verwendung neben „Lobe den Herrn" in Ps 104,35 deutlich wird.

**V. 2:** Darauf folgen zwei ὅτι-Begründungssätze; der erste weist auf den Grundcharakter des Gerichts Gottes hin (vgl. 16,7); der zweite, der seinerseits wiederum aus zwei Teilen besteht, beschreibt konkret die Handlung Gottes; diesen zweiten Begründungssatz kann man sowohl als Begründung des ersten ansehen als auch, zusammen mit dem ersten, als Begründung des Lobspruchs verstehen. Der erste Teil der zweiten Begründung, die große Hure habe „die Erde in ihrer Unzucht verdorben" (vgl. 11,18), ist in Anlehnung an Jer 51,25 (=LXX 28,25: τὸ ὄρος [...] τὸ διαφθεῖρον πᾶσαν τὴν γῆν) formuliert. Während er auf ihr Handeln gegen die Nichtchristen hinweist, richtet der zweite Teil den Blick auf ihr Handeln an den Christen, deren Blut sie vergoss; er ist ein freies Zitat von 2Kön 9,7. Innerhalb der Offb korrespondiert er dem Geschrei der Märtyrer in 6,10; freilich begegnet dort der Komposition des Buches gemäß die Hure noch nicht.

**V. 3:** Die zweite Stimme ist inhaltlich eine Fortsetzung von V. 1f. Zum Verbrennen Babylons vgl. 18,8.9f.18. Anders als an diesen Stellen wird hier die Dauer des Gerichts betont (vgl. Jes 34,10), vielleicht deswegen, weil Babylon hier eher als eine Frau vorgestellt ist als eine Stadt; vgl. 14,11. Dem ewigen Segen, der den Christen gewährt ist (vgl. 22,5), entspricht die ewige Strafe.

**V. 4:** Auf die Stimmen in V. 1–3 folgend beten in V. 4 die vierundzwanzig Ältesten und die vier Wesen Gott an und stimmen dem Gesagten mit „Amen, Halleluja" zu; vgl. 5,14. Beide Gruppen, die Ältesten und die vier Wesen, kommen hier zum letzten Mal vor.[700]

**V. 5:** Die nächste Stimme, die vom Thron ertönt, ist keine Stimme Gottes (vgl. den Ausdruck „unser Gott"), sondern eine Stimme, die der Thron selber spricht.[701] „Seine Knechte" sind die irdischen Christen. Während sie in V. 2 als Verstorbene vorgestellt sind, sind sie hier noch am Leben.

**V. 6–8:** Der nächste Lobspruch scheint auf den ersten Blick eine Antwort der Christen auf die Aufforderung zum Lob in V. 5 zu sein.[702] Aber dass in seinem zweiten Teil das Kommen der Hochzeit des Lammes und die Bereitschaft der Braut gepriesen werden, spricht dagegen. Denn es ist seltsam, dass die Bereitschaft der Braut, die eines der wichtigsten endzeitlichen Geschehenisse ist, bereits vor ihrer Offenbarung in einer Vision (21,9ff) durch einen Lobspruch der irdischen Christen den Lesern mitgeteilt wird. Die Ausführungen V. 6–8 sind deshalb wie die V. 1–4 auf eine himmlische Stimme zurückzuführen.[703] Auch Erklärungen, die dieser „Stimme" beigelegt sind („wie eine Stimme einer großen Schar usw."), sprechen für diese Annahme (vgl. unten). Dass dann die Aufforderung in V. 5 in der folgenden Darstellung unbeantwortet bleibt, ist nicht befremdlich; denn bei der

---

[700] Vgl. den Exkurs „Die vierundzwanzig Ältesten" bei 4,4.
[701] Vgl. 9,13; 16,7. Im Judentum damals war die Personifikation von an sich leblosen himmlischen Wesen üblich; vgl. ALLISON, 4Q403 409ff. Auch in 21,3 ist die Stimme vom Thron von der Stimme des auf dem Thron Sitzenden (V. 5) unterschieden.
[702] So LOHMEYER, Apk 154; POHL, Apk II 245; ROLOFF, Apk 180f; JÖRNS, Evangelium 153; KARRER, Brief 234 u.a.; auch ich selber habe mich in Gemeindeordnung 38 dieser Ansicht angeschlossen.
[703] BECKWITH, Apk 725.

Vision bleiben die irdischen Christen gleichsam Zuschauer; sie betreten nicht die Bühne (vgl. ad V. 1).

**V. 6:** Die Stimme ist dreifach näher bestimmt: „Wie eine Stimme einer großen Schar und [...] vieler Wasser (vgl. 1,15; 14,2) und [...] starker Donner (vgl. 6,1; 14,2)". Jede Bestimmung bringt als solche die außerordentliche Stärke der Stimme zum Ausdruck; die dreifache Wiederholung entspricht der Größe der Fröhlichkeit angesichts der Hochzeit des Lammes. In der Offb beziehen sich diese Begriffe ausnahmslos auf Stimmen von himmlischen Wesen.

Zur Äußerung, dass Gott „König wurde", vgl. 11,17, wo der Ausdruck auf die Feststellung der eschatologischen Herrschaft Gottes hinweist, die sich mit dem Gericht der Gottesfeinde (V. 18) verwirklicht. Der Vf. schreibt also unsere Stelle noch im Rückblick auf das Gericht der Hure in V. 2. Zum Prädikat „Gott der Herr, der Allerherrscher" vgl. ad 1,8; vgl. auch 11,17.

**V. 7:** Während die Stimme im ersten Teil ihrer Ausführungen auf V. 2 zurückblickt, weist sie im zweiten auf eine neue Entwicklung hin. Bereits die hier verwendeten drei Verben („lasst uns froh sein usw.") lassen ahnen, dass sich etwas in der Endgeschichte Neues ereignet; die darauf folgende Begründung macht deutlich, was jetzt geschieht: Die Braut macht sich bereit.

Die Begründung besteht aus drei Sätzen, die von Jes 61,10 beeinflusst sind.[704] Der erste, „es ist die Hochzeit des Lammes gekommen (ἦλθεν)", erinnert an die in der Offb häufig vorkommenden ἦλθεν-Sätze in Bezug auf das Gericht (vgl. ad 6,17). Beides, das Gericht an Babylon und das Bereitmachen der Braut zur Hochzeit, treffen in der Offb zusammen.

**V. 8:** Zur glänzenden reinen Leinwand vgl. ad 15,6. Die Hure kleidete sich in Leinwand und Purpur und Scharlach (18,16; 17,4); der Kontrast ist deutlich. Die zweite Hälfte des Verses, „die Leinwand sind die Rechtstaten der Heiligen", ist ein vom Vf. formuliertes Interpretament; er macht manchmal solche interpretierenden Bemerkungen zu Bildern (vgl. etwa 5,6; 17,9.15.18). Durch den Hinweis, dass ihre Taten vor Gott richtig gewertet werden, sollen die Christen getröstet und ermutigt werden; vgl. ad 14,13. Δικαίωμα („Rechtstat") ist nur noch in 15,4 im Sinne des „gerechten" Gerichts belegt. In der Offb beziehen sich die Worte aus dem Stamm δικ- meist auf das Gericht Gottes und nur selten auf Taten von Menschen. Zu unserer Stelle ist 18,5 als Kontrastbild vergleichbar: Gott gedachte der ungerechten Taten (τὰ ἀδικήματα) Babylons; vgl. auch 22,11. Im Hintergrund steht eine dualistische Auffassung der Menschenwelt. Dass die Christen Rechtstaten tun, ist dabei als selbstverständlich vorausgesetzt. In diesem Sinne kommt der Aussage an unserer Stelle eher Trostcharakter zu (vgl. auch ad V. 9).

---

[704] FEKKES, Bride 269ff; DERS., Isaiah 231ff.

## Exkurs: Die Braut[705] des Lammes

Die Vorstellung der Hochzeit des Lammes hat ihre Wurzel im AT, wo Gott und Israel mit einem Ehepaar verglichen werden (Hos 2,19; Jes 54,4ff; 61,10; 62,4f; Ez 16,7ff u.a.). Im AT ist die Hochzeit dem Verständnis des Bundes gemäß im allgemeinen nicht für die Zukunft erwartet; wenn sie für die Zukunft erwartet wird, handelt es sich um die Wiederherstellung der durch die Untreue Israels zerbrochenen ehelichen Beziehung. Eine messianische Figur tritt in diesem Zusammenhang nie auf.[706] Im rabbinischen Judentum dagegen wird gelegentlich die Meinung vertreten, dass bei der Erneuerung des Bundes zwischen Gott und seinem Volk in der eschatologischen Messiaszeit die Hochzeit gefeiert wird (die Zeit bis dahin ist die Verlobungszeit); ExR 15 u.a.[707] In TargPs 45,3ff ist sogar eine eschatologische Hochzeit des Messias mit Israel erwartet.[708] Allerdings lässt sich kaum behaupten, dass eine solche Erwartung zur Zeit der Offb bereits üblich gewesen ist.

Im NT findet man schon bei Paulus eine Aussage über die Kirche als die Braut Christi (2Kor 11,2f); vgl. ferner Eph 5,25ff. In den Evangelien wird zwar Jesus gelegentlich mit einem Bräutigam verglichen (Mk 2,19; Joh 3,29; Mt 25,1ff), aber die Figur der Braut tritt dabei meistens nicht auf; wenn sie auftritt, spielt sie nur eine untergeordnete Rolle. Vielmehr ist das Interesse auf die Freude derjenigen konzentriert, die zum Hochzeitsmahl geladen sind (Mt 22,1ffpar u.a.). Traditionsgeschichtlich hat diese Darstellung mit dem o.g. Ehemotiv nichts zu tun; sie geht vielmehr auf die Vorstellung zurück, dass Jahwe auf dem Berg Zion allen Völkern ein Festmahl bereiten wird (Jes 25,6–8; vgl. 65,13f). Im Judentum vgl. vor allem 1QSª 2,17–21. Weil das Hochzeitsmahl im allgemeinen als das fröhlichste Festmahl gilt, versteht es sich, dass Matthäus in 22,1ff das Mahl in ein solches umprägt. Ob unser Vf. bei der Darstellung unserer Stelle von einer der genannten frühchristlichen Aussagen beeinflusst ist, ist aber fraglich.

An unserer Stelle verbindet er die zwei alttestamentlich-jüdischen Motive, das der Ehe bzw. der Braut und das des Freudenmahls, miteinander.[709] Die Hochzeit ist hier nur verkündet, nicht konkret dargestellt. Das Hauptgewicht der Darstellung liegt aber auch nicht auf der mythischen Gestalt, der Braut, sondern auf dem eschatologischen Heil der „Heiligen" (vgl. unten); deshalb die Erwähnung der Rechtstaten der Heiligen (V. 8). Und in diesem Zusammenhang ist das o.g. zweite Motiv angeführt: Die zum Hochzeitsmahl Geladenen sind seliggepriesen (V. 9).[710]

Die Braut in der Offb hat einen etwas zwielichtigen Charakter: Nach der Beschreibung an unserer Stelle macht sich die Braut erst nach dem Gericht über die Hure bereit; in 21,2 wird das neue Jerusalem, das erst nach dem Millennium vom Himmel herabsteigt, mit der Braut verglichen; für den Vf. und für die Leser ist sie insofern also eine zukünftige Größe. Aber

---

[705] An unserer Stelle ist γυνή verwendet, ein Wort, das im Vergleich mit νύμφη (Braut; 21,2.9; 22,17) eine breitere Bedeutung hat. Da in Israel die Braut juristisch der verheirateten Frau gleichgestellt ist, ist sie gelegentlich auch als γυνή bezeichnet (z.B. Dtn 22,24 LXX; Mt 1,20; vgl. J. Jeremias, ThWNT IV 1092,28ff). Die Verwendung von γυνή an unserer Stelle ist dadurch veranlaßt, dass das Gegenüber des neuen Jerusalem, Babylon, γυνή genannt ist (17,3 u.a.).

[706] Vos, Traditions 165.

[707] Vgl. STR-B I 517; vgl. auch Stauffer, ThWNT I 652,9ff.

[708] STR-B III 679.

[709] Das zeigt sich auch daran, dass das zweite Motiv an den zwei weiteren Stellen der Offb, an denen das erste Motiv vorkommt (21,2.9f und 22,17), nicht erwähnt wird.

[710] Vgl. Böcher, Israel 44f.

nach 19,8 ist sie mit „den Rechtstaten der Heiligen" bekleidet; nach 22,17 ruft sie schon jetzt zu Jesus „Komm!"; da daraufhin „der Hörer", der Teilnehmer am Gottesdienst, aufgefordert wird, das gleiche zu tun, ist diese Figur eng auf die irdische Kirche der Gegenwart bezogen, auch wenn sie nicht wie bei Paulus mit ihr identifiziert ist; sie entspricht in diesem Fall der Frau in Kap. 12, die das Wesen der Kirche vertritt, und mit den zum Hochzeitsmahl Geladenen sind einzelne Christen gemeint, die in Kap. 12 „die Übrigen ihres Samens" genannt werden (V. 17).[711]

**V. 9:** Die zwei Worte in V. 9 sind vom Engel, der dem Vf. die Worte des Buches (vgl. gleich unten zu „diese Worte") vermittelt hat, gesprochen. Bei der Seligpreisung sind „diejenigen, die zum Tisch der Hochzeit des Lammes geladen sind", Subjekt. Das Hochzeitsmahl versinnbildlicht die eschatologische Seligkeit (vgl. Mt 22,1ff u.a.). Die Seligpreisung klingt deshalb tautologisch (vgl. 20,6). Dass in ihr ein Begründungssatz fehlt, hat damit zu tun. Wer zum Hochzeitsmahl geladen ist, wird in der Seligpreisung selbst nicht genannt, aber vom Kontext her ist deutlich: Es sind die „Heiligen", die Rechtstaten vorbringen (V. 8). Durch die tautologische Formulierung will der Vf. die Christen, die zweifelsfrei „zum Tisch der Hochzeit des Lammes geladen sind", trösten und ermutigen.

Das zweite Wort unterstreicht die Wahrhaftigkeit „dieser Worte"; vgl. 21,5; 22,6. „Diese Worte" enthalten zweifellos die unmittelbar vorangehende Verkündung der Hochzeit des Lammes; da diese aber mit dem Sturz Babylons eng verbunden ist, müssen die gesamten Ausführungen Kap. 17f mitgemeint sein.[712] Aber auch der Sturz Babylons ist nach der Auffassung des Vf. nur ein Teil dessen, „was bald geschehen soll" (1,1). Als der Inhalt „dieser Worte" ist also wie in 21,5 und 22,6 die Gesamtheit der bisherigen Darstellung vorzustellen. Wenn das aber so ist, muss man klären, warum eine solche Aussage an dieser Stelle begegnet, da sie, wie 21,5 und besonders 22,6 zeigen, besser für den Schlussteil des Buches geeignet ist. Aber mit dem Sturz Babylons erreicht die Geschichte eine entscheidend neue Phase: Die Verfolgung der Christen hört auf; im folgenden Teil des Buches ist von ihr nicht mehr die Rede (zu 20,9 vgl. ad loc). An unsere Stelle, die den Sturz Babylons darstellt, ist in diesem Sinne eine solche abschließende Aussage durchaus passend.

Anders als in 21,5; 22,6 fehlt hier das Adjektiv „zuverlässig"; als Apposition wird statt dessen „Gottes" verwendet, also: „Diese Worte sind wahrhaftig und Gottes (= stammen von Gott)".[713]

---

[711] Vgl. GIESEN, Apk 414; BEALE, Apk 945.
[712] MOUNCE, Apk 341; U.B. MÜLLER, Apk 319; AUNE, Apk 1040 u.a.
[713] In den Hss ist die Stellung von τοῦ θεοῦ unsicher. P, 046 u.a. lesen: οὗτοι οἱ λόγοι ἀληθινοὶ τοῦ θεοῦ εἰσιν. ℵ2 setzt es direkt nach οἱ λόγοι („diese Worte Gottes sind wahrhaftig"); da diese Lesart leichter verstehbar ist, dürfte sie eher sekundär sein. A bietet vor ἀληθινοί noch einen Artikel („diese wahrhaftige Worte sind von Gott"), ist aber sicher sekundär. 051, ℵ* u.a. lesen εἰσιν vor τοῦ θεοῦ; ℵ* u.a. schalten außerdem nach οἱ λόγοι das Pronomen μου ein („diese meine Worte usw."), aber diese Lesart ist nur schwach bezeugt. Zwischen den von P und 051 gebotenen Lesarten ist schwer zu entscheiden; inhaltlich besteht zwischen beidem kein wesentlicher Unterschied. Bei beiden Lesarten bezieht sich τοῦ θεοῦ offensichtlich nicht auf οἱ λόγοι, was den Lesern eine Schwierigkeit bereitet. Aber gerade deswegen sind sie vorzuziehen.

**V. 10:** Auf das zweite Wort folgend, das die Wahrhaftigkeit der Worte bestätigt, beschreibt der Text den Versuch des Johannes, den Engel anzubeten, und dessen Reaktion darauf. Eine ähnliche Entwicklung lässt sich in 22,6–9 beobachten.[714] Auch der Wortlaut der Engelworte ist sehr ähnlich. Allerdings lassen sich folgende Unterschiede aufweisen: 1.) An unserer Stelle sind „deine Brüder" diejenigen, die „das Zeugnis Jesu haben", in 22,9 dagegen diejenigen, die „die Worte dieses Buches bewahren". 2.) In 22,9 sind „die Propheten" von den Brüdern unterschieden, während sie an unserer Stelle nicht genannt sind und, gleichsam als Ersatz, die Erklärung, „denn das Zeugnis Jesu ist der Geist der Prophetie", hinzugefügt ist.

Zu „niederfallen" und „anbeten" vgl. ad 4,10; Johannes tritt dem Engel genauso ehrfürchtig wie Gott gegenüber. Dass an unserer Stelle (und in 22,8) jedoch anders als sonst „niederfallen" im Aorist (also als ein einmaliger Akt) und „anbeten" in einem davon abhängigen Aorist Infinitiv stehen, deutet an, dass es sich nur um einen Versuch handelte.

Der Engel reagiert zunächst mit dem zurückweisenden Wort: „Hüte dich!",[715] und bezeichnet sich selber dann als „dein Mitknecht usw." Dies bedeutet, dass der Engel als Knecht Gottes auf der gleichen Ebene steht wie Johannes und seine Mitchristen. Der Unterschied zwischen dem Vermittler der Offenbarung einerseits und ihren Empfängern andererseits hat vor Gott keine wesentliche Bedeutung.

Der Begriff „Mitknecht" wird auf „deine Brüder", „die das Zeugnis Jesu haben", ausgedehnt. Mit diesen sind die Christen im allgemeinen gemeint[716] (vgl. 12,17). Dass sie zunächst „*deine* Brüder" genannt werden, zeigt, dass der Vf. seine Vermittlerschaft für eine wichtige Voraussetzung für deren „Mitknecht"-Sein hält. Das wird in 22,9 noch deutlicher, wenn die „Mitknechte" dort als diejenigen gedeutet werden, die „die Worte dieses Buches bewahren". Der Ausdruck „deine Brüder" impliziert natürlich eine andere Nuance, nämlich, dass auch Johannes ein Mitchrist ist; vgl. 1,9.

Die darauf folgende Aufforderung des Engels, Gott anzubeten, zeigt, dass die Anbetung des Vermittlers der Offenbarung Gottes nichts anderes als eine Verleugnung Gottes wäre, mag sie auch als ein Akt der Verehrung Gottes erscheinen.

Das Engelwort erreicht schon mit dieser Aufforderung seinen Höhepunkt, aber es folgt noch eine Erklärung, das Zeugnisses Jesu sei „der Geist der Prophetie". Da-

---

[714] Vgl. die einführende Erklärung zu 17,1–19,10.
[715] Ὅρα μή; vielleicht ist ποιήσῃς zu ergänzen. Im NT kommt die Wendung sonst nur noch in 22,9 vor, sie war aber wahrscheinlich ein Idiom; vgl. BDR §480,5. Belege der von Engeln geäußerten Verweigerung, von Menschen angebetet zu werden, vgl. BAUCKHAM, Worship 124ff; vgl. auch AUNE, Apk 1036.
[716] Ähnlich BECKWITH, Apk 729; MÜLLER, Apk 320; ROLOFF, Apk 182 u.a. Die Wendung „das Zeugnis Jesu" wird an anderen Stellen stets neben „das Wort Gottes" u.ä. verwendet (vgl. ad 1,2). Dass letzteres hier fehlt, hat wohl darin seinen Grund, dass im unmittelbar folgenden Abschnitt Christus als „das Wort Gottes" bezeichnet wird (V. 13; vgl. dort).

mit sind „diejenigen, die das Zeugnis Jesu haben", als Propheten charakterisiert. Hier lässt sich aber einiges Ungewöhnliche konstatieren: 1.) Diese Erklärung folgt nicht unmittelbar auf die Vorstellung derjenigen, „die das Zeugnis Jesu haben"; dazwischen steht die Aufforderung, Gott anzubeten, die ihrerseits durch die Hinzufügung unserer Erklärung wesentlich geschwächt ist. 2.) Der Gedankengang ist umständlich; der Vf. hätte die Menschen besser von Anfang an als „diejenigen, die den Geist der Prophetie haben", oder noch einfacher als „Propheten" (vgl. 22,9) vorstellen können. 3.) Diese Erklärung entspricht nicht genau dem Verständnis des „Zeugnisses Jesu", das sich in diesem Buch sonst beobachten lässt.[717] 4.) Schließlich findet sich an der parallelen Stelle 22,9 kein entsprechendes Erklärungswort; allerdings sind dort als Mitknechte des Engels auch Propheten genannt. Diese Argumente sprechen m. E. dafür, dass es sich bei dieser Erklärung um einen späteren Einschub handelt. Vielleicht hat es jemand, der auf die Wirksamkeit von Propheten großes Gewicht gelegt und das Fehlen „der Propheten" an unserer Stelle als problematisch empfunden hat, hinzugefügt und dadurch „diejenigen, die das Zeugnis Jesu haben", mit Propheten gleichgesetzt.[718]

Diese Szene soll genau wie 22,6ff zum einen die göttlichen Autorität „dieser Worte" in V. 9 unterstreichen. Sie zeigt, dass „diese Worte" so mit Autorität ausgestattet sind, dass Johannes unwillkürlich veranlasst wird, zu Füßen ihres Vermittlers niederzufallen. Zweitens denkt der Vf. in dieser Szene nicht nur an die Verehrung des Engels; vielmehr will er die übermäßige Hochachtung seiner selbst als des Vermittlers zurückweisen.[719] Dies zeigt sich daran, dass er sowohl hier als auch in 22,9 den Kreis der Mitknechte des Engels, vom Kontext her gesehen überraschend, auf diejenigen ausdehnt, die das Zeugnis Jesu haben, und dass er den Engel sie „deine Brüder" nennen lässt.

## 2. 19,11–21,8: *Die Vernichtung der gegengöttlichen Mächte und Menschen*
Babylon wurde schon gestürzt, aber von der Vernichtung der gegengöttlichen Trias war noch nicht die Rede. Vor dem Erscheinen des neuen Jerusalem muss sie vollzogen werden. Sie ist das Hauptthema dieses Abschnitts.

Er lässt sich in vier Einheiten unterteilen. Die erste ist V. 11–21, in der die Vernichtung des Tieres und des Pseudopropheten berichtet wird. Inhaltlich wird sie von der dritten, 20,7–15, fortgesetzt, in der die Vernichtung Satans, aller gegengöttlicher Menschen und auch des Todes und des Hades dargestellt wird. Zwi-

---

[717] Zum sonstigen Gebrauch des Begriffs vgl. ad 1,9. Höchstens wäre 1,2 vergleichbar, wo sich der Begriff auf den Inhalt des Buches bezieht, das nach 22,19 als „das Buch der Prophetie" gilt; aber dennoch stimmen beide Stellen nicht gänzlich überein.

[718] Ähnlich BOUSSET, Apk 429; CHARLES, Apk II 130f; U.B. MÜLLER, Apk 320 u.a.

[719] Vgl. RUIZ, Praise 83f. Nach BOUSSET, Apk 429, polemisiert der Vf. an dieser Stelle „gegen jüdischen, resp. judenchristlichen Engelkultus", dessen Verbreitung damals durch Kol 2,18f.23 nahegelegt sei (ähnlich ROLOFF, Apk 182; HARRINGTON, Apk 187; KARRER, Brief 176f u.a.). Aber hätte der Vf. wirklich Interesse daran, würde er in 12,7–9 Michael nicht eine wichtige Rolle spielen lassen (vgl. auch 20,1f). CAIRD, Apk 237; MOUNCE, Apk 341; U.B. MÜLLER, Apk 319f u.a. bestreiten die Beziehung unserer Stelle auf den Engelkult.

schen beiden Stücken steht die Darstellung des Millenniums (20,1-6). Diese Aneihung der Szenen ist gewiss durch die Vorlagen bedingt,[720] aber in ihr reflektiert sich die Intention des Vf., die Gegensätzlichkeit des Geschicks der treuen Christen einerseits und desjenigen der gegengöttlichen Mächte und Menschen andererseits durch eine Inklusio hervorzuheben. Die darauf folgende letzte Einheit, 21,1-8, behandelt das Erscheinen des neuen Himmels und der neuen Erde und scheint auf den ersten Blick ein ganz neues Thema aufzugreifen; sie bildet aber ein Gegenüber zu, 20,7-15, wo in V. 11 das Verschwinden des alten Himmels und der alten Erde beschrieben wird. Der Vf. rahmt außerdem durch die beiden kurzen Notizen über die Bereitschaft der Braut (19,7 und 21,2) den gesamten Abschnitt ein.

*a) 19,11-21: Das Kommen des Wortes Gottes als Richter*
(11) Und ich sah den Himmel geöffnet, und siehe, ein weißes Ross, und der auf ihm sitzt, „Vertrauenswürdig" und „Wahrhaftig" heißt er, und er richtet und kämpft mit Gerechtigkeit. (12) Seine Augen [sind] wie eine Feuerflamme, und auf seinem Haupt [sind] viele Diademe, und er trägt einen Namen geschrieben, den niemand kennt als er selbst. (13) Und er ist mit einem Gewand, getaucht in Blut, bekleidet, und sein Name heißt: das Wort Gottes. (14) Und die Heere im Himmel folgen ihm auf weißen Rossen, angetan mit weißer reiner Leinwand. (15) Und aus seinem Mund kommt ein scharfes Schwert hervor, dass er damit die Völker schlage, und er wird sie mit eisernem Stabe weiden, und er tritt die Kelter des Weines des Grimmes des Zornes Gottes, des Allmächtigen, (16) und er trägt auf seinem Gewand und auf seinem Schenkel einen Namen geschrieben: König der Könige und Herr der Herren.

(17) Und ich sah einen Engel in der Sonne stehen, und er schrie mit lauter Stimme und sprach zu allen Vögeln, die hoch oben am Himmel fliegen: Kommt, sammelt euch zum großen Mahle Gottes, (18) dass ihr fresst Fleisch von Königen und Fleisch von Befehlshabern und Fleisch von Mächtigen und Fleisch von Rossen und der auf ihnen Sitzenden und Fleisch von allen Freien und Sklaven und Kleinen und Großen! (19) Und ich sah das Tier und die Könige der Erde und ihre Heere versammelt, um Krieg zu führen mit dem, der auf dem Rosse saß, und mit seinem Heer. (20) Und das Tier wurde ergriffen und mit ihm der falsche Prophet, der die Zeichen vor ihm tat, durch die er die verführte, die das Malzeichen des Tieres annahmen und sein Bild anbeteten. Lebendig wurden die beiden in den Feuerpfuhl geworfen, der mit Schwefel brennt. (21) Und die übrigen wurden durch das Schwert, das aus dem Munde dessen hervorkam, der auf dem Rosse saß, getötet, und alle Vögel sättigten sich an ihrem Fleisch.

---
[720] Vgl. die einleitende Erklärung von 20,1-16.

**V. 11–21:** Der Abschnitt[721] besteht aus zwei Teilen: Zunächst stellt der Text Christus und seine Heere dar (V. 11–16), dann berichtet er die Vernichtung des Tieres usw. (V. 17–21). Beide Teile (und auch V. 19, wo die Szene ein wenig wechselt) beginnen mit καὶ εἶδον.[722]

Das Charakteristische in diesem Abschnitt (und in der Darstellung des Millenniums, 20,4-6) ist, dass nicht Gott, sondern Christus die Initiative ergreift. Bis jetzt war von einer direkten Beteiligung Christi an der Geschichte nicht die Rede. Aber jetzt kommt er vom Himmel herab, kämpft mit den gegengöttlichen Mächten und besiegt sie (vgl. auch 17,14). Das Tier und der Pseudoprophet werden, anders als Babylon, nicht durch Gott, sondern durch Christus vernichtet. Jetzt beginnt die zweite Phase seiner Herrschaftsübernahme.[723] Erst in 20,11ff (das letzte Gericht; aber vielleicht schon ab 20,7ff) ergreift Gott die Initiative.

**V. 11–16:** Dieser Teil, in dem Christus vorstellt wird, wird durch die Erwähnung seiner Heere in V. 14 in zwei Abschnitte geteilt. Der erste (V. 11–13) beginnt mit der Einführung „eines weißen Rosses und dessen, der auf ihm sitzt"; dieser wird dann durch sieben Glieder beschrieben: Im ersten (V. 11b) und im letzten (V. 13b) Vers werden seine Namen genannt; der zweite (V. 11c) und der vorletzte (V. 13a) weisen auf seine kämpferische Wirksamkeit hin; die mittleren drei (V. 12a.b.c) stellen dar, wie er aussieht (also ein Chiasmus). Der zweite Abschnitt (V. 15f) stellt in vier Beschreibungen den Reiter als den mächtigen Kämpfer gegen die „Heiden" vor.

**V. 11:** Der die Szene einleitende Satz „ich sah den Himmel geöffnet" erinnert an den Beginn des ganzen Visionenteils, 4,1. Obwohl seither mehrere Visionen über Geschehnisse im Himmel berichtet worden sind (z. B. 7,9ff; 8,2.3-5; 12,7-9; 14,1ff),

---

[721] ROOSE, Zeugnis 198f, bezieht diesen Abschnitt auf 2,18ff („19,11–21 als apokalyptische Dramatisierung des Kampfes gegen Isebel"; vgl. KLAUCK, Sendschreiben 177), indem sie ihn als den Bericht der Vernichtung vor allem des Pseudopropheten auffasst und auf Parallelen in beiden Texten hinweist. Aber das ist nicht überzeugend. Zunächst zu den Parallelen: Sie nennt zum einen die parallele Verwendung von Ps 2,8f (in 2,26f und 19,15), zum anderen die parallele Beschreibung Christi, dass er Augen „wie eine Feuerflamme" hat (2,18 und 19,12). Aber der Beleg aus Ps 2, der in unserem Abschnitt in die Beschreibung des kämpfenden Christus eingefügt ist, macht in 2,26f einen Teil des Versprechens für die Überwinder aus und weist keine direkte Beziehung mit der Affäre um Isebel auf; nur durch den Hinweis „wie ich [die Macht] empfangen habe von meinem Vater" ist das Wirken Christi angedeutet. Im Blick auf die Beschreibung der Augen Christi „wie eine Feuerflamme" ist zu bemerken, dass Christus in 19,15 als ein solcher dargestellt ist, „aus dessen Mund ein scharfes Schwert hervorkommt", also mit einem Zug, der in 2,12 eine Entsprechung hat, ohne dass jedoch dadurch eine Beziehung zwischen unserem Abschnitt und dem Sendschreiben nach Pergamon hergestellt würde. Beide Vergleiche sind vielmehr aus der Vision des Menschensohnähnlichen in 1,13ff entnommen. Zweitens zum Hauptthema des Abschnitts. ROOSE weist darauf hin, dass in 19,11-21 „der Akzent [...] klar auf den [Pseudo-]propheten liegt" (217). „Das erste Tier wird nur kurz erwähnt, das zweite Tier hingegen wird ‚der falsche Prophet' genannt und seine Wundermächtigkeit und Verführungskraft werden eigens hervorgehoben" (216f). Aber der Name, „der Pseudoprophet", ist auch in 16,13; 20,10 verwendet, ohne Gewicht auf sein Sein als „Prophet" zu legen. Der Hinweis auf seine Wundermächtigkeit und Verführungskraft basiert auf der Darstellung in 13,13; in 2,18-29 ist von einer Wundermächtigkeit Isebels nirgendwo die Rede. Es lässt sich also die Absicht des Vf., unseren Abschnitt mit dem Sendschreiben nach Thyatira zu verbinden, nicht bestätigen.

[722] Zu καὶ εἶδον vgl. ad 5,1.

[723] HOLTZ, Christologie 167.

kam eine ähnliche einleitende Formulierung nicht vor. Das deutet an, dass jetzt die Endgeschichte in ihre letzte Phase eintritt.

Beide den Reiter charakterisierende Adjektive, „vertrauenswürdig und wahrhaftig", die auch als seine Namen verstanden sind, beziehen sich auf dessen Wirksamkeit als Richter. Diese ist durch zwei Verben, „richten" und „kämpfen", ausgedrückt; sie sind synonym verwendet.[724] Die Formulierung, dass der Reiter sein Gericht und seinen Kampf „mit Gerechtigkeit" vollzieht, basiert auf Jes 11,4a.[725]

**V. 12:** Das Aussehen des Reiters wird dargestellt. Durch den Vergleich seiner Augen mit einer Feuerflamme (und durch das Motiv des Schwertes aus dem Mund in V. 15) schlägt der Vf. eine Brücke zur Vision 1,13ff. Hinter dem Hinweis, der Reiter „trage einen Namen geschrieben, den niemand kennt als er selbst",[726] steht die allgemein verbreitete Vorstellung, dass man über einen Menschen, dessen Namen man kennt, verfügen kann; der Reiter ist also ein absoluter Machthaber, über den niemand verfügen kann. Dass die Namen des Reiters in V. 11.13.16 vorgestellt sind, steht nicht im Widerspruch dazu.[727] Der Vf. bringt durch Einzeldarstellungen immer jeweils besondere Aspekte zum Ausdruck, ohne sich über das dadurch zustande kommende Gesamtbild Gedanken zu machen. Hier beschreibt er also Christus als den absoluten Machthaber (vgl. oben), in V. 11.13.16 in ähnlicher, wenn auch je verschiedener Weise.

**V. 13:** Der Vf. sagt dann, dass sein Gewand „in Blut getaucht" ist. Er bezeichnet das Blut Christi immer als „sein Blut", so ist an unserer Stelle nicht das Blut des Reiters selbst gemeint.[728] Da nach V. 15 der Reiter die Kelter des Zorneswines Gottes tritt, und da es in dem dieser Äusserung zugrundeliegenden Text Jes 63,2f heisst, dass dann „ihr Saft [= Blut] an meine Kleider spritzte und ich all mein Gewand besudelte", ist die Deutung naheliegend, dass das Gewand mit dem Blut der Gegner besprengt ist.[729]

---

[724] LOHMEYER, Apk 158; BEASLEY-MURRAY, Apk 279 u.a.
[725] Das ist deshalb naheliegend, weil der Vf. gleich nach unserer Stelle (V. 15.21) Jes 11,4b verwendet; vgl. auch 5,5; 22,16 (vgl. FEKKES, Isaiah 223).
[726] Zu den Deutungsversuchen der Wendung „Name, den niemand kennt als er selbst" vgl. etwa SLATER, Christ 214f.
[727] Verschiedene Erklärungen des scheinbaren Widerspruchs wurden versucht; die These von LOHMEYER, Apk 158 z. B., hier sei „von dem geschriebenen Namen […] die Rede, und Schrift und Name entsprechen sich nicht ohne weiteres; ist der Name bekannt, so nicht zugleich auch sein Zeichen" (ähnlich HADORN, Apk 190), ist nur eine Notlösung. Die Erklärung von GIESEN, Apk 422f, „dass ‚das Wort Gottes' kein echter Name ist, sondern die Beziehung zwischen Christus und Gott ausdrückt", lässt sich nur dann halten, wenn man das Wort ὄνομα hier anders auffassen darf als in V. 12.
[728] Für RISSI, Was ist 18, besteht ein wichtiger Grund für die Annahme, hier werde auf das eigene Blut des Reiters abgehoben, darin, dass „der Christus das rote Gewand schon im Himmel trägt, ehe der Gerichtsakt beginnt" (ähnlich POHL, Apk II 255; BORING, Apk 196; GIESEN, Apk 422; MICHEL, ThWNT III 814,32f; REDDISH, Christology 218f u.a.). Aber das ist nicht zwingend; vgl. etwa, dass der Reiter von Anfang an viele Diademe trägt, obwohl er erst hinterher die gegengöttliche Mächte besiegt (THOMAS, Apk II 386); vgl. ad 13,14.
[729] BECKWITH, Apk 733; PRIGENT, Apk 419; HOLTZ, Christologie 172 u.a.

Darauf folgt die Vorstellung seines Namens,[730] „das Wort Gottes".[731] Das „Wort Gottes" als Christusprädikat ist in der Offb sonst nicht belegt. Wahrscheinlich schließt sich der Vf. hier an Weish 18,15 an:[732] „Dein allmächtiges Wort (ὁ παντοδύναμός σου λόγος) stieg vom Himmel, vom königlichen Throne her wie ein strenger Kämpfer mitten in die zum Verderben bestimmte Erde herab"; in V. 19 wird es mit „einem scharfen Schwert" verglichen. Eine Beziehung zum Logos im Prolog des vierten Evangeliums ist schwer nachweisbar.[733]

**V. 14:** V. 14 unterbricht den Zusammenhang und berichtet, dass Christus die Heere im Himmel folgen (s. ad 15,6). Die Mehrheit der Forscher hält die Heere für Engel,[734] einige identifizieren sie mit Märtyrern bzw. treuen Christen,[735] andere denken an beides.[736] Dass im Judentum und im frühen Christentum die Vorstellung, dass der Messias bei seiner Parusie von Engeln begleitet werde, oft belegt ist (Sach 14,5; TestLev 3,3; Mk 8,38; Mt 25,31; 2Thess 1,7f; vgl. auch 1QM 7,6; 12,1ff), diejenige aber, dass verklärte Glaubende mit ihm seien, nur selten (höchstens käme 17,14 in Frage), spricht für die Identifizierung mit den Engeln.

In der Darstellung der himmlischen Heere findet man kein militärisches Element: Von Waffen, die die Heere haben, ist nirgends die Rede; während das Gewand Christi in Blut getaucht ist (V. 13), ist das der Kämpfenden weiß und rein; im Kampf in V. 19-21 spielen die Heere keine Rolle. Sie sind für den Vf. also nur ein Mittel, den himmlischen und kämpferischen Charakter Christi zum Ausdruck zu bringen.

**V. 15:** Die drei Sätze, die den Angriff Christi gegen die Gegner beschreiben, spielen je auf ein alttestamentliches Wort bzw. zwei Worte an. Der erste Satz, dass „aus seinem Mund ein scharfes Schwert herauskommt usw." (Jes 49,2; s. ad 1,16), deutet an, dass das Gericht mit dem Wort durchgeführt wird (vgl. 1Hen 62,2; 4Q161 Frg 8-10; Kol 3 15-19); allerdings s. V. 21. Der Nebensatz, der den Zweck bezeichnet

---

[730] Darin, dass der Name erst jetzt vorgestellt wird, steht unsere Stelle 13,17 nahe.

[731] U.B. MÜLLER, Wort Gottes, versucht die Verwendung des christologischen Titels vom „Zeugnis Jesu" in V. 10 her zu klären (314ff): Das „Zeugnis Jesu" ist in der Offb meistens mit dem „Wort Gottes" verknüpft, in V. 10 findet das „Zeugnis Jesu", hier ohne das „Wort Gottes", im „Wort Gottes" in V. 13 „seine Ergänzung" (323f; ähnlich ROOSE, Zeugnis 223). Mit dem Argument kann man das Fehlen vom „Wort Gottes" in V. 10 erklären (vgl. dort). Aber der Ausdruck „das Wort Gottes und das Zeugnis Jesu" bezeichnet in der Offb sonst entweder die Offenbarung, die in diesem Buch geschrieben ist (1,2), oder die Norm, nach der die treuen Christen ihr Leben gestalten sollen (1,9 u.a.; vgl. dort); die in 19,11ff beschriebene Aktivität des „Wortes Gottes" ist davon inhaltlich weit entfernt.

[732] Vgl. CHARLES, Apk II 134; LOHMEYER, Apk 159; LOHSE, Apk 94; CARERELL, Angelology 217f u.a.; vgl. auch Hebr 4,12.

[733] Vgl. SCHÜSSLER FIORENZA, School 97f; gegen LADD, Apk 255 u.a.

[734] SWETE, Apk 253f; ROLOFF, Apk 186; MICHL, Engelvorstellungen 237f u.a.

[735] CAIRD, Apk 244; SWEET, Apk 283; PRIGENT, Apk 420; McKELVEY, Millennium 96. Bei der Identifizierung mit Märtyrern bzw. treuen Christen wird gelegentlich 17,14 herangezogen (PRIGENT, Apk 420f; BEALE, Apk 960; vgl. auch CHARLES, Apk II 135). In 17,14 sind nämlich die Christen als Begleiter des Lamms gefasst, weil der Vf. ihre Anteilnahme am Sieg Christi unterstreichen will. Gerade diese Intention fehlt aber an unserer Stelle. Beide Texte sind unabhängig voneinander zu interpretieren.

[736] LOHMEYER, Apk 159; MOUNCE, Apk 346; OSBORNE, Apk 684.

(„dass er mit ihm die Völker schlage") und keine Entsprechung in 1,16 hat, ist in Anlehnung an Jes 11,4 formuliert.[737] Der Hinweis auf „die Völker" (in Jes 11,4: γῆ) spiegelt schon Ps 2,9 wider, die Stelle, auf der der zweite Satz, „und er wird sie mit eisernem Stabe weiden", basiert (vgl. schon 2,27; 12,5). Das Verb „weiden" im zweiten Satz ist schon in MT/LXX imperfektisch/futurisch formuliert; da der nächste Satz an unserer Stelle wieder im Präsens steht, ist nicht sicher, ob der Vf. hier bewusst an einen futurischen Akt denkt. Man darf vielmehr die Weissagung von 12,5 als jetzt erfüllt ansehen. Der dritte Satz „und er tritt die Kelter usw." war schon durch die Vorstellung des in Blut getauchten Gewands (V. 13) vorbereitet und lehnt sich an Jes 63,3 an (vgl. 14,20).

**V. 16:** Zum Schluss der Darstellung Christi berichtet der Vf. wiederum von dessen Namen, der jetzt „auf seinem Gewand und auf seinem Schenkel" geschrieben ist. Dazu werden verschiedene Deutungsvorschläge gemacht.[738] Hier ist das καί zwischen beiden Angaben am besten epexegetisch zu fassen und die Wendung insgesamt folgendermaßen zu verstehen: „Auf dem Gewand, d.h. auf dem Teil, wo es den Schenkel deckt".[739] Der Name ist wahrscheinlich deswegen auf diesen Teil des Gewandes geschrieben, weil er beim Reiter dort am leichtesten erkennbar ist.[740] Zum Namen „König der Könige und Herr der Herrn", s. ad 17,14.

**V. 17-21:** In der zweiten Hälfte des Abschnitts V. 11-21 ruft zunächst ein Engel alle Vögel zum großen Mahle Gottes (V. 17f), dann wird die Vernichtung des Tieres und seiner Begleiter berichtet (V. 19-21a); zum Schluss streift er kurz die Verwirklichung des großen Mahls (V. 21b), also eine Inklusio.

**V. 17:** In der Offb sind Engel manchmal als an einem Ort stehend gedacht, der mit der Ausführung ihres Auftrags eng verbunden ist (z.B. 7,1.11; 8,2f; 10,5). Das gilt auch hier. Unser Engel steht „in der Sonne", weil der Aufruf an die Vögel, die hoch oben am Himmel fliegen, am besten von dort ergeht. Die Beschreibung ist kein Indiz für seine hohe Stellung. Dass der Engel die Vögel noch vor der Versammlung (συνηγμένα) des Tieres und seiner Heere zum Kampf (V. 19) zum großen Mahl Gottes sammelt (συνάχθητε),[741] hebt den Gedanken der übermächti-

---

[737] Die Jesajapassage wurde anscheinend in breiteren Kreisen des Judentums als eine Grundaussage über die richterliche Funktion des eschatologischen Messias angesehen; vgl. PsSal 17,24.35; 1Hen 62,2; 4QpJes[a] 8-10; 1QS[b] 62,2; 2Thess 2,8; 4Esr 13,9-11; vgl. FEKKES, Isaiah 118.

[738] CHARLES, Apk II 137, bevorzugt die Lesart von Hs A, die dieses Wort nicht bietet, aber es ist schwer erklärbar, warum ein späterer Abschreiber den Satz schwerer verständlich gemacht haben sollte. Nach FORD, Apk 323, wurde das ursprüngliche דֶּגֶל („Fahne") hinterher mit רֶגֶל („Schenkel") verwechselt; fraglich ist aber, ob man hier eine hebräische Vorlage voraussetzen darf. Nach KRAFT, Apk 251, war ursprünglich unter dem Einfluss von Jes 11,5 von einem Kleidungsstück und einem Gürtel die Rede und später wurde das letztere (μίτραν) mit Schenkel (μηρόν) verwechselt; dass μίτρα in LXX durchgehend im Sinne von „Kopfband" verwendet ist (in profanen Schriften sind Belege für „Gürtel" vorhanden) und auch in Jes 11,5 LXX nicht vorkommt, mahnt zur Zurückhaltung gegenüber einer solchen Lösung.

[739] BOUSSET, Apk 432; HADORN, Apk 191; MOUNCE, Apk 347f, u.a.

[740] SWETE, Apk 255; THOMAS, Apk II 390.

[741] Bei „sich sammeln" ist „ironically the same verb used in 16:14,16 for the false trinity ,gathering together' the nations for the final battle" (OSBORNE, Apk 687).

gen Herrschaft Christi hervor.[742] Die Formulierung „das Mahl Gottes" macht deutlich, dass Christus im Auftrag Gottes den Kampf ausführt.[743]

Vorausgesetzt ist hier, dass die Leichname der Getöteten auf dem Feld gelassen werden. Im AT wird wiederholt erzählt, dass die Leichname von Sündern unbestattet gelassen (vgl. 11,9) und von Tieren und Vögeln gefressen werden (vgl. Ez 29,5 u.a.). Der Vf. schließt sich an diese Vorstellung an (wahrscheinlich speziell an Ez 39,17-20,[744] eine Stelle, die zur Gog-Tradition gehört) und zeigt, dass die Strafe gegen die Gegner konsequent vollzogen wird. Er kann freilich dafür keine Tiere auftreten lassen, da „das Tier" in der Offb eine besondere Bedeutung hat und auch hier durch Christus vernichtet wird (V. 19).

**V. 18:** Während in Ez 39,17f LXX das „Fleisch" mit dem Begriff κρέας bezeichnet ist, verwendet der Vf. an unserer Stelle σάρξ. Beides entspricht בָּשָׂר. LXX macht bei der Übersetzung von בָּשָׂר eine ziemlich deutliche Unterscheidung zwischen κρέας und σάρξ. Während κρέας das „Fleisch zum Essen" meint, bezeichnet σάρξ das „Fleisch als Körper". Das Verb „essen" bezieht sich deswegen meistens auf κρέας; wenn σάρξ in diesem Zusammenhang vorkommt, ist immer das Gefühl der Brutalität und des Abscheus spürbar;[745] beim Gebrauch von σάρξ an unserer Stelle denkt der Vf. genau in diese Richtung. Er unterstreicht dadurch die Strenge der Strafe Gottes. Zur Aufzählung der Opfer des Kampfes nach ihren Berufsständen s. Ez 39,20; vgl. auch 6,15; 13,16.

**V. 19f:** Erst in V. 19f – hier beginnt der Text wiederum mit „und ich sah" – werden diejenigen, die gegen Christus Krieg führen wollen, eingeführt. „Die Könige der Erde und ihre Heere", die neben dem Tier in unserem Abschnitt hier zum ersten Mal beggnen, werden aber in V. 20 nicht mehr genannt; in V. 20 tritt stattdessen der Pseudoprophet neben dem Tier auf. Der Hinweis auf die Könige gehört zur Vorstellung des eschatologischen Kampfes; vgl. 16,14 (zum eschatologischen Kampf s. ad 16,14). V. 20 bezweckt aber, die Vernichtung der Erzfeinde Gottes zu berichten und nennt deswegen neben dem Tier nur den falschen Propheten (die Vernichtung des Drachens wird in 20,10 berichtet).

**V. 19:** Über den Kampf selbst ist wie in 17,12-14 sehr kurz berichtet. Nur V. 21 beschreibt etwas konkreter, dass die übrigen durch das Schwert Christi getötet werden.

**V. 20:** Die Erklärung, die dem Pseudopropheten beigelegt ist, ist inhaltlich eine Wiederaufnahme der Darstellung in Kap. 13; s. ad 13,16. Der Feuerpfuhl,[746] in den

---

[742] Vgl. KARRER, Brief 243.

[743] Dazu vgl. aber auch Einleitung 7.1.2.2.

[744] In Ez 39,18f ist neben dem Fressen des Fleisches vom Trinken des Blutes des Getöteten die Rede. Unser Vf. übernimmt dieses Motiv deswegen nicht, weil er es andernorts als ein Strafmittel Gottes verwendet (16,6; 17,6; vgl. KOWALSKI, Rezeption 396).

[745] Z.B. Lev 26,29; Jer 19,9; Jes 9,20. In LXX gibt es keinen Beleg für σάρξ im Sinne von „Nahrung". Im NT vgl. vor allem Joh 6,51-53 (Abendmahl), aber auch Jak 5,3; Offb 17,16.

[746] Zum „Feuerpfuhl" gibt es weder im AT noch in apokalyptischen Schriften eine Parallele; HEMER, Letters 260 Anm. 52, nennt als nächste Parallele „den Abgrund des Feuers" in 1Hen 10,13 u.a. und „den Fluss des Feuers" in 2Hen 10,2.

das Tier und der Pseudoprophet geworfen werden (vgl. Dan 7,11), ist mit der Gehenna identisch. Diejenigen, die dorthin geworfen werden, werden nicht auf einmal vernichtet (wie es beim „Tal des Feuers" in 1Hen 90,24ff der Fall ist), sondern durch die ewig dauernde Pein gequält (20,10; vgl. auch 14,10f). Auch das Wort „lebendig" (vgl. Num 16,30; Ps 55,15) weist darauf hin.

**V. 21:** V. 21 ist im ganzen eine direkte Fortsetzung von V. 18; zugrunde liegt wiederum Ez 39,20. Die Verwendung der Bezeichnung „die übrigen" macht den Anschluss an V. 19f glatter.

*b) 20,1–6: Das Millennium*
(1) Und ich sah einen Engel vom Himmel herabsteigen, der den Schlüssel des Hades und eine große Kette in seiner Hand hatte. (2) Und er ergriff den Drachen, die alte Schlange, welcher der Teufel und der Satan ist, und fesselte ihn für tausend Jahre (3) und warf ihn in den Abgrund und schloss zu und versiegelte über ihm, damit er die Völker nicht mehr verführte, bis die tausend Jahre vollendet sind. Danach muss er für kurze Zeit losgelassen werden.
(4) Und ich sah Throne, und darauf setzten sie sich, und Herrschaft wurde ihnen übertragen, und [ich sah] die Seelen derer, die um des Zeugnisses Jesu und des Wortes Gottes willen enthauptet worden waren, und die, welche das Tier und sein Bild nicht angebetet und das Malzeichen auf ihrer Stirn und auf ihrer Hand nicht empfangen hatten. Und sie wurden lebendig und herrschten mit dem Christus tausend Jahre. (5) Die übrigen der Toten wurden nicht lebendig, bis die tausend Jahre vollendet sind. Dies ist die erste Auferstehung. (6) Selig und heilig, wer an der ersten Auferstehung teilhat; über diese hat der zweite Tod keine Macht, sondern sie werden Priester Gottes und des Christus sein und werden mit ihm tausend Jahre herrschen.

**V. 1–3:** In der jüdischen Apokalyptik ist die endzeitliche Gefangennahme der gegengöttlichen Mächte durch Gott oder seinen Vertreter zwar zuweilen belegt (Jes 24,21f; 1Hen 10,4-6; 13,1f; 18,13-16; 21,6-10; 88,1; TestLev 18,12 u.a.); aber sie ist dann immer in direktem Zusammenhang mit deren endgültiger Bestrafung oder als diese selbst gedacht; es gibt kein Beispiel, wo die Mächte danach wieder befreit werden, so wie es hier berichtet wird.[747]

Unser Vf. hat vor, nach dem Muster von Ez 37ff (vgl. gleich unten) erst nach dem Millennium den Angriff von Gog und Magog und in diesem Zusammenhang die Vernichtung Satans zu beschreiben; da er aber anders als Ez 37 den Herr-

---

[747] In der persischen Religion findet man dagegen mythische Stoffe, die Teilaspekten unserer Darstellung entsprechen: Die boshafte Schlange, Azi-Dahaka, wird im Berg Damavend für neuntausend Jahre gefesselt; sie wird aber durch den Teufel Ahriman befreit und regiert dann tausend Jahre lang, wird aber durch Sam oder Keresasp getötet (vgl. BOUSSET, Apk 436; CHARLES, Apk II 142; vgl. auch ELIADE, RGG³ II 259f; vgl. auch SANDERS, Millennium). Aber die Parallelität zu dem Text in Offb ist partikular. Außerdem stammen diese Stoffe aus ganz unterschiedlicher, teils nachchristlicher Zeit; es lässt sich keine sichere Beziehung zu unserer Stelle nachweisen (vgl. CHARLES a.a.O.).

schaftsbereich Christi während des Millenniums nicht einschränken will, greift er das vorgegebene Motiv der Fesselung der gegengöttlichen Mächte auf, beschränkt diese aber auf tausend Jahre und ändert ihren Charakter von der Bestrafung zur einer Versiegelung ihres Wirkens.

**V. 2:** Der Satan wird, fast genau wie in 12,9, dreifach bezeichnet. Der Vf. will dadurch die Leser an die entscheidende Niederlage des Satan erinnern, die in Kap. 12 dargestellt ist.

**V. 3:** Der Zweck der Maßnahme ist, dass „er die Völker nicht mehr verführte". Zur verführerischen Tätigkeiten Satans vgl. 12,9. Einige Forscher behaupten auf Grund der Formulierung des Nebensatzes, dass „die Völker" auch während des Millennium weiter existieren.[748] Aber der Vf. will nur sagen, dass der Satan während des Millenniums nicht wirkt.

### Exkurs: Die Grundlage für 20,4–22,5

Der Vf. legt in 20,4-22,5 Ez 37ff zugrunde.[749] Zwischen diesem Teil und Ez 37ff sind deutliche Parallelen erkennbar: Während Ez 37ff zunächst die Auferstehung der Toten (37,10) und das messianische Reich (37,22ff), dann das Wirken von Gog und seine Vernichtung (Kap. 38f) und schließlich das neue Jerusalem (Kap. 40ff) dargestellt wird, werden in der Offb zunächst die Auferstehung der Christen und das Millennium (20,4-6), dann die Gog-Magog-Geschichte (20,7-10) und nach der Beschreibung zweier Szenen, die keine Entsprechungen in Ez 37ff haben (die Vernichtung Satans [20,7.10] und das letzte Gericht [20,11-15]), das neue Jerusalem (21,2.9ff) beschrieben.[750]

---

[748] CHARLES, Apk II 143; HADORN, Apk 194; MOUNCE, Apk 353; CAIRD, Apk 251; BIETENHARD, Reich 21.

[749] WIKENHAUSER, Problem; KUHN, ThWNT I 790,19ff; KOWALSKI, Rezeption 273 u.a. Freilich verwendet der Vf. auch hier die Grundlage in großer Freiheit. KARRER, Ezechieltext 114ff, weist darauf hin, dass eine griechische HS von Ez, $\mathfrak{P}^{967}$, anders als MT Ez 37 zwischen Ez 38-39 und Ez 40 setzt, und behauptet, dass „die Apk im großen Duktus der Abfolge von $\mathfrak{P}^{967}$ näher steht, das aber einmal zugunsten des A- und B- bzw. protomasoretischen Textes durchbricht (Ez 37,10 in Apk 20,4)" (117). Er beachtet dabei zwar, dass in der Offb die Szene des Schreckensmahls (19,12-21), die in V. 17f.21 an Ez 39,4.17-20 anklingende Wendungen enthält, der Darstellung der Auferstehung und des Millenniums (20,4) vorangeht, die Ez 37 entspricht. Aber Ez 39,4.17-20 gehören zur Prophetie gegen Gog; der Vf. der Offb behandelt diese Geschichte erst nach dem Millennium; in 19,17f.21 verwendet er nur die Einzelmotive aus ihr, ohne auf sie selbst Bezug zu nehmen. Ob man damit mit Sicherheit sagen kann, dass er sich in dieser Hinsicht an die Abfolge von $\mathfrak{P}^{967}$ hält, ist fraglich. Die zweite Stelle, auf die KARRER hinweist, ist Offb 21,3, wo der Vf. auf Ez 37,27 Bezug nimmt. Diese Stelle verwendet er aber in 7,15, und zwar genau wie an unserer Stelle, in Verbindung mit Jes 25,8. Ez 37,27 ist also für ihn eine Aussage, die er vom ursprünglichen Kontext isoliert im Gedächtnis behalten hat. Man kann also auch an unserer Stelle nicht mit Sicherheit behaupten, dass er sich der Abfolge des Ezechieltextes bewusst ist.

[750] Auch in Sib 3 werden die Endereignisse in folgender Abfolge dargestellt: Messianisches Reich (652-660), Angriff der Könige und ihre Vernichtung (660-701) und friedliches Leben und Wohlstand der Söhne Gottes (702ff); der Vf. dieses Teils lehnt sich ebenfalls an Ez 37ff an (vgl. HARTMAN, Prophecy 92-94). Die Darstellung dort ist von der an unserer Stelle aber so verschieden, dass von einer Abhängigkeit kaum die Rede sein kann. Als ein späteres (nach 150) rabbinisches Beispiel vgl. Lev r. 23,40 (VOLZ, Eschatologie 72).

## 19,11–21,8 Die Vernichtung der gegengöttlichen Mächte und Menschen

Zu den zwei Themen, die in Ez 37ff keine Entsprechung haben: In Bezug auf das letzte Gericht ist bemerkenswert, dass in 4Esr 7,26–44 das letzte Gericht auf die Errichtung des messianischen Reiches folgt und der Entstehung der neuen Welt vorangeht. Es ist nicht ausgeschlossen, dass eine solche Anreihung im apokalyptischen Judentum damals üblich war und unser Vf. darauf Rücksicht genommen hat.[751] Aber um das mit Sicherheit behaupten zu können, reicht dieser Beleg nicht aus. M.E. ist es wahrscheinlicher, dass der Vf. unabhängig von einer solchen Tradition die Szene hier selbst einschaltet; wegen seiner dualistisch geprägten Auffassung der Menschenwelt war für ihn unentbehrlich, neben dem Geschick der treuen Christen (Millennium) das der Ungläubigen darzustellen; dazu ist die Gog-Magog-Geschichte seinem Empfinden nach nicht geeignet gewesen, da Gog in seiner Zeit immer mehr als eine eschatologische satanische Macht betrachtet und nicht mehr einfach als Vertreter von ungläubigen Menschen angesehen wurde.

Zum Thema der Vernichtung Satans: In 19,11–21 hat der Vf. die Vernichtung des Tieres und des Pseudopropheten dargestellt. In dem Augenblick hat er schon beabsichtigt, diejenige Satans, der mit den zweien zusammen die gegengöttliche Trias bildet, zu berichten. Sie aber zugleich mit der der beiden anderen darzustellen, hat er aber vermieden, vielleicht deswegen, weil der Satan als das Haupt der gegengöttlichen Mächte zu allerletzt vernichtet werden soll; dazu vgl. ad V. 8.

**V. 4:** Der Seher sieht im Himmel mehrere Throne und diejenigen, die sich auf sie setzen. Er sieht auch „die Seelen derer, die [...] enthauptet worden waren". Im Blick auf die Frage, ob diese mit jenen identisch sind, ist die Meinung der Forscher geteilt.

Einige sehen hier verschiedene Personengruppen bezeichnet. Diejenigen, die sich auf die Throne setzen, seien Mitglieder des himmlischen Gerichtshofs[752] und „die, die enthauptet waren", seien solche, die im Gerichtshof ein positives Urteil bekommen. Eine wichtige Stütze biete die Parallelität zu Dan 7 (V. 9f.22.27).[753] Aber dass in der Offb als Richter sonst nur Gott (vgl. vor allem 20,11) bzw. Christus (19,11; 22,12) begegnet und abgesehen von 3,5 (19,14) an keiner Stelle die Anwesenheit von anderen himmlischen Wesen vorausgesetzt ist, macht diese Ansicht schwer akzeptabel.

Andere Forscher identifizieren dagegen beide Personengruppen miteinander.[754] In diesem Falle sind die Throne Herrscherthrone und die Wendung „das κρίμα wurde ihnen gegeben" bedeutet, dass „ihnen gestattet wurde, zu herrschen";[755] diese Worte ist also inhaltlich identisch mit den Ausführungen V. 4 Ende und V. 6. Eine Schwäche dieser Erklärung ist, dass die erste Charakterisierung der Menschen – nämlich die Wendung: „die, die enthauptet worden waren" – nicht unmittelbar auf „sie setzten sich" folgt, und, dass diese Charakterisierung im Akkusativ steht, was weniger einen Bezug auf die Wendung „sie setzten sich", sondern viel-

---

[751] Vgl. Kuhn ThWNT I 790 Anm.3; Günther, Enderwartungshorizont 57.
[752] Bousset, Apk 437; Wikenhauser, Apk 128 u.a. Mealy, Thousand Years 102ff, identifiziert sie mit den vierundzwanzig Ältesten.
[753] Wikenhauser, Apk 127f; Müller, Apk 336 u.a.
[754] Beckwith, Apk 739; Pohl, Apk II 266; Kraft, Apk 257 u.a.
[755] Ein solches Verständnis ist gut alttestamentlich-traditionell (C. Müller, Gerechtigkeit 59); in 4Βας 15,5; Ψ 2,10; 1Makk 9,73; PsSal 17,29; Mt 19,28 ist κρίνειν tatsächlich in diesem Sinne verwendet (vgl. Bauer/Aland, WB κρίνω 4bβ).

mehr einen Bezug auf das diesen Vers einleitende Verbum „ich sah" nahelegt. Aber vielleicht galten dem Vf. ἐκάθισαν und κρίμα ἐδόθη als solchermaßen eng miteinander verzahnte Begriffe, dass er sie gleich nacheinander verwendete und das Subjekt von ἐκάθισαν nicht gleich angab; als er das nachholen wollte, war ihm selber die Struktur des Satzes nicht mehr deutlich, so dass er das Subjekt des Satzes in den Akkusativ setzte und damit als Objekt von „ich sah" erscheinen ließ.

M.E. scheint die zweite Ansicht mit wenigeren Schwierigkeiten beladen zu sein. Dass die Struktur des Verses dann übersichtlicher wird, spricht auch für sie: Der Vers beginnt mit dem Satz „und ich sah Throne"; dann folgen zwei Aussagen über das Geschick der treuen Christen während des Millenniums (ἐκάθισαν/κρίμα ἐδόθη); darauf folgen wiederum zwei Sätze,[756] die diese Christen näher charakterisieren (Märtyrer/Nichtanbeter des Tiers); am Ende stehen wiederum zwei Hinweise auf deren Geschick während des Millenniums (Auferstehung/Mitherrschaft mit Christus); so ist der Vers nach der Wendung „und ich sah Throne" in 2 + 2 + 2 Aussagen gegliedert und bildet eine Inklusio.

Anders als in anderen Visionen beschreibt Johannes die Personen nicht als bereits sitzend, sondern führt aus, dass sie sich jetzt beim Beginn des Millenniums setzen (Aorist). Sich auf die Throne zu setzen, bedeutet eine Herrschaftsübernahme; es ist ein visueller Ausdruck dessen, was mit Wendungen wie „das κρίμα wurde gegeben" beschrieben wird. Vgl. die in der Offb sonst einzigen Belege von καθίζειν, 3,21 (zweimal).

Zu der Wendung „das Zeugnis Jesu usw." vgl. ad 1,2; 1,9; vgl. besonders 6,9. Hier ist die Reihenfolge beider Ausdrücke umgekehrt, wohl weil im Millennium nicht Gott, sondern Christus herrscht. „Enthaupten" (πελεκίζεσθαι) bedeutet Hinrichten mit einem Beil (πέλεκυς). Diese Art des Hinrichtens war in der republikanischen Zeit üblich, in der Kaiserzeit wurde dagegen gewöhnlich das Schwert verwendet, aber die Anwendung des Beils war nicht vollkommen verschwunden.[757] Selbstverständlich sind hier nicht allein die mit dem Beil Enthaupteten gemeint, sondern alle getöteten Christen. Das Wort „Seele" erinnert an 6,9. Allerdings beobachtet der Seher, dass sie sich jetzt auf die Throne setzen, also anders als in 6,9-11 schon auferstanden sind und mit Christus herrschen.

Die zweite, negativ formulierte Beschreibung („das Tier und sein Bild nicht angebetet usw.") ist Darstellung der Vision in Kap. 13 entnommen und bezeichnet treue Christen. Sie brauchen nicht wie „die Enthaupteten" Märtyrer zu sein,[758] obwohl vorausgesetzt ist, dass sie schon gestorben sind.

---

[756] Καὶ οἵτινες am Anfang der Sätze leitet syntaktisch locker nähere Bestimmungen der zuvor genannten Gruppe ein (BAUER, Messiasreich 168).

[757] Seneca, de ira II 5,5; Sueton, Claud. 25; vgl. auch STR-B I 270 Anm. 1.

[758] Anders etwa BEHM, Apk 101; AUNE, Apk 1088; BÖCHER, Johannesapokalypse 105; YARBRO COLLINS, Cosmology 210f (ich selber habe mich in Gemeindeordnung 100 dieser Ansicht angeschlossen). Dass man das Tier und sein Bild anbetet und das Malzeichen empfängt, bedeutet, dass man Anhänger des Tieres wird (vgl. ad 13,16). Das zu negieren, ist als eine Charakterisierung der Märtyrer zu wenig. Übrigens: Handelte es sich bei diesen Menschen lediglich um Märtyrer, fände man in diesem zusammenhängenden Textstück Kap. 20 keine Beschreibung des Geschicks der übrigen Christen.

Im Blick auf das, was mit ihnen geschieht, gibt der Vf. zwei Hinweise. Zum zweiten, „sie herrschen mit dem Christus tausend Jahre", vgl. 2,26. An unserer Stelle und in 22,5 ist das Objekt der Herrschaft nicht genannt. Vielleicht spiegelt sich darin die Auffassung des Vf. von der Ordnung der neuen Welt wider: Das Herrscher-Untertanen-Verhältnis, das jetzt im römischen Reich als eine Grundvoraussetzung gilt,[759] ist dort abgeschafft. „Mit dem Christus"[760] zielt nicht in erster Linie auf die Mitherrschaft mit Christus, sondern auf die Anteilhabe an seiner Herrschaft; der Gnadencharakter ist gewahrt (vgl. 3,21). Zu diesem Problem vgl. Einleitung 7.3.4.2.

**V. 5f:** Eine Erläuterung durch den Vf. Zunächst erklärt er das Geschick „der übrigen der Toten"; mit ihnen sind die Nichtgläubigen gemeint.[761] Sie werden nicht lebendig. Die Zeitangabe „bis die tausend Jahre vollendet sind" scheint ihre Auferstehung nach dem Millennium anzudeuten, aber in der Szene des letzten Gerichts V. 11–15 werden sie „Tote" genannt (V. 12.13), an keiner Stelle ist von ihrer Auferstehung die Rede. Zu diesem Punkt vgl. gleich unten.

In V. 5b–6 kommt der Vf. zum eigentlichen Thema zurück. Zunächst charakterisiert er das Lebendigwerden der Gläubigen als „die erste Auferstehung" (V. 5b); nach der Seligpreisung der Menschen, die an ihr teilhaben (V. 6a), erklärt er, was ihnen geschieht (V. 6b); dieser letzte Teil deckt sich größtenteils mit den Ausführungen V. 4 Ende.

Bei der Aussage, dies sei die erste Auferstehung, muss das Gewicht ursprünglich auf dem Wort πρώτη gelegen haben. Denn dass das Lebendigwerden in V. 4 die Auferstehung bedeutet, ist für die Leser selbstverständlich. Aber in der Offb begegnet nirgends eine „zweite Auferstehung"; auch von der „ersten Auferstehung" ist nach ihrer zweimaligen Erwähnung hier nicht mehr die Rede. Der Vf. meinte wohl zunächst, dass nach der (ersten) Auferstehung der Christen die Nichtgläubigen auferstehen (die zweite Auferstehung) und zum Gericht geführt werden, aber aus Rücksichtnahme darauf, dass der Begriff „Auferstehung" auch im Rahmen der Beschreibung des Heils Verwendung findet, lässt er „die übrigen der Toten" als Tote (V. 12.13) vor Gericht erscheinen. Als Ergebnis dessen gilt „die erste Auferstehung" nur für die Gläubigen.[762]

---

[759] „Such a manner of speaking [keine Angabe des Gegenstandes] can only have meaning in the opposition to political dominance being practised elsewhere, which at the time when John was writing still existed and under which he and his people had to suffer" (WENGST, Babylon 201).

[760] „Christus" ist mit Artikel versehen; dazu vgl. ad 11,15 und Einleitung 7.2.2.

[761] Die Forscher, die unter den Christen in V. 4 nur Märtyrer finden, beziehen auch die Christen, die eines natürlichen Todes starben, mit ein (BOUSSET, Apk 438; BECKWITH, Apk 740f u.a.).

[762] Nach ULFGARD, Feast 63, bedeutet die erste Auferstehung die Taufe (ähnlich GOPPELT, Heilsoffenbarung 520). Dass der Vf. den Tod aller Menschen voraussetzt (V. 5a), spricht gegen diese Ansicht. KARRER, Brief 275f, behauptet, dass sich an unserer Stelle „die Stoßrichtung der Apk auf die postmortale Abgrenzung der Auferstehung" richte und „den Ausschluss der Möglichkeit, eine prämortale (erste) Auferstehung zu behaupten", impliziere (ähnlich BORING, Apk 208; ROLOFF, Weltgericht 119). Die Aussage V. 5 könnte man noch in dieser Richtung verstehen („die *erste* Auferstehung" also, „vor der es keine andere gibt"). Aber es erscheint mir schwierig zu sein, in der Seligpreisung V. 6 die gleiche Intention zu erkennen; sie impliziert vielmehr eine Gegenüberstellung zu den Menschen, die die zweite Auferstehung erfahren müssen, die Auferstehung also, die sie zum Gericht und Verderben führt.

**V. 6:** Der Seligpreisung eignen zwei Charakteristika. Erstens bezieht sie sich nicht unmittelbar auf das jetzige Verhalten der Christen wie z. B. in 1,3 und 22,7, sondern auf das, was mit ihnen am Anfang des Millenniums geschieht (vgl. 19,9). Allerdings ist schon in V. 4 deutlich geworden, wer an der ersten Auferstehung teilhat; so mahnt der Vf. auch hier die Leser indirekt zur Treue des Glaubens. Zweitens werden die Menschen nicht nur „selig" sondern auch „heilig" gesprochen. „Heilig" bezeichnet die Befugnis zum Eingehen in „die heilige Stadt" (22,19); nichts Unreines kommt in sie hinein (21,27). Der eschatologische Herrschaftsbereich Gottes ist in Analogie zum Tempel vorgestellt (vgl. 2Chr 23,6).

Auf die Seligpreisung folgen drei Sätze über die gesegnete Zukunft dieser Menschen, die alle im Kontext gut vorbereitet sind; sie haben insofern einen zusammenfassenden Charakter. Unter den drei Sätzen besteht in Bezug auf die Zeitbestimmung eine gewisse Inkongruenz: Bei der Aussage „der zweite Tod hat über sie keine Macht" ist das ewige Dauern des neuen Lebens vorausgesetzt. Aber im letzten Satz ist ihre Herrschaft auf tausend Jahre eingeschränkt. Das lässt fragen, wie ernst der Vf. die Zeitangabe tausend Jahre meint; dazu vgl. unten.

Der Ausdruck „der zweite Tod" bezieht sich nach V. 14 und 21,8 darauf, dass Menschen in den Pfuhl des Feuers geworfen werden. Er setzt „den ersten Tod" als das Ende des physischen Lebens voraus. Für den Vf. ist dieses nicht das wichtigste Problem; ausschlaggebend ist, ob man am ewigen Leben teilhat.

Die beiden letzten Hinweise von V. 6, „sie werden Priester sein usw." und „sie werden herrschen usw.", erinnern an den in 1,5f; 5,9f bearbeiteten Hymnus. Da der Terminus „Priester" in der Offb nur an diesen drei Stellen belegt ist, und da in V. 4–6 von einer Priesterschaft der Christen sonst nicht die Rede ist, liegt es nahe, dass dessen Verwendung an unserer Stelle letztlich aus diesem Hymnus herrührt. Auch die Erwähnung „Gottes", der in diesem Abschnitt sonst keine Rolle spielt, erinnert an den Hymnus. Der Vf. greift hier auf ihn zurück, weil er am Ende V. 4 von der „Herrschaft" der Gläubigen gesprochen hat. Andererseits aber stimmt die Aussage an unserer Stelle inhaltlich nicht vollkommen mit dem Skopus des Hymnus überein. Erstens nämlich hat der Vf. schon in 5,10 den Satz „sie werden herrschen" in den überlieferten Hymnus eingefügt. Gleiches an unserer Stelle: Anstelle der Aussage des Hymnus, die von der Feststellung der Herrschaft Gottes über die Gläubigen spricht („er hat uns zum Königtum gemacht"), spricht der Vf. von der Mitherrschaft der Gläubigen mit Christus, und zwar in futurischer Form. Darin spiegelt sich sein Heilsverständnis wider: Er erkennt zwar an, dass der Tod Christi das entscheidende Heilsgeschehen ist, aber hält die Treue der Gläubigen bis zum Tode (V. 4) im Blick auf die Verwirklichung ihres Heils für unentbehrlich.[763] Zweitens greift der Vf. in zweifacher Hinsicht auch in die Aussage über das Priestertum[764] ein. 1.) Während

---

[763] Ähnlich U. B. MÜLLER, Apk 339; vgl. z. B. 12,11; vgl. Einleitung 7.3.2.
[764] CHARLES, Apk II 186 behauptet: „The priestly offices of the blessed in the Millennial Kingdom have to do with the nations, who are to be evangelized during this period" (ähnlich CAIRD, Apk 255f; BORING, Apk 205; YARBRO COLLINS, Apk 140). Aber an keiner Stelle der Offb ist von den Christen die Ausübung solcher Funktionen erwartet; das würde auch die Existenz der Völker voraussetzen, was problematisch ist (vgl. ad V. 3).

19,11–21,8 Die Vernichtung der gegengöttlichen Mächte und Menschen       389

im Hymnus die Aussage „er machte uns zu Priestern" im Aorist steht, steht der entsprechende Satz hier (genau wie die Herrschaftsaussage) im Futur. Das Futur bezieht sich in erster Linie auf das Millennnium. Aber auch für das Leben im neuen Jerusalem gilt: „Seine Knechte werden ihm [Gott und dem Lamm] dienen" (22,3). In diesem Sinne üben sie alle die wichtigste Aufgabe eines Priesters aus. 2.) Die andere Änderung am Wortlaut des Hymnus, die Ergänzung der Person Gottes um diejenige Christi als Adressat des Dienstes, verdankt sich der auch andernorts bezeugten Intention, letzteren nahe an die Seite Gottes zu rücken (vgl. 3,21; 21,22; 22,3f). An unserer Stelle ist sie vor allem dadurch veranlasst, dass in diesem Abschnitt nicht Gott, sondern Christus die Hauptfigur ist.

*Exkurs: Das Millennium*

1.) Das messianische Zwischenreich im Judentum. Unsere Szene ist der einzige eindeutige Beleg für ein Zwischenreich im NT.[765] Im Judentum finden sich aber einige Aussagen, die eventuell als Parallelen betrachtet werden können.

Nach Ez 37ff greift Gog das messianische Reich an, wird aber durch Gott vernichtet. Dabei wird vorausgesetzt, dass das messianische Reich ewig bestehen wird (vgl. besonders 37,25ff); also ist hier der Gedanke eines Zwischenreiches noch nicht erkennbar.[766] Die gleiche Ansicht ist im Judentum etwa bis zum Ende des 1. Jh. n. Chr. vorherrschend.

Als erster Beleg im Judentum wird manchmal die Zehnwochenapokalypse (1Hen 93,1–14; 91,12–17) genannt:[767] Die Geschichte in ihrer Gesamtheit wird in zehn Wochen unterteilt; die ersten sieben Wochen decken sich mit der Zeit von der Geburt Henochs an bis zur Gegenwart (wahrscheinlich der syrischen Herrschaft). Am Ende der siebten Woche werden die Gerechten erwählt (93,10) und die Sünder „mit dem Schwert vernichtet" (91,11); dann folgen die drei letzten Wochen. In ihnen wird das Gericht gegen die Sünder gehalten; „alle Werke der Gottlosen werden von der ganzen Erde verschwinden, und die Erde wird zur Vernichtung aufgeschrieben werden" (91,14). Die Gerechten andererseits „werden wegen ihrer Gerechtigkeit Häuser erwerben" (91,13). Nach den zehn Wochen „werden viele Wochen – ohne Zahl – in Ewigkeit sein in Glück und in Gerechtigkeit" (91,17). Die drei Wochen sind also ein Übergangsstadium. Die Grenze zur Zukunft ist jedoch nicht deutlich gezogen, so dass der *Zwischen*reichcharakter im Vergleich mit dem Millennium der Offb weniger deutlich hervortritt. Man könnte in dieser Apokalypse aber einen Ausgangspunkt für die Entwicklung der Idee eines Zwischenreiches belegt finden.

Der erste deutliche Beleg im Judentum findet sich in 4Esr 7,26ff: Nach der Regierung des Messias über vierhundert Jahre sterben er und alle Menschen; nach sieben Tagen aber stehen die Toten auf und das Gericht findet statt (vgl. auch 12,31–34). So ist hier ganz deutlich zwi-

---

[765] Es gibt in anderen neutestamentlichen Schriften Stellen, in denen man Anklänge an diese Vorstellung finden könnte; vgl. BÖCHER, Reich 140-2; DERS, TRE VII 728.
[766] Gegen ERNST, Gegenspieler 199f: „Die *Idee vom ,Zwischenreich'* erscheint hier [Ez 37] zum erstenmal". Betrachtet man Kap. 38 als chronologische Fortsetzung von Kap. 37, müsste man Ernst zustimmen, aber dann hängt das Versprechen des ewigen Bundes, von dem in 37,25ff wiederholt die Rede ist, in der Luft.
[767] Nach ALLO, Apk 293; FORD, Apk 352 u.a. ist in den letzten drei Wochen, nach BOUSSET/GRESSMANN, Religion 288 u.a. allein in der achten die Zwischenreichsidee vertreten.

schen der jetzigen, der messianischen und der kommenden Zeit unterschieden, wobei die größere Zäsur nicht zwischen den ersten und der zweiten, sondern zwischen den letzten beiden vorgestellt ist.[768]

Der Gedanke eines Zwischenreiches begegnet aber in der damaligen Apokalyptik nicht unbedingt häufig. SyrBar 39,3ff hält die endzeitliche messianische Herrschaft für ewig (40,3); der Gedanke des Zwischenreiches ist hier nicht aufgenommen; dementsprechend wird die Bestrafung der Gegner, die in 4Esr 7,26ff erst nach dem messianischen Zwischenreich vorgesehen ist, bereits in der Zeit der messianischen Herrschaft vollzogen (39,7; 40,2). Auch in syrBar 73f ist zwischen der messianischen und der kommenden Zeit zumindest keine so deutliche Zäsur vorgestellt wie in 4Esr 7.[769]

2.) Charakteristische Züge des Millennium in der Offb. Im Vergleich mit entsprechenden jüdischen Vorstellungen (vor allem 4Esr 7,26ff) eignen der Idee des Millenniums in der Offb einige bemerkenswerte Charakteristika: Erstens spielt in jenen das Wirken des Messias eine wichtige Rolle, in der Offb dagegen wird die Herrschaft Christi lediglich im Zusammenhang mit derjenigen der Gläubigen flüchtig erwähnt. Das rührt zum einen daher, dass hier dessen Inthronisation bereits durch seinen Sieg (= Tod) verwirklicht ist (3,21) und für das Ende nur noch die Mitherrschaft der Christen erwartet wird, und zum anderen daher, dass bereits in 19,11ff sein Kommen und Wirken berichtet worden war.

Zweitens ist in der Darstellung des Millennium das einstige irdische Leben der Christen eingehend beschrieben; der Vf. hat an der Frage, wer an ihm teilnehmen kann, ein grosses Interesse. In der Darstellung des neuen Jerusalem ist dagegen von der irdischen Vergangenheit der Teilnehmer nicht die Rede. Anscheinend meint der Vf., dass die Beschreibung an unserer Stelle auch für das neue Jerusalem gilt.

Drittens macht das eben Gesagte fragwürdig, wieweit er das Millennium als eine selbständige Phase zwischen beiden Äonen ernst nimmt. Der Eindruck verstärkt sich, wenn man feststellt, dass Christus nicht nur während der tausend Jahre regiert, sondern auch im neuen Jerusalem mit Gott zusammen auf dem Thron sitzt (22,1.3), oder dass der zweite Tod den Christen gegenüber keine Macht hat (V. 6) und ihre Mitherrschaft auch für das Zeitalter des neuen Jerusalem versprochen wird (22,5). Der Vf. übernimmt also die Vorstellung des messianischen *Zwischen*reiches nicht bis zur letzten Konsequenz.[770]

Das bedeutet freilich nicht, dass er den *Zwischen*-Charakter des Millenniums völlig ignoriert; gerade im Gegenteil. Im Anschluss an die Darstellung des Millennium berichtet der Vf., der Grundlage Ez 37 folgend vom Angriff von Gog und Magog und ihrer Vernichtung; durch die Hinzufügung der Vernichtung Satans macht er den Bericht schwerwiegender. Nicht nur das. In V. 11–15 stellt er das letzte Gericht dar. Durch diese Maßnahme wird der Raum zwischen dem Millennium und dem neuen Jerusalem mit gewichtigen Stoffen gefüllt; der Vf. trennt dadurch beide Berichte, das Millennnium und das neue Jerusalem, voneinander und schreibt damit den *Zwischen*-Charakter des Millennium fest.

Warum aber dieses Verfahren, das widerspruchsvoll aussieht? Vielleicht kann man in den Inhalten der Darstellung des Millennium einerseits und des neuen Jerusalem andererseits einen Anhalt zur Beantwortung dieser Frage finden: Im Millennium unterstreicht der Vf., dass den Christen Herrschaft übertragen wird; im neuen Jerusalem beschreibt er, dass sie Gott und dem Lamm dienen. Beide Motive widersprechen sich für ihn nicht; er kann im

---

[768] Vgl. VOLZ, Eschatologie 73.

[769] Vgl. VOLZ, Eschatologie 74.

[770] Vgl. etwa GIBLIN, Apk 189. Bemerkenswert ist, dass das Millennium in der Offb sonst, auch in den Überwindersprüchen der Sendschreiben (vgl. z. B. 2,26), nicht reflektiert wird.

Bericht des neuen Jerusalem deshalb eine Weissagung hinzufügen, dass die Christen „in alle Ewigkeit herrschen werden" (22,5). Aber dies in *einem* Bild zum Ausdruck zu bringen, ist doch schwierig. So verteilt er die beiden Motive auf zwei Szenen: im Millennium berichtet er von der *Herrschaft* der Christen (20,4), im neuen Jerusalem dagegen von ihrem *Dienen* vor Gott und dem Lamm (22,3f).

Viertens sind in 4Esr 7,26ff die Menschen, die im Zwischenreich leben, dieselben, die in der vorangehenden Zeit gelebt haben. In der Offb dagegen kann ein Mensch, der in der Gegenwart lebt, nicht unmittelbar, sondern erst nach der Auferstehung am Millennium teilhaben. D.h.: In der Offb ist der Bruch zwischen der Gegenwart und der Zeit der Herrschaft des Messias weitaus schroffer gefasst. Letztere steht zumindest im Blick auf den Stand der Christen der nachfolgenden Zeit näher als der vorangehenden.[771]

Dies hängt nun mit der Frage zusammen, an welchem Ort die im Millennium sich ereignende Herrschaft des Messias sich realisiert.[772] In den jüdischen Belegen wird das Zwischenreich auf der Erde erwartet (1Hen 91,12-17; 4Esr 7,26-30; 12,31-34; syrBar 29f), in der Offb findet man dagegen keine eindeutige Ortsangabe. Einerseits scheint die Darstellung V. 3, dass der Satan im Abgrund eingekerkert werde, auf die Erde hinzuweisen, sonst wäre dessen Einkerkerung dort sinnlos;[773] zur gleichen Ansicht könnte man auch von V. 8f her her gelangen, da diesen Versen zufolge nämlich nach dem Millennium Gog und Magog die Völker „auf die Ebene der Erde" hinaufziehen und die Heiligen angreifen. Andererseits aber schreibt der Vf., dass er „die Seelen" der Märtyrer sah (V. 4), was den Eindruck erweckt, dass es sich um eine himmlische Szene handelt (vgl. 6,9).[774] Kurzum: Der Vf. zeigt zwar an der Verwirklichung des Millennium Interesse, kaum aber an der Frage seiner Verortung.

Fünftens schließlich tritt in der Offb die israelzentrierte Auffassung vollkommen zurück.

3.) Die Länge des Zwischenreiches. Im Judentum vermehrt sich, je mehr sich die Vorstellung des Zwischenreiches durchsetzt, das Interesse an dessen Länge.[775] Im rabbinischen Judentum ist überliefert, dass Eliezer ben Hyrkanos sie ca. 90 n. Chr. auf tausend Jahre bestimmte (Tanch עקב 7b). Er ging dabei von Ps 90,15 aus – hier werden die Zeit der bisherigen Trübsal und diejenige der kommenden Freude als gleich lang angesehen – und maß der Zeit der Trübsal eine Dauer von tausend Jahren[776] zu (die Zeit des ägyptischen Aufenthaltes beträgt vierhundert Jahre, die der Fremdherrschaft während der Richterzeit einhundertelf Jahre und die vom Exil bis zum Sturz Jerusalems vierhundertneunzig Jahre). Nach einer anderen Schrift sprach auch Eliezer ben Jose Hagerili aufgrund von Ps 90,4 von tausend Jahren (Pᵉsiq Rı [4ª]). Aber beinahe zur gleichen Zeit wurden Vorschläge wie zweitausend Jahre (aufgrund von Ps 90,15), siebzig Jahre (Jes 23,15), vierzig Jahre (Dtn 8,3 und Ps 90,15 oder Mi 7,15), sechzig Jahre (Ps 72,5) usw. gemacht. Da Eliezer b. Hyrkanos behauptet, er erzähle nur, was er von seinem Lehrer gehört habe (Sukka 28ª), könnte es die These von tausend Jahren schon vor ihm gegeben haben,[777] aber sie war jedenfalls nur eine unter vielen. Unter den

---

[771] Vgl. DE JONGE, Use 278; anders etwa HOLTZ, Christologie 182 Anm. 5.

[772] Zu diesem Thema vgl. die Zusammenstellung von Argumenten bei GOURGUES, Reign 676-681; GOURGUES selbst befürwortet die Ansicht, dass das Millennium im Himmel Realität wird.

[773] MCKELVEY, Millennium 97f.

[774] Vgl. SICKENBERGER, Tausendjähriges Reich 306; J. MICHL, LThK II 1058.

[775] Zum folgenden vgl. STR-B III 824-7; VOLZ, Eschatologie 71f.

[776] Nach Midr. Tehillim ad Ps 90,15 (=§17) war der Ausgangspunkt seiner Argumentation Ps 90,4.

[777] TestIsaak verheißt den Frommen die Teilnahme an tausendjährigen Fest (10,12; 8,11.20; vgl. BÖCHER, Reich 136f). Aber in Bezug auf die Entstehungszeit der Schrift sind Forscher nicht einig (CHARLESWORTH, Pseudepigrapha 123-125). COLLINS, Testaments 328f, behauptet sogar, „the hypothesis that there were Jewish testaments of Issac and Jacob remains unproven".

jüdischen Apokalypsen gibt 4Esr 7,28 die Frist von vierhundert Jahren an, und zwar aufgrund von Gen 15,13 und Ps 90,15; die gleiche Frist soll auch R. Eliezer ben Hyrkanos behauptet haben (Pesiq R1 [4ᵃ]). Unter christlichen Schriften behauptet Barn 15,4ff aufgrund von Gen 2,2f und Ps 90,4, dass Gott für die Vollendung der Schöpfung sechstausend Jahre braucht, dann der Messias kommt und „am siebten Tag", also während tausend Jahren, ausruht.

Die Auffassung der tausend Jahre als des letzten Tags der Schöpfung (Weltwochenspekulation), wie sie sich in der zuletzt genannten Schrift zeigt, verbreitete sich in der christlichen Kirche[778] (z.B. Irenäus, haer. V 30,4; 36,3; Hippolyt, comm. in Dan IV 23).[779] Nicht wenige Ausleger sind sogar der Meinung, dass sie auch das Millennium der Offb prägt.[780] Aber eine wichtige Voraussetzung dafür, das Interesse am Überblick der Geschichte von der Schöpfung bis zum Ende, fehlt in der Offb vollkommen.[781]

In der Offb steht die Zahl „tausend" für eine große Menge (z.B. zwölftausend in 7,5-8; 21,16; siebentausend in 11,13). „Die tausend Jahre" ist deswegen ein Ausdruck der großen Länge der Heilszeit und damit der Größe der Gnade. Zu vergleichen ist, dass für die Herrschaft des Tieres nur zweiundvierzig Monate vorgesehen sind (13,5).

4.) Hat das Millennium schon begonnen? Für Augustin ist das Millennium seit dem Tod und der Auferstehung Christi in der christlichen Kirche schon da (de civitate Dei XX 7ff). Die Auffassung wird auch durch einige neuere Ausleger vertreten.[782] Der Ausdruck „die erste Auferstehung" weist nach Prigent, Apk 429, auf den Tatbestand hin, „que les fidèles reçoivent dès à présent leur salut éternel" (429); „die tausend Jahre" seien nicht eine chronologische Angabe, sondern „un symbolisme de portée théologique" (303f). Gegenüber dieser Ansicht sind aber schwerwiegende Bedenken zu erheben: Erstens setzt die Aussage V. 5, „die übrigen der Toten wurden nicht lebendig", voraus, dass kein Mensch mehr lebendig ist. Zweitens verträgt sich die für die „tausend Jahre" vorgestellte Zeit der Kirche schwer mit der Verkündung des unmittelbar nahen Endes. Drittens wird im Text durch nichts angedeutet, dass das Millennium der Parusie vorangeht. Viertens wird Satan nach V. 1-4 während des Millennium im Hades gefesselt, nach 12,12 dagegen ist die Gegenwart gerade als die Zeit charakterisiert, in der er seine wütenden Aktivitäten gegen die Christen intensiviert. Und schließlich ist zwar fraglich, ob der Vf. den Endtermin des Millennium wörtlich verstanden wissen will (vgl. oben), doch zeigt die Zeitbestimmung in V. 7, „wenn die tausend Jahre vollendet sind", „dass der Vf. nicht an ein anderes [mit dem Millennium] gleichzeitiges Geschehen denkt. Es handelt sich also beim Millennium keineswegs um ein Sinnbild der jetzigen Kirche, noch bei ‚Gog und Magog' um die gegenwärtigen feindlichen Mächte"36.[783] Das Millennium wird in der Offb für die Zukunft, für das Ende der Geschichte erwartet.

---

[778] Im Judentum ist die Vorstellung in 2Hen 32,1–33,2 belegt; trotz der Nachweisbarkeit erst in der christlichen Literatur „könnte [sie] hier aber dennoch ursprünglich sein" (BÖTTRICH, ad 33,1). Wahrscheinlich ist die Weltwochenspekulation aus der persischen Religion in die jüdische Eschatologie eingedrungen (BOUSSET, Apk 437).

[779] Vgl. WIKENHAUSER, Herkunft 8ff; DERS., Weltwoche besonders 401ff. In Alexandrien fand diese Auffassung keine Aufnahme; Origenes, de princ. II 11, lehnt sie ab.

[780] LOISY, Apk 349; MÜLLER, Apk 335; ROLOFF, Apk 192; WIKENHAUSER, Herkunft besonders 1; BÖCHER, Johannesapokalypse 104f; MAIER, Johannesoffenbarung 44f u.a.

[781] Vgl. MICHL, LThK II 1059; vgl. auch YARBRO COLLINS, Cosmology 85.

[782] Vgl. etwa PRIGENT, Apk 428; ähnlich ALLO, Apk 292; HUGHES, Apk 212; MINEAR, New Earth 178; ULFGARD, Feast 65.155 u.a.

[783] BRÜTSCH, Apk II 359.

*c) 20,7–15: Die Vernichtung Satans und aller gegengöttlichen Menschen*
(7) Und wenn die tausend Jahre vollendet sind, wird der Satan aus seinem Gefängnis losgelassen werden, (8) und er wird ausgehen, um die Völker an den vier Ecken der Erde zu verführen, den Gog und Magog, um sie zum Krieg zu sammeln; deren Zahl [ist] wie der Sand am Meer. (9) Und sie zogen auf die Ebene der Erde hinauf und umzingelten das Lager der Heiligen und die geliebte Stadt. Und es fiel Feuer vom Himmel und verzehrte sie. (10) Und der Teufel, der sie verführt hatte, wurde in den Pfuhl von Feuer und Schwefel geworfen, wo auch das Tier und der falsche Prophet [sind], und sie werden gepeinigt werden Tag und Nacht in alle Ewigkeit.

(11) Und ich sah einen großen weißen Thron und den, der darauf saß; vor seinem Angesicht flohen die Erde und der Himmel, und keine Stätte wurde für sie gefunden. (12) Und ich sah die Toten, die Großen und die Kleinen, vor dem Thron stehen. Und Bücher wurden aufgeschlagen, und ein anderes Buch wurde aufgeschlagen, welches [das Buch] des Lebens ist. Und die Toten wurden nach dem, was in den Büchern geschrieben ist, nach ihren Werken gerichtet. (13) Und das Meer gab die Toten, die in ihm [waren], heraus und der Tod und der Hades gaben die Toten, die in ihnen [waren], heraus, und sie wurden ein jeder nach seinen Werken gerichtet. (14) Und der Tod und der Hades wurden in den Feuerpfuhl geworfen. Dies ist der zweite Tod, der Pfuhl des Feuers. (15) Und wenn einer im Buch des Lebens nicht aufgeschrieben gefunden wurde, so wurde er in den Pfuhl des Feuers geworfen.

**V. 7-10:** Innerhalb dieses Teils ändern sich die Zeitformen der Verben: Zunächst, in V. 7f, stehen sie im Futur, dann in V. 9-10a im Aorist und am Ende in V. 10b wiederum im Futur. Die Aussagen im Futur sind wohl als Weissagungen gemeint, die im Aorist als Bericht der Vision. Mit diesem Aufbau stimmt die thematische Verteilung weitgehend überein: Im Mittelteil, der den Angriff von Gog und Magog und ihre Vernichtung darstellt (V. 9), kommt der Satan überhaupt nicht vor; am Anfang und Ende der Szene ist er dagegen die Hauptfigur. Die Motive „Völkersturm" und „Völkervernichtung" sind seit Ez 38f in der jüdischen Enderwartung häufig belegt (z.B. 1Hen 56,5-8; 4Esr 13,5-11; Sib 3,652-697), aber an beinahe keinem dieser Belege kommen die anderen Motive, Verführung durch den Satan und dessen Vernichtung, vor. Die Kombination an unserer Stelle geht auf den Vf. zurück.[784]

**V. 7:** Die neue Phase ist durch die Loslassung des Satans aus „seinem Gefängnis" eingeführt. Wer ihn loslässt, ist nicht angegeben, jedenfalls geschieht es mit Billigung Gottes. D.h. die in dieser Szene dargestellten Einzelgeschehnisse sind letzten Endes von Gott zugelassen.

---

[784] In 16,15f, einem Vorläufer unserer Szene, ist diese Verbindung vorbereitet: Drei unreine Geister, die aus dem Maul des Drachen (= Satan) usw. herauskommen, sammeln die Könige der ganzen Welt für den Krieg am großen Tag Gottes.

**V. 8:** Der Gegenstand seiner Verführung sind „die Völker an den vier Ecken der Erde"; ihm eignet also ein gesamtirdisches Ausmaß; gleichzeitig deutet das Wort „Ecke", das in diesem Fall mit „Ende" synonym ist, den mysteriösen Charakter der Überfallenen an,[785] vgl. 7,1.

Die Darstellung an unserer Stelle, dass die Völker, von Satan geschürt, die Heiligen und die geliebte Stadt anzugreifen versuchen, könnte als Widerspruch zum Bericht der Vernichtung der gegnerischen Mächte und Menschen durch das „Wort Gottes" in 19,11ff empfunden werden. In der Tat werden verschiedene Versuche gemacht, dieser Divergenz auszuweichen: Müller, Apk 343, versteht „die vier Ecken der Erde" als Bereich „jenseits des vernichteten Römischen Reiches";[786] nach Pohl, Apk II 281, handelt es sich bei „den Völkern" um solche, „die hinter dem Horizont im Abgrund hausen";[787] aber solche Vorstellungen findet man in der Offb sonst nicht. Mealy, Thousand Years 122ff, identifiziert die Völker mit „den übrigen der Toten" (V. 5), die sich während des Millennium im Hades befunden hätten (V. 3), jetzt aber auferstanden seien. Aber man findet kein Wort über die Auferstehung der Völker; auch das Wort „die Toten" kommt hier nicht vor. Das Problem des Widerspruchs lässt sich m. E. nur durch die Berücksichtigung der Entstehungsgeschichte des jetzigen Textes lösen. In 20,4ff benutzt der Vf. Ez 37 als Vorlage. In ihr wird nach der Aufrichtung des messianischen Reiches vom Wirken Gogs und von dessen Vernichtung berichtet; diesen Bericht übernimmt der Vf. Aber dass nach dem Untergang Satans, dem Haupt der gegengöttlichen Mächte, immer noch Völker da sind, die gegen die Heiligen Krieg führen, lässt sich mit seinem theologischen Denken nicht vereinbaren. So trennt er in seiner Darstellung den Untergang Satans von dem des Tieres und des Pseudopropheten, lässt Satan noch wirkmächtig bleiben und die Völker schüren und berichtet erst dann von seiner Vernichtung.

Zur Verführung der Völker durch den Satan zum Krieg vgl. 16,13–16. Der Vergleich einer großen Zahl mit „dem Sand am Meer" ist im AT mehrmals belegt (z. B. Jos 11,4; 1Sam 13,5; 2Sam 17,11).

Die Namen „Gog" und „Magog" stammen aus der Wendung „Gog der Großfürst von Mesech und Thubal" im Lande Magog (Ez 38,2; 39,1), der das Heer aus dem Norden führt und das Land Israel überfällt; „Gog" ist dabei ein Personenname und „Magog" der Name seines Wohnortes. An unserer Stelle sind „Gog" und „Magog" jeweils Namen von gottfeindlichen und mehr oder weniger mythischen Völkern.[788]

**V. 9:** In V. 9 wird zunächst mit zwei Sätzen den Angriff der Völker dargestellt (Satan ist nicht inbegriffen; vgl. V. 10), dann wieder mit zwei Sätzen ihre Vernich-

---

[785] Nach Ez 38,15 befindet sich Gog im äußersten Norden. Aber für den Vf. und die Gemeinden, die sich in Kleinasien befinden, ist die Bedrohung vom Norden her keine Realität mehr.
[786] Ähnlich HADORN, Apk 200; WIKENHAUSER, Apk 131.
[787] Ähnlich SWEET, Apk 291; ROLOFF, Apk 194; RISSI, Zukunft 36-8; vgl. auch SCHÜSSLER FIORENZA, Priester 311f.
[788] Ez 38,2 LXX bahnt mit der Wiedergabe in ἐπὶ Γωγ καὶ τὴν γῆν τοῦ Μαγωγ den Weg zum Volksnamen Magog; zum Magog vgl. auch 4Q161 Frg.8-10 III 21.

19,11–21,8 Die Vernichtung der gegengöttlichen Mächte und Menschen    395

tung durch Feuer vom Himmel her. Die Beschreibung ist knapp. Von einem tatsächlichen Krieg ist nicht die Rede (vgl. ad 12,8).

Bei der Formulierung, dass die Völker „auf die Ebene der Erde hinaufzogen", ist im Vergleich mit Ez 38 das Blickfeld auf die ganze Erde erweitert. Dass sich „die Ebene" in der Mitte der Erde auf einer Höhe befindet, deutet das nahe Verhältnis der Heiligen zu Gott an. „Die Heiligen" ist in der Offb sonst Bezeichnung der Christen. Ob das auch hier gilt, ist zwar nicht ganz sicher, aber sie auf Engel zu beziehen, ist auch mit Schwierigkeiten beladen: Deren Vorkommen wäre im Kontext unmotiviert und vor allem wäre nicht ersichtlich, warum sie nur hier so genannt würden. Auch die Rede von der „geliebten Stadt" spricht eher für den Bezug der „Heiligen" auf die Gläubigen. Wahrscheinlich ist die Wendung „das Lager der Heiligen" schon in der Tradition überliefert worden. Das Interesse des Vf. richtet sich dabei weniger auf ihre Identität als auf die Darstellung der feindseligen Tätigkeit der Völker. „Die geliebte Stadt" ist eigentlich Bezeichnung für Jerusalem (Sir 24,11; vgl. Ps 78,68; 87,2). Der Vf. steht aber dem irdischen Jerusalem kritisch gegenüber; vgl. vor allem 11,8. Die Stadt mit „dem neuen Jerusalem" zu idenfizieren, ist auch schwierig; denn es kommt erst in 21,2 vom Himmel herab. So liegt es nahe, dass der Vf. neben der Wendung „das Lager der Heiligen" auch diesen Ausdruck aus der Tradition übernimmt, beide synonym verwendet und auf die Gläubigen bezieht. Das „Feuer vom Himmel" weist auf das Eingreifen Gottes hin; vgl. Ez 38,18ff; vgl. auch Zef 3,8; Sib 3,672ff.

V. 10: Der Satan verlor zuerst den Kampf im Himmel und wurde auf die Erde geworfen (ἐβλήθη 12,9.10). Jetzt verlor er auf der Erde in entscheidender Weise und wurde in den Feuerpfuhl geworfen (ἐβλήθη). Die Christen können diese seine Niederlage für die baldige Zukunft erwarten, was darin begründet ist, dass der erste Fall schon geschah, konkret also darin, dass die Christen als Folge davon jetzt Verfolgungen ausgesetzt sind. Der ersten Niederlage Satans wird also die entscheidende Bedeutung zugeschrieben, die faktische Lösung des Problems der Bedrängnis wird aber erst durch die zweite ermöglicht.

V. 11: Das Motiv des Gerichts gegen die Gottlosen vor dem Ende ist im Judentum weit verbreitet. In 1Hen 90,20–27 z. B. findet man eine unserer Szene weitgehend parallele Darstellung des entsprechenden Sachverhalts: Erscheinen des Richterthrones, Öffnen der Bücher, Erscheinen derer, die gerichtet werden, Gericht, Sturz in das Feuer.[789]

Der, der auf dem Thron sitzt, ist in der Offb sonst immer Gott, was auch hier vorauszusetzen ist. Der Thron wird „groß und weiß" genannt. „Weiß" ist wie sonst die Farbe der himmlischen Welt und „groß" deutet die Autorität des jetzt zu vollziehenden Gerichts an.

Die zweite Hälfte des Verses unterbricht den Zusammenhang und berichtet plötzlich das Verschwinden von Erde und Himmel.[790] Es handelt sich um eine Vor-

---

[789] Vgl. BAUER, Messiasreich 222–224.
[790] Das zeitliche Verhältnis zwischen Gericht und Welterneuerung steht in der Tradition nicht fest. In 1Hen 90,23ff; 91,14ff geschieht die Welterneuerung erst nach dem Gericht (vgl. auch syrBar 57,2); in Mt 19,28; 4Esr 7,30f wird zwischen beiden kein zeitliches Nacheinander vorausgesetzt.

wegnahme von 21,1, wo aber auch vom Erscheinen des neuen Himmels und der neuen Erde die Rede ist. Die alleinige Erwähnung des Verschwindens an unserer Stelle bringt deutlich zum Ausdruck, dass es für die Ungläubigen keine Existenzbasis mehr gibt. In dem Sinne kann man diesen Hinweis auch als eine inhaltliche Vorwegnahme des Ergebnisses des Gerichts ansehen. Von kosmischen Katastrophen war schon in 6,14 und 16,20 die Rede; die Darstellungen der drei Stellen machen ein dramatisches Crescendo aus;[791] jetzt ist die Katastrophe vollständig.

**V. 12f:** Das Gericht wird in zwei Teilen geschildert: Zunächst gegen „die Toten, die Großen und die Kleinen" und dann gegen die Toten, die das Meer, der Tod und der Hades bis dahin aufbewahrt haben. Aber da es sich bei beidem um das Gericht über alle (ungläubigen) Toten handelt und beide Teile mit der fast gleichen Wendung, „sie wurden nach ihren Werken gerichtet", geschlossen werden, wird in beiden Teilen das gleiche Geschehen beschrieben.

**V. 12:** Der Begriff „die Toten" müsste, wenn er im Zusammenhang mit dem Gericht nach den Werken verwendet wird wie hier, an sich neutral sein (vgl. 14,13). Aber der Vf. bezeichnet hier mit ihm die Ungläubigen.[792] Denn erstens sind die Christen am Beginn des Millennium schon vom Tode erweckt (V. 4); zweitens deutet V. 5 die Auferstehung der Toten, die am Millennium nicht teilnehmen, nach den tausend Jahren an, und unsere Szene entspricht diesem Zeitpunkt; und drittens ist hier vom Ergebnis des Gerichts für die Gerechten nirgendwo die Rede.

Beim Gericht werden zunächst „Bücher", dann „ein anderes Buch" aufgeschlagen. In „den Büchern" sind „die Werke" der Toten aufgeschrieben; „die Werke" sind in diesem Fall kein neutraler Begriff; bereits in der jüdischen Tradition sind in solchen Büchern vorwiegend durch Menschen begangene Übertretungen aufgezeichnet (Jes 65,6; 1Hen 89,70f; 97,6; 98,7; 104,7; syrBar 24,1 u.a.).[793] Die Toten werden also aufgrund ihrer bösen Werke verurteilt. „Das andere Buch" ist als „das Buch des Lebens" gedeutet, also die Namensliste derer, die am Leben teilhaben dürfen (vgl. ad 3,5). Das Bild passt eigentlich nur schlecht zu dem Gedanken des Gerichts nach den Werken. Gerade deswegen macht dessen Erwähnung die Darstellungsintention des Vf. deutlich: Er will den Lesern garantieren, dass die Gottlosen am Ende mit Bestimmtheit vernichtet werden.

**V. 13:** V. 13 ist sachlich eine Wiederholung von V. 12, dient aber im Kontext mit dem Hinweis auf Tod und Hades als Überleitung zu V. 14. Dass das Meer usw. die Toten, die in ihnen waren, herausgeben, war eine übliche Vorstellung; vgl. 1Hen 51,1–3; 4Esr 7,32f; syrBar 50,2–4.

Dass unter denen, die jetzt die Toten zurückgeben, „der Tod" genannt ist, ist auf den ersten Blick etwas befremdlich, da er kein Aufbewahrungsort von Toten ist. Aber der Vf. fasst den „Tod" als synonym mit dem „Hades" auf (1,18; 6,8); auch an unserer Stelle ist beiden Subjekten nur ein einziges Prädikat zugeordnet. Hier ist

---

[791] GÜNTHER, Enderwartungshorizont 206f.
[792] Anders etwa ALLO, Apk 304; BRÜTSCH, Apk II 379; OSBORNE, Apk 721f.
[793] Vgl. SCHRENK, ThWNT I 619 Anm. 25; VOLZ, Eschatologie 291.

19,11–21,8 Die Vernichtung der gegengöttlichen Mächte und Menschen         397

anders als etwa 1Hen 51,1 „die Erde" nicht genannt, weil sie bereits verschwunden ist (V. 11). Die Erwähnung des „Meeres" ist durch die geographische Lage von Patmos bedingt, wo man nicht selten mit Schiffbrüchigen konfrontiert wurde;[794] vgl. 1Hen 61,5. Dass nach dem Verschwinden von Himmel und Erde (V. 11) immer noch das Meer da ist, könnte seltsam erscheinen; aber in der Offb haben Einzelzüge oft ihren eigenen Aussagewert; der Vf. nimmt dabei nicht selten keine Rücksicht darauf, dass sich aus der Aneinanderreihung solcher Einzelzüge ein widersprüchliches Gesamtbild ergeben könnte.[795]

**V. 14:** Bevor das Schicksal „der Toten" nach dem Gericht deutlich gemacht wird, berichtet V. 14 davon, dass Tod und Hades in den Feuerpfuhl geworfen werden. Dadurch, dass Christus die Schlüssel zum Tod und zum Hades gewonnen (1,18), sie also unter seine Herrschaft gestellt hat, ist der Tod für Christen im Grunde keine Bedrohung mehr. Dieser Sieg Christi wird jetzt dadurch vervollkommnet, dass der Tod im neuen Himmel und in der neuen Erde nicht mehr da ist (21,4). Die Aussage an unserer Stelle ist eine Versinnbildlichung dieses Sachverhaltes; vgl. Jes 25,8; syrBar 21,23.

*d) 21,1–8: Der neue Himmel und die neue Erde*
**(1) Und ich sah einen neuen Himmel und eine neue Erde. Denn der erste Himmel und die erste Erde sind vergangen, und das Meer ist nicht mehr. (2) Und die heilige Stadt, das neue Jerusalem, sah ich aus dem Himmel von Gott her herabkommen, bereitet wie eine Braut, die für ihren Mann geschmückt ist. (3) Und ich hörte eine laute Stimme vom Thron sprechen: Siehe, das Zelt Gottes [ist] mit den Menschen, und er wird mit ihnen wohnen, und sie werden seine Völker sein, und er selbst, Gott, wird als ihr Gott mit ihnen sein, (4) und er wird jede Träne von ihren Augen abwischen, und der Tod wird nicht mehr sein, weder Trauer noch Geschrei noch Mühsal wird mehr sein, denn das Erste ist vergangen.**

**(5) Und der auf dem Thron sitzt, sprach: Siehe, alles mache ich neu. Und er spricht: Schreibe, dass diese Worte zuverlässig und wahrhaftig sind. (6) Und er sprach zu mir: Es ist geschehen. Ich bin das A und das O, der Anfang und das Ende. Ich werde dem Dürstenden von der Quelle des Wassers des Lebens umsonst geben. (7) Wer überwindet, wird dies erben, und ich werde ihm**

---

[794] Es gibt Forscher, die das Meer hier als eine gegengöttliche Macht verstehen wollen (CAIRD, Apk 260; KRAFT, Apk 261; ROLOFF, Apk 196; RISSI, Was ist 68 Anm. 257; BAUCKHAM, Resurrection 291 u.a.). Aber an unserer Stelle dient es nur zur Aufbewahrung der Toten; vgl., dass nach V. 14 nur der Tod und der Hades in den Feuerpfuhl geworfen werden. Manche Forscher führen die gesonderte Erwähnung des Meeres an unserer Stelle auf die im Altertum verbreitete Ansicht zurück, dass die im Meer Gestorbenen keinen Zugang zum Hades hätten (CAIRD, a.a.O.; BEASLEY-MURRAY, Apk 302 u.a.); vgl. Achilles Tatius V 16,2: „Man sagt, die im Wasser umgekommenen Seelen führen überhaupt nicht in den Hades hinab, sondern irrten ständig am selben Ort ums Wasser" (vgl. WETTSTEIN, II 1644f). Aber man findet in der Offb keine Spur davon, dass der Vf. eine solche Ansicht teilte.
[795] Vgl. MÜLLER, Apk 345f; PRIGENT, Apk 445.

Gott sein, und er wird mir Sohn sein. (8) Den Feigen und Ungläubigen und Abscheulichen und Mördern und Hurern und Zauberern und Götzendienern und allen Lügnern wird ihr Teil [beschieden] sein im Pfuhl, der von Feuer und Schwefel brennt; das ist der zweite Tod.

**V. 1-8:** Der Abschnitt bildet inhaltlich ein komplementäres Gegenstück zu 20,7-15, wo die Bestrafung der gegengöttlichen Mächte und Menschen Thema gewesen ist.[796] In V. 9ff folgt dann der Bericht der Erscheinung des neuen Jerusalem, die schon in V. 2 angedeutet war; so kann man V. 1-8 auch als Einführung zu V. 9ff betrachten. Aber V. 9ff ist in erster Linie als Gegenstück zu 17,1ff zu betrachten;[797] zwischen V. 1-8 und V. 9ff ist ein tieferer Einschnitt vorzustellen.

V. 1-8 stellt eine Zusammensetzung von Texteinheiten unterschiedlichen Charakters dar. Es ist schwierig, ihn sinnvoll zu gliedern. Formal betrachtet, beginnt er mit zwei kurzen Visionen (V. 1f); dann folgen sieben Stimmen; dazu vgl. unten.

Die erste Vision zeigt das Erscheinen des neuen Himmels und der neuen Erde (V. 1), die zweite das Herabkommen des neuen Jerusalem (V. 2). Beim Übergang von der ersten zur zweiten Vision folgt der Vf. Jes 65,17ff. Man könnte argumentieren, dass auch der Darstellung von V. 3f die Aussage von Jes 65,19 zugrunde liegt.[798] Aber da die Darstellung V. 3f mit der der himmlischen Welt 7,15-17 verwandt ist, in der wiederum kein Bezug auf Jes 65,17ff nachweisbar ist, kann man sich des Einflusses von Jes 65,19 auf V. 3f nicht sicher sein; damit wird auch fraglich, ob sich V. 3f auf das neue Jerusalem bezieht. Auch in V. 5-8 begegnet keine explizite Bezugnahme auf das himmlische Jerusalem. Man muss auch daran denken, dass die Einführung des neuen Jerusalem in V. 9 ihre Stoßkraft verliert, würde das Thema bereits V. 3-8 behandelt. V. 1-8 handeln also im ganzen über das Erscheinen des neuen Himmels und der neuen Erde.

**V. 1-4:** In V. 1 wird zunächst darauf hingewiesen, dass „der erste Himmel und die erste Erde vergangen sind (ἀπῆλθεν)", und dann, dass „das Meer nicht mehr ist (οὐκ ἔστιν ἔτι)". In V. 4 dagegen wird zunächst darauf abgehoben, dass „der Tod nicht mehr sein wird (οὐκ ἔσται ἔτι)", und dann direkt anschließend darauf, dass „das Erste vergangen ist (ἀπῆλθεν)". V. 1b und V. 4b bilden also, V. 2-4a inklusiv umrahmend, einen Chiasmus.[799]

**V. 1:** „Neu" (καινός) wird nicht in absolutem Sinn verwendet (vgl. 2,17; 3,12; 5,9; 14,3). Die Geschichte des Kosmos geht nicht in einen neuen Abschnitt über,

---

[796] Wichtige Begriffe und Motive in 20,11-15 werden in 21,1-8 wieder aufgegriffen: Das Vergehen des alten Himmels und der alten Erde (20,11 und 21,1); die Vernichtung des Todes (20,14 und 21,4); der Pfuhl des Feuers (20,10.14 und 21,8); die Bemerkung, der Pfuhl sei der zweite Tod (20,14 und 21,8); die Vernichtung der gegengöttlichen Menschen (20,15 und 21,8); die Erlösung der zum Leben Bestimmten (20,12.15 und 21,6); vgl. LAMBRECHT, Climactic Visions 395f.
[797] Vgl. die einführende Erklärung zu 17,1-19,10.
[798] Vgl. etwa FEKKES, Isaiah 255; LAMBRECHT, Climactic Visions 408.
[799] Vgl. MATHEWSON, Heaven 33; dort in n. 19 weitere Literatur dazu.

sondern gelangt zum Ziel.[800] Die nächste Aussage, „der erste Himmel und die erste Erde sind vergangen", macht deutlich, dass auch keine partielle Koexistenz der alten und der neuen Welt in Frage kommt.[801]

An unserer Stelle ist die Beschreibung, im Vergleich z. B. mit Sib 3,80ff, sehr knapp. Der Vf. hat an der Kosmologie wenig Interesse; ihm liegt allein am Geschick der Menschen. Das Erscheinen des neuen Himmels und der neuen Erde hat nur den Sinn, dass den Christen der konkrete Ort für ihr gesegnetes Leben gegeben wird.

Bei dieser Knappheit der Beschreibung fällt eine Aussage auf: „Das Meer ist nicht mehr". Sie korrespondiert mit V. 4b: „Der Tod wird nicht mehr sein" (Chiasmus; vgl. oben); das Meer in V. 1 und der Tod in V. 4 müssten also gleichen Charakters sein. Der Tod wird in der Offb nicht explizit als ein gegengöttliches Wesen betrachtet; auch in V. 4 wird er einfach neben Trauer, Jammer und Mühsal genannt. Genau so ist das Meer in der Offb nie ausdrücklich negativ qualifiziert (vgl. ad 13,1). Auch in Kap. 20 wird es, diesmal anders als der „Tod" und der „Hades" (V. 14), nicht in den Feuerpfuhl geworfen. Natürlich ist es für den Vf., der sich in Patmos aufhält, ein großes Hindernis z. B. für den freien Verkehr mit den Gemeinden. Die negative Aussage, dass es in der neuen Welt kein Meer mehr gibt,[802] ist nur in diesem begrenzten Rahmen zu verstehen.

**V. 2:** In seiner zentralen Aussage stimmt der Wortlaut von V. 2 mit V. 10 fast vollkommen überein (vgl. ad 3,12), was andeutet, dass der Vf. hier bewusst die Darstellung V. 9ff vorwegnimmt.

Die Vorstellung der bei Gott bereitgehaltenen Stadt als des Gegenübers zum irdischen Jerusalem ist im Judentum verbreitet (z. B. 4Esr 7,26; 10,53f; 13,36; syrBar 4,1ff; vgl. auch Gal 4,26; Hebr 12,22). Die des vom Himmel herabkommenden neuen Jerusalem lässt sich dagegen im Judentum nicht eindeutig belegen (eventuell 1Hen 90,28–38; 4Esr 13,36; syrBar 4,2–6).[803]

Der Vergleich Jerusalems bzw. Zions mit der Braut Gottes ist im AT belegt (z. B. Jes 54,5); allerdings ist „die Messiasbraut Jerusalem [...] den jüdischen Schriftstellern nicht bekannt".[804] In der Offb ist der Vergleich nur hier und in V. 9f belegt. Der Vf. will am Beginn der Darstellung des neuen Jerusalem dessen antithetischen Charakter zu Babylon deutlich machen: Einerseits die große Hure und anderer-

---

[800] Die Vorstellung des neuen Himmels und der neuen Erde kam zum ersten Mal in Jes 65,17; 66,22 vor und hat seitdem im Judentum einen großen Einfluss ausgeübt (näheres vgl. STR-B III 840ff). Allerdings ist an den Jesajastellen das Ende der gegenwärtigen Welt nicht vorausgesetzt; nur an die konsequente Änderung ihrer Verhältnisse ist gedacht (vgl. auch 1Hen 45,4f; Jub 1,29 u. a.). Die Zehnwochenapokalypse in 1Hen z. B. besagt dagegen, dass in der zehnten Woche der erste Himmel verschwindet und ein neuer erscheint (91,16; von der Erde ist nicht die Rede; vgl auch 1Hen 83,3f; Sib 3,77ff u. a.; näheres vgl. STR-B III 840ff). Unsere Stelle gehört zu diesem Vorstellungstyp.
[801] Vgl. SÖLLNER, Jerusalem 190; MÜLLER-FIEBERG, Jerusalem 157f.
[802] Ähnlich SWETE, Apk 275f; HUGHES, Apk 222; gegen LOHMEYER, Apk 165; U.B. MÜLLER, Apk 349; YARBRO COLLINS, Combat Myth 227; DEUTSCH, Transformation 115 u. a.
[803] Vgl. BAUER, Messiasreich 229.
[804] VOLZ, Eschatologie 376.

seits die Braut des Lammes.[805] Nachdem er aber einmal deutlich gemacht wird, ist es nicht mehr nötig, bei diesem Bild zu bleiben; in V. 11ff wird es nicht wieder berücksichtigt. Jerusalem wird dann durchgehend als Stadt verstanden.[806]

**V. 3f:** Die Stimme vom Thron (vgl. 16,17; 19,5), die Johannes hört, hat in 7,15c-17 eine Parallele,[807] ist hier aber klarer strukturiert. Sie ist in zwei Hälften gegliedert: Die erste (V. 3-4a) besagt, dass Gott am Ende der Zeit ein neues Verhältnis zu den Menschen errichtet, und die zweite beschreibt (V. 4b), was sich daraus für die Menschen ergibt. Die am Ende formulierte Begründung, das erste sei vergangen (V. 4c), hat keine Entsprechung in 7,15c-17.

**V. 3:** Inhaltlich beachtenswert ist die Verwendung des Wortes „mit den Menschen". In Ez 37,27 heißt es „mit ihnen", gemeint sind die Israeliten. Unser Vf. verlässt die israelzentrierte Denkweise.[808] „Mit (μετά) den Menschen" ist eine Formulierung, die im Vergleich mit עֲלֵיהֶם in Ez 37,27 (vgl. ἐπ᾽ αὐτούς in 7,15) und „bei (ἐν) ihnen" in Ez 37,27 LXX das enge Verhältnis zwischen Gott und den Menschen stärker zum Ausdruck bringt; in diesem Vers wird der Ausdruck dreimal wiederholt; vgl. Einleitung 7.3.4.2.

Darauf folgen, immer noch in Anlehnung an Ez 37,27, zwei Sätze über die Völker Gottes (vgl. auch Lev 26,11f; Jer 7,23; 31,33; Sach 8,8; Jub 1,17; 25,21; Sib 3,773; 11QT 29,7f; Barn 16,6ff). In 7,15 haben sie keine Entsprechung. Dass der Vf. an diesem Thema starkes Interesse hat, zeigt sich darin, dass er es in V. 7 etwas umformuliert wieder aufnimmt. Beide Sätze entsprechen sich nicht genau: Der erste besagt, dass die Menschen Völker Gottes sein werden, der zweite dagegen nicht direkt – wie zu erwarten und in V. 7 und Ez 37,27 tatsächlich der Fall ist –, dass Gott für sie Gott sein wird, sondern dass „Gott selber als ihr Gott mit ihnen sein wird".[809] Das steht unter dem Einfluss der vorangehenden Aussage über die Wohnung Gottes und zeigt, für wie wichtig der Vf. das Sein Gottes mit den Menschen hält.

---

[805] Nach HOLTZ, Christologie 190, bringt die Bezeichnung der vollendeten Gemeinde als Braut des Christus „die enge und vollkommene Liebesgemeinschaft zwischen dem Christus und dem neuen Jerusalem" zum Ausdruck (ähnlich GIESEN, Apk 454). Das ist gewiss denkbar, aber ob das eine große Rolle spielt, ist fraglich. Vgl., dass in V. 3, gleich nach der Erwähnung der „Braut, die für ihren Mann geschmückt ist", allein Gott als derjenige, der jetzt mit den Menschen wohnen wird, genannt ist. Die nahe Gemeinschaft kann andererseits auch dadurch zum Ausdruck gebracht werden, dass das Lamm im neuen Jerusalem wohnt (V. 22; 22,1.3).

[806] Allerdings könnte in der Beschreibung, dass die Grundsteine der Stadtmauer mit kostbaren Steinen „geschmückt (κεκοσμημένην)" seien (V. 19), das Motiv der Braut noch nachwirken, die für ihren Mann „geschmückt (κεκοσμημένοι)" sei (MATHEWSON, Heaven 140).

[807] Vgl. ad 7,15c-17. Anders als dort enthält unsere Stelle keine Aussage über das Lamm; dazu vgl. Einleitung 2.1.2.

[808] Das Wort „die Menschen", das in der Offb sonst stets negativ geprägt ist (8,11; 9,4.6.10.15.18; 11,13; 16,2.8.9.21 u.a.), wird hier im positiven Sinne gebraucht. SCHÜSSLER FIORENZA, Priester 351, behauptet: „Nicht mehr Israel, aber auch nicht mehr nur die Kirche allein, sondern die ganze Menschheit ist zum Volke Gottes geworden" (ähnlich BAUCKHAM, Theology 137; DERS., Conversion 311). Vom Kontext (V. 1, aber auch 19,11ff) her ist es fraglich, ob ein solcher Heilsuniversalismus ausgedrückt ist (vgl. TAEGER, Johannesapokalypse 56 Anm. 111; MEALY, Thousand Years 228).

[809] Vgl. BAUER, Messiasreich 229. „Diese Erwartung scheint sich erst nach dem Fall Jerusalems 70 n. Chr. verbreitet zu haben" (ebd. Anm.411).

Bei der Übernahme des Motivs „Gottes Volk" ändert der Vf. „Volk" (so in Ez 37,27) in „Völker" (λαοί).[810] Wiederum ist die israelzentrierte Denkweise verlassen (vgl. 7,9).

**V. 4:** Der Satz „er wird jede Träne von ihren Augen abwischen" stimmt fast völlig mit 7,17b überein. Die konkrete Gestalt des neuen Verhältnisses zwischen Gott und den Menschen wird im nächsten Satz durch die Aufzählung der Dinge, die es dann nicht mehr gibt, beschrieben. Auch diese Aussage erinnert der Struktur nach an 7,16–17a (οὐ πεινάσουσιν ἔτι κτλ.); inhaltlich aber weicht sie von diesem Text ab: Durch die in Jes 25,8 dem Hinweis, Gott werde von jedem die Tränen abwischen, unmittelbar vorangehende Aussage, er werde den Tod vernichten, veranlasst, formuliert der Vf. zunächst: „der Tod wird nicht mehr sein",[811] und zwar aus folgendem Grund: Bei der Darstellung des neuen Himmels und der neuen Erde ist der Hinweis auf das nunmehrige Fehlen von Nöten wie Hunger, Durst usw. zu wenig; es muss an allererster Stelle über das Verschwinden des Todes als des letzten Unglücks referiert werden,[812] zumal von diesem bereits in 20,14 die Rede war. Darauf folgt dann der Satz: „Weder Trauer noch Geschrei noch Mühsal wird mehr sein"; vgl. 1Hen 25,6; syrBar 73,2; 2Hen 65,9; 1QH 11,26; TestAbr (Rec.A) 13. Diese drei Begriffe stehen nicht auf der gleichen Ebene wie der Begriff „Tod": Der Text lautet zunächst „und der Tod wird nicht mehr sein", ergänzt und erklärt durch „weder Trauer noch Geschrei usw." Die drei Begriffe bezeichnen Konkretionen des „Todes" im alltäglichen Leben. Beachtenswert ist, dass die Menschen hier ausschließlich als Opfer vorgestellt sind, und dass vom Verschwinden etwa der eigenen Sünde nicht die Rede ist.[813]

**V. 5–8:** Der Abschnitt enthält die Darstellung von sieben Stimmen Gottes, die offensichtlich nicht in enger Beziehung zueinander stehen; die drei ersten werden mit καὶ εἶπεν bzw. λέγει eingeführt, die weiteren vier dagegen mit keinem Einführungssatz versehen. Die Inhalte variieren, einige Hinweise in diesen Versen haben Parallelen in anderen Teilen der Offb; vgl. die Einzelauslegungen.

**V. 5:** Es ist ausdrücklich gesagt, dass die Stimmen (V. 5–8) von Gott stammen. Im Bericht von Visionen ist manchmal von Stimmen berichtet, derer Herkunft von Gott vom Kontext her erkennbar ist (vor allem 6,11; 21,6; möglicherweise auch 16,1.17; außerhalb des Visionenteils 1,8). Aber das wird sonst, 1,8 ausgenommen, nicht explizit erwähnt. Daran wird deutlich, dass für den Vf. die Aussagen hier besonders wichtig sind.

---

[810] Allerdings lesen Hs P u.a. das Wort im Singular (א A u.a. lesen λαοί) und es gibt Ausleger, die diese Lesart bevorzugen (CHARLES, Apk II 207; LOISY, Apk 366 u.a.); die Veränderung von λαός zu λαοί wird dann als vom unmittelbar vorangehenden αὐτοί beeinflusst erklärt (LOISY, a.a.O.; STRATHMANN, ThWNT IV 54 Anm. 104). Aber λαοί hat als *lectio difficilior* doch den Vorzug (GIESEN, Apk 455; DEUTSCH, Transformation 110 n. 32 u.a.).

[811] Auch in zeitgenössischen jüdischen und frühchristlichen Schriften findet man ähnliche Aussagen; vgl. etwa 4Esr 8,52–54; syrBar 21,22f; 1Kor 15,54.

[812] Ähnlich TAEGER, Johannesapokalypse 56 Anm. 111.

[813] Anders etwa OSBORNE, Apk 735, der Tod, Trauer usw. als „the debilitating effects of sin und suffering" betrachtet.

Der Inhalt der ersten Stimme, eine Proklamation, dass Gott alles neu macht, lehnt sich an Jes 43,19, „ich mache ein Neues", an. Aber unser Vf. ändert durch Zufügung von πάντα den Sinn des Satzes vollkommen: Während Jes 43,19 das Bestehen der gegenwärtigen Welt voraussetzt (mit „einem Neuen" ist die Heimkehr des Volkes gemeint), bezieht er das Wort auf ihr totales Ende (V. 1f). Diese Proklamation bekundet erstens, dass die Erneuerung des Alls Gottes eigenes Werk ist. Zweitens macht sie dadurch, dass sie nach der soteriologischen Aussage V. 3f erscheint, die Zusammengehörigkeit der Schöpfung Gottes und der Soteriologie deutlich.[814]

In V. 5b folgt, vom Kontext etwas abgehoben, eine Aussage über die Zuverlässigkeit der Worte. Der Plural „Worte" weist darauf hin, dass der Vf. auch hier wie in 19,9 und 22,6 das ganze Buch im Blickfeld hat.

**V. 6:** Die Proklamation „es ist geschehen (γέγοναν)", die wie V. 5 Gott als Sprecher hat, steht in engem Zusammenhang mit „alles mache ich neu" V. 5a. Der Plural γέγοναν hier ist in Hinblick auf „alles" (πάντα) dort verwendet. Am Ende der Reihe der Schalenvisionen war im Zusammenhang mit dem Sturz „der großen Stadt" die gleiche Proklamation ausgesprochen worden (16,17; allerdings im Singular). Das Zugrundegehen der gegengöttlichen Macht und die Neuschöpfung, die den Glaubenden Heil bringt, bilden zwei Seiten des gleichen Sachverhalts.[815]

Zur Selbstoffenbarung Gottes vgl. ad 1,8. Dass hier anders als etwa 22,13 die Wendung „der erste und der letzte" nicht vorkommt, liegt daran, dass in V. 1.4 vom Vergehen des Ersten die Rede gewesen ist.

Dann macht die Stimme auf das gegensätzliche Geschick der Menschen aufmerksam, zunächst auf das der treuen Glaubenden, dann auf das der Gottlosen. Die Beschreibungen sind nicht parallel: Während die Christen einfach ὁ διψῶν bzw. ὁ νικῶν genannt werden, sind die Gottlosen mit einem Lasterkatalog charakterisiert; ähnliches lässt sich auch in 22,14f beobachten.

Das Geschick der Treuen wird in drei Sätzen beschrieben. Der erste, eine Verheißung für die Dürstenden, hat in 7,17a eine Parallele, gewinnt aber durch die Loslösung aus dem eigentlichen Zusammenhang eine stärkere soteriologische Prägung: In 7,16 war „Dürsten" neben „Hungern" usw. zunächst ein Ausdruck für das mühselige Leben der Glaubenden; die darauf folgende Verheißung in V. 17, das Lamm werde sie zur Quelle des Lebenswassers führen, setzt zwar eine vergeistigende Uminterpretation voraus, aber der Grundcharakter des Dürstens als eines ihnen aufgezwungenen schweren Schicksals bleibt unberührt. An unserer Stelle ist dagegen das Dürsten eine Lebenseinstellung, die die Christen von sich aus wählen sollen, denn es steht hier parallel zum „Überwinder" (V. 7).[816] Dennoch tritt der eigentliche Sinn des Wortes „Dürsten" nicht völlig zurück; die Christen müssen in dieser Welt dürsten, also ein beschwerliches Leben erdulden. Genau wie den

---

[814] Ähnlich TAEGER, Johannesapokalypse 38.
[815] SWEET, Apk 299; KRODEL, Apk 348 u.a.
[816] Dies wird noch deutlicher, wenn in 22,17 „wer dürstet" mit „wer [das Lebenswasser empfangen] will" umschrieben wird. Diese Nuance ist aber bereits traditionell; vgl. Ps 42,3; 63,2; Am 8,11; Joh 7,37f.

Überwindern, die in dieser Welt leiden müssen, der ewige Segen verheißen wird, dürfen die Dürstenden den Umschlag ihres Geschicks erwarten.[817]

Am Ende unseres Satzes, also besonders betont, steht das Wort δωρεάν; es handelt sich hier um einen gedanklichen Nachklang von Jes 55,1; so auch in 22,17. In der Offb wird manchmal ein gewisses Mitwirken der Menschen bei der Verwirklichung des Heils betont (z.B. 7,14; 12,11); um so mehr ist dieses δωρεάν, das auf den grundsätzlichen Gnadencharakter des Heils hinweist, beachtenswert.

V. 7: Beim zweiten Satz über das Geschick der treuen Glaubenden, „wer überwindet, wird dies erben",[818] sind mit „dies" (ταῦτα) eschatologische Gaben im allgemeinen gemeint.[819] Die Undeutlichkeit der Angabe deutet an, dass für den Vf. nur die Einführung der Bezeichnung „wer überwindet" wichtig war; damit will er zeigen, dass derjenige, der das Lebenswasser bekommt, kein anderer ist als derjenige, der in schwieriger Situation bis zum Tode im Glauben treu bleibt.

Der letzte Satz über das Geschick der Glaubenden ist insgesamt eng mit V. 3 verwandt, und beide stehen unter dem Einfluss von Ez 37,27. Es gibt aber zwischen beiden einige Unterschiede; besonders beachtenswert ist, dass in unserem Satz statt „Völker" (λαοί) in V. 3 „Sohn" (υἱός) verwendet ist. „Sohn" bringt im Vergleich mit „Volk" eine intimere Beziehung zum Ausdruck. Im übrigen Teil der Offb ist die Vater-Sohn-Beziehung immer auf das Verhältnis zwischen Gott und Christus bezogen;[820] an keiner Stelle werden die Christen als Söhne Gottes bezeichnet oder Gott als ihr Vater. Unsere Stelle macht in dieser Hinsicht eine Ausnahme. Für den Vf. ist die Beziehung zwischen Gott und den Christen nach dem Erscheinen des neuen Himmels und der neuen Erde vollkommen anders als vorher; sie werden von ihm als Söhne empfangen.[821]

Die meisten Ausleger denken an dieser Stelle an eine Anlehnung an 2Sam 7,14, „ich will ihm Vater sein und er soll mir Sohn sein", und behaupten, der Vf. habe „Vater" zu „Gott" geändert, weil die Vaterschaft Gottes der Beziehung zu Christus

---

[817] GIESEN, Apk 457, betrachtet die Gabe des Lebenswassers als ein Geschehen in der Gegenwart (ähnlich TAEGER, Johanesapokalypse 54). Δώσω ist demnach ein logisches Futur. Aber zwei kontextuelle Umstände sprechen gegen diese Auffassung: Erstens ist das Angebot des Lebenswassers erst für die Zeit nach dem Neuwerden des Alls (V. 5) vorgesehen; zweitens ist das Geschick der treuen Christen dem endzeitlichen der Gottlosen (V. 8) gegenübergestellt. Auch dass δώσω hier neben dem gewöhnlichen Futur κληρονομήσει (V. 7) steht, widerrät seinem Verständnis als eines logischen Futurs. Die Gabe des Lebens ist außerdem in der Offb durchgehend für die Zukunft erwartet (2,7.10; 7,17; 22,1.2.14.17.19).

[818] „Erben" (κληρονομεῖν) und Wörter aus dem gleichen Wortstamm sind in der Offb sonst nicht belegt, in anderen neutestamentlichen Schriften meistens im Zusammenhang mit eschatologischen Gaben (Mak 10,17; Mt 19,29; 1Kor 6,9f; 15,50; Gal 5,21 u.a.). Der eschatologische Gebrauch des Wortes findet sich auch im Judentum (STR-B I 829).

[819] Da das Wasser semitisch nur im Plural bezeichnet wird, ist nicht ganz ausgeschlossen, dass der Vf. mit ταῦτα das Lebenswasser in V. 6 meint (LOHMEYER, Apk 169), obwohl es in V. 6 im Sigular steht. Aber der Vf. verwendet ταῦτα auch in 16,5 in einem ganz vagen Sinn.

[820] In 2,18 ist Christus Sohn Gottes; in 1,6; 2,27; 3,5.21; 14,1 ist Gott Vater Christi.

[821] In ähnlichen Aussagen im AT und Judentum, angefangen mit der Vorlage unserer Stelle, Ez 37,27, aber auch in Lev 26,11f; Jer 31,33; Sach 8,8; Jub 1,7, wird durchweg das Wort „Volk" verwendet, niemals „Sohn" oder „Kind". Übrigens denkt der Vf. bereits bei der Verwendung von κληρονομεῖν in der ersten Hälfte des Verses an die Bezeichnung des Überwinders als „des Sohnes".

vorbehalten sei.[822] Die Erklärung ist aber nicht einleuchtend: Wenn der Vf. es für notwendig hielte, das Wort „Vater" in 2Sam 7,14 aus dem genannten Grund zu „Gott" zu ändern, würde er es ebenso für notwendig halten, das Wort „Sohn" zu „Volk" zu ändern, oder überhaupt auf das Zitat aus 2Sam 7,14 zu verzichten. Da im näheren Kontext (V. 3) eine verwandte Aussage vorliegt, müsste man zunächst eine davon ausgehende Erklärung versuchen.[823]

**V. 8:** Jetzt zum Geschick der „Lügner". Zunächst bezeichnet die Stimme die Menschen mit acht Begriffen. Für die ersten sieben steht nur ein einziger Artikel am Anfang, während der letzte („die Lügner") erneut mit einem Artikel und auch mit der Apposition „all" versehen ist; der Vf. fasst also mit dem letzten die ersten sieben Termini zusammen (vgl. 22,15; 21,27). Diese lassen sich in zwei Gruppen unterteilen: Während sich die ersten drei auf das Grundverhalten von Menschen beziehen, geht es in den letzten vier um konkrete Taten. Der Vf. stellt in anderen Lasterkatalogen diese vier Begriffe oder mit ihnen verwandte nebeneinander, betrachtet sie also als Hauptlaster, die eine feste Gruppe bilden (vgl. 22,15; 9,20f).[824] Die drei anderen Bezeichnungen sind dagegen in der Offb sonst nicht belegt; nur zu „abscheulich" (ἐβδελύγμενος) vgl. βδέλυγμα in 17,4.5; 21,27.

„Feig" (δειλός) bezeichnet das Verhalten, das wegen mangelnden Vertrauens gegenüber Gott von Angst und Furcht überschattet ist (vgl. Mk 4,40). Wahrscheinlich meint der Vf. die Feigen unter den Christen. „Untreu" (ἄπιστος) kann auch mit „ungläubig" übersetzt werden; aber das Wort πιστός wird in der Offb des öfteren im Zusammenhang mit dem Gedanken der Treue des Glaubens verwendet (vgl. besonders 2,10.13). Mit diesen zwei Begriffen bezeichnet der Vf. also Unwürdige in der Gemeinde, die ein Gegenüber zum „Überwinder" (V. 7) ausmachen; er stellt sie auf die Ebene der Ungläubigen. Bei ἐβδελύγμενοι, wörtlich übersetzt „Verabscheute", ist dagegen deutlich, dass es sich um Ungläubige handelt. Das Subjekt des Verabscheuens ist Gott, das Objekt sind Menschen, die nicht ihn, sondern andere Personen bzw. Dinge als Gott anerkennen. Diese Anerkennung kann in Wirklichkeit verschiedene Formen annehmen, die durch die folgenden vier Begriffe bezeichnet sind; dieser Terminus hat also eine einführende Funktion. Zu den vier Begriffen vgl. ad 9,20f; ψευδής ist die Bezeichnung für die gottfeindliche Menschen schlechthin (vgl. ad 2,2).

Nach den acht Bezeichnungen führt er aus, dass „ihr Teil im von Feuer und Schwefel brennenden Pfuhl" sei; zu „Teil" (μέρος) vgl. ad 20,6; τὸ μέρος αὐτῶν

---

[822] LOHMEYER, Apk 169; U.B. MÜLLER, Apk 353; THOMAS, Apk II 450; PRIGENT, Apk 465; SCHÜSSLER FIORENZA, Priester 361; HOLTZ, Gott 264; GEORGI, Visionen 360f; KARRER Brief 246 Anm. 106; TAEGER, Johannesapokalypse 41; ROOSE, Zeugnis 48 u.a.

[823] Soweit ich sehe, gibt es, abgesehen vom flüchtigen Hinweis bei SCHWEIZER, ThWNT VIII 392 Anm. 400, keinen, der bei der Auslegung unserer Aussage Ez 37,27 berücksichtigt, die Stelle, an die sich V. 3 anlehnt. In 2Kor 6,16.18 sind allerdings Ez 37,27 und 2Sam 7,14 ziemlich dicht nebeneinander zitiert (SCHWEIZER, Ökumene 98 Anm. 5).

[824] Nach GIESEN, Apk 459, sind auch diese vier Laster „keine konkreten Sünden aus dem privaten Bereich"; sie bezögen sich auf „die Ausübung des Kaiser- und Götzendienstes". Aber dass der Vf. in 9,21 der Liste „Diebstahl" hinzufügt, spricht gegen diese Erklärung.

hier korrespondiert mit κληρονομήσει in V. 7; zum von Feuer und Schwefel brennenden Pfuhl vgl. ad 14,10. Zur letzten Bemerkung, dies sei der zweite Tod, vgl. ad 20,14.

### 3. 21,9–22,5: Das neue Jerusalem

(9) Und es kam einer der sieben Engel, die die mit den letzten sieben Plagen gefüllten sieben Schalen hatten, und redete mit mir und sagte: Komm, ich will dir die Braut, die Frau des Lammes, zeigen. (10) Und er brachte mich im Geiste auf einen großen und hohen Berg und zeigte mir die heilige Stadt Jerusalem, die aus dem Himmel von Gott herabstieg, (11) die die Herrlichkeit Gottes hatte; ihr Glanz [ist] kostbarstem Edelstein gleich, wie durchsichtiger Jaspisstein. (12) Sie hat eine große und hohe Mauer, sie hat zwölf Tore und auf den Toren zwölf Engel, und Namen sind darauf geschrieben, die die Namen der zwölf Stämme der Söhne Israels sind. (13) Von Osten [sind] drei Tore und von Norden drei Tore und von Süden drei Tore und von Westen drei Tore, (14) und die Mauer der Stadt hat zwölf Grundsteine, und auf ihnen die zwölf Namen der zwölf Apostel des Lammes.

(15) Und der mit mir sprach, hatte einen Maßstab, ein goldenes Rohr, um die Stadt und ihre Tore und ihre Mauer zu messen. (16) Und die Stadt ist viereckig angelegt und ihre Länge ist so groß wie die Breite. Und er vermaß die Stadt mit dem Rohr auf zwölftausend Stadien, ihre Länge und Breite und Höhe sind gleich. (17) Und er vermaß ihre Mauer auf hundertvierundvierzig Ellen nach dem Maß eines Menschen; das ist das eines Engels. (18) Und der verschalte Stein ihrer Mauer ist Jaspis, und die Stadt ist reines Gold gleich reinem Glas. (19) Die Grundsteine der Mauer der Stadt sind mit allerlei kostbaren Steinen geschmückt. Der erste Grundstein ist ein Jaspis, der zweite ein Saphir, der dritte ein Chalcedon, der vierte ein Smaragd, (20) der fünfte ein Sardonyx, der sechste ein Karneol, der siebte ein Chrysolith, der achte ein Beryll, der neunte ein Topas, der zehnte ein Chrysopas, der elfte ein Hyazinth, der zwölfte ein Amethyst. (21) Und die zwölf Tore [sind] zwölf Perlen, ein jedes der Tore war aus einer einzigen Perle. Und die Straße der Stadt [war] reines Gold wie durchsichtiges Glas.

(22) Und einen Tempel sah ich nicht in ihr; denn Gott der Herr, der Allmächtige, ist ihr Tempel und das Lamm. (23) Und die Stadt braucht weder Sonne noch Mond, dass sie ihr leuchten, denn die Herrlichkeit Gottes erleuchtete sie, und ihre Leuchte [war] das Lamm. (24) Und die Völker werden mittels ihres Lichtes wandeln, und die Könige der Erde bringen ihre Herrlichkeit in sie hinein. (25) Und ihre Tore werden bei Tag nicht geschlossen werden, weil Nacht dort nicht sein wird. (26) Und sie werden die Herrlichkeit und die Ehre der Völker in sie bringen. (27) Und in sie wird nichts Unreines hineinkommen und keiner, der Greuel und Lüge tut, sondern nur die im Buch des Lebens des Lammes geschrieben sind.

[Kap. 22] (1) Und er zeigte mir einen Strom von Wasser des Lebens, klar wie Kristall, der vom Thron Gottes und des Lammes ausging. (2) Inmitten ihrer

Straße und auf dieser und jener Seite des Stroms stand ein Baum des Lebens, der zwölfmal Früchte trägt, jeden Monat bringt er seine Frucht, und die Blätter des Baumes [dienen] zur Heilung der Völker. (3) Und nichts Verfluchtes wird mehr sein, und der Thron Gottes und des Lammes wird in ihr sein, und seine Knechte werden ihm dienen, (4) und sie werden sein Angesicht sehen und sein Name wird auf ihren Stirnen [stehen]. (5) Und Nacht wird nicht mehr sein, und sie bedürfen nicht des Lichtes einer Leuchte noch des Lichtes der Sonne; denn Gott der Herr wird über sie leuchten, und sie werden in alle Ewigkeit herrschen.

**21,9–22,5:** Das Bild des neuen Himmels und der neuen Erde hält der Vf. für die Darstellung des eschatologischen Segens für nicht ausreichend. Mit dessen Aufnahme hat er zwar mit Erfolg den grundlegend neuen Charakter der eschatologischen Wirklichkeit zum Ausdruck gebracht. Aber sein Versuch, sie als die Lebensgemeinschaft der Christen mit Gott darzustellen, ist nicht gelungen, weil das Schema „Gott oben im Himmel und die Menschen unten auf der Erde" die Trennung zwischen beiden voraussetzt.[825] So nimmt er, zur Grundlage Ez 37ff zurückkehrend, das Motiv des neuen Jerusalem auf; jetzt ist der Thron Gottes und des Lammes in dessen Mitte (21,22; 22,1.3), und die treuen Glaubenden werden dort aufgenommen (V. 27 u.a.). Der neue Himmel und die neue Erde spielen im folgenden keine Rolle mehr. Das „neue Jerusalem" mit seiner enormen Ausdehnung (V. 16) ersetzt sie.

In die Darstellung sind zahlreiche alttestamentliche Motive eingearbeitet.[826] Aber wie in den meisten vorangehenden Teilen (vgl. ad 20,1–6) ist auch hier der Einfluss von Ez (Kap. 40–48) maßgebend. Freilich teilt der Vf. nicht das Interesse am Tempel und Kult, das in Ez im Vordergrund steht; eine Reihe von Aussagen über den Tempel verwendet er für die Stadt (V. 11/Ez 43,2; V. 12f/Ez 40,30–35; V. 15/Ez 40,3–5; V. 16/Ez 43,16 u.a.).[827] Er stattet die Stadt mit prächtigen Materialien wie Edelsteinen und Gold aus (V. 18ff; vgl. auch V. 11); ein Zug, den man in Ez 40–48 nicht findet.[828] Das Anliegen des Vf., die vollständige Überlegenheit Gottes auch materiell zum Ausdruck zu bringen, das bereits bei der Darstellung des himmlischen Thronsaals (Kap. 4) feststellbar war, wirkt auch hier. Für 21,23–26 ist Jes 60 maßgebend (vgl. unten). Als Folge der Verwendung von Motiven aus ver-

---

[825] Vgl. VÖGTLE, Apk 177f, DERS., Dann sah ich 322ff.

[826] Vgl. Jes 54,1ff, vor allem V. 11ff; 60,1ff; 65,18; 1Hen 90,28ff; Jub 4,26; syrBar 32,4; 4Esr 10,40ff; 13,36; TestDan 5,12 u. a.; Beschreibungen des neuen Jerusalem befinden sich auch in 1Q32; 2Q4; 4Q554; 4Q555; 5Q15 und 11Q18); den Belegen aus Qumran liegt ebenfalls Ez 40–48 zugrunde.

[827] Vgl. vor allem 1QH 6,25ff; mit dieser Stelle hat unser Abschnitt eine Anzahl von Topoi gemeinsam (hohe Mauer: V. 12/1QH 6,25; großer Umfang: V. 16/1QH 6,31; kein Fremder: V. 27/1QH 6,27; vgl. G. JEREMIAS, Lehrer 245–248). „DNJ [=Description of the New Jerusalem; gemeint die qumranischen Dokumente] applies Ezekiel's Temple imagery to the city anticipating a strategy also found in ReV. 21.9-17. While it is unlikely that John was familiar with DNJ, it is likely that both belong to a similar tradition of adapting and expanding Ezek.40-48 to suit their purposes" (MATHEWSON, Heaven 119f).

[828] Vgl. ROYALTY, Streets 78f.

schiedenen Traditionen ist das Gesamtbild nicht ganz einheitlich; zu Einzelheiten vgl. unten.

Der Abschnitt teilt sich in zwei Teile. Der erste (V. 9–21) beschreibt hauptsächlich das Aussehen der Stadt und der zweite (V. 22–22,5) ihr Inneres und das Leben der Menschen dort.

**V. 9:** Ein Schalenengel führt das neue Jerusalem als „die Braut, die Frau des Lammes"[829] ein; dazu vgl. ad V. 2.

**V. 10:** Als heiliger wird der Berg für die Beobachtung gewählt (vgl. etwa 1Hen 25,3). Auf diesem Berg zeigt der Engel dem Seher „die heilige Stadt Jerusalem",[830] die vom Himmel herabsteigt. In Kap. 17 korrespondiert dem Ausdruck „ich will dir […] zeigen" (V. 1) „ich sah" (V. 3); an unserer Stelle steht dagegen (statt „ich sah" in V. 2) die Wendung „der Engel zeigte mir"; dadurch werden die Initiative des Engels bzw. die Passivität des Sehers betont. In der Offb ist im Rahmen des Berichts einzelner Visionen der Hinweis, dass der Engel dem Seher etwas gezeigt habe, außer an unserer Stelle nur noch in 22,1 (ebenfalls in Bezug auf das neue Jerusalem) belegt; in der Vision des neuen Jerusalem ist dagegen das Wort „ich sah", das im übrigen Teil der Offb sehr oft verwendet wird, außer in negativer Form in V. 22 (und in V. 2) nicht zu finden.

**V. 11ff:** Bei der Darstellung des neuen Jerusalem spielt die Zahl „zwölf" eine sehr wichtige Rolle: zwölf Tore, zwölf Engel und die zwölf Stämme Israels (V. 12); zwölf Grundsteine und die zwölf Apostel (V. 14); zwölftausend Stadien und hundertvierundvierzig Ellen (V. 16f); die Bäume des Lebens in der Stadt tragen zwölfmal Früchte (22,2). Die Zahl symbolisiert das Volk Gottes und trägt einen vollkommenen Charakter.

**V. 11:** Im Hintergrund der Aussage, dass die Stadt „die Herrlichkeit Gottes" hat, steht Ez 43,1–5; vgl. auch Jes 58,8; 60,1ff; PsSal 17,31; Bar 5,1. „Die Herrlichkeit Jahwes" ist ein Zeichen seiner Gegenwart. Anders als an der Ezechielstelle, wo die Herrlichkeit Gottes erst hinterher in den Tempel einzieht, hat das neue Jerusalem sie bereits vom Augenblick des Herabsteigens an. Sie ist als der „Glanz" der Stadt sichtbar (vgl. V. 23); dieser ist „kostbarstem Edelstein gleich, wie durchsichtiger Jaspisstein"; vgl. 4,3, wo Gott mit Jaspisstein und Karneol verglichen wird.

**V. 12–14:** Zunächst heißt es, dass die Stadt „eine große und hohe Mauer hat", dann geht der Vf. zur Darstellung der Tore über (V. 12b–13); schließlich kommt er wiederum zur Mauer zurück (V. 14). Durch die Inklusio wird deutlich, dass die zwölf Stämme Israels (vertreten durch die Tore) und die zwölf Apostel (vertreten durch die Mauer) innerlich eng verbunden sind.

---

[829] „Braut" und „Frau" sind in diesem Fall synonym (POHL, Apk II 317 Anm. 965 u.a.; vgl. ad 19,7). Nach ROLOFF, Apk 204, deutet die Kennzeichnung der „Braut" als „Frau" an, „dass die in 19,7 angekündigte Hochzeit des Lammes inzwischen stattgefunden hat"; ähnlich BÖCHER, Bürger 165. Aber dass der Vf. den Vollzug der Hochzeit nur durch die Hinzufügung des Wortes τὴν γυναῖκα zum Ausdruck bringt, ist unwahrscheinlich.

[830] Zur Bezeichnung vgl. ad 11,2; unter alttestamentlichen Belegen vgl. vor allem Jes 52,1 (vgl. Offb 21,27).

**V. 12f:** Zunächst wird nur ausgeführt, dass die Mauer „groß und hoch" sei (vgl. 1QH 6,25; Sib 5,251). Ihre tatsächliche Länge und Höhe werden erst in V. 17 angegeben. Die darauf folgende Darstellung der Tore (V. 12b-13) steht unter dem Einfluss von Ez 48,30-35 (vgl. 11QT 39,12f; 40,11-14). Anders als in Ez 48 u. a. befinden sich auf den Toren zwölf Engel. Die Anwesenheit der Engel unterstreicht v. a., dass die Stadt Gottes Eigentum ist. Zu dem Hinweis, auf den Toren seien „die Namen der zwölf Stämme der Söhne Israels" geschrieben, vgl. 7,4ff.[831]

In Ez werden die Himmelsrichtungen, angefangen mit „Norden", in der dem Sonnenlauf entsprechenden Folge genannt. An unserer Stelle sind dagegen „Norden" und „Osten" umgestellt, so dass die natürliche Ordnung verschwimmt.[832] Der Vf. ändert die Reihenfolge, weil der Osten die erste Himmelsrichtung ist (1Hen 77,1);[833] wiederum ein Beispiel dafür, dass er nicht von der Wirklichkeit, sondern von einer ideellen Konstruktion her denkt.

**V. 14:** Der Vf. kommt zur Mauer zurück. Die Darstellung hat im ganzen Ez 48,30-35 als Hintergrund; aber anders dort ist hier von den Grundsteinen die Rede; in anderen alttestamentlichen und jüdischen Schriften findet man keine diesbezügliche Parallele.[834] Wahrscheinlich regte Jes 54,11 den Vf. zu dieser Darstellung an;[835] hier ist neben Mauern, Toren usw. auch von Grundsteinen (allerdings von denen der Stadt) die Rede. Der Vf. legt auf diese viel mehr Gewicht als Jes; durch ihre Einführung will er unterstreichen, dass den Aposteln eine für die Stadt grundlegende Bedeutung zukommt, und dass die Zugehörigkeit zu der von diesen gegründeten Kirche und damit zum Lamm als deren Herrn („die zwölf Apostel des Lammes") Voraussetzung für die Mitgliedschaft im neuen Jerusalem ist.[836]

Dass das neue Jerusalem so auf die zwölf Stämme Israels und auf die zwölf Apostel des Lammes bezogen ist, könnte daher rühren, dass dessen Einwohnerschaft als aus dem alt- und dem neutestamentlichen Volk zusammengesetzt betrachtet wird.[837] Aber in 7,4ff, dem einzigen anderen Beleg der „zwölf Stämme" in der Offb, sind die Menschen aus den zwölf Stämmen nicht die Vertreter des alten Bundes,

---

[831] Dass an unserer Stelle die Stammesnamen trotz Ez 48,31ff (vgl. 11QT 39,12f) und anders als in 7,4ff nicht genannt sind, obwohl in V. 19f die Namen der zwölf Edelsteine einzeln aufgezählt werden, könnte darin begründet sein, dass die Namen der zwölf Apostel, die hier mit den zwölf Stämmen verknüpft werden, nicht vollständig bekannt sind.

[832] Die gleiche Reihenfolge wie an unserer Stelle findet sich in Ez 42,16ff (LXX korrigiert sie zu „Osten, Norden, Westen, Süden"). Die Übereinstimmung ist nur ein Zufall.

[833] Vgl. BERGMEIER, Jerusalem 95.

[834] Es kämen Tob 13,16; 4Esr 10,27; Hebr 11,10; BB 75[b] u. a. in Frage; es handelt sich an diesen Stellen aber um Grundsteine der Stadt.

[835] Der Einfluss von Jes 54,11 ist auch in der Aufzählung der Edelsteine in V. 19f und im Hinweis auf die Perle in V. 21 zu erkennen.

[836] Zu Eph 2,20, wo Apostel und Propheten als Grund der Kirche genannt werden, hat unsere Aussage keine direkte Beziehung; zwischen beiden Texten gibt es Unterschiede: Während in Eph 2,20 das Fundament (sg!) mit den Aposteln *und Propheten* identifiziert und neben ihm der Eckstein Christus genannt ist, werden an unserer Stelle die Namen der Apostel auf den Grundsteinen der Mauer aufgeschrieben; anders als in Eph 2,20 spielen hier auch Tore eine wichtige Rolle.

[837] ALLO, Apk 318; RISSI, Zukunft 89; FEUILLET, Israélites 199 u. a.

sondern sie sind Christen schlechthin. Auch an unserer Stelle verlangt die Inklusio (vgl. ad V. 12–14) eine Deutung, in der das Ineinander beider Größen noch stärker zur Geltung kommt. In der jüdischen Tradition wird für das Ende der Geschichte die Sammlung der zwölf Stämme und das Erscheinen des Volkes Gottes in seiner vollständigen Gestalt erwartet. Der Vf. bringt durch die Darstellung hier zum Ausdruck, dass diese Erwartung jetzt in der christlichen Kirche, in der es auch viele Heidenchristen gibt, erfüllt wird; diese sei das wahre Israel.[838] Vgl. auch Einleitung 7.4.4.

**V. 15:** Die Darstellung ist wiederum durch Ez 40,1ff geprägt (vgl. auch Sach 2,1f; 2Q4; 4Q554; 4Q555; 5Q15 1,1), aber im Vergleich mit Ez viel kürzer. Johannes hat kein Interesse an der Länge und Breite von Einzelgegenständen im Tempel, sondern nur an den symbolischen Zahlen.[839]

**V. 16:** Die Reihenfolge der Darstellung verrät, worauf sich das Interesse des Vf. richtet: Dem wirklichen Messen vorangehend, formuliert er, dass „ihre Länge so groß wie die Breite" sei; damit ist die quadratische Form der Stadt hervorgehoben. Eine ähnliche Bemerkung folgt nach dem Messen: „Ihre Länge und Breite und Höhe sind gleich"; sie ist also kubisch gedacht.[840] Diese Feststellung steht z.T. unter dem Einfluss von Ez 40ff (42,16ff: die Tempelanlage; 43,16f: der Altar; 41,4: das Allerheiligste; 48,16.30–35: die Stadt; 48,20: das abgesonderte, quadratisch vorgestellte Gebiet) und hinter diesen Beschreibungen steht die Betrachtung des Quadrats als des Symbols der Vollkommenheit bzw. Heiligkeit, das im AT auch in anderen Zusammenhängen belegt ist;[841] unser Vf. teilt diese Ansicht. Er steigert die Auffassung sogar dadurch, dass er die Stadt als einen Kubus beschreibt, also einem Haus gleich; in der Vorlage, Ez 40ff, findet man keine entsprechende Darstellung. Das neue Jerusalem, in dessen Mitte der Thron Gottes und des Lammes ist (22,3), wird als ganzes als das Allerheiligste angesehen.

Die Länge, Breite und Höhe der Stadt betragen je zwölftausend Stadien (= ca. 2400km[842]) – eine unrealistische Länge.[843] Für die Aufnahme der unzählbar großen

---

[838] GIESEN, Apk 465; BEALE, Apk 1070 u.a.

[839] Ob das Messen an unserer Stelle wie in 11,1f als eine Inschutznahme der entsprechenden Gegenstände zu verstehen ist (so z.B. BEALE, Apk 1072), ist fraglich; vgl. ad 14,1.

[840] Es gibt Forscher, die sich eine pyramidenförmige Stadt vorstellen (z.B. KRAFT, Apk 271). Naheliegender erscheint mir aber ein Kubus. Denn in 1Hen 89,50; 90,29.36; TestLev 10,5; 4QFl 1,2–4 ist die Stadt als flachgedecktes kubisches Haus beschrieben (BÖCHER, Bürger 159); vgl. auch BB 75[b], wonach R. Levi (um 300) sagte: „Wenn es drei Jerusalem sind (d.h. wenn das zukünftige Jerusalem dreimal so groß ist wie das frühere), so wird jedes (Haus) darin dreißig Stockwerke übereinander haben" (Übersetzung nach STR-B III 850).

[841] Z.B. 1Kön 6,20; 2Chr 3,8: das Allerheiligste; Ex 27,1; 38,1 (vgl. auch Josephus, bell. V 225): Brandopferaltar; 30,2; 37,25: Räucheraltar; 28,16; 39,9: Brusttasche.

[842] Ein Stadion beträgt zwischen etwa 190 und 210 m; vgl. READER, Stadt 299 Anm. 44 m. Belegen.

[843] Auch im Judentum wird gelegentlich die Ausdehnung des endzeitlichen Jerusalem hervorgehoben, aber die Angabe an unserer Stelle übertrifft solche Beispiele bei weitem: Nach Sib 5,251 reicht die Stadtmauer von Jerusalem bis Joppe, die Entfernung zwischen beiden Städten beträgt aber knapp 60 km; nach P[e]siq 143[a] reicht Jerusalem bis an das Tor von Damaskus, aber auch dann beträgt die Entfernung nur etwa 200 km. Zur Höhe findet man nur in BB 75[b] ein vergleichbares Beispiel (drei Parasangen = ca. 17 km). Weitere Beispiele sind bei STR-B III 849f zu finden.

Schar der Gläubigen (7,9) muss sie so groß sein. Vielleicht steckt auch die Vorstellung dahinter, dass das neue Jerusalem den ganzen Kosmos umfasst; es ersetzt so den neuen Himmel und die neue Erde. Zur symbolischen Zahl „zwölf" vgl. oben ad V. 11ff In der Vorlage Ez 40,3ff spielt die Zahl „zwölf" keine nennenswerte Rolle.[844]

**V. 17:** Die Mauer wird dann auf hundertvierundvierzig Ellen (= ca. 70 m[845]) gemessen; wäre damit ihre Höhe gemeint, wäre sie im Vergleich mit der Höhe der Stadt nicht besonders hervorzuheben; damit ist vielmehr ihre Breite gemeint.[846] Diese Zahl ist als das Quadrat von „zwölf" wiederum eine symbolische Zahl, die die höchste Vollkommenheit zum Ausdruck bringt.

Am Ende des Berichts steht folgender Satz: Dies sei „nach Maß des Menschen, d.h. das des Engels". Die große Zahl könnte zu der falschen Vorstellung verleiten, dass sie nach einem anderen Maßstab angegeben sei als nach dem von Menschen; diese Bemerkung schließt diese Möglichkeit aus und macht gleichzeitig darauf aufmerksam, dass ihr vollkommener Charakter durch einen Engel bestätigt ist.

**V. 18–21:** Angabe, mit welchen Materialien die Stadt und ihre Teile gebaut seien.

**V. 18:** Das Wort ἐνδώμησις stammt von ἐνδομεῖν („in den Bau einbauen", „mit Gebäuden umschließen") und ist weder in LXX noch sonst im NT belegt; die wenigen Belege in außerbiblischen Schriften[847] helfen zum Verständnis unserer Stelle nicht. Bauer/Aland, WB, übersetzt es mit „Unterbau"; aber dies passt nur schlecht zur Erwähnung des „Grundsteins" in V. 19.[848] Charles, Apk II 164; Hadorn, Apk 210; Müller, Apk 359; Reader, Stadt 99 u. a. verstehen es als „Stoff"; aber dann müsste man fragen, warum es nur hier vorkommt. Das gleiche gilt auch, wenn dieser Begriff als „Gefüge" (Lohmeyer, Apk 173f) oder „structure" (Ford, Apk 334) verstanden wird. Kraft, Apk 270f; Roloff, Apk 205f deuten es als „Umfassungsmauer", aber das ist eine sehr freie Wiedergabe; außerdem scheint es keine Notwendigkeit zu geben, hier das Motiv „umfassen" zu unterstreichen. Vielleicht geht man am besten von der eigentlichen Bedeutung von ἐνδομεῖν aus, versteht das Wort als Bezeichnung des in die Mauer Eingebauten und stellt sich vor, dass die Mauer mit Jaspissteinen verschalt ist.[849]

---

[844] Dort kommt unter den Angaben der gemessenen Längen die Zahl „zwölf" nur als die Tiefe der Vorhalle (40,49) und die Länge und Breite des Opferherdes (43,16) vor.

[845] Die Länge einer Elle schwankte bereits im Altertum zwischen etwa 0,44 und 0,55 m. Das Judentum kannte mehrere Ellen unterschiedlicher Länge; Belege vgl. READER, Stadt 299 Anm. 44.

[846] LADD, Apk 282 u.a. Nach Josephus, bell. V 154 maß die Mauer von Jerusalem, deren Bau Agrippa I zwar angefangen, aber dann nicht vollendet hatt, in der Breite lediglich zehn Ellen. Die Mauer des neuen Jerusalem in 4Q554 Frag. 2 Kol.II 13f misst vierzehn Ellen Breite und neunundvierzig Ellen Höhe; immer noch vorstellbare Zahlenwerte. Nach Strabo, geogr. 738C, war die Mauer von Babylon zweiunddreißig Ellen breit und fünfzig Ellen hoch; auf der Mauer konnten vier Pferdewagen leicht face-à-face verkehren. Nach Herodot, hist. I 178 war sie fünfzig königliche Ellen breit.

[847] Vgl. LIDDELL/SCOTT.

[848] Vgl. MÜLLER, Apk 359; FEKKES, Isaiah 240 n.38.

[849] Vgl. SWETE, Apk 290; PRIGENT, Apk 473f.

Jaspis bringt die Herrlichkeit Gottes zum Ausdruck (vgl. 4,3; 21,11.19). Zu Gold vgl. ad 3,18; von Glas war in 4,6; 15,2 die Rede; es war im Altertum sehr kostbar; beim einzigen Beleg im AT, Ijob 28,17, ist es neben Gold genannt.

**V. 19f:** Der Vf. erklärt dann, welche Edelsteine als Grundsteine der Mauer verwendet sind. Zunächst scheint es, als ob die Edelsteine nur einzelne Grundsteine schmücken (V. 19a), bei der Vorstellung einzelner Grundsteine (V. 19bff) aber scheint deutlich zu werden, dass die Grundsteine selbst offensichtlich Edelsteine sind.

Nach Böcher, Edelsteine 146ff klingen folgende alttestamentlich-jüdische Motive an: 1.) Edelsteine als Schmuck des hohepriesterlichen Brustschilds (Ex 28,15-21; 39,8-14); 2.) als Symbole der zwölf Stämme (Ex 28,21; 39,14; vgl. Ps.-Philo, antiquitates biblicae 26,10f; JosAs 5,5f); 3.) als Symbole der zwölf Tierkreiszeichen (Philo, vit. Mos. II 124.133; spec. leg. I 87; Josephus, ant. III 186; 4.) als Reinheit schenkendes (Ez 28,14-16) und Dämonen abwehrendes (Weish 18,24f) Amulett; 5.) als Bausteine der neuen Gottesstadt (Jes 54,11f; Tob 13,17; vgl. auch 1Hen 71,5).

Wie weit sich unser Vf. solcher Anklänge bewusst ist, ist von Fall zu Fall unterschiedlich zu beantworten. Für 5.) gibt es keinen Zweifel; auch 2.) hat der Vf. sicher im Sinn, obwohl er die Grundsteine, die Edelsteine sind, nicht auf die zwölf Stämme, sondern auf die zwölf Apostel bezieht; anders ausgedrückt: Hier wird die durch die Apostel vertretene Kirche mit dem wahren Israel identifiziert. Auch der Beziehung auf den Schmuck des hohepriesterlichen Brustschilds (1.) ist er sich wahrscheinlich bewusst;[850] fraglich ist jedoch, ob man mit Böcher[851] daraus schließen kann, dass die Adressaten „ein priesterliches Selbstverständnis" hätten. Ad 3.): Man findet im Text keinen Anhalt dafür, dass die Edelsteine mit dem Tierkreis in Beziehung stehen. Ad 4.): Fraglich ist, ob an unserer Stelle mit der Möglichkeit gerechnet wird, dass die Stadt durch dämonische Feinde bedroht wird, wie Böcher behauptet.

Die Edelsteinliste an unserer Stelle steht insgesamt der Liste in Ex 28,17-20; 39,10-13 (= LXX 36,17-20) nahe,[852] aber nicht so nahe, dass man von einer Abhängigkeit dieser von jener sprechen kann. Wahrscheinlich hat der Vf. selbst die Namen der Steine zusammengestellt oder auf eine uns unbekannte Tradition zurückgegriffen.[853] Aufschlußreich ist der Hinweis von Farrer, Revelation 219, dass neun von den zwölf Namen mit ς oder ξ enden, nur drei mit ν und diese an der dritten, sechsten und neunten Stelle stehen.[854]

Die Identifizierung der hier aufgezählten einzelnen Edelsteine ist schwierig.[855] „Jaspis" und „Karneol" sind, wie oben gezeigt, auch an anderen Stellen der Offb

---

[850] So BERGMEIER, Jerusalem 97; zurückhaltender READER, Jewels 456.
[851] A.a.O. 153; ähnlich AUNE, Apk 1187; OSBORNE, Apk 757f.
[852] Ändert man die vier Reihen der Liste in Ex 28 LXX in die Reihenfolge II I IV III und innerhalb der Reihe I und II die einzelnen Steine in die umgekehrte Reihenfolge, erhält man in etwa eine Liste, wie sie unsere Stelle bietet (näheres vgl. BOUSSET, Apk 449).
[853] Vgl. READER, Stadt 117.
[854] Vgl. auch KRODEL, Apk 361; READER, Jewels 455.
[855] Zur Identifizierung vgl. JART, Stones 170ff; vgl. auch SIM, Jerusalem 108-110.

belegt; zu „Smaragd" und „Hyazinth" findet man verwandte Namen in 4,3 bzw. 9,17; die übrignen werden nicht nur in der Offb, sondern auch im ganzen NT sonst nicht genannt.

**V. 21:** Zu dem Hinweis, dass jedes der zwölf Tore aus einer einzigen, enormen Perle besteht, gibt es in rabbinischen Schriften ähnliche Aussagen: Nach BB 75ᵃ z.B. sah ein Schüler von R. Jochanan (gest. 279) „Dienstengel, wie sie da saßen u. Edelsteine u. Perlen sägten, die eine Größe von 30 Ellen im Geviert hatten, u. eine Öffnung war in ihnen ausgehöhlt von 10 Ellen (Breite) u.20 Ellen (Höhe)"; auf seine Frage, für wen diese seien, bekam er die Antwort: „Gott wird sie dereinst als Tore Jerusalems aufstellen".[856]

Nachdem der Vf. das Aussehen der Stadt von außen her beschrieben hat, kommt er am Ende zur Beschreibung ihres Inneren, das durch die Hauptstraße (πλατεῖα[857]) geprägt ist, und baut damit eine Brücke zum nächsten Abschnitt. Die Materialangabe ist fast identisch mit der bezüglich der Stadt in V. 18 und rundet damit den Bericht ab.

Die Darstellung der einzelnen Teile des neuen Jerusalem ist, wie wir festgestellt haben, stark traditionell-symbolisch geprägt; so kann man nicht einfach sagen, dass der Vf. einseitig seine Pracht betont. Aber dennoch muss man fragen, ob das Bild einer Stadt, die allein aus kostbaren Materialien besteht, theologisch ohne weiteres annehmbar ist.[858]

**21,22–22,5:** Zum Inneren der Stadt und zum Leben in ihr. Dieser Teil besteht aus zwei Unterabschnitten, die gewissermaßen als Parallelen zu betrachten sind (21,22-27; 22,1-5). Zuerst stellt der Vf. die Anwesenheit Gottes und des Lammes in der Stadt dar, also die für die Menschen heilvollen Gegebenheiten, und darauffolgend die Huldigung der Völker und der Könige der Erde, also Aktionen von Menschen dort (V. 22f und V. 24-27). Im zweiten Unterabschnitt beschreibt er zunächst den Strom des Lebenswassers und den Lebensbaum, also wiederum heilvolle Gegebenheiten für die Menschen, und darauffolgend die Anbetung Gottes und des Lammes durch die Knechte, also Aktionen von Menschen dort (22,1f und V. 3-5). Die jeweilige erste Hälfte hat die Form eines Visionsberichts; Merkmale dessen sind die Wendungen εἶδον (V. 22) und ἔδειξέν μοι (22,1).[859] Die zweite Hälfte hat dagegen die Form einer Weissagung; die Verben stehen durchgehend im Futur.

Zu den alttestamentlichen Hintergründen: Für 21,23-26 ist Jes 60 maßgebend: Nachdem der Vf. in V. 23 (Gott und das Lamm sind Licht für die Stadt) Jes 60,1 (und V. 19f) herangezogen hat, benutzt er in V. 24 (Ehrerbietung der Völker usw.) Jes 60,3.5.11 und in V. 25f (Offensein der Tore und Huldigung der Menschen)

---

[856] STR-B III 851; vgl. auch andere Stellen wie Sanh 100ᵃ, die dort angeführt sind.

[857] Πλατεῖα kann auch einen agoraartigen Platz bezeichnen; zum Wortgebrauch vgl. Sɪᴍ, Jerusalem 116.

[858] Vgl. Wᴇɴɢsᴛ, Pax 161f: Gold, Edelsteine und Perlen „sind genau die Dinge, mit denen die große Hure [...] nach 17,4 geschmückt ist" (ähnlich Kɪᴛᴢʙᴇʀɢᴇʀ, Wasser 218f).

[859] Dazu vgl. ad V. 10.

Jes 60,11. Nachdem er in V. 27 Jes 60 verlassen hat und 22,1–5a in Anlehnung an andere alttestamentliche Texte schreibt (zu Einzelheiten vgl. dort), kommt er am Ende des Abschnitts, in 22,5b, zu seiner ersten Aussage zurück (Gott ist Licht für die Einwohner des neuen Jerusalem; also eine Inklusio).

**V. 22f:** Zuerst betont er in V. 22 zweimal die Anwesenheit Gottes und des Lammes in der Stadt, indem er jeweils zunächst durch eine negative Aussage Unterschiede zwischen dem neuen und alten Jerusalem hervorhebt und als Begründung dafür auf die Anwesenheit Gottes und des Lammes hinweist.

Unsere Vision beginnt mit dem Satz: „Und ich sah keinen Tempel in ihr". Auffallend genug, wenn man daran denkt, dass die prophetische bzw. apokalyptische Endzeiterwartung des Judentums oft auf die Wiederherstellung des Tempels hofft (Ez 40–46; Dan 8,14; Tob 14,5; 1Hen 93,7; Jub 1,17). Freilich gibt es Texte, „in denen ausschließlich die eschatologische bzw. himmlische Stadt erwähnt wird, nicht jedoch ein Tempelgebäude".[860] Aber die Beschreibung unserer Stelle zeichnet sich durch die Bestimmtheit dieser Aussage aus.

Der Hinweis auf das Fehlen an unserer Stelle rührt nicht aus einer gegen den Tempel gerichtetenEinstellung her (vgl. etwa Apg 7,47–50; Hebr 9,1–14). Er bringt nur das vollkommen neue Verhältnis zwischen Gott und den Menschen zum Ausdruck. Das Fehlen des Tempels begründet der Vf. damit, dass Gott und das Lamm der Tempel sind. D.h.: Gott ist direkt mit ihnen; ein Tempel als der für die Begegnung mit Gott bestimmte Ort ist überflüssig.[861]

Hier wird neben Gott das Lamm genannt; ihre Gleichrangigkeit ist zwar in 3,21 ausgeführt und in 5,13; 7,10; 14,1.4 vorausgesetzt, aber in der bisherigen Darstellung im ganzen gesehen eher nur vereinzelt belegt.[862] In der Vision des neuen Jerusalem wird sie dagegen immer wieder zum Ausdruck gebracht (21,23; 22,1.3f).

Dass die Gegenwart Gottes und des Lammes auch die Sonne und den Mond überflüssig macht (vgl. 22,5; 21,11), hat in Jes 60 (besonders V. 19) seine gedankliche Wurzel (vgl. auch Jes 24,23; ApkAbr 17,16), wo die Restauration Zions Thema ist. Sowohl in Jes 60 als auch an unserer Stelle bedeutet das Licht das Heil; die Lichtkörper sind deswegen nicht mehr nötig, weil das Heil durch Gott (und das Lamm) verwirklicht wird.[863]

**V. 24–27:** Die etwas überraschende Erwähnung der Völker und der Könige ist einmal auf den Einfluss der Vorlage Jes 60 (V. 3.5.11) zurückzuführen (vgl. oben ad 21,22–22,5). Beachtenswert ist aber, dass in der Darstellung der Vision des neuen Jerusalem der Vf. bis jetzt ausschließlich von der Anlage der Stadt berichtet hat und

---

[860] SÖLLNER, Jerusalem 231 mit Belegen.
[861] SCHÜSSLER FIORENZA, Priester 402; ULFGARD, Feast 87 u.a.
[862] Auch diejenigen Belege müssen berücksichtigt werden, an denen Christus göttliche Attribute zugeschrieben sind (z.B. 3,7; vgl. auch die Ego-Eimi-Formel in 1,17; 22,13 im Vergleich mit 1,8 u.a.) und er wie Gott angebetet wird (z.B. 5,8.12.14); zu dieser Frage vgl. COMBLIN, Christ 191ff.
[863] Dass an unserer Stelle „die Herrlichkeit Gottes" und „das Lamm" getrennt genannt sind, hat nur einen rhetorischen Grund; vgl. die chiastische Struktur, ἡ γὰρ δόξα τοῦ θεοῦ / ἐφώτισεν αὐτήν // καὶ ὁ λύχνος αὐτῆς / τὸ ἀρνίον. Also sind nicht zwei Lichtquellen gemeint; vgl. auch 22,1.3.

überhaupt nicht von Menschen, auch nicht von den Stadtbewohnern.[864] Das lässt fragen, wen er mit den „Völkern" meint.

In der Offb sind „die Völker" (τὰ ἔθνη) fast immer negativ gewertet; dazu vgl. Einleitung 7.4.4.3. In der Vision des neuen Jerusalem ist aber die Sachlage anders. An unserer Stelle sind die Völker Gegenstand des göttlichen Segens; vgl. auch V. 26; in 22,3 heißt es ferner, dass sie durch Blätter des Lebensbaums geheilt werden. Die Belege von ἔθνη in dieser Vision erschöpfen sich damit. In V. 27 ist andererseits vom Dasein von Menschen, die nicht in die Stadt, also in den Heilsbereich, hinein dürfen, die Rede (in der Vorlage Jes 60 gibt es keine Entsprechung). Also denkt der Vf. bei „den Völkern" an unserer Stelle (anders als בְּנֵי נֵכָר in Jes 60,10) an diejenigen, die zum Heil bestimmt sind.[865] Bei der Übernahme des Ausdrucks „die Völker" könnte auch der Gedanke eine Rolle gespielt haben, dass es unter den Gemeindegliedern nicht wenige Nichtjuden gibt.[866]

**V. 24:** In V. 24a setzt der Vf. den Gedankengang von V. 23 fort, indem er – Jes 60,3 entsprechend und anders als in der zweiten Hälfte des Verses – das Wort „Licht" hervorhebt: die Völker wandeln „mittels ihres Lichtes (διὰ τοῦ φωτὸς αὐτῆς)"; gemeint ist, dass sie am Heil, das die Anwesenheit Gottes und des Lammes in der Stadt bringt, Anteil bekommen. Obwohl das Auftreten der Völker (vgl. auch V. 26) nahezulegen scheint, dass sich das Blickfeld des Sehers jetzt bis zum Äußeren der Stadt hin dehnt,[867] und die weitere Entwicklung des Textes diese Sicht zu unterstützen scheint, will der Vf. doch nicht in die Richtung argumentieren, dass das Licht der Stadt über die Stadtgrenze nach außen scheint. Das Licht ist Sinnbild der Seligkeit, die durch Gott und das Lamm den Menschen gegeben wird, und die Stadt ist eben der Ort, an dem sie verwirklicht ist (vgl. ad 22,1). Die Völker wandeln *in der Stadt*.[868]

Der zweite Satz von V. 24, „die Könige der Erde bringen ihre Herrlichkeit in sie hinein", beschreibt ihre Unterwerfung und Ehrerbietung, was eine vollkommene Umkehrung der Verhältnisse bedeutet (vgl. 1QM 12,14f). Durch Hinzufügung der Apposition „der Erde" zu „die Könige", die in Jes 60 keine Entsprechung hat, degradiert der Vf. sie zu ehemaligen Feinden Gottes, die sich Gott gegenüber ständig widerspenstig und den Christen gegenüber als Unterdrücker verhielten (vgl. ad 1,5). Bemerkenswert ist, dass sie in 22,2 innerhalb der Aussage über die Heilung der

---

[864] Dass der Vf. nicht so schnell zur Beschreibung der Bewohner der Sadt kommt, ist dadurch bedingt, dass das neue Jerusalem vom Himmel her kommt. Auch der Wortlaut von V. 27, „in sie [die Stadt] wird nichts Unreines *hineinkommen* [...], sondern nur die im Buch des Lebens des Lamms geschrieben sind", entspricht diesem Verständnis. Er betrachtet die Menschen unter dem Gesichtspunkt, ob sie in die Stadt hinein dürfen oder nicht.
[865] Vgl. KRODEL, Apk 365. Anders HADORN, Apk 212; HARRINGTON, Apk 218; READER, Stadt 133 u.a.
[866] Vgl. U.B. MÜLLER, Apk 362.
[867] Auch in Jes 60,3 heißt es, dass die Völker *zum* Licht der Stadt wandern (וְהָלְכוּ גוֹיִם לְאוֹרֵךְ).
[868] Nach BERTRAM, ThWNT V, heißt περιπατεῖν „*herumgehen* u bezeichnet zunächst das zweck- u ziellose, wandelnde Sich-Aufhalten an einem bestimmten Ort" (942,34f); „unsere Vokabeln [περιπατεῖν und ἐμπεριπατεῖν] sind wegen der ihnen fehlenden Ausrichtung auf ein Ziel geeignet, im allgemeinen die Lebenssphäre anzugeben, in der sich das Leben des Frommen bzw. des Gottlosen abspielt" (943,16ff).

Völker außer acht gelassen werden. Sie bringen „ihre Herrlichkeit" in die Stadt. Das Wort „Herrlichkeit" (δόξα) ist von Jes 60,13 („Herrlichkeit des Libanon", in LXX ἡ δόξα τοῦ Λιβάνου) übernommen; während mit ihm dort faktisch kostbare Hölzer gemeint sind, ist es an unserer Stelle, wie das Nebeneinander mit „Ehre" in V. 26 zeigt, vergeistigt. Die Herrlichkeit der Könige steht eigentlich im Gegensatz zu derjenigen Gottes;[869] dass sie durch diese selbst in die Stadt gebracht wird, ist nichts anderes als ein Ausdruck ihrer Huldigung.

**V. 25:** In V. 26 nimmt der Vf. das gleiche Motiv auf wie in V. 24, nur bringen die Könige diesmal „die Herrlichkeit und die Ehre der Völker". Zwischen beiden Aussagen sieht die Aussage in V. 25, dass die Tore der Stadt auch nachts nicht verschlossen werden, auf den ersten Blick wie ein Fremdkörper aus; der Vf. folgt aber einfach Jes 60,11. Das an sich überflüssige Wort „bei Tag" stammt von Jes 60,11. Die etwas seltsame Begründung „weil Nacht dort nicht sein wird" weist auf das unaufhörliche Wirken der Herrlichkeit Gottes hin, die die Nacht verdrängt; vgl. 22,5; Sach 14,7; 1Hen 58,6; 2Hen 65,9 u.a. Dass die Tore nicht verschlossen werden, ist einmal ein Anzeichen der immerwährenden Anwesenheit der Herrlichkeit Gottes und des Lammes. Gleichzeitig bedeutet es, dass die Könige zu jeder Zeit ihre Herrlichkeit in die Stadt bringen können (V. 26; vgl. Jes 60,11; 1QM 12,14; 19,5f).

**V. 27:** Die Klarstellung, wer in die Stadt nicht eingehen darf und wer es darf, ist dadurch veranlasst, dass der Vf. fürchtet, dass durch die Darstellung des Kommens der Völker und Könige in die Stadt die Frage, wer in sie aufgenommen wird, für die Leser unklar geworden ist.[870]

Als diejenigen, die nicht hinein können, nennt er zuerst „jedes Unreine" (Neutrum). Wahrscheinlich hat er das kultische Verbot, man dürfe nichts Unreines in den sakralen Bereich, vor allem in den Tempel, hineinbringen, im Sinn (vgl. 11QT 47,3–7). Aber faktisch geht es ihm um unreine Menschen. So erklärt er das „Unreine" gleich darauf mit einem Wort im Maskulinum: „Der, der Greuel und Lüge tut". „Greuel" (βδέλυγμα) ist an sich ein kultischer Begriff, hier ist er in weiterem Sinn verwendet und bezeichnet jedes Verhalten der Menschen, das ihr Verhältnis zu Gott behindert; vgl. ad 17,4. „Lüge" ist von Haus aus kaum kultisch geprägt und bezeichnet jedes Gott gegenüber widerspenstige Verhalten; vgl. ad 21,8.

In Jes 52,1 findet sich eine Aussage, die der unsrigen nahe steht (vgl. auch Jes 35,8; Ez 44,9; Joel 4,17; 1QH 6,20f; 4Qflor 1,3f; BB 75[b]); dort sind aber mit „Unreinen" die Heiden gemeint; unser Vf. lässt dagegen die Völker im Lichte der Stadt wan-

---

[869] Δόξα wird in der Offb außer hier und in V. 26 stets im Zusammenhang mit Gott bzw. Göttlichem verwendet.

[870] Nach GEORGI, Visionen 369, kann die Negation von V. 27a dem angeblich in V. 3 und V. 24–26 geäußerten Universalismus gegenüber „nicht recht als Einschränkung oder Widerspruch aufkommen, sondern liest sich mehr wie eine das Vorhergehende und damit den wunderbaren Gnadenwillen Gottes unterstreichende Versicherung der Reinheit der neuen Welt". Aber das mehrmalige Vorkommen von Lasterkatalogen in der Offb und ihr Inhalt machen diese Deutung fragwürdig. GEORGI betont diesbezüglich, „dass nun auch Könige und Völker unter die ins Buch des Lebens Eingeschriebenen gezählt werden" (369). Aber die Aussage V. 27b hat in erster Linie eine einschränkende Funktion; das Motiv des Lebensbuches wird ja auch sonst stark von einem unbefugte Menschen ausschließenden Tonfall begleitet.

deln (V. 24); d. h., er lehnt sich zwar an Jes 52,1 an, betrachtet aber den dort geäußerten Gegensatz zwischen Israel und den Völkern als nicht mehr gültig.

Anschließend schreibt er, wer in die Stadt eintreten kann: Diejenigen, deren Namen im Lebensbuch geschrieben sind; zu diesem Ausdruck vgl. ad 3,5. Der Dualismus in Bezug auf die Menschenwelt, dem man in der Offb oft begegnet, durchzieht auch diesen Abschnitt.

**22,1f:** Während der Vf. in 21,22ff die zuvor als Grundlage verwendeten Ez 40–48 verlassen hat, nimmt er sie in V. 1f wieder auf (47,1-12) und verbindet wie dort das Stadtbild mit Motiven der Paradieserzählung.[871] Er deutet dabei materielle Äußerungen in Ezechiel soteriologisch um: Den Strom zum Strom des Lebenswassers, die Bäume zu dem einen Lebensbaum (vgl. V. 14.19).

**V. 1:** Der Strom ist „klar wie Kristall"; eine Darstellung, die noch auf der Linie von 21,9-21 liegt. Zu „wie Kristall" vgl. 4,6. Die Klarheit ist ein Charakteristikum der himmlischen Welt (15,6; 19,8; 22,16). Der Strom „geht vom Thron Gottes und des Lammes aus". Damit ist gezeigt, wo das Leben seine Quelle hat. Der „Thron" steht im Singular (vgl. 3,21); Gott und das Lamm werden als Einheit betrachtet; vgl. auch V. 3f An unserer Stelle schreibt der Vf. anders als in Ez 47 nicht, welche Einflüsse der Strom auf die Außenwelt der Stadt ausübt. Für ihn ist das neue Jerusalem im vollkommenen Sinn der Ort des Segens.

**V. 2:** Der Hinweis am Anfang des Verses, „inmitten der Straße" (ἐν μέσῳ τῆς πλατείας αὐτῆς)", wirkt störend.[872] Aber das könnte gerade ein Indiz dafür sein, dass er mehr als eine Ortsangabe sein soll: Der Vf. denkt hier an Gen 2,9, „inmitten des Paradieses" (LXX: ἐν μέσῳ τῷ παραδείσῳ).[873] Da es sich aber hier nicht um einen Garten, sondern um eine Stadt handelt, ändert er die Formulierung zu „inmitten der Straße". Durch diesen Hinweis will er deutlich machen, dass die „Bäume" dem paradiesischen Lebensbaum entsprechen.

Die Verbindung mit der Paradiestradition führt auch in einer weiteren Hinsicht zu Verwirrungen: Nach Ez 47,7 gibt es „sehr viele Bäume"; die Paradiestradition kennt nur einen „Lebensbaum"; der Vf. übernimmt dieses Motiv und schreibt im Singular „ein Lebensbaum"; aber dadurch entsteht das seltsame Bild, dass ein einziger Baum an beiden Ufern des Stroms steht. Die meisten Exegeten umgehen

---

[871] Diese Verknüpfung lässt sich im AT zum ersten Mal in Jes 65,17-25 beobachten; zu dieser Frage vgl. RISSI, Zukunft 51f. Auch im Judentum ist sie nicht selten belegt (4Esr 8,52; TestDan 5,12; syrBar 4; vgl. SCHNEIDER, ThWNT V 40,23ff; BIETENHARD, Welt 193).

[872] Deswegen werden hier verschiedene Deutungsvorschläge gemacht. Einige Forscher betrachten die Wendung als einen Teil der Erklärung des Stroms: Sie identifizieren entweder „die Mitte der Straße" faktisch mit „dem Thron Gottes und des Lammes" („Strom [...], der aus dem Thron [...] mitten in ihrem Platz hervorquoll" [READER, Stadt 147; unterstützt durch SÖLLNER, Jerusalem 246; ähnlich POHL, Apk II 333]), oder betrachten den Thron und die Mitte der Straße als je selbständig (der Strom „geht vom Thron [...] aus und [fließt] inmitten der Straße"; BEASLEY-MURRAY, Apk 330f; AUNE, Apk 1176f). Andere Forscher betrachten diese Wendung als eine Erklärung zu den Bäumen: Die Bäume befänden sich „inmitten der Straße und des Stroms, hier und da" (DELEBECQUE, Arbre 128), oder „inmitten ihrer Straße und auf dieser und jener Seite des Stroms" (vgl. GEORGI, Visionen 370 Anm. 83; SIM, Jerusalem 130f).

[873] Ähnlich Roloff, Apk 207; VANHOYE, Ézéchiel 460; MATHEWSON, Heaven 189f; MÜLLER-FIEBERG, Jerusalem 219.

diese Schwierigkeit durch die Annahme eines kollektiven Singulars.[874] Aber wahrscheinlicher ist, dass er den Begriff „Lebensbaum" in den Singular setzt, weil er fürchtet, dass durch die Verwendung der Mehrzahl die Einheitlichkeit der Quelle des Lebens unklar wird.[875]

Abgesehen vom Einfluss der Paradiestradition folgt der Vf. im ganzen der Vorlage Ez 47. Aber er bearbeitet sie in einigen Punkten: Der Hinweis, dass der Baum „zwölfmal" Früchte trägt, ist nur im Zusammenhang mit der Bedeutung der Zahl „zwölf" in unserer Vision verständlich. Der Vf. streicht die Bemerkung über die Essbarkeit der Früchte in Ez 47,12, weil die bloße Essbarkeit für den Lebensbaum und seine Früchte unzureichend ist (vgl. 2,7). Eine ergänzende Erklärung zu den Bäumen, nämlich: „ihre Blätter dienen zur Heilung" (Ez 47,12), lässt er stehen; mit „Heilung" meint er aber die Begabung mit dem ewigen Leben. Das dabei hinzugefügte Wort „der Völker" bezeichnet nicht die Nichtjuden im Gegensatz zu den Juden; sonst entstände die wunderliche Vorstellung, dass vom Heil der Juden nirgendwo die Rede ist; vielmehr: „Die Völker" umfassen alle Christen, ohne danach zu fragen, ob sie Juden oder Nichtjuden sind (vgl. ad 21,24).

**V. 3–5:** V. 3–5 besteht aus zwei Einheiten, V. 3f und V. 5. Sowohl V. 3f als auch V. 5 beginnen mit einer negativen Aussage, „Verfluchtes/Nacht wird nicht mehr da sein", die aus Sach 14 stammt (V. 11 und V. 7), einer Stelle, in der ebenso das neue Jerusalem thematisiert wird (in V. 3–5 findet sich kein Anklang mehr an Ez 47). Diese Aussagen, die die äußeren Verhältnisse im neuen Jerusalem beschreiben, bilden gleichsam eine Folie für V. 3–5, auf deren Hintergrund sich der Vf. eigenständig vor allem über die Knechte äußert: Sie dienen Gott und dem Lamm (V. 3c), schauen ihre Gesichte (V. 4a) und herrschen in Ewigkeit (V. 5 Ende).

**V. 3:** „Verfluchtes" (κατάθεμα) ist, was dem Zorn Gottes ausgeliefert ist. Im NT ist das Wort sonst nicht belegt.[876] Die Verwendung dieses Begriffs ist durch die Vorlage, Sach 14,11, bedingt und der Vf. gebraucht es in analogem Sinne; also bezeichnet er die äußere Macht, die durch ihren Angriff den richtigen Lebensvollzug (Gottesdienst) unmöglich macht.

Angesichts der Tatsache, dass in V. 1f Stoffe aus der Paradiestradition übernommen sind, sind manche Forscher der Ansicht, dass „das Verfluchte" hier im Zusammenhang mit dem Verbot des Essens der Früchte vom Baum der Erkenntnis, der Verführung der Schlange, der Vertreibung aus Eden usw. zu verstehen sei;[877] hier sei der vollkommen andere Charakter des neuen Paradieses zum Ausdruck gebracht. Aber die Ansicht vermag nicht einzuleuchten. Wenn der Vf. den Ausdruck „nicht mehr sein" verwendet, setzt er stets den Gegensatz zur jetzigen Situation voraus und nicht den zum einstigen Paradies.

---

[874] Charles, Apk II 176; Lohmeyer, Apk 175; U.B. Müller, Apk 363; Aune, Apk 1177; Schneider, ThWNT V 40 Anm. 18; Bietenhard, Welt 173.
[875] Keener, Apk 500; ähnlich Prigent, Apk 482; vgl. ad 1,15.
[876] Auch in LXX ist es nicht belegt; Sach 14,11 LXX verwendet ἀνάθεμα. Als ein weiteres synonymes Wort ist κατάρα zu nennen.
[877] Vgl. Beasley-Murray, Apk 332; Kraft, Apk 275; Prigent, Apk 483 u.a.

Mit *„seinen* Knechten" sind Knechte Gottes und des Lammes gemeint; vgl. ad 21,22. Dieser Begriff bezeichnet die Christen im allgemeinen (vgl. ad 1,1). Zu ihrem Verhalten wird erstens gesagt, dass sie „ihm" (Gott und dem Lamm) dienen (λατρεύειν); gemeint ist ihr Gottesdienst; vgl. 7,15.

**V. 4:** Zweitens schauen sie sein Angesicht. Im AT gibt es zwei Arten von Aussagen über das Schauen Gottes: Erstens bringt es den Menschen den Tod (Ex 33,20; vgl. 19,21; Gen 32,30; Ri 6,22f; 13,22; Jes 6,5; 1Hen 14,21); die sündigen Menschen sind unwürdig, vor den heiligen Gott zu treten. Zweitens wird den Gerechten die Hoffnung auf das Schauen Gottes zugesagt (Ps 11,7; 17,15). Unsere Aussage gehört zum zweiten Typ und weist auf das Privileg der Christen im neuen Jerusalem hin (vgl. Sib 5,426f; TestSeb 9,8; 4Esr 7,98; Mt 5,8; 1Joh 3,2).

Zu dem Hinweis, dass „auf ihren Stirnen sein Name" steht, vgl. ad 14,1. Er unterstreicht wiederum die Zugehörigkeit der Christen zu Gott und zum Lamm.[878]

**V. 5:** Dass keine Nacht mehr sein wird, wurde bereits in 21,15 erwähnt. Die zweite Hälfte der Aussage, „sie bedürfen nicht des Lichtes einer Leuchte noch des Lichtes der Sonne" (vgl. 21,23a), die mit καί eingeleitet ist und deshalb wie die Beschreibung der Folge des Fehlens der Nacht aussehen mag, ist im Lichte des folgenden Begründungssatzes, „Gott der Herr wird über sie leuchten", aufzufassen. Beim Begründungssatz fällt das Wort ἐπ᾽ αὐτούς auf. Mit αὐτούς sind die Knechte gemeint. Das „Leuchten" zielt nicht auf die Stadt im allgemeinen (vgl. 21,23: ἡ γὰρ δόξα τοῦ θεοῦ ἐφώτισεν αὐτήν), sondern speziell auf sie; m.a.W.: Das Leuchten ist hier in erster Linie soteriologisch aufgefasst. Die Ansicht, das Leuchten Gottes bedeute für die Glaubenden Heil, ist in Num 6,25; Ps 80,4; 118,27 belegt; vgl. auch syrBar 48,50.

Die Weissagung am Ende, „sie [die Christen] werden in alle Ewigkeiten herrschen", kommt etwas überraschend. Aber auch in den Sendschreiben betont der letzte Überwinderspruch das Mitherrschen der Treuen mit Christus (3,21; vgl. 2,26–28; vgl. auch 5,10; 20,4.6). Also fügt sich deren Hervorhebung doch gut in den Gesamtkontext des Werkes; der Vf. stellt durch sie den Lesern, die jetzt unter dem Druck der heidnischen Mächte zu leiden haben, die Gnade, die sie empfangen, als die entscheidende Änderung ihrer Situation dar.

Die hier verwendete Ewigkeitsformel (vgl. ad 1,18) stammt eigentlich aus einer Doxologie. Der ganze Visionenteil der Offb endet also mit einem an den Gottesdienst erinnernden Wort. Man kann hier auch einen Antagonismus erkennen: „Wie die Gegner Gottes und der Gemeinde für alle Ewigkeit bestraft werden (19,3; 20,10; vgl. auch 14,11), so wird auch die Herrlichkeit und Herrschaft der wahren Knechte Gottes in Ewigkeit währen".[879]

---

[878] SCHÜSSLER FIORENZA, Priester 384ff, bezieht diese Aussage auf das Stirnblatt des Hohenpriesters (Ex 28,36ff; 39,30; ähnlich KRODEL, Apk 367; BEALE, Apk 1114 u.a.). Aber das gleiche Bild in 14,1 lässt keinen hohenpriesterlichen Hintergrund erkennen. Vgl. die Kritik an dieser Anschauung durch U.B. MÜLLER, Apk 364; SÖLLNER, Jerusalem 248f.

[879] SCHÜSSLER FIORENZA, Priester 369.

## IV. 22,6–20: Nachwort:
## Versicherung der Wahrhaftigkeit der Prophetie und Parusieansage

(6) Und er sprach zu mir: Diese Worte sind zuverlässig und wahrhaftig. Und der Herr, der Gott der Geister der Propheten, hat seinen Engel gesandt, um seinen Knechten zu zeigen, was in Kürze geschehen soll. (7) Und siehe, ich komme bald. Selig, wer die Worte der Prophetie dieses Buches bewahrt.

(8) Und ich, Johannes, [bin es,] der dies hörte und sah. Und als ich es gehört und gesehen hatte, fiel ich vor den Füßen des Engels nieder, der mir dies gezeigt hatte, um [ihn] anzubeten. (9) Und er spricht zu mir: Hüte dich! Ich bin dein Mitknecht und der deiner Brüder, der Propheten, und derer, die die Worte dieses Buches bewahren. Gott bete an!

(10) Und er spricht zu mir: Versiegle die Worte der Prophetie dieses Buches nicht! Denn die Zeit ist nahe. (11) Wer Unrecht tut, tue weiter Unrecht, und wer unrein ist, lasse sich weiter unrein machen, und der Gerechte tue weiter Gerechtigkeit, und der Heilige heilige sich weiter. (12) Siehe, ich komme bald, und mein Lohn [ist] mit mir, um einem jeden zu vergelten, wie sein Werk ist. (13) Ich bin das A und das O, der Erste und der Letzte, der Anfang und das Ende. (14) Selig, die ihre Kleider waschen, dass sie eine Vollmacht über den Baum des Lebens haben und sie durch die Tore in die Stadt eingehen werden. (15) Draußen [sind] die Hunde und die Zauberer und die Hurer und die Mörder und die Götzendiener und jeder, der Lüge liebt und tut. (16) Ich, Jesus, habe meinen Engel gesandt, um euch dieses über die Gemeinden zu bezeugen. Ich bin der Spross und das Geschlecht Davids, der strahlende Morgenstern.

(17) Und der Geist und die Braut sprechen: Komm! Und der Hörer spreche: Komm! Und der Dürstende komme; wer will, empfange das Wasser des Lebens umsonst.

(18) Ich bezeuge jedem, der die Worte der Prophetie dieses Buches hört: Wenn jemand zu diesem [etwas] hinzufügt, wird Gott ihm die Plagen hinzufügen, die in diesem Buch geschrieben stehen. (19) Und wenn jemand [etwas] von den Worten des Buches dieser Prophetie wegnimmt, wird Gott seinen Anteil vom Baum des Lebens und von der heiligen Stadt, von denen in diesem Buch geschrieben ist, wegnehmen.

(20) Der dieses bezeugt, spricht: Ja, ich komme bald. Amen, komm, Herr Jesus!

**V. 6–20:** Der Einschnitt zwischen V. 5 (Ende des Visionenteils) und V. 6ff ist nicht sehr tief: Der Anfang des neuen Abschnitts, V. 6–9, dient gleichzeitig als Schluss der Vision des neuen Jerusalem; vgl. dort die einleitende Erklärung zu Kap. 17.

Der neue Abschnitt enthält eine Zusammensetzung von verschiedenen Aussagen und Beschreibungen. Unter ihnen deutliche Zusammenhänge zu finden, ist manchmal schwierig. Aber auf zwei Hauptthemen ist das Gewicht gelegt: Die göttliche Herkunft des Buches (V. 6.8f.16a) und die Parusie (V. 7a.10b.12.20).[1] Einzelne Beschreibungen fanden sich teilweise auch an anderen Stellen des Buches (vor allem 1,1–3). Der Vf. versucht, am Ende des Buches dadurch dessen Einheitlichkeit deutlich zum Ausdruck zu bringen.

Entsprechend dem häufigen Themenwechsel, aber unabhängig davon, wechseln die Sprecher. Außerdem sind sie nicht immer deutlich angegeben; manchmal ist es schwierig, sie zu identifizieren. Für diejenigen, die auf die geordnete Konstruktion Gewicht legen, scheinen diese Unklarheiten unerträglich zu sein; so versucht etwa Charles, Apk II 211ff, durch Umstellen einzelner Aussagen eine vernünftigere Anordnung herzustellen, oder führt Kraft, Apk 276, diesen Abschnitt auf „verschiedene Hände" zurück, die „vom Vf. des Buches zu unterscheiden sind".[2] Aber auf die geordnete Konstruktion kommt es denjenigen, die die Worte hören, nicht immer an. Nicht selten kann man, indem man die gleichen Inhalte in unterschiedlich formulierten kurzen Sätzen nacheinander wiederholt, eine bessere Wirkung erzielen. Wahrscheinlich formuliert der Vf. zum Schluss des Buches absichtlich so, um den Hörern/Lesern die Botschaft einzuprägen (besonders charakteristisch ist, dass die Proklamation Jesu, „ich komme gleich", in diesem kurzen Abschnitt dreimal wiederholt wird; V. 7.12.20). Von dieser Absicht her gesehen ist Klarheit über die Person des jeweils Sprechenden nicht unbedingt erforderlich.

**V. 6f:** Trotz der Einführung am Anfang, „er sprach zu mir", ist V. 6f eine Zusammensetzung von Worten, die auf verschiedene Sprecher zurückgehen. Da das erste Wort (V. 6b) auf das ganze Buch zurückblickt, ist als dessen Sprecher der Engel, der Johannes die Offenbarung vermittelt (1,1; 22,16), anzunehmen. Das zweite Wort (V. 6c) kann wegen des Ausdrucks „er sandte seinen Engel" nicht auf einen Engel zurückgehen; es stammt vom Vf. selbst (vgl. 1,1). V. 7a, ein Ich-Wort, geht auf den himmlischen Jesus zurück.[3] Die Seligpreisung (V. 7b) passt wegen des Ausdrucks „dieses Buch" nicht zu Jesus; wie 1,3 ist sie wohl als eine Aussage des Vf. anzusehen. Für den Vf. ist die Frage, wer Sprecher ist, letzten Endes nicht wichtig (vgl. ad 1,10).

Dieser beginnende Teil des Nachwortes deckt sich inhaltlich vollständig mit dem Vorwort 1,1–3, verwendet teilweise sogar den gleichen Ausdruck (δεῖξαι τοῖς δούλοις αὐτοῦ ἃ δεῖ γενέσθαι ἐν τάχει). Damit wird nochmals klar, was den Vf. beim Schreiben seines Buches interessiert hat. Es ist möglich, dass dahinter eine Polemik gegen die Christen steckt, wie sie in den Sendschreiben zu beobachten ist, nämlich gegen solche, die die Naherwartung nicht ernst nehmen wollen.

---

[1] Das Thema wird sowohl in V. 7 als auch in V. 12 durch das vorangehende ἰδού hervorgehoben (ἰδού kommt in diesem Abschnitt nur an diesen zwei Stellen vor); in V. 17 und V. 20 werden sogar die Leser aufgefordert, „komm!" auszurufen (in diesem Abschnitt wird ihnen nur in dieser Hinsicht eine aktive Rolle zugeteilt).

[2] Ähnlich BOISMARD, Notes 172ff; GAECHTER, Sequence 507ff, besonders 509.514f.

[3] In der Offb wird die Parusie fast ausnahmslos durch den himmlischen Jesus selbst angekündigt (2,5.16.25; 3,3.11; 22,12.20; vgl. besonders 16,15). Die einzige Ausnahme ist 1,7.

Gott wird hier anders als in 1,1 „der Herr, der Gott der Geister der Propheten" genannt, wiewohl die Wirksamkeit anderer Propheten nicht im Blickfeld des Vf. liegt: Der Kontext betont, dass die Worte, die *er* übermittelt hat, glaubwürdig (V. 6b) und die Menschen, die „die Worte der Prophetie *dieses Buches* bewahren", selig sind (V. 7b); vgl. auch V. 8a: „Ich bin es, der dies hörte und sah".

Der Vf. fügt an unserer Stelle zwischen die Aussage über den Inhalt des Buches (V. 6c) und die Seligpreisung (V. 7b), die eine Einheit bilden (vgl. 1,1-3), ein Ich-Wort Jesu über die Parusie ein (V. 7a). Die Inklusio macht zum einen deutlich, dass das, „was in Kürze geschehen soll" (V. 6c), vor allem in seiner Parusie verwirklicht wird, und zum anderen, dass die Seligpreisung (V. 7b) durch die Parusie endgültig bestätigt werden wird.

**V. 8a:** Durch den Hinweis auf seine eigene Zeugenschaft macht Johannes sich selbst für den Inhalt des Buches verantwortlich und garantiert damit indirekt dessen Zuverlässigkeit (die Anerkennung seiner Autorität durch die Gemeinden ist vorausgesetzt). Der Gebrauch des Eigennamens Johannes (sonst nur noch in 1,1.4.9) ist durchaus geeignet, diese Absicht zu befördern.

**V. 8b-9:** Die nächste Szene hat in 19,10 eine Parallele. Abweichend von 19,10 bezeichnet der Vf. „deine Brüder" als „die Propheten und diejenigen, die die Worte dieses Buches bewahren"; darin äußert sich sein Anliegen, bei den Lesern die Hochachtung vor dem Inhalt des Buches zu erwirken. Es ist andererseits aber auch hier fraglich, wieweit er an die Wirksamkeit anderer Propheten denkt. In der Offb kommt als Bezeichnung der Christen mehrmals „Propheten und Heilige" vor (16,6; 18,24 u.a.). Vielleicht hat er diese Doppelbezeichnung im Sinn, wenn er hier „die Propheten" eigens nennt; den Begriff „die Heiligen" formt er in diesem Abschnitt seinem Interesse entsprechend um.

Zwischen der Aussage „ich, Johannes [bin es], der dies hörte und sah" (V. 8a) und der Beschreibung der Abweisung durch den Engel ist eine gewisse Spannung erkennbar, die deutlich macht, wie der Vf. sein eigenes Wirken versteht: Bei der Übermittlung der Offenbarung muss sich der Übermittler vor dem Inhalt des Übermittelten verantworten (V. 8a); er darf in diesem Sinne nicht anonym oder pseudonym sein; bei der Übermittlung muss er aber konsequent anonym bleiben, damit deutlich wird, dass die Offenbarung einzig von Gott stammt und auch ihr Übermittler im Grunde genommen nur ihr Empfänger ist.

**V. 10-15:** In V. 12-15 spricht der himmlische Jesus. Lohmeyer, Apk 179 z.B., erschließt auf Grund dieser Tatsache auch für V. 10f Jesus als Sprecher.[4] Aber das ist nicht zwingend; auch in V. 7 tritt Jesus plötzlich auf. Vom Zusammenhang mit V. 8f her gesehen ist für V. 10f eher an den gleichen Engel als Sprecher zu denken.[5] Auf jeden Fall ist das Wort mit der Autorität des himmlischen Jesus ausgestattet.

**V. 10:** Unsere Einheit, vor allem V. 10, klingt an Dan 12 an. In Dan 12, also beinahe am Ende des Buches, findet sich eine Anordnung an Daniel, das Buch bis zum Ende zu versiegeln (V. 4; vgl. auch V. 9 und 8,26; 4Esr 14,6.45f). Das ist eine

---

[4] Ähnlich GIESEN, Apk 484 u.a.
[5] ROLOFF, Apk 210; AUNE, Apk 1216; PRIGENT, Apk 491 u.a.

Aussage, die sich auf die apokalyptische Fiktion gründet, dass die Kenntnis über das Ende Daniel mehrere Jahrhunderte zuvor offenbart worden ist. Unser Vf. behauptet dagegen, dass er die Anordnung bekommen hat, die Worte der Prophetie des Buches nicht zu versiegeln, da die Zeit nahe ist.

**V. 11:** Die Entwicklung von V. 10 zu V. 11 ist durch Dan 12,9f geprägt. V. 11 besteht aus vier Zeilen, die einander sowohl formal als auch inhaltlich entsprechen. Die ersten beiden behandeln den negativ geprägten Teil der Menschen, die letzten beiden den positiv geprägten; dabei bilden zum einen die erste und die dritte Zeile und zum andern die zweite und die vierte je ein direktes Gegenüber. Jede Zeile beginnt mit der Nennung der betreffenden Menschen, verwendet dann ein Verb mit dem gleichen Wortstamm (zur dritten Zeile vgl. unten) und endet mit ἔτι. Die Verben der ersten und dritten Zeile stehen im Aktiv, die der zweiten und vierten im Passiv.

Zunächst wird derjenige genannt, der Unrecht tut (ὁ ἀδικῶν). Ἀδικεῖν ist in der Offb sonst noch neunmal belegt, bedeutet dann aber immer „schädigen" (2,11; 6,6 u.a.). Der Beleg an unserer Stelle stellt eine Ausnahme dar. Allerdings kommt in 18,5 ἀδίκημα neben ἁμαρτία vor. In der zweiten Zeile sind Worte verwendet, die stärker kultisch geprägt sind: „befleckt/beflecken" (ῥυπαρός/ῥυπαίνειν). Das Passiv deutet an, dass mit ῥυπαρός der Mensch gemeint ist, der von Gott als befleckt angesehen ist. Sowohl ῥυπαρός als auch ῥυπαίνειν ist in der Offb sonst nicht belegt. In der dritten Zeile, in der vom „Gerechten" die Rede ist, wird der Imperativ in der Form „Hauptwort + Verb (δικαιοσύνην ποιησάτω)" ausgedrückt, weil es kein Verb gibt, das die Sache präzis zum Ausdruck bringen könnte.[6] Δίκαιος kommt in der Offb mehrmals im Zusammenhang mit Gott bzw. seinem Gericht vor (16,5.7 u.a.); es gibt keinen Beleg für dessen Bezug auf Menschen. Δικαιοσύνη kommt sonst nur einmal in Bezug auf „das Wort Gottes" vor (19,11). Aber ein Substantiv aus dem gleichen Wortstamm, δικαίωμα, bezeichnet in 19,8 die gerechten Taten von Christen. Die letzte Zeile bezieht sich auf „den Heiligen" (ἅγιος). Das Wort ἅγιος wird als Bezeichnung der Christen (οἱ ἅγιοι) recht häufig verwendet, aber außer an unserer Stelle sonst niemals zur Hervorhebung der „Heiligkeit" im eigentlichen Sinne.

Der Überblick zeigt, dass die Hauptbegriffe in den vier Zeilen ausnahmslos solche sind, die in der Offb entweder sonst überhaupt nicht oder mit anderen Nuancen verwendet sind. Bedenkt man dazu noch, dass das ganze Stück sehr regelmäßig gebaut ist, ist es naheliegend, dass der Vf., durch den Gedankengang von Dan 12,9f veranlasst, einen Spruch übernimmt, der idiomatisch umlief.[7] Inhaltlich verträgt er sich jedoch gut mit der dualistischen Auffassung der Menschenwelt des Vf.

---

[6] Der Gebrauch von δικαιοῦν im Sinne von „Gerechtigkeit üben" ist ungewöhnlich (SCHRENK, ThWNT II 218,4f). Das Verb bedeutet üblicherweise „jmdm. sein Recht verschaffen" (BAUER/ALAND, WB δικαιόω), in LXX forensisch „gerecht sprechen". Ποιεῖν δικαιοσύνην ist im NT auch in Mt 6,1; 1Joh 2,29; 3,7.10 belegt; vgl. auch ἐργάζεσθαι δικ. in Apg 10,35; Hebr 11,33; Jak 1,20.

[7] Vgl. LOHMEYER, Apk 179; Kraft, Apk 278; U.B. MÜLLER, Apk 369; SCHRENK, ThWNT I 160,36ff.

**V. 12:** Mit V. 12 beginnt das Wort des himmlischen Jesus. In V. 12 ist der Einfluss von Jes 40,10 erkennbar (vgl. auch 62,11); die Aussage von Gottes (Zurück-)Kommen bei Jesaja ist in ein Ich-Wort über die Parusie umformuliert. Die darauf folgende Wendung „und mein Lohn [ist] mit mir (καὶ ὁ μισθός μου μετ᾽ ἐμοῦ)" lehnt sich der Form nach an die Jesajastelle an (שְׂכָרוֹ אִתּוֹ; ὁ μισθὸς αὐτοῦ μετ᾽ αὐτοῦ); der Sinn ist aber ein anderer: Während in Jes 40,10 mit „Lohn" der Lohn „für Mühe […] aller Art, die Jahwe um sein Volk hat", also „das Volk selbst" gemeint ist,[8] ist mit diesem Begriff an unserer Stelle, wie der folgende Infinitivsatz („um einem jeden zu vergelten, wie sein Werk ist") zeigt, auf den Lohn angespielt, den die Menschen von Christus erhalten.

Das Wort an unserer Stelle entspricht gedanklich nicht ganz der Anschauung des Vf. selbst, die stark von der dualistischen Auffassung der Menschenwelt geprägt ist.[9] Es hat andererseits mit 1Clem 34,3 viel Gemeinsames. 1Clem 34,3 beginnt nämlich mit „siehe, der Herr (kommt)", fährt dann mit einem Wort über den Lohn, „und sein Lohn ist vor seinem Gesicht", fort und schließt mit einer Zweckangabe, „um einem jeden nach seinem Werk zu vergelten", ab. Die Aussage ist nicht nur im ganzen der unsrigen ähnlich strukturiert; ihre Zweckangabe bezieht sich wie an unserer Stelle, und von Jes 40,10 abweichend (dem LXX-Text entsprechend), auf das Werk von Menschen. Ebenso beachtenswert ist, dass das Wort ἔργον in der Offb sonst immer im Plural verwendet wird, hier mit 1Clem 34,3 übereinstimmend im Singular. Trotz kleinerer Abweichungen[10] steht hinter unserer Stelle und 1Clem 34,3 also wahrscheinlich eine gemeinsame Tradition, die das Wort Jes 40,10 aufnimmt und es mit dem Gedanken verbindet, der etwa in Ps 62,13; Spr 24,12 ausgedrückt ist.[11]

Auf den ersten Blick erscheint bei unserem Spruch die Möglichkeit vorausgesetzt zu sein, dass die Menschen ihre „Werke" wählen können, wie sie wollen. Das war in der Tradition zweifellos der Fall. Aber an unserer Stelle steht der Spruch unter dem Einfluss von V. 11, in dem die Menschenwelt dualistisch aufgefasst ist. So hat er keinen paränetischen Beiklang mehr, sondern unterstreicht, dass Gott mit Gerechtigkeit richtet.

An unserer Stelle ist der Richtende anders als in 20,11–14 der wiederkommende Christus; vgl. 2,23; Mt 16,27. Zur richterlichen Funktion Christi vgl. Einleitung 7.1.2.2.

**V. 13:** Die Selbstprädikation Jesu, die den Zusammenhang unterbricht, soll den Lesern, die unter dem Druck der Gegner ein schweres Leben führen, deutlich machen, dass er allein der Herrscher der Geschichte ist. Zur Selbstprädikation Jesu vgl. ad 1,8.

---

[8] ELLIGER, Deuterojesaja z.St.
[9] Vgl. Einleitung 7.4.5.3.3.
[10] 1Clem 34,3 weicht vor allem darin von Offb 22,12 ab, dass der Geber des Lohns nicht Christus, sondern Gott ist.
[11] Vgl. AUNE, Apk 1218. 2,23b steht unserem Spruch gedanklich nah.

**V. 14f:** V. 14f setzt den Gedankengang von V. 12 fort und beschreibt das Ergebnis des letzten Gerichts. Die Menschen sind wiederum nach ihrem Verhalten in zwei gegensätzliche Gruppen geteilt, denen je ein gegensätzliches Schicksal bestimmt ist. Die Wendungen „die Kleider zu waschen" und „Lüge zu lieben und zu tun" (V. 14f) beschreiben nicht die Verhaltensmöglichkeiten der Menschen von diesem Zeitpunkt an, sondern ihr gegenwärtiges Verhalten.

**V. 14:** Im AT und in frühjüdischen Schriften wird an mehreren Stellen von kultisch unreinen Menschen gefordert, ihre Kleider zu waschen (Lev 11,25.28.40 usw.; 11QT 45,8f.16f; 4Q277 Frg 1 13 usw.); das Waschen der Kleider ist eine wichtige Vorbedingung für das Auftreten vor Gott (vgl. Ex 19,10.14). Zum Gebrauch des Motivs in der Offb vgl. 7,14; 3,4. An unserer Stelle ist mit dem Bild die Treue im alltäglichen Leben gemeint.[12] Die Seligkeit, an der sie Anteil bekommen, wird dann durch zwei bildhafte Ausdrücke dargestellt. Erstens bekommen sie „Vollmacht über den Baum des Lebens"; dazu vgl. ad 2,7; zur Formulierung vgl. 1Hen 25,24f. Zweitens „gehen sie durch die Tore[13] in die Stadt ein"; dazu vgl. ad 21,27. „In die Stadt eingehen" ist gleichzeitig ein gegensätzliches Bild zu „aus ihr [Babylon] fortziehen" in 18,4. In V. 19 wird die Seligkeit ebenfalls durch die beiden Bilder zum Ausdruck gebracht.

**V. 15:** Für die zum Verderben bestimmten Menschen wird das zu erwartende Wort „weh" nicht verwendet, weil sie nicht direkte Leser sind. Das ihnen zugeteilte Schicksal wird bildhaft mit „draußen" (gemeint ist außerhalb der Stadt) beschrieben. Die Stadt ist der Bereich des Heils; dass man „draußen" ist, bedeutet, dass man von ihm ausgeschlossen ist. Vgl. 21,27; Joel 3,17; Ps 101,7.

Die zum Verderben Bestimmten sind in einer Liste mit sechs Begriffen beschrieben. Diese stehen nicht alle auf der gleichen Ebene. Die mittleren vier sprechen von konkreten Lästerern, die auch in 21,8 eine Gruppe bilden; vgl. auch 9,20f. Der erste, „die Hunde", und der letzte, „der Lüge liebt und tut", sind dagegen umfassende Begriffe für alle Lästerer. „Der Hund" ist ein auf alle abscheuliche Menschen anwendbares Schimpfwort.[14] Zum letzten Glied, „jeder, der Lüge liebt und tut", vgl. 21,8.27.

**V. 16:** V. 16a steht V. 6b nahe. Die Hauptunterschiede sind, dass hier Jesus als der Offenbarer genannt wird (in V. 6b Gott) und dass der Inhalt des Übermittelten als

---

[12] PRIGENT, Apk 494, denkt an „la purification baptismale" (ähnlich KAMLAH, Paränese 23). Aber das hier verwendete präsentische Partizipium (οἱ πλύνοντες) verbietet diese Deutung (GIESEN, Apk 487; READER, Stadt 222).

[13] Warum „durch die Tore" (τοῖς πυλῶσιν) hervorgehoben ist, ist nicht einzusehen (gibt es jemanden, der nicht durch die Tore in die Stadt hineingeht?). PRIGENT, Apk 494, weist auf 21,12 hin, wonach auf den Toren die Namen der zwölf Stämme Israels geschrieben stehen, und behauptet: „Notre texte préciserait qu'on ne peut accéder à la ville céleste qu'en tant que membre du peuple élu, le peuple aux douze tribes". Aber warum das auf so undeutliche Weise betont wird, ist kaum erklärbar. Eher wäre mit einer Nachwirkung der Vorstellung von Himmelstoren zu rechnen (vgl. BÖCHER, Dualismus 83).

[14] „Der Hund" wird im AT nicht selten als eine Metapher für schlechte Menschen verwendet; vgl. 2Sam 16,9; 2Kön 8,13; Ps 26,17.21; 59,7.15. Auch im Judentum gilt er „als das verachteteste, frechste u. elendeste Geschöpf"; einen Menschen einen Hund zu nennen ist ein Ausdruck gehässiger Verachtung (STR-B I 722). Vgl. Mt 7,6; Phil 3,3; Did 9,5; IgnEph 7,1.

„dieses über die Gemeinden" bezeichnet ist (in V. 6b das, „was in Kürze geschehen soll"). Der erste Unterschied entspricht der allgemeinen Tendenz in unserem Abschnitt, Gott und das Lamm als ebenbürtig zu betrachten; der Vf. versucht an unserer Stelle, die Aussage in V. 6b in dem Sinne zu ergänzen. Die Inhaltsangabe „dieses über die Gemeinden"[15] könnte etwas einseitig erscheinen (vgl. 10,11), aber etwa auch das Zugrundegehen der gegengöttlichen Mächte ist nach dem Verständnis des Vf. eine Voraussetzung für die Erlösung der Christen; das ganze Buch hat letzten Endes „die Gemeinden" als Thema.

Das Zeugnis wird an „euch" gerichtet. Da der Vf. erwartet, dass das Buch im Gottesdienst vorgelesen wird, können die Angeredeten keineswegs bloß Propheten sein (vgl. 1,4.9; 18,20 u.a.); sie sind Christen im allgemeinen.[16]

Der Aussage, Jesus sei der, welcher die Offenbarung bezeugt, folgt gleich eine Selbstprädikation Christi. Diese Entwicklung macht deutlich, dass das Bezeugen einen wichtigen Teil des messianischen Wirkens Christi ausmacht; vgl. Einleitung 7.2.4.2.2.

Die anderen vier Selbstprädikationen Gottes bzw. Christi in der Offb lauten immer „ich bin das A und O" o.ä. (vgl. ad 1,8). An unserer Stelle findet sich die einzige Ausnahme. Als Prädikate sind zwei Namen genannt. Zum ersten, „der Spross und das Geschlecht Davids", vgl. „der Spross Davids" in 5,5. „Das Geschlecht Davids" ist in der Offb sonst nicht belegt (vgl. Ign Eph 20,2; Trall 9,1; Smyrn 1,1). Sowohl „der Spross Davids" als auch „das Geschlecht Davids" bezeichnen Jesus als den Davidssohn, den Messias,[17] den Erlöser Israels.[18] Der Hintergrund des zweiten Prädikats, „der strahlende Morgenstern" (vgl. auch 2,28), ist nicht klar.[19] Zwei Möglichkeiten sind denkbar. Die eine ist Num 24,17, wo vom „Stern aus Jakob" die Rede ist. Diese Stelle wird im Judentum häufig als eine Messiasweissagung zitiert (CD 7,19f; 1QM 11,6; 4QTest 12; vgl. auch TestLev 18,3; TestJud 24,1.5). Der „Stern" bezeichnet dabei den Besitzer der höchsten Herrschaftsmacht. Dass er lediglich „Stern" und nicht „Morgenstern" genannt ist, lässt die Herleitung unserer Bezeichnung aus diesem Beleg fraglich erscheinen. Die zweite ist Jes 14,12; dort wird nämlich der König Babylons „Morgenstern" (in LXX ἑωσφόρος) genannt. Vielleicht handelt es sich um seine Selbstbezeichnung. Wie an dem Wort V. 13, „ich werde gen Himmel emporsteigen und über die Sterne im Himmel meinen Thron

---

[15] Ἐπὶ ταῖς ἐκκλησίαις. Zu ἐπί gibt es Varianten (Hs A u.a. lesen mit ἐν; 051ˢ, Primasius, Andreas streichen ἐπί), aber als *lectio difficilior* ist die Lesart mit ἐπί (ℵ u.a.) die ursprüngliche. Μαρτυρῆσαι ἐπί ist analog zu 10,11 als προφητεῦσαι ἐπί zu verstehen (U.B. MÜLLER, Apk 370; BAUER/ALAND, WB ἐπί II 1 b δ). Die Übersetzung mit „for the churches" (BECKWITH, Apk 777; CAIRD, Apk 286 u.a.) ist nicht vorzuziehen. Bei der Übersetzung mit „vor den Gemeinden" (BEHM, Apk 113; POHL, Apk 344 Anm. 1011) wird die Wendung ἐπὶ ταῖς ἐκκλησίαις faktisch mit ὑμῖν identisch; in dem Fall würde aber ein einfacherer Ausdruck wie μαρτυρῆσαι ταῦτα ταῖς ἐκκλησίαις genügen.
[16] Mit LOISY, Apk 394 u.a. Anders LOHMEYER, Apk 180f; MÜLLER, Apk 370; OSBORNE, Apk 792; HILL, Prophecy 413 u.a.; sie beziehen es auf die Propheten.
[17] Vgl. BÜCHSEL, ThWNT I 684,4ff; BURGER, Davidssohn 162.
[18] Vgl. Einleitung 7.4.4.1.
[19] Im NT ist „Morgenstern" sonst nur noch in 2Petr 1,19 belegt (nicht ὁ ἀστὴρ ὁ πρωϊνός wie an unserer Stelle, sondern φωσφόρος). Dieser Beleg hat aber mit der Aussage an unserer Stelle nichts zu tun.

setzen", deutlich wird, bezeichnet dieser „Morgenstern" den Besitzer der höchsten Herrschaftsmacht. Es ist jedenfalls naheliegend, dass mit „dem strahlenden Morgenstern" der Messias als der Besitzer der höchsten Herrschermacht gemeint ist.[20]

**V. 17:** In V. 17 ist die Aufforderung zum Kommen thematisiert. Es ist allerdings nicht ohne weiteres klar, an wen und in welchem Sinne „komm!" gesprochen wird. Dass die Sprecher zunächst „der Geist und die Braut" sind, dass in der zweiten Hälfte des Verses die Aufforderung ausdrücklich an die Dürstenden gerichtet ist, und dass das „komm!" im Sinne der Parusieerwartung erneut in V. 20 begegnet (diesmal mit einer ausdrücklichen Anrede „Herr Jesus!"), könnten dafür sprechen, dass das „komm!" an unserer Stelle an die Dürstenden gerichtet ist.[21] Aber es gibt einige Erwägungen, die diese Ansicht zweifelhaft machen: Wenn das „komm!" an die Dürstenden gerichtet wäre, wäre erstens am Anfang eine dementsprechende Anrede zu erwarten; zweitens wäre die Aufforderung in V. 17c, nachdem sie schon zweimal durch den Geist und die Braut und durch die Hörenden ausgesprochen worden sein sollte, überflüssig; und schließlich findet man in der Offb sonst keinen Beleg dafür, dass „der Hörende", also ein Christ (vgl. unten), an andere einen derartigen Aufruf richtet. Das „komm!" in der ersten Hälfte des Verses richtet sich vielmehr an Jesus.

Wie soll man aber verstehen, dass „der Geist und die Braut"[22] den Aufruf sprechen? An unserer Stelle verbinden sie sich engstens mit der irdischen Kirche; sie bitten, stellvertretend und „den Hörenden" vorangehend, Christus: „Komm!". Der Vf. findet das Bild der Braut vielleicht besonders geeignet für die Darstellung an unserer Stelle: Wie die Braut auf die Ankunft des Bräutigams eifrig wartet, so wartet die Kirche eifrig auf die Parusie Christi. Im Blick auf den Geist ist die Sachlage etwas anders. In der Offb ist er durchgehend ein himmlisches Wesen. Aber er ist mit den Propheten engstens verbunden. Über diese teilt er der Kirche die baldige Parusie mit, macht sie dazu bereit und führt sie dazu, mit „komm!" diese Erwartung auszusprechen. Grundlegend an der Aussage an unserer Stelle ist wohl die Erkenntnis, dass der Aufruf der irdischen Gemeinde nur dann möglich wird, wenn der Geist und die Braut der Kirche dazu verhelfen.[23]

V. 17c ist durch die Gleichförmigkeit des Satzbaus (καὶ ὁ ἀκούων εἰπάτω κτλ. / καὶ ὁ διψῶν ἐρχέσθω, ὁ θέλων λαβέτω κτλ.) mit V. 17b verschränkt; die Angeredeten sind immer noch die Gemeindeglieder.[24] Thematisch ist jedoch

---

[20] Statius, *silvae* 4,1,1-4, vergleicht Domitian zu Beginn seines 17. Konsulats am 1. Januar 95 mit dem Morgenstern (*et primo maior Eoo*) (nach HEMER, Letters 253 n.75; GIESEN, Reich 2546).
[21] So z.B. CHARLES, Apk II 179f; CAIRD, Apk 286f; LADD, Apk 294; MOUNCE, Apk 395; OSBORNE, Apk 793.
[22] Zur Braut vgl. den Exkurs „Braut des Lammes" in Kap. 19.
[23] Ähnlich HADORN, Apk 218; VANNI, Dialogue 359; SCHWEIZER, ThWNT VI 448,17ff; An unserer Stelle hat der Vf. die Situation des Gottesdienstes im Sinn, in dem ein Prophet, den übrigen Gottesdienstteilnehmern vorangehend, Christus aufruft: „Komm!"
[24] Nach SWETE, Apk 311, steht „der Dürstende" im Gegensatz zu „dem Hörenden"; mit jenem ist „the unbaptized catechumen" gemeint; ähnlich BEASLEY-MURRAY, Apk 344; BRÜTSCH, Apk III 93; MAZZAFERRI, Genre 247. Aber dazu vgl. ad 21,6. BECKWITH, Apk 778; U.B. MÜLLER, Apk 371; TAEGER, Johannesapokalypse III, u.a. denken m.R. an die Gemeindeglieder.

zwischen beiden Versteilen ein Einschnitt vorzustellen. Die Aufforderung in V. 17b setzt die baldige Verwirklichung der Parusie voraus. Diejenige in V. 17c bezieht sich dagegen auf die Situation nach der Parusie.[25] Diese ist in der Offb so nahe vorgestellt, dass es nicht befremdlich ist, wenn die Glaubenden jetzt schon zum Empfangen des Lebenswassers aufgefordert werden.

**V. 18f:** V. 18f warnt vor der Fälschung des Inhalts des Buches.[26] Der Sprecher ist der Vf. Die Warnung richtet sich an „den Hörenden", also an den Menschen, der eigentlich nicht in der Lage ist, den Wortlaut des Buches zu ändern, da er nur zuhört, was der Vorleser liest; es sind also nicht Änderungen des geschriebenen Textes gemeint.[27] In Dtn 4,1f, dem klassischen Text der „Textsicherungsformel" im AT, wird als Gegensatz zum „Hinzufügen" und „Wegnehmen" das „Halten der Gebote des Herrn" genannt. Ähnliches ist an unserer Stelle von den Hörenden erwartet; es handelt sich um die Warnung vor Änderungen der Botschaft des Buches durch Irrlehrer und ihrer Vernachlässigungen durch Gemeindeglieder.

Dass eine solche Warnung am Ende eines Buches vorkommt, ist plausibel. Gleichzeitig muss aber auch der unmittelbare Kontext in Betracht gezogen werden: Sie ist eingebettet in Worte, die die dringende Erwartung der baldigen Parusie widerspiegeln. Die Warnung ist also eine Polemik gegen die Theologie der „realised eschatology", die in den Adressatengemeinden nicht geringe Einflüsse ausübt. Vgl., dass der Vf. auch am Anfang des Buches das gleiche Anliegen zeigt (bes. in 1,7); vgl ferner 10,3–7.

**V. 18:** In der Offb wird das Wort πληγή in erster Linie für die Plagen verwendet, die in der Siegel-, Posaunen- und Schalenreihe beschrieben sind (vgl. ad 9,18). Aber die Plagen dort bringen den Menschen nur Schmerzen, meist nicht Vernichtung. Denkt man daran, dass die Strafe für diejenigen, die vom Inhalt des Buches etwas wegnehmen, der vollkommene Ausschluss vom Heil ist, ist es kaum anzunehmen,

---

[25] TAEGER, Johannesapokalypse, argumentiert von der Gleichförmigkeit des Satzbaus ausgehend, dass das in den drei Imperativen angesprochene Tun auf derselben Ebene liegt: „Der Appell zu kommen hebt wie der Aufruf in V. 17b auf eine gegenwärtige Reaktion ab; das gilt ebenso für die Aufforderung zum Empfang des Lebenswassers. [...] V. 17c redet demnach von einer Gabe, die ‚nicht erst in ferner Endzeit erhältlich ist, sondern der Gegenwart angehört'" (48f; teilweise von HADORN, Apk 219, zitiert; vgl. ROOSE, Zeugnis 109). Aber von 21,6 aus gesehen ist mit dem Lebenswasser nur die eschatologische Gabe gemeint, die man erst im neuen Jerusalem empfängt (vgl. ad 21,6).

[26] Ähnliche Warnungen bzw. Verbote finden sich im AT (Dtn 4,2; 13,1; Spr 30,6). Josephus pocht in Ap. I 42 darauf, dass in der langen Geschichte des Volkes „noch niemand es gewagt hat, [dem Text] etwas hinzuzufügen oder abzustreichen oder [ihn] zu ändern" (vgl. auch Euseb, h.e. III 10,5); eine ähnliche Aussage findet sich in M$^e$g 14$^a$ Bar (vgl. STR-B I 601; vgl. auch die dort angeführte Aussage in MidrRut 2,4 [130$^b$]; zu rabbinischen Belegen vgl. auch VAN UNNIK, Règle 19–23. Vgl. ferner EpArist 310f; Philo, vit.Mos. II 34; Josephus, ant. XII 109; 1Hen 104,11–13; dazu vgl. TILLY, Textsicherung 237–243. Im NT gibt es sonst kein weiteres Beispiel; unter den Apostolischen Vätern vgl. Did 4,13. Solche Warnungen sind auch unter den Klassikern und im Orient reichlich belegt (vgl. AUNE, Apk 1208ff).

[27] Dies lässt sich auch vom Kontext her bestätigen: Unsere Aussage ist gerade in die Mitte der zwei Parusieaussagen (V. 17 und V. 20) eingebettet; die Fortdauer der jetzigen Zeit ist nicht vorausgesetzt; vgl. TILLY, Textsicherung 244. Anders etwa YARBRO COLLINS, Apk 153: „John was apparently aware of the creative urges of scribes and editors"; ähnlich AUNE, Prophecy 221.

dass die Strafe für diejenigen, die etwas hinzufügen, nur auf Schmerzen beschränkt bleibt.[28] Der Vf. äußert sich also nicht präzise zum Inhalt der „Plage" und verwendet den Begriff hier einfach im Sinne der endgültigen Vernichtung.

**V. 20:** Die Botschaft des Buches schließt mit dem Wort dessen, „der dieses bezeugt": „Ja, ich komme bald". Zwischen der Botschaft des Buches und der Parusie wird wiederum eine deutliche Brücke geschlagen. Auf die Proklamation hin sagen die Christen zum Schluss: „Amen, komm, Herr Jesus". Die Proklamation geht voran, der Aufruf folgt auf sie, nicht umgekehrt; die Erwartung der Parusie entsteht nach dem Verständnis des Vf. bei den Gläubigen, die in der schwierigen Situation nach einem Ausweg suchen, nicht ohne weiteres. Sie ist vielmehr in der Verheißung Christi gegründet. Zu „Amen" vgl. ad 7,12.

Die Parallelen in 1Kor 16,22 und Did 10,6 deuten an, dass der Ruf „komm, Herr Jesus!" schon in den aramäisch sprechenden palästinischen Gemeinden als das letzte Gebet des Gottesdienstes gesprochen wurde. Er ist von dort her übernommen. Die Zusammensetzung von „Herr" und „Jesus" ist in der Offb nur hier (und in V. 21) belegt.

Manche Forscher beziehen den Aufruf auf die Eucharistie.[29] Prigent, Apk 502f z.B., behauptet, dass die Hauptfaktoren in Did 10,6, einer Einladung zur Eucharistie, in Offb 22,17ff eine Entsprechung haben: 1.) Die Einladungsformel („wenn jemand heilig ist, komme er") biete sie in V. 17; 2.) den Bußruf („wenn jemand nicht [heilig] ist, tue er Buße") in V. 18f; 3.) das Maranatha in V. 20 und 4.) den Wunsch der Gnade („es komme Gnade") in V. 21. M.E. leuchtet diese These nicht ein. Ad 1.): Vom Empfang des Lebenswassers ist auch in 7,17; 21,6 die Rede, aber dort ist die Beziehung auf die Eucharistie zumindest nicht deutlich. Andererseits ist auffällig, dass vom Brot nicht die Rede ist; „der Lebensbaum" in V. 14.19 steht im eschatologischen Kontext und hat mit der Eucharistie nichts zu tun. Auch die Aufforderung „komm!" kann man nicht ohne weiteres als Einladung zur Eucharistie beurteilen (vgl. ad V. 17). Ad 2.): V. 18f ist vom Wortlaut des Bußrufs in Did deutlich unterschieden; andererseits ist es völlig natürlich, dass V. 18f (in gewisser Korrespondenz mit 1,3) an dieser Stelle vorkommt. Ad 3.): „Komm, Herr Jesus" V. 20 ist eine Antwort auf „ich komme bald", eine Proklamation, die sich nur auf die Parusie beziehen kann (vgl. 1,3). Diese Proklamation ist für den Vf. sehr wichtig und kommt im Schlussteil des Buches dreimal vor; man findet aber in 1Kor 16,20ff und Did 10,6 keine Entsprechung zu ihr. Auch buchkompositorisch ist dieses Maranatha eher als Aufruf im Blick auf die Parusie zu verstehen: Der Vf. rahmt das ganze Buch absichtlich mit dem Parusiewort 1,7 und unserem Aufruf ein; vgl. Einleitung 2.1.4. Ad 4): V. 21 ist ein Segenswunsch und hat einen etwas anderen Charakter als das Wort in Did; außerdem steht das Wort in Did nicht am Schluss, sondern am Anfang des Verses. An unserer Stelle

---

[28] Anders AUNE, Apk 1232, der nur an „the temporal punishment" denkt.
[29] CAIRD, Apk 288; GIESEN, Apk 496; BORNKAMM, Anathema 126; HAHN, Wasser 56f; KARRER, Brief 251–4 u.a. MÜLLER, Apk 372; WENGST, Formeln 51f, TAEGER, Johannesapokalypse 50ff, bestreiten dagegen die Beziehung auf die Eucharistie.

ist der Wunsch „einfach als Teil der [...] brieflichen Stilisierung des Buches zu sehen".[30]

## V. 22,21 Briefschluss: Segen

(21) **Die Gnade des Herrn Jesus [sei] mit allen!**

**V. 21:** Der Vf., der das Buch im Stil des im Gottesdienst üblichen Responsoriums mit Friedensgruß, Bekenntnis und Lobspruch begann, verwendet in seinem Schlussteil, besonders V. 16ff, wiederum Formulierungen, die aus dem Gottesdienst stammen, und schließt ihn mit dem Segen ab, der ebenso in der damaligen Kirche als Schluss des Gottesdienstes üblich war; vgl. Schlussworte von paulinischen Briefen (dazu vgl. aber 1,4f) und Hebr 13,25.

---

[30] TAEGER, Johannesapokalypse 53.

# Kommentare zum Neuen Testament

V&R

Folker Siegert
**Das Evangelium des Johannes in seiner ursprünglichen Gestalt**
Wiederherstellung und Kommentar
Schriften des Institutum Judaicum Delitzschianum, Band 7.
2008. 856 Seiten, gebunden
ISBN 978-3-525-50147-4

Der Verfasser des Johannesevangeliums, in Quellen des 2. Jahrhunderts Johannes »der Senior« genannt, ein Lehrer des ephesinischen Christentums in den Zeiten Trajans, verfügte sowohl über eine eigene, sehr alte Tradition als auch über genaue Kenntnis der drei synoptischen Evangelien. Von allen Autoren des Neuen Testaments ist Johannes der einzige, der die Jesusüberlieferung in ihrer Gänze kennt.

Die postume Veröffentlichung des Evangeliums hat Verwirrungen im Text erzeugt, die sich unter Wahrnehmung der noch wörtlich erhaltenen, großenteils funktionslos gewordenen Gliederungssignale beheben lassen. Dies geschieht hier nach den Vorarbeiten von Julius Wellhausen, Eduard Schwartz und Robert Forna, dezidiert nicht nach Emanuel Hirsch und was Rudolf Bultmann mit seinem Kommentar beabsichtigte, wird hier zu Ende geführt.

Der rekonstruierte Evangelientext wird in kompletter Übersetzung wiedergegeben und unter Heranziehung aller in Frage kommenden zeitgenössischen Quellen kommentiert.

Traugott Holtz
**Die Offenbarung des Johannes**
Herausgegeben und mit einem Vorwort von Karl-Wilhelm Niebuhr. Das Neue Testament Deutsch. NTD, Band 11.
Neubearbeitung 2008. VIII, 158 Seiten, gebunden
ISBN 978-3-525-51387-3

Eine allgemein verständliche Auslegung der Johannes-Offenbarung auf der Grundlage aktueller Forschung. Zeitgenössische Quellen vermitteln Einblicke in alttestamentliche und frühjüdische Vorstellungen.

In konzentrierter Textauslegung wird die Lebensnähe des letzten Buches der christlichen Bibel prägnant herausgearbeitet. Dabei blickt Traugott Holtz einerseits auf seine Entstehung in den bedrängenden Lebensverhältnissen christlicher Gemeinden in Kleinasien am Ende des 1. Jahrhunderts nach Christus, andererseits auf Erfahrungen des Glaubens und Lebens in einer globalen Gesellschaft des 21. Jahrhunderts.

Die eigene Übersetzung des Autors regt durch ihre bisweilen ungewohnte und originelle Wortwahl zu eigenständigem Bedenken der Textaussagen an.

Bearbeitet aufgrund des Nachlasses von Traugott Holtz durch Karl-Wilhelm Niebuhr.

**Vandenhoeck & Ruprecht**

# Die Datierung der Johannesapokalypse

V&R

Thomas Witulski
**Die Johannesoffenbarung und Kaiser Hadrian**
Studien zur Datierung der neutestamentlichen Apokalpyse
Forschungen zur Religion und Literatur des Alten und Neuen Testaments, Band 221.
2007. 415 Seiten, gebunden
ISBN 978-3-525-53085-6

Thomas Witulski gelingt es, die These zu erhärten, dass die neutestamentliche Johannesapokalypse in die Zeit des Kaisers Hadrian zu datieren ist, genauer in die Zeit um 132 n.Chr. Sein »Anfangsverdacht« ergibt sich aus der Analyse der Entwicklung kultisch-religiöser Kaiserverehrung in der römischen Provinz Asia in der Zeit von Augustus bis Antoninus Pius.

Die in Apk 21,1–8 sichtbar werdende eschatologische Konzeption zeigt alle Merkmale eines Gegenentwurfes zu der Propagierung des Kaisers als Retter und Schöpfer einer neuen Welt und einer neuen Weltordnung. Schließlich lässt sich der Apk 2,13, im Sendschreiben an die Gemeinde in Pergamon erwähnte »Thron des Satans« problemlos mit dem dortigen Traianstempel identifizieren, der 129 n.Chr. geweiht worden ist. Die sog. Königsliste Apk 17,10f lässt sich für die Datierungsfrage hingegen nicht auswerten; mit ihr soll vielmehr die Apk selbst fiktiv rückdatiert werden.

Thomas Witulski
**Kaiserkult in Kleinasien**
Die Entwicklung der kultisch-religiösen Kaiserverehrung in der römischen Provinz Asia von Augustus bis Antoninus Pius
Novum Testamentum et Orbis Antiquus/Studien zur Umwelt des Neuen Testaments (NTOA/StUNT), Band 63.
2007. 210 Seiten, gebunden
ISBN 978-3-525-53986-6

Im Mittelpunkt steht die Entwicklung der kultisch-religiösen Kaiserverehrung in der römischen Provinz Asia, in der Zeit von Augustus bis zu Antoninus Pius. Dabei wird insbesondere die provinziale Ebene, weniger hingegen die munizipale in den Blick genommen. Hieran lassen sich signifikante und für die gesamte Provinz bedeutsame Entwicklungslinien am deutlichsten aufzeigen.

Die Analyse des Quellenmaterials zeigt, dass mit der Verehrung des Augustus – dem Begründer des Prinzipats – ein erster Höhepunkt in der kultisch-religiösen Kaiserverehrung erreicht worden ist. Über diesen Höhepunkt reicht erst die kultisch-religiöse Verehrung des von 117–138 n.Chr. regierenden Hadrian wieder hinaus.

Die kultisch-religiöse Verehrung aller übrigen principes, die in dem untersuchten Zeitraum regierten, bleibt sowohl hinter derjenigen des Augustus als auch erst recht hinter derjenigen Hadrians zurück. Dieses Ergebnis hat Auswirkungen für die neutestamentliche Exegese; insbesondere legt es die Datierung der Johannesapokalypse in hadrianischer Zeit nahe, deren Abfassung um 132 n.Chr. anzunehmen ist.

# Vandenhoeck & Ruprecht